教育部人文社会科学重点研究基地北京师范大学史学理论与史学史研究中心重大项目

·白话本·

资治通鉴

（全十册）

第八册

卷第二百一十二至卷第二百三十八（唐纪二十八至唐纪五十四）

（宋）司马光 编著
张大可 语译

商务印书馆
创于1897 The Commercial Press

第八册目录

唐纪二十八

唐玄宗开元六年至十三年（公元 718—公元 725）

【起著雍敦牂（戊午，公元 718 年），尽旃蒙赤奋若（乙丑，公元 725 年），凡八年】

【大事提要】

本卷记事起公元 718 年，讫公元 725 年，凡八年。当唐玄宗开元六年到开元十三年。此时期沿袭开元初君臣精心治国的政治。宋璟、张嘉贞、源乾曜、张说相继为相，坚持用人为贤，玄宗与众相慎选举，绝不滥任官职，杜绝奸巧仕进。开元十三年（公元 725 年）唐玄宗疑心吏部选举不公，亲任主考。吴兢上奏，皇帝亲任主考，不合制度，第二年取消了，但表明此时唐玄宗求贤的决心。唐玄宗检括户口，加强对流民的管制。唐玄宗敬畏天变，不妄杀，不擅改礼仪。宋璟治反狱，只诛首恶。唐玄宗惩治贪官，从重从速。宰相张嘉贞因其弟贪赃受株连而罢相。玄宗严禁诸王与百官交结。驸马裴虚己尚睿宗女霍国公主，开元八年（公元 720 年）裴虚己与岐王李范游宴，被流放新州，迫使公主离婚。开元十年（公元 722 年）下敕重申宗室、外戚、驸马没有至亲关系不得交往。开元十三年，唐玄宗敕令禁锢武周时期酷吏子孙。是年上泰山封禅，祭天称成功。此时期仍有边患，突厥、契丹大败唐军。兰池州夷人叛乱。

玄宗至道大圣大明孝皇帝上之下

唐玄宗开元六年（戊午，公元 718 年）

春季，正月初六日辛丑，突厥毗伽可汗来求和，唐玄宗予以同意。

广州的吏民替宋璟立了座遗爱碑。宋璟向玄宗进奏说：“臣担任广州都督期间并无其他优异的政绩，因为臣现在地位显耀、深得宠信，造成那些人如此献媚；要革除这种不良的风气，希望从臣这件事开始，请求陛下颁敕禁止。”唐玄宗接受了他的建议。于是其他各州都不敢再为宰相树立石碑。

正月二十六日辛酉，唐玄宗颁布敕命禁止质地粗劣的私铸钱在世面上流通，规定重量在二铢四分以上的钱币才可以流通使用。又命令收缴民间的劣质钱，经熔炼之后重新铸成合于规范的钱币。于是引起京师一片纷扰，以至于各种交易几乎中止。

宋璟、苏颋请求拨出太府储备中的二万缗钱来开设南北两市，用于向百姓平价收购那些可供官府之用的滞销物品，以及允许东西两京文武百官从中预支官俸，就能使优质的钱币在民间流通使用了。玄宗听从了他们的建议。

二月二十三日戊子，朝廷将蔚州横野军驻地移往山北，并屯兵三万作为突厥九姓的后援；命令拔曳固都督颉质略、同罗都督毗伽末啜、霫都督比言、回纥都督夷健颉利发、仆固都督曳勒歌等各自统率所部骑兵为前、后、左、右军讨击大使，均受天兵军调度指挥。遇到讨伐追捕之事时，便根据形势需要征发集结；时局稳定时，便各自回归部落从事生产，朝廷对他们还常加存问抚慰。

三月初十日乙巳，唐玄宗征召嵩山处士卢鸿入朝，任命他为谏议大夫；卢鸿坚决推辞。

天兵军大使张嘉贞入朝参见玄宗，有人告发他在军中有奢侈僭越以及贪污受贿的行为，而经过讯问审查之后发现并没有证据。玄宗打算将告发者反坐治罪，张嘉贞向玄宗上奏说："倘若陛下现在把告发我的人治罪，恐怕会堵塞向朝廷进言的途径，使得天下的事情无从上达朝廷，因此臣希望给予此人特别赦免。"于是这个人得以被减罪免除死刑。玄宗也因此认为张嘉贞是忠于朝廷的，有重用他的意思。

有人推荐隐士范知璿有文学才能，并且进献了他所撰写的文章。宋璟对其文章的评语写道："看了他所作的《良宰论》，内容颇有佞谄阿谀的成分。隐士本应尽力发表公正无私的议论，怎么可苟且迎合取悦于人呢？倘若他的文章真是很高明，本来应当通过科举应试，不可采用别的途径奏进。"

夏季，四月二十四日戊子，河南府参军郑铣、朱阳县丞郭仙舟投献诗章在建议箱子中，玄宗颁下敕命说："根据他们进献诗文的文理来看，完全是推崇道家的教义；至于拿来经世致用，却不能切合实际。应该顺随他们各自的爱好。"于是把二人一同罢免，度为道士。

五月十八日辛亥，朝廷任命突骑施都督苏禄担任左羽林大将军，封为顺国公，派遣他充任金方道经略大使。

契丹王李失活去世。癸巳日，他的弟弟娑固接替他为契丹王。

秋季，八月，朝廷在各州县颁布乡饮酒礼，下令乡饮酒礼在每年的十二月份举行。

唐初州县官的俸禄，都是指派当地富户掌握本金用利息支付的，由于所定利息高出一倍，因而有许多人倾家荡产。秘书少监崔沔进言，建议总计州县官吏应得俸禄的数量，在百姓日常赋税之外稍微增加一些，用来提供州县官的俸禄。玄宗采纳了他的主张。

冬季，十一月初一日辛卯，玄宗抵达西京长安。

戊辰日，吐蕃赞普进表请求和解，希望双方按舅甥的名分亲自签署誓约，并且要让两国宰相也在誓约上署名。

宋璟上奏说："括州员外司马李邕和仪州司马郑勉二人，均有才能、谋略、文学、词章，但是二人思想中又多有异端妄念，好拨弄是非以及改易变动。假如都委以要任，定会使过失和懊悔一同到来，但若是长期闲置不用，则他们的才能不能发挥实在可惜。请求陛下把他们分别任命为渝、硖二州刺史。"宋璟还上奏说："大理寺卿元行冲一向以才能品行被人称道，上任初期所作所为也确实符合舆论，但在主持事务之后，却相当不称职，请求再次任命为左散骑常侍，下令由李朝隐代他担任大理寺卿之职。陆象先熟悉政务的要领，为政宽缓而不容恶行，请陛下任命他为河南尹。"玄宗对这些建议都表示同意。

（以上为第一段，写张嘉贞、宋璟公忠体国的风采。张嘉贞不报私恨，宋璟荐贤才而杜绝奸巧仕进。）

唐玄宗开元七年（己未，公元 719 年）

春季，二月，西域的俱密王那罗延、康王乌勒伽、安王笃萨波提都向皇帝进表，报告受到大食军队的侵扰劫掠，请求朝廷派兵救援。

唐玄宗颁下敕书命令太府和京兆府京县、畿县拿出十万石粟出售，用来收缴民间的劣质铜钱，送交少府销毁。

三月二十六日乙卯，唐玄宗任命左武卫大将军、检校内外闲厩使、苑内营田使王毛仲兼任太仆寺卿。王毛仲严厉精明而有魄力，万骑军里的有功之臣和闲厩官史全部对他颇为畏惧，因而苑囿的收入往往很丰裕。唐玄宗认为他很有才干，因此王毛仲受到玄宗的宠爱。王毛仲虽然在禁苑之外有宅第，却常常住在闲厩一侧的内宅中，玄宗有时见不到他，就会默默不语而若有所失。宦官杨思勖和高力士均对他有所敬畏和回避。

勃海王大祚荣去世；三月二十七日丙辰，朝廷任命其子大武艺承袭王位。

夏季，四月二十四日壬午，开府仪同三司祈公王仁皎去世。他的儿子驸马都尉王守一请求援引窦孝谌的先例，营建五丈二尺高的坟墓，玄宗允诺了他的请求。宋璟、苏颋坚决反对这么做，他们认为："根据条令的规定，一品大臣的坟墓的高度为一丈九尺，其中埋葬在皇帝陵墓附近作为陪葬陵墓也不过高出三丈而已。窦太尉的坟墓，有人在议论时就讥刺过它的高大，不过是当时没有人透彻地谈到它的失当，现在怎么能跟着犯同样的错误呢！往年太宗皇帝将女儿长乐公主嫁出去的时候，嫁妆的规格超过了长公主，魏徵进言谏阻，太宗采纳了他的意见，文德皇后也赏赐了魏徵，哪里像韦庶人加高其父的坟墓，号称为酆陵，以至于自招灾祸呢？凭皇后之父的尊崇地位，如果打算把他的坟墓修筑得高大些，又是什么难事呢？臣等对此之所以再三进言谏阻，不过是想成就皇后的美名而已。况且陛下今日所作所为，会传为子孙后世代代永远遵守的法度，怎么能够不谨慎从事呢？”唐玄宗听了高兴地说道：“我经常想要端正自身的言行举止来为下面的人作表率，何况对自己的妻子儿女，哪里敢有所偏爱呢？但这件事是人们难以说出口的，您二位能够严格按照礼制的规定办事，从而成就我的美德，并将作为规范传给子孙，这确实是我所期望的。”分别赏赐宋璟、苏颋绢帛四百匹。

五月初一日己丑，发生日食。玄宗身着素服，等待着意外之事的来临，并让人撤去乐舞，减少膳食，又命令中书、门下两省复察在押囚犯。开仓赈济饥民，勉励百姓勤于农事。五月初三日辛卯，宋璟等人上奏说：“陛下尽心体恤民众苦衷，这实在是天下生灵的福分。但是臣听说天子在发生日食时应当修养德行，在发生月食时则应当整饬刑罚；亲近君子，疏远小人，堵塞妇人的请托干求，斥退进谗邪恶之人，就是我们所说的修德。君子把言行不一作为耻辱，倘若陛下出于至诚修德，就不必反复颁诏加以强调了。”

六月十一日戊辰，吐蕃再次派遣使者入朝，请求玄宗亲笔签署两国和解的誓约，玄宗没有答应，说：“两国和解的盟约在去年就已经签署了，假如信条不是出自内心，多订几次誓约又能有什么裨益呢？”

秋季，闰七月，右补阙卢履冰进言：“按礼制的规定，父在，子为亡母服一年丧，则天皇后却改为服丧三年，请求将此恢复为原有的规定。”唐玄宗把他的建议交给群臣讨论。左散骑常侍褚无量对卢履冰的主张表示赞同；大家对这一问题的争议，持续了多年都未有定论。八月初六日辛卯，玄宗颁布敕令，规定从此以后五服丧期均以《丧服传》的内容为准，然而士大夫之间还是对这个问题争论不休，在施行时还是各人按自己的意思办。褚无量不无感慨地说：“圣人难道就不清楚慈母恩情的深厚吗？之所以规定降低服丧规格的礼制，是因为要明确尊卑地位的差异，并以此与戎狄区别开来，常人的感情肤浅鄙陋，不能明白圣人制礼的用心，一旦造成服丧制度的紊乱，谁又能把它纠正过来呢？”

九月十九日甲寅，玄宗把宋王李宪改封为宁王。有一次玄宗在连接两座楼阁的通道中看到卫士饭后把吃剩的饭菜倒入坑穴中，因而动怒，打算把这个卫士用刑杖处死。玄宗身边的人没有谁敢出面说话的。李宪不紧不慢地规劝道：“陛下从阁楼通道上偷偷地发觉卫士的过失，就要将其处死，臣担心这么做会造成人人自危的局面。况且陛下憎恶他人把饭菜丢弃在地上，是由于饭菜是用来供人食用的，假如因为剩饭菜就要杀人，恐怕违背了陛下的本意吧！”玄宗恍然大悟急忙起身说道：“不是兄长的劝阻，几乎要滥用刑罚了。”说完赶忙释放了卫士。这一天，玄宗在宴席上极为高兴，亲自解下皇帝的红玉带，连同自己的坐骑一起赏赐给李宪。

（以上为第二段，写唐玄宗销毁恶钱，敬畏灾变，不妄杀，不擅改礼仪制度。）

冬季，十月初七日辛卯，唐玄宗驾临骊山温泉；十月十九日癸卯，返回宫中。

十月二十八日壬子，册封突骑施酋长苏禄为忠顺可汗。

十一月十八日壬申，唐玄宗因为岐山县令王仁琛曾经是自己作藩王时的王府故吏，便直接用墨敕将他擢升为五品官。宋璟上奏说："陛下个人对故旧所能赐予的恩惠，在典章条例上有相应的规定；这些人任官的资历条件，也不是没有共同的标准。以往王仁琛由于陛下私恩的缘故已经从优变动了任命，而今如果再次受到破格提拔，就会与众人差别太大；况且王仁琛又是皇后家族的成员，陛下任命他时必须防止舆论的非议。臣请求把这件事交给吏部核查勘验，如果王仁琛没有过失罪愆，并且按法令规定应予留任，请按照他的资历略加优待，授予官职。"玄宗采纳了他的主张。

候选官员宋元超在吏部自称是侍中宋璟的叔父，希望能够得到从优录用。宋璟获悉此事后，给吏部送去文书说："宋元超是我的堂叔父，由于他一直居住在洛城，因而平日较少前去参见。我既不敢因他是长辈便隐讳真情，又不愿因私事妨害公务。以往他没有说明这层关系，吏部自然可以照条例办事，现在既然有了这方面的传闻，那么这事就必须矫枉过正。我请求对他不予录用。"

宁王李宪奏称候补官薛嗣先请求授任一个小官。唐玄宗把此事交给中书省和门下省办理。宋璟进奏道："薛嗣先曾两次被选拔任命为斋郎，虽说他并不是理所当然地应予留任，但考虑到他是皇亲的缘故，的确应当大小给予他一个官职。在景龙年间，皇帝经常颁下墨敕直接委任官职，这类人被称作斜封官。自从圣上即位以来，所有这些弊端均被禁绝，朝廷每颁赐一次封赏，每委任一名官吏，必定是由于这些人立有功劳，或者是凭借自己的才能，而且全都要经过中书、门下二省除授。像这样的极其公正的办法，唯有圣明君王才能真正施行。薛嗣先有幸成为陛下的姻亲，陛下并未为他损害制度，允许臣等商量此事，臣请求把此事交付吏部处理，不要颁下正式敕书来直接任命他。"玄宗表示接受。

在此之前，从各州前来的朝集使们往往携带很多贿赂进京，等到来年开春即将返回的时候，大多数的官职得到升迁；宋璟奏请将这些人一概勒令遣还以便革除这一弊端。

在这一年，朝廷设置剑南节度使，统辖益州、彭州等二十五州。

（以上为第三段，写唐玄宗与宰相宋璟君臣皆不为亲故开脱或滥封官职。）

唐玄宗开元八年（庚申，公元 720 年）

春季，正月初三日丙辰，左散骑常侍褚无量去世。正月初八日辛酉，朝廷任命右散骑常侍元行冲主持整理编排各类典籍的事务。

侍中宋璟厌恶那些犯有罪过却没完没了地妄言上诉的人，便把这些人全部交给御史台治罪。他对御史中丞李谨度说道："你可以把那些认罪服法不再上诉的人释放，把那些还在不停申诉的人暂时关押起来。”因此很多人怨恨他。正赶上天旱有旱鬼作怪，俳优戏子装扮成旱魃神模样在皇帝面前演戏，玄宗对“旱魃神”问道：“你为什么把灾害降临人间呢？”“旱魃神”回答说：“我是接受宰相的安排到人间来降灾的。”玄宗又问：“这是为什么？”“旱魃神”接着回答：“三百多名蒙冤者，宰相把他们全都关进监狱，使他们受到压抑，因此我不得不到人间示警。”唐玄宗内心对此表示赞同。

此时宋璟又和中书侍郎、同平章事苏颋一同建议严禁私铸的劣质钱流通，而江淮之间劣质钱泛滥的状况尤为严重，宋璟派遣监察御史萧隐之充当使者前去收缴劣质钱。萧隐之执法严厉，搅扰百姓，因而怨声载道，于是皇帝将萧隐之贬官。正月二十八日辛巳，玄宗把宋璟贬为开府仪同三司，把苏颋贬为礼部尚书，任命京兆尹源乾曜担任黄门侍郎，任命并州长史张嘉贞担任中书侍郎，二人均被任命为同平章事。从此朝廷废弛了对劣质钱的禁令，劣质钱再次流通起来。

二月十五日戊戌，皇子李敏去世，追立他为怀王，谥号为“哀”。

（以上为第四段，写宋璟理政刚正，禁恶钱严急，招致怨望而被罢相。）

二月二十九日壬子，玄宗颁布敕令，认为百姓所承担的各种徭役之中，没有哪一种比军府之役更为沉重，一旦被征为卫士，就只有到六十岁才能解除兵役，应当缩短兵役年限，让百姓轮流充当军府卫兵。

夏季，四月二十四日丙午，朝廷派遣使者向乌长王、骨咄王、俱位王颁赐册命，这三个国家均在大食以西的地区。大食想引诱他们背叛唐朝，三国均未听从，因此朝廷予以褒奖。

五月初九日辛酉，朝廷再次设置十道按察使。

五月十五日丁卯，玄宗任命源乾曜担任侍中，任命张嘉贞担任中书令。

源乾曜上奏说：“当今出身于权势之家的人大多担任京师之官，德贤才高之士不得志而在外地任职。臣的三个儿子都在京城做官，请求陛下把其中两个调出任地方官。”玄宗答应了他的请求。并借此机会颁布诏命称许源乾曜的公正无私，下令文武百官效仿他的做法，于是调离京师任职的达一百多人。

张嘉贞处理政务果断精明，但是性情急躁刚愎自用。中书舍人苗延嗣、吕太一，考功员外郎员嘉静和殿中侍御史崔训都是张嘉贞举荐任用的，张嘉贞经常与这四个人商讨朝政大事。由于这四个人相当能招揽权势，因此当时的人这样评论道：“中书令张公有四位俊才，他们是苗延嗣、吕太一、崔训和员嘉静。”

六月，瀍河和谷河洪水泛滥，将近有二千人被淹死。

突厥归降的仆固都督勺磨以及跌跌部落散居在受降城近旁，朔方大使王晙禀报了他们秘密与突厥相勾结，策划攻占唐军驻扎的受降城等情况，密奏朝廷，请求将他们诛除。王晙诱骗勺磨等人前往受降城赴宴，并埋伏士兵把这些人全部杀掉，河曲之地的突厥降户也被杀戮殆尽。散居在大同、横野军附近的突厥拔曳固、同罗等部落获悉此讯，都十分恐惧。秋季，并州长史、天兵节度大使张说仅带领二十名骑兵，手执符节来到拔曳固等部落慰问安抚，还留在其营帐中过夜；天兵节度副使李宪认为胡人的心迹难以信赖，便派人骑马送信加以阻止。张说在给李宪的回信中说道："我身上长的并非黄羊之肉，决不怕他们会吃了我；流的也不是野马的血，决不怕会被他们刺伤。士大夫在遇到危难时不应顾惜生命，此刻正是我献身的时候。"拔曳固、同罗等部落因此便安定下来。

冬季，十月初二日辛巳，唐玄宗出行来到长春宫；十月初三日壬午，在下邽狩猎。

玄宗申令诸王不得与群臣交结。光禄少卿驸马都尉裴虚己与岐王李范一同出游宴饮，还私自挟带谶纬之书。十月初九日戊子，玄宗把裴虚己流放到新州，并让霍国公主与他离异。万年县尉刘庭琦和太常寺太祝张谔多次与李范在一起饮酒赋诗，将刘庭琦贬为雅州司户，将张谔贬为山茌县丞。然而玄宗仍像以往那样对待李范，他对左右侍臣说："我兄弟之间本是亲密无间的，只不过是那些趋炎附势的小人拼命攀附罢了。我终究不会因此责怪自己的兄弟。"有一次玄宗生了病，薛王李业妃子的弟弟、内直郎韦宾与殿中监皇甫恂私下议论祸福吉凶之事。事情败露后，韦宾被杖刑处死，皇甫恂被贬谪为锦州刺史。李业与其妃子惶恐不安地听候治罪，玄宗走下御座前的台阶握着李业的手说："假如有猜忌兄弟的意思，天地定会杀死我的。"随即与他共享酒筵，还好言劝慰李业的妃子，让她回到座位上去饮酒。

（以上为第五段，写源乾曜、张嘉贞拜相。张说以诚抚定突厥拔曳固、同罗部。玄宗禁诸王与群臣交结。）

十一月初七日乙卯，玄宗返回京师。

十一月二十三日辛未，突厥侵扰甘、凉等州。击败了唐河西节度使杨敬述，掳掠契苾部落之后撤离。

在此之前，唐朔方道大总管王晙上奏请求从西面调集拔悉密部落的兵马，从东面征发奚、契丹的兵马，约定在这一年的秋季袭击突厥毗伽可汗设在稽落水岸边的牙帐；毗伽可汗获悉此讯后非常恐惧。暾欲谷说道："没什么值得害怕的。拔悉密部落在北庭，与奚、契丹相距非常遥远，双方兵力无法联络呼应，估计朔方兵马也难以来到此地。假如唐军真的能来，等他们即将到达时，我们只要迁徙牙帐向北行进三天，唐军就会因粮尽而自己退兵。再说拔悉密一向贪图小利而轻举妄动，这次又得到了王晙的邀约，必然会得意忘形而先行抵达此地。王晙与张嘉贞之间的关系很差，他的很多奏请得不到回复，因此他这次一定不敢出兵。既然王晙所部不来，而只有拔悉密率军前来，那么我们迎击来敌并取胜也就易如反掌了。”

不久拔悉密果然举兵进逼突厥毗伽的牙帐，而朔方以及奚、契丹兵马均未抵达，拔悉密心中畏惧，率军撤退。毗伽可汗打算出击，暾欲谷道：“这些人离家千里，将会拼死战斗的，我们不能攻击他们。不如派兵跟随其后。”在拔悉密部众撤到离北庭二百里左右的时候，暾欲谷才分兵抄小路先期围困了北庭，趁势纵兵攻击拔悉密的军队，把他们打得大败。拔悉密部众溃散奔命，逃向北庭，由于无法进城而全部被突厥俘获。

暾欲谷领军撤回，在离开赤亭的时候，抢掠了凉州的牲畜，杨敬述派出裨将卢公利和判官元澄带兵截击突厥。暾欲谷对他的部众说：“我们乘胜抵达这里，如果杨敬述出兵挑战，就一定能够击败他们。”卢公利等人开赴删丹县，与暾欲谷相遇，交战时唐军一败涂地，只有卢公利和元澄脱身逃走。毗伽的力量因此大为强盛，拥有了阿史那默啜可汗的全体部众。

契丹牙官可突干英勇善战，深受部属的信赖，李娑固对他猜忌提防，试图把他除掉。在这一年，可突干发兵进攻李娑固，李娑固战败后奔赴营州。营州都督许钦澹派遣安东都护薛泰率领五百勇士与奚王李大酺一起簇拥着李娑固去征讨可突干，再次被可突干击败，李娑固、李大酺二人都被可突干杀掉了，薛泰被俘，营州军民大为震惊。许钦澹被迫将所部撤进渝关，可突干拥立李娑固的堂弟李郁干为君王，并派遣使者向朝廷请罪。玄宗赦免了可突干所犯罪行，任命李郁干担任松漠都督，任命李大酺的弟弟李鲁苏担任饶乐都督。

（以上为第六段，写唐边将轻启边衅，唐军大败于突厥和契丹。）

唐玄宗开元九年（辛酉，公元 721 年）

春季，正月，唐玄宗颁诏命，削除了杨敬述的官爵，让他以平民身份检校凉州都督，并且仍旧由他充任节度使、支度使和营田使。

正月初九日丙辰，朝廷把蒲州改为河中府，设置中都官僚，规格完全依照京兆府和河南府。

正月十九日丙寅，玄宗驾临骊山温泉；正月二十八日乙亥，返回宫中。

监察御史宇文融奏称，全国各地居户丁口脱逃迁移，虚浮诈伪现象极为普通，请求加以核查搜括。宇文融是宇文弼的玄孙，源乾曜向来欣赏他的才学，因此赞成他的主张。二月初八日乙酉，玄宗敕令有关官署商讨搜集流散人口以及惩治奸诈虚伪的措施，并将结果呈奏朝廷。

二月初九日丙戌，突厥可汗毗伽再次派遣使者来朝廷求和。唐玄宗赐给毗伽一封信，信中晓谕道：“过去我唐朝与突厥和亲，华夏人和突厥人都得以安居乐业，两国军队也休战养息；我唐朝买进突厥的牲畜，突厥购得唐朝的各种丝织品，彼此都从中得到充足的供给。从近几十年以来，两国关系不再如过去那样密切了，这正是由于默啜可汗不讲信用，口头上讲的是和睦，心里想的是叛离，多次派兵侵扰，劫掠边疆地区百姓的财产，致使人神共愤，自己也被人杀死，身首异处。吉凶祸福的报应，均为可汗亲眼所见。而今可汗重新走上默啜的老路，先是偷偷入侵甘、凉二州，随后再派遣使者前来求和修好。我唐朝像天一样庇佑万物，似海一样容纳百川，只记取来意的真实，便不追究以往的罪过。可汗您果真怀有和亲的诚意，我们两国就能共同保持久远的幸福，否则就不要麻烦使者白白地往来议和了。假使你们将再次侵扰边塞，朝廷也做好了准备。可汗对此要仔细考虑考虑！”

二月初十日丁亥，玄宗颁布诏命：“各州县逃亡的人口，许在百日内向官府主动投案，这些人或者就在当地落户籍，或者随公文发回原籍所在州县，各自都可按自己的心愿办理。凡过期不投案，官府就追查搜括，一律发配至边远县份。官民人等胆敢隐藏包庇的判罪予以惩罚。”并命令宇文融充任朝廷的使者，搜求逃亡流徙人口和清查隐瞒而未登记的田地，所查获的奸诈虚伪的情况很多。宇文融也因此被提拔为兵部员外兼侍御史。宇文融还上奏请求设置了十名代行御史职务的劝农判官，分头前往全国各地。那些新近落户附籍的客户，免除他们六年的赋调。这些使者在执法上竞相严苛峻急，所在州县的地方官吏又极力迎合使者，烦劳搅扰百姓，致使百姓深受困窘。阳翟县尉皇甫憬上奏反映这一情况，由于玄宗正在重用宇文融，皇甫憬便被降职为盈川尉。地方州县官吏纷纷迎合皇上的旨意，一意追求查获更多的逃亡人口，虚报数量，有的把实户也列为客户，此次共查获户口八十余万，查获隐瞒的土地数目也与户口数目相当。

（以上为第七段，写唐玄宗检括户口，凡得户八十余万，田亦称是。）

兰池州的胡人康待宾诱使当地众多归降的民户一同背叛朝廷。夏季，四月，康待宾统领部众攻陷了六个胡州，拥有七万部众，进逼夏州。朝廷命令朔方道大总管王晙和陇右节度使郭知运一同讨伐康待宾。

四月二十二日戊戌，唐玄宗颁布敕命：“五品以上的京官，地方的州刺史及京兆、河南、河中、太原四府的上层属官，每人向朝廷举荐一名县令，朝廷将根据他们的政绩好坏给予举荐者赏罚。”

唐玄宗任命太仆寺卿王毛仲担任朔方道防御讨击大使，与王晙及天兵军节度大使张说共同指挥征讨康待宾。

六月初三日己卯，朝廷废除中都，把它恢复为蒲州。

蒲州刺史陆象先施政崇尚宽缓简约，所属的官吏和百姓犯有罪过，他多是好言劝诫，将人遣归。蒲州录事对陆象先说道：“明公不使用鞭刑，将用什么来显示权势呢！”陆象先回答说：“人的性情都是相近的，这些人难道不理解我的话吗？如果你一定要我用鞭刑来显示权威，那么就应该从你开始！”录事惭愧退下。陆象先曾经对人说过：“天下本来无事，只是庸人自扰而已。倘若能够正本清源，何愁天下得不到治理！”

秋季，七月初四日己酉，王晙将康待宾打得大败，并生擒了康待宾本人，杀死反叛的胡人一万五千名。七月十六日辛酉，朝廷把四夷各部酋长寻集到京师，在西市将康待宾执行腰斩。

在此之前，反叛的胡人暗地与党项族合谋，攻打银城、连谷县，占据了该地的粮仓，张说率领一万名步兵和骑兵出合河关，向叛军发起袭击，大败叛军。张说一路追击到骆驼堰，党项人却改为对叛军开战，叛军部众已溃不成军，向西逃进了铁建山。张说安抚招集党项人，让他们恢复正常的生活与生产。讨击使阿史那献认为党项人反复无常，请求把他们全部杀掉，张说说：“朝廷的军队应当讨伐叛贼，怀柔降服之众，怎么可以杀死已归顺的人呢？”因而呈奏玄宗设置麟州，用来镇抚党项族余众。

九月初一日乙巳，发生日食。

康待宾发动叛乱的时候，玄宗下诏命令郭知运与王晙共同指挥征讨叛军；王晙上书报告玄宗，自己的朔方兵有足够的力量作为平叛之用，请玄宗敕令郭知运率部撤回陇右本军。尚未接到答复，郭知运已经率部前来，因此两人关系不和。那些已被王晙招降的胡人，郭知运再次纵兵攻击他们；胡人认为王晙出卖了自己，因此重新反叛。玄宗认为王晙无法顺利地平定胡人各部，在九月初二日丙午这一天贬谪王晙为梓州刺史。

九月初三日丁未，梁文献公姚崇去世，临死前发出遗命：“佛家以清静慈悲为本，而愚昧的人却希望通过抄写经卷、修造佛像来求福。早年北齐与北周两国各据一方，北周毁弃经卷佛像而修造武器装备，北齐却大量营造佛寺而放宽刑罚与政令，两国一交战，北齐灭亡、北周兴起。近来如武氏家族和韦氏家族，所建之寺与所度之僧的数目难以计算，却未能挽救其家族诛灭的灾难。你们不要仿效那些男女小儿之辈终身昏昧不觉醒，为我超度诵经祈祷死后之福！道士眼看僧侣由引此获利，于是效法僧侣的做法，更不可把他们请进家门。这是子孙后代应当永远遵从的家法！”

九月十九日癸亥，唐玄宗任命张说担任兵部尚书、同中书门下三品。

冬季，十月，河西、陇右节度大使郭知运去世。郭知运与担任右卫副率职务的同乡王君㚟，两人都是由于骁勇善战、擅长骑射而闻名于西部边陲，所以被西域胡人所忌惮，当时人称他俩为王、郭。郭知运死后，王君㚟便由他的部将代理为河西、陇右节度使，并充任凉州都督。

十一月十三日丙辰，国子祭酒元行冲向玄宗进呈《群书四录》，这部目录共收书达四万八千一百六十九卷。

十一月二十七日庚午，朝廷大赦天下。

十二月十三日乙酉，唐玄宗驾临骊山温泉；十二月二十日壬辰，返回宫中。

在这一年里，唐玄宗把在地方担任都督、刺史的李唐诸王全部召回京师。

新近修建了蒲津浮桥，并熔铸了八头铁牛用来拴系铺桥的粗绳。

安州别驾刘子玄去世。刘子玄就是刘知幾，为避皇帝李隆基的名讳（幾、基音同）而以表字行于世。

著作郎吴兢撰修了《则天实录》，其中谈到宋璟激励张说为魏元忠做证的事实。张说在修史时看到了有关内容，他知道是吴兢所写，却故意说道："刘知幾在修史时特别不肯帮我的忙！"吴兢起身回答道："这些内容是我吴兢撰写的，史书的草稿全都保存着，我不能让明公您错怪亡故的刘子玄。"同僚们听到这些话后全都惊慌失色。后来张说暗地里乞求吴兢把这段记载改写几个字，吴兢始终没应允，他说："我若是顺从您的请求，那么《则天实录》就不算是秉笔直书的信史，我将用什么取信于后人呢？"

太史向玄宗进奏，报告《麟德历》越来越不准确，对日食的预测多次未能兑现。玄宗命令僧一行重新编制新的历法，率府兵曹梁令瓒设计制造了黄道游仪来观测日、月、水、火、木、金、土七星。

朝廷设置朔方节度使，统辖单于都护府，夏、盐等六州以及定远、丰安二军和三受降城。

（以上为第八段，写朔方大总管王晙大破兰池州叛胡，诛其首领康待宾。贤相姚崇薨。僧一行测日影造新历。）

唐玄宗开元十年（壬戌，公元722年）

春季，正月十五日丁巳，玄宗前往东都洛阳，命令刑部尚书王志愔担任西京留守。

正月二十一日癸亥，朝廷命令有关官署征收公廨田、园、地的税钱，将这笔税收作为文武百官的俸禄。

正月二十三日乙丑，朝廷收缴文武百官的职分田，每亩大致给太仓粟米二斗作为补偿。

二月初七日戊寅，唐玄宗抵达东都。

夏季，四月二十九日己亥，唐玄宗任命张说兼任朔方军节度使。

五月，伊水和汝水泛滥，溢出河堤，淹没民户数千家。

闰五月初二日壬申，张说来到朔方巡视边情。

闰五月十九日己丑，唐玄宗封余姚县主之女慕容氏为燕郡公主，把她许配给契丹王郁干。

六月十八日丁巳，博州境内黄河决堤，朝廷命令按察使萧嵩等官员前往赈灾治河。萧嵩是南朝后梁明帝萧岿的孙子。

六月三十日己巳，唐玄宗颁布诏命，把太庙内供奉祖宗神主的房子增加到九间，把中宗皇帝的神主迁回太庙。

秋季，八月初四日癸卯，武强县县令裴景仙因贪赃五千匹事情败露，弃官逃亡；唐玄宗动怒，命令当众将他斩首。大理寺卿李朝隐进奏，认为裴景仙所得赃物均为乞求获取，依法不致判处死罪。此外，裴景仙的曾祖裴寂有参与谋划反隋的大功，武后载初年间裴氏无罪，因酷吏迫害而家破人亡，唯独裴景仙一人幸存，而今他作为裴氏的嫡传继承人，也应当赦免他的死刑，把他流放到荒凉边远的地区。李朝隐奏章内容的大意是："贤者的十代子孙所犯死罪当一律宽恕，是由于贤者的功绩确实应予记取，由于诛杀罪犯而造成一个家族断绝祭祀的香火，在情理上或许有可怜之处。"玄宗还是颁下诏命要将裴景仙用杖刑处死。李朝隐又向玄宗上奏说："生杀大权能够操在君主一人的手中，但量刑轻重的法度则应由臣下谨守。现在如果由于乞取赃物获罪便判处斩刑，那么今后假若有违法者需要论罪判刑，又将怎么来量刑呢？因此臣为了国家而顾惜法度，期望律令条文得到遵守，臣不敢拿法律来迁就个人，而只是内心怜悯裴景仙的性命。"李朝隐还说："假使将裴寂所建功勋一概捐弃，将裴景仙所犯之罪特别从重量刑，那么晋叔向由于本人贤明而得以不受其弟株连，又有什么值得称道的；楚若敖氏家族祖先的鬼魂也就会因断子绝孙无人祀奉而陷于饥饿了。"玄宗总算采纳了李朝隐的主张，判处裴景仙杖刑一百，流放到岭南环境恶劣的地方。

安南贼盗首领梅叔焉等围攻所在州县，朝廷派遣骠骑将军兼内侍杨思勖讨伐他们。杨思勖在当地招募各部蛮族子弟从军，募得一支十万人的军队，向梅叔焉等人发动袭击并大获全胜，将梅叔焉斩首，又将所获死尸堆积在一起，筑成一座高大的京观，然后返回京城。

起初，在唐玄宗诛除韦皇后的时候，王皇后参与了许多秘密的谋划，玄宗登位九年以后，王皇后姿色渐衰，玄宗对她的宠爱也弛缓怠慢起来。此时武惠妃颇得玄宗宠幸，内心暗暗地产生了夺取皇后之位的意图，王皇后因此心怀不平，经常对唐玄宗出言不逊。唐玄宗对皇后更加不满，私下与秘书监姜皎商议，打算以皇后无子为理由把她废黜，姜皎却把玄宗这一意图泄露了出去。继位滕王李峤是王皇后的妹夫，便将此事向玄宗上奏。唐玄宗因而动怒，宰相张嘉贞迎合玄宗的旨意，便罗织姜皎的罪名，声称："姜皎妄谈祸福吉凶之事。"九月初六日甲戌，姜皎被处以杖刑六十，流放到钦州；姜皎之弟吏部侍郎姜晦也被贬谪为春州司马；姜氏的亲属党羽中还有几个获罪被判处流刑或死刑，姜皎在流放钦州的路途中死去。

九月初七日乙亥，玄宗颁布诏命："宗室、外戚、驸马不属骨肉至亲的，一律不得相互拜访、交往；而那些问卜看相占候的术士，一概不许出入文武百官的家门。”

（以上为第九段，写唐玄宗治贪与泄禁中语极为严厉，又禁宗室、外戚、驸马非至亲不得交往，卜巫之人不得登百官之门。）

九月十一日己卯夜，左领军兵曹权楚璧伙同其党羽李齐损等人制造反叛，拥立权楚璧兄长之子权梁山为光帝，谎称他是襄王李重茂之子，聚集了左屯营数百名士兵闯入皇宫禁城，搜查西京留守王志愔，但没能捕获他。拂晓的时候，闯入宫禁的屯营兵自行溃散，将权楚璧等人斩首，并把他们的首级传送到东都洛阳。王志愔在极度惊慌恐惧中去世。权楚璧是权怀恩的侄儿，李齐损是李迥秀的儿子。九月十四日壬午，朝廷派遣河南尹王怡前往京师审讯案犯并安抚人心。

九月十五日癸未，吐蕃军队围攻小勃律王没谨忙，没谨忙向唐北庭节度使张嵩请求援救说：“勃律是大唐西面的门户，倘若勃律被灭亡，整个西域之地就会完全沦为吐蕃所有了。”于是张嵩派遣疏勒副使张思礼统领四千名汉、胡步骑兵前去救援。张思礼昼夜兼程，与没谨忙夹攻吐蕃军队，大败吐蕃军队，斩杀及俘获达数万之多。此后几年之内，吐蕃一直不敢进犯边塞。

王怡主持审理权楚璧等人作乱的案子，有很多人牵连被捕，案子积久而未判决。玄宗便命令开府仪同三司宋璟担任西京留守。宋璟赴任后，只把权楚璧的几个同谋者处死，其他人均向玄宗上奏后赦免了他们。

康待宾的残部康愿子发动了叛乱，自称为可汗；张说调遣军队追踪讨伐，擒获了康愿子，叛乱的徒众遂全被平定。朝廷又将河曲六州残存的五万余口胡人迁徙到许、汝、唐、邓、仙、豫等州安置，使黄河以南及朔方道各州千里之地成为无人居住的空地。

（以上为第十段，写唐军大败犯边西域的吐蕃。宋璟治反狱，只诛元恶。）

在此之前，沿边境戍守的士卒通常为六十余万之众，张说认为时下没有强大的敌人，上奏请求裁减二十万士兵，让这些人返乡务农。玄宗对此表示怀疑，张说便陈述道：“臣久在边疆，对这里的情况全都了如指掌，重兵戍边不过是将帅暂且来自保以及役使士兵谋取私利罢了。假如说是为了御敌制胜，完全没有必要拥有如此众多的冗兵，而妨害了农事。倘若陛下对臣的主张尚有怀疑，臣请求以全家百口的性命作为担保。”玄宗终于同意了他的主张。

唐初，各卫的府兵，从成丁之年开始入伍，到六十岁才能免役，府兵家中还必须负担各种徭役，因此生活逐渐趋于贫弱，各卫的府兵几乎全部逃亡，百姓也深受兵役带来的苦难。张说向玄宗提出建议，请求招募壮士充当宿卫，应募入伍后，不再承担各种名目的徭役，制定优厚的条例，那么逃避兵役的人必然会争相应募从军。

玄宗听从了他的意见。仅用十天的时间，就募得精兵十三万，分别隶属于各卫，轮流上下军卫值勤。士兵、农夫的分离，就是从这时开始的。

冬季，十月十五日癸丑，朝廷再次将乾元殿改为明堂。

十月十六日甲寅，玄宗驾临寿安境内的兴泰宫，在上宜川狩猎；十月二十二日庚申，返回宫中。

唐玄宗打算在北部北境地区炫耀军事力量。十月二十九日丁卯，任命秦州都督张守洁等人担任各卫将军。

十一月二十八日乙未，朝廷初次规定宰相实封的总数为三百户。

前任广州都督裴伷先被捕入狱，唐玄宗与宰相们共同商议对他如何定罪。张嘉贞请求对他处以杖刑，张说则说："臣听说刑不上大夫，因为卿大夫是君主的近臣，并以此培养他们的廉耻心。因此说士可杀不可辱。不久前臣在北部边境巡视的时候，听说陛下在朝廷上对姜皎动用了杖刑。姜皎的官阶高居三品，为朝廷多少也曾立过功勋，若应加死罪就将他处死、若该判流放就把他流放，怎么随便地动用笞杖之刑来羞辱他、将他作为奴隶来对待呢？姜皎的事情已经过去，再也无法追回，但根据裴伷先的罪状应当判处流刑，陛下怎么能够重蹈处理姜皎之事的失误呢！"玄宗认为他的看法非常正确。张嘉贞心怀不满，退朝之后对张说讲："您怎么把事情说得这么严重呀！"张说回答道："宰相之职，是时机到来就可以担任的。假使对朝廷大臣均能随意处以笞杖之辱，只恐怕会施行到我们这些人的头上。我今天这番话非为裴伷先一人，而是为全国所有的士大夫讲的。"张嘉贞无言对答。

十二月初三日庚子，朝廷把十姓可汗阿史那怀道的女儿封为交河公主，并把他许配给突骑施可汗苏禄。

唐玄宗即将前往晋阳，顺路先返回长安。张说向玄宗进言道："汾阴脽丘上有朝所立的后土祠，而祭祀后土的大礼长期废弛，陛下应当趁巡幸之机重新整饬此礼，以便为农事祈祷丰收。"玄宗表示同意。

唐玄宗之女永穆公主将要出嫁，玄宗颁布敕令按照太平公主出嫁时的规格为她陪送嫁妆。僧一行规劝道："武后只有太平公主一个女儿，因而所送陪嫁特别丰厚，但她最终由于骄横而败亡，怎么可以效法这样的先例呢？"玄宗听罢赶忙中止这种做法。

（以上为第十一段，写张说主张裁减边兵，反对廷杖辱大臣。）

唐玄宗开元十一年（癸亥，公元 723 年）

春季，正月初三日己巳，玄宗一行从东都洛阳启程北上巡行；正月十四日庚辰，到达潞州，命令免除当地百姓五年的赋役；正月二十五日辛卯，抵达并州，设置北都，把并州改为太原府，州刺史改称府尹；二月十二日戊申，返回晋州。

张说与张嘉贞之间不和，恰逢张嘉贞之弟金吾将军张嘉祐贪赃事情败露，张说便劝张嘉贞在朝廷外素服待罪，听候处分。二月十三日己酉，张嘉贞被贬谪为幽州刺史。

二月十六日壬子，唐玄宗在汾阴祭祀后土神。二月十九日乙卯，把平遥县县令王同庆降职为赣县县尉，原因是犯了大量储备器物，烦扰老百姓的罪过。

二月二十七日癸亥，唐玄宗任命张说兼任中书令。

己巳日，朝廷撤销天兵、大武等军，把大同军改为太原以北节度使，统辖太原、辽、石、岚、汾、代、忻、朔、蔚、云十个州。

三月初五日庚午，唐玄宗一行抵达京师。

夏季，四月三十日甲子，唐玄宗任命吏部尚书王晙担任兵部尚书、同中书门下三品。

五月二十五日己丑，唐玄宗任命王晙兼任朔方军节度大使，巡视河西、陇右、河东、河北各军。

唐玄宗设置丽正书院，集中了秘书监徐坚、太常博士会稽人贺知章、监察御史彭城人赵冬曦等文学之士，他们当中有的著书立说，有的为玄宗讲论经史；玄宗还命令张说担任修书使来执掌其事，有关官署给予这些人的待遇十分优厚。中书舍人洛阳人陆坚认为这些人对国有没有任何用处，白白地浪费钱财，打算奏请将这些人全部罢黜。张说认为："自古以来有各位帝王在国家安定时期，无不大兴土木营造宫室，大肆满足耳目声色之好，只有当今天子延请和礼遇文学儒术之士，弘扬文献典籍，这样做所获取的益处不小，所耗费的钱财却微不足道。陆子所说的话，多么不明事理啊！"玄宗获悉此事之后，器重张说而藐视陆坚。

秋季，八月初十日癸卯，唐玄宗颁布敕命："先前朝廷曾下令清查搜括逃亡人口，我担心此举会对百姓造成搅扰。现在天下大同，对百姓应当满足他们各自的愿望，命令所在州县对这些人妥善安置，使他们能安居乐业。"

八月十五日戊申，朝廷追尊宣皇帝的庙号为献祖，追尊光皇帝的庙号为懿祖，把两人的神主供奉于太庙九室中祔祭。

在此之前，吐谷浑畏惧吐蕃势力的强大，被迫降附吐蕃达数年之久。九月初十日壬申，吐谷浑酋长统领部众来到沙州请求归降朝廷，河西节度使张敬忠安抚并接受了他们。

冬季，十月初五日丁酉，玄宗驾临骊山，营造温泉宫。十月二十二日甲寅，返回宫中。

十一月，礼仪使张说等人向玄宗呈奏，请求将唐高祖配享昊天上帝，废止唐高祖、唐太宗、唐高宗三祖一起配享的礼制。十一月十六日戊寅，玄宗在南郊祭天，赦免天下罪囚。

十一月二十六日戊子，唐玄宗命令尚书左丞萧嵩与京兆、蒲、同、岐、华州长官共同选拔府兵以及平民壮丁共一十二万人，称为“长从宿卫”，每年轮到两次服役的任务，地方州县不得再用其他徭役差使这些人。

十二月初三日甲午，唐玄宗驾临凤泉温泉。十二月十七日戊申，返回宫中。

十二月二十九日庚申，兵部尚书、同中书门下三品王晙被控与远亲结为同党，唐玄宗把他贬谪为蕲州刺史。

这一年，张说奏请把政事堂改名为中书门下，在中书门下之后设置吏房、枢机房、兵房、户房、刑礼房等五房分别掌理各类政务。

当初，监察御史濮阳人杜暹因检查审验事务赴突骑施，突骑施部落向他馈赠黄金，他执意推辞。左右的随行人员对他说：“您现在身处异域，不应拒绝他们的盛情。”于是他便接受了馈赠，并将黄金埋在自己所住的帷帐下面。等到完成使命离开突骑施之后，他递送公文告诉他们实情，并且让他们取出来。突骑施部众十分惊异，立即穿越沙漠前来追赶，没有追上。后来安西都护一职空缺，有人推荐杜暹前往安西担任这一使命，当地之人无不叹服他的清廉谨慎。此时杜暹正在担任给事中，因母亲去世而居丧守制。

（以上为第十二段，写张嘉贞因弟贪赃受牵连被罢相。唐玄宗裁减边兵，置丽正书院优抚文人学士。）

唐玄宗开元十二年（甲子，公元 724 年）

春季，三月初五日甲子，玄宗征召为母亲守制尚未满期的杜暹出任安西副大都护和碛西节度、支度、营田使。

神龙初年，朝廷曾追令恢复泽王李上金的官爵，并在岭南找到其庶子李义珣来承袭他过去的爵位。许王李素节之子李瓘贪图李义珣所得到的爵位和封邑，便与自己的弟弟李璆谋划，指使他人举报李义珣不是李上金的儿子，而是假冒袭封，于是朝廷再次把李义珣流放到岭南，而把李璆作为李上金的后嗣并封其为嗣泽王。至此，玉真公主向玄宗呈上表章证明李义珣确实是李上金的儿子，他遭受了李瓘兄弟的排挤。夏季，四月十一日庚子，唐玄宗再次把李义珣立为嗣泽王，削除李璆的爵位，把李瓘贬黜为鄂州别驾。四月十三日壬寅，唐玄宗颁布敕令，要所有以旁支承袭为嗣王的宗室子孙一律归返本籍。

四月二十三日壬子，朝廷命令太史南宫说等人在黄河南、北两岸的平地上测量太阳的影子和北极星的位置，于夏至日的中午在不同地方都树起八尺长的标杆，同时测量这些标杆影子的长度，阳城县日影的长度为一尺四寸八分弱，晚上所看到的北极星高出地面三十四度十分度之四；汴州浚仪岳台日影的长度为一尺五寸微强，晚上北极星高出地面三十四度八分；最南部的观测点设地郎州，其日影长度为七寸七分，晚上北极星高出地面二十九度半；最北部的观测点设在蔚州，其日影长度为二尺二寸九分，晚上北极星高出地面四十度。最南部的郎州观测点和最北部的蔚州观测点之间相距三千六百八十八里九十步，两处的日影长度相差一尺五寸二分，晚上北极星高出地面的角度相差十度半。再往南在交州设观测点，其日影至标杆南面三寸三分处。八月，在海中向南极老人星四周望去，群星灿烂闪烁，全都是以往未曾命名的，大约离南极星二十度角以上的星星均可看到。

五月二十九日丁亥，朝廷停止任命各道按察使。

六月初五日壬辰，玄宗颁布诏命，允许逃亡的民户向官府自首，开垦他们寄居处闲置的土地，由官府依据实际情况，征敛赋税，但不得支派差使、征发徭役，租庸均一概蠲免。还命令兵部员外郎兼侍御史宇文融继续担任劝农使，到各州县巡视，与吏民商定赋税徭役的具体数额。

唐玄宗因为山东各地发生旱灾，命令朝廷名臣充实刺史的职务。壬午日，命令黄门侍郎王丘、中书侍郎长安人崔沔和礼部侍郎、知制诰韩休等五人到地方上担任刺史。王丘是王同皎堂兄的儿子、韩休是韩大敏的孙子。

当初，张说推荐崔沔担任中书侍郎，按照惯例，接受皇帝诏书以及宣布皇帝旨意均由宰相执行，中书侍郎仅在文书上副署而已。崔沔认为：“朝廷设官分职，是为了使上下之间得以联通，只有各抒己见，朝廷政事才能不出错误。中书侍郎是中书令的副手，怎么能拱手不语，无所事事呢？”因此遇事经常提出不同主张，张说为此心中不快，便借此机会把他调到地方担任刺史。

秋季，七月，突厥可汗派其大臣哥解颉利发出使来到朝廷求婚。

溪州蛮族人覃行璋反叛，朝廷命令监门卫大将军杨思勖担任黔中道招讨使统军征讨。七月初六日癸亥，杨思勖活捉了覃行璋，斩首级三万颗而班师。玄宗为杨思勖加授辅国大将军衔，并规定他的俸禄、护卫差役的数目均按品级提供。还赦免了覃行璋之罪，命令他担任洵水府别将。

姜皎获罪被流放之后，王皇后心中更加忧惧不安，但由于她对手下人有恩惠，因而并没有人立刻到玄宗那里去诬陷她，玄宗在几年之中也一直对是否废掉皇后之事犹豫不决。王皇后的哥哥太子少保王守一鉴于皇后没有生儿子，便指使僧人明悟为皇后祭祀北斗七星和南斗六星，剖开霹雳木，在上面写下天地二字和皇帝的姓名，把两个半片合在一起，佩戴在皇后身上，向上天祈祷说：“佩戴了这个东西，就会生下儿子，必将像则天皇后那样。”此事败露了，七月二十二日己卯，玄宗把王皇后废为庶人，把她移到别室居住；又把王守一贬谪为潭州别驾，并在赴任的路途中赐他自杀。户部尚书张嘉贞因与王守一结交获罪，被贬谪为台州刺史。

八月初九日丙申，突厥使者哥解颉利发归国，由于这名使者身份太低，礼数也不完备，因此朝廷没有允许与突厥通婚。

八月十二日己亥，玄宗任命宇文融担任御史中丞。

宇文融乘着驿车遍行天下，地方上无论发生了大事小事，都要先用公文向他这个劝农使汇报，然后再上报给中书省；尚书诸省左右司主管官也都是等到宇文融做出指挥方略之后，才对具体问题做出处理。当时玄宗正准备对周边各部落大肆征讨，急需费用，地方州县官畏惧宇文融，大多虚报括田及括户的数额，总共查得寄居的民户八十余万，隐匿的土地数量也与此不相上下。到年终时，共增加财政收入达几百万缗，宇文融把这笔收入全部缴纳宫中，因而深得玄宗的宠信。议论者大多认为他这样做搅扰了民间的正常生活，对百姓不利，玄宗也曾把文武百官召集到尚书省共同讨论他的做法。但由于公卿以下的大臣忌惮宇文融拥有天子给予的权势，所以不敢提出不同的主张。只有户部侍郎杨玚高声议论，他认为："清查寄居的户口，允许自首的人免税，对本地的百姓不利；加征田籍之外民田的租税，会使得百姓贫穷困苦，所得补偿不了所失。"过了不久，杨玚便被外放为华州刺史。

八月十五日壬寅，玄宗命令开府仪同三司宋璟担任西京留守。

冬季，十月十一日丁酉，西域谢飓国国王特勒派遣使者来朝上奏，称："去年五月，金城公主派遣使者前往箇失密国，说是要出走归附箇失密。箇失密国王向我们的国王借兵，要联合两国以共同抵御吐蕃。国王派臣前来听取如何采取措施。"唐玄宗认为他们的做法很正确，便赐予绢帛，遣送使者回国。

被废黜的王皇后去世，后宫中的人思念不已，玄宗也感到后悔。

十一月十四日庚午，唐玄宗启程前往东都，十月二十二日戊寅，抵达东都。

十一月二十五日辛巳，司徒申王李抝去世，玄宗赠予他惠庄太子的谥号。

群臣多次向唐玄宗进呈表章请求举行封禅典礼，闰十二月十二日丁卯，玄宗颁布诏命，决定次年的十一月十日在泰山举行祭祀典礼。当时张说首先提出封禅的主张，而源乾曜不同意实施张说的计划，因此他与张说失和。

这一年，契丹王李郁干去世，他的弟弟李吐干继承王位。

（以上为第十三段，写唐玄宗废王皇后，检括户口。张说为相。）

唐玄宗开元十三年（乙丑，公元 725 年）

春季，二月初六日庚申，玄宗命令御史中丞宇文融兼任户部侍郎。玄宗颁布诏命，把所征得的客户税钱全部充作所在州县的常平仓本金。又委派劝农使司与各州县商量筹办劝农社，以便使得社会上贫富相周济，耕种田地而不误农时。

二月二十一日乙亥，唐玄宗把长从宿卫亲军改名称作"彍骑"，分别隶属于十二卫，总计兵员为十二万人，共分六个轮次入值宿卫。

唐玄宗亲自挑选了素有声望的大理寺卿源光裕、尚书省左丞杨承令、兵部侍郎寇泚等十一位诸官署长官担任州刺史，又命令宰相、诸王及诸官署长官、台郎、御史们在洛水岸边为他们饯行，场面很盛大。赐给他们御膳房做的玄宗的常膳，由太常置办音乐，又召来内教坊中的歌伎表演助兴。唐玄宗还亲笔书写了自己所作的十韵诗作为颁赏。源光裕是源乾曜的侄孙。

三月初十日甲午，太子李嗣谦把名字改为李鸿；郯王李嗣直改封为庆王，并把名字改为李潭；陕王李嗣升改封为忠王，并把名字改为李浚；鄫王李嗣真改封为棣王，并把名字改为李洽；鄂王李嗣初改名李涓；鄄王李嗣玄改封为荣王，并把名字改为李滉。玄宗又封其子李涺为光王、封李潍为仪王、封李沄为颍王、封李泽为永王、封李清为寿王、封李洄为延王、封李沭为盛王、封李溢为济王。

三月十二日丙申，御史大夫程行湛上奏说："在武周朝的酷吏之中，来俊臣等二十三人的情节特别严重，请陛下明令禁止这些人的子孙担任职官；傅游艺等四人罪状稍微轻一些，其子孙也不许在京畿之地任官。"唐玄宗接受这一建议。

汾州刺史杨承令不愿就任外地官职，心中怏怏不乐，声称："我被外放为刺史，事出有因。"玄宗得知这事而动怒，三月十八日壬寅，把他贬谪为睦州别驾。

张说起草了封禅礼仪并把它呈送给玄宗。夏季，四月初三日丙辰，唐玄宗与中书门下及礼官、学士们一道在集仙殿宴饮。玄宗说："神仙是凭空臆造的事物，对此我并不予以采用。贤良之士则是济世治民的器具，我今天与诸位一同宴饮，应当把集仙殿改名为集贤殿。"规定凡在书院中任职的官员，五品以上一律称为学士、六品以下一律称为直学士。又命令张说担任知院事、命令右散骑常侍徐坚作他的副手。唐玄宗还打算任命张说为大学士，由于张说执意推辞才作罢。

（以上为第十四段，写唐玄宗外放京官任刺史，禁锢武周朝酷吏子孙。张说草封禅仪。）

张说因为玄宗大驾出巡前往东边泰山封禅，唯恐突厥人乘机入侵，所以提议增派军队守御边疆，并召来兵部郎中裴光庭商议此事。裴光庭说："封禅的典礼，乃是皇帝向上天报告业绩成功的仪式。现在皇帝正要通过封泰山向上天表达衷情，而惧怕起戎狄来了，这不是彰明圣朝至德的做法。"张说问道："那么我们应该怎么办呢？"裴光庭回答说："在四夷当中，要算突厥是最强大的，最近一段时期他们多次请求和亲通婚。而今假使朝廷派遣一位使节，前往突厥征召其大臣随同皇帝封泰山，他们必定会欣然从命。一旦突厥到来，则戎狄君长都会前来。那么就可以偃旗息鼓，高枕无忧了。"张说称赞他说："非常好，我张说赶不上你。"便立即上奏玄宗批准并付诸施行。裴光庭是裴行俭的儿子。

唐玄宗派遣中书直省官吏袁振代理鸿胪寺卿职务，去向突厥宣谕自己的旨意。突厥可汗小杀与阙特勒、暾欲谷围坐在帷帐之中，设酒宴招待袁振，他对袁振说道："吐蕃乃是犬戎种族，奚、契丹原来则是突厥的奴隶，他们却都能娶大唐公主为妻。

唯独我们突厥前后多次向朝廷的求婚不予批准，这究竟是为了什么呢？况且我们也知道远嫁各部的公主们均不是皇上的亲生女儿，然而现在谁还管公主的真假呢？只不过是由于多次求婚未获批准，见到各部便面有惭愧之色而已。”袁振答应为他们向玄宗上奏求婚。小杀可汗便派遣其大臣阿史德颉利发入朝纳贡，随后便侍从唐玄宗东行封禅。

五月初八日庚寅，妖贼刘定高率众在夜间进攻通洛门，这些人全部被抓获处斩。

秋季，八月，张说在议论封禅礼仪的时候，请求以睿宗配享皇地祇神，唐玄宗采纳了这一建议。

九月初六日丙戌，玄宗对宰相们说道：“《春秋》上不记载祥瑞，只是记载年成。”于是颁布敕命，规定从此各州县不许再将祥瑞上奏朝廷。

冬季，十月初三日癸丑，用水作动力运转的浑天铜仪造成。此铜仪上排列着各个星宿，加满水后冲激着轮子，使得它自转，每个昼夜运转一圈。铜仪的外部另外安装着两个轮子，分别镶嵌着太阳和月亮在“天”外逆向而行，运行速度的快慢也与天体本身的运行度数相合。还设置了一个木柜子作为“地”面，把铜仪的一半安放在“地”面以下，再装上两个小木人，其中一个每一刻时间敲鼓一次、另一个每一个时辰撞钟一声，铜仪的机械均藏在此木柜内。

十月十一日辛酉，唐玄宗一行从东都出发，文武百官、皇亲国戚和各族酋长均护驾东行。车队每次在驿站顿驻休息时，数十里长的行列两旁人畜蔽野，有关衙门提供的车辆满载着给唐玄宗一行使用的物品，络绎不绝长达几百里。

十一月初六日丙戌，唐玄宗一行抵达泰山脚下，玄宗骑马登临泰山，把随行官员留在谷口，独自与宰相以及祠官一道上山，绵延达百余里的仪仗侍卫环列在山下。唐玄宗向礼部侍郎贺知章问道：“过去帝王封禅所用的玉制文书，为什么总是秘不示人？”贺知章回答说：“或许是帝王王秘密地向神仙祈福，因此不想让别人见到。”唐玄宗说：“我这可是为天下苍生祈祷幸福啊！”于是取出玉制封禅文书向群臣宣谕。十一月初十日庚寅，玄宗在泰山顶上祭祀了昊天上帝，群臣则在山下的祭坛上祭祀了五帝百神，其他仪程一律仿效乾封年间封禅的旧例。十一月十一日辛卯，玄宗在社首祭祀了皇地祇。十一月十二日壬辰，玄宗亲临连幄而成的帐殿，接受群臣朝觐，赦免天下罪囚，并册封泰山之神为天齐王，并享用加三公一等的礼数。

张说带领许多中书省、门下省官吏和自己的直属官随从唐玄宗登山。封禅典礼结束后玄宗推恩行赏时，这部分人一般都被破格提拔到五品官阶，其他文武百官却与之无缘；中书舍人张九龄规劝张说不要这样做，但是张说没有理会。另外，护驾侍从玄宗的士卒，都只加级而不赐实物，因此朝廷内外纷纷对张说表示不满。

当初，隋朝末年国有马匹全都被盗贼以及戎狄劫掠。唐朝建国初期，朝廷只是在赤岸泽获得雌雄马匹共三千匹，便把这些马匹迁徙到陇右牧养，命令太仆张万岁掌管养马之事。张万岁对此职事很尽职，从贞观到麟德年间，国有马匹不断繁殖，数目已达到七十余万匹，分属八坊、四十八监，朝廷分别任命坊、监使来管辖官马的放养。此时全国各地用一匹细绢就可以换到一匹马。垂拱年间之后，官马数量不知不觉地减少了大半。玄宗刚即位的时候，国有马匹总数只有二十四万匹了，朝廷命令太仆寺卿王毛仲担任内外闲厩使，命令太仆寺少卿张景顺担任他的副手。至此，国有马匹的数量又增至四十三万匹，官府饲养牛羊的数量大致也有这么多。唐玄宗东至泰山封禅的时候，带去了牧马数万匹，按照马的毛色分成不同的马群，一眼望去就如同天上的彩云在移动，玄宗为了嘉奖王毛仲的功绩，十一月十三日癸巳，将王毛仲加官为开府仪同三司。

十一月十四日甲午，唐玄宗一行从泰山出发，十一月十六日丙申，来到孔子故居举行祭祀。

唐玄宗在返回京师途中到达宋州，在楼上设宴款待随从官员，宋州刺史寇泚也参加了宴会。酒兴正浓的时候，玄宗对张说讲："以往我曾多次派遣使臣分巡各道考察地方官的优劣，这次借封禅的机会亲自到各州走了一遭，才明白使臣欺瞒我的地方太多了。怀州刺史王丘，除了牛羊猪等活的牲畜之外，没有贡献其他任何珍奇之物；魏州刺史崔沔，所供给的陈设之中没有一件是绵织物制作的，这都是示意我应当有所节俭。济州刺史裴耀卿，向我呈进一篇几百字的表章，全都是规谏的话，而且说道：'如果百姓被严重搅扰的话，那么陛下封禅就不能报告成功于上天。'我常把此话作为座右铭，并且拿它来告诫左右侍臣。像这三位官员这样不愿劳苦百姓来邀恩求进，真是贤良的官吏呀！"唐玄宗又回过头来对寇泚说道："近来多次有人向我诉说你所供给的酒宴不太丰盛，我明白这是由于你没有买通我左右的人为你说好话的缘故。"说完亲自举杯赐酒给寇泚。宰相领着群臣起身称贺，楼上所有的人纷纷高呼万岁。于是玄宗命令王丘担任尚书省左丞、命令崔沔担任散骑侍郎、命令裴耀卿担任宣州刺史。裴耀卿是裴叔业的七世孙。

十二月二十日己巳，唐玄宗返回东都。

突厥使者阿史德颉利发辞行返国，玄宗给予他丰厚的赏赐之后送走了他，但最终还是没有答应突厥的求婚。

（以上为第十五段，写唐玄宗上泰山封禅。）

王毛仲获得唐玄宗的宠信，投靠巴结他的众多官员纷至沓来。王毛仲将要嫁女儿，玄宗问他还要什么东西。王毛仲回答说："臣万事已备办好了，只是没有客人。"玄宗说："张说、源乾曜这些人难道不能叫来吗？"答道："这些是能请到的。"玄宗说："我知道你请不来的只有一个人而已，他必定是宋璟。"王毛仲说："正是他。"玄宗笑着说道："我明天亲自出面替你请客。"第二天，玄宗对宰相们说："我的奴才王毛仲家要办婚事了，你们最好与朝廷各位要员一起去他家道贺。”已到正午时分，所有的来宾都还不敢动筷子，只等待宋璟一人到来，过了好久，宋璟才来赴宴，他先端起酒杯朝西面行礼拜谢君命，然后不等饮尽这一杯酒，便借口腹中疼痛而退席回家。宋璟的刚直，随着他年寿的增高而日益笃定。

在此之前，契丹王李吐干因与可突干相互猜忌，便带着公主投奔唐朝，不敢重新返回契丹，玄宗把他改封为辽阳王，留在京师担任宿卫，可突干便拥立李尽忠之弟邵固为契丹君王。玄宗东行封泰山时，邵固也来到车驾前，并随从玄宗去了泰山，玄宗命令他担任左羽林大将军、静折军经略大使。

唐玄宗怀疑吏部负责实施的选官考试有失公正，此时选官考试的日期已经临近，御史中丞宇文融秘密地呈奏，请求把吏部选官分为十铨。十二月二十五日甲戌，朝廷派遣礼部尚书苏颋等十人主持吏部铨选，在试卷评判就要结束的时候，突然把应试者召进宫中亲自测试来做出决定，吏部的尚书和侍郎均不得过问。左庶子吴兢向玄宗上表说："陛下枉自听信谗言，竟不相信执掌铨选的吏部，这绝不是居上位者君临天下、推诚感人的途径。从前陈平、邴吉担任汉朝的宰相，尚且不去核实钱谷的数额，不去过问斗殴致死人命的案件，何况陛下是一国的皇帝，怎么可以降低身份躬行铨选之事呢？凡是候选官吏的试卷评判，陛下都应当交给吏部处置并实施这项十铨之法。”玄宗虽然没有马上接受，但是到了第二年就恢复了原有的方法。

在这一年里，东都的米价每斗值十五钱，青州、齐州每斗值五钱，而每斗粟只值三钱。

于阗王尉迟眺暗地勾结突厥以及各部胡人图谋反叛，安西副大都护杜暹出兵，生擒了尉迟眺并将他斩首，又另外立了一位于阗王。

（以上为第十六段，写唐玄宗尊宠家奴，亲任选官主考。）

【点评】

本卷记事起开元六年到十三年，凡八年史事。此时期，唐玄宗与朝政大臣仍沿袭开元初励精图治的政治轨迹向前发展。唐玄宗还保持着清醒的头脑，讷谏用贤，宋璟、源乾曜、张嘉贞、张说相继为相，诸贤均一时之选。君臣兢兢业业，政治蒸蒸日上，仍保持君明臣贤的政治局面。开元十三年（公元 725 年），十一月，唐玄宗上泰山封禅，确实是实至名归，唐朝达于鼎盛。封禅是祭天告成功的大典，唐玄宗当之无愧。

宋璟为相，荐贤才以杜绝奸巧仕进，唐玄宗与宋璟都不为亲故滥授一官。宋璟的远房叔父宋元超已被选入，由吏部授官。由于宋元超自称是宋璟族叔，想得到优待，宋璟知道后反而免去了他的入选资格。宋璟治反狱，只诛元恶，刑法宽平。唐玄宗惩贪，依然雷厉风行。武强令裴景仙因乞求非法所得绢五千匹，唐玄宗要集众诛杀。依法裴景仙非法乞取不致死罪，又是独子，还是开国功臣裴寂的后代，大理卿李朝隐力争，才得以免死，流放岭南最偏远的地方。宰相张嘉贞，因弟弟贪赃而受株连免相。唐玄宗很重视地方官都督、刺史的任用，选拔京官中有才望的人外放任职，此时期继续推行。慎选举、缓刑、惩贪、注重地方官人选，这些是开元盛世清平政治的主流。

这一时期，唐玄宗还加强了中央集权的施政措施与制度建设。最要的有以下几个方面。其一，检括户口，国家多得八十余万户与相应的田亩。其二，禁恶钱。开元七年（公元719年）二月，唐玄宗下诏由太府以及州县粮仓出粟十万卖给百姓，回收劣质钱销毁。劣质钱是私铸的恶钱，如同今之伪钞。恶钱泛滥，影响官钱流通，导致奸民与国争利，通货膨胀，百姓受害。国家储粮积久而腐败，用来回收恶钱销毁，表明国家禁绝恶钱的决心，起到动员民众抵制恶钱的作用。可是这项善政，触动了既得利益者，遭到权贵的反对，唐玄宗没有贯彻到底，宋璟还因此丢了官。其三，禁闭诸王。诸王是最有可能夺取帝位的人。唐玄宗本人就是以诸王资格发动禁卫军诛杀韦皇后而取得太子地位的。开元十年（公元722年），唐玄宗严令宗室，外戚、驸马，非至亲不得往来，更不能与百官交结。光禄少卿驸马都尉裴虚己与岐王李范游宴，裴虚己被流放新州，逼迫与公主离婚。万年尉刘庭琦、太祝张谔与李范饮酒赋诗，两人均遭贬逐。后来宰相张说也因私入岐王李范宅第而被贬官出朝。唐玄宗兄弟封王的有五人，皇子封王的有十六人，诸王被集中安置在宫城旁的诸王小区，每王各一宅，在生活上受到优越待遇，但不得任职事，行动也不自由，有宦官监管。诸王小区称为十王宅，也称十六宅。后来皇孙渐多，小区扩大为百孙院，也派宦官监管。皇太子不住东宫，紧随皇帝住在别院，实际也在宦官的监视之下。唐玄宗如此猜忌诸王和信用宦官，在中唐以后产生了严重后果，皇帝的废立和生命都掌握在宦官手中。唐宦官政权消灭，唐朝也就灭亡，重演了东汉末年的一幕。其四，改兵制。唐初实行府兵制是寓兵于农的一种兵制。府兵制，即征兵制，类似义务兵役制，兵农合一。平时大部分从事农耕，少部分轮番到京师宿卫或边关戍守。战时征发，战后士兵归农，将帅归朝，将帅不可能拥兵自重。但府兵制到开元时已经败坏。原因是唐高宗、武则天时不断用兵，府兵制难以承担。官场腐败，贪污盛行，边兵将领自肥与向上级和朝官行贿，财源来自剥削士兵，又把戍兵当作奴仆使用，许多士兵被凌辱致死。作战立功的士兵，战后回到原籍，州县官不予承认。于是府兵逃亡日盛。在高宗后期，作战兵员已经不足，只好临时招募。开元十年（公元722年），朔方节度使张说认为当时边境无强寇，建言裁减边兵二十万归农。平时戍守，边兵有六十万，京师宿卫十余万，张说建言用募兵制取代府兵制，招募壮士宿卫京师，唐玄宗采纳，用优原条件招募，十天之内得精兵十三万，分隶诸卫。称为长从宿卫。从此，兵农分家，招募兵成了职业兵。开元十三年（公元725年），更名长从宿卫“彍骑”，分隶十二卫。到了开元二十五年（公元737年），边镇戍兵也入为招募兵，号长征兵。第二年，招募兵足额，原有士兵一概放还本籍。《新唐书·兵志》说，唐王朝统治二百多年间后是发生了三变。唐初府兵，府兵废而有彍骑，彍骑又废，地方武装力量兴起，即节度使割据武装。征兵制改为募兵制，兵农分离，怀有野心的镇边将帅与职业兵结合，变国家武装为私人武装，中唐以后，节度使往往拥兵自重，割据祸乱不可避免地发生了。这些都是后话，我们不能用后来的发展责备唐玄宗、张说改兵制，因为这是形势使然。开元时府兵制已完全破坏，如果不改募兵制，全国将陷于无兵的状态，一旦有事，何以应敌。唐玄宗改兵制是形势使然，但它潜在的隐忧被开元盛世掩盖了。

司马迁写《史记》，“通古今之变”，提出观察历史的分法，要“原始察终，见盛观衰。”“原始察终”就是追原其始，察究其终，把握历史演变的全过程来看它的原因、经过、发展和结果。“见盛观衰”，就是在兴旺的时候，要看到它将转化的起点。唐玄宗的开元之治是成功的，他受任于国家危难之际，拨乱反正，讷谏用贤，把国家治理得井井有条，同时为了防范诸王夺权，信用宦官与禁闭诸王，改兵制，以及后来的增置节度使，却又埋下了唐中后期的祸患。

唐纪二十九

唐玄宗开元十四年至二十一年（公元 726—公元 733）

【起柔兆摄提格（丙寅，公元 726 年），尽昭阳作噩（癸酉，公元 733 年），凡八年】

【大事提要】

本卷记事起公元 726 年，讫公元 733 年，凡八年。当唐玄宗开元十四年到开元二十一年。这一时期是开元之治的中期。国家制度继续完善与规范。军人戍边，五年一轮换。户籍与赋税，三年一次普查，定为九等。开元二十一年（公元 733 年），唐玄宗在全国十道的基础上分置为十五道。京师繁盛，粮食供应不足，沿河、渭广置粮仓，以储江南谷物。唐玄宗志得意满，政治悄悄地发生变化。大臣之间争权日益尖锐和公开化，张说与杜暹议事多异，韩休与萧嵩在玄宗面前也争论不休。玄宗各打五十大板，统统贬官。此时唐玄宗颇尚武功，立太公庙，以古良将配享为十哲，受到司马光的批评。纵容边将轻启事端，凉州都督王君㚟交恶吐蕃，连年战争不断。北方突厥策应吐蕃扰边。岭南獠人叛乱。此时唐朝国力盛强，边衅未酿成大祸，吐蕃纳贡求和亲。但开元之治已从鼎盛悄悄发生转折。韩休为相，唐玄宗节制纵兵，身为之消瘦，言于左右曰："吾貌虽瘦，天下必肥，吾用韩休，为社稷耳，非为身也。"但不足一年即罢退韩休。又宠信家奴与宦官，玄宗已失英主锐气。

玄宗至道大圣大明孝皇帝中之上

唐玄宗开元十四年（丙寅，公元 726 年）

春季，正月初四日癸未，朝廷把契丹松漠王李邵固改立为广化王，把奚人饶乐王李鲁苏改立为奉诚王。封玄宗的堂外甥女陈氏为东华公主，许配给李邵固为妻，封成安公主的女儿韦氏为东光公主，许配给李鲁苏为妻。

张说上奏说："今天的五礼，是经过贞观、显庆年间两度编撰修订的。前后有许多不同的地方，其中有些内容需要权衡协调，取其中正。希望允许我和学士们对古今这方面的情况进行探讨议论，对五礼做些删略修改，然后颁布施行。"玄宗下诏采纳了张说的主张。

邕州封陵县獠人梁大海等人占据宾州、横州造反。二月己酉日，玄宗派遣内侍杨思勖调集军队去讨伐他们。

唐玄宗召见河南尹崔隐甫，打算任用他。中书令张说因崔隐甫没有文才，便瞧不起他，于是向玄宗上奏拟让他担任金吾大将军；前殿中监崔日知平素与张说关系友好，张说便推荐他担任御史大夫。但是玄宗没有采纳张说的建议。二月初七日丙辰，玄宗命令崔日知担任左羽林大将军；二月初八日丁巳，命令崔隐甫担任御史大夫。崔隐甫从此与张说有了嫌隙。

张说具有才学智谋，但是贪图贿赂，百官禀报事情有不符合他的意思的地方，他喜欢当面予以驳斥，甚至大声呵斥责骂。他厌恶御史中丞宇文融的为人，而且还担心宇文融的权力过大，因此对于宇文融的建议，大多数压住不作处置。中书舍人张九龄提醒张说道："宇文融仰承皇上的恩宠当权，能言善辩，又擅长玩弄权术，您对他不能不加以防备。"张说说："鼠辈能有什么作为！"夏季，四月初四日壬子，崔隐甫、宇文融和御史中丞李林甫共同上书玄宗，揭发张说的罪状："张说招募江湖术士占验星相，还假公济私，僭越奢侈，接受贿赂。"玄宗敕令源乾曜和刑部尚书韦抗、大理少卿胡珪与崔隐甫等人一道在御史台审讯张说。李林甫是李叔良的曾孙，韦抗是韦安石堂兄的儿子。

四月初九日丁巳，玄宗命令户部侍郎李元纮担任中书侍郎、同平章事。李元纮以清廉俭朴而著称于世，所以玄宗起用他担任宰相。

源乾曜等人审讯张说，事情有些证据。玄宗派遣高力士去了解张说的情况，高力士回宫奏报说："张说头发蓬乱、满脸污垢，用稻麦茎秆当席子，使用瓦钵吃饭，惶恐不安地等候判罪。"玄宗心里又怜悯起张说来了。高力士趁机谈到张说对国家有过功劳，玄宗认为他讲得很正确。四月十二日庚申，仅仅免除了张说中书令的职务。其余的官职仍旧予以保留。

四月十九日丁卯，太子太傅岐王李范去世，朝廷给他追赠谥号惠文太子。唐玄宗因为李范的死，连续减膳几十天，经百官上书极力恳求后，玄宗才恢复正常膳食。

四月丁亥日，太原尹张孝嵩呈奏说："有一个叫李子峤的人，自己声称是皇子，说出生在潞州，母亲叫赵妃。"玄宗命令用杖刑将此人处死。

四月辛丑日，朝廷在定州、恒州、莫州、易州、沧州分别设置北平军、恒阳军、唐兴军、高阳军、横海军，以防御突厥的侵扰。

（以上为第一段，写张说好贿而又爱面折他人，为政敌所构下狱，赖高力士护佑得免于刑。）

唐玄宗打算立武惠妃为皇后，有人进言说道："武氏是不共戴天之仇家，怎么能把她立为国母？民间盛传张说想借册立皇后立功，进而再做入朝为相的打算。况且太子不是武惠妃所生，她又有自己的儿子，倘若她登上皇后的宝座，太子的处境必然很危险。”玄宗这才打消了这个念头。然而武惠妃在宫中的礼仪规格，完全都如同皇后一般。

五月二十六日癸卯，户部奏报，今年全国共有七百零六万九千五百六十五户，四千一百四十一万九千七百一十二人。

秋季，七月，黄河南北地区洪水暴发，被淹死的人数以千计。

八月初一日丙午，魏州报告黄河泛滥。

九月十五日己丑，唐玄宗任命安西副大都护、碛西节度使杜暹担任同平章事。

自从王孝杰收复龟兹、疏勒、于阗、焉耆四镇，朝廷重新在龟兹设置安西都护府，派遣三万军队戍守安西四镇，百姓们深受镇戍劳役之苦。在历任安西都护的官员中，唯有田杨名、郭元振、张嵩和杜暹几人有好的政绩，因而受到人们的称颂。

冬季，十月十六日庚申，唐玄宗驾临汝州广成温泉；十月二十五日己巳，返回皇宫。

十二月十四日丁巳，玄宗驾临寿安，在方秀川狩猎；十二月十九日壬戌，返回皇宫。

杨思勖征讨反叛的獠人，活捉梁大海等三千余人，斩首级两万颗，得胜班师。

这一年，黑水靺鞨派遣使者到长安晋见唐玄宗。唐玄宗下令在黑水靺鞨国建置黑水州，还为它设长史来镇守这个地区。

勃海靺鞨国王大武艺认为：“从黑水靺鞨抵达唐朝，这条道路要经过我国境内。以往他们到突厥请求派驻吐屯的时候，都要在事先向我通报并且和我一起前往；而今他们不向我通报就请求唐朝派遣镇戍官吏，这一定是与唐朝共同谋划好了，要从腹背两个方面来夹攻我。”于是，大武艺派遣他的同母弟大门艺和舅父任雅统领大军攻打黑水靺鞨。大门艺曾经作为质子在唐朝生活过，他谏阻大武艺说道：“黑水靺鞨向唐朝请求派驻官吏，而我们却以这个原因攻打它，这是背叛唐朝。唐朝是个强盛的国家，早年高丽国在全盛的时期，有三十多万精壮兵马，不遵从唐朝的命令，最终得到的是亡国灭种的下场。况且我国的兵马还不及高丽国的十分之一二，一旦与唐朝结了怨隙，那就会形成亡国的态势了。”大门艺到达边境时，再次送回书信极力规劝大武艺。大武艺动怒，派遣他的堂兄大壹夏取代大门艺统领军队，并要召回大门艺，打算杀死他。大门艺抛弃部众，抄小路前来投奔唐朝，皇帝下诏书命令他担任左骁卫将军。大武艺派遣使者进呈表章，列举大门艺的罪状，请求朝廷杀掉大门艺，皇帝秘密派遣大门艺前往安西，同时把大武艺的使者留住不予遣返，另外再派人回复大武艺说已经把大门艺流放到岭南。大武艺知道了这些情况，上表说道：“大国应当向人们显示信用，怎么能够做这种欺瞒骗人的事情？”执意请求朝廷杀掉大门艺。

唐玄宗认为鸿胪少卿李道邃和源复没能管好所属官员，致使有关大门艺的情况泄漏出去，二人因此而被降职，又派遣大门艺暂时前往岭南，以便回复大武艺。

臣司马光评论说：帝王之所以能够让四方夷狄臣服，全靠威望和信誉而已。大门艺由于忠于朝廷而被大武艺治罪，自己归附了唐朝天子；唐朝天子理当明察事情的曲直，奖赏大门艺而处罚大武艺，这是治理天下的原则。纵然不能讨伐大武艺，也应该严正地告诉他大门艺无罪。如今，唐玄宗的威望不能够将大武艺降服，恩德又不能够庇护大门艺，反而效法小人编造欺诈诓骗的话，以至在小国面前如此尴尬，还以泄露秘密为理由治鸿胪寺官员的罪，难道不是使人十分羞愧的事吗？

杜暹担任安西都护时，突骑施交河公主派遣牙官赶着一千多匹马来到安西进行交易，又让使者向杜暹宣谕交河公主的告示，杜暹恼怒地说道："阿史那怀道的女儿，凭什么资格向我宣读告示！"杜暹下令杖刑使者，并扣留使者不予遣返，那些马匹经历一场大雪完部被冻死。突骑施可汗苏禄大为动怒，就调动军队进攻安西四镇。正赶上杜暹返回朝廷，而由赵颐贞代理安西都护，他据城防守自保；四镇的居民、牲畜和储存的物品，全部被苏禄劫掠而去，只剩下空空的安西城。后来，苏禄听说杜暹入朝为相，才逐渐把军队撤退，不久又派遣使者向朝廷进贡。

（以上为第二段，写唐太宗诓骗勃海靺鞨国王，受到司马光的严厉批评。）

唐玄宗开元十五年（丁卯，公元 727 年）

春季，正月二十八日辛丑，凉州都督王君㚟在青海西面击败吐蕃。

当初，吐蕃自恃力量强大，向唐朝递送文书采用对等国的礼节，言词寓意狂悖傲慢，玄宗的内心常因此感到愤怒。从东岳泰山封禅返京后，张说对玄宗说："吐蕃无礼，确实应当征讨平定它，但是十余年接连出兵，甘、凉、河、鄯等州再也难以承受战争的破坏了，虽然军中屡屡报捷，但仍是得不偿失。听说吐蕃打算悔过求和，希望您能准许他们诚心归服，以解除边疆百姓的困扰。"玄宗说："等我与王君㚟商议之后再作决定。"张说退下，对源乾曜说道："王君㚟有勇无谋，常常想侥幸取胜。假如两国和亲，他用什么作为自己的功绩呢？我的主张必定不会被皇上接受了。"等到王君㚟来朝，他果然请求玄宗让自己统领军队深入吐蕃国境内征讨。

去年冬天，吐蕃大将悉诺逻侵扰大斗谷，进攻甘州，烧杀劫掠后撤退。王君㚟揣测悉诺逻的军队疲乏，就率军悄悄地尾随在他们后边。适逢天降大雪，吐蕃兵马大批地被冻死，只好从积石军往西边退回。王君㚟预先派人从偏僻小道深入敌方境内，烧光了道路两旁的野草。悉诺逻退到大非川，打算让士兵战马休整一番，但是这里的野草已经全部烧掉了，因而战马死去一半以上。王君㚟和秦州都督张景顺率军追击，在青海的西南赶上了悉诺逻，利用湖水结冰之机，越过湖面到达对岸。此时悉诺逻已撤走，他们击败了悉诺逻的后军，缴获吐蕃数以万计的辎重牲畜后班师。王君㚟凭借战功，被提拔担任了左羽林大将军，朝廷还授予王君㚟的父亲王寿为少府监而让他退休。从此，玄宗更加致力于边疆战事。

（以上为第三段，写凉州都督王君㚟轻启边衅，唐与吐蕃交恶。）

当初，洛阳人刘宗器上书朝廷，请求堵住汜水旧汴口，改为从荥泽中引导黄河水流入汴河。唐玄宗提升刘宗器为左卫率府胄曹。到这时，新渠淤塞不通，便将刘宗器降职为循州安怀戍主；而命令将作大臣范安及调集河南、怀州、郑州、汴州、滑州、卫州三万民工疏浚旧渠，用十天时间就完成了工程。

御史大夫崔隐甫、御史中丞宇文融担心右丞相张说被重新任用，屡次上奏诋毁他，他们双方各自结成朋党。唐玄宗十分厌恶他们的做法，二月初二日乙巳，下诏命令张说退休、崔隐甫免职回家侍奉母亲、宇文融调离朝廷任魏州刺史。

二月十二乙卯，唐玄宗颁布诏令："各州逃亡外地而无户籍的人，在经过劝农使检查并审验登记以后，若再有逃亡来的人，从到来之时便按平民条例缴纳当年的租庸，如遇征发徭役则首先差遣他们。"

夏季，五月初一日癸酉，唐玄宗让自己的儿子庆王李潭等人全部兼任州牧、刺史、都督、节度大使、大都护、经略使各种职务，实际上他们并不离开京城到外地去赴任。

当初，唐太宗疼爱晋王李治，不派他离开宫禁出任藩封；豫王李旦也因为是武后的小儿子而不离开宫禁出任藩封，直到他由皇嗣改封为相王，才首次离开宫禁出任藩封。唐中宗的时候，谯王李重福失宠才被贬谪居住在外地；温王李重茂年已十七，仍住在宫禁之中。玄宗登位后，在邻近内苑城的地方营建十王的府第，用作诸皇子的居所，派遣宦官监督他们，到夹城来参拜请安，各皇子从此不再离开宫禁出任藩封。虽然他们名义上建立府署，设置官员并兼任节度使，但只有王府的侍读才能时常进府教书，其余的王府官员，也只是在逢年过节的时间来通报姓名、请安，至于他们的藩镇所属官员，甚至连通报姓名也用不着。后来皇孙渐渐增多，又建置了百孙院。太子也不在东宫居住，而是常常住在玄宗所驾临处的别院。

唐玄宗命令妃嫔以下的宫女在宫禁之中养蚕，想要使她们掌握一些纺织、缝纫技术。五月二十五日丁酉，夏至，玄宗赏赐近幸贵人每人一緉丝。

秋季，七月初八日戊寅，冀州地段的黄河泛滥。

七月初九日己卯，礼部尚书许文宪公苏颋去世。

（以上为第四段，写张说罢相，唐玄宗在禁苑置王孙院安置皇室公子王孙，实质是禁闭宗室。）

九月初七日丙子，吐蕃大将悉诺逻恭禄和烛龙莽布支攻下瓜州，擒获瓜州刺史田元献和河西节度使王君㚟的父亲，接着向玉门军发动进攻；他们释放了所俘虏的僧人，让僧人返回凉州，对王君㚟说："将军经常表示要以忠勇报效国家，为什么您不敢出城决战一场？"王君㚟登上城楼，哭泣着向西边远望，终究未敢出兵。

烛龙莽布支另外还攻打了常乐县。常乐县令贾师顺率领众人抵御坚守。到瓜州陷落后，悉诺逻恭禄集结全部兵力围攻常乐城。双方交战十多天，吐蕃军队精疲力竭，未能攻下常乐城，悉诺逻恭禄派人游说劝降，贾师顺拒降。吐蕃派去的人说："你既然不愿投降，就应当收集城中的财物送给我们，那么我们就会撤退。"贾师顺便让他们来脱士兵的衣服；于是悉诺逻明白了城中已没有财物，就领军退走了，同时毁掉了瓜州城。贾师顺急忙打开城门，收集兵器枪械，修整防御设施。敌军果然再次派出精锐的骑兵折返，观察城中的情况，知道城中已经做了防备，便又退走了。贾师顺是岐州人。

当初，突厥默啜强盛起来，强夺了铁勒的地方，因此回纥、契苾、思结、浑四个部落横穿沙漠，移居到甘州和凉州之间，以躲避突厥的锋芒。当王君㚟的地位还比较低的时候，与这四个部落有过来往，被他们所轻视；等他当上了河西节度使后，就利用法令惩治他们。这四个部落感到耻辱怨恨，暗地里派遣使者到东都洛阳上诉告状。王君㚟急忙通过驿递呈奏道："这四个部落难以制约，他们私下已定有反叛的计划。"玄宗派遣宦官前去调查，这几个部落最终未能向来使表白申诉。结果，瀚海大都督回纥部首领承宗被流放到瀼州、浑部首领大德被流放到吉州、贺兰都督契苾部首领承明被流放到藤州、卢山都督思结部首领归国被流放到琼州；朝廷命令回纥部伏帝难担任瀚海大都督。九月初十日己卯，把右散骑常侍李令问贬谪为抚州别驾，这是因为他儿子与回纥部承宗有交往而获罪。

九月十七日丙戌，突厥毗伽可汗派遣大臣梅录啜入朝进贡。吐蕃进犯瓜州时，给毗伽送去书信，打算与突厥一道攻打唐朝，毗伽把这封信一并献上，玄宗嘉奖了他，并准许突厥在西受降城进行贸易，每年还派人携带几十万匹丝绸到那里向他们换取战马，以补充唐军的军力，并作为监牧机构的种马，从此以后国有马匹越来越强壮了。

闰九月初三日庚子，吐蕃赞普和突骑施苏禄领军一道围攻安西城，安西副大都护赵颐贞击败了他们。

回纥部承宗的族子瀚海司马护输，纠集党徒部众要替承宗复仇。正赶上吐蕃派遣使者抄小道前往突厥，王君㚟率领精锐的骑兵在肃州半路拦截吐蕃使者。在返回途中，王君㚟来到甘州南的巩笔驿，护输埋伏的士兵突然杀出，夺去了王君㚟的节度使旌节，先杀掉了王君㚟的判官宋贞，挖出他的心脏说："最早出谋划策的就是你。"王君㚟率领几十个亲兵奋力断杀，从清晨一直战到午后，他的亲兵全部战死。护输杀掉了王君㚟，用车载着他的尸体去投奔吐蕃。凉州的唐军闻讯追上了他，护输丢弃王君㚟的尸体逃跑了。

闰九月二十二日庚申，唐玄宗从东都洛阳出发；冬十月十一日己卯，到达西京长安。

十月十三日辛巳，玄宗任命左金吾卫大将军信安王李祎担任朔方节度等副大使。李祎是李恪的孙子。任命朔方节度使萧嵩担任河西节度等副大使。此时王君㚟刚刚败死，河西、陇右地区为之惶恐震惊。萧嵩推荐刑部员外郎裴宽担任判官，与王君㚟的判官牛仙客一同掌管军政，人心才逐渐安定下来。裴宽是裴漼的堂弟。牛仙客原来是泾州鹑觚县的小官吏，凭借才干和军功，经历多次提拔才当上河西节度判官，他是王君㚟的心腹。

萧嵩又呈奏玄宗命令建康军使河北人张守珪担任瓜州刺史，带领瓜州的幸存者修筑旧城。筑城的夹板刚刚立起，吐蕃军队就突然杀到，瓜州城中有人吓得相视失色，没有任何人还有投入战斗的勇气。张守珪说道："敌军众多，我方势单力薄，又处在蒙受战乱创伤之后，决不能够依靠刀箭和他们对抗，应当运用奇计取胜。"于是他在城楼上设宴，饮酒作乐。敌人怀疑他已经做了充分准备，不敢进攻而撤走了。张守珪纵兵追击，敌人败退逃亡。于是张守珪修筑城墙，恢复集市，收容招集流亡的百姓，让他们都恢复原有的生业。朝廷嘉奖张守珪的功劳，并在瓜州设置了都督府，任命张守珪担任都督。

悉诺逻的声威很盛，萧嵩就派出间谍到吐蕃，散布悉诺逻与朝廷结交合谋的消息，吐蕃赞普便召回了悉诺逻并把他杀掉了。从此，吐蕃走向衰落。

十二月十一日戊寅，唐玄宗颁布诏书，由于吐蕃成为边境的祸患，命令集结陇右道以及各军团练兵五万六千人，河西道以及各军团练兵四万人；又征发关中兵一万人集结在临洮，朔方兵一万人集结到会州，以保护秋收。到了初冬，若无敌人进犯就罢兵；若打探到敌人侵扰，就相互出兵配合，从腹背两面进行夹攻。

十二月初八日乙亥，玄宗驾临骊山温泉；十二月十九日丙戌，返回皇宫。

（以上为第五段，写唐西方、北方边境不宁，吐蕃与突厥交相侵扰。）

唐玄宗开元十六年（戊辰，公元 728 年）

春季，正月初五日壬寅，安西副大都护赵颐贞在曲子城击败吐蕃军队。

正月十七日甲寅，玄宗任命魏州刺史宇文融担任户部侍郎兼魏州刺史，充任河北道宣抚使。

正月十八日乙卯，春州、泷州等地的獠人陈行范和广州僚人冯璘、何游鲁造反，攻陷了四十余座城池。陈行范称皇帝，何游鲁称定国大将军、冯璘称南越王，他们打算占据岭南地区。玄宗命令内侍杨思勖调动桂州和岭北附近几道的军队前去征讨他们。

正月二十九日丙寅，唐玄宗任命魏州刺史宇文融担任检校汴州刺史，充任黄河南北沟渠堤堰决九河使。宇文融请求利用《禹贡》所载九条河流的故道开垦稻田，并且折换从陆路运输的费用，那么官方可以收取利钱。宇文融虽然不停地征发劳役，但是事情大多数没有做成功。

二月初六日壬申，玄宗任命退休的尚书右丞相张说兼任集贤殿学士。虽然张说被罢免参与政事，专门掌理文史的职事，但是每当朝廷遇上重大事务，玄宗往往派遣中使去征询他的意见。

二月二十六日壬辰，朝廷把彍骑改名为左右羽林军飞骑。

秋季，七月，吐蕃大将悉末朗侵扰瓜州，都督张守珪打退了他们。七月十一日乙巳，河西节度使萧嵩和陇右节度使张忠亮在渴波谷将吐蕃军队打得大败，张忠亮乘胜追击，攻下了大莫门城，擒获了大量的俘虏，焚毁了那里的骆驼桥后返回。

八月初六日己巳，特进张说进献《开元大衍历》，唐玄宗命令颁行。

八月二十八日辛卯，左金吾将军杜宾客在祁连城下击败了吐蕃军队。当时，吐蕃再次进犯，萧嵩派遣杜宾客率领四千名强弩手出击。战斗从清晨一直打到黄昏，吐蕃军队溃不成军，唐军擒获吐蕃大将一名，敌人七零八落地逃奔山中，哭喊声从四处传来。

冬季，十月十七日己卯，唐玄宗驾临骊山温泉；十月二十七日己丑，返回宫中。

十一月初一日癸巳，唐玄宗任命河西节度副大使萧嵩担任兵部尚书、同平章事。

十二月初五日丙寅，唐玄宗颁布敕令："远征士兵没有返乡的日期，这是人的感情所难以承受的。最好把兵士分成五批，每年派遣一批回家休整，五年间迁转勋级五次。"

这一年，唐玄宗颁布诏书，命令户籍三年核定一次，把户口分成九等。

杨思勖讨伐陈行范，到达泷州，把他打败了，并擒获何游鲁、冯璘二人。陈行范逃往云际、盘辽二洞，杨思勖追讨搜捕，最终活捉了陈行范，将他斩首。这次征讨共斩首六万颗。杨思勖为人严厉，属下的偏裨将领报告事情不敢抬头看他，因此率军出征所到之处都立下功绩。然而他的性情冷酷残忍，他捉到的俘虏，有的被活生生地剥去脸皮，有的用刀剖开头发的边际，掀去头皮，蛮夷之人都十分害怕他。

（以上为第六段，唐军大败犯边之吐蕃，平定岭南獠人叛乱。唐玄宗实施戍边军人五年轮替制度，以及三年普查户口一次。）

唐玄宗开元十七年（己巳，公元 729 年）

春季，二月初六日丁卯，巂州都督张守素击败西南蛮，攻陷昆明和盐城，斩杀、俘获敌人达一万名。

三月，瓜州都督张守珪和沙州刺史贾师顺攻打吐蕃大同军，把他们打得大败。

三月二十四日甲寅，朔方节度使信安王李祎攻打吐蕃的石堡城，夺取了此城。当初，吐蕃攻陷石堡城，留下兵马作为据点，进犯骚扰黄河以西地区。玄宗命令李祎与河西、陇右的将领一同商讨攻取石堡城的谋略。各位将领都认为石堡城占据险要地势，而且路途遥远，假如出兵攻不下来，自己将没有办法返回，应当暂且按兵不动，寻求战机。李祎没有接受他们的意见，带领军队深入敌方，发动猛攻，占领了石堡城，于是分派士兵据守要害的地方，使敌人无法前进。从此，河西、陇右各部唐军得以四出巡逻，并且开拓疆域一千余里。唐玄宗获悉这一消息，极为高兴，命令把石堡城改名为振武军。

三月二十六日丙辰，国子祭酒杨玚进言，认为："根据省司呈奏，打算把全国考中明经、进士科的人数每年限制在一百名以内。我私下观察，九品以外出身的官吏，每年有两千多人，而考中明经、进士的人还不能占到十分之一。照此办理，勤勉研习儒家经典的士人反而不如办理文书的小官吏有可能做官。我担心儒学传统会因此而逐渐丧失，廉耻的观念会日益衰减。假如因为各种出身为官的人太多，就应当各类人员都予以裁减，而不应当单独压制明经、进士科的人员。"他又上奏说："各司采用贴经考试经义，不是尽量寻求经典本身的主题和精义，而是专门找出难以明了的内容，用生僻的经文、晦涩的文字或年月日来作为问题，请求从今日起帖经要连同常见经文一道测试。"玄宗认为他说得非常正确。

夏季，四月初十日庚午，唐玄宗在太庙禘祭祖先。唐朝初期，皇帝在太庙举行三年一次的祫祭大典，是按照左昭右穆的次序，四时禘祭则是分别在供奉列位祖先的神主室中进行。至此，太常少卿韦绦等人呈奏说："照此办理，四时禘祭与平时的祭祀没有区别，请求将禘、祫祭祀都按照左昭右穆的次序进行。"玄宗采纳了他们的建议。韦绦是韦安石哥哥的儿子。

五月初三日壬辰，朝廷再次设置十道按察使及京、都两畿按察使。

当初，张说、张嘉贞、李元纮、杜暹相继担任宰相当权，源乾曜行事信守清廉谨慎的原则，常常把事情推给张说等人决策，他自己仅唯唯诺诺地署个名罢了。李元纮、杜暹商讨事情意见经常不一致，于是就产生了嫌隙。他们轮流向玄宗上奏陈述己见，玄宗对此心中不快。六月十五日甲戌，把黄门侍郎、同平章事杜暹贬谪为荆州长史，中书侍郎、同平章事李元纮贬谪为曹州刺史，罢免了源乾曜兼任的侍中之职，只让他担任左丞相；任命户部侍郎宇文融担任黄门侍郎，兵部侍郎裴光庭担任中书侍郎，一起出任同平章事；任命萧嵩兼任中书令，让他遥领河西节度使。

开府王毛仲与龙武将军葛福顺结成亲家。王毛仲得到玄宗的信任，玄宗对他的话没有不依从的，所以羽林军的将领们多攀附他，行动上只听他的指挥。吏部侍郎齐澣寻找机会向玄宗说："葛福顺执管禁军，不适宜与王毛仲结成亲家。王毛仲是个小人，他受到您过分的宠信，就会心生奸邪；假如不及早替他安排一个去处，恐怕他会成为后患。"玄宗高兴地说："我知道你是忠诚的，我将慢慢地考虑采善的解决办法。"齐澣说："君主如不保守秘密就会损害臣子，希望您将我讲的话作为秘密。"适逢大理丞麻察获罪被贬谪为兴州别驾，齐澣平时与麻察很要好，出城给他饯行，顺便谈起在宫中向玄宗进谏的话。麻察的性情轻率险恶，立即就把此事奏报给唐玄宗。唐玄宗动怒，召见了齐澣，斥责他说道："你疑心我不能保密，而自己把事情说给麻察听，难道这是保密吗？况且麻察一向没有德行，你难道就不知道吗？"齐澣只是磕头请罪。秋七月二十九日丁巳，玄宗颁布诏令："齐澣、麻察两人相互勾结，陷害将相，离间君臣关系。我看齐澣适合降为高州良德县丞，麻察适合降为浔州皇化县尉。"

（以上为第七段，写齐澣食言，麻察卖友，险诐小人，双双遭斥逐。）

八月初五日癸亥，玄宗为了庆贺自己的生日，在花萼楼下设宴款待百官。左丞相源乾曜、右丞相张说带领百官进呈表章，请求把每年八月五日定为千秋节，向全国公布，命令老百姓都设宴作乐。不久，又命令把祭祀土地神的日子移到千秋节。

八月二十二日庚辰，工部尚书张嘉贞去世。张嘉贞没有置办过家产，有人劝他购买些田地宅院，他说："我位居显贵的将相之职，何须为饥寒担忧？假如犯了法受惩处，即使拥有田地宅院，也不会有什么用处。近年我看到朝廷士大夫大肆占有良田，但身死之后，这些正好成了无赖子弟用于酒肉、声色的资财。我不会采取他们的做法。"听了这番话的人，纷纷表示赞同。

八月二十三日辛巳，唐玄宗颁布敕命，由于民间有大量非法铸造的钱币，开始禁止私自买卖铜铅锡以及用铜制作的器皿；所有采掘的铜铅锡，由官府收购。

宇文融生性精明机敏，应答敏捷，因治理财政赋税而得到玄宗的宠信，于是开始设置各种使臣，竞相为朝廷聚敛征收钱物，因此百官渐渐不能尽到自己的职责，而玄宗也越来越奢侈，百姓都怨恨宇文融而感到困苦。宇文融的为人空疏浮躁，多嘴多舌，喜欢自吹自擂。他位居丞相之职时，对人说道：“假使我能当上这丞相几个月，那么天下就太平无事了。”

信安王李祎因为军功而受到玄宗的宠信，宇文融对他怀有嫉妒。李祎进京朝见，宇文融指使御史李寅劾奏李祎，却将这事泄露给他亲近的人。李祎获悉这一消息，抢先将事情向玄宗禀报。第二天，李寅的奏表果然呈送朝廷。玄宗为此动怒，九月二十五日壬子，宇文融获罪贬谪为汝州刺史，担任丞相总共仅有一百天就遭到罢免。此后，通过谈论搜括财利而取得显贵官爵的人，都是以宇文融为祖师的。

冬季，十月初一日戊午，发生日食，太阳没有被完全遮住，就像一个弯钩。

宇文融获罪以后，国家用度欠缺，玄宗再次想起了他，便对裴光庭说道：“你们都诉说宇文融的罪行坏事，我已经贬了他的职；现在国家费用不足，这将怎么办呢？你们拿什么办法来辅佐我？”裴光庭等人畏惧得无法回答。恰好有匿名状子告发宇文融贪赃受贿的事情，再次把宇文融贬职为平乐县尉。他抵达岭外一年多，司农少卿蒋岑上奏，举报宇文融在汴州隐匿侵吞了数以万计的官钱，玄宗颁布诏令彻底追查此事，宇文融因此获罪被流放岩州，在路途中死去。

十一月初五日辛卯，玄宗出行拜谒桥陵、定陵、献陵、昭陵、乾陵；十一月二十二日戊申，返回宫中，赦免天下罪囚，下令百姓今年的地税全部免去一半。

十二月初五日辛酉，玄宗驾临新丰县骊山温泉；十二月十六日壬申，返回宫中。

（以上为第八段，写宇文融为相，始开聚敛之风。）

唐玄宗开元十八年（庚午，公元 730 年）

春季，正月初六日辛卯，玄宗任命裴光庭担任侍中。

二月十八日癸酉，玄宗初次敕令百官可以在春日休假十天，还选定风景胜地供游玩、宴饮行乐，从宰相到员外郎，总共设下十二桌筵席，并赏赐每人五千缗钱，玄宗有时到花萼楼邀请游罢而归的官员留下来饮酒，让他们轮番翩翩起舞，众人尽情欢乐一番才离去。

三月十三日丁酉，朝廷重新把职分田发放给京官。

夏季，四月十三日丁卯，朝廷营建西京长安的外城，用了九十天时间工程就完成了。

四月十一日乙丑，玄宗任命裴光庭兼任吏部尚书。在此之前，选举官署注拟官员，只看候选人员能不能胜任，这样有的人可以不按资历就越级提拔，有的人总是处在低级职位上，甚至有取得任官资格已二十多年了，还得不到正式职位的；另外，州县也没有等级之别，有的人从大的地方调任到小的地方，有的最初在近地为官，后来却调往远方，完全没有稳定的制度。裴光庭首先奏请依照资历，分别按罢官后经过铨选的次数排定次序，集中报到吏部；官阶高的少选，官阶低的多选，不论能力如何，铨选次数排到了就予以注拟官职，限定年资逐级晋职，不许越级提拔，只要不是受到处罚的，都可以升官，没有降职的。那些平庸愚钝，滞留下位未升的官员对此均感高兴，称这一办法是“圣书”；但是那些才能出众的士人没有一个不埋怨叹息的。宋璟反对并做过争辩，未能达到目的。裴光庭命令流外官代理官职也要通过门下省审核。

五月，吐蕃派使者送文书到边境，请求和解。

当初，契丹王李邵固派遣可突干入朝纳贡。同平章事李元纮没能对他以礼相待。左丞相张说对人说道：“奚族和契丹必定会反叛。可突干狡猾而凶狠，独揽契丹的政权已很长久了，国人之心都趋附他。这次不合他的心意，他一定不会再次来朝了。”五月二十六日己酉，可突干杀掉了李邵固，统领契丹人胁迫奚族反叛朝廷，并向突厥投降。奚王李鲁苏和他的妻子韦氏、李邵固的妻子陈氏都逃亡投奔朝廷。玄宗诏令幽州长史赵含章前去征讨，又命令中书舍人裴宽、给事中薛侃等官员分别到关内道、河东道、河北道招募勇士。六月二十三日丙子，朝廷命令单于大都护忠王李浚兼任河北道行军元帅，命令御史大夫李朝隐、京兆尹裴伷先担任行军副元帅，统领十八个总管的兵马去征讨奚族和契丹。玄宗命令李浚到光顺门和百官见面。张说回来对学士孙逖、韦述说：“我曾经看见过太宗的画像，忠王非常像他，这真是国家的福分啊。”

可突干侵犯平卢，唐军先锋使张掖人乌承玼在捺禄山击败了他。

六月二十九日壬午，洛水泛滥，淹没东都洛阳一千多户人家。

秋季，九月初六日丁巳，玄宗命令忠王李浚兼任河东道元帅，但最后他没有赴任。

吐蕃几次战败而有所畏惧，于是向朝廷请救和亲。忠王的属官皇甫惟明借奏事的机会从容论述和亲的好处。玄宗说：“吐蕃赞普曾经在给我的信中言词狂悖傲慢，这次怎么可以放弃打击他呢？”皇甫惟明回答道：“赞普在开元初年，年龄还很小，怎么能写出这样的书信？大概是边关将领所伪造，想通过它来激怒皇上而已。一般说来，边境发生战争，那么边将吏员们就可以借此机会偷盗隐匿国家的物资，还能通过谎报立功情况来获得功勋和爵位。这些都是奸臣的利益所在，但不是国家的福分。战事连年不断，每日都要耗费千金，河西、陇右两地因此困苦凋敝。陛下果真打算派一位使臣前去探望金城公主，趁机与赞普当面订约结盟，使他俯首称臣，从此永远消除边境的忧患，这难道不是统治外族的良好策略吗？”玄宗感到高兴，便命令皇甫惟明和内侍张元方出使吐蕃。

吐蕃赞普极为欣喜，将贞观以来所收到的唐朝皇帝的敕书全部拿出来给皇甫惟明看。冬季，十月，赞普派大臣论名悉猎随同皇甫惟明一起入朝纳贡，并向玄宗进表说："外甥之国吐蕃世代娶天朝的公主为妻，两国之间的情谊如同一家人。在此期间，张玄表等人率先发兵侵扰抢掠，于是使得两国边境结仇；外甥深知尊卑有别，怎敢失礼！只因边塞将领相互冲突，以致得罪了舅舅，我多次派遣使者入朝想说明真情，均被边将所阻挠。而今承蒙舅舅从远方派来使臣探视公主，外甥我不胜喜悦感戴，假使能够重新恢复我们以往的友好关系，我死而无憾！"从此，吐蕃又诚心归附了朝廷。

初九日庚寅，唐玄宗驾临鄠县凤泉汤；十月二十二日癸卯，返回京都长安。

甲寅日，西域护密王罗真檀来朝，朝廷把他留下充当宿卫。

（以上为第九段，写裴光庭为吏部尚书，不重人才，论资排辈升迁官吏。唐边防稳固，与吐蕃恢复和亲，国势达于鼎盛。）

十一月十七日丁卯，唐玄宗驾临骊山温泉；十一月二十七日丁丑，返回宫中。

在这一年里，全国呈报判死刑的罪犯只有二十四名。

突骑施派遣使者入朝进贡，唐玄宗在丹凤楼设宴款待这位使者。突厥使者也出席了这一宴会，两位使者竞争起座次来。突厥使者说道："突骑施是个小国，原来是突厥的臣属，当然不能位居我之上。"突骑施的使者说道："今天的宴会是为我摆设的，我不能位居他之下。"于是玄宗命令设立东西两个帐幕，突厥使者坐东面，突骑施使者坐在西面。

开府仪同三司、内外闲厩监牧都使霍国公王毛仲依仗着玄宗的宠幸，骄横放纵一天比一天厉害，玄宗经常特别宽容他。王毛仲和左领军大将军葛福顺、左监门将军唐地文、左武卫将军李守德、右威卫将军王景耀、高广济友善亲近，葛福顺等人倚仗他的权势，干了大量不法之事。王毛仲要求担任兵部尚书没能如愿，在言语表情中都流露出不痛快，玄宗因此心中不快。

此时，唐玄宗相当宠信宦官，往往命令他们担任三品将军，家宅门前可设置棨戟作仪仗。他们奉命出使经过各州，官员们都尽力侍奉，只怕轮不到自己，他们每次得到的贿赂礼物最少的也不低于一千缗；因此京师城郊的田园，三分之一以上都落到宦官手里。杨思勖、高力士尤其显贵得宠。杨思勖多次统兵出征讨伐，高力士经常在禁中侍卫。但是王毛仲对得到尊崇亲信的宦官视若无人；其中官品太卑微的对他的心意稍有违背，他就像对奴仆一样地辱骂他们。高力士等人对王毛仲受到玄宗的宠信都很不安，但是口头上不敢有所表示。

恰好遇上王毛仲的妻子生孩子，第三天，唐玄宗指派高力士赐予他丰厚的佳酿美食、金银绢帛并且将五品官职授予他的儿子。高力士回宫，唐玄宗问道："王毛仲高兴吗？"高力士回答说："王毛仲一边抱着襁褓中的儿子给我看一边说：'我这儿子难道就做不了三品官？'"玄宗勃然大怒说："当年诛除韦氏，此贼心里就怀有两面投机的打算，我本来不想说这些话，今天竟然敢拿刚出世的儿子来抱怨我。"高力士趁机说："北门禁卫军那些奴才，给他们的官位太高了，他们相互勾结，心思一致，如不早日除掉这伙人，必将带来巨大祸患。"玄宗因而担忧王毛仲的党羽会由于惊惧而制造动乱。

（以上为第十段，写唐玄宗家奴王毛仲恃宠骄恣。）

唐玄宗开元十九年（辛未，公元731年）

春季，正月十三日壬戌，唐玄宗颁布诏书，只列举王毛仲对自己不忠并怀有怨恨责望，因此贬谪为瀼州别驾，葛福顺、唐地文、李守德、王景耀、高广济都贬谪为边远各州的别驾，王毛仲的四个儿子都贬谪为边远各州的参军，受此事牵连的有几十人。王毛仲途经永州时，玄宗又追赐他自尽。

从此，宦官的权势日益扩大。尤其是高力士深得玄宗的宠信，唐玄宗曾经说过："高力士值班，我才能安心睡觉。"因此高力士多数时间待在宫禁里，极少到宫外的宅第居住。各地呈进的奏表，都要先送给高力士，再奏报玄宗，一般的小事，高力士当即就自己决定了，他的权势超越了朝廷内外的大臣。金吾大将军程伯献、少府监冯绍正与高力士结拜为兄弟。高力士的母亲麦氏去世，程伯献等人也去接受各方的吊唁，他们披头散发，捶胸顿足地哭泣，悲痛的程度比自己死了母亲还要过分。高力士娶瀛州吕玄晤的女儿为妻，就把吕玄晤提升为少卿，吕家子弟都担任了诸王傅。吕氏去世，朝野上下都争先恐后地前去祭奠，从高力士家宅一直到墓地，车马络绎不绝。然而高力士仍然谨慎恭敬，因此，玄宗始终宠信重用他。

（以上为第十一段，写唐玄宗宠信宦官高力士，唐宦官势力益盛。）

正月二十二日辛未，朝廷派遣鸿胪寺卿崔琳出使到吐蕃。崔琳是崔神庆的儿子。吐蕃使者声称金城公主想得到《毛诗》、《春秋》、《礼记》。正字于休烈上奏说："东平王刘宇是汉元帝的亲弟弟，他请求得到《史记》、《诸子》，汉成帝尚且不给他。何况吐蕃，是国家的仇敌，如果现在将这些书提供给他们，使他们知道了用兵的权谋韬略，就会更加机变狡诈，这不符合国家的利益。"玄宗把此事交给中书门下商议。裴光庭等上奏说道："吐蕃失聪而愚昧、顽固而放肆，长期反叛，新近才归服；应该趁这次他们向朝廷提出请求的机会，把《诗》、《尚书》赐给他们，希望会使他们逐渐受到教化的熏陶，让教化流布、无所不及。于休烈只知道典籍里有权术谋略、机变欺诈的语句，却不知道忠、信、礼、义也都来自典籍之中。”玄宗说：“说得好。”于是命令将《诗》等典籍交给吐蕃的使者。于休烈是于志宁的玄孙。

正月二十七日丙子，唐玄宗亲自在兴庆宫旁耕地，推着犁整整耕完了三百步。

三月，突厥左贤王阙特勒去世，唐玄宗赐送书信表示吊唁。

四月十八日丙申，首次命令两京各州分别建置太公庙，以汉代张良配享；还挑选了一批古代名将，配成十名先哲，每年二月、八月的第一个戊日予以祭祀，就像祭祀孔子的礼仪一样。

臣司马光评论说：经天纬地称为文韬，戡乱定祸称为武略。自古以来，未兼有这两方面而被称圣人者，是不曾有过的。因此黄帝、唐尧、虞舜、夏禹、商汤、周文王、周武王、伊尹、周公，没有一人是无征伐之功的。孔子虽然没有亲自尝试统兵征战，但是孔子能够阻止齐桓公用莱夷降兵劫持鲁定公，还在鲁国堕三都中击退费人，并且说：“如果我作战，就一定能取胜。”难道说孔子的专长只是文韬而姜太公的专长只是武略吗？孔子之所以在学宫受祭祀，是因为礼制中有祀先圣先师的缘故。自有人类以来，还不曾有过像孔子那样的人。姜尚哪里能够与他相提并论呢？古时候，军队出兵，就命令大司徒教会士兵乘兵车、服盔甲的程序，裸露大腿、手臂，比赛射箭的驾驭战车，接受军事决策谋略，呈献敌方首级庆功，没有一件不在学宫进行，之所以这样做，就是想使他们先知晓礼义，然后再强调勇气和力量。君子有勇无义会作乱，小人有勇无义会做贼；倘若只是专门训练他们的勇气和力量，而不让他们明白礼义，那他们什么事做不出来啊！自孙武、吴起以来，都是依靠勇力争胜，以狡狯奸诈来比试高下，这难道足以算在圣贤之列，而不可以称为武略吗？竟然像这样诬妄地用这些人排偶十位先哲的名目，作为后世学者的尊师；假使太公在天之灵尚存，必定会以与这一类人一同受祭祀而感到羞辱。

五月十五日壬戌，朝廷命令开始建造五岳真君祠。

秋季，九月二十五日辛未，吐蕃派遣丞相论尚它硉入朝晋见唐玄宗，请求在赤岭开设集市进行往来贸易，唐玄宗批准了他的请求。

冬季，十月二十一日丙申，玄宗驾临东都洛阳。

有人告发巂州都督解县人张审素贪污受赃，唐玄宗下诏书派遣监察御史杨汪去审讯。张审素的总管董元礼指挥七百人包围了杨汪，杀掉了上告的人，并对杨汪说：“如果在上奏皇帝时为张审素说好话，你就可以活命；不然的话，你就要丢命。”恰好救兵赶来，攻杀了董元礼。杨汪奏称张审素谋反。十二月，张审素被判罪斩首，全部家产被查抄。

疏浚流经禁苑中的洛水，六十天后工程完毕。

（以上为第十二段，写唐玄宗立太公庙，选古名将以备十哲，司马光认为此举以武胜文，严厉批评。）

唐玄宗开元二十年（壬申，公元732年）

春季，正月十一日乙卯，唐玄宗任命朔方节度副大使信安王李祎担任河东、河北行军副大总管，统领军队进攻奚和契丹；正月二十八日壬申，任命户部侍郎裴耀卿担任副总管。

二月初一日癸酉，发生日食。

玄宗思念右骁卫将军安金藏的忠烈业绩。三月，赐予他代国公爵位，还在东岳泰山、西岳华山立碑来铭刻他的功绩。安金藏最后寿终正寝。

信安王李祎带领裴耀卿以及幽州节度使赵含章分道攻打契丹。赵含章与敌人遭遇，敌人闻风逃遁。任平卢先锋的将领乌承玼对赵含章说："奚和契丹都是十分厉害的叛贼，前日逃去，并不是畏惧我们，而是在引诱我们上当。我们应该按兵不动，观察敌情的变化。"赵含章没有采纳他的意见，追至白山与敌人交战，果然大败。乌承玼另外带兵从赵含章右翼杀出，攻击敌人，把契丹的军队击败了。三月二十六日己巳，李祎等人大败奚、契丹，擒获并杀死了很多敌人，可突干带领部众逃往远方，他的残部暗地里逃窜到山谷之中。奚族首领李诗锁高率领本族五千多帐前来投降。李祎率领军队返回。唐玄宗赐予李诗琐高归义王的爵位，充任归义州都督，还把他的部落迁徙到幽州境内安置。

夏季，四月初三日乙亥，唐玄宗在上阳宫东洲设置酒宴款待百官，喝醉的人被赐予被褥，还用轿子把他们抬回去，一路上络绎不绝。

六月初六日丁丑，唐玄宗加封信安王李祎为开府仪同三司。唐玄宗命令裴耀卿运送丝绸二十万匹，分别赏赐给有功的奚族官吏。裴耀卿对属下说："戎狄生性贪婪，而今我们运送大批的财物深入他们的境内，不能不加以防备。"于是命令他们提前出发，分道同步前进，只花了一天时间，就把全部财物颁赐完毕。突厥、室韦果然派兵在山口和路途拦截，打算把财物抢走，等到他们赶来，裴耀卿已经踏上了归途。

赵含章因贪赃数额巨大获罪，在朝廷大堂上被处杖刑，并流放到瀼州，死在途中。

秋季，七月，萧嵩上奏说道："自从祭祀后土以来，连年农业都获丰收，应该因此回京城祭祀后土以示谢恩。"玄宗依从了他的意见。

唐玄宗颁布敕命由裴光庭、萧嵩分别监督左、右厢兵。

八月初一日辛未，发生日食。

当初，玄宗命令张说与众学士修改拟定五礼。张说去世后，由萧嵩继续主持。起居舍人王仲丘请依据《明庆礼》，在举行祈谷、祭雨、祀明堂的典礼时，都祭祀昊天上帝；萧嵩又请求根据上元年间的敕命，凡父亲在世时而母亲去世，儿子要为母亲服齐衰丧三年，玄宗都采纳了他们的建议。规定以唐高祖配享圜丘、方丘，以唐太宗配享祭雨及神州土地神，以唐睿宗配享明堂。九月初五日乙巳，新的礼书拟定。呈报给玄宗，号称《开元礼》。

勃海王靺鞨王大武艺派遣他的将领张文休带领海贼进攻登州，杀掉了刺史韦俊。玄宗命令右领军葛福顺调集军队前去讨伐他。

九月十二日壬子，河西节使牛仙客加官六阶。当初，萧嵩在河西道的时候，把军政事务委托给牛仙客。牛仙客廉明勤勉，非常称职，萧嵩多次推荐他，他终于代替萧嵩担任了河西节度使。

冬季，十月十二日壬午，唐玄宗从东都洛阳出发，十月二十一日辛卯，来到潞州，十一月初二日辛丑，抵达北都太原，十一月二十一日庚申，在汾阴祭祀后土并赦免天下罪囚，十二月初二日辛未，返回长安。

这一年，朝廷任命幽州节度使兼任河北采访处置使，并把卫州、相州、洛州、贝州、冀州、魏州、深州、赵州、恒州、定州、邢州、德州、博州、棣州、营州、鄚州等十六个州及安东都护增拨给幽州节度使统辖。

全国共计七百八十六万一千二百三十六户，人口为四千五百四十三万一千二百六十五人。

（以上为第十三段，写唐军大破契丹。张说薨，而萧嵩继张说所主持的《开元礼》修成。是岁普查，户口繁息。）

唐玄宗开元二十一年（癸酉，公元733年）

春季，正月初六日乙巳，玄宗将肃明皇后置于太庙祔祭，毁弃了仪坤庙。

正月十八日丁巳，玄宗驾临骊山温泉。

唐玄宗派遣大门艺前往幽州调动军队，去讨伐勃海王大武艺。正月二十一日庚申，命令太仆员外卿金思兰出使到新罗，发兵进攻勃海靺鞨的南部边境。正好碰上下了场一丈余深的大雪，山路堵塞，士兵死亡过半，无功而返。大武艺无休止地怨恨大门艺，暗中派遣刺客在洛阳天津桥南暗杀大门艺，大门艺遇刺未死。玄宗命令河南府搜捕大武艺派遣的党徒，将他们全部处死。

二月二十九日丁酉，金城公主请求在赤岭立碑，用作唐朝与吐蕃边境的分界线。

玄宗批准了她的请求。

三月初七日乙巳，侍中裴光庭去世。太常博士孙琬建议："裴光庭依据资格用人，丢掉了勉励人才上进的方式，请把他谥为'克'。"经裴光庭的儿子裴稹申辩，玄宗赐裴光庭谥号为"忠献"。

唐玄宗向萧嵩询问可以代替裴光庭的人选，萧嵩与右散骑常侍王丘很要好，打算推荐他；王丘执意要让给尚书右丞韩休。于是，萧嵩向玄宗提名韩休。三月十六日甲寅，玄宗任命韩休担任黄门侍郎、同平章事。

韩休为人严峻正直，不图名利。他担任宰相后，很符合当时人们的期望。开始，萧嵩认为韩休恬淡平和，以为容易控制他，因此举荐了他。等到予他共同担任宰相时，才发现韩休品行正派不阿庾，于是渐渐地厌恶他了。宋璟叹息道："没想到韩休当了宰相却还能持守正直的节操！"唐玄宗有时在宫中设宴作乐及到禁苑游览狩猎，略有过失和差错，便问左右随从："韩休知道此事吗？"话音刚落，韩休劝谏的表章就已送来了。玄宗曾经对着镜子沉默不快，旁边的侍从说："韩休担任宰相以来，陛下比以前瘦了许多，为什么不斥黜他！"玄宗叹息说："我的面容虽然消瘦了，但天下一定会富足。萧嵩上奏言事经常依顺我的旨意，可是退朝后，我连睡觉都不安宁。韩休虽然经常与我激烈争辩，可是退朝后，我睡觉就安稳了。我任用韩休，是为了国家，而不是为了我自己。"

有个侍奉唐玄宗的侏儒名叫黄䮕性情机警狡黠；唐玄宗常倚着他行走，将他称为"肉儿"，非常宠幸他，并给予他大量赏赐。有一天，黄䮕进宫迟了，唐玄宗责怪了他，他回答说："适才我正准备进宫，在路途上遇到捕盗官与我争道，我把他掀落马下，因而来迟了。"便走下台阶叩头谢罪。唐玄宗说："只要外边没有关于此事的表章，你就用不着担忧。"过了一会儿，京兆尹上奏黄䮕的案情。唐玄宗立即将他呵斥出去，交付主管衙门用杖刑将他打死。

闰三月初六日癸酉，幽州道副总管郭英杰与契丹在都山交战，失败身亡。当时，节度使薛楚玉派郭英杰统领一万名精锐骑兵以及降附的奚族部众进攻契丹，屯驻在榆关之外。可突干带领突厥军队来协同契丹会战，奚族部众采取骑墙观望的做法，分散逃离，把守险要之处，唐军战败，郭英杰阵亡。六千余名唐军残部还不停地奋力搏杀。敌人把郭英杰的首级挂起来给唐兵们观看，但是他们始终没有投降，全都被敌人杀掉了。薛楚玉是薛讷的弟弟。

（以上为第十四段，写唐军征讨契丹失利。韩休为相，唐玄宗为之消瘦。）

夏季，六月二十八日癸亥，唐玄宗颁布诏书："从现在起，候补官员中有才能、学业和品德的人，交付吏部临时提拔任用；九品以外的官员在奏报后任命，不必再经过门下省。”虽然有了这道诏令，但是有关官署因论资排辈有利于自己，仍旧沿用原有的规章。此时，自太师、太傅、太保以下的官员共计一万七千六百八十六名，自佐史以上的小吏共计五万七千四百一十六名，而且做官的途径多得难以一一列举。

秋季，七月初一日乙丑，发生日食。

九月十八日壬午，唐玄宗册封皇子李沔为信王，李泚为义王，李漼为陈王，李澄为丰王，李潓为恒王，李漎为梁王，李滔为汴王。

关中久雨不晴，谷价昂贵，唐玄宗将前往东都洛阳，便召见京兆尹裴耀卿商讨此事。裴耀卿回答道：“关中是帝业兴起的地方，应当百代不作变更，但是由于此处土地狭小，粮食短缺，所以皇上经常前往东都洛阳，以便缓解关中的困难。我听说贞观、永徽年间，百官俸禄的支出不算太多，每年由水路从关东运来一二十万石粮食，便能满足所有的供给，皇帝也能够安居长安。如今国家的支出越来越大，粮食运量比以前多上好几倍，还不能够满足供应，因此，才使陛下多次冒严寒酷暑东行来救济关西之民。现在假如将司农寺收的租米全部运往东都，再从东都用车船两路运输到关中，就能使关中的粮食稍得充实，如果关中有几年的储备，那么就不必为旱涝灾害担忧了。况且吴地人不熟悉黄河的水运，沿途停留的时间如果长了些，便会发生隐藏盗取的事。我建义在河口设置粮食仓，让吴地的漕船到那里交纳了租米就离去，官府再雇船装载，分别运入黄河、洛水。另外，在三门峡的东西两侧各修建一座粮仓，将运来的粮食收进并储存起来。倘若水路有危险就停止运输，当水路通畅时就开始运输；或者开通山路，用车运粮经过险段。那么就不会再发生滞留的情况了，而且还能够节省数以万计的费用。黄河、渭水岸边，均有汉代、隋代的旧粮仓，加以修整并不困难。”玄宗认为他的话非常正确。

冬季，十月十七日庚戌，唐玄宗驾临骊山温泉；十月二十六日己未，返回宫中。

（以上为第十五段，写官员升迁论资排辈从开元十年以来，数年间已成积习。唐沿河渭置仓以储江南粮食供京师。）

十一月二十五日戊了，左丞相宋璟退休，回到东都洛阳。

韩休多次当着玄宗的面与萧嵩发生争执，并批评萧嵩的短处，玄宗对此有些不高兴。萧嵩因而请求告老退休，玄宗说：“我并没有厌恶你，你为什么要匆匆离开？”萧嵩回答道：“我蒙受皇上深厚恩泽，担任宰相却不称职，富贵已到了无以复加的地步。趁着陛下还没有讨厌我，我才能平平安安地离去；若是陛下已经讨厌我了，我的头尚且难保，哪里还能够按自己的意愿辞职离去！”说着便流下了眼泪。玄宗被他的这番话感动而显出同情的神色，说：“你先回去，让我慢慢考虑此事。”十二月二十四日丁巳，玄宗把萧嵩罢免为左丞相，把韩休罢免为工部尚书；命令京兆尹裴耀卿担任黄门侍郎，前任中书侍郎张九龄此时正在为母亲服丧，守制未满便征召他重新担任中书侍郎，二人均担任同平章事。

这一年，朝廷把全国分为京畿道、都畿道、关内道、河南道、河东道、河北道、陇右道、山南东道、山南西道、剑南道、淮南道、江南东道、江南西道、黔中道、岭南道，共十五道，分别设置采访使，用六条法规检察官员的不法行为；两畿采访使由御史中丞兼任，其他都选择品德贤良的刺史来兼任，如果不是官职有所升迁罢免，采访使就不会被免职取代；只是变革旧的规章时，才需要呈报朝廷认可，其余的事务准许采访使根据情况自行处置，先施行再上报。

太府卿杨崇礼，是杨政道的儿子，在太府任职二十多年，前后担任太府卿的官没有谁能比得上他的。当时天下太平的时间久了，资财货物堆积如山，曾经通过杨崇礼之手的东西，没有一件不是精美的；每年他查核账目、驳异欺弊、节制冗费、简便贩运买卖，就省出了数以百万缗的财物。这一年，杨崇礼以户部尚书的身份退休，年纪已九十多岁了。玄宗问宰相："杨崇礼的几个儿子，谁能继承他父亲的职务？"宰相回答说："杨崇礼有三儿子，名叫杨慎余、杨慎矜和杨慎名，都廉洁勤勉而有才能，杨慎矜尤为突出。"玄宗就将杨慎矜由汝阳县令提升为监察御史，掌管太府出纳事务；杨慎名代理监察御史，掌管含嘉仓支出供给，他在各方面也很称职；玄宗对此十分高兴。杨慎矜上奏建议各州所交纳的布匹丝绸，有污渍破损的都发回本州折算作价，按价征钱，用来转买些轻便货物。从此征调开始变得复杂了。

（以上为第十六段，写韩休为相不足一年而罢。唐玄宗开元二十一年分天下为十五道。）

【点评】

本卷记事起开元十四年到二十一年，当公元 726 年至 733 年，凡八年。此时期是开元之治的中期，国家制度继续完善与规范。军人戍边五年一次轮换，户口三年一次普查成为制度。唐玄宗完成《开元礼》的制定。国力继续发展，周边冲突，唐军取胜有绝对优势。京师繁盛，人口大增，唐政府在沿黄河、渭河广置粮仓储粮以供京师。大唐是一片太平景象。唐玄宗志得意满，臣僚不求上进，君臣励精图治的意气逐渐消沉，欣欣向荣的政治悄悄地发生变化，向着骄奢淫逸和怠惰方向发展。具体标志有以下五个方面。

其一，唐玄宗讷谏从主动求言转向勉强忍受。韩休为相，守正不阿，唐玄宗安乐以及禁苑游猎，每有小过必谏。唐玄宗照镜，闷闷不乐。身边的人说："韩休为相，陛下消瘦了许多，何不把他赶走。"唐玄宗感叹地说："我的身体瘦了，天下的人肥了。我用韩休，是为国家，不是为我个人。"唐玄宗话是这样说，勉强忍受之情意于言表。不到一年，到底还是赶走了韩休。其二，积极进取，选用人才的吏治风气转向论资排辈，成为积习。裴光庭为吏部尚书，不重人才，升迁官吏，论资排辈，数年间成为积习。其三，君臣聚敛，渐染贪贿之风。宇文融为相，广置诸使，聚敛财货，史称“由是百官浸失其职而上心益侈”。宇文融个人也因赃贿事发，贬官流放，死于流放岭南道中。张说为相，亦因贪贿免官。其四，君臣骄恣，好大喜功。唐玄宗始立太公庙，选古名将以配十哲，与孔子庙并存，表示文武并重。文庙、武庙并存并重，具有重要意义。儒家倡导太平盛世要偃武修文，这是一种偏见，国无武备而不重。唐玄宗文武并重，没有什么错，但他崇武而轻视与周边各民族的关系，纵容边将轻启边衅，于是四方有警，幸赖当时唐朝国力强大，没有酿成大祸。但周边从此不那么平静了。其五，唐玄宗从宠信宦官渐至依赖宦官，导致宦官势力开始滋盛。唐玄宗开元元年（公元 713 年），即帝位伊始，就用高力士为右监门将军，又使一些亲信宦官为三品将军掌握禁卫军，还用宦官监管诸王。高力士最受唐玄宗信任。唐玄宗曾经对人说：“只有高力士当值，我才能睡安稳觉。”唐玄宗勤政，未能慎终如始，取得成就后就怠慢下来，日渐滋长的骄侈心代替了求治心。唐玄宗让高力士留在禁中，四方表奏，都要先送高力士，然后由高力士奏进。于是高力士权倾内外，公卿巴结，车马不绝。不过高力士也小心自克，终唐玄宗之朝，没有宦官之祸，但唐玄宗依重宦官，流毒后世，十分严重。君骄臣逸，唐玄宗的家奴王毛仲也恃宠骄恣。

唐朝的盛世在开元，这是唐玄宗励精图治成就的中兴。开元之治，超过了贞观之治，因贞观之治是新建国家，开元之治是拨乱反正，时势不同，不可同日而语。唐玄宗不及唐太宗，最大的弱点是唐玄宗不能“慎终如始”。唐玄宗在开元初振兴的贞观遗风，只坚守了十几年，到了开元中期就日渐淡去。唐太宗经常说“守成难”，用在唐玄宗身上是十分恰当的。

资治通鉴（白话本） 卷第二百一十四

唐纪三十

唐玄宗开元二十二年至二十九年（公元 734—公元 741）

【起阏逢阉茂（甲戌，公元 734 年），尽重光大荒落（辛巳，公元 741 年），凡八年】

【大事提要】

本卷记事起公元 734 年，讫公元 741 年，凡八年，当唐玄宗开元二十二年至开元二十九年。这八年是唐玄宗执政，开元盛世的晚期，是唐朝由盛转衰的拐点，也是唐玄宗个人由明转昏的过渡时期。开元后期，唐帝国的繁荣达到顶点。漕运通畅，又用和籴法储粮，京师供应充足。开元二十五年（公元 737 年），全国死刑只有五十八例，户八百四十余万，口近五千万，是唐百年承平的新高。唐玄宗于是产生了骄侈心，怠于政事，开始迷信神仙，讲排场，要修改祭祀礼及丧礼，崇尚奢靡。特别是唐玄宗已厌恶直谏，喜欢听奉承话。直言敢谏的张九龄被罢相，而奸巧谄谀的李林甫主宰中枢，因后宫之宠而废立太子，这是唐玄宗由明转昏的标志。安史之乱的两位主角安禄山和史思明，就是在这一背景下登场的。安禄山兵败死罪，也是唐玄宗不听张九龄之言而直接赦免的。此时唐帝国盛强，而边将失信轻启边衅，唐朝的东、北、西三面有警，吐蕃犯边，唐军虽胜，但已无绝对优势。

玄宗至道大圣大明孝皇帝中之中

唐玄宗开元二十二年（甲戌，公元 734 年）

春季，正月初六日己巳，玄宗从西京长安出发；二十六日己丑，到达东都洛阳。张九龄从韶州来入朝晋见，请求守完丧期，没有获得准许。

二月初十日壬寅，秦州地区地震不断，公房私房几乎全被毁坏，官民被压死的有四千多人，玄宗派左丞相萧嵩去救济抚恤。

方士张果自称有神仙术，骗人说他在尧时就已任侍中，到现在有几千岁了。他常常往来于恒山之中，武则天当政以来，多次征召不来。恒州刺史韦济推荐他，唐玄宗派中书舍人徐峤带着诏书去迎接他。庚寅日，他到达东都洛阳，乘坐轿子入宫，唐玄宗对他的恩赐礼待十分优厚。

张九龄建议不要禁止私人铸钱，三月十九日庚辰，唐玄宗敕命百官讨论此事。

裴耀卿等人都说："这个门口一旦放开，恐怕小人们就会弃农逐利，而民间滥造的恶钱也就更加严重。"秘书监崔沔说："如果抽取采铜矿的税收并折算成徭役以充冶铸，那么国家的铸钱就可以成功，计算铸钱的成本和工钱，那么私人铸钱则无利可图，此法容易而且能够长期实行，简便而且难以被欺骗。况且钱这个东西，贵在能流通货物，好处不在钱的数量多，何必要靠私人铸钱来满足用度呢？"右监门录事参军刘秩说："人富有就不能用赏赐来鼓励，人贫穷就不能用严刑来禁止。如果允许私人铸钱，那么穷人必定不能办到。臣恐怕穷人越来越穷而被富人役使，富人越来越富而放纵他们的欲望。汉文帝时，吴王刘濞富比天子，就是私人铸钱所造成的。"唐玄宗于是不准私人铸钱。刘秩是刘知幾的儿子。

夏季，四月初一日壬辰，任命朔方节度使信安王李祎兼任关内道采访处置使，并增领泾、原等十二州。

（以上为第一段，写秦州大地震，唐玄宗迷信神仙，朝廷评议禁铸私钱。）

吏部侍郎李林甫，伪善谄媚而且多狡诈计谋，深交宦官和妃嫔的家族，窥伺唐玄宗的动静，对玄宗的举动无不知晓，因此，每次上奏对答，常常符合皇帝的旨意，玄宗喜欢他。此时武惠妃在后宫中最受玄宗宠幸，她生下寿王李清，诸位皇子都不能和他相比，太子也渐渐地被疏远淡薄，于是李林甫托宦官对惠妃说，他愿意尽力保护寿王；惠妃感激他，暗中给他帮助，因此，他被提升为黄门侍郎。五月二十八日戊子，任命裴耀卿为侍中，张九龄为中书令，李林甫为礼部尚书、同中书门下三品。

唐玄宗在禁苑中种麦子，率领太子以下诸子亲自前往锄草，对他们说道："这是为了祭祀祖先，所以不敢不躬亲，而且还想让你们知道耕种收割的艰难啊。"然后又遍赐侍臣说："最近派人视察田里庄稼，汇报的产量大多不实，所以亲自来耕作以便观察。"

六月初二日壬辰，幽州节度使张守珪大败契丹，派使者回朝进献所获俘虏及战利品。

薛王李业患了重病，玄宗对此很忧虑，容颜憔悴头发变白。七月初十日己巳，李业去世，赠谥号为惠宣太子。

唐玄宗任命裴耀卿为江淮、河南转运使，在河口设置转运货物的转运场。八月十四日壬寅，在转运场的东边设置河阴仓，西边设置柏崖仓，在三门山东边设置集津仓，西边设置盐仓，开凿漕运渠道十八里以避开三门山的危险。先前，船运江、淮的米到东都含嘉仓，雇车陆运，走三百里才到陕州，大概每两斛米的运费是一千钱。裴耀卿命令江、淮的米都用船运到河阴仓，然后换用黄河的船运到含嘉仓及太原仓，从太原仓进入渭水输往关中，三年内，运米七百万斛，节省雇车费三十万缗。

有人劝说裴耀卿把所省下的钱献给玄宗，裴耀卿说："这是国家节省的利钱，怎么能够拿来向皇帝讨好呢？"于是就上奏全部作为购买粮食的钱。

（以上为第二段，写张九龄、裴耀卿、李林甫同时入相，李林甫营私阴附武惠妃，裴耀卿为转运使公忠体国。）

张果一再请求回恒山，玄宗下制书任命他为银青光禄大夫，号通玄先生，重重地赏赐并放他回去。后来张果死了，喜好怪异事物的人上奏说他尸解成仙了，于是玄宗颇信神仙。

冬季，十二月初一日戊子，发生日食。

十二月十八日乙巳，幽州节度使张守珪斩杀契丹王屈烈和可突干，把他们的首级传送朝廷。

当时可突干连年造成边境的祸患，赵含章、薛楚玉都不能讨平他，张守珪到任后，多次击败他。可突干处境危困，派使者诈降，张守珪派管记王悔去安抚他。王悔到了他的牙帐，察觉到契丹上下都没有投降的意思，只是把营帐稍稍地向西北移了一点，并暗地里派人引来突厥，想谋杀王悔而反叛；王悔知道这一内情。牙官李过折与可突干分别掌管兵马，争权不和，王悔劝说李过折让他图谋可突干。李过折夜晚带兵斩杀屈烈和可突干，把他们的党羽全部杀光，统帅余下的部众来投降。张守珪出师紫蒙州，大规模地阅兵来镇抚他们。把屈烈、可突干的首级挂在天津桥的南端。

突厥毗伽可汗被他的大臣梅录啜所毒害，没有死，便讨伐诛杀梅录啜及其家族党羽。毗伽可汗死后，儿子伊然可汗继立，不久也死了，弟弟登利可汗继立，二十三日庚戌，来朝廷报丧。

禁止京城里的乞丐乞讨，设置病坊救济他们。

（以上为第三段，写幽州节度使张守珪大破契丹。）

唐玄宗开元二十三年（乙亥，公元 735 年）

春季，正月，契丹知兵马中郎李过折来朝进献战利品及俘虏，下制书封李过折为北平王，检校松漠州都督。

正月十八日乙亥，玄宗亲耕藉田，九推才止。公卿以下都耕完一陇。大赦天下，都城中欢乐宴饮三天。

唐玄宗亲临五凤楼诏赐臣民聚饮，观看的人喧闹拥挤不堪，音乐也无法演奏，金吾的杖棒挥动如雨，也没法阻止。玄宗忧虑。高力士上奏说河南丞严安之维护治安十分严厉，人们怕他，请让他来制止混乱局面，玄宗采纳了这个建议。严安之到了，用手板绕着场子划地为线说："越过这条线的处死！"于是整整三天，人们指着这条线以为戒，没有人敢越过。

当时命令三百里以内的刺史、县令各自率领所统属的乐队会集在楼下，争较胜负。怀州刺史用车装载乐工几百人，都穿着绘有彩色花纹的丝绸服装，驾车的牛都打扮成老虎、豹子、犀牛、大象的样子。鲁山县令元德秀只派遣乐工几人，携手同唱《于蒍》歌。玄宗说："怀州的人民，大概生灵涂炭吧！"立即把刺史调为无职事的散官。元德秀性格高洁质朴，士大夫都很钦佩他高尚的节操。

唐玄宗赞赏张守珪的功劳，想任命他为宰相，张九龄劝谏说："宰相是代天子治理国家的，它不是赏赐有功人的官职。"玄宗说："给他宰相的名称而不让他担任职务，可以吗？"张九龄回答说："不行。唯有名义和职权不能给人，而由国君亲自掌握。况且张守珪才打败契丹，陛下即用他做宰相；假如他尽灭奚、突厥，将用什么官职来赏赐他呢？"玄宗方才作罢。二月，张守珪来东都进献战利品及俘虏，被任命为右羽林大将军，兼御史大夫，赐他的两个儿子官职，赏赐十分丰厚。

起初，殿中侍御史杨汪杀了张审素后，改名为杨万顷。审素的两个儿子张瑝、张琇都年幼，连坐流放岭南；不久便逃回来，谋划伺机报仇。三月十一日丁卯，在都城亲手杀了杨万顷，将表章系在斧头上，陈述其父蒙冤的情况。他俩想去江外杀掉与杨万顷同谋陷害其父的人，到了汜水，被有关部门捕获。议论的人大都说他们两个的父亲死于非罪，幼年孝烈能报父仇，应当加以怜悯和宽宥；张九龄也想救他们。裴耀卿、李林甫认为这样做，破坏国法，唐玄宗也这样认为，他对张九龄说："孝子之情，为了义而不怕死，然而，杀了人而被赦免，此例不可开。"于是敕令："国家立法，目的在于制止凶杀。各人要表达做人子的心志，那谁又不是徇孝的人呢？如此辗转互相报仇，那还有什么极限？咎繇做法官，立法就必须实行。即使曾参杀了人，也不能饶恕。应该交付河南府用杖杀死。"士民都怜悯这两个孝子，替他们写哀文诔词，贴在交通要道上。市民募捐集资把他俩安葬在北邙，担心杨万顷家人挖坟，便做了好几处迷惑人的假坟。

唐初，公主实封只有三百户，中宗时，太平公主封至五千户，大体以七丁为限。开元以来，皇帝的妹妹只封一千户，皇帝的女儿又减半，都以三丁为限；驸马只封三品员外官，而不担任职务。公主封邑的收入很少，以致不能备办车马服饰，玄宗左右有人说封地太少，玄宗说："老百姓的租赋，不是我所有的。战士们出死力，赏赐不过束帛；女子有什么功劳，而享受许多封户呢？而且我想让她们知道节俭啊。"秋季，七月，咸宜公主将要下嫁，才开始加封到一千户。公主是武惠妃的女儿。于是诸公主都把封户加到一千户。

冬季，十月二十六日戊申，突骑施侵犯北庭及安西拨换城。

闰十一月初一日壬午朔，发生日食。

十二月二十四日乙亥，册封原蜀州司户杨玄琰女为寿王妃。杨玄琰是隋国子祭酒杨汪的曾孙。

这一年，契丹王过折被他的臣子涅礼杀死，他的儿子们也一起被杀，只有一个儿子剌乾跑到安东幸免一死。涅礼上书说，过折用刑残酷暴虐，民情不安，所以把他杀了。玄宗赦免了他的罪过，因此任命涅礼为松漠都督，并赐书责备他说："你们的蕃法大都对君长不义，以前就是这样，朕也知道。然而过折是你们的君王，有恶行就杀掉，做这样的君王不也太难了吗？只怕你做了君王，后人也这样干。常常不能自保，谁愿意做王！也应该防患于未然，怎能只图眼前的一时快活！"突厥不久率兵东侵奚、契丹，涅礼与奚王李归国击败了突厥。

（以上为第四段，写唐玄宗耕藉田九推，娱乐有度，禁报私仇，仍不失为明主。）

唐玄宗开元二十四年（丙子，公元 736 年）

春季，正月初十日庚寅，敕令："天下逃户，准许在今年年底以前自首，有旧产业的人命令他们回原籍，没有产业的人另外等候安置。超过期限不自首的，当派专使搜查，分散配发给各军。"

北庭都护盖嘉运攻击突骑施，打败了他。

二月初四日甲寅，在朝堂上宴请新任县令。唐玄宗作了一篇《令长新戒》，颁赐给天下的县令。

二月二十日庚午，更改皇子的名字：鸿为瑛，潭为琮，浚为玙，洽为琰，涓为瑶，滉为琬，涺为琚，潍为璲，沄为璬，泽为璘，清为瑁，洄为玢，沭为琦，溢为环，沔为理，沘为玼，漼为珪，澄为珙，滣为瑱，潨为璿，滔为璥。

旧制，由考功员外郎掌管考试贡举士人，有位名叫李权的进士，侮辱员外郎李昂，议论的人认为员外郎官位低下，不足以服众。三月十二日壬辰，敕令从今起委任礼部侍郎主管考试贡举士人。

张守珪派平卢讨击使、左骁卫将军安禄山讨伐奚、契丹的反叛者，安禄山仗恃勇力轻率进攻，被敌人打败。夏季，四月初二日辛亥，张守珪上奏请斩杀他。安禄山临刑前大叫说："大夫您不是想灭掉奚、契丹吗？为什么杀我安禄山？"张安珪也爱惜他的骁勇，于是转囚送入京师。张九龄在奏章上批示说："从前司马穰苴杀庄贾，孙武斩吴王宠姬。张守珪军令如果贯彻执行，安禄山就不应免死罪。"玄宗爱惜他的才能，下敕令免去他的官职，以平民为将而领军。张九龄力争道："安禄山违令损兵，在法律上不能不杀。而且臣从他外貌看有反相，不杀必定造成后患。"玄宗说："你不要用王衍看石勒的典故，冤枉杀害了忠良。"最终赦免了他。

安禄山，本是营州杂胡人，原名阿荦山。他的母亲是个女巫；父亲死后，母亲带着他改嫁突厥人安延偃。遇到其部落败散，跟安延偃哥哥的儿子思顺一起逃来，所以就冒姓安氏，名禄山。又有个名叫史窣干的人，与安禄山是同乡，两人的生日前后相差一天。长大后，相互亲近，都做了互市牙郎，因骁勇而出名。张守珪任命安禄山为捉生将，安禄山每次跟数骑出去，就能活捉几十个契丹人回来。他生性狡猾，善于揣摸人情，张守珪喜爱他，收养他为干儿子。

史窣干曾欠官债逃亡到奚中，被奚人巡逻兵抓住，要杀他；史窣干骗他们说："我是大唐的和亲使者，你们杀我，灾祸就将波及你们国家。"巡逻兵相信了他的话，送他到牙帐。史窣干见了奚王，只行拱手礼而不下拜，奚王虽然恼怒，但因害怕唐朝，不敢杀他，用宾客之礼招待他，派一百人跟随史窣干入朝。史窣干对奚王说："大王派遣的人虽然很多，但在我看来他们的才能都不足以朝见天子。听说大王有名叫琐高的良将，为什么不派他入朝呢？"奚王即刻命令琐高与牙下三百人跟随史窣干入朝。史窣干将到平卢，先派人对军使裴休子说："奚派遣琐高带精锐一起来，声言入朝，实际是想偷袭军城，应严加防备，先下手对付他。"裴休子于是派了军队和仪仗队出来迎接，到了馆舍，把随从的士兵全部活埋了，把琐高囚送幽州。张守珪认为史窣干有功，上奏任他为果毅，连续升迁为将军。后来他入朝廷奏报事情，唐玄宗与他交谈，喜欢他，赐名为思明。

（以上为第五段，写杂胡安禄山，史思明登场。）

原连州司马武攸望的儿子武温昚，因犯了勾结权贵罪，被杖刑打死。四月十六日乙丑，朔方、河东节度使信安王李祎降为衢州刺史，广武王李承宏降为房州别驾，泾州刺史薛自劝降为澧州别驾，都是因为与武温昚交游的罪过。李承宏是李守礼的儿子。四月二十二日辛未，蒲州刺史王琚降为通州刺史，是因为与李祎通书信的罪过。

五月，醴泉有妖术之人刘志诚作乱，驱赶掠夺路上行人，准备前往咸阳，村民奔走相告县官，烧桥断路以抗拒他，他的部众便溃散，仅仅几天，全部被抓住杀了。

六月，首次按月给百官发薪水。

当初，玄宗因亲耕藉田而赦免天下，命令有关部门讨论增加祭祀宗庙的笾豆祭品以及服制法纪中的不当之处。太常卿韦绦上奏建议宗庙里每个灵座设笾豆十二。

兵部侍郎张均、职方郎中韦述议论说："圣人既知道孝子对父母的感情深厚，也知道事物的种类数量是无限的，因此订立规章予以节制。人的嗜好本来就没有标准可依据，宴会中的饮食随着时代的不同而变更，所以圣人一切依照古制。屈到喜欢吃芰，他死后屈建不以芰作祭品，屈建认为不要以个人的嗜好来扰乱国家的典制。现在想把甜美肥浓的食品，都拿来用作祭祀，如果逾越旧有的制度，那还有什么限制！《尚书》说：'黍稷并不馨香，只有明德才馨香。'如果用今天的珍美食品，为平生所常食的，求神无方，何必拘泥古制，那么簠、簋可以去掉而盘、盂、杯、案应当在使用，韶乐、濩乐可以停止而箜篌、筝、笛应当在演奏了。既然不是礼定的正式物品，后世子孙凭什么来观瞻呢？神，是用精灵来感应人的，不求丰富大美；如果不合于礼，再多也没有用！怎么可以废弃正规的礼经而跟从一般的流俗？况且君子用礼来爱人，不求随便迎合；何况是在宗庙里的事，怎敢忘记旧有的典章制度？”

太子宾客崔沔议论说：“祭祀的兴起，肇始于远古时代，茹毛饮血时，就用毛血作为祭品；没有发明酒时，就把当酒用的水作为祭奠，到了后代的帝王，礼物渐渐完备，然而向神道致敬，仍不敢有所偏废。笾、豆、簠、簋、樽、罍所盛的祭品，都是周朝人当时的食物，其用途与宴飨宾客相同，而周公制定礼仪时，把这些东西跟毛血玄酒一同用来祭祀鬼神。国家按照礼来建立法则，根据时代的变化来制定规范。清庙四时祭飨，礼法所规定的祭品全部陈列，这是采用周代的制度。向祖宗陵寝献祭食品，把平时的膳食全都摆上，这是遵从汉代的法制。各地进贡的土产用来祭祀，是为了让祖先享用远方的物品。有新熟的食物必定献祭，是顺应时令的变化。在苑囿内，皇帝亲自耕作所收获的庄稼，在打猎时，皇帝亲自射中的猎物，无不先献祭而后食用，这是为了充分表达诚心敬意。如像这样去做就已足够了，何必还要增加什么祭品呢？只要敕命有关部门，对祭祀的事情不能简陋怠慢，那么鲜美肥浓的祭品，都在其中了，不必再增加笾豆的数量了。”

唐玄宗执意要酌量增加祭品的品种味道，韦绦又奏请每室增加笾豆各六,四时各供以新鲜水果和珍异食物；玄宗同意了。

韦绦又上奏：“《丧服》上说：‘为舅舅守丧三个月，为姨母、外祖父母守丧都是五个月。’外祖父母是至尊，所以同于姨母的服制；姨母、舅舅虽是同等的，但服制轻重有所不同。堂姨、堂舅亲关系虽不疏远，但恩情不深，不为他们服丧；舅母来自外姓宗族，不能像同吃同居的亲属那样服丧礼。臣以为古人丧服之意还有些不够通达的地方，建议为外祖父母服丧加到九个月，为姨母、舅父皆服丧五个月，堂舅、堂姨、舅母都加到服袒免。”

崔沔议论道：“治家的之道，不能有歧义；统一定义，理都归于本宗上。因此对内有齐衰、斩衰，对外都为缌麻，有尊者名号的所增加不过一等，这是先王不变之道。请遵守开元七年皇上圣明的诏旨，一律遵循古礼，作为万代不变的成法。”

韦述议论道：“《丧服传》说：‘禽兽知母而不知父。乡野之人说，父母有什么尊卑等级的差别？都邑之士则知尊先父，大夫及学士则知尊先祖。’圣人探知天道而亲厚于祖、父，维系族人的姓氏而亲厚其子孙，娘家的人跟本族的人相比，不可同等，这是很明显的。现在如果外祖父与舅父加服一等，堂舅及姨母列入丧服条文中，那么内外的服制，又有什么差别呢？违背礼制以徇私情，是专务于末疏。古代制定礼制的人，知道人情容易变动，担心失礼的行为会逐渐增多，就分别同异，服丧轻重悬殊，要使后来的人永世不相混杂。精微的意旨就在这里，哪里是无所用心呢？

如果可以增加，也就可以减少；前圣可以非议，则《礼经》也可以毁坏了。先王的典制，称之常理，奉行遵照，还怕失误，一旦乱了秩序，哪里还能止住？请以《仪礼·丧服》为准。”

礼部员外郎杨仲昌议论道：“郑文贞公魏徵首先把舅服增加到小功五月。虽然文贞公贤能，而周公、孔子是圣人，用贤人来改变圣人，使后学者无所适从！臣恐怕内外次序混乱，亲疏失去伦常，任凭感慨发展，什么事情不能发生？从前子路服姐姐的丧满而不除服，孔子说：‘先王制定礼仪，行仁义的人都不忍心除服。’于是子路便除服。这是圣人援引事理抑制私情的典型例子。《礼记》说：‘不要轻率议论礼仪。’表明礼是遍及天地，与日月并行，贤人遵守它，怎敢增减呢？”

玄宗敕令：“姨舅已服小功，舅母不得全行降服，应服缌麻，堂姨舅应服袒免。”

张均，是张说的儿子。

（以上为第六段，写唐玄宗要增加宗庙祭祀的礼品与加重丧服之礼。）

秋季，八月初五日壬子，千秋节，群臣都进献宝镜。张九龄认为用镜子自照可以见形貌，用人自照可以见吉凶。于是叙述前世兴亡的根源，著书五卷，称之为《千秋金镜录》，呈给玄宗，玄宗赐书褒奖他。

八月初七日甲寅，突骑施派他的大臣胡禄达干来朝请求降附，玄宗准许了。

御史大夫李适之，是李承乾的孙子，因有才干而得到玄宗的宠幸，他多次替李承乾申辩。八月二十七日甲戌，追赠承乾为恒山愍王。

八月二十八日乙亥，汴哀王李璥去世。

冬季，十月初二日戊申，唐玄宗乘车从东都洛阳出发。此前，敕令在明年二月二日驾临西京长安。碰上宫中有怪异，次日，玄宗召宰相，商议立刻返回西京。裴耀卿、张九龄说：“现在农作物收割还没有完成，请求等到仲冬时再出发。”李林甫暗地里知道玄宗的意旨，两位宰相退出后，李林甫单独留下来，对玄宗说：“长安、洛阳，是陛下的东宫、西宫而已，往来走动，何须另择时日！假使妨碍农民收割，只要免除所经过之地的租税就行了。臣请求宣示百官，即日西行回京。”玄宗听了很高兴，采纳了他的意见。经过陕州，因刺史卢奂有良好的政绩，就在他的办公的厅堂里题词称赞然后离去。卢奂，是卢怀慎的儿子。十月二十一日丁卯，到达西京。

朔方节度使牛仙客，以前在河西，能够节约用费，勤勉职守，仓库充实，器械精良锐利。玄宗听说后就嘉奖他，想升他为尚书。张九龄说：“不可。尚书，是古代的纳言官，唐有天下以来，只有原来的宰相以及名扬中外有德行有威望的人才被任命。仙客本是河湟使典官，现在突然位居清要高位，恐怕使朝廷蒙羞。”唐玄宗说：“那么只加实封可以吗？”回答说：“不可。封爵是用来奖励有功的人。边防将领充实仓库，修备器械，乃是日常的事务，不足以称作有功。陛下奖励他的勤勉，赐给他金玉布帛是可以的，但要裂土分封，恐怕是不适宜的。”唐玄宗沉默无语。李林甫对玄宗说：“仙客，是宰相之才，任尚书有何不可！张九龄是书生，不懂大道理。”玄宗喜悦，次日，又提起实封牛仙客的话题，张九龄像当初一样固执。玄宗发怒，改变面色说：“事事都要听你的吗？”张九龄叩头道歉说：“陛下不认为臣的愚昧，让臣坐在宰相的位置上，事情有所不当，臣不敢不详尽直言。”玄宗说：“你嫌牛仙客出身寒微，像你这样又是什么豪门望族？”张九龄说：“臣是岭外海边孤陋微贱的人，比不上牛仙客生长在中原；然而臣供职于尚书台，典掌诰命已多年，牛仙客只是边陲小官，没有读过书，如重用他，恐怕不符合众人的期望。”李林甫退朝后说：“只要有才干识见，何必要文辞学问！天子要重用一个人，有什么不可以的！”十一月二十三日戊戌，赐牛仙客爵位为陇西县公，实封食邑三百户。

当初，唐玄宗想任命李林甫为宰相，向中书令张九龄征求意见，张九龄回答说：“宰相关系到国家的安危，陛下任用李林甫为宰相，臣担心将来会造成国家的忧患。”唐玄宗没有听从他的意见。当时张九龄正因为有文学才能而被玄宗器重，李林甫虽然怨恨他，但仍委屈心意地顺从他。侍中裴耀卿和张九龄友善，李林甫也一并恨他。这时，玄宗在位年久，渐渐地恣意奢侈，松懈国务政事。而张九龄遇到事情无论大小都尽力争辩；李林甫善于窥探玄宗的心意，天天都想方设法来中伤他。

唐玄宗任临淄王时，赵丽妃、皇甫德仪、刘才人都受宠，丽妃生太子李瑛，德仪生鄂王李瑶，才人生光王李琚。等到即帝位，玄宗宠爱武惠妃，对丽妃等人的爱都渐渐淡薄；惠妃生寿王李瑁，宠爱超过诸子。太子与瑶、琚在宫中相见，各人因母亲失职而有怨恨的话。驸马都尉杨洄娶咸宜公主，时常打听三位皇子的过失向惠妃报告。惠妃向玄宗哭诉：“太子暗中结纳党羽，将要害我母子，同时还指责您。”玄宗大怒，把这些告诉宰相，想把他们几个都废黜。张九龄说：“陛下登帝位近三十年，太子和诸王没有离开过深宫，天天接受圣上的教训，天下的人都庆幸陛下在位长久，子孙繁盛。如今三位皇子都已长大成人，没有听说有大过错，陛下怎么能够突然因为一些无根据的话，在发怒的时候，把几位皇子都废黜掉呢？况且太子是天下之本，不可以轻易动摇。从前晋献公听信骊姬的谗言杀了申生，引发三世大乱。汉武帝采纳江充的诬告治戾太子罪，引起京城流血事件。晋惠帝听信贾后的谗言废黜愍怀太子，导致中原地区生灵涂炭。隋文帝采纳独孤后的话废黜太子勇，立隋炀帝，便失去了天下。从这些看来，废立太子不可不慎重。如果陛下一定要这样做，臣不敢执行诏命。”玄宗不高兴。李林甫当时没有说什么话，退朝后私下对宦官中受玄宗宠信的人说：“这是皇帝家里的事，何必询问外人！”玄宗犹豫不决。惠妃秘密地派官奴牛贵儿对张九龄说：“有废的必有立的，相公帮个忙，宰相便可长期做下去。”张九龄斥责他，把他的话奏明玄宗，玄宗因此而感动，所以直到张九龄被罢去相位，太子得以不变动。李林甫日夜向玄宗说张九龄的坏话，玄宗渐渐疏远张九龄。

李林甫推荐萧炅任户部侍郎。萧炅一向不学无术，曾当着中书侍郎严挺之的面把“伏腊”读成“伏猎”。严挺之对张九龄说：“台省中怎可容许有‘伏猎侍郎’？”因此将萧炅外任为岐州刺史，所以李林甫怨恨严挺之。张九龄与严挺之关系好，想推荐他做宰相，曾对严挺之说：“李林甫尚书正受到玄宗的信任，足下当登门拜访，与他联络一下感情。”严挺之一向有气节，鄙薄李林甫的为人，始终不去拜访。李林甫对他的怨恨更深。严挺之先前娶的妻子，离了婚，改嫁蔚州刺史王元琰，王元琰因贪污罪被交付三司审讯，严挺之替他谋求免罪。李林甫左右的人奉命入宫中时告诉玄宗。玄宗对宰相说：“严挺之替罪人请托有关官吏。”张九龄说：“这是严挺之已离婚的妻子，不应有私情在内。”唐玄宗说：“虽然离了婚仍然还有私情。”

于是唐玄宗联想到以前的事，认为裴耀卿、张九龄是结党营私。十一月二十七日壬寅，任命裴耀卿为左丞相，张九龄为右丞相，一并罢除宰相的职事。命李林甫兼任中书令；牛仙客任工部尚书、同中书门下三品，领朔方节度使不变。严挺之贬为洺州刺史，王元琰流放岭南。

唐玄宗即位以来，所任用的宰相，姚崇崇尚通达，宋璟崇尚法治，张嘉贞崇尚吏治，张说崇尚文学，李元纮、杜暹崇尚节俭，韩休、张九龄崇尚正直，他们各有长处。九龄既得罪玄宗，从此朝廷的官员，都全身保位，不敢直言进谏。

李林甫想蒙蔽唐玄宗的视听，自己专揽大权，公然召集各谏官对他们说：“当今圣明的君主在上位，群臣想要服从他都来不及，哪里用得着多说！各位没有看到朝廷上立的仪仗马吗？吃三品的饲料，只要一叫便赶出去。后悔也来不及了！”补阙杜琎曾上书论事，第二天，就降为下邽县令。从此谏诤之路断绝了。

牛仙客既是李林甫所推荐的，只会唯唯诺诺附和而已。然而两人谨守法令规定，百官升迁任免，各有常规，即使有奇才高行的人，免不了到老也是按资历调动，那些用巧言谄媚奸邪阴险而自我钻营的人，则可越次提拔，自有其他的捷径。

李林甫城府深沉，人们无法察知他的心计。他喜欢用甜言蜜语迷惑人，却暗中伤人，不露声色。凡是被唐玄宗所亲近的人，开始则亲密结交他，等到他的官位势力稍稍威胁自己，就用计谋把他排挤掉。即使是老奸巨猾的人，也不能逃脱他的权术。

（以上为第七段，写李林甫、牛仙客以谄谀入相，张九龄因直谏被唐玄宗疏远。小人进，君子退，唐玄宗由明转昏。）

唐玄宗开元二十五年（丁丑，公元 737 年）

春季，正月，开始设置玄学博士，每年照明经科考举。

二月，敕令说：“进士以声韵为学业，多不明古今史实事物；明经以背诵试帖为功效，极少探讨经义要旨。从今起明经考试问大义十条，对时务策三题；进士考试大经十帖。”

正月二十四日戊辰，新罗王金兴光去世，他的儿子金承庆继位。

正月二十九日乙酉，幽州节度使张守珪在捺禄山击败契丹。

三月二十五日己亥，河西节度使崔希逸袭击吐蕃，在青海西边打败了他们。

当初，崔希逸派遣使者对吐蕃边将乞力徐说：“两国往来和好，现在是一家，何必又布置兵力把守，妨碍百姓耕地放牧！请都撤走。”乞力徐说：“崔常侍忠厚，所说的话一定不假。然而朝廷未必把边境事务全部委托给你，万一有坏人在中间引起争执和冲突，趁我不备来偷袭，那我后悔都来不及！”崔希逸再三请求，于是杀白狗缔结盟约，两国都撤去守军，因此吐蕃放牧的牲畜漫山遍野。这时吐蕃向西攻击勃律，勃律来朝廷告急，玄宗命令吐蕃撤兵，吐蕃不执行诏命，便打败了勃律，玄宗大怒。碰到崔希逸的侍从孙诲回朝奏告事务，自己想求取功劳，上奏说吐蕃没有守备，请偷袭，必定大获全胜。玄宗派内给事赵惠琮与孙诲一同前往，仔细观察事宜。赵惠琮等抵达后，则伪托诏命要崔希逸偷袭吐蕃。崔希逸不得已，发兵从凉州南进吐蕃二千余里，到达青海西边，与吐蕃作战，大破吐蕃，杀死二千多人，乞力徐逃走。赵惠琮、孙诲都受到重赏，从此吐蕃又不来朝贡。

（以上为第八段，写唐边将失信于吐蕃，挑起边衅。）

夏季，四月十七日辛酉，监察御史周子谅弹劾牛仙客没有才能，引用谶书以为证明。玄宗发怒，命令左右的人在殿庭中击打他，周子谅被打昏后又醒过来，继续在朝堂上用棍子打他，把他流放到瀼州。周子谅走到蓝田县就死了。李林甫说：“周子谅是张九龄推荐的人。”四月二十日甲子，贬张九龄为荆州长史。

杨洄又上奏说太子李瑛、鄂王李瑶、光王李琚，他们跟太子妃的哥哥驸马薛锈暗中图谋不轨，唐玄宗召集宰相来商议。李林甫回答说：“这是陛下的家事，不是臣等所应参与的。”玄宗于是拿定主意。四月二十一日乙丑，派宦官到宫中宣读制书，废李瑛、李瑶、李琚为庶人；流放薛锈到瀼州；李瑛、李瑶、李琚不久被赐死在城东驿，薛锈被赐死于蓝田。李瑶、李琚都好学而有才有识，无罪而死，人们都很惋惜他们。四月二十二日丙寅，李瑛舅家赵氏、妃子家薛氏、李瑶舅家皇甫氏，被牵连流放降职者几十人，只有李瑶妃子家韦氏因妃子贤惠而获得赦免。

（以上为第九段，写唐玄宗拒谏，贬张九龄，李林甫主政，太子瑛被废。瑛、瑶、琚三子，以及驸马薛锈，均被赐死。）

五月，夷州刺史杨濬因贪赃罪该处死刑，玄宗命令打六十杖，流放到古州。左丞相裴耀卿上奏疏，认为：“判杖刑赎死罪，恩泽十分优厚，解体鞭打，行事则颇为侮辱，只可对囚徒奴隶施用，不该用于士大夫。”唐玄宗听从了他的意见。

五月初十日癸未，玄宗敕书说因四方安定，命令中书省、门下省与各道节度使一起估量军镇的闲散和忙碌及利害关系，审计边防士兵的定额，在各种出征的人和寄籍户口中招募壮丁，长期充当边防军，增加他们田地住宅，条件务必优厚。

五月二十八日辛丑，玄宗命令有关部门选拔大宗的嫡长子中有才干的，授给他们台省官、法官、京畿县官，并下敕书说："如果你们违反正道轻慢纲常，我不会因私情而徇王法；如果你们能修身养性尽心职守，皇恩哪会比非宗室的人淡薄！希望你们以身作则，影响我朝风俗。"

秋季，七月初七日己卯，大理少卿徐峤上奏："今年全国判死刑的有五十八起，大理狱院内，向来相传杀气太盛，连鸟雀都不栖息，现在有喜鹊在院里的树上做巢了。"于是百官认为应该少用刑罚，上表章祝贺。玄宗把功劳归于宰相。七月初八日庚辰，赐李林甫爵号为晋国公，牛仙客爵号为豳国公。

唐玄宗任命李林甫、牛仙客与法官一起删订修改的《律令格式》完成，九月初一日壬申，颁布实行。

此前，西北边境几十个州驻扎重兵，地租营田都不能供养，便开始用和籴的办法。有个叫彭果的人，通过牛仙客的关系献策，建议在关中实行籴法。九月十七日戊子，玄宗下敕书因年岁丰收谷贱伤农，命令增加时价十分之二三，收购东畿、西畿粟米各有几百万斛，停止今年江、淮地区所运的租粮。从此关中积蓄的粮食十分充足，唐玄宗不再驾临东都了。九月二十二日癸巳，下敕书河南、河北粮租应输往含嘉仓和太原仓的，都留下输往本州。

太常博士王玙上奏建议建立青帝坛以迎春，玄宗采纳了。冬季，十月初一日辛丑，唐玄宗下制书从今以后立春时亲自在东郊迎春。

当时唐玄宗颇为喜好祭祀鬼神，所以王玙专门学习祭祀的礼仪以迎合时尚。玄宗喜欢他，任命他为侍御史，领祠祭使。王玙祈祷时常焚烧纸钱，好像巫师一样。懂得礼仪的人都对他的做法感到羞耻。

十一月初二日壬申，玄宗驾临骊山温泉。十一月十五日乙酉，回宫。

十一月初七日己丑（疑误），开府仪同三司广平文贞公宋璟逝世。

十二月初七日丙午，惠妃武氏逝世，赠谥号为贞顺皇后。

这一年，命令将作大匠康訔素去东都拆毁明堂。康訔素上奏说："毁掉费人工，请拆除上层，低于原来九十五尺，仍旧为乾元殿。"唐玄宗采纳了。

朝廷首次下令各地征收的租庸调、租资课都用各地土产运送到京都。

（以上为第十段，唐玄宗完成募兵制的改革，用招募的长征兵戍边。用和籴法储粮京师，两京用土物代租赋，有利国计民生。）

唐玄宗开元二十六年（戊寅，公元 738 年）

春季，正月初六日乙亥，任命牛仙客为侍中。

正月初八日丁丑，玄宗在浐水的东边迎接春气。

下制书说边疆的长征兵，招募一向充足，从今以后，镇兵不再派遣，已在边疆的放回。

下令天下的州、县、里另行设置学校。

正月二十三日壬辰，任命李林甫兼陇右节度副大使，任命鄯州都督杜希望知留后。

二月十七日乙卯，任命牛仙客兼河东节度副大使。

二月二十一日己未，把贞顺皇后安葬在敬陵。

二月二十四日壬戌，敕令，河曲六个州的胡人因受康待宾罪牵连而散属各州的，准许他们回到原地，在盐州与夏州之间，设置宥州以安置他们。

三月，吐蕃入侵河西，节度使崔希逸击败他们。鄯州都督、知陇右留后杜希望攻打吐蕃新城，攻占了它，在那里设置威戎军，派军一千人戍守。

夏季，五月十八日乙酉，李林甫兼河西节度使。

五月二十九日丙申，任命崔希逸为河南尹。崔希逸想到自己失信于吐蕃，心中惭愧悔恨，不久便死了。

太子李瑛死后，李林甫多次劝玄宗立寿王李瑁为太子。唐玄宗认为忠王李玙年长，而且仁孝恭谨，又好学习，想要立他为太子，犹豫了一年多也决定不下来。玄宗想到自己年岁渐老，三个儿子同一天被杀，继承的人又没决定下来，常常闷闷不乐，睡眠饮食都为之减少。高力士乘机问其中的原因。唐玄宗说："你啊，是我家的老仆人，难道还不能揣摸我的心思？"高力士说："莫不是因为太子的问题没有决定吧？"玄宗说："是的。"高力士答道："皇上何必这样劳神费心，只依年长者而立，谁还敢再争！"玄宗说："你说得对啊！你说得对啊！"因此便决定下来了。六月初三日庚子，立李玙为太子。

六月初四日辛丑，任命岐州刺史萧炅为河西节度使总留后事，鄯州都督杜希望为陇右节度使，太仆卿王昱为剑南节度使，分道策划处理吐蕃事宜，并毁掉所立的赤岭碑。

突骑施可汗苏禄，平素廉洁节俭，每次攻战所得到的战利品，常与各部落分享，不留作个人的积蓄，因此众人都很乐意听他指挥。他已娶唐朝公主，又暗中结交突厥和吐蕃，突厥、吐蕃分别把女儿嫁给他。苏禄封唐、突厥、吐蕃这三国之女都为"可敦"，又立几个儿子为"叶护"，用费越来越大，因此攻战所得的战利品，不再分给部众。苏禄晚年中风，一只手瘫痪，因此，各部都离心离德。酋长莫贺达干、都摩度两个部落最强大，其部落又分为黄姓、黑姓，互相分离不和，于是莫贺达干领兵夜袭苏禄，杀了他。都摩度开始时与莫贺达干合谋，后来又跟他分手，立苏禄的儿子骨啜为吐火仙可汗以收聚他的余部，与莫贺达干互相攻击。莫贺达干派遣使者告诉碛西节度使盖嘉运，玄宗命令盖嘉运招集突骑施、拔汗那以西的各国，吐火仙与都摩度占据碎叶城，黑姓可汗尔微特勒占据怛逻斯城，共同联合军队以抗拒唐军。

太子将受到册命，礼仪中有“中严”、“外办”及“绛纱袍”等仪式规定，太子嫌这些规定与天子同名称，上表请求改换。左丞相裴耀卿奏请停止“中严”，改“外办”为“外备”，改“绛纱袍”为“朱明服”。秋季，七月初二日己巳，玄宗驾临宣政殿，册立太子。旧制，太子乘大车到殿门。这时，太子并不乘车，从宫中步行入殿。这一天，大赦天下。七月十一日己卯，册立忠王妃韦氏为太子妃。

杜希望率领鄯州的部众夺取吐蕃河桥，在河的左岸建筑盐泉城，吐蕃出兵三万迎战。杜希望兵少不能抵挡，将士都很害怕。左威卫郎将王忠嗣统领部队先攻打吐蕃阵地，所向披靡，杀死几百人，敌人阵势大乱。杜希望率军乘胜攻击，敌人于是大败。在盐泉设置镇西军。王忠嗣因功升迁为左金吾将军。

八月十五日辛巳，勃海王大武艺逝世，儿子大钦茂即位。

九月初一日丙申朔，发生日食。

当初，唐高宗仪凤年间，吐蕃攻陷安戎城而占据了它，此地险要，唐军多次攻打它，不能攻下来。剑南节度使王昱在它的旁边修筑了两座城，驻军在蒲婆岭下，运来物资粮草以威逼安戎城。吐蕃出动大量兵马来援救安戎城。王昱的部众大败，死了几千人。王昱逃脱，粮草军械物资都丢弃了。贬王昱为括州刺史，再贬为高要县尉而死。

九月二十三日戊午，册封南诏蒙归义为云南王。

归义的先人是哀牢夷，位于姚州以西，东南与交趾交界，西北和吐蕃相接。蛮语称王为诏，先有六诏：称作蒙舍、蒙越、越析、浪穹、样备、越澹，兵力相当，不能统一；历代君主正是利用这点以分散他们的势力。蒙舍在最南边，所以称作南诏。高宗时，蒙舍细奴逻初次来朝。细奴逻生逻盛，逻盛生盛逻皮，盛逻皮生皮逻阁。皮逻阁逐渐强大，而其他五诏逐渐微弱；正遇上破洱河蛮有功，于是贿赂王昱，请求把六诏合并在一起。王昱替他向朝廷上奏请求，朝廷准许了，仍旧赐名为归义。于是用武力威胁征服各蛮族，不服从的就火掉它，并击败了吐蕃，移居大和城，后来终于构成边境的祸患。

冬季，十月十四日戊寅，唐玄宗驾临骊山温泉。十月二十八日壬辰，玄宗回宫。

这一年，在西京和东都往来的路上，修建了行宫一千多间。

分左右羽林军设置龙武军，以万骑营隶属它。

润州刺史齐澣上奏：“自瓜步渡长江迂回六十里。请从京口埭下直接渡江，开通伊娄河二十五里就到达扬子县，建伊娄埭。”玄宗采纳了。

（以上为第十一段，写唐玄宗立第三子李玙为太子，即唐肃宗。唐联南诏制约吐蕃，留下西南边境隐患。）

唐玄宗开元二十七年（己卯，公元 739 年）

春季，正月初九日壬寅，命令陇右节度大使荣王李琬亲自到本道去巡视处理各军，选择招募关内、河东壮士三五万人，去陇右助防，到秋末没有敌寇来犯，准许回来。

群臣请求给玄宗加尊号为“圣文”。二月初七日己巳，玄宗准许了，因此赦免天下，免征百姓今年的田租。

夏季，四月十二日癸酉，下敕令：“各种阴阳术数，不是婚丧卜择的，都禁用。”

四月二十八日己丑，任命牛仙客为兵部尚书兼侍中，李林甫为吏部尚书兼中书令，总管文、武选举事务。

六月十二日癸酉，任命御史大夫李适之兼幽州节度使。

幽州将领赵堪、白真陁罗伪造节度使张守珪的命令，派平卢军使乌知义在潢水的北边攻打叛奚余党。乌知义不服从，白真陁罗伪称圣上制书指斥而强迫他。乌知义不得已而出兵，与敌人遭遇，先胜后败。张守珪隐瞒失败的情况，而奏报他战胜并有所获。

这事泄漏后，唐玄宗命令内谒者监牛仙童前往检查。张守珪重金贿赂牛仙童，把罪过推到白真陁罗身上，逼迫他上吊而死。牛仙童受到玄宗的宠信，众宦官都恨他，共同揭发了这事。玄宗很愤怒，六月十三日甲戌，命令杨思勖用棍子打死他。杨思勖把他捆绑起来狠狠地打，打了好几百棍，然后剖取他的心，割下他的肉来吃。张守珪因罪被贬为括州刺史。太子太师萧嵩曾经用城南数顷良田来贿赂牛仙童，李林甫揭发了这事，萧嵩因罪被贬为青州刺史。

秋季，八月十五日乙亥，碛西节度使盖嘉运活捉突骑施可汗吐火仙。盖嘉运攻打碎叶城，吐火仙出来迎战，失败逃走，在贺罗岭被活捉。分别派遣疏勒镇守使夫蒙灵詧与拔汗那王阿悉烂达干暗中带兵突然进入怛逻斯城，活捉黑姓可汗尔微，然后进入曳建城，获得交河公主，将数万散发之民全部交给拔汗那王，唐军威震西部边陲。

八月二十二日壬午，吐蕃侵犯白草、安人等军，陇右节度使萧炅打败了他们。

八月二十四日甲申，追赠孔子谥号为文宣王。在这以前祭祀先圣先师，周公神位南向安置，孔子神位东向安置。下制书：“从今起孔子的神位南向安置，穿王者的服装，释奠礼时奏乐用宫悬。”追赠孔门弟子都为公、侯、伯。

九月二十九日戊午，处木昆、鼠尼施、弓月等各部落原先隶属突骑施的，都率领部众归附，仍请求移居安西都护府管辖区内。

太子改名为李绍。

冬季，十月二十二日辛巳，改建东都明堂。

十月二十七日丙戌，玄宗驾临骊山温泉。十一月十三日辛丑，玄宗回宫。

十一月十六日甲辰，明堂修成。

剑南节度使张宥，是个文官，不懂军事，全部把军政事务委托给团练副使章仇兼琼。章仇兼琼入朝上奏事情，大谈安戎城可以攻取，玄宗喜欢他。十一月二十九日丁巳，任命张宥为光禄卿。十二月，任命章仇兼琼为剑南节度使。

当初，睿宗的丧服已满，便在太庙举行祫祭。从此三年举行一次祫祭，五年举行一次禘祭，这一年，夏天举行禘祭，冬天又当举行祫祭。太常商议认为祭祀太多就会有渎神明，请求停止今年的祫祭，从此通计五年一次祫祭、一次禘祭；玄宗采纳了。

（以上为第十二段，写唐边患日益严重，东、北、西三面有警。孔子被追谥为文宣王。）

唐玄宗开元二十八年（庚辰，公元 740 年）

春季，正月初六日癸巳，玄宗驾临骊山温泉。正月十三日庚子，回宫。

二月，荆州长史张九龄逝世。唐玄宗虽然因为张九龄违逆自己的旨意，而放逐他出任地方官，但是终究钟爱器重他的为人，每当宰相推荐士人，就问道："风度像不像张九龄？"

三月初一日丁亥朔，发生日食。

章仇兼琼暗中与安戎城中吐蕃翟都局及维州别驾董承晏合谋，派翟都局开门引纳唐兵进城，杀尽吐蕃将士，派监察御史许远率兵守城。许远，是许敬宗的曾孙。

三月二十八日甲寅，盖嘉运入朝进献战利品和俘虏。唐玄宗赦免了吐火仙的罪过，任命他为左金吾大将军。盖嘉运请求立阿史那怀道的儿子阿史那昕为十姓可汗，唐玄宗批准了。夏季，四月十五日辛未，封阿史那昕的妻子李氏为交河公主。

六月，吐蕃包围安戎城。

唐玄宗嘉奖盖嘉运的功劳，任命他为河西、陇右节度使，派他经营谋划吐蕃。盖嘉运仗恃玄宗的恩遇流连京城，不按时上任。左丞相裴耀卿上疏，认为："臣近来与盖嘉运同在朝班中，观察他的行为举止，确实勇烈有余，然而言语气势骄矜夸张，恐怕难以成事。从前莫敖满足于蒲骚战役的胜利，最后战败丧失楚军。现在盖嘉运有骄傲轻敌的神情，臣非常替他担忧。何况防秋已近，他也不说上任的日期，如果大事临头才去赴任，那么士兵还不认识，凭什么来制服敌人呢？而且将军受到任命，应凿凶门而出发，以示必死之决心。现在竟夜以继日地酣饮，恐怕没有忧国爱民之心。如果不能改变任命，应当快点让他上路赴任，仍求圣上严加训诫勉励。"唐玄宗于是催促盖嘉运出行。后来盖嘉运果然没有功劳。

秋季，八月二十日甲戌，幽州奏报打败奚、契丹。

冬季，十月十一日甲子，玄宗驾临骊山温泉。十月二十八日辛巳，回宫。

吐蕃侵犯安戎城及维州，朝廷调关中彍骑去援救，吐蕃撤走。改安戎城名为平戎城。

十一月，免去牛仙客的朔方、河东节度使。

突骑施莫贺达干听说阿史那昕为可汗，发怒说："最先杀苏禄，是我的计谋；现在立阿史那昕，用什么来赏封我！"于是率领各部落反叛。唐玄宗便立莫贺达干为可汗，让他统帅突骑施的部众，命令盖嘉运招抚晓谕他。十二月初三日乙卯，莫贺达干投降。

金城公主逝世，吐蕃来报丧，并且请求缔和，玄宗没有准许。

这一年，全国有一千五百七十三个县，八百四十一万二千八百七十一户，四千八百一十四万三千六百零九人。西京、东都的米一斛价格不到二百钱，绢一匹也是这个价格。海内富庶安宁，行路的人虽行万里路也不带任何武器。

（以上为第十三段，写吐蕃此时为唐西边最大边患，唐玄宗凭国力强大，不许吐蕃和亲。当时户八百四十余万，人口近五千万，达到唐朝的极盛。）

唐玄宗开元二十九年（辛巳，公元 741 年）

春季，正月十一日癸巳，玄宗驾临骊山温泉。

正月十五日丁酉，下制书："从前各州有饥荒，都是等待奏章回批，然后才开仓发粮赈济。路程遥远的，怎能救急呢？从今起交付州县长官与采访使酌情赈济事毕再奏报。"

正月十八日庚子，玄宗回宫。

唐玄宗梦见玄元皇帝老子告诉他说："我有像在京城西南一百余里的地方，你派人去寻找，我会与你在兴庆宫相见。"玄宗派使者在盩厔县楼观山中找到老子像。夏季，闰四月，把老子像迎放到兴庆宫。五月，命令画老子的肖像，分别放在各州的开元观中。

六月，吐蕃四十万兵马入侵，到达安仁军，浑崖峰骑将臧希液率领部众五千人打败吐蕃。

秋季，七月十八日丙寅，突厥派使者来告诉登利可汗的丧事。当初，登利的堂叔二人，分别掌管兵马，号称左、右杀。登利担心两杀的专权，跟他的母亲谋划，诱骗右杀，杀了他，自己率领他的部众。左杀判阙特勒领兵攻打登利，杀了登利，立毗伽可汗的儿子为可汗。不久便被骨咄叶护所杀，另立他的弟弟。不久又杀了他，骨咄叶护自立为可汗。唐玄宗因突厥内乱，七月二十五日癸酉，命令左羽林将军孙老奴招抚晓谕回纥、葛逻禄、拔悉密等部落。

七月二十七日乙亥，东都洛水泛滥，淹死了一千多人。

平卢兵马使安禄山，为人狡诈，善于察言观色事奉别人，人们多称赞他。唐玄宗的左右到平卢去，安禄山都重金贿赂他们，因此玄宗更以为安禄山贤能。御史中丞张利贞任河北采访使，到平卢，安禄山曲意事奉张利贞，甚至连他的左右也受到贿赂。张利贞入朝上奏，极力称赞安禄山的优点。八月十七日乙未，任安禄山为营州都督，并充平卢军使，两蕃、勃海、黑水四府经略使。

冬季，十月十九日丙申，玄宗驾临骊山温泉。

十月二十五日壬寅，把北庭、安西分为两个节度。

十一月初三日庚戌，司空邠王李守礼去世。李守礼平庸浅陋没有才识，每到天要下雨和放晴时，李守礼必定事先说出，后来都应验了。岐王、薛王等各王告诉玄宗："邠兄有道术。"玄宗问他原因，他回答说："臣没有道术。武则天时因章怀太子事，被幽禁宫中十多年，每年下敕书杖打臣三四次，背上的疤痕很厚，要下雨时便感觉沉闷，快天晴时则感觉清爽，臣因此而知道罢了。"因而流泪沾湿了衣襟，玄宗也替他感到悲伤。

十一月十四日辛酉，玄宗回宫。

十一月二十四日辛未，太尉宁王李宪去世。玄宗非常悲哀惋惜，说："天下，原是哥哥的天下，哥哥坚持要让位给我，成为唐朝的太伯，平常的名号不足以匹配他。"于是谥为让皇帝。他的儿子汝阳王李琎，上表追述先人的心志，谦虚不敢担当帝号，玄宗不准许。殡敛的那天，用天子的服饰，玄宗亲手书写挽词于灵座，自称"隆基白"，又命名他的坟墓为惠陵，追谥他的妃子元氏为恭皇后，合葬在惠陵。

十二月二十八日乙巳，吐蕃军队屠杀达化县民，攻陷石堡城，盖嘉运不能抵御。

（以上为第十四段，安禄山倾巧，贿赂大臣得美誉。吐蕃寇边，唐军不胜。）

【点评】

本卷最值得点评的问题有三：一、唐玄宗由明转昏。二、太子废立。三、安史之乱主角登场。

唐玄宗由明转昏。明主的标志是讷谏与用人。开元二十五年（公元737年），张九龄罢相之前，唐玄宗讷谏，任用清正廉直之士，名相辈出。史称："上即位以来，所用之相，姚崇尚通，宋璟尚法，张嘉贞尚吏，张说尚文，李元纮、杜暹尚俭，韩休、张九龄尚直，各其所长也。"九龄因抗直罢相，从此，"朝廷之士，皆容身保位，无复直言"。唐玄宗用人信谗，奸相李林甫、杨国忠相继为首辅，蛊惑圣听，奸诈无比。李林甫，甘言谄人，而暗中伤人，不露声色，人称"口有蜜，腹有剑"。张九龄在相位，太子瑛不废，李林甫上台，太子及诸王立即遭杀戮。杨国忠更是祸国殃民。君主昏昏，小人进，君子退，自李林甫入相以后，唐玄宗也就由明转昏，再无贤相矣。

太子废立。废立太子，是一件国家大事，唐玄宗说废就废了，视同儿戏。唐玄宗废太子在开元二十五年（公元 737 年），唐玄宗五十三岁。唐玄宗卒于唐肃宗上元二年（公元 761 年），享年七十七岁。唐玄宗在帝王中算是一个高寿的皇帝，五十三岁，是知天命的中年，精力旺盛，但骄侈心和美色迷住了唐玄宗的眼睛，使他由明转昏。唐玄宗废太子瑛，同时遇害的还有鄂王瑶、光王琚、驸马薛锈。一朝害三个儿子和一个女婿，在亲情上对唐玄宗是一个沉重打击。唐玄宗废太子也是经历了长期思想感情斗争才痛下决心的。唐玄宗做此决定又是他性格的必然。唐玄宗善音律，重感情，天生好色。太子瑛的母亲赵丽妃、鄂王瑶的母亲皇甫德仪、光王琚的母亲刘才人都是因美色被唐玄宗选为王妃。太子之母更是以娼进，善歌舞得宠。太子瑛是唐玄宗第二子，因母亲得宠而立为皇太子。后来武惠妃专宠，太子瑛、鄂王瑶、光王琚三子之母，皆色衰爱弛而失宠，三子被玄宗疏远，同病相怜而亲近。武惠妃借专宠而进谗言，诋毁太子，替自己的儿子寿王李瑁夺太子位。武惠妃女咸宜公主婿杨洄秉承武惠妃之意，诬告太子瑛、鄂王瑶、光王琚与驸马薛锈合谋为不轨。薛锈是太子瑛妃之兄，尚玄宗第四女唐昌公主。由于宰相张九龄的护佑，直言废长立幼，祸害无穷，唐玄宗下不了决心。李林甫，奸邪小人，趁机而入，通过杨洄与武惠妃结成同盟，先排挤了张九龄出朝，然后再由杨洄出面诬告三王与薛锈合谋造反。武惠妃假称宫中有贼，宣召三王穿甲入宫捉贼，回头又去告知唐玄宗说："三王造反，带甲入宫。"如此拙劣的戏法，唐玄宗岂能不知。他已下决心要废立太子，装模作样问李林甫的意见。李林甫告以帝王家事，大臣不问。唐玄宗于是废三子及驸马为庶子，随即杀害。当三子及驸马均死后，唐玄宗又感心痛，所以没有立武惠妃之子寿王瑁为太子。唐玄宗想起了张九龄的警告，废长立幼，将引起诸王争位。唐玄宗闷闷不乐，武惠妃惊惧病死。高力士劝唐玄宗立长以安国。于是在太子瑛死后一年多，唐玄宗立第三子忠王玙为皇太子。武惠妃机关算尽，反误了性命。忠王玙渔翁得利，太子瑛三王以悲剧结局。二十五年之后，代宗即位，宝应元年（公元 762 年），才为太子瑛三王平反。

唐玄宗专宠女色而废立太子，后又因专宠杨贵妃而招致安史之乱。唐玄宗爱美人不爱江山，他的这一个性弱点，促成了他的骄侈心，是他由明转昏的一个决定性因素。

安史之乱主角登场。开元二十四年（公元 736 年），安史之乱的两位主角，安禄山与史思明登场，两人入朝，行动就十分诡异。安禄山与史思明，本是营州杂胡，两人同里闾，史思明先一日生，长安禄山一天。两人一起长大，互相亲爱，同为市侩，以骁勇闻名。安禄山从军，在平卢节度使张守珪帐下任捉生将，就是专门抓敌人活口的侦察兵。安禄山每次带几个骑兵深入契丹、奚人的领地，总能抓几个活口回来，张守珪十分爱惜，收为养子。开元二十四年，安禄山以左骁卫将军之职领兵讨奚、契丹，违反军令，恃勇轻进，打了败仗，按律当斩。张守珪不忍诛杀，押送京师听候唐玄宗处置。时张九龄为相，批示说："从前齐司马穰苴诛杀庄贾，孙武练兵斩了宫嫔，张守珪按军令行动，安禄山不应当免死。"张守珪把败军之将上交朝廷处置，就是不想诛杀，张九龄坚持按军法从事。唐玄宗碍于地方大员的情面，赦免了安禄山的死罪，是一种姑息养奸的行为。胜败乃兵家常事，打了败仗，追究情事，未必就有死刑。如果败军之将因骄，因抗上，是违纪行为，必须正法。东汉末，太尉张温统军讨金城叛羌，将军董卓抗命，言辞不顺，孙坚主张诛杀，认为像董卓这样抗命的人终为祸阶。安禄山为张守珪之养子，一定是违纪犯罪当斩，不仅仅是败军，所以张九龄说安禄山有反相。相貌长有反骨，只是一个借口。唐玄宗姑息，导致了后来的大祸。史思明，更是奸诈，欺骗奚王，诱杀友好使者，轻启边衅，张守珪与史思明均有大罪。边将擅杀冒功，唐玄宗不察反而嘉奖。史思明，原名史窣干，史思明为唐玄宗的赐名，在当时是莫大的荣誉。史称史思明入朝奏事，唐玄宗与之对话，十非满意。唐玄宗原本"英断多艺"，这时明察的一双慧眼已经蒙上烟幕，唐玄宗遇事不明了。专制君王，只要昏聩，则更加固执。明主讷谏，昏主拒谏。唐玄宗听不进张九龄的话，等到安史之乱蒙尘入蜀时，唐玄宗才想起张九龄，特别派专使到张九龄的故里厚抚其家属。唐玄宗能反思过失，这是他有别于暴君的个性特质。尽管世上没有后悔药，但唐玄宗能反思过失，也可让人同情。

资治通鉴（白话本） 卷第二百一十五

唐纪三十一

唐玄宗天宝元年至六载（公元742—公元747）

【起玄黓敦牂（壬午，公元 742 年），尽强圉大渊献（丁亥，公元 747 年）十一月，凡五年有奇】

【大事提要】

本卷记事起公元742年，讫公元747年十一月，凡五年又十一个月。当唐玄宗天宝元年至天宝六载十一月。此时期天下承平，社会仍呈现上升发展态势，而国家上层政治日益走向腐败，动乱危机潜滋暗长。政治腐败，有三大原因。一是最高统治者唐玄宗怠于政事，喜逸乐，好声色。唐玄宗竟然以乱伦方式霸占儿媳得到杨贵妃，杨氏一门贵幸，一个乱国奸臣杨国忠即将登上政治舞台。杨贵妃专宠，不但君王不早朝，而且还放纵了一个乱臣贼子安禄山。不过此时期还只是一个潜在的危险。二是唐玄宗好大喜功，沿边置十节度使，常备边兵五近十万，耗费大量国库资财，加上唐玄宗无节制的逸乐赏赐，增加民众负担。边将轻启事端，特别是与吐蕃的关系日益恶化。三是奸相李林甫权势日隆，节节攀升而大权独揽。唐玄宗一度有“无为”而要交权李林甫的想法。李林甫“口蜜腹剑”，排挤才望之士，专断朝政，贪财受贿，以致有交白卷的“魁首”。上述三大原因是天宝年间的基本政治生态。君王怠政于上，奸相为恶于下，只是还未大坏而已。李林甫还引用酷吏为恶，加重政治的腐败。一般论史者认为，天宝元年是中唐的起始点，也就是唐代政治由盛转衰，由治转乱的起始点。

玄宗至道大圣大明孝皇帝中之下

唐玄宗天宝元年（壬午，公元 742 年）

春季，正月初一日丁未朔，唐玄宗驾临勤政楼，赦免天下，改年号为天宝。

正月初六日壬子，分平卢另为节度，任命安禄山为节度使。

这时，朝廷的声威和教化所施及的州有三百三十一个，能驾驭和控制的州有八百个，共设置十个节度、经略使以防备边境。安西节度抚宁西域，统辖龟兹、焉耆、于阗、疏勒四镇，治所在龟兹城，兵力有两万四千人。北庭节度防制突骑施、坚昆，统辖瀚海、天山、伊吾三军，驻扎在伊州、西州境内，治所在北庭都护府，兵力有两万人。河西节度断隔吐蕃、突厥，统辖赤水、大斗、建康、宁寇、玉门、墨离、豆卢、新泉八军和张掖、交城、白亭三守捉，驻扎在凉州、肃州、瓜州、沙州、会州五州境内，治所在凉州，兵力有七万三千人。朔方节度抵御突厥，统辖经略、丰安、定远三军和三受降城以及安北、单于两个都护府，驻扎在灵州、夏州、丰州三州境内，治所在灵州，兵力有六万四千七百人。河东节度与朔方节度成犄角夹击之势以抵御突厥，统辖天兵、大同、横野、岢岚四军和云中守捉，驻扎在太原府忻州、代州、岚州三州境内，治所在太原府，兵力五万五千人。范阳节度临制奚、契丹，统辖经略、威武、清夷、静塞、恒阳、北平、高阳、唐兴、横海九军，驻扎在幽州、蓟州、妫州、檀州、易州、恒州、定州、漠州、沧州九州境内，治所在幽州，兵力九万一千四百人。平卢节度镇抚室韦、靺鞨，统辖平卢、卢龙二军和榆关守捉、安东都护府，驻扎在营州、平州两州境内，治所在营州，兵力三万七千五百人。陇右节度防御吐蕃，统辖临洮、河源、白水、安人、振威、威戎、漠门、宁塞、积石、镇西十军和绥和、合川、平夷三守捉，驻扎在鄯州、廓州、洮州、河州境内，治所在鄯州，兵力七万五千人。剑南节度西抗吐蕃，南抚蛮獠，统辖天宝、平戎、昆明、宁远、澄川、南江六军，驻扎在益州、翼州、茂州、当州、嶲州、柘州、松州、维州、恭州、雅州、黎州、姚州、悉州十三州境内，治所在益州，兵力三万九百人。岭南五府经略绥靖夷人和獠人，统辖经略、清海二军和桂府、容府、邕府、交府四管，治所在广州，兵力一万五千四百人。除此之外又有长乐经略，属福州统辖，兵力一千五百人。东莱守捉，属莱州统辖；东牟守捉，属登州统辖；兵力各有一千人。总计藩镇士兵共有四十九万人，马八万多匹。开元以前，每年供应守边将士衣服粮食，费用不超过两百万。天宝以后，边将奏请增加的士兵越来越多，每年用布料一千二十万匹，粮食一百九十万斛，政府和民间都烦扰破费，老百姓的生活开始困苦了。

（以上为第一段，写唐玄宗天宝初，全国置十节度使，戍兵达四十九万，再加行政费用，民始疲困。）

正月初八日甲寅，陈王府参军田同秀向唐玄宗进言说："在丹凤门的上空曾看见玄元皇帝老子，他告诉我：'我藏的灵符，在尹喜的旧宅中。'"玄宗派遣使者在旧函谷关尹喜台旁边找到了它。

陕州刺史李齐物开凿三门运渠，正月二十五日辛未，渠开成了。李齐物，是淮南王李神通的曾孙。

壬辰日，群臣向唐玄宗进表，认为："函谷关找到灵符，暗中与年号相应，先于天时行时而天时不违反其预见，请在尊号前加上'天宝'二字。"唐玄宗听从了。

二月十五日辛卯，唐玄宗在新庙祭祀玄元皇帝老子。二月十八日甲午，祭太庙。

二月二十日丙申，在南郊合祭天地之神，赦免天下。改侍中为左相，中书令为右相，尚书左、右丞相又改为仆射，东都、北都全改为京，州改郡，刺史改为太守，改桃林县为灵宝县。田同秀任朝散大夫。

当时的人都怀疑宝符是田同秀所伪造的。隔了一年，清河人崔以清又进言说：“在天津桥北曾见到玄元皇帝老子，他说把宝符藏在武城紫微山中。”唐玄宗命使者前往寻找，也找到了。东都留守王倕知道崔以清有诈，加以审讯，果然自首服罪。奏报玄宗。玄宗也不治他的大罪，只是流放了事。

三月，委任长安县令韦坚为陕郡太守，领江、淮租庸转运使。

当初，宇文融失败后，官吏言利者渐渐平息。等到杨慎矜得到玄宗宠幸，于是韦坚、王鉷之流，争先恐后地向玄宗进言财利之事，政府中有财权的部门，逐渐另设官员来主管财务，旧有官员只不过虚有其位置了。韦坚，是太子妃子的哥哥，做官办事以干练机敏著称。唐玄宗派他督察江、淮的租运，每年增加的收入以万万计；玄宗认为他很能干，所以就提拔他。王鉷是王方翼的曾孙，也因擅长治理赋税而被任命为户部员外郎兼侍御史。

（以上为第二段，写唐玄宗因人造符瑞而改元“天宝”，启用善治财赋的官吏以足国用。）

李林甫做宰相，凡是才能声望功业超过自己的以及被玄宗所器重、势力官位逼近自己的，必定千方百计地除掉他。李林甫尤其嫉恨文学之士，有时表面上与他们友好，先用甜言蜜语迷惑而后暗中陷害他们。世称李林甫是“口有蜜，腹有剑”。

唐玄宗曾在勤政楼上设置乐队，垂下帘子观赏。兵部侍郎卢绚以为玄宗已经起来，便垂下鞭子按住马缰，从楼下横穿而过。卢绚的风度仪态清远纯静，玄宗一直注视着他远去，深深地赞叹他宽和而有涵养。李林甫时常用丰厚的金银布帛贿赂玄宗的左右，因此玄宗的一举一动他必定能知道，于是召集卢绚的子弟对他们说：“尊君向来声望清高，当今交州、广州需要人才，圣上想要派尊君去，可以吗？如果害怕到远方去，就应降职；不然，就任太子宾客、詹事分司东都洛阳，这也是优待贤人的任命，你们觉得如何？”卢绚害怕，请为太子宾客、詹事。李林甫担心违背众人的意愿，就任命他为华州刺史。到任不久，又诬蔑他有病，不能治理州中事务，就改任为詹事、员外同正。

唐玄宗又曾询问李林甫：“严挺之现在哪里？这个人也可以用。”严挺之当时任绛州刺史。李林甫退朝后，召见严挺之的弟弟严损之，晓谕他说：“玄宗对待尊兄恩意非常深厚，为何不写一封进见玄宗的策文，奏明自己得了风湿病，请求回到京城看病就医。”严挺之听从了。李林甫就把他的奏文禀告玄宗说：“严挺之衰老得了风湿病，应当任命他做个闲散的官，便于他看病吃药。”玄宗听后叹息了良久。夏季，四月二十八日壬寅，任命严挺之为詹事，又任命汴州刺史、河南采访使齐澣为少詹事，都是员外同正，在东京养病。齐澣也是朝廷有名望的老臣，所以李林甫也一样嫉恨他。

唐玄宗发兵送十姓可汗阿史那昕去突骑施，到俱兰城，被莫贺达干杀死。突骑施的大纛官都摩度来投降，六月二十二日乙未，玄宗册封都摩度为三姓叶护。

秋季，七月初一日癸卯朔，发生日食。

（以上为第三段，写奸相李林甫“口蜜腹剑”，排挤才望功业高于自己的有识之士以专断朝政。）

七月二十九日辛未，左丞相牛仙客逝世。八月初五日丁丑，任命刑部尚书李适之为左丞相。

突厥拔悉蜜、回纥、葛逻禄三部一起攻打骨咄叶护，杀了他，推举拔悉蜜酋长为颉跌伊施可汗，回纥、葛逻禄各自做了左、右叶护。突厥余下的部众共同推立判阙特勒的儿子为乌苏米施可汗，推他的儿子葛腊哆为西杀。

唐玄宗派使者晓谕乌苏归附朝廷，乌苏不服从。朔方节度使王忠嗣重兵聚集碛口来威胁他们，乌苏害怕了，请求投降，然而却拖延不来。王忠嗣看出他们的欺诈，于是就派使者劝说拔悉蜜、回纥、葛逻禄去攻打他们，乌苏逃走。王忠嗣趁机出兵攻打追击，俘获了西杀部众而回。

八月十五日丁亥，突厥西叶护阿布思及西杀葛腊哆、默啜的孙子勃德支、伊然的小妻、毗伽登利的女儿等率部众一千多帐，相继来投降，突厥因此就逐渐衰微了。九月初九日辛亥，唐玄宗驾临花萼楼宴请投降的突厥人，赏赐非常优厚。

护密先归附吐蕃，九月十六日戊午，护密国王颉吉里匐派使者来请求投降。

冬季，十月二十六日丁酉，唐玄宗驾临骊山温泉；十一月二十八日己巳，回宫。

十二月，陇右节度使皇甫惟明奏报攻破吐蕃大岭等军；十二月二十七日戊戌，又奏报攻破青海道莽布支营三万多人，杀死五千余人。十二月二十九日庚子，河西节度使王倕奏报攻破吐蕃渔海及巡逻兵等军。

这一年，全国共有一千五百二十八个县，一万六千八百二十九个乡，八百五十二万五千七百六十三户，四千八百九十万九千八百人。

回纥叶护骨力裴罗派使者朝贡，赐封他奉义王的爵位。

（以上为第四段，写突厥归服，唐大破吐蕃。是年户口普查，继续增长。）

唐玄宗天宝二年（癸未，公元 743 年）

春季，正月，安禄山来京师朝拜玄宗。玄宗宠待他非常优厚，随时可以进见。安禄山上奏说：“去年营州害虫吃禾苗，臣烧香祈祷上天说：‘臣如果心术不正，事奉国君不忠，情愿让虫子吃掉臣的心；如果没有辜负天地神灵，希望使虫子散去。’立刻有一群鸟从北边飞来，很快就吃光了虫子。请皇上宣诏此事交付史官记载。”玄宗听从了。

李林甫领吏部尚书，每天都在政事堂，选举方面的事务都委托给侍郎宋遥、苗晋卿。御史中丞张倚新近得到玄宗的宠幸，宋遥、苗晋卿想依附他。当时候选的官员合计上万人，以文理优长被录取的有六十四人，张倚的儿子张奭名列第一，大家议论纷纷。前任蓟县县令苏孝韫把这事告诉了安禄山，安禄山进宫报告玄宗，玄宗召集全部被录取的人进行面试，张奭手上拿着试卷，一整天写不出一个字，当时的人称之为“曳白”。正月二十三日癸亥，宋遥降为武当太守，苗晋卿降为安康太守，张倚降为淮阳太守，同考判官礼部郎中裴朏等人都贬为岭南官。苗晋卿是壶关人。

三月十二日壬子，追尊玄元皇帝老子的父亲、周朝上御大夫为先天太皇，又追尊皋繇为德明皇帝，凉武昭王为兴圣皇帝。

江、淮南租庸等使韦坚引导浐水到禁苑东边望春楼下积聚为潭，以聚集停泊江、淮的运输船只，劳役民夫工匠开通漕运渠道，挖掘坟墓，从江、淮到京城，民间萧条哀愁，怨声载道。经过两年工程才完成。三月二十六日丙寅，玄宗驾临望春楼观赏新潭。韦坚在几百艘新船上，都挂起书写着各郡名称的匾额，在船上分别陈列各郡出产的珍奇货物；陕县县尉崔成甫穿着锦制短袖衣，缺胯绿衫，袒胸裸臂，红巾包头，站在前面的船上高唱《得宝歌》，让百名美丽的女子打扮得非常漂亮随声唱和，桅杆相连，绵延数里；韦坚跪着进献各郡的丝绸绢帛，同时进呈一百个盛有珍奇食品的牙盘。玄宗设宴，吃了一整天才罢休，观看的人聚集如山。夏季，四月，提升韦坚为左散骑常侍，其同僚下属吏卒各有不同的奖赏；并把那个潭命名为广运。当时京兆尹韩朝宗也引导渭水在西街开置一个潭，用以贮存木材。

四月十八日丁亥，皇甫惟明带兵出西平郡，攻击吐蕃，行走一千多里，攻打洪济城，攻破了它。

唐玄宗让右赞善大夫杨慎矜主管御史中丞事务。当时李林甫专权，公卿被任用的，若有不是从他的门下出去的，必定罗织罪名而罢黜。杨慎矜因此坚决推辞，不敢接受官职。五月初三日辛丑，任命杨慎矜为谏议大夫。

冬季，十月十三日戊寅，玄宗驾临骊山温泉。十一月二十日乙卯，回宫。

（以上为第五段，写官场腐败，选举凌迟，有交白卷的魁首。唐玄宗歌舞升平。）

唐玄宗天宝三载（甲申，公元 744 年）

春季，正月初一日丙申朔，改年为载。

正月初六日辛丑，唐玄宗驾临骊山温泉；二月初六日庚午，回宫。

二月二十七日辛卯，太子改名为亨。

海盗吴令光等人袭击掠夺台州、明州，朝廷命令河南尹裴敦复带兵讨伐他们。

三月初五日己巳，让平卢节度使安禄山兼任范阳节度使，让范阳节度使裴宽任户部尚书。礼部尚书席建侯为河北黜陟使，称赞安禄山公平正直，李林甫、裴宽都顺从玄宗的旨意称赞安禄山的美德。这三个人都是玄宗所信任的人，因此玄宗对安禄山的宠幸更加牢固而不可动摇。

夏季，四月，裴敦复击败吴令光，活捉了他。

五月，河西节度使夫蒙灵詧讨伐突骑施莫贺达干，杀了他，请改立黑姓伊里底蜜施骨咄禄毗伽。六月十二日甲辰，册封骨咄禄毗伽为十姓可汗。

秋季，八月，拔悉蜜攻打并杀死突厥乌苏可汗，把他的首级传送到京师。突厥人立他的弟弟鹘陇匐白眉特勒，这就是白眉可汗。因此突厥大乱，玄宗敕令朔方节度使王忠嗣带兵乘机攻打。到萨河内山，攻破突厥左厢阿波达干等十一部，右厢没有攻下。会同回纥、葛逻禄一起攻打拔悉蜜颉跌伊施可汗，杀了他。回纥骨力裴罗自立为骨咄禄毗伽阙可汗，派遣使者向朝廷报告情况；玄宗册封裴罗为怀仁可汗。于是怀仁南面据有突厥的旧地，在乌德犍山上设立牙帐，统药逻葛等九姓，后来又并有拔悉蜜、葛逻禄，总共十一部，每部分别设都督，每次征战就让两客部打先锋。

李林甫因杨慎矜委屈依附于自己，九月十四日甲戌，又任命杨慎矜为御史中丞，代理诸道铸钱使。

冬季，十月初四日癸巳，玄宗驾临骊山温泉。十一月初八日丁卯，回宫。

术士苏嘉庆上书说：遁甲术中有九宫贵神，主管水灾和旱灾，请在东郊建立神坛，在每年的孟春、孟夏、孟秋、孟冬等四个孟月举行祭祀，玄宗听从了。这个祭祀的礼仪在昊天上帝以下，太清宫、太庙以上，所用的牺牲及玉，都和祭天地相同。

十二月初四日癸巳，在温泉宫下置会昌县。

户部尚书裴宽一向被玄宗所器重，李林甫害怕他被任命为宰相，嫉恨他。刑部尚书裴敦复攻打海盗回来，接受别人的请求拜托，多记军功，裴宽暗中向玄宗奏明此事。李林甫将此事告诉裴敦复，裴敦复说裴宽也曾把他的亲戚朋友嘱托给我。李林甫说："您赶快向皇上奏明，不要落在别人后面。"裴敦复于是用五百金贿赂女官杨太真的姐姐，让她告诉玄宗。十二月初八日甲午，裴宽因此被贬为睢阳太守。

当初，武惠妃逝世，唐玄宗悼念不已，后宫中美女数千，没有一个合意的。有人说寿王的妃子杨氏的美丽，举世无双。唐玄宗见了很喜欢她，就叫王妃说是自己的意愿请求做女官，号太真，再为寿王娶左卫郎将韦昭训的女儿。暗中将太真接入宫中。太真肌肤丰满姿态艳丽，通晓音乐，禀性机敏而聪颖，很善于迎合玄宗的意思，不到一年，所受到玄宗的宠幸恩遇像惠妃一样，宫中称她为"娘子"，所有的礼仪体制都和皇后相同。

十二月十四日癸卯，以宗室女为和义公主，嫁给宁远奉化王阿悉烂达干。

十二月二十四日癸丑，唐玄宗祭祀九宫贵神，赦免天下。

初次下令规定老百姓十八岁为中，二十三岁成丁。

当初，唐玄宗从东都回来，李林甫知道玄宗讨厌巡幸，就与牛仙客谋划增加靠近京城的各道的粟米赋税以及购买民间粮食用以充实关中。几年后，积蓄渐渐丰足。玄宗悠闲自在地对高力士说："朕不出长安快十年了，天下安宁无事，我想高居君位无为而治，把政事都委托给林甫，怎么样？"高力士回道说："天子巡视天下，这是古代的制度。而且掌管天下的大权，不可随便给别人。别人的威势形成后，还有谁敢再议论他的是非呢！"唐玄宗听了很不高兴。高力士连忙磕头自我表白说："臣得了狂疾，大胆妄言，罪该万死。"唐玄宗于是为高力士摆设酒宴，左右的人都高呼万岁。高力士从此不敢深谈天下大事了。

（以上为第六段，写李林甫奸诈无比，深得唐玄宗宠幸，玄宗欲无为交权于奸相。玄宗以公公霸占儿媳的方式，使杨贵妃登场。）

唐玄宗天宝四载（乙酉，公元 745 年）

春季，正月十二日庚午，唐玄宗对宰相说："我最近在正月初六日甲子这一天，在宫中设立祭坛，为老百姓祈求福祉，我亲自用黄绢写好祝祷辞放在桌案上，忽然它飞上天空，听见空中有声音说：'圣上寿命延长。'另外在我嵩山炼成了丹药，也放在祭坛上，等到夜晚，左右想把它们收起来，又听见空中有声音说：'丹药不必收起，在此自有守护。'直到天亮才收起来。"太子、诸王及宰相，都上表庆贺。

回纥怀仁可汗攻打突厥白眉可汗，杀了他，把他的首级传送到京师。突厥毗伽可敦率领部众来投降。于是北方边境安然无事，没有烽火报警了。

回纥开拓的土地越来越广阔，东到室韦，西达金山，南跨大沙漠，占有突厥的全部故地。怀仁死后，儿子磨延啜即位，号称葛勒可汗。

二月二十一日己酉，命朔方节度使王忠嗣兼任河东节度使。王忠嗣年轻时以勇敢自负，等到他镇守西北边塞，一心一意把保持边塞安定作为首要任务，他常说："太平时期的将领，只要安抚训练士兵就行了，不能消耗中原的力量以求取功名。"他有一张须一百五十斤力量才能拉开的漆弓，经常放在弓袋里，以表示不使用它。部队中的将士日夜都想打仗，王忠嗣派遣许多间谍去侦察敌人寻找可乘之机，发现能够取胜，然后就派兵攻打，所以每次出兵必定有功。自从兼任两道的节度使，从朔方到云中，边陲几千里，战略要地，都建立城堡，开拓的土地分别有数百里远。边疆上的人们认为自从张仁亶以后，所有的将帅都不及他。

三月十四日壬申，玄宗让外孙女独孤氏为静乐公主，嫁给契丹王李怀节。外甥女杨氏为宜芳公主，嫁给奚王李延宠。

四月十八日乙巳，任命刑部尚书裴敦复担任岭南五府经略等使。五月十五日壬申，裴敦复因为逗留京师不及时上任，降为淄川太守，让光禄少卿彭果代替他。因为玄宗嘉奖裴敦复平定海盗有功，所以李林甫就陷害他。

李适之与李林甫因争权夺利而产生矛盾。李适之任兵部尚书，驸马张垍为侍郎，李林甫也厌恶他，让人揭发兵部铨选官员不法牟利的事情，逮捕官吏六十多人交付京兆尹与御史共同审理，审了好几天，竟然得不到他们的实情。京兆尹萧炅派法曹吉温去审理。吉温进入院中，把兵部的官吏留在外面，先在后厅提取两名罪重的囚犯审讯他们，时而用杖猛打，时而用重物重压，号叫呼喊之声，惨不忍闻。都说："只要能保全余生，请拿纸来全部招认。"兵部的官吏向来听说吉温的残酷，被带入后，都自诬而服罪，没有人敢违反吉温的意思。很快狱讼就审理完毕，检查囚犯也没发现被打的痕迹。六月二十五日辛亥，玄宗下敕书指责兵部前后主管铨选事务的侍郎以及吏部掌判选院事务的郎官并且原谅了他们的过错。张垍是张均的哥哥，吉温是吉顼弟弟的儿子。

吉温起初做新丰县丞，太子文学薛嶷推荐吉温有才干，玄宗召见他。回头对薛嶷说："这不是一个好人，我不用他。"

萧炅任河南尹，曾因事获罪，西京御史台派吉温前往审问。吉温审理萧炅十分急迫严厉。等到吉温做了万年县丞，不久，萧炅做了京兆尹。吉温平素和高力士有交情，高力士从宫中回来，吉温估计萧炅一定前往感谢新任的官位，于是就先去拜访高力士，同他有说有笑，握着手非常欢快，萧炅后到，吉温假装惊讶而回避，高力士喊道："吉七不必回避。"并对萧炅说："他也是我的老朋友。"说着把吉温叫回来，和萧炅坐在一起。萧炅对待吉温十分恭敬，不敢因以前的事情怨恨他。一天，吉温去拜见萧炅说："过去吉温不敢破坏国家的法律，从今以后愿意专心事奉您。"萧炅于是同吉温非常友好，引用他做了法曹。

等到李林甫想要清除不依附自己的人，就寻找善于审理狱讼的官吏，萧炅把吉温推荐给李林甫，李林甫得到他，非常高兴。吉温常说："如果遇到知己，就是南山白额虎也轻易地捆绑起来。"当时另有一位杭州人罗希奭，做官严厉刻薄，李林甫引荐他，从御史台主簿进而又提升为殿中侍御使。二人都紧随李林甫所要加罪的深浅，罗织罪名构成案件，没有人能够自我逃脱的，当时的人称他们为"罗钳吉网"。

秋季，七月二十六日壬午，册封韦昭训的女儿为寿王妃。

（以上为第七段，写唐玄宗炼丹求长生，李林甫用酷吏为爪牙。君王怠政于上，奸臣为恶于下，国事日非。）

八月十七日壬寅，册封杨太真为贵妃，追赠贵妃的父亲杨玄琰为兵部尚书，任命她的叔父杨玄珪为光禄卿，堂兄杨铦为殿中少监，杨锜为驸马都尉。八月十八日癸卯，册封武惠妃的女儿为太华公主，命杨锜娶她为妻。就连贵妃的三个姐姐，也赐给京师的宅第，尊宠贵幸，无比显赫。

杨钊，是杨贵妃同曾祖父的哥哥，没有学问，品行不好，被宗族乡党的人瞧不起。在蜀地从军，做了新都县尉；任期届满，家里贫穷自己不能回里，新政县的有钱人鲜于仲通常常给他资助。杨玄琰死在蜀地，杨钊和他家有来往，因而和他的第二个女儿私通。

鲜于仲通名向，以字行，读了不少的书，很有才智，剑南节度使章仇兼琼推荐他做了采访支使，并把他当作心腹任用。章仇兼琼曾在闲谈中对鲜于仲通说："现在只有我一人被玄宗所亲厚，如果没有宫内的援助，必定被李林甫所危害。听说杨贵妃新近得到皇帝的宠幸，人们还不敢轻易依附。你若能替我到长安与杨家相结识，我就没有祸患了。"鲜于仲通说："我是蜀中人，未曾游历过京城，恐怕会坏了您的大事。现在替你另外找到一个人。"于是介绍了杨钊的详细情况。章仇兼琼接见杨钊，见他仪表堂堂，言谈敏捷；章仇兼琼非常高兴，立即召为推官，往来渐渐亲密。于是派遣他到京师去进献春绨，临别时，对他说："我有少许东西在郫县，聊作你路上的费用，你经过郫县时，可取去。"杨钊到郫县，章仇兼琼派亲信带大量精美的蜀中货物赠给他，价值一万缗。杨钊出乎意外地高兴，日夜兼程赶路，到达长安，依次拜访杨家每一个姊妹，把蜀货送给她们，说："这是章仇公所赠送的。"当时杨家二女儿刚死了丈夫，杨钊就住在她家里，也把蜀货分给她。于是杨家的人日夜赞扬章仇兼琼；又说杨钊很会玩樗蒲，带他去觐见玄宗，因此得以跟随供奉官出入宫中，改任他为金吾兵曹参军。

九月二十九日癸未，任命陕郡太守、江淮租庸转运使韦坚为刑部尚书，罢免其所有的使职，让御史中丞杨慎矜代替他。韦坚的妻子姜氏，是姜皎的女儿，李林甫舅舅的女儿，所以李林甫亲近他。等到韦坚因开通漕运而得到唐玄宗的宠幸，便有了入朝做宰相的志向，而且又和李适之友好，李林甫因此讨厌他了，结果给他一个肥缺，实际上夺了他的权。

安禄山想要用守边的功劳来博得玄宗的恩宠，多次进攻奚、契丹；奚、契丹分别杀掉唐朝的公主而叛变，安禄山讨伐打败他们。

陇右节度使皇甫惟明与吐蕃在石堡城作战，被敌人打败，副将褚誗战死。

冬季，十月初十日甲午，安禄山上奏："臣讨伐契丹到北平郡，梦见先朝名将李靖、李勣向臣要食物吃。"于是唐玄宗命令为李靖、李勣建庙。安禄山又上奏说，进献祭品祭奠的当天，庙中梁上长出灵芝草。

十月十三日丁酉，玄宗驾临骊山温泉。

唐玄宗让户部郎中王鉷做户口色役使，敕命准许百姓免除赋税。王鉷上奏请向百姓征收运输的费用，广开财路，又使百姓购买本郡的轻货，老百姓所拿出的钱财比不免除赋税时还多。过去的制度规定，戍守边疆的人免交其租庸赋税，六年为限。当时的边防将领都以失败为耻辱，所以士卒战死了的都不向上申报名单，在他们的籍贯里户籍姓名也没除掉。王鉷的目的是要聚敛钱财，就把有户籍而人不在的都作为逃避交税，按照户籍记载戍守边疆六年以上的，都要征收他们的租庸赋税，有的人甚至连征三十年，老百姓无处申诉。玄宗在位年岁久了，用费日益增多，后宫的赏赐没有节制，又不想经常从左藏、右藏中支取财物。王鉷探明唐玄宗的意思，每年贡献额外的钱百亿万，贮藏在内库，以供玄宗在宫中宴乐和赏赐，说："这些钱都不是租庸调征来的，与国家正常的经费无关。"唐玄宗认为王鉷能使国家富足，更加优厚地对待他。王鉷一心一意地掠夺、残害百姓以讨好玄宗，朝廷内外叹息怨恨。十一月二十三日丙子，任命王鉷为御史中丞、京畿采访使。

杨钊在宫中侍奉玄宗宴饮，专管樗蒲的记录簿，记载核校精密无误。玄宗欣赏他的精明能干，说："是个很好的度支郎。"杨家的人多次在玄宗那里证实此话，又请托王鉷，王鉷因此上奏玄宗让杨钊任判官。

十二月十五日戊戌，玄宗回宫。

（以上为第八段，写杨氏外戚因贵妃受宠而染指政坛。唐玄宗聚敛财货。）

唐玄宗天宝五载（丙戌，公元 746 年）

春季，正月十三日乙丑，任命陇右节度使皇甫惟明兼任河西节度使。

李适之性格粗疏率直，李林甫曾对李适之说："华山有金矿，开采它可以使国家富足，玄宗还不知道这个情况。"一天，李适之因上奏言事顺便谈及此事。玄宗询问李林甫，李林甫回答说："我早就知道了，但是华山是陛下的本命，是王气所在的地方，开凿它很不适宜，所以不敢向玄宗谈及。"玄宗认为李林甫是爱护自己，批评李适之考虑事情不周到，对他说："从今以后上奏言事，应该先同李林甫商量，不要轻率疏忽。"李适之因此束手失权。李适之已失去皇帝恩宠，韦坚也失去权力，互相间更加亲密，李林甫也更加讨厌他们。

当初，太子册立时，不是李林甫的心意。李林甫担心日后给自己带来祸患，时常有改立太子的意思。而韦坚，又是太子妃子的哥哥。皇甫惟明曾经是忠王的朋友，当时击败吐蕃，入朝进献战利品和俘虏，见李林甫专权，心中颇感愤愤不平。在觐见玄宗的时候，乘机暗中劝玄宗罢黜李林甫，李林甫知道了，派杨慎矜秘密监视他的所作所为。适逢正月十五的夜晚，太子出宫游赏，与韦坚相见，韦坚又与皇甫惟明在景龙观道士的房里相会。杨慎矜揭发了这件事，认为韦坚作为外戚，不应该与守边将领亲近。李林甫借机上奏韦坚与皇甫惟明密谋，想共同拥立太子。韦坚、皇甫惟明被捕入狱，李林甫派杨慎矜和御史中丞王鉷、京兆府法曹吉温共同审问他们。唐玄宗也怀疑韦坚和皇甫惟明有阴谋而并不张扬他们的罪过，正月二十一日癸酉，下制书，指责韦坚谋求加官晋爵没有止境，降为缙云太守，皇甫惟明离间君臣，降为播川太守，又另外下制书告诫百官。

任命王忠嗣为河西、陇右节度使，兼管朔方、河东节度使事。王忠嗣起初在朔方、河东，每当互市的时候，就把马的价格抬高，各地胡人听说后，争着把马卖给唐朝，王忠嗣便把马都买下。因此胡人的马匹少，唐朝的兵马越来越壮大。等到调任陇右、河西节度使，又请求分朔方、河东的九千匹马来充实兵力，因而兵力强大，王忠嗣手握四个符节，控制万里疆域，天下的劲兵重镇，都在他的掌握之下，与吐蕃在青海、积石打仗，都取得重大胜利。又在墨离军讨伐吐谷浑，俘虏其全部人马凯旋。

夏季，四月初一日癸未，册立奚部酋长娑固为昭信王，契丹酋长楷洛为恭仁王。

四月十七日己亥，下制书："自今日起四个孟月，都选择吉日祭祀天地、九宫。"

韦坚等人被贬官后，左丞相李适之很害怕，自己请求退居闲散的官位。四月初八日庚寅，任李适之为太子少保，罢免政事职权。他的儿子卫尉少卿李霅曾设盛大的酒席请客，客人们畏惧李林甫，全天没有一个人敢前往赴宴的。

任命门下侍郎、崇玄馆大学士陈希烈为同平章事。陈希烈，是宋州人，因讲授《老子》、《庄子》得以进用为官，专门用神仙符瑞学说讨好玄宗。李林甫认为陈希烈是玄宗所喜爱的人，而且善于阿谀逢迎容易被制服，所以推荐他做了宰相。所有的政事全部由李林甫决定，陈希烈只是唯唯诺诺地应承附和。按惯例，宰相午后六刻才退朝，李林甫上奏说，当今天下太平无事，巳时就可以回家，军中和国家的机要大事都在李林甫私人家里决定，主管文书的官员只须抱着已决定好的文件案卷找陈希烈签名就行了。

五月初一日壬子朔，日食。

五月二十四日乙亥，任命剑南节度使章仇兼琼为户部尚书，这是杨家所推荐的结果。

秋季，七月初六日丙辰，下敕书："流放贬官的人大多在路上逗留。从今以后凡是被贬逐的官员每天必须赶十个驿站以上的路程。"此后被流放贬官的人大多不能保全自己了。

（以上为第九段，写李林甫加害太子，排斥太子妃外戚韦氏子弟与李适之，巩固专擅之权。）

杨贵妃正得宠，每次骑马高力士就替她牵马缰拿马鞭，专供贵妃院织绣的工人有七百人，朝廷内外争相进献器具服饰珍宝玩物。岭南经略使张九章，广陵长史王翼，因所进献的东西精美，张九章官阶加至三品，王翼入朝为户部侍郎。天下从风而靡。民间歌谣唱道："生了男孩莫欢喜，生了女孩莫悲伤，请看今日女孩光宗耀祖神采飞扬。"贵妃想要吃新鲜的荔枝，每年荔枝成熟时玄宗就命令岭南用驿马飞奔运送，等到了长安，荔枝的颜色和味道都没有改变。

就在这时，贵妃因嫉妒、泼辣、不恭逊，唐玄宗生气，下令把她送回她哥哥杨铦的家中。这一天，唐玄宗不高兴，快到中午，还没有吃饭，左右的人无论干什么都不合玄宗的心意，无缘无故地遭到棒打。高力士想试探玄宗的心意，请将贵妃院中储备的器物全部送给贵妃，共一百多车；唐玄宗亲自把自己的饭食分给她吃。到了夜晚，高力士跪伏奏请玄宗迎接贵妃回院，于是打开宫门而迎入。自此玄宗对贵妃的恩宠礼遇更加隆重，后宫再没有人得以进幸了。

将作少匠韦兰、兵部员外郎韦芝替他们的哥哥韦坚讼冤，而且还借太子来说话，唐玄宗更加生气。太子害怕，上表请求与妃子韦氏离婚，乞求不因亲属的关系而破坏国家法律。七月二十六日丙子，再贬韦坚为江夏别驾，韦兰、韦芝都贬往岭南。不过唐玄宗一向知道太子孝顺谨慎，所以并不责备他。李林甫乘机说韦坚与李适之等人结为朋党，过了几天，韦坚被永远流放在临封，李适之贬为宜春太守，太常少卿韦斌贬为巴陵太守，嗣薛王李琄贬为夷陵别驾，睢阳太守裴宽贬为安陆别驾，河南尹李齐物贬为竟陵太守，韦坚的亲戚朋友连坐被流放贬官的共有几十人。韦斌是韦安石的儿子。李琄是李业的儿子，韦坚的外甥。李琄的母亲也被命令跟随李琄到任所去。

冬季，十月二十日戊戌，唐玄宗驾临骊山温泉。十一月二十八日乙巳，回宫。

赞善大夫杜有邻，女儿为太子良娣，良娣的姐姐是左骁卫兵曹柳勣的妻子。柳勣的性格狂傲粗率，喜爱功名，喜欢结交豪杰俊士。淄川太定裴敦复把他推荐给北海太守李邕，李邕就与柳勣定交。柳勣到京师，与著作郎王曾等人结为朋友，他们都是当时的名士。

柳勣与妻子娘家的人不和，想要陷害他们，就散布流言，告杜有邻妄说图谶，结交太子，批评玄宗。李林甫命令京兆士曹吉温与御史共同审理，查知柳勣是首谋。吉温命柳勣牵连王曾等人下御史台狱。十二月二十七日甲戌，杜有邻、柳勣以及王曾等人都被杖打而死，尸首堆放在大理寺，妻子流放远方，朝廷内外非常震惊。嗣虢王李巨贬为义阳司马，李巨是李邕的儿子。另外派监察御史罗希奭去审问李邕，太子也逐出良娣，让她成为庶人。

十二月二十八日乙亥，邺郡太守王琚因犯贪赃罪被贬为江华司马。王琚性情豪放慷慨，与李邕都自称是老臣，却长期在外做官，心里愤愤不平，李林甫厌恶他恃才使气，所以借这件事而除掉他。

（以上为第十段，写杨贵妃专宠，李林甫专权，继续加害太子之党及韦氏外戚。）

唐玄宗天宝六载（丁亥，公元 747 年）

春季，正月初五日辛巳，李邕、裴敦复都被杖打而死。李邕才华出众，卢藏用常对他说：“您就像宝剑干将、莫邪一样，别人难同您争锋芒，但终究怕有所缺损和折断啊。”李邕没能接受他的意见。

李林甫又上奏分别派遣御史到贬官处所赐皇甫惟明、韦坚兄弟等人死。罗希奭从青州到岭南，所到之处，把被贬逐的人都杀死，各地郡县惊恐不安。排马牒到了宜春，李适之忧伤恐惧，服毒药自杀。到了江华，王琚服毒药但没死，听说罗希奭已经到了，马上自缢而死。罗希奭又绕路经过安陆，想恐吓杀死裴宽，裴宽向罗希奭乞求饶命，罗希奭没住宿就走了，裴宽才得以免死。李适之的儿子李霅迎父亲的灵柩到东京，李林甫派人诬告李霅，用杖把他打死在河南府。给事中房琯因与李适之友好，贬为宜春太守。房琯，是房融的儿子。

李林甫痛恨韦坚不已，派使者在黄河及长江、淮河两岸的州县里搜集韦坚的罪状，逮捕纲吏及船夫，牢房里人满为患，强行征收榨取老百姓所欠租税，祸患蔓延到邻近的乡村，人们都是赤身露体地死在公府里，直到李林甫死时才停止。

正月十一日丁亥，玄宗祭祀太庙。正月十二日戊子，在南郊合祭天地之神，大赦天下。下令免除老百姓今年的田租。又下令废除绞刑、斩刑的法条。玄宗喜欢好生的名声，所以就下令那些应当处以绞刑、斩刑的犯人都被重重地杖打后流放到岭南，其实主管官员大都把他们打死了。又下令天下的人为改嫁的母亲服丧三年。

唐玄宗想广泛地征求天下的才士，命令凡是精通一种学艺以上的人都到京师来。李林甫担心乡野文士在对策时指责他的奸佞和罪恶，向玄宗建议说：“应试的人大都卑贱愚昧，恐怕有粗言俗语污浊了圣上的视听。”于是就下令各地郡县长官精心加以考试训练，才能出众超群的，开列姓名送到省中，委托尚书复试，御史中丞监考，选取名实相符的人报告唐玄宗。接着用诗、赋、论来考他们，结果没有一个人及格中选。李林甫就上表唐玄宗祝贺民间没有遗漏的贤人。

（以上为第十一段，写李林甫一手遮天，用酷法对待政敌，用巧佞阻挡后进，唐玄宗全被蒙在鼓里。）

三月初二日戊寅，任命范阳、平卢节度使安禄山兼任御史大夫。

安禄山身体肥胖，肚子下垂超过膝部，曾自称他的肚子重三百斤。外表好像憨厚正直，其实内心非常狡猾。曾命令他手下的将领刘骆谷留在京师窥探朝廷的意向，一有动静就向他报告。有时应该上奏表章，刘骆谷就替他写好送进朝中。每年进献无数俘虏、牲畜、奇禽、异兽及珍宝玩物等，道路上运送不断，沿途的郡县搞得疲惫不堪。

安禄山在玄宗面前，应对敏捷，言谈诙谐风趣，唐玄宗曾指着他的肚子开玩笑说："这个胡人的肚子里有些什么东西？它怎么这样大啊？"安禄山回答说："没有别的东西，只有赤胆忠心？"玄宗听了很高兴。玄宗又曾叫他见太子，安禄山见了不拜。左右的人催促他拜，安禄山拱手站着手："臣是胡人，不熟悉朝廷中的礼仪，不知道太子是什么官。"玄宗说："这是储君，朕死后，代替朕做你们的君主的人。"安禄山说："臣愚昧，过去只知道有陛下一个人，不知道还有储君。"不得已，然后才拜。唐玄宗以为他诚实可信，更加喜爱他。玄宗曾在勤政楼举行宴会，群臣百官依次坐在楼下，在玄宗座位的东间单独替安禄山设置了金鸡障，又放置坐榻让他坐在玄宗的前面，又叫他卷起帘子以表示荣耀和尊宠。命令杨铦、杨锜、贵妃三姊妹都和安禄山行兄弟之礼。安禄山能出入宫中，于是请求做贵妃的儿子。玄宗与贵妃坐在一起时，安禄山先拜贵妃。玄宗问其中的原因，安禄山回答说："胡人礼节先拜母亲后拜父亲。"唐玄宗很高兴。

李林甫因王忠嗣的功名日益盛大，害怕他入朝任宰相，嫉恨他。安禄山暗中怀有异心，以抵御敌寇为借口，修筑雄武城，大量贮藏武器，请王忠嗣派兵帮助修建，想乘机留下他的士兵。王忠嗣在约定的日期以前先到，不和安禄山会面就回去了，多次向唐玄宗进言说安禄山必定反叛；李林甫就更加厌恶王忠嗣。夏季，四月，王忠嗣坚决辞去兼任河东、朔方节度使，获得准许。

（以上为第十二段，写安禄山巧佞，河西陇右节度使王忠嗣多次上奏安禄山必反，唐玄宗竟浑然不悟。）

冬季，十月初七日己酉，玄宗驾临骊山温泉，把温泉宫改名为华清宫。

河西、陇右节度使王忠嗣用部将哥舒翰为大斗军副使，李光弼为河西兵马使、充任赤水军使。哥舒翰的父亲、祖父本是突骑施的别部酋长，李光弼，是契丹王李楷洛的儿子，都因为有勇有谋被王忠嗣所重视。王忠嗣派哥舒翰攻打吐蕃，有一个同等官阶的人做他的副将，态度傲慢不听指挥，哥舒翰用杖把他打死，军中十分畏惧，积累功劳提升为陇右节度副使。每年积石军的麦子熟了，吐蕃就来收割，没有人能够抵御，边地上的人称之为"吐蕃麦庄"。哥舒翰先在两侧埋伏好军队。敌人来后，隔断他们的后路，前后夹攻，吐蕃没有一个人能够逃回，从此不敢再来。

唐玄宗想派王忠嗣去攻打吐蕃石堡城，王忠嗣向玄宗进言说："石堡城险要坚固，吐蕃以全国的力量来守卫它，现在屯兵城下，非得杀死几万人不能攻克；臣担心所得到的不如损失的，不如厉兵秣马，等到有机可乘，然后攻取它。”玄宗心中不快。将军董延光自动请求带兵攻取石堡城，唐玄宗命令王忠嗣分一部分兵马帮助他。王忠嗣不得已接受诏书，但没有尽量满足董延光的要求，董延光因此怨恨他。

李光弼对王忠嗣说：“大夫因爱惜士卒的缘故，不想成就董延光的功劳，虽然是迫于玄宗的命令，其实是扰乱他的计划。我凭什么知道这一点呢？因为现在您把几万士兵给他但又不设立重赏，士兵们怎么肯替他卖力呢？然而这是皇帝的意思，他没有功劳，必然归罪于大夫您。大夫的军中府库货物充实，何必在乎几万匹缎帛而不用来堵塞他谗害您的借口呢！”王忠嗣说：“现在用多达数万人的代价去争夺一座城，得到它不足以制服敌人，得不到它也对国家没有什么损害，所以我王忠嗣不想这样做。忠嗣今天受到天子的责备，不过是叫我回去做个金吾将军或羽林将军来警卫京师，再次一等，也不过贬到黔中做个长史或司马；忠嗣怎么能够用数万人的生命来换取一个好官职呢！李将军，您的确是爱护我啊，然而我的志向已经决定了，您不必再说了。”李光弼说：“以前担心此事会连累大夫，所以不敢不说。现在大夫能按古人的风范行事，不是李光弼所能企及的。”于是快步走出。

董延光超过期限没有攻克，就向玄宗说是王忠嗣阻挠了军事计划，玄宗很生气。李林甫乘机让济阳别驾魏林上告“王忠嗣曾自己说‘我小时候在宫中抚养长大，与忠王相互亲近’”，想要拥兵以尊奉太子。玄宗下敕书征召王忠嗣回朝，委任三司来审问他。

（以上为第十三段，写李林甫加害功臣王忠嗣。王忠嗣破坏董延光的军事计划，致使唐军无功，亦是罪有应得。）

唐玄宗听说了哥舒翰的名声，在华清宫召见他，与他谈话，很喜欢他。十一月十九日辛卯，任命哥舒翰判西平太守，充陇右节度使；任命朔方节度使安思顺判武威郡事，充河西节度使。

户部侍郎兼御史中丞杨慎矜被玄宗所亲厚，李林甫逐渐嫉恨他。杨慎矜与王鉷的父亲王晋是中表兄弟，小时候与王鉷亲昵，王鉷能够进御史台做官，在很大程度上得力于杨慎矜的推荐。等到王鉷提升为御史中丞，杨慎矜与他说话，仍然直呼其名；王鉷自恃和李林甫的关系好，心中有些不平。杨慎矜夺取了王鉷的职田，王鉷的母亲本来出身低贱，杨慎矜曾经对别人说起。王鉷怀恨在心。杨慎矜仍然以旧友的情意对待他，曾和他私下谈论谶书。

杨慎矜和术士史敬忠关系友善，史敬忠说天下将要发生动乱，劝杨慎矜在临汝山中买庄园作为避乱的地方。恰巧杨慎矜父亲坟墓的田里草木都流血，杨慎矜很厌恶，便去询问史敬忠。史敬忠请求祭祷去灾，就在后园中设道场，杨慎矜退朝后，就赤身裸体戴着脚镣手铐坐在当中。过了十天血就不流了，杨慎矜很感激史敬忠。杨慎矜有一个侍婢名叫明珠，长得很美，史敬忠常目不转睛地看着她，杨慎矜就把她送给史敬忠。史敬忠与明珠坐着车子经过贵妃的姐姐柳氏的楼下，柳氏邀请史敬忠上楼，求取车中所载的美人，史敬忠不敢拒绝。第二天，柳氏进入宫中，让明珠跟随自己。玄宗看见后感到很惊异，问她是从哪里来的，明珠便将自己的情况如实地告诉了唐玄宗。玄宗对杨慎矜和术士一起作妖法的行为感到厌恶，忍住怒气没有发泄出来。

杨钊把此事告诉王鉷，王鉷心里很高兴，趁机侮辱怠慢杨慎矜，杨慎矜很生气。李林甫知道王鉷和杨慎矜有了矛盾，秘密地引诱王鉷谋害杨慎矜。王鉷于是派人散布流言告“杨慎矜是隋炀帝的孙子，同恶人来往，家里藏有谶书，图谋恢复祖业”。玄宗非常愤怒，逮捕杨慎矜下牢狱，命令刑部、大理寺和侍御史杨钊、殿中侍御史卢铉共同审问。太府少卿张瑄，是杨慎矜所推荐的，卢铉诬指张瑄曾与杨慎矜谈论谶书，百般拷打，张瑄就是不肯承认。于是就用木头绑在他的脚上，让人牵着他的枷锁把柄，用力向前拉，身体被拉长了好几尺，腰细得快要断了，眼睛，鼻子都出血，张瑄仍不答辩。

又派吉温在汝州逮捕史敬忠。史敬忠与吉温的父亲一向关系很好，吉温小的时候，史敬忠常常抱着抚爱他。等到捕获后，吉温并不跟他说话，锁住他的脖子，用布把头蒙起来，在马前赶着走。到了戏水，吉温派官吏去诱骗他说：“杨慎矜已经老老实实地交代认罪了，只需要你作一个证词，如果善解人意则可以活命，否则就必死无疑，等到了前面温泉宫下的会昌，想要自首也办不到了。”史敬忠回头对吉温说：“七郎，请求给一张纸。”吉温假装不理他。离会昌还有十几里时，史敬忠乞求之声悲哀恳切，才在桑树下叫他答辩三张纸，答词全都符合吉温的意思。吉温慢慢地对他说：“老伯暂且不要见怪。”于是站起身来拜谢。

到了会昌，开始审问杨慎矜，以史敬忠的答词为证据。杨慎矜都承认了，只是没有搜查到谶书。李林甫感到有点麻烦，就派卢铉去长安搜查杨慎矜的家，卢铉袖子里藏着谶书走到黑暗的地方，骂着走出来说：“叛逆之贼暗藏秘密书籍。”到会昌，拿给杨慎矜看。杨慎矜哀叹说：“我从不收藏谶书，这书怎么会在我家呢！我该死罢了。”十一月二十五日丁酉，玄宗赐杨慎矜和他的哥哥少府少监杨慎余、洛阳令杨慎名自杀；史敬忠打一百杖，妻子儿女都被流放到岭南；张瑄打六十杖，流放临封，死在会昌。嗣虢王李巨虽然没有参与谋划，因与史敬忠相识，解除官职，安置在南宾。其余连累得罪的还有几十个人。杨慎名听到唐玄宗赐死的命令，神色一点也没改变，写了一封信和姐姐告别，杨慎余合掌指天自缢而死。

三司审问王忠嗣，玄宗说：“我的儿子深居宫中，怎么会和外人勾结合谋呢，这一定是假的。只审问王忠嗣阻挠军功的罪过。”哥舒翰将入朝时，有人劝他多带些金银布帛以援救王忠嗣。哥舒翰说：“如果正道还在，王公一定不会冤死；如果正道将要丧失，多带贿赂东西又有什么用？”于是只带了一个行李包裹就起程了。三司上奏玄宗王忠嗣犯了死罪。哥舒翰刚得到玄宗的赏识，极力陈述王忠嗣的冤枉，而且请求用自己的官职爵位来赎王忠嗣的罪过。玄宗起身，走入宫中，哥舒翰叩着头跟随，一边说一边流泪。唐玄宗有所感悟，十一月二十七日己亥，贬王忠嗣为汉阳太守。

李林甫多次兴起重大的狱案，另外在长安设置推事院。因杨钊与贵妃有亲戚关系，可出入宫门，宫中所谈论的事多半能听到，于是就拉拢他作为帮手，提升为御史。事情只要有一点点牵涉到太子的，都加以指摘揭发让杨钊弹劾奏报，交付罗希奭、吉温审问。杨钊因此得以满足他的私欲，所排挤陷害诛杀灭族的有好几百家，都是杨钊告发的。幸亏太子仁慈孝顺，谨慎沉静，张垍、高力士又经常在玄宗面前加以保护，所以李林甫终究不能离间。

十二月二十一日壬戌，征调冯翊郡、华阴郡的民工修筑会昌城，城内设置百官，王公大人也各自修建宅第，土地每亩价值千金。十二月二十二日癸亥，玄宗回宫。

十二月二十五日丙寅，命群臣百官到尚书省去检阅今年全国各地贡献的物品，然后全部用车子装起来赐给李林甫家。玄宗有时不上朝理事，群臣百官都集中在李林甫家里，御史台、尚书省无人办公。陈希烈虽然坐在相府里，但没有一个人进去拜见他。

李林甫的儿子李岫做将作监，对于家中权势太盛感到不安，曾跟随李林甫在后花园里游赏，指着做劳役的民工对李林甫说：“大人您长期执掌国政，冤家仇人布满天下，一旦祸患到来，想要做一个劳役民工办得到吗？”李林甫不高兴地说：“情势已经到了这一步，又该怎么办呢？”

先前，宰相都以道德气度自居，不用权威气势，车马前后的随从不过几个人，士人百姓有时也不回避。李林甫自以为结了很多怨恨，常常害怕刺客，出外时就有步兵骑兵一百多人在左右两翼保卫，掌管京城警备的金吾卫则负责肃清街道上的行人，前行的卫队走在几百步以外，公卿大人都匆忙躲避。家居时则设置重重机关层层墙壁，用石头铺地，在夹墙中放板子，如同预防大敌一般，一晚上要多次转移床铺，即使是家里人也不知道他住在哪里。宰相出行随从众多，就是从李林甫开始的。

（以上为第十四段，写李林甫谋害御史中丞杨慎矜。）

当初，将军高仙芝，本是高丽人，从军到安西。高仙芝矫健勇猛，善于骑马射箭，节度使夫蒙灵詧多次推荐，使他官职做到安西副都护、都知兵马使，充任四镇节度副使。

吐蕃把女儿嫁给小勃律王，小勃律以及旁边的二十几个小国，都归附吐蕃，不向唐朝进贡，前后所任节度使加以讨伐，都不能战胜。唐玄宗命令高仙芝行营节度使，统领一万骑兵去讨伐。从安西出发走了一百多天，才到达特勒满川，把部队分为三路，约定七月十三日在吐蕃连云堡下会合。连云堡有士兵近万人，没有料到唐军突然到来，非常惊慌，凭借山险来抵抗作战，炮石檑像雨点一样往下落。高仙芝让郎将高陵人李嗣业为陌刀将，命令他说："中午之前必须击败敌人。"李嗣业手拿一面旗帜，带领陌刀兵从险要的地方爬上来奋力作战，从辰时到巳时，大败敌人，斩了敌人五千首级，俘虏敌人一千多人，其余的都溃散逃走了。宫中派来监军的使者边令诚以为进入敌人境地已经很深了，害怕不敢再向前挺进。高仙芝就让边令诚带领伤病老弱者三千人守卫连云堡，继续进军。

过了三天，到达坦驹岭下，沿着峻峭的山路下行四十多里，前面有阿弩越城。高仙芝担心士卒害怕危险，不敢下山攻城，就先派人穿着胡服假装成阿弩越城的守军来迎降，说："阿弩越忠心归顺唐朝，娑夷河上的藤桥已经砍断了。"娑夷河，即弱水，它的水连草芥也不能浮起来。藤桥，是通往吐蕃的道路，高仙芝假装很欢喜，士兵们才敢下山。又过了三天，阿弩越城迎接的人果然到了。

第二天，高仙芝进入阿弩越城，派遣将军席元庆带领一千骑兵走在前面，对他说："小勃律听说大军来到，它的君臣百姓必然跑到山谷里去，你只管把他们喊出来，拿出缯帛说是玄宗赏赐给他们的，等那些大臣到了，全部捆绑起来等候我。"席元庆按照他的吩咐做了，把各位大臣全部捆绑起来。国王及吐蕃公主跑进石洞里，抓不到他们。高仙芝到后，杀了好几个归附吐蕃的大臣。

藤桥离城还有六十里，高仙芝急忙派席元庆去砍断它，刚砍断，吐蕃大军就来到，但是已来不及了。藤桥宽只有一箭的距离，竭力修建，也要一年才能完成。

八月，高仙芝俘虏小勃律王及吐蕃公主同来。九月，到连云堡，与边令诚会合。月底，到播密川，派使者向朝廷上奏捷报。

到白马河西，夫蒙灵詧对高仙之不先和他商量就直接向朝廷奏报感到很生气，没有任何迎接和慰劳，他大骂高仙芝说："你这个吃狗粪的高丽奴才！你的官位都是靠谁才得到的，你不等我来处理，就擅自上奏捷书！高丽奴才！你罪当斩首，只不过因你刚刚有功劳才不忍杀你！"高仙芝只是不断地谢罪。边令诚向玄宗上奏说高仙芝深入敌境一万里，立下奇功，现在早晚都在担忧死罪。

（以上为第十五段，写高仙芝大破吐蕃。）

【点评】

开元盛世由盛转衰。开元时期，唐玄宗纳谏用贤，日与士君子交接，励精图治，创造了开元盛世，史称明皇，是可以上比唐太宗的一位明主。天宝时期，唐玄宗炼丹求长生，醉心于祥瑞，因人造宝符而改元“天宝”，拒谏用佞，日与奸邪小人交接而耳聋目蒙，成为一个昏主。本卷集中点评，进入天宝，开元盛世是怎样由盛转衰，朝政腐败，国事日非的。

君明臣贤是清平盛世的政治基础，反之君暗臣奸则政治昏暗。本卷所载，唐玄宗器重的大臣，李林甫险诈，杨慎矜敛财，安禄山骄狂，杨国忠无行，还有一个多才善奉承的杨贵妃，他们全都在天宝初登上政治舞台，唐玄宗在这一群人的包围下陶醉其间。这时政治，君王怠政于上，奸臣为恶于下，于是开元的盛世风采，日益衰微。不过整体社会仍是一片太平景象，人口继续增长，政治腐败，集中在上层，突出的表现是朝政腐败，用四个字概括，就是“君暗臣奸”。

君王昏暗是朝政腐败的第一主因。由开元步入天宝，唐玄宗的骄侈心膨胀，怠于政事而成昏主。当时唐朝强大，四境平静，而唐玄宗没有巩固张说裁减边兵的成果，反而扩充武备，欲用强力以威四夷，沿边置十节度使，国家常备边兵五十万，不仅加重了人民的负担，而且轻启边衅，发动与吐蕃的战争，唐军先胜后败，有损国威。安禄山滥杀奚人、契丹人，制造边衅自重其身，不断邀功请赏，欺蒙唐玄宗暗中图谋不轨，唐玄宗不察、不觉、不信，养虎为患。其昏者一。唐玄宗炼丹求长生，迷信神仙，歌舞升平，人造符瑞，改元“天宝”，沉醉不醒。其昏者二。唐玄宗远贤人，亲小人。任用杨慎矜敛财，韦坚课税，民怨沸腾。李林甫领吏部，选举淩迟，有交白卷的魁首。如此奸相，唐玄宗一度要交权李林甫，差点重演燕王哙让位子之的闹剧。其昏者三。唐玄宗乱伦霸占儿媳，专宠杨贵妃，从此君王不早朝。杨贵妃堂兄杨国忠，无行无德，为乡里所不齿，因贵妃专宠而腾达，唐玄宗委以国政，大唐政权落入无赖之手，潜伏的祸乱不可避免。其昏者四。唐玄宗的这些昏聩之举，以宠爱杨贵妃，纵欲怠政是最大的昏乱行为。为祸唐室，葬送开元盛世最大的两个奸人，则是杨国忠与安禄山，均与杨贵妃直接关联。杨国忠，贵妃之兄。安禄山，贵妃义子。如果说唐高宗夺父之妾带来武则天登台，唐祚一度中断；那么唐玄宗霸占儿媳而有安史之乱，生民遭涂炭。春秋时楚平王抢夺儿媳招来鞭尸三百的报复，楚国差点灭亡。女宠乱政，这是旧史家的观点，把祸国殃民的罪责推给女人，颠倒了主次，当然不对，但不能全盘否定。君王昏聩，不爱江山爱美人，对历史负责的首要人物是昏君，所以本卷点评，天宝朝政腐败，第一个应被谴责的人就是唐玄宗李隆基。

天宝前期朝政腐败的第二个主因是奸相李林甫执政。李林甫“口蜜腹剑”，他敢在唐玄宗身边安插耳目，了解皇上的一举一动。兵部侍郎卢绚仪态端庄，动静有节，一派大臣风度，唐玄宗有好感。绛州刺史严挺之有好名声，传到了唐玄宗的耳里。李林甫打探到了这些消息，害怕唐玄宗重用两人，李林甫用甜言蜜语拉拢卢绚和严挺之，替两人的前途策划，结果是两人钻入了他的圈套而被唐玄宗弃置。凡有才望能力高于自己的人，李林甫就巧设陷阱，把他们挤出权力核心。为了更有效地掌控朝政，李林甫又引用酷吏为爪牙。武则天时酷吏吉顼的侄儿吉温，还有一个杭州人罗希奭，两人生性严厉刻薄，见风转舵，有奶便是娘。李林甫引荐为殿中侍御史，两人感戴李林甫的提拔，卖身投靠为爪牙。吉温经常说："如果遇到知己，就是南山白额虎也要抓起来。"凡是李林甫所要加罪的人，两人罗织罪状，严刑逼供，没有人能够逃脱。当时的人称这两人为"罗钳吉网"。李林甫的狡诈与狠毒，震慑朝野，一手遮天，竟然得以善终，未被中途罢相，在有唐一代，也是罕见的。李林甫的得志，反衬唐玄宗的昏聩。一个唐玄宗，开元时为明皇，天宝时为昏主，判若两人。

天宝初，社会承平，仍是一番太平景象。人口增殖，生产发展。政治腐败，集中在上层。唐玄宗原本是纨绔子弟，英年有为，靠的是政变夺权，他不知稼穑之艰难，不懂创业之困苦，经历不能与唐太宗相比。长期执政，骄矜自满，一旦意沮，一头倒石榴裙下，遂致国事不可为。

资治通鉴(白话本) 卷第二百一十六

唐纪三十二

唐玄宗天宝六载至十二载(公元747—公元753)

【起强圉大渊献(丁亥,公元747年)十二月,尽昭阳大荒落(癸巳,公元753年),凡六年有奇】

【大事提要】

本卷记事起公元747年十二月,讫公元753年,凡六年又一个月。当唐玄宗天宝六载十二月到天宝十二载。天宝后期,唐朝社会承继盛世惯性,仍呈现升平发展的表象,而上层政治在急速恶化。唐玄宗整日沉湎在深宫逸乐,更加迷信神仙求长生,只听奉承话,不听逆耳之言,对国家大事毫不知情。安禄山黠猾奉迎,完全蒙蔽了唐玄宗的视听。杨慎矜聚敛,府库充盈,唐玄宗尽情挥霍,不知民众艰难。府兵制败坏,募兵制也积弊丛生,劲兵置于沿边,中原空虚,武备废弛,中央与地方,尾大不掉,国家已处于动乱边缘,而唐玄宗浑然不觉,还在做虚幻的强国之梦,喜听沿边胜利消息。边将用诈术滥杀无辜冒功,四周局势紧张。唐军征南诏、讨西域、袭契丹,全线败没。李林甫未去,又来了一个杨国忠争权倾轧,政治一团混乱。李林甫死后,杨国忠主政,身兼四十余职,贪贿渎职,甚于李林甫。杨国忠滥授职官,收买人心,吏治大坏。杨国忠交恶安禄山,唯恐安禄山不反,加速了动乱的来临。

玄宗至道大圣大明孝皇帝下之上

唐玄宗天宝六载(丁亥,公元747年)

十二月二十八日己巳,玄宗任命高仙芝为安西四镇节度使,征召夫蒙灵詧入朝,灵詧非常恐惧。高仙芝见到灵詧,像以前一样快步行走,灵詧更加恐惧。副都护京兆人程千里、押牙毕思琛以及行官王滔等人,都是平常在灵詧面前陷害高仙芝的人,高仙芝当面斥责程千里、毕思琛说:"公等面貌像个男子汉,内心却像个妇人,这是为什么?"又揪住王滔等人,想要鞭打他们,随后又把他们都放了,对他们说:"我平素痛恨你们,不想说出来,又怕你们心怀忧惧;今天既然说出来了,那就没事了。"军中的人心便安定下来了。

当初,高仙芝做都知兵马使,猗氏人封常清,从小孤苦贫穷,身材瘦小,眼睛有点毛病，一只脚偏短，要求做高仙芝的侍从，高仙芝不同意。封常清每天等候高仙芝出入，不离开他家的门口，一共有几十天，高仙芝不得已而收留了他。碰上达奚部叛乱，夫蒙灵詧派高仙芝追击他们，把他们几乎都斩杀或俘获。封常清私自写了报捷的文书拿给高仙芝看，都是高仙芝心中所想要说的话，因此全府中的人都很看重封常清。高仙芝任节度使，马上就让封常清代理判官；高仙芝外出征战，封常清经常做留后。高仙芝奶妈的儿子郑德诠任郎将，高仙芝待他就像兄弟一样，让他主管家中事务，在军中很有威望。封常清有一次外出，郑德诠骑马从他身后飞奔而过。封常清到节度使办公大院，派人叫来郑德诠，每经过一道门，就马上把门关上，等他到后，封常清起身对他说："我封常清本来出身寒微，这是郎将所知道的，今天中丞让我做留后，郎将怎么能在大众面前冒犯我！"因此大声责骂他说："必须立刻将你处死以严肃军纪。"于是打了他六十大棍，面朝地躺着，拉了出去。高仙芝的妻子和奶妈在门外放声大哭，要救他，已来不及，就把详情写成状子交给高仙芝，高仙芝看后，大惊道："已经死了吗？"等见到封常清，又不提起这事，封常清也不谢罪。军中非常畏惧封常清。

（以上为第一段，写封常清敢于惩治节度使的傲慢家奴，胆识不凡。）

自从唐朝开国以来，守边的将帅都任用忠厚而有名望的大臣，不长久任职，不遥领远地，不兼统他镇，功名显著的人往往入朝做宰相。那些周边四夷的将领，即使才干谋略像阿史那社尔、契苾何力也不能独任大将的职务，都用大臣做元帅来制约他们。等到开元年间，天子有吞并周边四夷的志向，担任边将的人十几年不调换，才开始长期任职。皇子如庆王、忠王等，宰相如萧嵩、牛仙客等，才开始遥领远地；盖嘉运、王忠嗣专权统制数道，才开始兼统他镇。李林甫想杜绝边帅入朝为相的道路，认为胡人没有什么文化，就上奏说："文臣做将军，害怕抵挡敌人的弓箭炮石，不如用贫寒质朴的胡人；胡人勇敢果决善于作战，出身寒族而孤立无朋党，陛下真诚地用恩惠去感召他们的心，他们就一定会替朝廷卖死命。"玄宗很喜欢这番话，开始任用安禄山。这时，各道的节度使全都任用胡人，精兵都戍守在北方的边境上，天下的势力都偏重北方，终于使安禄山颠覆天下，这都是由于李林甫想独占恩宠固守相位的阴谋所造成的。

（以上为第二段，写李林甫迎合唐玄宗骄侈心，多引胡人为边将，固位误国。）

唐玄宗天宝七载（戊子，公元748年）

夏季，四月初二日辛丑，左监门大将军、知内侍省事高力士加官为骠骑大将军。高力士承蒙玄宗恩宠年岁已久，朝廷内外都畏惧他，太子也称他为"兄"，诸王公称他为"翁"，驸马辈竟称他为"爷"。即使是李林甫、安禄山这样的人也都凭借他才取得大将和宰相的位置。他家财富丰厚得不可胜数。在西京修建宝寿寺，寺内大钟铸成时，高力士作斋以庆贺，满朝的官员都来参加。用杵敲一下钟，布施一百缗钱，有讨好的人用杵敲到二十下，敲得少的也不少于十下。然而高力士的性格谦和谨慎很少有过错，善于观察形势并随时调整自己的行动，不敢骄傲蛮横，所以天子始终亲近信任他，士大夫们也不痛恨讨厌他。

五月十三日壬午，群臣上尊号称唐玄宗为开元天宝圣文神武应道皇帝；大赦天下，免除老百姓来年的租庸，选择后魏的子孙一人为三恪。

六月初一日庚子，赏赐安禄山铁券。

度支郎中兼侍御史杨钊善于窥视玄宗心中的好恶而迎合玄宗。因会聚敛钱财而屡次升迁，一年内担任了十五个以上的使职。初五日甲辰，升任给事中，兼御史中丞，专判度支事，蒙受玄宗的恩宠越来越隆盛。

苏冕评论说：朝廷设立官位分掌职事，各有专门的主管人员。政事有常规而容易遵守，事物归其根本而很少失误，管理国家长治久安的道理，除此之外还有什么依据！等到奸臣们大谈财利以求得恩幸，朝廷多设立使职以表示荣宠，苛刻老百姓以厚敛钱财，夸张虚假的数字向玄宗呈报。玄宗心情浮荡而更加奢侈，人民怨声载道最终酿成灾祸；使得天子和群臣各居其位而无所事事，享受厚禄而耗费国家的用度。宇文融首开其端，杨慎矜、王鉷仿效其后，杨国忠最终酿成大乱。孔子说：国家宁愿有盗窃的臣子也不要有聚敛的臣子。这话说得太对了！前面的车子已经翻了，后面的车子仍然不加更改，想要企及教化的根本，不也太困难了吗？

冬季，十月十三日庚戌，玄宗驾临华清宫。

十一月十七日癸未，封杨贵妃嫁给崔氏的姐姐为韩国夫人，嫁给裴氏的姐姐为虢国夫人，嫁给柳氏的姐姐为秦国夫人。这三人都有才艺和美色，玄宗称呼她们为“姨”，进出宫廷，共同蒙受皇帝的恩泽，权势倾盖天下。每当三位夫人入宫拜见玄宗，玉真公主等人都谦让不敢就座。贵妃的三个姐姐与杨铦、杨锜五家，凡是遇有请托之事，府、县奉承逢迎，比玄宗的制命还要看重；四面八方的贿赂，汇集在他们家门，唯恐落在后面，从早到晚门庭若市。十宅各王以及百孙院遇有结婚或嫁女的事情，都用一千缗钱贿赂韩国夫人、虢国夫人让她们向唐玄宗请托，没有不如愿以偿的。唐玄宗所赏赐的以及四方所贡献的礼物，五家一样多。五家竞相修建府第宅舍，极其壮观华丽，一个厅堂的费用，动辄超过千万钱；已经建好，看见他人有胜过自己的，就毁掉重新修建。虢国夫人尤其豪奢放荡，有一天，带领工匠突然进入韦嗣立的家中，立刻撤掉旧屋，自建新房，仅仅给韦氏十亩闲地而已。中堂建成后，叫泥瓦工来涂饰墙壁，费用大约是二百万；泥工又要求奖赏技艺，虢国夫人用深红色的罗缎五百段赏给他们。泥工不屑一顾地讥笑说："请您拿出一些蝼蚁、蜥蜴来，记下它们的数目放在堂中，如果失去一个，就不敢接受工钱。"

十二月初二日戊戌，有人说玄元皇帝降临在朝元阁，玄宗下制书改会昌县为昭应县，废新丰县把它并入昭应县。二十五日辛酉，玄宗回宫。

哥舒翰在青海旁建神威军，吐蕃来了，哥舒翰就击溃他们。又在青海中的龙驹岛上筑城，名为应龙城，吐蕃敛迹不敢靠近青海。

这一年，云南王归义死，儿子阁罗凤继位，任命其子凤迦异为阳瓜州刺史。

（以上为第三段，写宦官高力士专宠，杨国忠满门贵盛，炙手可热。）

唐玄宗天宝八载（己丑，公元 749 年）

春季，二月十三日戊申，玄宗带领百官视察国库之一的左藏，赏赐绢帛各按等级差别。这时各州、县都很殷实富足，仓库里积累的粮食和布帛，动辄数以万计。杨钊奏请玄宗命令各州县就所在地把粮食卖出变换为轻货，连同所征收的丁租地税都变成布帛运往京城；并多次上奏说国库已堆满，古今极少有能和这样的富足相匹敌的，所以玄宗带领群臣前来察看，并赏赐杨钊紫衣金鱼以嘉奖他。玄宗因为财货丰富，因此把金银财帛视为粪土，赏赐富贵宠幸的家族，毫无限度。

三月，朔方节度等使张齐丘在中受降城西北五百余里木剌山建横塞军，任用振远军使郑人郭子仪为横塞军使。

夏季，四月，咸宁郡太守赵奉璋上告李林甫罪过二十余条。状子尚未送到，李林甫就知道了，暗示御史逮捕他，说他散布妖言，用木棍把他打死。

先前，折冲府都有木契、铜鱼，朝廷要征调军队，就下敕书、木契、铜鱼，都督、郡府会同检验木契、铜鱼都符合，然后才派遣军队。自从招募设置彍骑，府兵就日益颓变败坏，有死亡和逃跑的，有司也不再招点补充。所用的六驮马和牛、器械、干粮，都快消耗散失完了。府兵进入宿卫的，称之为侍官，就是说他是天子的守卫。后来各宿卫都把士卒借给他人，像奴隶一样役使他们。长安人感到很羞耻，以致经常加以嘲笑。那些戍守边疆的人，又多被守边的将领当苦役差使，希望害死他们而没收他们的钱财。因此应该当府兵的人都逃跑躲藏起来，到这时已经没有兵可交给朝廷了。五月初十日癸酉，李林甫奏请停止折冲府和朝廷间的上下铜鱼和敕书，以后府兵仅仅只有官吏而已。那些折冲、果毅等军官，又多年得不到升迁，士大夫也耻于担任那样的官职。所谓彍骑之法，天宝以后，也渐渐颓变废弃，应募参军的都是一些走乡穿镇的小贩和无赖子弟，从未练习过军事技能。当时天下太平的时间很长了，议论的人多半认为中原的兵器可以销毁，于是就禁止民间私藏兵器。家中有子弟做军官，父兄辈就排斥看不起。猛将精兵，都聚集在西北边境，中原一带已没有武备了。

太白山人李浑等上书称见到神人，说在金星洞有玉板石记载着圣主福寿的符命，玄宗命令御史中丞王鉷去仙游谷寻求而得到了符命。玄宗认为符命瑞兆相继出现，都意味着祖宗流传下来的事业盛美。六月十五日戊申，尊圣祖老子称号为大道玄元皇帝，尊唐高祖谥号为神尧大圣皇帝，唐太宗谥号为文武大圣皇帝，唐高宗谥号为天皇大圣皇帝，唐中宗谥号为孝和大圣皇帝，唐睿宗谥号为玄真大圣皇帝，窦太后以下都加谥号为顺圣皇后。

六月十八日辛亥，刑部尚书、京兆尹萧炅因贪赃罪贬官为汝阴郡太守。

唐玄宗命令陇右节度使哥舒翰带领陇右、河西及突厥阿布思的部队，加上朔方、河东的部队，共六万三千人，攻打吐蕃石堡城。这座城三面险峻，只有一条路可以上去，吐蕃只用几百人守卫，贮存很多粮食，聚集檑木和炮石，唐朝军队前后多次攻打它，都不能攻克。哥舒翰进攻了好多天都不能攻下，召来裨将高秀岩、张守瑜，想要斩掉他们，他们两人请求再宽限三日一定攻克，结果如期攻下了，俘虏吐蕃铁刃悉诺罗等四百人，唐朝士兵死亡好几万人，果然如同王忠嗣所说的那样。不久，哥舒翰又派兵在赤岭西部开垦屯田，用贬谪的士兵二千人戍守龙驹岛，冬天湖水结冰，吐蕃大军汇集攻打，戍守的士兵全部战死。

闰六月初三日乙丑，以石堡城为神武军，又在剑南西山索磨川设置保宁都护府。

闰六月初四日丙寅，唐玄宗拜谒太清宫。初五日丁卯，君臣给唐玄宗加尊号为开元天地大宝圣文神武应道皇帝，赦免天下，禘祭、祫祭祖宗，从今以后在太清宫圣祖前依昭穆次序设置神位。

秋季，七月，册封突骑施移拨为十姓可汗。

八月十四日乙亥，护密王罗真檀来朝，请求留下来保卫皇宫。唐玄宗允许了，任命他为左武卫将军。

冬季，十月初四日乙丑，玄宗驾临华清宫。

十一月初五日乙未，吐火罗叶护失里怛伽逻派使者上表声称："朅师王亲近归附吐蕃，使镇守小勃律的军队陷入困苦的境地，阻碍他们运粮的道路。臣下想要打败这些凶恶之徒，希望征调安西军队，明年正月到达小勃律，六月到达大勃律。"唐玄宗准许了。

（以上为第四段，写唐承平日久，府兵制坏废，募兵制敷衍，武备松弛，劲兵备边，国内空虚。）

唐玄宗天宝九载（庚寅，公元 750 年）

春季，正月初十日己亥，唐玄宗回宫。

群臣多次上表请求封西岳，唐玄宗准许了。

二月，杨贵妃又一次违背玄宗的意愿，被送回杨家私宅。户部郎中吉温通过宦官对玄宗说："妇道人家识见不周考虑不远，违背了陛下的心意，陛下何必爱惜宫中的一席之地，不让她死在宫中，怎么忍心把她弃置宫外蒙受耻辱呢？"唐玄宗也后悔了，派宦官赏赐御膳给她。贵妃对使者哭泣着说："臣妾的罪过当死，陛下哀怜不杀送回娘家。从今以后应当永远离开宫舍，金玉珍宝等物，都是陛下所赏赐的，不足以献给陛下。只有头发是父母所给的，才敢把它进献给陛下留作纪念以表示我的诚意。"于是就剪下一绺头发献给唐玄宗，玄宗连忙派高力士召贵妃回宫，对她宠爱更深。

当时贵戚们以竞相向宫中进献食品为时尚，唐玄宗任命宦官姚思艺为检校进食使，水中和陆地所出产的珍贵菜肴有几千盘，一盘的费用就相当中等人家十户的家产。中书舍人窦华有一次退朝回家，正碰上公主在进献食品。陈列在宫中的街道上，窦华传呼左右控制马的缰绳慢慢地从行列中通过；好几百个宫苑小子拿着木棍上前要打他，窦华只身逃脱。

安西节度使高仙芝击败朅师，俘虏其王勃特没。三月十二日庚子，立勃特没的哥哥素迦为朅师王。

唐玄宗命令御史大夫王鉷开凿华山的道路，在山上设立祭祀的坛场。这年春天，关中干旱。三月二十三日辛亥，西岳祠庙发生火灾，玄宗下制书停止封祭西岳。

夏季，四月十一日己巳，御史大夫宋浑因贪赃巨万，被流放潮阳。起初，吉温靠李林甫的关系得到进用，等到兵部侍郎兼御史中丞杨钊受玄宗恩宠礼遇日益深厚，吉温便离开李林甫而依附杨钊，替杨钊谋划替代李林甫执政的策略。萧炅和宋浑都是李林甫的亲信，吉温找到他们的罪过，让杨钊上奏而放逐他们，以翦除李林甫的心腹，李林甫不能救助他们。

五月二十八日乙卯，赐封安禄山东平郡王爵位。唐朝将帅封王从这时开始。

秋季，七月十三日乙亥，在国子监里增置广文馆，用以教导准备考进士科目的学生。

八月初一日丁巳，任命安禄山兼河北道采访处置使。

朔方节度使张齐丘供应粮食不当，军士们愤怒，殴打他的判官。兵马使郭子仪用身体护卫张齐丘，他才免遭挨打。八月初七日癸亥，张齐丘贬官济阴郡太守，让河西节度使安思顺代理朔方节度使。

九月三十日辛卯，处士崔昌向唐玄宗进言说："国家应当直接继承周朝、汉朝，以土德代替火德。北周、隋朝都是非正统的帝位，不应该让他们的子孙为二王的后人。"唐玄宗就把此事交给公卿们集会商议。集贤殿学士卫包向玄宗进言说："集会商议的那天夜晚，有四颗星聚集在尾宿上，天意已经很明白了。"唐玄宗于是下令寻找殷朝、周朝、汉朝王族后裔为三恪，废弃韩公、介公、酅公；任命崔昌为左赞善大夫，卫包为虞部员外郎。

冬季，十月初五日庚申，唐玄宗驾临华清宫。

太白山人王玄翼上书唐玄宗说见到玄元皇帝老子，并声称宝仙洞里有妙宝真符。玄宗命令刑部尚书张均等人前往寻找，找到了它。当时玄宗尊崇道教，企慕长生，所以到处都争相上言宝符瑞兆，群臣没有一个月不上表祝贺的。李林甫等人都请求捐献自己的宅第作为道观来向玄宗祝寿，玄宗很高兴。

（以上为第五段，写唐玄宗信奉神仙道教，醉心于符兆，与杨贵妃日处深宫逸乐，而国事日非。）

安禄山多次诱骗奚和契丹人，为他们设宴聚会，把莨菪酒给他们饮，等他们喝醉了就活埋掉，动辄就坑杀几千人。又把他们酋长的首级装在盒子里进献给朝廷，前后这样做了多次。到了这时安禄山要求入朝，玄宗命令有关部门事先在昭应替他修建宅第。安禄山到达戏水，杨钊兄弟姐妹都前往迎接他。车马冠盖满山遍野，玄宗也亲临望春宫接待他。十月十六日辛未，安禄山进献奚俘虏八千人，唐玄宗命令在考核官吏功绩的时候记为上上考。在此以前朝廷听任安禄山在上谷铸钱五垆，于是安禄山向朝廷进献所铸钱的样品一千缗。

杨钊，是张易之的外甥，他向玄宗奏请替张易之兄弟平反昭雪。十月二十五日庚辰，唐玄宗下制书援引张易之兄弟在房陵迎接中宗的功劳，恢复他们的官爵，并赐给他们的一个儿子官位。

杨钊因图谶书上有“金刀”字样，请求更改名字，玄宗赐名国忠。

十二月二十日乙亥，玄宗回宫。

关西游弈使王难得进攻吐蕃，攻克五桥，打下树敦城，任命王难得为白水军使。

安西四镇节度使高仙芝假装与石国缔结和约，带兵去偷袭它，俘虏了石国的国王及众多部下而回来，把那些年老和体弱的人都杀了。高仙芝性情贪婪，抢得十几斛碧珠，五六骆驼驮的黄金，还有与此价值数量相当的其他的人口马匹杂货，这些都归他自家所有。

杨国忠感谢鲜于仲通，推荐他做剑南节度使。鲜于仲通性格狭隘脾气急躁，失去蛮夷的人心。

按以往惯例，南诏王常带着妻子一起去拜谒都督，经过云南时，云南太守张虔陀都和他们的妻子私通。又过多地向南诏征求财物，南诏王阁罗凤不答应，张虔陀便派人去辱骂他，同时又秘密向玄宗奏报他的罪过。阁罗凤非常愤怒怨恨，这一年，他发兵反叛，攻陷了云南，杀死张虔陀，夺取了西南夷归附唐朝的三十二个州。

（以上为第六段，写唐玄宗好大喜功，边将以诈术杀戮周边民族百姓以冒功。）

唐玄宗天宝十载（辛卯，公元751年）

春季，正月初八日壬辰，玄宗朝拜祭献太清宫。初九日癸巳，玄宗朝拜享祭太庙。初十甲子，在南郊合祭天地之神，赦免天下，免除天下今年的地税。

正月十三日丁酉，任命李林甫遥领朔方节度使，让户部侍郎李玮主管留后事务。

正月十六日庚子，杨铦、杨锜及韩国、虢国、秦国三夫人等五家夜晚出游，与广平公主的随从争强西市门，杨家的奴仆挥动鞭子打到了公主的衣服，公主从马上掉下来，驸马程昌裔下马搀扶她，也被打了好几鞭子。公主哭着向玄宗诉说，玄宗因此把杨家的奴仆用棍打死。第二天，免去程昌裔的官职，不必上朝听政也不必拜谒。

唐玄宗命令有关部门在亲仁坊替安禄山修建宅第，下敕书命令只管尽量修得壮观华丽，不管花多少财力物力。宅第修好后，各种篷帐帷幕器皿，充满宅第中，有贴白玉的檀木床两张，都是一丈长，六尺宽；一个银平脱屏风帐，一丈六尺见方；厨房马厩中的东西都用金银装饰起来，有金饭罂两个，银淘米盆两个，都可以一次盛放五斗米，用银丝编织的筐子和笊篱一样一个，其他的物品也都和上述物品相称。就是皇宫中使用的东西，大概也比不上吧。玄宗每次命令宫中使者替安禄山监督工役、建筑宅第以及制造储备赏赐物品，经常告诫他们说："胡人的眼界很大，不要让他笑话我们小气。"

安禄山入住新宅，设酒宴，请玄宗下墨敕让宰相到新宅来。这一天，玄宗本想在楼下打毬，于是立刻停止游戏，命令宰相前往赴宴。每天派遣杨家的人和他一起选择名胜之地游玩宴饮，并让梨园子弟演奏教坊音乐为他们助兴。玄宗每当吃到一种食物有点甘美，或者后苑中打猎获得新鲜的禽鸟，就派宫中使者骑马飞奔送去，道路上来往马匹络绎不绝。

正月二十日甲辰，是安禄山生日，唐玄宗和杨贵妃赏赐的衣服、宝器、酒食非常丰厚。过了三天，叫安禄山进入宫中，杨贵妃用锦绣做了一个包小孩的大包被，裹住安禄山，让宫女用花轿抬着他。皇帝听到后宫里欢声笑语，就问是什么缘故，左右的人回答说是贵妃替禄儿洗三日澡。玄宗亲自前往观看，很高兴，赏赐贵妃洗儿金银钱，又重重地赏赐安禄山，尽情地欢乐以后才散去。从此安禄山出入宫舍毫无禁止，有时与杨贵妃对坐吃饭，有时通宵也不出宫，有不少丑闻传到外面，玄宗也不起疑心。

安西节度使高仙芝入朝，进献所俘获的突骑施可汗、吐蕃酋长、石国王、朅师王。玄宗加任高仙芝开府仪同三司。不久又任命高仙芝为河西节度使，代替安思顺。安思顺劝各部族胡人用刀割耳朵划破脸请求留住自己，唐玄宗下制书又把安思顺留在河西。

安禄山请求兼任河东节度使。二月初二日丙辰，任命河东节度使韩休珉为左羽林将军，让安禄山代替他做河东节度使。

户部郎中吉温看到安禄山得到唐玄宗的宠信，又去依附他，同他结为兄弟。他劝安禄山说："李右丞相虽然识时务亲近你，但不一定愿意让你为宰相。我吉温虽蒙驱使，始终得不到越级提拔。兄若推荐给皇帝，我吉温马上上奏皇帝说兄能够担当大任，我们一起把李林甫排挤出朝廷，兄就一定能够做宰相了。"安禄山听了他的话感到很高兴，多次在玄宗面前称赞吉温的才干，玄宗也忘记了过去说的话。等到安禄山领河东节度使，借机奏请吉温为节度副使、知留后，让大理司直张通儒为留后判官，河东道的事务完全委任他们处理。

这时，杨国忠任御史中丞，正受皇恩管理政事。安禄山上下宫殿的台阶，杨国忠常常去搀扶他。安禄山与王鉷都为大夫，王鉷的权力职位次于李林甫。安禄山看见李林甫，相当傲慢。李林甫假装有别的事叫王大夫，王鉷来后，趋步礼拜非常恭敬；安禄山不自觉地感到自我失措，态度也渐渐恭敬。李林甫与安禄山谈话，每每揣摸了解到他的心思，就事先说出来，安禄山惊奇佩服。安禄山对朝廷公卿都加以轻慢侮辱，唯独害怕李林甫，每次相见，即使是隆冬严寒时，也常常汗湿衣服。李林甫就引着他坐在中书省的厅堂里，用温和的言语安抚他，亲自解下自己的披袍披在安禄山身上。安禄山心悦诚服，对李林甫言无不尽，称林甫为十郎。回到范阳后，刘骆谷每次从长安回来，安禄山必定要问："十郎说了什么？"听到美好的言语就高兴；有时只说："告诉安大夫，要好自检点！"安禄山就把手背在身后靠着床说："哎呀，我要死了！"

安禄山兼领三镇节度使后，赏罚出自一己之手，一天天地骄傲放肆起来。自以为过去不跪拜太子，看到玄宗现在年事已高，内心非常恐慌；又看到朝廷武备弛废，便产生轻视中原的念头。孔目官严庄、掌书记高尚趁机替他讲解图谶书，劝他谋反作乱。

安禄山收养了同罗、奚、契丹各部族投降者八千多人，称他们为"曳落河"。所谓曳落河，胡语是壮士的意思。另有家僮一百多人，都骁勇善战，一可当百。他又蓄养战马好几万匹，聚集很多的兵器，分别派遣胡族商人到各道去贩卖做生意，每年运回珍贵的货物好几百万。私下制作绯紫袍、鱼袋，数以百万计。以高尚、严庄、张通儒及将军孙孝哲为心腹，以史思明、安守忠、李归仁、蔡希德、牛廷玠、向润容、李庭望、崔乾祐、尹子奇、何千年、武令珣、能元皓、田承嗣、田乾真、阿史那承庆为爪牙。高尚，是雍奴人，本名叫不危，很有文学修养，在河朔一带过着卑微的游宦生活，贫穷困苦很不得志，经常感叹说："我高不危应当做大事而死，怎么能够靠吃草根活命呢？"安禄山把他请来安置在幕府里，出入卧房。高尚主管笺表奏章，严庄负责文书簿籍。张通儒，是张万岁的儿子；孙孝哲，是契丹人。田承嗣世世代代都是卢龙的小校尉，安禄山任命他为前锋兵马使。有一次下大雪，安禄山到各军营去巡视，到了田承嗣的军营，安静得就好像没有人一样，进去检阅士兵，没有一个人不在场，安禄山因此很看重他。

（以上为第七段，写安禄山狡黠，深得唐玄宗、杨贵妃宠信，被任命为平卢、范阳、河东三镇节度使而轻视唐室，遂有叛逆之心。）

夏季，四月三十日壬午，剑南节度使鲜于仲通征讨南诏蛮，在泸水以南大败。当时鲜于仲通率领八万兵马分两路从戎州、嶲州进军，到达曲州和靖州。南诏王阁罗凤向唐朝谢罪，请求归还所俘获的人员以及所掠夺的东西，修复云南城然后退回南诏，并且说："当今吐蕃大兵压境，如果不允许我的请求，我就将归附于吐蕃，那么云南就不属于唐朝所有了。"鲜于仲通不同意他的请求，并囚禁了他的使者。进军到西洱河，与阁罗凤交战，唐军大败，士卒死了六万人，鲜于仲通仅仅只身逃脱。杨国忠掩盖他战败的实际情况，仍然记录他的战功。阁罗凤收殓战死的唐兵尸体，修筑了一个很高的土堆，于是北面向吐蕃称臣。蛮语称弟弟为"钟"，吐蕃任命阁罗凤为"赞普钟"，号称东帝，给他金印。阁罗凤在都城的大门前刻了一座石碑，说明自己不得已而背叛唐朝，并且说："我世世代代事奉唐朝，接受唐朝的封爵，后世容许再归附唐朝，可以指着这个碑给唐朝的使者看，让他们知道我之所以背叛唐朝实非本意。"

唐玄宗下制书大量征募两京及河南、河北的士兵去攻打南诏；人们听说云南的瘴气瘟疫很厉害，还未开战士卒就已经死了十之八九，没有人愿意应募。杨国忠派御史到各地去抓壮丁，用枷锁着送到军营里去。按过去的制度，老百姓中有功勋的人免除出征打仗的兵役，因为当时调集的军队已经很多了，杨国忠便奏请玄宗先选取功勋高的人服兵役。因此被征募远行的人愁苦怨恨，父母妻小为他们送行，到处哭声震动原野。

高仙芝俘虏石国王的时候，石国王的儿子逃到各个胡人部落中去，向胡人详细报告高仙芝欺诈诱骗和贪婪凶暴的情形。各个胡族部落人怒，暗中联络大食想一同进攻四镇。高仙芝听说这个消息，率领蕃兵和汉兵三万多人进攻大食，深入七百多里，到达怛罗斯城，与大食的军队相遇。相互对峙了五天。葛罗禄的部队叛变，与大食军队夹攻唐军，高仙芝大败，士卒差不多全部死亡了，只剩下几千人。右威卫将军李嗣业劝高仙芝趁黑夜逃跑。道路狭窄，拔汗那的部队挡在前面，人和牲畜堵塞了道路；李嗣业在前面开路，举着大棍猛打，人马都被打死，高仙芝才得以通过。

将军和士兵相互失散，别将汧阳人段秀实听到李嗣业的声音，大骂道："躲避敌人率先逃跑，毫无勇气；保全自己抛弃大家，毫无仁义。即使侥幸得以逃脱，难道不感到惭愧吗？"李嗣业握着他的手谢罪，留下来抗拒追兵，收拾散兵，才得以全部脱身。回到安西，李嗣业把这事告诉高仙芝，高仙芝让段秀实兼都知兵马使，做自己的判官。

八月初六日丙辰，武库失火，烧毁兵器三十七万件。

安禄山率领幽州、平卢、河东三道兵马六万人去征讨契丹，让奚族骑兵二千人做向导。过了平卢一千多里，到达土护真水，遇到大雨。安禄山率领兵马昼夜兼行三百多里，到达契丹统帅的营帐前，契丹大惊。当时因大雨绵绵，弓弩的筋胶都松弛了，大将何思德对安禄山说："我们的兵马虽然很多，但是从远方赶来非常疲惫，实际上不能马上作战，不如暂时按兵不动休息调整以此来围攻紧逼，不出三天，敌人一定投降。"安禄山大怒，要斩杀他，何思德请求打前锋以死相报。何思德的相貌很像安禄山，敌人争相进攻，把他杀死，以为已经杀了安禄山，勇气倍增。奚人又背叛唐军，与契丹人联合，夹攻唐军，唐军几乎全部被杀死或杀伤。敌人箭射安禄山，射中他的马鞍，折断冠帽上的簪子，安禄山丢掉了鞋子，仅仅和部下二十人骑马逃走。到了夜晚，追赶的敌人骑兵松懈散去，安禄山等人才得以进入师州。安禄山把这次战败归罪于左贤王哥解和河东兵马使鱼承仙而把他们杀了。

平卢兵马使史思明很害怕，逃进山谷中近二十天，收拾散兵，得到七百人。平卢守将史定方率领精兵两千人援救安禄山，契丹撤兵，安禄山才得以脱身。到了平卢，部下都死亡散失了，不知如何是好。史思明出来见安禄山，安禄山很高兴，握着他的手说："我得到了你，还有什么忧愁呢？"史思明退出后，对别人说："假使我早些出来，就已经和哥解一起被杀了。"契丹包围师州，安禄山派史思明击退了他们。

冬季，十月初三日壬子，玄宗驾临华清宫。

杨国忠要鲜于仲通上表请求玄宗让自己遥领剑南节度使。十一月二十七日丙午，唐玄宗任命杨国忠领剑南节度使。

（以上为第八段，写唐军征南诏、讨西域、袭契丹，全线败北。）

唐玄宗天宝十一载（壬辰，公元752年）

春季，正月初九日丁亥，玄宗回宫。

二月二十二日庚午，命令有关部门拿出粟米布帛以及国库里好几十万缗钱在两市交换恶钱。先前，江、淮一带有很多恶钱，朝廷的贵戚和大商人往往用一个好钱换五个恶钱，运到长安来使用，市井百姓受害极大。因此李林甫奏请唐玄宗加以禁止，官府出面交换兑取，期限一个月，逾期不把恶钱交给官府换好钱的人要治罪。于是商人们大吵大闹，认为很不方便。大家一起拦住杨国忠的马向他求情，杨国忠替他们在玄宗面前说话，于是就更改命令，凡不是用铅、锡所铸造的以及穿孔的钱，都可以像以前一样随便使用。

三月，安禄山调遣蕃汉步兵、骑兵二十万攻打契丹，想要雪洗去年秋天的耻辱。

当初，突厥阿布思来投降，玄宗很优厚地礼待他，赐他姓名为李献忠，多次提拔他官至朔方节度副使，赐封他奉信王的爵位。李献忠很有才干和谋略，不愿屈居安禄山之下，安禄山很恨他。这时，奏请玄宗让李献忠率领同罗好几万骑兵，与他一起攻打契丹。李献忠担心遭到安禄山的陷害，告诉留后张玮，请他奏请玄宗让自己留下不参加这次军事行动，张玮不答应。李献忠于是就带领他的部下大肆抢掠仓库，背叛朝廷回到漠北，安禄山也因此按兵不动。

三月二十八日乙巳，把吏部改为文部，把兵部改为武部，把刑部改为宪部。

户部侍郎、御史大夫、京兆尹王鉷，权势和恩宠一天比一天隆盛，兼领二十多个官职。住的住宅旁边就是使院，文书案卷堆得满满的，官吏为了请他签一个字，好几天都不能接近。宫中使者赐送物品不绝于家门，即使是李林甫也是畏避他几分。李林甫的儿子李岫做将作监，王鉷的儿子王准任卫尉少卿，都在宫中供职。王准欺侮李岫，李岫常忍气吞声。然而王鉷事奉李林甫很恭敬，李林甫虽然嫉恨他受玄宗的恩宠，但也不忍心陷害他。

王准曾经带领他的部下去拜访驸马都尉王繇，王繇望着车驾叩拜王准，王准拿着弹弓射中王繇的帽子，折断帽子上的玉簪，以此为游戏玩笑。接着王繇设酒宴款待王准；王繇所娶的永穆公主，是玄宗的爱女，她亲自替王准拿刀子和汤匙。王准走后，有人对王繇说："鼠辈虽然依仗他父亲的权势，你却叫公主伺候他吃饭，如果让皇上知道了，那不是很不好吗？"王繇说："皇上虽然生气却没有什么妨害，至于王鉷，那是关系到个人生死大事，不敢不这样做啊。"

王鉷的弟弟户部郎中王銲，凶恶阴险，无法无天，把术士任海川叫来问道："我是不是有王者的相貌？"任海川非常恐惧，逃走躲藏起来。王鉷担心事情泄露，把他抓到，假借其他的罪名把他打死。王府司马韦会，是安定公主的儿子，与王繇是同母异父的兄弟，在私下里谈及此事。王鉷派长安尉贾季邻把韦会关进监狱，用绳子把他吊死。王繇不敢作声。

王銲的好友邢縡，与龙武万骑谋划杀掉龙武将军，用他的部队作乱，杀李林甫、陈希烈、杨国忠等人；在行动日期前两天，有人告发了他们。夏季，四月初九日乙酉，玄宗亲临朝堂，把上告状当面交给王鉷，让他去逮捕这些企图作乱的人。王鉷猜想王銲在邢縡家里，先派人把王銲叫回来，傍晚，才命令贾季邻等人去逮捕邢縡。邢縡住在金城坊，贾季邻等人到了他家门口，邢縡带领他的党徒几十人手持弓箭和刀子格斗着突围出去。王鉷与杨国忠带领士兵随后赶到，邢縡的党徒说："不要伤害王大夫的人。"杨国忠的副官悄悄地对杨国忠说："贼党有暗号，不能与他们作战。"邢縡边打边跑，跑到皇城西南角。碰上高力士带领飞龙禁军四百人赶到，把邢縡杀死，逮捕他的党羽，把他们全部都活捉了。

杨国忠把详情报告玄宗，说："王鉷一定参与了这个阴谋。"玄宗认为王鉷受自己的信任和恩遇很深，不应该同谋叛逆；李林甫也替他辩解。玄宗就特别下令原谅王銲不治他的罪，但希望王鉷上表请求治他的罪；派杨国忠去暗示他，王鉷不忍心这样做，唐玄宗非常生气。碰上陈希烈极力称说王鉷大逆不道应当诛杀，四月十二日戊子，玄宗下敕书命令陈希烈和杨国忠一起审理此案，仍然让杨国忠兼任京兆尹。这时任海川、韦会等人的事情都揭发出来，狱讼完毕证据齐全，玄宗赐王鉷自杀，把王銲用棍子打死在朝堂上，王鉷的儿子王准、王偁流放岭南，不久也把他们杀了。有关部门抄检登记他的宅第房舍，好几天都不能抄检登记完毕。王鉷的宾客、助手没有一个人敢到他家去窥探的，只有采访判官裴冕收殓王鉷的尸体并安葬了他。

当初，李林甫以为陈希烈容易控制，就推荐他做了宰相。陈希烈处理政事常常跟随着李林甫的左右，晚年才开始与李林甫为敌，李林甫害怕了。碰上李献忠叛变，李林甫就请求解除朔方节度使的兼职，并且推荐河西节度使安思顺代替自己；二十四日庚子，任命安思顺为朔方节度使。

五月初三日戊申，庆王李琮逝世，赠谥靖德太子。

（以上为第九段，写权臣倾轧，杨国忠逼杀御史大夫王鉷，威震天下，李林甫亦畏避之。）

五月十一日丙辰，京兆尹杨国忠加任御史大夫、京畿、关内采访等使，凡是王鉷所管辖的使职事务，都归杨国忠管。

当初，李林甫认为杨国忠没有什么才干，又是杨贵妃的族亲，所以对他很好。杨国忠和王鉷都做中丞时，王鉷因李林甫的推荐做了大夫，所以杨国忠很不高兴，于是就严厉深入地审理邢縡的案子，叫他牵连李林甫与王鉷兄弟和阿布思暗中结交的情况，陈希烈、哥舒翰又跟着加以证实这些罪状；唐玄宗因此疏远李林甫。杨国忠显贵震惊天下，开始和李林甫为敌。

六月初七日甲子，杨国忠向玄宗奏报吐蕃派兵六十万去救南诏，剑南的军队在云南把他们击败，攻克以前失去的隰州等三座城池，俘虏敌人六千三百人，因为道路遥远，挑选身强力壮的一千多人以及投降的酋长进献给朝廷。

秋季，八月十五日乙丑，玄宗又一次驾临国库左藏，赏赐群臣布帛。八月十九日癸巳，杨国忠上奏唐玄宗有凤凰出现在左藏的库房上，出纳判官魏仲犀说凤凰聚集在库西的通训门。

九月，阿布思入侵，包围永清栅，栅使张元轨抵抗打退了他。

冬季，十月初五日戊寅，唐玄宗驾临华清宫。

十月二十六日己亥，把通训门改名为凤集门。魏仲犀提升为殿中侍御史，杨国忠的下属官吏大都因凤凰聚集的缘故而优先得到调动升迁。

南诏多次侵犯边境，蜀地人请求杨国忠去坐镇。左仆射兼右相李林甫上奏玄宗派遣他去。杨国忠将要启程上任，哭着向玄宗辞行，对唐玄宗说他一定会被李林甫所陷害，杨贵妃也替他说情。唐玄宗对杨国忠说：“你先到蜀地处理军事事务，朕扳着指头计算时日等着你，你回来后还做宰相。”李林甫这时已经有病，忧愤苦闷，不知所措，巫医说见玄宗一面可以稍微好些；玄宗想去他家看望他，左右的人坚持劝说玄宗不要去。唐玄宗就让李林甫走到他家庭院中，玄宗登上降圣阁远远地看望他，用红手巾招呼致意。李林甫因病不能跪拜致谢，就派人代替他跪拜致谢。等杨国忠到了蜀地，玄宗便派宫中使者把他召回，到了昭应，去拜谒李林甫，在他床前行跪拜礼。李林甫流着眼泪对他说：“我李林甫死后，您必定做宰相，我的后事全拜托给您啦！”杨国忠辞谢不敢担当，汗流满面。十一月二十四日丁卯，李林甫去世。

唐玄宗晚年自己仗着长期太平，以为天下不再有什么可忧虑的事情，于是就深居宫中，专心于音乐美色来自我娱乐，把国家政事完全委托给李林甫。李林甫在玄宗旁边奉承讨好，迎合玄宗的心意，以稳固玄宗对他的恩宠。杜绝君臣上下言路的畅通，蔽塞玄宗耳目，以实现他的奸佞阴谋。嫉妒痛恨那些贤能人才，排斥压制比自己强的人，以保全自己的权位。多次兴起大的案件，诛杀放逐显贵的臣子，以扩张他的势力。从皇太子以下的人，都害怕他而不敢正面看他。他在宰相的位置上一共有十九年，酿成天下大乱，然而玄宗却没有看清这一点。

十一月十七日庚申，唐玄宗任命杨国忠为右丞相，并兼文部尚书，以前所兼任的判官和节度使的官职全都照旧。

杨国忠为人逞强好辩而且轻浮急躁，没有什么威望仪表。做了宰相后，以天下之事为己任，裁判决定国家机要大事，果断而毫不犹豫。在朝廷上，挽起衣袖握着手腕，对公卿以下的大臣，都颐指气使，没有人不震惊恐惧的。他从侍御史到做宰相，一共兼任了四十多个官职。御史台和中书省中有才干而闻名一时的人，凡是不被他所用的，都调走了。

有人劝告陕郡进士张彖拜谒杨国忠，说：“拜见杨国忠，富贵马上就可实现。”张彖说：“诸位依靠杨右相犹如泰山，我却认为好比冰山！如果光明的太阳升起，诸位不就失去依靠了吗？”于是隐居在嵩山。

杨国忠任用司勋员外郎崔圆为剑南留后，征召魏郡太守吉温为御史中丞，兼任京畿、关内采访等使。吉温去范阳向安禄山辞行，安禄山让他的儿子安庆绪送到边境，替吉温牵着马走出驿站好几十步。吉温到长安，凡是遇到朝廷有什么动静，就报告安禄山，信件消息一两天就到达了。

十二月，杨国忠想收买人心，就向玄宗建议：“文部选用人员，不管是否贤能，选拔资深的人优先留用他们，依据资历和缺职任命官位。”长期滞留而得不到升迁的人都一致称赞他。杨国忠所有的措施设置，都曲从人们的欲望，所以很能得到大家的赞誉。

十二月十二日甲申，让平卢兵马使史思明兼北平太守，充卢龙军使。

十二月十五日丁亥，玄宗回宫。

十二月二十五日丁酉，任命安西行军司马封常清为安西四镇节度使。

哥舒翰平素就与安禄山、安思顺不和，玄宗曾替他们和解，让他们结为兄弟。这年冬天，三人一同来朝，玄宗派高力士在城东宴请他们。安禄山对哥舒翰说："我的父亲是胡人，母亲是突厥人，你的父亲是突厥人，母亲是胡人，我们的种族非常相同，为什么不能相互亲近呢？"哥舒翰说："古人说，狐狸向着洞穴号叫不吉祥，是因为它忘本的缘故。大哥假如和我亲近，哥舒翰怎么敢不尽心尽意！"安禄山认为这是讥讽他为胡人，非常生气，大骂哥舒翰说："你这个突厥小子竟敢如此！"哥舒翰想要回骂他，高力士用眼色向哥舒翰示意，哥舒翰才忍住了，假装喝醉酒而散席，从此以后两人之间的怨恨就更深了。

棣王李琰有两个妃子，互相争宠。其中有一个让巫师画符放在李琰的鞋子里以求得媚爱。李琰与监院宦官有矛盾，宦官知道这事后，秘密上奏说李琰诅咒玄宗；玄宗派人突然搜查李琰的鞋子而得画符，十分生气。李琰叩头谢罪说："臣实在不知道鞋里有符。"玄宗派人审讯，果然是王妃所为。玄宗还是怀疑李琰知道此事，把他囚禁在鹰狗坊，禁止他朝见，李琰忧愤而死。

根据惯例，兵部和吏部尚书担任宰相职务的，选举事务都委托侍郎以下的官员办理，经过三注三唱的程序而合格者，还要送门下省审核，从春天到夏天，事情才能完结。等到杨国忠以宰相兼任文部尚书，想要自我显示精明敏捷，就派尚书省令史事先在他私人住宅中秘密决定姓名和缺职。

（以上为第十段，写杨国忠继李林甫为相，以滥授官职收买人心。）

唐玄宗天宝十二载（癸巳，公元 753 年）

春季，正月二十日壬戌，杨国忠召集左相陈希烈和给事中、各司长官都会集在尚书都堂，唱名授官选举人才，一天的时间就完事了，说："今天左相、给事中都在座，就等于已经过门下省的审核了。"被选上的人员中间有很多人的资格有差错，没有人敢吭气。于是门下省就不再审定新授官员了，侍郎只管考试书判而已。侍郎韦见素、张倚来回奔走，与具体办事的主事没有什么差别。韦见素，是韦凑的儿子。

京兆尹鲜于仲通劝被选上的人请求替杨国忠刻碑颂功，竖立在中书省的门口，玄宗下制书让鲜于仲通撰写碑文。玄宗替他改定了几个字，鲜于仲通用黄金填写玄宗所改的文字。

杨国忠派人劝说安禄山诬陷李林甫与阿布思谋反，安禄山让阿布思部落投降的人到朝廷上去，诬告李林甫与阿布思结为父子。玄宗相信这事，交付法官审问；李林甫的女婿谏议大夫杨齐宣害怕被此事连累，就顺从杨国忠的意思作证定案。当时李林甫还没有安葬，二月十一日癸未，玄宗下令削去李林甫的官爵，子孙中做官的全部除名，流放到岭南和黔中，只准带随身穿的衣服和粮食，其余的财产全部被官府没收，近亲和党羽连坐被贬官的有五十多人。剖开李林甫的棺材，取出口中含珠，剥掉身上的金鱼袋和紫袍，换一口小棺材按平民的礼制埋葬他。二月二十七日己亥，玄宗赏赐陈希烈许国公的爵位，杨国忠魏国公的爵位，以嘉奖他们审定李林甫的案子。

夏季，五月初九日己酉，又以北魏、北周、隋朝的后裔为三恪，这是杨国忠有意攻击李林甫的过错。卫包因帮助李林甫干坏事被贬为夜郎县尉，崔昌被贬为乌雷尉。

阿布思被回纥击败，安禄山引诱他的部落来投降，因此安禄山的精兵，天下没有人能比得上。

六月二十三日壬辰，命左武卫大将军何复光率领岭南五府的兵马攻打南诏。

安禄山因李林甫比自己更狡猾，所以敬畏佩服他。等到杨国忠做宰相，安禄山轻视他，好像没有此人一样，因此两人产生矛盾。杨国忠多次向玄宗说安禄山有谋反的迹象，玄宗不听。

陇右节度使哥舒翰攻打吐蕃，攻下洪济、大漠门等城，全部收复九曲部落。

当初，高丽人王思礼与哥舒翰同为押牙，事奉王忠嗣。哥舒翰做节度使时，王思礼做兵马使兼河源军使。哥舒翰攻打九曲，王思礼未能如期抵达，哥舒翰准备杀掉王思礼，随后又把他叫来放掉他。王思礼慢条斯理地说：“要杀就杀，为什么又把我叫来！”

杨国忠想与哥舒翰深交共同来排挤安禄山，就奏请玄宗任命哥舒翰兼任河西节度使。秋季，八月三十日戊戌，玄宗赐封哥舒翰为西平郡王的爵位。哥舒翰上表请裴冕做河西行军司马。

这时唐朝很强盛，从长安城安远门西面直到一万二千里远的唐朝领土上，房屋里巷相望不绝，桑树和麻田遮盖原野，天下被称为富庶的地方没有哪里赶得上陇右的。哥舒翰每次派使者回朝廷上奏章，经常骑着白骆驼，一天可跑五百里。

九月初六日甲辰，任命突骑施黑姓可汗登里伊罗蜜施为突骑施可汗。

北庭都护程千里追击阿布思到碛西，写信晓谕葛逻禄，让他接应。阿布思穷途末路，归附葛逻禄，葛逻禄叶护抓住他，连同他的妻子儿女、部下几千人送交唐朝。九月十六日甲寅，加封葛逻禄叶护顿毗伽开府仪同三司，并赐爵位金山王。

冬季，十月十一日戊寅，玄宗驾临华清宫。

杨国忠与虢国夫人的住宅相邻，两人白天黑夜都有来往，没有什么时间和限度，有时两人并排骑马上朝，不用障幕遮蔽，路人都捂住眼睛羞于看见。

韩国、虢国、秦国三夫人将要跟随玄宗的车驾光临华清宫，就先在杨国忠家里集合。她们的车马仆人随从，充满了好几个街坊，她们身上穿戴的锦衣绣服珍珠宝玉，鲜艳华丽光彩夺目。杨国忠对门客说："我本来出身贫寒家庭，一旦靠贵妃的关系而达到今天的地位，就不知道休息停止，然而我想到终究得不到美好的名声，还不如暂且及时行乐啊！"杨氏五家人，每家一队各穿着同一种颜色的衣服以便互相区别，五家队伍会合在一起，光辉灿烂好像云霞锦绣；杨国忠仍用剑南节度使的旌旗和符节在队伍前面引导。

杨国忠的儿子杨暄应明经科考试，因学业荒疏浅陋，没有及格。礼部侍郎达奚珣害怕杨国忠的权势，派他的儿子昭应县尉达奚抚先去告诉杨国忠。达奚抚窥见杨国忠入朝上马，就连忙跑到他的马跟前。杨国忠料想他的儿子必定考上，露出欣喜的脸色。达奚抚说："家父报告相公，令郎的考试，不符合录取标准，然而也不敢让他落选。"杨国忠生气地说："我的儿子何愁不能富贵，还要让你们这些鼠辈来品头论足！"用鞭抽着马头也不回地走了。达奚抚惶恐不安，写信告诉他的父亲说："他仗恃富贵挟持权势，令人痛心感叹，怎么能跟他再讲道理明是非呢？"于是就把杨暄列入上等。等杨暄做了户部侍郎，达奚珣才开始从礼部升到吏部，杨暄同他所亲近的人说及此事，还叹息自己官位升得太慢，达奚珣升得太快。

杨国忠位居要职以后，朝廷内外馈赠的礼物从四面八方汇集而来，所积存的缣多达三千万匹。

唐玄宗在华清宫，想要夜晚外出游玩，龙武大将军陈玄礼劝谏道："这里宫殿外面就是旷野之地，怎么能不预防不测呢？陛下如果一定要夜晚出游，请回到长安城里。"唐玄宗因此又带人折回。

这一年，安西节度使封常清进攻大勃律，到达菩萨劳城，前锋多次打胜仗，封常清乘胜追逐敌人。斥候府果毅段秀实劝阻说："敌兵疲惫而多次败北，这是引诱我军；请求搜查左右两边的山林。"封常清听从了他的意见。果然抓获了埋伏的敌兵，于是大败敌人，接受了他们的投降才回来。

中书舍人宋昱主管选举事务，前进士广平人刘迺认为选举之法不够完善，就上书宋昱，提出："禹、稷、皋陶同在舜的朝廷里做官，还要说选取有九种美德的人，考察九年的政绩。近代的主考官，只根据一篇判文来考察他的言辞，只根据一次拜揖来观察他的行为，为什么古今选取试用官吏的快慢不同竟有这么大的差距呢？假使周公、孔子今天到吏部考选人才的场所来应考，那么要考试他们的文辞华丽，将比不上徐陵和庾信，观察他们的口才，将比不上啬夫，又哪里有空同他们谈论圣贤的事业呢？"

（以上为第十一段，写杨国忠为相，与安禄山交恶。杨氏一门贵宠无比，满朝文武百官争相依附，而识者称之为冰山。）

【点评】

本卷记载天宝后期史事，大唐已处于动乱的前夜。天宝后期政治是前期政治的继续，君暗臣奸的格局不但没有改观，而且更加浑浊。君仍是原来的君，唐玄宗更加昏聩。臣还是原来的臣，李林甫继续执政，虎患未除，又添了两只恶狼，即安禄山和杨国忠。天宝后期，安、杨两人势力膨胀，与李林甫三人势均力敌，权奸窝里斗，加速了朝政的腐败与危机的来临。表面上，天宝后期还是一片升平，实际上已是山雨欲来风满楼，社会大动乱的时机已经成熟，只差一根导火索。具体说，天宝后期已孕育出社会动乱的三大因素：一、武备废弛；二、权奸相继；三、唐玄宗意志消沉。

武备废弛。武备是国家政权最重要的支柱。司马迁说："非兵不强，非德不昌。"唐玄宗天宝时期，国家不是无兵，而是兵多，沿边十节使，常备兵五十万，是唐朝国力最强盛的时候，庞大的武备是靠开元盛世的国力支撑的。但为什么又说天宝时期武备废弛呢？第一，配置失衡，尾大不掉。开元时期，长期承平，四境安宁，张说提出了裁兵。可是唐玄宗好大喜功，一心要扩张国力，在沿边置十节度使，精兵强将置于边境，京师及内地空虚，尾大不掉，国家不知不觉处于极度危险的境地。特别是安禄山，身兼平卢、范阳、河东三镇节度使，掌握国家近半数的武装，不反何待！第二，掌御失控。唐中兴以来，以及开元时期，边帅皆用忠厚名臣，不久任，不遥领，不兼统，功名著者往往入为宰相。开元名臣张嘉贞、张说、姚崇都出将入相，兵权掌控在朝廷手中。四夷之将，如阿史那社尔、契苾何力，只任爪牙，不专大将之任。自唐玄宗有了吞四夷之心，为边将者十余年不易，始久任矣，诸王、宰相遥领边将，实不知兵，盖嘉运、王忠嗣专制数道，始兼统矣。李林甫为相，为了个人专断朝政，说服唐玄宗专用胡人勇将任边将，因胡人不知书，杜绝他们入朝任相。例如安禄山斗大字不识半升。胡人带兵，已与汉文化有距离，他们长期守边，兵将一体国家武装成了骄兵悍将，形成地方割据。安禄山就是在这一背景下被制造出来的。即使忠于朝廷的边将，也往往不听指挥。河西陇右两镇节度使王忠嗣，不听朝廷调度攻取吐蕃石堡城。唐玄宗命王忠嗣协助将军董延光攻取石堡城，王忠嗣消极不配合，以致唐军无功。第三，承平日久，军无斗志。唐军征南诏、讨西域、袭契丹，全线败退。第四，纪律松弛，轻易犯上。朔方节度使张齐丘，发放军粮有克扣，兵士哗变，殴打判官，甚至想杀死张齐丘。一叶落而知秋，朔方节度使的士兵犯上，表明军纪松弛，兵士不堪被奴役，兵将积怨，国家武备成了一个火药桶。朔方节度使的兵变，发出了安史之乱的一个信号，只可惜唐玄宗还在蒙头睡大觉，安史之乱不可避免地要爆发了。

权奸相继。一个李林甫，就已经把唐朝政治搞得千疮百孔，好比是一个人身上的大脓疮，还没有被割除，又来了一个杨国忠，这个痈疽比李林甫还要溃烂。杨国忠为相，唐王朝不可救药。第一，杨国忠不学无术，原本就是一个无赖，不仅没有治世之才，而且没有大局观。他与安禄山有隙嫌，屡告安禄山谋反，唐玄宗不听，他身为国相，没有采取任何防范措施，却一门心思挑动安禄山谋反，把自己控制更大的权力寄托在安禄山谋反上，简直就是一个狂人。第二，他是国戚，靠杨贵妃的裙带，深受唐玄宗信任，一身兼了四十多个头衔。据胡三省考证，重要职务有拜右相、御史大夫、判度支、权知太府卿事，兼蜀郡长史、剑南节度使、支度与营田等副大使，本道并兼山南西道采访处置使，两京太府出纳监仓、祠祭、木炭、宫市、长春、九成宫等使，关内道及京畿采访处置使，兼吏部尚书，集贤殿、崇玄馆学士，修国史、太清、紫微宫使，兼掌租庸盐铁等使。国家人事、财政、监察、采购、文教等重权，杨国忠集于一身。兼职泛滥，有两大害处。其一，被兼职的国家机构，一人掌管，形同虚设，没有行政效率，政事完全败坏。其二，各种权力集于一身，为所欲为，官场腐败堕落，迅速恶化，政治越出了轨道，必然大乱。史称杨国忠滥授官职收买人心，无能之辈得了好处称颂杨国忠。而御史台和中书省有才干声望的人，杨国忠把他们一个一个赶走。杨国忠还仗着权势，对百官公卿颐指气使，甚至在大庭广众挽起袖子，指着公卿大臣的鼻子呵斥。如此宰相，只能是扰乱朝纲，焉能治国。势利小人蚁附杨国忠，有识之士称杨国忠是一座冰山。意思是说，太阳一出，他这座冰山就要化掉。

唐玄宗意志消沉。如果说唐玄宗在天宝初由于骄侈心，而由明转昏，到了天宝后期，唐玄宗连骄侈心也消尽，他对国家失去了自信，意气消沉，得过且过了。骄侈心是自大，还想有一番作为。意气消沉，只是沉醉于灯红酒绿了。唐玄宗英年有为，纳谏用贤，励精图治，造就了开元盛世。长期承平，他认为天下无可忧虑，自从得了杨贵妃，就藏于深宫，专心于音乐美色来自我娱乐。国家大事一手交给了李林甫，然后是杨国忠。权奸专政，一心自利，只求奉承讨好皇上，稳固恩宠，杜绝君臣上下言路畅通，蔽塞皇帝耳目，以实现他的奸佞阴谋。久而久之，成为积习。天宝后期，安禄山反形已露，唐玄宗像其他亡国之君一样，听不进半句逆耳之言，他只求上苍保佑得过且过。唐玄宗对安禄山不但不采取节制措施，反而加大他的权势。由平卢、范阳两镇而又兼河东，成为三镇节度使。安禄山要求掌控牧马总兼，唐玄宗予以依从，安禄挑选国家战马几千匹扩充个人武装。安禄山图谋异志，唐玄宗不是不知，但他已无进取心，想的是息事宁人，用恩宠来感化安禄山。唐玄宗给野心家增大势权，是意志消沉的集中表现。感化野心家，无异于与虎谋皮。势利群臣，见风转舵，纷纷投靠安禄山。例如那个效忠李林甫的吉温，向安禄山摇尾成了他在朝廷的耳目。宦官出使，也说安禄山的好话。这种局面，完全是唐玄宗一手导演出来的。局面至此，安史之乱只差一根导火索来引爆了。

唐纪三十三

唐玄宗天宝十三载至唐肃宗至德元载（公元 754—公元 756）

【起阏逢敦牂（甲午，公元 754 年），尽柔兆涒滩（丙申，公元 756 年）四月，凡二年有奇】

【大事提要】

本卷记事起公元 754 年，讫公元 756 年四月，凡两年又四个月。当唐玄宗天宝十三载至十五载四月。天宝十四载（公元 755 年）十一月初九日甲子，安禄山反叛于范阳。本卷记事写安禄山反叛前与反叛后初期的政治形势。天宝十三载（公元 754 年），安禄山入朝，求索无厌，求陇右群牧等使，掌控养马总监，立即挑选战马数千匹别养。又称所部将士征讨有功，大肆索求皇上告身，封赏所部士兵将官二千五百余人，收买人心。这些举动，昭示反形已露，唐玄宗加重恩赏以愧安禄山之心，其实是促使其速反，因反常的恩赏激发安禄山的骄侈，又增其猜疑心发展。权臣杨国忠则以交恶安禄山促其速反。这时唐玄宗与杨国忠对安禄山完全相反的态度与不当待遇双双推动安禄山速反。安禄山反叛后，因其长期蓄势，兵强马壮，挥师南下，河北、河南郡县大半陷落。官军仓促应战，封常清、高仙芝兵败东都，固守潼关，正当策略，反被冤杀，唐玄宗自毁长城，增强了贼人气焰。官军讨贼，民众响应。河北颜杲卿、颜真卿兄弟，河南张巡起义兵杀贼，鼓舞了官军士气，扭转了官军望风溃逃的局面，不断取得战斗胜利。洛阳丢失后，战局出现相持局面。

玄宗至道大圣大明孝皇帝下之下

唐玄宗天宝十三载（甲午，公元 754 年）

春季，正月初三日己亥，安禄山入朝。当时杨国忠说安禄山必定要反叛，并且对玄宗说：“陛下召他来试一试，他肯定不会来。”唐玄宗派使者召见安禄山，安禄山接到命令马上就来了。初四日庚子，在华清宫晋见玄宗，哭着说：“臣本是胡人，承蒙陛下恩宠提拔到现在的地位，因此被杨国忠所嫉恨，臣说不定哪一天就会被害死了！”玄宗很同情他，赏赐巨万，从此以后更加亲信安禄山，杨国忠的话也不再听得进去了。太子也知道安禄山必定反叛，告诉玄宗，唐玄宗不听。

正月初八日甲辰，太清宫上奏说：“学士李琪看见玄元皇帝老子坐在紫云上，告诉他国运长久昌盛。”

唐初，皇帝的诏令敕书都是由中书省和门下省中文笔好的官员撰写。乾封以后，开始召文士元万顷、范履冰等人草拟各种文辞，时常在北门等候召命，当时的人称为“北门学士”。唐中宗时，上官昭容专门负责此事。现今唐玄宗即位，开始设立翰林院，翰林院紧靠宫廷，延请有才华的文士，下至精通佛学、道教、书法、绘画、弹琴、下棋及数术的人都安置在翰林院里，称为“待诏”。刑部尚书张均以及他弟弟太常卿张垍都是翰林院供奉。唐玄宗想要加任安禄山同平章事，已命令张垍写好制书。杨国忠劝告说：“安禄山虽然立有军功，但他不认识字，怎么可以做宰相呢？制书如果颁下，恐怕周边四夷会轻视唐朝。”唐玄宗方才作罢。正月初九日乙巳，加任安禄山左仆射，赐封他的一个儿子三品官，一个儿子四品官。

正月初十日丙午，玄宗回宫。

安禄山请求兼领闲厩、群牧；正月二十四日庚申，任命安禄山为闲厩、陇右群牧等使。安禄山又请求兼任总监；正月二十六日壬戌，任命他兼知总监事。安禄山奏请让御史中丞吉温任武部侍郎，充闲厩副使，杨国忠因此厌恶吉温。安禄山秘密派遣亲信选择健壮的能够作战的好马几千匹，另外饲养。

二月初六日壬申，玄宗朝拜祭祀太清宫，上圣祖老子尊号为大圣祖高上大道金阙玄元大皇太帝。初七日癸酉，祭奠太庙，上唐高祖谥号为神尧大圣光孝皇帝，唐太宗谥号为文武大圣大广孝皇帝，唐高宗谥号为天皇大圣大弘孝皇帝，唐中宗谥号为孝和大圣大昭孝皇帝，唐睿宗谥号为玄真大圣大兴孝皇帝，这是因为汉朝各个皇帝的谥号都有孝字的缘故。初八日甲戌，群臣上唐玄宗尊号为开元天地大宝圣文神武证道孝德皇帝。赦免天下。

二月十一日丁丑，杨国忠升为司空。二月十八日甲申，唐玄宗在殿前宣读册文而委任他。

二月二十三日己丑，安禄山上奏说：“臣所统帅的将士征讨奚、契丹、九姓、同罗等，功劳很多，请求不受常规限制，超越资历加倍赏赐，好写告身交付臣军授予他们。”于是升任将军的五百多人，任中郎将的两千多人。安禄山想反叛，所以先用这种方法来收买众人的心。

三月初一日丁酉，安禄山辞别唐玄宗回范阳。玄宗脱下身上的衣服赏赐他，安禄山接受后又惊又喜。他担心杨国忠奏请玄宗留住他，飞快地跑出潼关。乘船沿着黄河向下航行，叫船夫站在岸边手拿绳板拉船。十五里轮换一班，日夜兼程，每天行走好几百里，经过郡县都不下船。从此以后凡是有人说安禄山要谋反，玄宗都把他捆起来送交法官审问。因此人们都知道安禄山将要反叛，但没有人敢说。

安禄山离开长安回范阳时，唐玄宗命令高力士在长乐坡为他饯行，等高力士回来，玄宗便问他：“安禄山满意吗？”高力士回答说：“看他心情郁郁不乐的样子，一定是知道了要任命他为宰相后又中止的缘故。”玄宗把这事告诉杨国忠，杨国忠说：“这个决议别人不知道，必定是张垍兄弟告诉他。”唐玄宗很生气，贬张均为建安太守，张垍为卢溪司马，张垍的弟弟张埱为宜春司马。

哥舒翰也替他部下的将官论功，皇帝下敕书任命陇右十将、特进、火拔州都督、燕山郡王火拔归仁为骠骑大将军，河源军使王思礼加官特进，临洮太守成如璆、讨击副使范阳人鲁炅、皋兰府都督浑惟明一起加官为云麾将军，陇右讨击副使郭英乂为左羽林将军。郭英乂，是郭知运的儿子。哥舒翰又奏请严挺之的儿子严武为节度判官，河东人吕諲为支度判官，前封丘县尉高适为掌书记，安邑人曲环为别将。

程千里俘虏了阿布思，献给朝廷，朝廷把他杀了。三月二十八日甲子，任命程千里为金吾大将军，任命封常清为北庭都护、伊西节度使。

（以上为第一段，写安禄山反状路人皆知，唐玄宗反而厚加恩宠以慰其心，实乃加速其反。）

夏季，四月二十八日癸巳，安禄山上奏进攻奚人并打败了他们，俘虏奚王李日越。

六月初一日乙丑朔，日食，太阳没有遮住的部分像钩一样。

侍御史、剑南留后李宓率领军队七万人攻打南诏。阁罗凤引诱唐军深入，到太和城，紧闭城门不与唐军交战。李宓的粮食吃完了，士卒感染瘴气瘟疫以及饿死的有十分之七八，于是就带兵撤退，蛮军从后追赶攻击唐军，李宓被俘，全军覆没。杨国忠隐瞒败情，改成胜利的消息向玄宗报告，更增调中原军队去讨伐南诏，前后战死的人近二十万人，没有人敢说明真情。唐玄宗曾对高力士说：“朕现在老了，朝廷的事务都交给宰相，边境上的事务都交给诸位将领，还有什么可忧虑的！”高力士回答说：“臣听说云南方面多次损兵折将，而且边疆将领拥有的军队太多，陛下靠什么来控制他们？臣担心一旦祸乱暴发，就再也不能挽救了，怎么能够说没有忧虑了呢？”唐玄宗说：“你不要再说了，让朕慢慢想一想。”

秋季，七月二十日癸丑，哥舒翰上奏请求在他所开辟的九曲之地设置洮阳、浇河二郡以及神策军，让临洮太守成如璆兼洮阳太守，充神策军使。

杨国忠嫉恨陈希烈，陈希烈多次上表要求辞去官位。玄宗想让武部侍郎吉温代替他，杨国忠因为吉温依附安禄山，上奏玄宗说不行。认为文部侍郎韦见素性情温顺容易控制，就推荐了韦见素。八月二十三日丙戌，任命陈希烈为太子太师，罢除政事；任命韦见素为武部尚书、同平章事。

自从去年水灾旱灾相继发生，关中出现大饥荒。杨国忠讨厌京兆尹李岘不依附自己，把灾害归咎于李岘，九月，贬李岘为长沙太守。李岘是李祎的儿子。

唐玄宗忧虑久雨伤害庄稼，杨国忠就选择好的禾苗进献给玄宗，说：“雨水虽然很多，但没有伤害庄稼。”玄宗信以为真。扶风太守房琯说他所管辖的地区发水灾，杨国忠派御史追问他。这一年，天下没有人敢说受灾的。高力士侍立在皇帝的身边，玄宗说：“阴雨不停地下，你可尽量说出你的意见。”高力士回答说：“自从陛下把大权交给宰相，赏罚没有规矩，阴阳也失去常度，臣如何敢说！”唐玄宗沉默无语。

冬季，十月二十三日乙酉，唐玄宗驾临华清宫。

十一月二十八日己未，设置内侍监二人，正三品。

河东太守兼本道采访使韦陟，是韦斌的哥哥，温文儒雅享有盛名，杨国忠害怕他入朝做宰相，派人告发韦陟贪污的事，交付御史调查审问。韦陟贿赂中丞吉温，派人向安禄山求救，又被杨国忠告发。闰十一月壬寅日，贬韦陟为桂岭县尉，吉温为澧阳长史。安禄山替吉温申冤，并且说杨国忠谗言害人。唐玄宗两边都不再过问。

十二月二十八日戊午，唐玄宗回宫。

这一年，户部奏报全国共有三百二十一个郡，一千五百三十八个县，一万六千八百二十九个乡，九百零六万九千一百五十四户，五千二百八十八万零四百八十八人。

（以上为第二段，写杨国忠隐瞒败报，隐瞒灾情，权倾人主，唐玄宗无可奈何，姑息度日。）

唐玄宗天宝十四载（乙未，公元755年）

春季，正月，苏毗王子悉诺逻离开吐蕃来投降唐朝。

二月二十二日辛亥，安禄山派副将何千年入朝上奏，请求用蕃将三十二人代替汉人将领，玄宗命令中书省马上撰发御批敕命，给予委任状。韦见素对杨国忠说：“安禄山很久以来就存有异心，现在又有这样一个请求，他谋反的意图明显了。明天见唐玄宗我要极力进谏。玄宗如果不听从，您再接着进谏。”杨国忠答应了。二月二十三日壬子，杨国忠、韦见素入朝晋见，玄宗迎着他们说：“卿等有怀疑安禄山的意思吗？”韦见素趁机极力说明安禄山谋反已有形迹，他的请求不能准许，玄宗听了不高兴，杨国忠迟疑不敢说，玄宗竟然准许了安禄山的请求。过了几天，杨国忠、韦见素对玄宗说：“臣有计策可以坐着不动声色地消除安禄山的阴谋。现在如果任命安禄山为平章事，召他回朝，让贾循为范阳节度使，吕知诲为平卢节度使，杨光翙为河东节度使，那么他势力就自动分解了。”唐玄宗听从了这个意见。已经写好制书，玄宗留下没有发出，又派遣宫中使者辅璆琳带珍奇的水果去赏赐安禄山，暗中观察他的变化。辅璆琳接受安禄山很多贿赂，回来后，竭力说安禄山尽忠报国，没有二心。唐玄宗对杨国忠等人说：“安禄山，朕推心置腹地对待他，他一定不会有异心。东北两边的敌人，依靠他来镇守遏制。朕保证他不反，卿等不必忧虑了！”事情因此搁下来了。贾循是华原人，这时任节度副使。

陇右、河西节度使哥舒翰入朝，在路上得了风寒病，于是留在京师，待在家里不出来。

三月二十二日辛巳，命令给事中裴士淹宣谕安抚河北。

（以上为第三段，写宦官辅璆琳察安禄山反状，璆琳受贿误国。）

夏季，四月，安禄山奏说攻破奚、契丹。

四月初四日癸巳，封苏毗王子悉诺逻为怀义王，赐他姓名为李忠信。

安禄山回到范阳，朝廷每次派遣使者到了，他都称病不出来迎接，而且大规模地陈列武器装备，然后再接见使者。裴士淹到了范阳，二十多天后才得以接见，不再有人臣的礼节。杨国忠日日夜夜地寻求安禄山造反的罪状，派京兆尹包围了他的宅第，逮捕了安禄山的门客李超等人，送进御史台监狱，暗地里杀了他们。安禄山的儿子安庆宗娶宗室女荣义郡主，在京师供职，将情况秘密报告安禄山，安禄山更加害怕。六月，唐玄宗因儿子要成婚，亲手写诏书命安禄山回朝观看婚礼，安禄山以生病推辞下来。秋季，七月，安禄山上表请求献马三千匹，每匹马配马夫两人，派遣蕃将二十二人分部送来。河南尹达奚珣怀疑有变故，奏请玄宗“晓谕安禄山进献车马应等到冬天，政府自己配给马夫，不必麻烦他的军队”。于是玄宗稍稍有所醒悟，开始有怀疑安禄山的心思。碰上辅璆琳接受贿赂的事情也泄露出来，玄宗便借其他的罪过把他打死。玄宗派宫中使者冯神威带着他亲手写的诏书去晓谕安禄山，按照达奚珣的计策；并且还说：“朕新近为卿做了一个温泉池，十月份在华清宫等待卿。”冯神威到范阳宣读圣旨，安禄山蹲坐在床上微微地起了一下身，也不跪拜，说：“圣上还好吧。”又说：“马不进献也可以，十月份一定进京师。”随即便命令左右的人带走冯神威安置在驿馆里，再也不见他；过了好几天，遣他回朝，也没有谢恩的表文。冯神威回来后，见了唐玄宗哭着说：“臣差一点就再也见不到陛下了！”

八月初四日辛卯，玄宗免除今年老百姓的租、庸赋税。

冬季，十月初四日庚申，唐玄宗驾临华清宫。

安禄山一个人控制着范阳、平卢、河东三道，暗藏异心，将近十年。因玄宗待他优厚，想等玄宗死后再造反。碰上杨国忠与安禄山关系不好，多次说安禄山将要反叛，唐玄宗不听信；杨国忠屡次用事情来激化，想要他尽快反叛以便自己能获取玄宗的信任。安禄山因此决定尽快反叛，他单独和孔目官、太仆丞严庄，掌书记、屯田员外郎高尚，将军阿史那承庆秘密谋划，其他的将领和佐官都不知道这件事，只是对自从八月份以来，经常宴飨士兵、秣马厉兵感到奇怪而已。适逢有向玄宗奏报事情的官员从京师回来，安禄山就假造玄宗的敕书，召集所有的将军，向他们出示诏书说：“玄宗有密旨，命令我们带领部队入朝讨伐杨国忠，诸位将军应当马上从军出征。”众人大吃一惊，你看我我看你，没有一个人敢表示不同的意思。十一月初九日甲子，安禄山发动他所统率的部队以及同罗、奚、契丹、室韦等共十五万人，号称二十万，在范阳反叛。他命令范阳节度副使贾循留守范阳，平卢节度副使吕知诲留守平卢，别将高秀岩留守大同，其余诸将都带兵连夜出发。

（以上为第四段，写杨国忠激使安禄山速反。）

第二天早晨，安禄山到蓟城南，隆重地阅兵誓师，以征讨杨国忠为名，出榜告示军中说："有异议煽动军心的，诛灭三族！"于是带兵向南进发。安禄山乘坐铁车，步兵骑兵非常精锐，路上的烟尘飞扬千里，鼓声喧哗声震天动地。当时天下长期太平，老百姓好几代都没有经过战争，突然听说范阳起兵叛乱，远近都大为震惊。河北是安禄山管辖的地区，他所经过的州、县，都望风瓦解，城中的太守、县令有的打开城门出来欢迎，有的放弃城池逃窜躲藏，有的被活捉杀戮，没有人敢抵抗他。安禄山先派遣将军何千年、高邈带领奚族骑兵二十人，声称进献射生手，乘驿车到太原。十一月初十日乙丑，北京副留守杨光翙出城迎接，因此就把他劫持而去。太原把实情向朝廷报告。东受降城也上奏说安禄山反叛。玄宗还以为是讨厌安禄山的人假造的谣言，不愿相信这事。

十一月十五日庚午，唐玄宗听说安禄山确实反叛，才召集宰相商议对策。杨国忠露出得意扬扬的神色，说："现在造反的只有安禄山一个人，将领和士兵都不想造反。不过十天，必定把安禄山的头颅传送到长安来。"唐玄宗信以为真，大臣们面面相觑大惊失色。玄宗派遣特进毕思琛到东京，金吾将军程千里到河东，各自选募几万人，各随方便武装组织地方丁壮以抵抗叛军。十一月十六日辛未，安西节度使封常清入朝，玄宗问他讨伐叛贼的方法和谋略，封常清夸口说："当今承平很久，所以人们看见叛贼的风尘就害怕他们。然而事情有逆境顺境，形势有奇异变化，臣请求骑马飞奔东京，打开府库，招募骁勇善战的人，挥舞马鞭直渡黄河，用不了几天就可以取叛逆胡贼的首级进献朝廷！"唐玄宗很高兴。十一月十七日壬申，任命封常清为范阳、平卢节度使。封常清当天就乘坐驿马到东京招募士兵，十天时间，就募得六万人；于是砍断河阳桥，作为防守抵御的准备。

（以上为第五段，写安禄山反叛，封常清受命东都设防。）

十一月十九日甲戌，安禄山到达博陵南，何千年等人捆绑杨光翙来见安禄山，安禄山指责杨光翙依附杨国忠，把他斩首示众。安禄山派他的部将安忠志率领精兵驻扎在土门。安忠志，是奚族人，安禄山抚养为干儿子；又让张献诚代理博陵太守，张献诚，是张守珪的儿子。

安禄山到达藁城，常山太守颜杲卿无力抵抗，和长史袁履谦前往迎接叛军。安禄山就赏赐颜杲卿金鱼袋和紫衣，把他的儿子兄弟作为人质，让他仍旧做常山太守；

又派他的部将李钦凑率领部队几千人守卫井陉口，以防备从西边来征讨的各路兵马。颜杲卿返回，在路上指着身上穿戴的衣物对袁履谦说："穿戴这种衣物干什么？"袁履谦明白他的意思，于是就暗中和颜杲卿一起谋划起兵讨伐安禄山。颜杲卿，是颜思鲁的玄孙。

十一月二十一日丙子，玄宗回宫。杀了太仆卿安庆宗，赐荣义郡主自杀。任命朔方节度使安思顺为户部尚书，安思顺的弟弟安元贞为太仆卿。任命朔方右厢兵马使、九原太守郭子仪为朔方节度使，右羽林大将军王承业为太原尹。设置河南节度使，管辖陈留等十三郡，让卫尉卿猗氏人张介然担任河南节度使。让程千里担任潞州长史。首当贼军冲击的各郡，开始设置防御使。

十一月二十二日丁丑，任命荣王李琬为元帅，右金吾大将军高仙芝为副元帅，统率各军东征。拿出内府的钱财布帛，在京师招募士兵十一万人，号称天武军，十来天就集中起来，都是些市井子弟。

十二月初一日丙戌，高仙芝率领飞骑、彍骑以及新募兵、边兵留在京师的共五万人，从长安出发。唐玄宗派遣宦官监门将军边令诚监督他的军队，驻扎在陕郡。

十二月初二日丁亥，安禄山从灵昌渡过黄河，用粗大的绳索把破旧的船只和草木连接起来横渡河流，只一个晚上的时间，冰冻住船只草木就像浮桥一样，因此就攻陷了灵昌郡。安禄山的步兵骑兵散漫混乱，人们不知道他究竟有多少兵马，凡是他的军队所经过的地方都遭到残杀毁灭。张介然到陈留才几天，安禄山就到了，他派兵登城，众人十分恐惧，不能防守。十二月初五日庚寅，太守郭纳献城投降。安禄山进入城北，听说安庆宗的死讯，痛哭说："我有什么罪过，竟杀了我的儿子！"当时陈留将士投降的站在道路两旁将近一万人，安禄山把他们都杀死了以泄其忿恨；在军门前把张介然斩首。任命他的部将李庭望为节度使，留守陈留。

（以上为第六段，写安禄山叛军南下河北，如入无人之境，河北郡县皆下。高仙芝奉命东征。）

十二月初七日壬辰，玄宗下制书想要亲自征讨安禄山，所有朔方、河西、陇右士兵除留守城堡的外，都赶赴出征的军营，命令各节度使亲自率领；限期二十天全部会集。

当初，平原太守颜真卿知道安禄山将要反叛，趁连日阴雨的机会，修缮城墙，深挖壕沟，计算壮丁的数目，充实粮仓；安禄山因他是一介书生，所以轻视他。等到安禄山反叛，行文颜真卿让他用平原、博平的士兵七千人防守黄河的渡口，颜真卿派遣平原司兵李平抄小路奏报唐玄宗。唐玄宗开始听说安禄山反叛，河北各郡县都望风披靡，感叹道："二十四个郡，就没有一个人是义士吗！"等到李平来，唐玄宗大喜说："朕不知道颜真卿长得何模样，竟能如此！"颜真卿派遣亲信门客暗中怀着悬赏捉拿反贼的文书到各郡去，因此各郡有很多响应的人。颜真卿是颜杲卿的堂弟。

安禄山带兵向荥阳进发，太守崔无诐抵抗；叛军士兵登城的，听到战鼓号角声，像下雨一样自己掉下来。十二月初八日癸巳，安禄山攻陷荥阳，杀了崔无诐，让他的部将武令珣守卫荥阳。安禄山的声势更加嚣张，派他的部将田承嗣、安忠志、张孝忠为前锋。封常清所招募的士兵都是平民百姓，没有经过军事训练，驻扎在武牢以抵抗叛贼；叛贼用铁骑践踏他们，官军大败。封常清收拾剩余的部众，在葵园交战，又失败了；在洛阳上东门内交战，又战败了。十二月十二日丁酉，安禄山攻陷东京洛阳，反贼击鼓喧闹从四方的城门进入，安禄山放纵士兵杀人抢劫。封常清在都亭驿作战，又战败了；退守宣仁门，又失败了。于是就从宫苑西边的坏墙向西逃走。

河南尹达奚珣投降了安禄山。留守李憕对御史中丞卢奕说："我辈担负国家的重任，虽然明知力量敌不过叛贼，一定要以死报效国家！"卢奕答应了。李憕收拾残兵几百人，想要作战，残兵都抛弃李憕溃散逃走；李憕一个人坐在留守府中。卢奕先派妻子怀着官印抄小道跑回长安，自己穿着朝服坐在御史台中，左右的人都已散去。安禄山在闲厩驻扎，派人捉住李憕、卢奕以及采访判官蒋清，把他们都杀了。卢奕大骂安禄山，数落他的罪状，环顾贼党说："大凡做人应当知道叛逆和正道，我死了不失做人臣的节操，又有什么遗憾呢？"李憕是文水县人，卢奕是卢怀慎的儿子，蒋清是蒋钦绪的儿子。安禄山让他的党羽张万顷做河南尹。

封常清带领残兵到达陕郡，陕郡太守窦廷芝已逃奔河东，官吏百姓都已散去。封常清对高仙芝说："我连日浴血奋战，叛贼锋芒不可抵挡。而且潼关没有军队，如果叛贼突进关内，那么长安就很危险了。陕郡不可固守，不如带兵先占据潼关以抵抗叛贼。"高仙芝就率领现有的士兵向西赶到潼关。叛贼不久就到了，官军狼狈逃跑，队伍七零八落，士兵战马互相践踏，死了很多人。到潼关后，修筑好了防御工事，叛贼到后，不能入关而退去。安禄山派他的部将崔乾祐驻守陕郡，临汝、弘农、济阴、濮阳、云中郡都投降了安禄山。这时，朝廷向各道征兵，都还没有到，关中十分恐惧。适逢安禄山正谋划称帝，停留在东京没有前进，所以朝廷得以有时间做准备，部队也渐渐汇集起来。

（以上为第七段，写封常清、高仙芝集败兵守潼关。）

安禄山让张通儒的弟弟张通晤做睢阳太守，与陈留长史杨朝宗率领胡族骑兵一千多人向东扩展，各郡县的官吏大都望风而降或逃走，只有东平太守嗣吴王李祗、济南太守李随起兵抵抗。李祗是李祎的弟弟。各郡县不愿意投降敌贼的人，都依靠吴王为领袖。单父县贾贲带领官吏平民向南进攻睢阳，杀了张通晤。李庭望想带兵向东攻占地盘，听到这个消息后，不敢进攻而退回去了。

十二月十五日庚子，唐玄宗任命永王李璘为山南节度使，江陵长史源洧为副节度使；颍王李璬为剑南节度使，蜀郡长史崔圆为副节度使。永王和颍王都不离开宫殿。源洧，是源光裕的儿子。

唐玄宗计划亲自出征，十二月十六日辛丑，下制书让太子留守代管国事。玄宗对宰相说："朕在位将近五十年，对于国事的忧虑勤劳已感到厌倦，去年秋天已想传位给太子；正碰上水灾旱灾相继发生，不想让余灾遗累子孙，所以久留在位上想等年成稍稍丰足后再传位。没想到叛逆胡贼突然反叛，朕应当亲自出征，将让太子留守代管国事，乱事平定之时，朕将无忧无虑清静无为了。"杨国忠非常恐慌，退朝后对韩国、虢国、秦国三位夫人说："太子平时就讨厌我们杨家专横太久了，如果太子一旦得到天下，我与姐妹们都命在旦夕呀！"互相聚在一起痛哭。杨国忠叫三位夫人游说贵妃，让她口中含土向玄宗请命阻止，事情因此作罢。

颜真卿招募勇士，十来天就招到一万多人，向他们晓以大义起兵讨伐安禄山，说完就悲痛地哭泣起来，士兵们都大受感动群情激愤。安禄山派他的党羽段子光带着李憕、卢奕、蒋清的首级到河北各郡示众，到达平原。十二月十七日壬寅，颜真卿捉住段子光，腰斩示众；取回李憕等三人的头，用蒲草做成身子和头连起来，用棺材收敛安葬他们，祭奠哭泣并接受人们哀悼。安禄山派海运使刘道玄代理景城太守，清池县尉贾载、盐山县尉河内人穆宁一同杀了刘道玄，得到他的盔甲兵器五十多船；携带道玄的首级拜谒长史李暐，李暐逮捕严庄的宗人族人，把他们全都杀死。这一天，把道玄的头送到平原。颜真卿召集贾载、穆宁以及清河县尉张澹到平原来商议事情。饶阳太守卢全诚占据郡诚不接受安禄山派来取代他的人；河间司法李奂杀了安禄山所任命的长史王怀忠；李随派遣游弈将訾嗣贤渡过黄河，杀了安禄山所任命的博平太守马冀，各有部众数千人或一万人，共同推举颜真卿为盟主，军事方面的事情都向他禀告。安禄山派张献诚带领上谷、博陵、常山、赵郡、文安五郡的团结兵一万人包围饶阳。

（以上为第八段，写颜真卿起兵河北抗击安禄山。）

高仙芝东征时，监军边令诚多次因事提出意见，高仙芝大都不听从。边令诚入朝向玄宗奏报事情，详细叙说高仙芝、封常清战败的情形，并且还说："封常清用乱贼来动摇部众的军心，而高仙芝则放弃陕郡几百里的地方，又盗窃扣减军士们的粮食赏赐。"唐玄宗非常生气，十二月十八日癸卯，派遣边令诚带着敕书到军中斩杀高仙芝和封常清。当初，封常清战败，三次派使者奉表文陈述叛贼形势，唐玄宗都不接见。封常清就亲自奔往京城，走到渭南，玄宗下敕书削去他的官职爵位，命令他回到高仙芝的军中，以平民的身份效力。封常清写遗表说："臣死了以后，希望陛下不要轻视这个叛贼，不要忘记臣所说的话！”当时朝廷的议论都认为安禄山狂妄悖逆，用不了几天就会被斩首，所以封常清才向玄宗这样说。边令诚到达潼关，先叫来封常清，向他宣读玄宗的敕书，封常清把遗表托付边令诚转呈玄宗。封常清被杀后，尸体放在苇草编的粗席子里。高仙芝回来，到办公处，边令诚找来陌刀手一百多人跟随自己，于是对高仙芝说：“大夫也有皇上的恩命”。高仙芝马上跪下，边令诚宣读玄宗的敕书。高仙芝说：“我碰上敌人而后退，死是应该的。今天对着头顶的苍天和脚踏的大地发誓，说我盗窃扣减军士的粮食赏赐那是冤枉啊。”当时士兵们都在面前，大声呼喊冤枉，声音震天动地，但边令诚还是把高仙芝杀了。任命将军李承光带领他的部众。

河西、陇右节度使哥舒翰因病在家休养，唐玄宗想借重他的威望和名声，而且他平素就与安禄山不和。玄宗召见哥舒翰，授予他兵马副元帅，率领部队八万人去讨伐安禄山；于是下敕书命令天下四面进兵，共同进攻洛阳。哥舒翰因为有病再三辞谢，唐玄宗不允许，任命田良丘为御史中丞，充行军司马，起居郎萧昕为判官，蕃将火拔归仁等人各自带领本部落随从出征，加上高仙芝原有的士兵，号称二十万，驻扎在潼关。哥舒翰因为有病，不能管理事务，把军政事务全部委托给田良丘；田良丘又不敢独自决断，让王思礼主管骑兵，李承光主管步兵，这两个人互相争夺指挥权，部队无法统一。哥舒翰用兵严厉而不体恤部下，士兵都懈怠松散，没有斗志。

安禄山的大同军使高秀岩侵犯振武军，朔方节度使郭子仪打败了他，郭子仪乘胜攻克了静边军。大同兵马使薛忠义侵犯静边军，郭子仪派左兵马使李光弼、右兵马使高濬、左武锋使仆固怀恩、右武锋使浑释之等迎头反击，把敌人打得大败，坑杀了敌人骑兵七千人。进一步围攻云中，派别将公孙琼岩带领两千骑兵攻打马邑，攻克了它，打下东陉关。十二月十九日甲辰，加任郭子仪为御史大夫。仆固怀恩，是哥滥拔延的曾孙，世代做金微都督。浑释之，是浑部酋长，世代做皋兰都督。

（以上为第九段，写封常清、高仙芝被冤杀。陇右节度使哥舒翰受命守潼关。）

颜杲卿将要起兵，参军冯虔、前真定县令贾深、藁城县尉崔安石、郡人翟万德、内丘县丞张通幽都参与谋划；又派人告诉太原尹王承业，暗中与他相呼应。适逢颜真卿从平原派颜杲卿的外甥卢逖悄悄跑来告诉颜杲卿，想联合两地兵马切断安禄山的退路，以延缓他向西进攻的计谋。当时安禄山派他的金吾将军高邈到幽州征兵，没有回，颜杲卿假借安禄山的命令召来李钦凑，派他带领部众到郡里接受犒劳赏赐。十二月二十一日丙午，傍晚，李钦凑到了，颜杲卿派袁履谦、冯虔等人携带好酒美食妓女乐队前往慰劳他，连同他的党羽都喝得大醉，于是砍下李钦凑的头，收缴他的盔甲兵器，把他的党羽全部捆绑起来，第二天，把他们都杀了，全部遣散驻守井陉口的士兵。不久，高邈从幽州回来，将要到藁城，颜杲卿派冯虔前往活捉他。南部边境又告知何千年从东京来，崔安石和翟万德飞骑到醴泉去迎何千年，又活捉了他，当天送到郡下。何千年对颜杲卿说："今天太守想要尽力于王室，头开得很好，应当有始有终。这个郡里应募的士卒都是乌合之众，难以临阵抗敌，最好深挖沟高筑垒，不要与敌人争锋。等到朔方大军到达，合力一起进攻，传送檄文到赵、魏，拦腰截断燕、蓟。现在暂且应声称说：'李光弼带领步兵骑兵一万人已经出了井陉口'；趁机派人劝说张献诚说：'足下所带领的大多是团练民兵，没有坚固的盔甲锐利的兵器，难以抵挡山西的强大兵力'，张献诚必定解除包围而逃走。这也是一个奇计。"颜杲卿很高兴，采用了他的计策，张献诚果然逃走了，他的团练民兵都溃散了。颜杲卿于是派人进入饶阳城，慰劳将士。命令崔安石等人向各郡宣示说："大军已经攻下井陉口，早晚就要来到，先平定河北各郡。先归顺的有赏，后来的诛灭！"于是河北各郡都响应，共有十七个郡归顺朝廷，士兵合计共有二十多万人。仍然依附安禄山的郡，只有范阳、卢龙、密云、渔阳、汲、邺六个郡而已。

颜杲卿又秘密派人进入范阳去招降贾循，郏城人马燧劝贾循说："安禄山辜负皇恩发动叛变，虽然得到洛阳，终究是要灭亡的。您如果诛杀那些不听从命令的将军，让范阳归顺国家，倾覆安禄山的根本，这就世上少有的功劳。"贾循同意他的说法，但犹豫不决没有及时行动。别将牛润容知道此事，报告了安禄山，安禄山派他的党羽韩朝阳去召见贾循。韩朝阳到了范阳，引贾循到没有人的地方说话，派壮士用绳子勒死他，夷灭他的家族，让别将牛廷玠主管范阳的军事。史思明、李立节率领蕃族、汉族步兵骑兵一万人进攻博陵、常山。马燧逃进西山，隐士徐遇把他藏起来，得以免死。

当初，安禄山想亲自带兵攻打潼关，到达新安，听说河北有变故就退回来了。蔡希德带兵一万人从河内向北进攻常山。

十二月二十三日戊申，荣王李琬去世，赠谥号靖恭太子。

这一年，吐蕃赞普乞梨苏笼猎赞死，儿子娑悉笼猎赞即位。

（以上为第十段，写颜杲卿起兵河北讨贼。）

肃宗文明武德大圣大宣孝皇帝上之上

唐肃宗至德元载（丙申，公元 756 年）

春季，正月初一日乙卯朔，安禄山自称为"大燕皇帝"，改年号为圣武，任命达奚珣为侍中，张通儒为中书令。高尚、严庄为中书侍郎。

李随到达睢阳，有部众好几万人。正月初二日丙辰，任命李随为河南节度使，任命前高要县尉许远为睢阳太守兼防御使。濮阳宾客尚衡起兵讨伐安禄山，让本郡人王栖曜做衙前总管，攻克济阴，杀了安禄山的部将邢超然。

颜杲卿派他的儿子颜泉明、贾深、翟万德把李钦凑的首级以及何千年、高邈进献给京师。张通幽哭着请求说："我的哥哥陷于贼党，请求和颜泉明一同进京，以挽救我的宗族。"颜杲卿可怜他便同意了。到达太原，张通幽想要依附于王承业，就叫王承业留下颜泉明等人，改写表文，把这些功劳多归于自己，诽谤颜杲卿，另外派使者进献朝廷。颜杲卿起兵才八天，防守设备都没有完善，史思明、蔡希德就带兵杀到城下了。颜杲卿向王承业告急，王承业已经窃取了他的功劳，认为常山城被攻陷对自己有利，于是拥兵不去援救。颜杲卿日夜抵抗战斗，粮食吃光了箭射完了。正月初八日壬戌，常山城陷落。叛贼放纵士兵杀了一万多人，把颜杲卿和袁履谦等人捆绑送往洛阳。王承业的使者到达京师，玄宗非常高兴，任命王承业为羽林大将军，部下接受官爵的数以百计。征召颜杲卿为卫尉卿。朝廷的命令还没有到，常山就已经陷落了。

颜杲卿被押送洛阳，安禄山数落他说："你在范阳户曹的位上，我奏请皇上任命你为判官，不到几年时间就提升为太守，有什么亏待你的而你却背叛我？"颜杲卿怒目大骂说："你本是营州放羊的羯族奴隶，天子提拔你为三道的节度使，恩惠宠幸无比，有什么亏待你的而你却反叛呢？我家世代都是唐朝的臣子，俸禄和官位都是唐朝给的，虽然经过你的奏请，怎么能跟随你反叛呢？我替国家讨伐叛贼，恨不得杀了你，怎么能说反叛你呢？你这腥臊的羯狗，为什么还不赶快杀了我？"安禄山大为恼怒，把颜杲卿和袁履谦等人一起绑在中桥的柱子上剐死。颜杲卿、袁履谦临死前，还不停地痛骂。颜氏一家被处死的有三十多人。

（以上为第十一段，写颜杲卿兵败，从容就义。）

史思明、李立节、蔡希德攻克常山后，又带兵攻打各郡中不服从的，所到之处残杀毁灭，于是邺、广平、巨鹿、赵、上谷、博陵、文安、魏、信都等郡又被叛贼占据。只有饶阳太守卢全诚不服从，史思明等围攻他。河间司法李奂带领七千人、景城长史李暐派遣他的儿子李祀带领八千人前来援救，都被史思明所击败。

唐玄宗命令郭子仪停止围攻云中，回到朔方，增加兵力去进攻东京；选一个优秀将领分一部分兵先出井陉口，平定河北。郭子仪推荐李光弼，正月初九日癸亥，任命李光弼为河东节度使，分朔方兵马一万人给他。

正月初十日甲子，加任哥舒翰为左仆射、同平章事，其余的官职照旧。

设置南阳节度使，任命南阳太守鲁炅为南阳节度使，率领岭南、黔中、襄阳等郡的子弟兵马五万人驻扎在叶县北部，以防备安禄山。鲁炅上表奏请薛愿为颍川太守兼防御使，庞坚为副使。薛愿是已故太子李瑛妃子的哥哥，庞坚是庞玉的曾孙。

正月十一日乙丑，安禄山派他的儿子安庆绪进犯潼关，哥舒翰击退了他。

正月十五日己巳，加任颜真卿为户部侍郎兼本郡防御使，颜真卿让李暐为副使。

二月初二日丙戌，加任李光弼为魏郡太守、河北道采访使。

史思明等人围攻饶阳二十九天，攻不下来，李光弼率领蕃、汉步兵骑兵一万多人、太原弓弩手三千人出井陉口。二月十五日己亥，到达常山，常山的团练兵三千人杀死胡兵，活捉安思义出来投降。李光弼对安思义说："你自己知道该死吗？"安思义不回答。李光弼说："你久经沙场，你看我这些队伍，能不能抵挡史思明？现在你替我计划应当如何迎战？你的计策如果可取，将不杀你。"安思义说："大夫的兵马远道而来疲惫不堪，突然遇到强大的敌手，恐怕不容易抵挡。还不如把军队移到城里，早作防备，事先衡量胜负，然后再出兵。胡人的兵马虽然很精锐，但不谨慎稳重，如果不能获胜，他们的士气就会低落人心就会离散，到那时候便可以攻打他们了。史思明现在饶阳，离这里不到两百里。昨天傍晚征调军队的紧急文书已经送去，估计他的先锋明天早晨必定会来到，而大军随后就会来到，不可不小心谨慎。"李光弼很高兴，给他松绑，马上把军队转移到城里。史思明听说常山失守，立刻解除对饶阳的包围；第二天天还没有亮，先头部队已经到达常山，史思明等人随后也到达了，一共有两万多骑兵，直接开到城下。李光弼派遣步兵五千人从东门出来迎战，贼兵坚守城门不往后退。李光弼命令五百个弓箭手从城上一齐发箭射向敌人，敌贼渐渐后退；又派出弓箭手一千人分为四队，叫他们不停地射箭，贼兵不能抵挡，收兵退到道北。李光弼派出士兵五千人手持长枪宛如城墙站在道南，夹着呼沱水而布阵；贼兵多次用骑兵来拼搏战斗，李光弼的士兵用箭射他们，人马中箭的有一大半，于是贼兵后退，稍作休息以等待步兵。有村民来报告敌贼步兵五千人从饶阳赶来，昼夜行走一百七十里，到九门县南边的逢壁，估计现在正在休息。李光弼派步兵骑兵各两千人，偃旗息鼓，挨着水边悄悄地行进，到达逢壁，敌贼刚刚在吃饭，李光弼纵兵突然攻击，把贼兵杀得一个不剩。史思明听说后，知道大势已去，就退回九门县。当时常山郡管九个县，其中七个县归顺政府军，只有九门县、藁城县被敌贼占据。李光弼派副将张奉璋带士兵五百人戍守石邑县；其余各县都用三百人戍守。

（以上为第十二段，写河东节度使李光弼光复常山，解饶阳之围，大败史思明。）

唐玄宗任命吴王李祗为灵昌太守、河南都知兵马使。贾贲前至雍丘，有部众两千人。在这以前谯郡太守杨万石带着全郡投降了安禄山，逼迫真源县令河东人张巡担任长史，向西迎接叛贼。张巡到真源，率领官吏和百姓在玄元皇帝庙里哭祭，起兵讨伐叛贼，官吏和百姓乐于跟从的有好几千人；张巡选择精兵一千人向西到雍丘，与贾贲会合。

当初，雍丘县令令狐潮带领全县投降叛贼，叛贼让他做了将领，派他向东到襄邑去攻打淮阳的救兵，打败了救兵，俘虏了一百多人，拘押在雍丘，准备杀死他们，去拜见李庭望。淮阳的士兵就杀死看守的人，令狐潮抛弃妻子儿女逃跑了，所以贾贲能够趁这个间隙进入雍丘。二月十六日庚子，令狐潮带领叛贼精兵攻打雍丘，贾贲出来迎战，战败而死。张巡奋力作战打退敌贼，因而兼领贾贲的部众，自称是吴王先锋使。

三月初二日乙卯，令狐潮又与敌贼将领李怀仙、杨朝宗、谢元同等四万多人突然来到城下。众人很害怕，没有坚守的意志。张巡说："贼兵精锐，有轻视我军的心理。今天我们出其不意地去进攻他们，他们一定惊慌溃散。贼兵的气势受到一些挫折，然后这座城才可以防守住。"于是便派一千人登上城墙；自己率领一千人，分成好几队，打开城门突然出击。张巡身先士卒，直接冲向敌人的营阵，人马惊退，叛贼于是向后撤。第二天，又来攻城，在城四周架设了一百座炮，城楼女墙都被毁坏；张巡在城上树立木栅栏来抵抗敌人。贼兵像蚂蚁一样贴着城墙向上爬，张巡捆起草把，浇灌油脂，点烧后投向敌人，贼兵不能登上城墙。张巡还不时观察敌人的空隙，出兵攻打他们。有时夜晚把人系在绳子上从城上放下去砍杀敌营。一连六十多天，大小三百多次战斗，将士们穿戴着盔甲吃饭，包扎着伤口继续战斗，贼兵因此败退撤走。张巡乘胜追击贼兵，俘虏胡兵两千人回来，军队的声势大振。

（以上为第十三段，写河南真源令张巡败贼于雍丘。）

当初，户部尚书安思顺知道安禄山要反叛的阴谋，因此入朝奏报玄宗。等到安禄山反叛时，玄宗因安思顺事先奏报，便不治他的罪。哥舒翰平素就与安思顺有矛盾，派人伪造安禄山写给安思顺的书信，在潼关的关门口擒获进献给朝廷，而且历数安思顺的七条罪状，请求朝廷杀了他。三月初三日丙辰，安思顺和他的弟弟太仆卿安元贞都因此罪而被杀，家属流放到五岭以南的地区。杨国忠不能救他们，从此开始畏惧哥舒翰。

郭子仪到达朔方，增选精兵，三月初五日戊午，进军到代州。

三月十五日戊辰，吴王李祗攻打谢元同，把他赶跑。吴王李祗被拜为陈留太守、河南节度使。

三月二十九日壬午，任命河东节度使李光弼为范阳长史、河北节度使。加任颜真卿为河北采访使。颜真卿让张澹做支使。

先前，清河客李萼，年龄二十多岁，替郡人向颜真卿借兵，说："公率先倡导大义，河北各郡都把您当作长城一样来依靠。现在，清河是您的西边邻居，国家平时把江、淮、河南的钱财布帛聚集在此地以供给北方的军队，称作'天下北库'；今天还有布三百多万匹，帛八十多万匹，钱三十多万缗，粮食三十多万斛。昔日征讨默啜，盔甲兵器都贮存在清河的仓库里，现在还有五十多万件。清河郡有七万户人家，十多万人口。我私下计算财帛足以是平原郡的三倍，兵力足以是平原郡的一倍。您如诚心借给士卒，安抚人民而统有财富，以这两个郡为腹心，其余的各郡好像四肢一样，没有什么不能随意指挥了。”颜真卿说：“平原郡的士兵新近才集合起来，还没有训练，自保恐怕都不够，哪有多余的顾及邻近郡？尽管如此，假如同意你的请求，那么你将如何行动呢？”李萼说：“清河郡的人派我受命于您，并不是力量不够才来借您的军队去试探敌寇，不过是想观察大贤的高义罢了。今天我瞻仰高义，没有决定的言辞和表情，我怎么还敢贸然谈论如何行动呢？”颜真卿很赏识他，想把军队借给他。众人认为李萼年少轻敌，白白地分散兵力，必定一事无成，颜真卿不得已而辞谢了他。李萼回到旅馆，又写书信劝说颜真卿，认为：“清河郡脱离叛贼归顺朝廷，奉献米粮布帛兵器来资助军用，您却不接受而加以怀疑。我回去以后，清河不能孤立，必有所依托，清河将成为您西面的强敌，您能不后悔吗？”颜真卿大吃一惊，连忙赶到他住的客馆，拿六千士兵借给他。送他到边境，握着他的手分别。颜真卿问道：“借给你的士兵已经出发了，可以谈谈你准备如何办吗？”李萼说：“听说朝廷派遣程千里率领精兵十万人出崞口讨伐叛贼，叛贼占据险要抵抗他，他不能前进。现在应当带兵先去攻打魏郡，抓住安禄山所任命的太守袁知泰，接回原任太守司马垂，让他做西南面的主人。分兵打崞口，使程千里的部队得以出来，趁机讨伐汲郡、邺郡以北直到幽州各个尚未攻下的郡县。平原郡、清河郡率领各同盟军，会合十万兵马，南到孟津，分兵沿着黄河，占据防守要害地方，控制他们往北走的道路。统计官军向东讨伐的不下二十万人，河南义兵向西讨伐的也不少于十万人。您只要上表朝廷坚守壁垒不与叛贼交战，不超过一个多月，叛贼内部一定会发生溃散而互相谋害的变化。”颜真卿说：“好！”命令录事参军李择交以及平原县令范冬馥率领他们的兵马，会同清河郡的部队四千人以及博平郡的部队一千人驻扎在堂邑县的西南边。袁知泰派遣他的将领白嗣恭等人率领二万多人来迎战，三郡的士兵和他们拼命战斗了一整天，魏郡的部队被打得大败，斩首一万多，俘虏一千多人，获得战马一千匹以及很多的军事物品。袁知泰逃到汲郡，于是攻克了魏郡，政府军的声威大震。

（以上为第十四段，写平原、清河两郡合兵，大破贼兵。）

当时北海太守贺兰进明也起兵，颜真卿写信请他合力讨伐叛贼。贺兰进明率领步兵骑兵五千人渡过黄河，颜真卿陈列大军迎接他，相互作揖，在马上痛哭，悲哀的情绪感动全军。贺兰进明驻扎在平原城南，休养士兵和战马，颜真卿每当有事便去向他征求意见，因此军权便渐渐转移到贺兰进明那里，颜真卿也不介意。颜真卿把堂邑之战的功劳让给贺兰进明，贺兰进明向玄宗奏报战况，任意取舍。玄宗敕命加任贺兰进明为河北招讨使，李择交、范冬馥仅稍微晋升资格和官阶，清河郡、博平郡有功劳的人都没有叙录。贺兰进明攻打信都郡，打了很久，也攻不下来。录事参军长安人第五琦建议贺兰进明多用金银财帛招募勇士，于是才攻下信都郡。

李光弼与史思明相互僵持了四十多天，史思明断绝了常山的运粮道路。城中缺乏喂马的草料，马都吃草垫子。李光弼派五百辆车子到石邑去取草，拉车的人都穿着铠甲，弓箭手一千人护卫车辆，排成方阵行走，贼兵不能夺取。蔡希德带兵攻打石邑，张奉璋抵抗并打退了他。李光弼派使者向郭子仪告急，郭子仪率兵从井陉出兵，夏季，四月初九日壬辰，到达常山，与李光弼会合，蕃、汉步兵骑兵共有十多万人。四月十一日甲午，郭子仪、李光弼与史思明等人在九门城南大战，史思明大败。中郎将浑瑊射中李立节，把他杀死。浑瑊，是浑释之的儿子。史思明收拾残兵逃往赵郡，蔡希德逃往巨鹿。史思明从赵郡到博陵，此时博陵已投降政府军，史思明把郡里的官吏都杀了。河朔地区的人民苦于叛贼的残酷凶暴，在贼兵所到之处互相团结起来，多的到两万人，少的有一万人，各自筑营垒以抗拒贼兵。等到郭子仪、李光弼的大军来到，就争相出来效力。四月十七日庚子，攻打赵郡，只一天的时间，就投降了。士兵大都抢掠财物，李光弼坐在城门上，没收所抢掠的东西，全部归还给老百姓，老百姓非常高兴。郭子仪活捉了四千人，全部释放，杀了安禄山的太守郭献璆。李光弼进兵围攻博陵，攻了十天，没有攻克，带兵回到恒阳解决军粮。

杨国忠向左拾遗博平人张镐和萧昕询问朝士中哪位可以做将军，张镐、萧昕推荐左赞善大夫永寿人来瑱，四月二十三日丙午任命来瑱为颍川太守。叛贼多次来攻，来瑱前后击败很多贼兵，加任他为本郡防御使，人们称他为“来嚼铁”。

安禄山派平卢节度使吕知诲诱骗安东副大都护马灵督，杀了他。平卢游奕使武陟人刘客奴、先锋使董秦以及安东将王玄志共同谋划讨伐诛杀吕知诲，派使者过海来与颜真卿联系，请求攻取范阳来效力。颜真卿派判官贾载带着粮食和战士的衣服帮助他们。颜真卿当时只有一个儿子颜頗，才十几岁，派他到刘客奴那里做人质。朝廷听说后，任命刘客奴为平卢节度使，赐名为正臣；王玄志为安东副大都护，董秦为平卢兵马使。

南阳节度使鲁炅在滍水的南岸设立栅栏，安禄山的将领武令珣、毕思琛去攻打他。

（以上为第十五段，写河北讨贼诸路官军不能齐心协力，战局形成拉锯。）

【点评】

本卷点评安禄山叛乱留给人们的历史反思。以下三事，尤须记取。

第一，安禄山叛乱的导火索。安禄山专制三镇，兼任平卢、范阳、河东节度使，手握强兵，蓄谋异志达十年之久，有识之士都看到了安禄山必反。河西节度使王忠嗣首发其奸，唐玄宗听不进去。由于唐玄宗是开元盛世的明君，有很高的声望，安禄山欲反有所畏惧。加之唐玄宗待安禄山有厚恩，安禄山想等到唐玄宗死后才反叛。可是天宝年间政治的急剧恶化，杨国忠入相的挑动，唐玄宗姑息养奸，制造了导火索，于是安禄山在天宝十四载（公元755年）十一月初九日甲子，反于范阳，祸及唐玄宗当世，虽然这是唐玄宗不想看到的一幕，但是也非始料所及。安禄山坐大，是唐玄宗一手栽培，安禄山反叛的导火索也是唐玄宗姑息养奸亲手制作。于是安禄山反叛，在唐玄宗当世爆发不可避免。

天宝十三载（公元754年）正月初三日己亥，唐玄宗征召安禄山入朝，制造了导火索。边疆大吏入朝贺新春，原来是正常的事。可是这一次，是杨国忠上奏安禄山必反，征召入朝，安禄山一定不来。安禄山入朝与不入朝，成了验证安禄山是否忠诚的一个标志，也是验证杨国忠与安禄山两人谁是忠臣、谁是奸佞的一个标志。唐玄宗对此，应当有一个判断，对安禄山反与不反，制订出两套预案措施。要么不理睬杨国忠的奏报，不征召安禄山入朝，徐图办法；要么征召安禄山入朝，来了绝不应当放回，留在京都任职。唐玄宗没有作为，把这一次征召作为考验，与安禄山打心理战。安禄山知道杨国忠的险恶用心，他采取了果决的勇敢行动，应征入朝，与唐玄宗打起了心理战。安禄山入朝，留京两月，直到三月初一日丁酉才辞归范阳。安禄山利用这次入朝进行火力侦察。他向唐玄宗哭诉杨国忠陷害自己，指天发誓表忠心。安禄山留京住在自己的府邸不急于返回，以示忠心。他向唐玄宗求索兼领陇右群牧总监，又为所部将士讨告身。正常情况，这是造反行迹的显露，而现在是打心理战，试探唐玄宗的反应。安禄山的逆向思维还真奏效，打乱了唐玄宗的方寸。唐玄宗感到自己对安禄山的猜忌有愧，认为杨国忠的奏报伤害了安禄山，于是唐玄宗就用厚赏来安抚安禄山，对安禄山的求索一一依从。安禄山得逞，以群牧总监的职任密遣亲信挑选了几千匹战马以充军资，又讨得提拔部属将军五百余人、中郎将二千余人的告身。安禄山获得了意外的重赏，看透了唐玄宗只求安定、无所作为的心思。唐玄宗愈是厚赏，愈是煽起安禄山轻视朝廷的野心，恰恰是加速了安禄山的反叛。

三月初一日，安禄山辞行，留下一个儿子安庆宗在朝廷做耳目，并向唐玄宗求尚公主。唐玄宗以宗女荣义郡主下嫁安庆宗，任命安庆宗为太仆卿。安禄山的这一招，既留下在京师的耳目，又麻痹了唐玄宗。此后，凡有人说安禄山反叛者，唐玄宗就把这人抓起来送给安禄山治罪。从此再没有人向唐玄宗提安禄山反叛的话。

安禄山入朝的这一场心理战，以安禄山大获全胜而告终。安禄山也知道自己出的是一个险招，他辞行后连夜倍道兼程而返，从此称病不朝，对朝廷使者能收买的就收买，不能收买的就怠慢，下定决心谋反。由此可见，天宝十三载正月征召安禄山入朝，加重了君臣的忌疑，是唐玄宗亲手制造的导火索。安禄山敢于应征入朝，表现了他是一个枭雄，耍弄机权手段，唐玄宗和杨国忠都不是对手。此外，安禄山收买大臣在京师有了耳目，这也是他敢于应征入朝的条件。御史中丞吉温，张说之子张钧、张垍兄弟供奉翰林，张垍还是唐玄宗的女婿，都被安禄山收买为耳目。还有杨贵妃这条内线，安禄山对唐玄宗的心理了如指掌。这次唐玄宗放虎归山，如同当年楚怀王放张仪归秦一样荒唐。

第二，杨国忠点燃了导火索。安禄山骄狂自大，他认为自己的奸诈比不上李林甫，入朝只畏惧李林甫一人。安禄山看不起杨国忠，入朝连正眼都不看杨国忠一眼。于是杨国忠怀恨安禄山，又害怕安禄山的权势影响自己的专权。于是杨国忠视安禄山为眼中钉，必欲拔之而后快。杨国忠扳不倒安禄山就挑动安禄山速反。安禄山入朝返回范阳后，杨国忠成天找事，煽动唐玄宗今日遣使察其行迹，明日派人宣召入朝。安禄山不会上杨国忠的当，他以不变应万变，称疾不出，杨国忠莫奈其何。天宝十四载四月，杨国忠指使京兆尹搜查安禄山在京师的府邸，逮捕安禄山的宾客李超，送到御史台杀害。杨国忠的这一招点燃了导火索，安禄山决心发动反叛。天宝十四载七月，安禄山上表朝廷献马三千匹，每一匹马配备两名马夫，派胡将二十二人带领送京师，想借此偷袭京师。河南尹达奚珣识透了安禄山的阴谋，上奏唐玄宗遣使告谕安禄山十月入朝，至冬送马。安禄山见阴谋被识破，于是在十一月初九日甲子公然造反。安禄山以奉密旨将兵入朝讨杨国忠为名反于范阳。安禄山蓄谋十年，兵强马壮，全国承平日久，老百姓几代人没见过战争，突然听到范阳兵起，远近震骇。杨国忠达到了挑动安禄山反叛的目的，得知消息后洋洋得意。杨国忠大言，只是安禄山一个人造反，将士都不追随他，不出十天，一定有人把安禄山的首级献到朝廷。满朝文武相顾失色，杨国忠却看得如此轻易。这说明无行无才的杨国忠，既不懂政治，也不懂军事，不顾大局，只为私利，轻易玩火。杨国忠也不懂安禄山造反是一把双刃剑，一边砍向唐王朝，一边砍向杨国忠。安禄山以清君侧，诛杨国忠为名，一旦官军失利，全国军民的愤怨都会指向杨国忠。杨国忠点燃导火索，他是火药桶爆炸首当其冲的蒙难者，杨氏族灭，罪有应得。可这时杨国忠还沾沾自喜。如此蠢猪把握朝政，焉能不乱。

第三，唐玄宗自毁长城。安禄山叛军南下，河南、河北郡县望风投降。封常清、高仙芝都是久经沙场的骁勇战将，奉命东出平叛。封常清在东都洛阳临时招募义勇，百姓踊跃从军，十天时间就招募了六万人。人数虽众，却是乌合之众，没有受过军事训练，用他们抵挡安禄山的铁甲是很不现实的。封常清守河阳失利，退守洛阳也连遭败北，再向西退到了陕县。这时高仙芝率领的飞骑、彍骑、河西边兵以及新募兵五万人从长安赶到了陕县。陕郡太守及原有官兵早已逃得无影无踪。人心惶惶，陕郡无险可守，野战又不敌叛军。为了保存实力，屏障京师长安，高仙芝采纳了封常清的建议，立即退守潼关。官军刚到潼关，叛军先锋随即追杀到了潼关。这时，朝廷向各道征兵勤王，都没有赶到，关中震恐。适逢安禄山在洛阳谋划称帝，没有急攻潼关，封常清与高仙芝得以在潼关完善守备，稳定了局势。高仙芝东征，唐玄宗派宦官边令诚监军，边令诚不懂军事，却偏偏干预高仙芝的行动。高仙芝不理睬，边令诚入朝奏事，诬陷封常清、高仙芝畏敌，丢失陕郡，克扣军饷，动摇军心。京师的大臣，尤其杨国忠大言安禄山狂悖，用不了多大力气就能斩其首。唐玄宗不察，轻信宦官谎报军情，下令诛杀二将。封常清临刑上遗表说：“臣死，希望陛下不要轻视安禄山这个叛贼。”高仙芝临刑，指天发誓说：“如果说我临敌退却该死，苍天在上，说我克扣军饷，实在冤枉。”在场士兵，齐声呼喊冤枉，声音震天动地。

当封常清、高仙芝被冤杀之时，河北、河南义士起兵抗贼。河北颜真卿、颜杲卿、河南真源令张巡率领军民，大破叛军。颜杲卿失败，从容就义，激发了军民斗志。河东节度使李光弼收复常山，解饶阳之围，大败史思明。安禄山叛乱，不得人心，官军稳住阵脚，四面围剿，原本可以很快剿灭。可惜封常清、高仙芝二将被冤杀，大大打击了军民的士气。安禄山反叛，唐玄宗还没有从昏睡中惊醒，特别是信用宦官，为唐朝中期以后的政治腐败开了一个恶例，直到唐朝灭亡，也未能割除宦官这一个肿瘤。唐玄宗冤杀二将，自毁长城，仅仅是悲剧的开始。其后，哥舒翰守潼关，唐玄宗听信杨国忠谗言，派遣一批又一批宦官督战，迫使哥舒翰轻出兵败，导致河北战局官军全线败退，长安不守，玄宗蒙尘。皇权政治，没有问责的制衡，当君王由明转昏，再让他醒过来，那就太难了。

资治通鉴（白话本） 卷第二百一十八

唐纪三十四

唐肃宗至德元载（公元756）

【起柔兆涒滩（丙申，公元756年）五月，至九月，不满一年】

【大事提要】

本卷记事起公元756年五月，讫当年九月，凡五个月。当唐肃宗初即位之至德元载。因事繁剧变，不及半年而成一卷。半年间，政治军事发生重大变化，安史之乱出现了转折点。哥舒翰守潼关，扼制了叛军主力的进攻，河北官军郭子仪、李光弼大破史思明，官军由败退转入了反攻。由于唐玄宗的错误指挥，迫使哥舒翰轻出潼关，寻求全力决战，唐玄宗妄想毕其功于一役，结果官军大败，安禄山长驱入长安，导致河北官军全线败退，叛军达到了势力的巅峰。唐玄宗惊慌失措，西逃入蜀，至马嵬驿兵变，杨氏满门被诛，杨贵妃也香消玉殒，被赐缢杀。安禄山无远略，进兵长安，血洗皇族，没有乘胜追击，太子李亨留镇讨贼，从容北上灵武即位，是为肃宗。河西兵入援灵武，郭子仪勤王佐肃宗，李泌出山尽心辅佐，肃宗纳谏，君臣和谐，灵武新政权出现了新气象。唐玄宗听到太子即位，自动称太上皇，传国玺玉册于肃宗，至是全国政令统一。河南、河北义军奋起讨贼，双方形势转入相持。唐王朝度过了险关。

肃宗文明武德大圣大宣孝皇帝上之下

唐肃宗至德元载（丙申，公元756年）

五月初四日丁巳，鲁炅的部队溃散，逃往南阳坚守，敌贼赶来包围南阳。太常卿张垍推荐夷陵太守虢王李巨有勇有谋，唐玄宗征召吴王李祗为太仆卿，任命李巨为陈留谯郡太守、河南节度使，兼统岭南节度使何履光、黔中节度使赵国珍、南阳节度使鲁炅。赵国珍，本是牂柯夷人。十五日戊辰，李巨带兵从蓝田出发，赶往南阳，敌贼听说后，解围逃走。

令狐潮又带兵攻打雍丘。令狐潮和张巡是老朋友，在城下互相慰劳就像平时一样，令狐潮趁机游说张巡说："唐朝的天下已经失去，您坚守这座危城，是为谁守呢？"张巡说："您平生以忠义自许，今天的举止，忠义在哪里！"令狐潮惭愧退下。

郭子仪、李光弼回到常山，史思明收拾散兵好几万人跟随在后面。郭子仪挑选骁勇善战的骑兵轮番挑战，过了三天，到达行唐县，敌贼疲惫，就退兵了。郭子仪乘机出击，又在沙河把叛军打败。蔡希德到洛阳，安禄山让他率领步兵骑兵两万人向北靠拢史思明，又派牛廷玠调发范阳等郡的部队一万多人帮助史思明，共计五万多人，其中同罗、曳落河占五分之一。郭子仪到恒阳，史思明随后追上，郭子仪深挖沟濠高筑营垒等待他。贼兵来攻就固守，离开就追击，白天则炫耀兵力，夜里就袭击敌营，搞得叛军不得安宁。过了好几天，郭子仪、李光弼商议说："贼兵已经疲倦，我们可以出去交战了。"五月二十九日壬午，两军大战于嘉山，大败叛军，斩首四万，俘虏了一千多人。史思明从马上坠落下来，发髻散乱，光着脚步行而逃，到了傍晚，拄着折断了的长枪回到军营，然后又逃到博陵。李光弼赶上包围博陵，军队声势大振。于是河北地区十几个郡都杀了叛军的守将而归降朝廷。通往渔阳的道路再次被切断。贼兵来来往往都是轻骑偷偷摸摸地通过，大都被官军所俘获，家在渔阳的叛军将士们无不心中动摇。

（以上为第一段，写郭子仪、李光弼在河北大破史思明。）

安禄山十分恐惧，叫来高尚、严庄大骂他们说："你们多年来一直劝我反叛，并认为一定能够成功。现在被阻于潼关，好几个月都不能前进，北方的归路已经被切断，各路兵马从四面围攻我们，我所占据的只有汴州、郑州几个州而已，一定能成功在哪里？你们从今以后不要来见我！"高尚、严庄很害怕，好几天不敢见安禄山。田乾真从潼关下来，替高尚、严庄劝说安禄山说："自古以来帝王成就大业，都有胜利和失败，哪能够一举就成功呢！现在四方的官军虽然很多，都是些新招募的乌合之众，没有经过军训战斗，怎么能敌得过我蓟北强劲、精锐的部队呢！您根本不必过多担忧！高尚、严庄都是辅佐王命的元老功臣，陛下一旦抛弃他们，假使诸位将领听说后，哪一个不心中恐惧呢？如果上下离心，臣私下觉得陛下这样做太危险了！"安禄山高兴地说："阿浩，你真能打通我的心事。"马上召来高尚、严庄，摆设酒席，开怀畅饮，安禄山还唱歌为他们喝酒助兴，待他们像以前一样。阿浩，是田乾真的小字。安禄山商议放弃洛阳，撤回范阳，计划还没决定下来。

这时，天下的人都认为是杨国忠骄奢放纵才导致大乱，无不切齿痛恨杨国忠。而且，安禄山起兵是以讨伐杨国忠为名，所以王思礼就秘密劝说哥舒翰，让他上表极力请求玄宗杀了杨国忠，哥舒翰不答应。王思礼又请求带三十个骑兵去把杨国忠劫持出来，到潼关后杀掉他，哥舒翰说："如果这样做，那就是哥舒翰谋反，而不是安禄山了。"有人劝说杨国忠："当今朝廷的重兵都在哥舒翰的手里，哥舒翰如果挥师西向京城，那么您不就很危险吗？"杨国忠非常害怕，就上奏说："潼关驻守的大军虽然人数众多，但没有后继部队，万一失守，京师就难保了，请求选择监牧士卒三千人在禁苑中训练。”玄宗同意了，派剑南军将李德福等人统领这支队伍。又招募了一万人驻在灞上，命令他的亲信杜乾运率领，名义上是防御叛军，实际上是防备哥舒翰。哥舒翰听说后，也担心被杨国忠谋算，就上表请求将灞上军队隶属潼关指挥。六月初一日癸未，哥舒翰把杜乾运叫到潼关，借故把他杀了。杨国忠更加害怕。

适逢有人报告玄宗崔乾祐在陕郡，兵力不足四千人，都是些老弱兵，而且没有防备，玄宗就派使者催促哥舒翰进兵收复陕郡和洛阳。哥舒翰上奏说：“安禄山久经沙场善于用兵，现在刚举兵反叛，怎么能够没有防备呢？这一定是故意用衰弱的士兵来引诱我们，如果前往，正中了他们的计谋。再说敌贼远道而来，最有利的策略是速战速决；官军占据险要扼守，最有利的策略是长期坚守。况且贼兵残酷暴虐，失去民心，兵势日益衰退，不久将会发生内乱；到时候乘机进攻，可以不战而活捉敌人。我们最主要的目的是取胜，何必力求快速呢？现在各道所征的兵大都还没有集中起来，请求暂且等待一段时间。”郭子仪、李光弼也上书玄宗说：“请求带兵向北攻取范阳，捣毁敌人的巢穴，抓住叛贼党羽的妻子、儿女作为人质来招降他们，叛贼必然内部崩溃。潼关的大军，只应当固守使贼兵疲惫，不可轻易出关攻打敌人。”杨国忠怀疑哥舒翰要谋害自己，对玄宗说，叛军正无防备，而哥舒翰逗留不出击，将要失去机会。玄宗认为是这样，于是又派宦官去催促出兵，宦官来来往往，连续不断。哥舒翰不得已，抚胸痛哭。六月初四日丙戌，带兵出关。

六月初七日己丑，在灵宝西原官军与崔乾祐的军队相遇。崔乾祐占据险要以等待官军，南靠大山，北恃黄河，狭隘的小道有七十里长。六月初八日庚寅，官军和崔乾祐会战。崔乾祐在险要的地方埋伏士兵，哥舒翰和田良丘乘船在黄河中观察军事形势，看见崔乾祐的兵力很少，就下令各军前进。王思礼等率领精兵五万人走到前面，庞忠等率领余下的士兵十万人跟在后面，哥舒翰带兵三万人登上黄河北岸的高坡上观察指挥，并鸣鼓助其攻势。崔乾祐所出动的士兵不过一万人，三五成群，就像天上的星星一样稀稀拉拉，或疏或密，或前或后，官军看见后都笑话他们。崔乾祐整备精兵，在后面布好阵势。两军一交战，贼兵就偃旗息鼓假装败逃，官军松懈，没有防备。不一会，叛军伏兵一起出动，贼兵占据高地推下滚木石块，打死很多士兵。道路狭窄，士兵像被捆绑起来一样无法动弹，刀枪伸展不开。哥舒翰命令马拉毡车为前锋，想要冲击敌人。过了中午，东风骤起，崔乾祐命令用几十辆草车堵塞在毡车的前面，放火焚烧。大火熊熊，浓烟滚滚，官军不能睁开眼睛，敌我不分，自相残杀，以为贼兵在烟雾之中，召集弓箭手、弩机手射击敌人。到了傍晚，弓箭射完了，才发现没有敌人。崔乾祐派同罗精锐骑兵绕过南山，从官军背后进攻，官军首尾受敌惊慌大乱，不知怎样防备，于是大败。有的丢盔弃甲逃进山谷躲起来，有的互相推挤掉进黄河淹死，号叫的声音震天动地，贼兵乘胜追击。官军后面的军队看见前面的军队失败了，都溃散了，河北的军队看见后也溃退。哥舒翰仅与部下几百骑兵逃脱，从首阳山向西渡过黄河进入潼关。潼关外面先前挖了三条深沟，都是两丈宽，一丈深，进关的人马掉进沟里，很快就把沟填满了。其余的人马踏着他们的尸体通过，士兵能够进入潼关的只有八千多人。六月初九日辛卯，崔乾祐进攻潼关，把它攻下。

哥舒翰逃到关西驿，张贴告示招收逃散的士卒，想要重新守住潼关。蕃人将领火拔归仁等带领一百多名骑兵围住驿站，进去对哥舒翰说："贼兵到了，请您快上马。"哥舒翰上马出了驿站，归仁率领部众叩头说："您率领二十万大军一战而全军覆没，有什么脸面再去见天子！而且您没见到高仙芝、封常清的下场吗？请您向东走。"哥舒翰不同意，想要下马。火拔归仁用毛绳把哥舒翰的脚捆在马肚上，连同诸位将领中不服从的，都一起捆起来向东走。碰上贼将田乾真已到，就投降了他，把他们都送往洛阳。安禄山问哥舒翰说："你常常轻视我，今天怎么了？"哥舒翰跪伏在地上回答说："臣凡人肉眼不识圣人。当今天下没有平定，李光弼在常山，李祗在东平，鲁炅在南阳，陛下留我性命，让我写信去招降他们，用不了几天就都会平定。"安禄山非常高兴，任命哥舒翰为司空、同平章事。又对火拔归仁说："你背叛自己的主子，不忠不义。"把他捆起来杀了。哥舒翰写信招降诸位将领，他们都回信责骂他。安禄山知道没有效果，就把他囚禁在东都的宫苑中。潼关失守，于是河东、华阴、冯翊、上洛等郡的防御使都弃郡逃跑，各处的守兵都溃散了。

（以上为第二段，写潼关兵轻出战败，导致河北官兵全线溃退。）

这一天，哥舒翰的部下来报告紧急情况，唐玄宗没有及时召见，只是派遣李福德等带领监牧兵奔赴潼关。等到晚上，报告平安的烽火没有传到京城，唐玄宗才开始害怕了。六月初十日壬辰，玄宗召集宰相商量对策，杨国忠因自己兼任剑南节度使，听到安禄山反叛的消息后，马上命令副使崔圆暗中准备物资，以备危急时使用，所以这时他带头提出玄宗到蜀中避难的计划。玄宗同意了。六月十一日癸巳，杨国忠把百官召集在朝堂上，大家惊恐不安痛哭流涕；杨国忠问他们有什么对策，都唯唯诺诺不知如何回答。杨国忠说："有人告发安禄山谋反的情况已有十年了，皇帝总是不相信这件事。今天的事变，不是宰相的过错。"罢朝，这时士人百姓都惊慌忙乱，东奔西跑，不知躲到哪里是好，市面上一片萧条景象。杨国忠派韩国夫人、虢国夫人进入宫中，劝说玄宗到蜀中去。

六月十二日甲午，百官上朝的还不到十分之一二。唐玄宗登临勤政楼，下制书，说要亲自率兵征讨，听到的人都不相信。任命京兆尹魏方进为御史大夫兼置顿使；京兆少尹灵昌人崔光远为京兆尹，充西京留守；将军边令诚掌管宫殿的钥匙。玄宗假称剑南节度大使颍王李璬将要赶赴镇守之地，命令剑南道准备所需物资。这一天，唐玄宗移居大明宫。天黑以后，命令龙武大将军陈玄礼整顿集合六军，重重地赏赐钱财布帛，挑选了闲厩中的骏马九百多匹，外面的人都不知道。六月十三日乙未，黎明，玄宗只与杨贵妃姐妹、皇子、妃子、公主、皇孙、杨国忠、韦见素、魏方进、陈玄礼以及亲近的宦官、宫人等从延秋门出发，妃子、公主、皇孙在宫外的，都弃而不顾，只管自己逃离。玄宗经过国库左藏时，杨国忠请求把它烧毁，并说："不要留给叛贼。"玄宗凄惨地说："叛贼来了得不到财宝，必然要加倍向老百姓征收；不如把这些东西留给他们，不要加重我的百姓的困苦。"这一天，百官中还有上朝的，到了宫门口，还听到更漏的声音，左右三卫仪仗队仍然整齐严肃地站立在那里。宫门打开后，只见宫里的人乱哄哄地逃出，宫里宫外一片混乱，都不知道玄宗到哪里去了。于是王公、士人百姓都四处逃难，山野小民争相进入宫禁及王公宅第中，盗取金银财宝，有的人还骑着驴子走上大殿。又放火烧了左藏大盈库。崔光远、边令诚带人救火，又招募人员代理府、县官吏分别把守，杀了十几个人，才渐渐稳定下来。崔光远派他的儿子向东去见安禄山，边令诚也把钥匙献给他。

唐玄宗经过便桥后，杨国忠派人烧桥。唐玄宗说："士人百姓都要各自避难求生，怎么能够断绝他们的生路呢？"留下内侍监高力士，让他灭掉火以后再赶来。唐玄宗派宦官王洛卿打前站，告诉各郡县做好准备。吃饭的时候，到了咸阳望贤宫，王洛卿与县令都逃跑了，宦官去征召，官吏百姓没有应征的。到了中午，唐玄宗还没有吃饭，杨国忠亲自去买胡饼进献玄宗。于是老百姓争着进献粗米饭，掺杂一些麦豆；皇孙们争着用手来抓吃，不一会儿就吃完了，还没有吃饱。玄宗都按价付给他们钱，并慰劳他们。众人都哭了，玄宗也捂着脸哭泣。有一位名叫郭从谨的老人进言说："安禄山包藏祸心，已经不是一天的事了；也有人到朝廷去告发他的阴谋，陛下却常常把这些人杀了，使得安禄山的奸计能够得逞，导致陛下流亡。因此先王专心延访忠良之士以扩大自己的视野，就是为了这个道理。臣还记得宋璟做宰相，多次向唐玄宗直言，天下得以安定太平。自那以后，在朝廷里的大臣都忌讳直言，只会阿谀奉承取悦陛下，因此宫门以外的事情，陛下都不能知道。那些在草野的臣民，很早就知道一定会有今天啊，然而宫禁森严，区区效忠之心没有途径上达玄宗。事情不弄到如今地步，臣怎么能够得见陛下而当面诉说呢？"玄宗说："这都是朕糊涂，后悔已经来不及了。"然后安慰郭从谨，让他走了。不一会主管玄宗饮食的官员拿着玄宗的膳食到了，玄宗命令先赏赐随从的官员，然后自己才吃，命令军士分散到各个村落去找食物，约好下午未时都集中起来再走。快到半夜的时候，才到了金城县。县令也逃跑了，县里的老百姓都脱身逃跑，饮食器皿都在，士卒得以自己做饭吃。当时随从的人大都逃走了，内侍监袁思艺也逃走了。驿站中没有灯，人们互相枕着身体而睡，尊卑贵贱都不管了。王思礼从潼关来，才知道哥舒翰被活捉了；任命王思礼为河西、陇右节度使，命令他马上赴任，收容溃散的士兵，等待东征。

（以上为第三段，写唐玄宗撤离长安，蒙尘入蜀。）

六月十四日丙申，玄宗一行到达马嵬驿，将士们饥饿疲劳，都怨恨愤怒。陈玄礼认为这次祸乱是由杨国忠引起的，想要杀掉他，让东宫宦官李辅国转告太子，太子犹豫不决。碰上吐蕃使者二十多人拦住杨国忠的马，向他诉说没有食物吃，杨国忠还未来得及回答，军士们就大声呼喊道："杨国忠与胡人一起谋反！"有的人向杨国忠射箭，射中他的马鞍。杨国忠逃到马嵬驿的西门内，军士们追上去杀了他，并肢解了他的尸体，用枪挑着他的头颅竖立在驿站门口，同时把他的儿子户部侍郎杨暄以及韩国夫人、秦国夫人都杀了。御史大夫魏方进说："你们怎么敢杀害宰相！"众人又把魏方进杀了。韦见素听见外面大乱便出来察看，被乱兵鞭打，打得头破血流。众人说："不要伤害韦相公。"救了他，使他幸免一死。军士们包围驿站，玄宗听到外面的喧哗声，便问外面发生了什么事，左右的人回答说杨国忠谋反。玄宗拄着拐杖穿着麻鞋走出驿站的大门，慰劳军士们，命令他们把队伍撤走，军士们都不听从。玄宗派高力士去询问他们，陈玄礼回答说："杨国忠谋反，杨贵妃不宜侍奉玄宗，希望陛下割舍恩爱处死贵妃以正法。"玄宗说："朕将自己处置她。"进入驿站大门，依着拐杖侧着头站在那里。过了很久，京兆司录韦谔上前说道："现在众怒难犯，安危就在顷刻之间，请陛下快速决断！"因而不断叩头血流满面。玄宗说："贵妃一直居住在深宫里，哪里知道杨国忠造反的阴谋？"高力士说："杨贵妃确实没有罪过，然而，将士们已经杀了杨国忠，而贵妃还在陛下的身旁，他们怎么能够感到安稳呢？希望陛下好好地想一想，将士们安稳了，陛下就会安稳了。"唐玄宗于是命令高力士把杨贵妃带到佛堂，用绳子勒死了她。把尸体抬到驿站的庭院中，叫来陈玄礼等人查看尸体。陈玄礼等人才脱去甲胄，叩头谢罪，玄宗慰劳他们，命令晓谕军士们。陈玄礼等人都高呼万岁，再三拜谢而去，于是开始整理部队准备前进。韦谔，是韦见素的儿子。杨国忠的妻子裴柔和她的小儿子杨晞以及虢国夫人和她的儿子裴徽都逃跑了，逃到陈仓，被陈仓县令薛景仙带领官吏士兵追赶抓获，都被杀死。

（以上为第四段，写马嵬驿兵变，杨氏一门被诛，杨贵妃被赐自缢而死。）

六月十五日丁酉，唐玄宗将要从马嵬驿出发，朝臣中只有韦见素一个人，于是任命韦谔为御史中丞，充置顿使。将士们都说："杨国忠谋反，他手下的将领和官吏都在蜀地，不能到那里去。"有的人请求到河、陇一带去，有的人请求到灵武去，有的人请求去太原，还有的人说回京师。唐玄宗的意思是想入蜀，又担心违背众人的心愿，所以一直没有说明去向。韦谔说："回京师，应当有抵御敌贼的准备，现在兵力很少，不能轻易向东走，不如暂时到扶风，再慢慢商量去向。"唐玄宗向众人征询意见，大家都同意了，于是准备去扶风。等到临行时，当地的父老乡亲都拦住道路请求玄宗留下，说："宫殿，是陛下住家的房子；陵寝，是陛下先人的坟墓，今天把这些都放弃了，想到哪里去呢？"唐玄宗因此勒住马的缰绳停留许久，才命太子在后面安抚这些父老乡亲。父老乡亲因此对太子说："皇上既然不肯留下，我们愿意率领子弟跟随殿下向东去击败敌人，夺取长安。假如殿下和皇上都入蜀，那么谁来替中原老百姓做主呢？"不一会儿，群众多达好几千人。太子不同意，说："皇上冒艰历险避难远方，我怎么能够忍心早晚离开他的身旁。况且我还没有当面告辞，应当回去告诉皇上，然后再秉承圣上旨意以决定去留。"说着便哭起来，勒转马头想要向西走。建宁王李倓与李辅国拉住太子的马络头劝谏道："逆胡反叛朝廷进犯长安，天下分崩离析，如果不依靠民心，怎么能够复兴国家呢？今天殿下跟随皇上入蜀，如果敌人烧毁栈道，那么中原大地也就拱手让给叛贼了。人心离散后，就不能再聚合，即使想再回到这个地方来，怎么能够办得到呢！不如收拾防守西北边境的部队，召集河北的郭子仪、李光弼，与他们合力向东讨伐逆贼，收复两京，平定天下，使国家转危为安，宗庙毁而复存，然后打扫宫殿迎接皇上，这难道不是孝道中的大孝吗！何必尽区区之孝，像小儿女一样对皇上依恋不舍呢！"广平王李俶也劝太子留下。父老乡亲团团围住太子坐骑，不能前行。太子使李俶飞奔去报告玄宗。玄宗骑在马上等待太子，很久都不来，派人去察看，回来向玄宗报告情况，唐玄宗说："这是天意啊！"于是就把后军二千人和飞龙厩的好马分给太子，并且晓谕将士说："太子仁厚孝顺，可以继承帝业，你们要好好地辅佐他。"又晓谕太子说："你要努力去干，不要挂念我。西北地区各族胡人，我待他们一直很优厚，你一定能得到他们的帮助。"太子听后只有面朝南号啕大哭。玄宗又派人把东宫内人送给太子，并且宣旨想要传位给太子，太子没有接受。李俶、李倓都是太子的儿子。

六月十七日己亥，唐玄宗到达岐山。有人说叛贼的前锋快要来了，玄宗匆忙过了岐山，住宿在扶风郡。士兵们都暗中怀有各谋出路的想法，往往出言不逊，流言四起，陈玄礼不能制止，玄宗很担忧。适逢成都贡献春天织的彩色丝绸十多万匹，到了扶风，玄宗命令全部都放在庭院中，召随从将士进来，站在门槛前对他们说："朕近来衰老了，用人不当，以致逆胡叛乱，不得不远行以躲避其锋芒。朕知道你们跟朕出来很仓促，来不及和自己的父母妻儿告别，跋山涉水到达这里，非常辛苦，朕感到十分惭愧。去蜀中的路途艰难漫长，而且沿途的郡县都很狭小，人马众多，或许不能保证供给，今天任凭你们各自回家；朕只和儿子、孙子以及侍奉的宦官前往蜀地，也完全可以到达。今天和卿等分别，大家可以共同分掉这些彩色丝绸以作为路费。如果回去了，见到你们的父母和长安父老，请替朕向他们问好，大家好自珍重。"说罢泪流沾襟。众人都哭了，说："臣等不管死活都要跟随陛下，不敢有二心！"唐玄宗过了很久说："是去是留随你们自便。"从此流言才平息下来。

（以上为第五段，写唐玄宗西行入蜀，太子李亨留镇讨贼。）

太子留下后，不知道到哪里去好。广平王李俶说："天色渐渐晚了，这里不能驻扎，大家想到哪里去？”众人都不说话。建宁王李倓说：“殿下过去曾担任朔方节度大使，将领和官吏每年按时呈报笺启，我大略还记得他们的姓名。现在河西、陇右的部众都失败投降了敌贼，父兄子弟大都陷在敌贼中，恐怕会发生不测。朔方道路较近，兵马强壮，士气旺盛，河西行军司马裴冕出身名门世家大族，一定不会有二心。敌贼进入长安正在大肆抢掠，还没有功夫去攻占土地，乘此机会赶快前往朔方，再慢慢商量大计，这是上策啊。”众人都说：“好！”到达渭水岸边，碰上了潼关战败退下来的士兵，误以为是叛军而与他们交战，死亡受伤的人很多。事后，便收拾剩余的士兵，选择渭河较浅的地方，乘马过河；没有马的人，哭哭啼啼地回去了。太子从奉天北上，等到了新平，一整夜共跑了三百里，士兵和器械损失过半，所剩下来的部众不过几百人。新平太守薛羽放弃全郡而逃走，太子把他杀了。这一天，到达安定，太守徐毂也逃跑了，太子又把他杀了。

六月十八日庚子，唐玄宗任命剑南节度留后崔圆为剑南节度等副大使。六月十九日辛丑，玄宗从扶风出发，在陈仓住宿。

太子到达乌氏，彭原太守李遵出来迎接，并献上衣服和干粮。到彭原后，招募士兵，得到几百人。这一天到达平凉，检阅监牧马，得到好几万匹马，又招募士兵，招得五百多人，军队的气势稍稍得到振兴。

六月二十日壬寅，玄宗到达散关，把随从护卫的将士分为六军。派颍王李璬先行到剑南，寿王李瑁等分别率领六军紧随其后。六月二十四日丙午，唐玄宗到了河池郡。崔圆手持表文迎接玄宗车驾，详细介绍了蜀地物产丰富，兵马强盛。唐玄宗很高兴，当天，就任命崔圆为中书侍郎、同平章事，蜀郡长史的职位照旧。任命陇西公李瑀为汉中王、梁州都督、山南西道采访、防御使。李瑀，是李琎的弟弟。

王思礼到达平凉，听说河西各部胡人叛乱，又回来，到玄宗的行在。当初，河西各胡族部落听说他们的都护都跟随哥舒翰死于潼关一战，所以就争着自立为王，互相攻击；而实际上都护跟随哥舒翰在黄河北岸，没有死，也没有和火拔归仁一起投降敌贼。于是唐玄宗就任命河西兵马使周泌为河西节度使，陇右兵马使彭元耀为陇右节度使，与都护思结进明等人一起到镇守的地方去，招抚各部落。任命王思礼为行在都知兵马使。

六月二十六日戊申，扶风郡的平民康景龙等人自己组织起来攻打叛贼所任命的宣慰使薛总，杀死二百多人。六月二十八日庚戌，陈仓县令薛景仙杀死叛贼守将，攻克扶风郡又派兵守着它。

安禄山没有料想到玄宗这么快就西去避难，派使者叫崔乾祐把兵停留在潼关，过了十天，才派孙孝哲率兵进入长安。任命张通儒为西京留守，崔光远为京兆尹；派安忠顺带兵驻守禁苑中，以镇抚关中。孙孝哲受到安禄山的宠信，特别专权用事，经常与严庄争权夺势。安禄山派他监督关中各位将领，张通儒等人都受到孙孝哲的控制。孙孝哲豪放奢侈，杀人果决，贼党里的人都很惧怕他。安禄山命令搜捕朝臣、宦官、宫女等，每当抓到好几百人后，就派兵护卫送往洛阳。王、侯、将、相跟随玄宗避难而家还留在长安的，全家杀光，连婴儿也不放过。陈希烈因为晚年失去玄宗的信任，抱怨玄宗，与张均、张垍等人都投降了叛贼。安禄山任命陈希烈、张垍为宰相，其余投降的朝臣都授予官职。因此叛贼的势力大盛，向西威胁汧、陇等地，向南侵扰江、汉流域，向北占领了河东道的一半。然而叛贼将领都是粗鲁勇猛而没有远大谋略的人，攻克长安后，就志满意得，日夜纵酒醉饮，以沉湎于声色犬马为能事，再没有向西进军的意图，所以玄宗得以平安地进入蜀中，太子北上也没有被急迫追赶的忧患。

（以上为第六段，写反贼安禄山入长安滞留，太子顺利北行，唐玄宗从容入蜀，部署讨贼。）

李光弼包围博陵还没有攻下，听说潼关失守，就撤兵向南走。史思明跟在后面追赶，李光弼把他击退，与郭子仪一起都带兵进入井陉，留下常山太守王俌率领景城、河间的团练兵防守常山。平卢节度使刘正臣准备袭击范阳，还没有到达，史思明带兵迎战阻击，刘正臣大败，抛弃妻子儿女逃走，士兵死了七千多人。当初，颜真卿听说河北节度使李光弼出了井陉，就收兵回到平原，以等待李光弼的命令。此时又听说郭子仪、李光弼向西进入井陉，颜真卿才重新开始指挥河北地区的军事行动。

太子到平凉好几天，朔方留后杜鸿渐、六城水陆运使魏少游、节度判官崔漪、支度判官卢简金、盐池判官李涵等人商议说："平凉之地，不是驻扎屯集军队的地方，灵武的部队完整，粮食富足，如果迎接太子到这里来，北面收集各城的兵马，西面征发河西、陇右强劲的骑兵，向南进军以平定中原，这是成就大业的千载难逢的机遇。"便派李涵奉送笺表给太子，并且把朔方的士卒马匹、武器、粮食、布帛以及各种军需物资的数目账籍一起献给了太子。李涵到了平凉，太子非常高兴。碰上河西司马裴冕入朝任御史中丞，到平凉去拜见太子，也劝太子到朔方，太子听从了。杜鸿渐，是杜暹同族的侄子；李涵，是李道的曾孙。杜鸿渐、崔漪让魏少游留下来，修理房屋，准备食物用具，他们则亲自到平凉北方边境上去迎接太子，劝太子说："朔方，是天下精兵强将聚集的地方。现在吐蕃请求和好，回纥归附朝廷，境内各地郡县大都坚守城邑抵抗叛贼以等待大唐王朝的复兴。殿下现在在灵武统帅部队，挥师长驱，传檄四方，收揽忠义之士，那么叛贼就很容易被消灭。"魏少游大力修建宫室，帷帐等都模仿宫中的规格，饮食中水产陆产的美味佳肴都很齐备。秋季，七月初九日辛酉，太子到灵武，命令把这些东西全都撤掉。

七月十二日甲子，唐玄宗到了普安，宪部侍郎房琯来拜谒晋见。玄宗从长安出发时，群臣大都不知道，到咸阳后，玄宗对高力士说：“朝中大臣谁应当赶来，谁不会赶来？”高力士回答说：“张均、张垍兄弟和他们的父亲张说受陛下的恩惠最深，而且张垍还是驸马，与陛下有姻亲关系，所以他们兄弟俩一定会先赶来。当时的议论都说房琯适宜做宰相，但陛下没有任用他，而且安禄山还曾推荐过他，恐怕他不会赶来。”玄宗说：“此事还难以预料。”等房琯来后，玄宗问张均兄弟的情况，房琯回答说：“臣约他们一起来，他们逗留不来；看他们的意思，好像有什么难言之隐。”玄宗回头对高力士说：“朕早就知道啊。”当天，就任命房琯为文部侍郎、同平章事。

当初，张垍娶宁亲公主为妻，唐玄宗允许他在宫中安置住宅，宠信无比。陈希烈请求解除政务，唐玄宗到张垍家里去，问他哪个人可以做宰相。张垍没有回答。唐玄宗说：“没有人比得上我的爱婿。”张垍连忙走下台阶跪拜。但后来没有用他为宰相，所以张垍心里不高兴，唐玄宗也察觉到了。这时张均、张垍兄弟以及姚崇的儿子尚书右丞姚奕、萧嵩的儿子兵部侍郎萧华、韦安石的儿子礼部侍郎韦陟、太常少卿韦斌，都因有才能和声望而做到大官，唐玄宗曾经说：“我任命宰相，就应当从以前宰相的子弟中普遍挑选。”但后来都没有任用。

裴冕、杜鸿渐等人向太子上笺表，请求他遵守玄宗在马嵬驿的命令，即皇帝位，太子不同意。裴冕等人说：“将士们都是关中人，日夜思念家乡，之所以翻山越岭追随殿下跑到这遥远的边塞沙漠中来，是为了建功立业。如果这些人一旦离散，就不可能再聚集起来。希望殿下勉为其难地顺从民心，替国家着想！”笺表接连呈上五次，太子才同意了。这一天，唐肃宗在灵武城南楼即位，群臣高兴得跳起舞来，肃宗也感动得流下眼泪。尊称唐玄宗为上皇天帝，赦免天下，改年号为至德。任命杜鸿渐、崔漪同为中书舍人，裴冕为中书侍郎、同平章事。改关内采访使为节度使，把治所迁到安化，任命前蒲关防御使吕崇贲为节度使。任命陈仓县令薛景仙为扶风郡太守，兼防御使；陇右节度使郭英乂为天水郡太守，兼防御使。当时塞外的精兵都挑选到塞内来讨伐叛贼，只剩下老弱病残者防守边疆，文武官吏不到三十人，披荆斩棘，建立朝廷，但因制度草创，武夫们骄横傲慢。大将管崇嗣在朝堂上，背对宫阙而坐，谈笑自如，监察御史李勉上奏弹劾他，把他关起来了。肃宗特别下令原谅他，感叹说：“我有李勉，朝廷才开始有尊严！”李勉是李元懿的曾孙。肃宗即位十几天里，归附的人越来越多。

张良娣性情乖巧聪明，颇能讨得肃宗的欢心，跟从肃宗来到朔方。当时随从保卫的士兵势单力薄，张良娣每次睡觉，总是睡在肃宗的前面。肃宗说：“抵御敌寇不是妇人的事情。”张良娣说：“意外时刻，妾可用身体先抵挡一下，殿下可从后面逃走。”到灵武后，生下一个儿子；过了三天，就起来为战士们缝补衣服。肃宗制止她，她回答说：“现在不是妾自我保养的时候。”肃宗因此更加怜爱她。

（以上为第七段，写唐肃宗即位于灵武。）

七月十五日丁卯，唐玄宗下制书说："任命太子李亨代理天下兵马元帅，统领朔方、河东、河北、平卢节度都使，向南攻取长安、洛阳。任命御史中丞裴冕兼左庶子，陇西郡司马刘秩试守右庶子；永王李璘充山南东道、岭南、黔中、江南西道节度都使，任命少府监窦绍做他的辅佐官，长沙太守李岘为都副大使；盛王李琦充广陵大都督，统领江南东路及淮南、河南等路节度都使，任命前江陵都督府长史刘汇做他的辅佐官，广陵郡长史李成式为都副大使；丰王李珙充武威都督，仍然统领河西、陇右、安西、北庭等路节度都使，任命陇西太守济阴人邓景山做他的辅佐官，充都副大使。一切所需的士卒、马匹、武器、仪仗、粮食、赏赐等物品，都由当地自己供给。其他各路原来的节度使虢王李巨等都仍旧为节度使。各王所任命的部下官吏以及本路的郡县官吏，都可以由自己挑选，任用完后再行奏报。"当时李琦、李珙都没出宫，只有永王李璘赴镇就职。设置山南东道节度使，统领襄阳等九郡。升五府经略使为岭南节度，统领南海等二十二郡。升五溪经略使为黔中节度，统领黔中等各郡。分江南道为东、西二道，江南东道统领余杭，江南西道统领豫章等各郡。在此之前，四方人士听说潼关失守，不知道玄宗到哪里去了，等到这个制书下达后，才开始知道玄宗所在的地方。刘汇是刘秩的弟弟。

安禄山派孙孝哲在崇仁坊杀死霍国长公主以及王妃、驸马等人，挖了他们的心，用来祭祀安庆宗。凡是杨国忠、高力士的党羽以及安禄山平素所厌恶的人都被杀掉，一共有八十三人，有的用铁棍揭开头盖骨，以致血流满街。七月十七日己巳，又杀死皇孙以及郡主、县主二十多人。

七月十八日庚午，太上皇玄宗到达巴西；太守崔涣迎接拜见。太上皇和他谈话，很喜欢他，房琯又推荐他，当天就任命他为门下侍郎、同平章事，任命韦见素为左相。崔涣是崔玄時的孙子。

（以上为第八段，写唐玄宗入蜀至巴西，安禄山在长安血洗皇族。）

当初，京兆人李泌，小时候以才思聪敏而闻名，唐玄宗让他与忠王一起游玩。忠王做太子时，李泌已经长大成人，曾上书玄宗谈论国家事务。唐玄宗想任用他为官，他不同意；玄宗只好让他以平民身份与太子为友，太子常常称他为先生。杨国忠讨厌李泌，上奏玄宗把他迁到蕲春，后来得以回家乡做隐士，居住在颍阳县。肃宗从马嵬坡向北行走，派使者请他来，在灵武拜见肃宗。肃宗非常高兴，出门时与他并马而行，睡觉时与他对床而卧，就像做太子时一样，事情无论大小都向他咨询，他所提出的意思没有不听从的，甚至于连将相的任免都和他商量。肃宗想让李泌做右丞相，李泌坚决推辞，说："陛下把我作为宾客朋友来对待，比任用为宰相还要尊贵，何必要违背我的志愿呢？"唐肃宗这才作罢。

同罗、突厥中跟随安禄山反叛的驻扎在长安禁苑中，七月二十二日甲戌，他们的酋长阿史那从礼率领五千骑兵，偷得厩马两千匹逃回朔方，谋划约请各胡人部落，乘机占领边疆地区。肃宗派使者去宣谕安抚他们，降附的人很多。

叛军派兵进犯扶风，薛景仙击败了他们。

安禄山派他的将领高嵩带着敕书、丝绸引诱河、陇一带的将士，大震关使郭英乂抓住他把他杀了。

同罗、突厥人逃回朔方，长安大乱，官吏逃避躲藏，监狱里的囚犯自己跑出来。京兆尹崔光远以为叛贼将要逃走，就派官吏士卒守住孙孝哲的住宅。孙孝哲把此事告诉安禄山，于是崔光远就和长安县令苏震一起带着府、县官员十几个人来投奔朝廷。七月二十七日己卯，到达灵武，肃宗任命崔光远为御史大夫兼京兆尹，派他到渭水以北去召集官吏和民众。任命苏震为御史中丞。苏震是苏瓌的孙子。安禄山任命田乾真为京兆尹。侍御史吕諲、右拾遗杨绾、奉天县令安平人崔器相继来到灵武；任命吕諲、崔器为御史中丞，杨绾为起居舍人、知制诰。

唐肃宗命令河西节度使李嗣业带兵五千人来灵武，李嗣业与节度使梁宰商议，将暂缓发兵以观察形势的变化。绥德府折冲段秀实指责李嗣业说："难道有君父告急而臣子安然不赴难的吗！您常常自称是大丈夫，今天看起来，不过是个小儿女罢了！"李嗣业非常惭愧，马上告诉梁宰如数发兵，让段秀实为副将，带兵去灵武。肃宗又在安西征兵。行军司马李栖筠调发精兵七千人，用忠义勉励他们然后送他们出发。

唐肃宗下敕书改扶风为凤翔郡。

七月十八日庚辰，太上皇玄宗到达成都。随从官员及护卫六军跟着到达的只有一千三百人。

（以上为第九段，写李泌出山佐肃宗，河西兵入援灵武。唐玄宗入蜀。）

令狐潮在雍丘包围张巡，相持四十多天，与朝廷断绝联系。令狐潮听说玄宗已到蜀地，又写信招降张巡。张巡有六个大将，官位都是开府、特进，对张巡说，兵势悬殊，打不过敌人，况且肃宗是死是生也不知道，不如投降叛贼。张巡假装同意。第二天，在堂上摆设天子的画像，率领将士们朝拜，人人都哭了。张巡把六个大将带到前面来，申明大义，痛加责备，把他们杀了。从此军心更加坚定。

雍丘城里的箭射完了，张巡让士卒用稻草扎了一千多个草人，穿上黑色的衣服，夜间用绳子放到城下，令狐潮的士兵争相射箭，射了很久才知道是稻草人；张巡获得好几十万支箭。后来又在夜间用绳子把人放到城下，贼兵笑话他们，以为又是草人，不加防备，于是派五百人的敢死队去砍杀令狐潮的军队，令狐潮的军队大乱，焚烧了营垒就逃跑了，张巡的军队追杀了十几里路。令狐潮很惭愧，又增加兵力包围雍丘。

张巡派郎将雷万春在城上与令狐潮谈话，贼兵用弩机射他，雷万春脸上被射中了六箭但却岿然不动。令狐潮怀疑他是木头人，派间谍去侦察，得知确实是雷万春，就大为惊奇，远远地对张巡说："刚刚见到雷将军，才知道您的军令严格，然而凭这点怎么能改变天道呢？"张巡对他说："您连人伦都不懂，怎么谈得上知天道呢？"不久，出城交战，活捉贼兵将领十四人，杀死一百多人，于是贼兵连夜逃走，收兵进入陈留，不敢再出来作战。

不久，叛军步兵骑兵七千多人驻扎在白沙涡，张巡夜间去袭击，大败叛军。回来，走到桃陵，遇到叛贼救兵四百多人，全部把他们俘虏。张巡将俘虏分别处理，其中妫州、檀州兵以及胡人兵，全部杀掉；荥阳、陈留的胁从兵，全都遣散，命令他们回家各务其业。十来天的时间，民众离开叛贼来归附张巡的有一万多户。

河北各郡都还在为唐朝坚守，常山太守王俌想投降叛贼，各位将领都很愤怒，就借打毬的机会，纵马踩死了他。当时信都太守乌承恩的部下有朔方兵三千人，各位将领派使者宗仙运率领父老到信都，迎接乌承恩去镇守常山。乌承恩以没有肃宗诏令来推辞，宗仙运劝乌承恩说："常山地势控制着燕、蓟，道路可通往河、洛，又有井陉关的险要，足以扼住叛军咽喉。最近肃宗南迁，李光弼退守晋阳，王俌太守暂时统领后军，想要带领全城投降叛贼，众人不愿跟从，结果王俌太守被杀死。大将军您兵马精锐，军令严明，远近都无人匹敌，如果能以国家为重，移师常山，与李光弼首尾遥相呼应，那么所建立的丰功伟绩，哪一个人能比得上呢？如果犹豫不决，又不加紧防备，常山陷落后，信都又怎么能够保全呢？"乌承恩不听从。宗仙运又说："将军您不采纳鄙人的意见，一定是担心兵少的缘故。现今民不聊生，都想报国，竞相聚集，占据乡村，如果悬赏招募他们，不到十天便可招到十万人；和朔方甲士三千多人相互配合，足以成就大事。如果舍弃常山要害之地把它让给敌人，居住在四通八达的信都以求得自己的安全，那就好比是倒拿剑戟，是自取失败。"乌承恩竟然还是犹豫不决。乌承恩是乌承玼同族的哥哥。

这个月，史思明、蔡希德带兵一万人向南攻打九门。过了十天，九门假装投降，在城上埋伏甲士。史思明登上城墙，伏兵攻击他；史思明从城上掉下来，被埋植在城下的树枝刺伤了左胁部，趁着夜晚，逃回博陵。

（以上为第十段，写河北、河南战事，张巡在河南，颜真卿在河北，以寡击众，英勇杀贼。）

颜真卿用蜡丸密封奏表派人送到灵武。肃宗任命颜真卿为工部尚书兼御史大夫，仍旧为河北招讨、采访、处置使，并且给他送去敕书，也用蜡丸密封送达。颜真卿把敕书颁布到河北各郡，又派人颁布到河南、江、淮地区。至此各道才知道肃宗在灵武即位，坚守报国的信心就更加坚定了。

郭子仪等人率领士兵五万人从河北来到灵武，灵武的军威开始强盛，人们觉得复兴大唐有希望了。八月初一日壬午朔，任命郭子仪为武部尚书、灵武长史，任命李光弼为户部尚书、北都留守，二人并同平章事，其他官职照旧。李光弼带领景城、河间的士兵五千人奔赴太原。

先前，河东节度使王承业军事政务不加修整，朝廷派侍御史崔众收回他的兵权，不久又派宦官把他杀了；崔众侮辱轻视王承业，李光弼早就心中不平。到这时，肃宗下敕书命令崔众把兵权交给李光弼，崔众见到李光弼，不向他施礼，又不按时交出兵权，李光弼很生气，就把崔众抓起来杀了，军中因此感到十分恐惧。

回纥可汗、吐蕃赞普相继派使者请求帮助国家讨伐叛贼，肃宗宴请赏赐使者并送他们回去。

八月初二日癸未，太上皇玄宗下制书，大赦天下。

北海太守贺兰进明派遣录事参军第五琦到蜀地奏事，第五琦向玄宗进言，认为：“现在天下正在用兵打仗，财赋问题十分急切，财赋的出产，江、淮一带占了大部分，请求给我一个职务，可以保证军事上不缺乏财用。”玄宗很高兴，马上任命第五琦为监察御史、江淮租庸使。

史思明再次进攻九门，八月初十日辛卯，攻克九门，杀死好几千人，又带兵向东围攻藁城。

李庭望带领蕃、汉士兵两万多人向东袭击宁陵、襄邑。夜晚，在离雍丘城三十里的地方安置营地，张巡率领三千手持轻便武器的士兵去偷袭，大败叛军，杀死和俘虏一大半的敌人。李庭望收拾残兵连夜逃走。

八月十二日癸巳，灵武派来的使者到达蜀地，太上皇高兴地说：“我的儿子顺应天道和民心，我还有什么忧虑的呢！”八月十六日丁酉，太上皇下制书说：“从今以后改制书敕书为诰令，上表上疏一律称太上皇。国家的军政大事，都先奏报皇帝以决定可否，然后再奏报朕知即可；等收复京城后，朕就不再管事了。”八月十八日己亥，太上皇亲临殿前台阶，命令韦见素、房琯、崔涣奉送传国宝器玉册到灵武传皇帝位。

八月二十日辛丑，史思明攻陷藁城。

当初，太上皇每当与臣民欢宴时，都先让太常雅乐的坐部和立部演奏，接着演奏鼓吹乐、胡人乐、教坊乐、京兆府与长安、万年两县的散乐以及杂戏；又用山车、旱船载着乐工往来演奏；又让宫女表演《霓裳羽衣舞》；又让一百匹舞马，衔杯跳舞祝寿；又让犀牛和大象入场表演，或拜或舞。安禄山看了很喜欢，等攻克长安后，就命令搜捕乐工，装运乐器和舞衣，驱赶舞马、犀牛和大象，一起前往洛阳。

（以上为第十一段，写郭子仪勤王灵武。唐玄宗称太上皇，传国宝玉册于肃宗。至是全国政令统一。）

臣司马光评论说：圣人以道德为美，以仁义为乐；所以他们虽然住在以茅草为顶、以泥土台阶为床的房屋中，穿很差的衣服，吃粗糙的食物，但并不以生活简陋为羞耻，只是担心生活过于奢侈而劳民伤财。唐明皇依仗天下太平，不考虑以后会有祸患，只顾尽情享受耳目的欢乐，穷极声色舞技的精巧，自以为过去帝王的富贵都不如他，想要使前代的帝王比不上他，后代的帝王也不能超过他，不只是娱乐自己，也借此向别人夸耀。他哪里知道窃国大盗就在身旁，早已有觊觎皇位的野心，终于导致唐明皇自己颠沛流离，人民生灵涂炭。由此可知，人君如果崇尚华丽奢侈的生活以向人夸耀，那就足以成为招致大盗抢夺的目标。

（以上为第十二段，写司马光对唐玄宗骄奢淫逸的批评。）

安禄山在凝碧池宴请他的群臣，大肆演奏各种乐曲；梨园弟子常常叹息哭泣，贼兵则抽出刀子在旁边斜视他们。乐工雷海清不胜悲愤，把乐器扔在地上，向西痛哭。安禄山很生气，把他绑在试马殿前，肢解了他的身体。

安禄山听说前些时老百姓乘兵荒马乱时盗得很多国库中的宝物，攻克长安后，命令全城大肆搜索三天，连老百姓的私人财物也都被抢夺去。又命令府县官审讯逼供，一点一滴的财物都穷追恶要，牵连搜捕，纠缠无边，民间动乱，更加思念唐王朝。

自从唐肃宗离开马嵬向北行进，民间就相传太子到北方去召集士兵要来收复长安，长安的老百姓日夜盼望，有时相互惊呼："太子的大军到了！"于是大家都跑走了，街市为之一空。贼兵看见北方尘土飞扬，就惊慌失措想要逃走。京城附近的豪杰往往杀死叛贼的官吏，与唐朝官军遥相呼应；旧的豪杰被镇压了又有新的出现，前仆后继，叛贼不能制止。开始时从京城、鄜州、坊州直到岐州、陇州都起来响应，到这时，长安西门以外的地方到处都是抗敌的营垒，叛贼势力所能达到的地区，南面不出武关，北面不过云阳，西面不过武功。长江、淮河地区，有所奏疏和贡献的物资到蜀中或灵武，都从襄阳取道上津抵达扶风，沿路畅通无阻，这都是薛景仙的功劳。

九月初一日壬子，史思明包围赵郡，九月初五日丙辰，攻下赵郡；又围攻常山，攻了十天，常山城陷落，杀死好几千人。

建宁王李倓性格英明果断，有雄才大略，跟随肃宗从马嵬北上，兵力少而弱，经常碰上敌寇和盗贼；李倓亲自挑选骁勇士兵，走在肃宗的前后，浴血奋战保卫肃宗。肃宗有时过了吃饭的时间还未进食，李倓就悲伤哭泣不已，军中都看重他。肃宗想任命李倓为天下兵马元帅，让他统领各位将军东征，李泌说："建宁王的确有元帅之才；但是，广平王是兄长。如果建宁王功成名就，难道说要让广平王做吴太伯吗？”肃宗说：“广平王是嫡长子，何必把元帅的职位看得那么重呢？”李泌说：“广平王还没有正式立为太子。现在天下形势正是艰难的时候，民心所向，在于元帅。如果建宁王大功告成了，陛下您虽然不想立他为太子，与他一起建立功业的人哪肯罢休呢！太宗和太上皇，就是很好的事例。”于是肃宗任命广平王李俶为天下兵马元帅，所有将领都属他指挥。李倓听说后，感谢李泌说：“这才是我的本意啊！”

唐肃宗与李泌外出行军，军士们指着他们，悄悄地说：“穿黄衣服的是圣人。穿白衣服的是山人。”唐肃宗听说后，就告诉李泌，说：“正值国家情况艰难之际，我不敢委屈您做官，请暂时穿上紫袍以杜绝大家的猜疑。”李泌不得已，只好接受了紫袍；他穿上紫袍，入宫谢恩，肃宗笑着说：“既然已经穿上紫袍，怎么可以没有官衔名称呢！”说着从怀中拿出敕书，任命李泌为侍谋军国、元帅府行军长史。李泌再三辞谢，肃宗说：“朕不敢以宰相的职位难为您，只是想请您来帮助度过目前的艰难时期。等到叛贼平定后，任凭您按自己的高尚志向行事。”李泌于是才接受官职。在宫禁中设置元帅府，李俶入宫，李泌就留在府中，李泌入宫，李俶就留在府中。李泌又对肃宗进言说：“诸位将领都畏惧陛下您的威严，在陛下面前陈述军事要务，有时不能畅所欲言；万一有什么小的差错，造成的损害就非常大。请令诸将先与臣和广平王认真商议，臣和广平王再有条不紊地向陛下奏报，可行的就下令实行，不可行的就下令停止。”肃宗同意了。当时军务繁多，四方送来的奏报，从傍晚到拂晓整夜没有空闲的时候，肃宗命令都送到元帅府，李泌先打开批阅，如有紧急事情和烽火战况，就重新封好，隔门通报进宫，其他不太紧急的奏报就等到天亮后才送入宫中。肃宗还把宫门的钥匙和符契，都委托李俶和李泌掌管。

（以上为第十三段，写安史叛贼残虐，肃宗子建宁王李倓忠勇仁孝。）

阿史那从礼劝说引诱九姓府、六胡州各部落的胡人好几万人，聚集在经略军的北面，准备侵犯朔方，肃宗命令郭子仪到天德军调发部队去讨伐他们。左武锋使仆固怀恩的儿子仆固玢另外带兵与敌人作战，战败，投降了敌人；不久又逃回来了，仆固怀恩斥责他并把他杀了。军中将士都非常害怕，作战时无不以一当百，于是使打败了同罗。

唐肃宗虽然使用朔方的军队，但还想从外夷借兵以扩张军队的威势，任命豳王李守礼的儿子李承寀为敦煌王，让他和仆固怀恩一起出使回纥以借兵。又征调拔汗那的部队，并让他转告西域一带建有城郭的国家，许诺给他们重赏，让他们跟随安西部队一起来援助。李泌劝肃宗说：“暂时先到彭原，等西北的部队快要到时，再进到扶风以相接应；那时候征收的庸调赋税也到齐了，可以保证军队供给。”肃宗听从了。九月十七日戊辰，唐肃宗从灵武出发。

宦官边令诚又从叛贼中逃回来，肃宗把他杀了。

二十五日丙子，唐肃宗到达顺化。韦见素等从成都来，奉上国家宝器玉册，肃宗不肯接受，说：“近来中原战乱不平，我暂时管理百官，哪里敢乘此危难之际，马上就承袭皇位呢！”群臣再三请求，肃宗都不同意，于是就把宝器玉册放在另外一个殿里，早晚礼拜犹如行定省礼一样。肃宗因为韦见素本来依附杨国忠，所以心里很鄙视他；又因为久闻房琯大名，所以就很谦虚地对待他。房琯进见肃宗谈论时事，措辞情绪慷慨激昂，肃宗常被他所感动，因此军事国政大事大都和房琯商议。房琯也以天下为己任，尽其所知道的去做；其他的丞相都拱手避让。

太上皇赏赐张良娣一个七宝鞍，李泌向肃宗进言说：“当今天下分崩离析，应当以勤俭节约为人表率，良娣不应该使用这样的马鞍。请撤掉马鞍上的珍珠宝玉把它们交给府库官吏，等将来赏赐给那些有战功的人。”张良娣在宫中说：“我与李泌是同乡，何必这样做呢！”唐肃宗说：“李先生是为国家着想啊。”于是命令马上撤掉马鞍上的珍宝。建宁王李倓在廊下哭泣，哭声被肃宗听到；肃宗很惊奇，就召他来问他为什么要哭，建宁王回答说：“臣近来忧患战祸动乱不能平定，现在看见陛下从谏如流，过不了多久就会看到陛下迎接太上皇回长安，所以过分高兴而生悲泣。”张良娣因此厌恶李泌和李倓。

唐肃宗曾经在闲暇中与李泌谈及李林甫，想要下敕书命令诸将收复长安后，挖开李林甫的坟墓，焚烧他的尸骨并把骨灰扬弃，李泌说：“陛下正在平定天下，何必要仇恨死者呢？李林甫的尸骨有什么知觉，这样做只能表示圣上的恩德不够宽容大量。而且现在跟随安禄山反叛的都是陛下的仇人，如果他们听到陛下这样的举动，恐怕会阻碍他们悔过自新的决心。”肃宗听后不大高兴，说：“这个奸贼过去曾千方百计地要危害朕，那时，朕朝不保夕。朕之所以能够保全生命，实在是天幸啊！李林甫也厌恶先生您，只是来不及害死您罢了，为什么要可怜他？”李泌回答说：“臣怎么不知道这些事！太上皇在帝位快五十年，太平娱乐，不料一朝祸起，只得远避巴蜀。南方地势不好，太上皇年事已高，如听到陛下这个敕书，心里一定以为是为了韦妃的缘故，内心惭愧而不高兴。万一感愤交集而生了病，那就使天下人认为陛下心胸狭隘，容不得君亲！”李泌的话还没说完，唐肃宗泪流满面，走下台阶，仰天拜谢说：“朕没有想到这一点，这是上天让先生您来告诫我啊！”于是抱着李泌的脖子哭泣不已。

一天晚上，唐肃宗又对李泌说：“张良娣的祖母，是太上皇母亲昭成太后的妹妹，太上皇十分思念她。朕想立良娣为皇后以慰藉太上皇的心，您以为如何？”李泌回答说：“陛下在灵武时，因为群臣都希望建功立业，所以陛下才即帝位，这并不是陛下私心要做皇帝。至于家事，应该等待太上皇的命令，这不过是时间早晚的事。”唐肃宗同意了李泌的意见。

南诏乘中原战乱攻陷越巂郡会同军，占据清溪关，寻传和骠国都降附了南诏。（以上为第十四段，写唐肃宗纳谏，李泌尽言，君臣和谐，朝廷以安。）

【点评】

本卷点评三大事件：哥舒翰潼关败北、马嵬驿兵变、唐肃宗即位灵武。

哥舒翰潼关败北。哥舒翰率领二十万大军扼守潼关，兵多于贼，又占地利，安禄山求战不得，后退无出路，河北史思明连遭败绩，被困于博陵。河北十余郡兵民都起来杀了叛军守将投降官军。叛贼老巢范阳告急。郭子仪、李光弼上奏唐玄宗，请引兵北取范阳，攻下贼巢穴，贼必内溃。郭子仪、李光弼还告诫唐玄宗，潼关大军，一定要固守拖住叛军，切不可轻出。叛军前敌将领崔乾祐行反间计，收买唐玄宗左右的人。报告说崔乾祐在陕，兵不满四千。唐玄宗遣中使督促哥舒翰出战。哥舒翰上奏唐玄宗，分析敌我形势，指出叛兵利在速战，官军利在据险，坚守以待勤王之兵四集，找寻战机然后出击，可以一战成功。杨国忠害怕哥舒翰拥兵图己，极力配合叛贼反间，奏称趁贼无备，要哥舒翰抓紧战机出击，不要拥兵逗留自重。这时的杨国忠唯恐哥舒翰不败，他煽起了唐玄宗的猜疑心，派出一批又一批宦官中使去督战。六月初四日丙戌，哥舒翰不得已，抚膺恸哭，引兵出关。六月初七日，官军进抵灵宝，叛军在七十里的隘道上设伏，只出动了一万人来会战，队伍零零落落，散如列星，诱使官军中伏。哥舒翰倾巢出动。十八万大军进击，王思礼将精兵五万为前锋，庞忠将十万为后继，哥舒翰自领三万登河北岸高阜鸣鼓助威。唐军轻敌，全军进入了叛军的伏击圈，既遭叛军乘高下木石，又遭叛军火攻，一日之内全军覆没。哥舒翰守关不出，叛军河北告急，安禄山进退维谷，正要退出洛阳，眼看大势已去，恰在此时昏君唐玄宗听了奸相杨国忠的奸计，逼迫哥舒翰出关，转眼间官军大败，叛军转危为安，安禄山攻入长安，唐王朝岌岌可危。唐玄宗仓皇出逃，河北官军也全线崩溃。叛军声势大振，唐朝官多数降贼，包括唐玄宗女婿张垍。如果叛军策略得当，不滥杀无辜，以诛杨国忠清君侧为辞，进入长安乘胜追击，也许唐王朝就此颠覆，或重创不起，亦未可知。安禄山残虐滥杀，激起民众反抗，进了长安就想称帝，使得唐玄宗能够入蜀，唐肃宗得以在灵武即位，勤王之师四集，双方形成了相持。

哥舒翰轻出潼关，全军败没，唐朝不灭，实乃天幸。唐军遭重创，叛军势力大振，延长了安史叛乱的时间，使两京以及河南河北生灵遭涂炭。哥舒翰的惨败，影响历史至巨。哥舒翰轻出是迫不得已，责任在唐玄宗和权奸杨国忠，但哥舒翰仍要承担两个方面的次要责任。第一，大敌当前，不应当内讧。哥舒翰的责任是守潼关，拒叛军，不应卷入清除杨国忠的斗争中。清除杨国忠是政治家的责任，哥舒翰应全力负责军事。哥舒翰并灞上之兵，杀杨国忠亲信杜乾运，把杨国忠逼上了绝路。困兽犹斗，结果哥舒翰反被杨国忠咬了一口。第二，全军败没，哥舒翰应负全责。首先，哥舒翰不应倾巢出动，以致潼关不守。其次，两军会战通过猛道，没有分批进击，虽分为前后两军，仍然是全军中伏，哥舒翰亲自率的后备队伍，隔河在北，救援不了河南岸之军，也望风崩溃。第三，哥舒翰明知敌人以逸待劳，设伏歼击官军，却轻敌冒进。哥舒翰身经百战，只因恃众轻敌，再一次验证了骄兵必败的硬道理，即使是良将，轻敌必遭擒，概莫能外。

马嵬驿兵变。马嵬驿在今陕西兴平西南。唐玄宗蒙尘入蜀，行军至马嵬驿，将士饥渴，全军愤怒。禁军首领陈玄礼在唐隆政变中助唐玄宗李隆基诛韦皇后，已有犯上前科。安禄山以诛杨国忠反叛，在舆论上杨国忠已是千夫所指。朝野上下都认为是杨国忠骄纵致乱，切齿痛恨。旧账来了，又添新账。逼迫哥舒翰出关，是杨国忠祸国的新账。乘舆出逃长安，杨国忠先是要烧毁库藏，随后要焚毁便桥，均被唐玄宗制止。唐玄宗说，把库藏留给叛军，使百姓少遭祸害。又说，小民百姓也要逃生，为什么要焚毁便桥断了百姓逃命的生路。相比之下，唐玄宗还有一丝顾念百姓之心，而杨国忠的可憎面目昭然若揭。正当变兵愤怒之时，恰好来了一队吐蕃使者，他们见了杨国忠就大喊："杨国忠是反贼。"不由分说就是一箭，射中了杨国忠坐骑的马鞍。杨国忠逃到了马嵬驿的西门，被乱兵砍杀。杨国忠的儿子户部侍郎杨暄，以及贵妃姐韩国夫人、秦国夫人皆被乱兵所杀。至此，哗变兵士仍聚而不散，包围驿馆，直到杨贵妃自缢，陈玄礼见了尸首，这才免胄释甲，叩首请罪。唐玄宗慰劳军士，众人齐呼万岁，兵变风波得以平息。

唐玄宗昏聩，奸臣当道，是致乱之源。安禄山反叛，唐玄宗和杨国忠并未反省，吸取教训，改弦易辙，昏君奸臣仍在误国，才又导致潼关之败。杨国忠不除，祸乱未已。马嵬驿兵变，杀了杨国忠和杨贵妃，两条祸根被拔除，平息了众怒，唐玄宗得以安然入蜀。马嵬驿兵变，唐玄宗的权威受到挑战，为新生政权的诞生扫清了障碍。

唐肃宗即位灵武。杨国忠兼剑南节度使，很多部属爪牙在蜀。唐玄宗入蜀即为杨国忠首先提出。马嵬驿兵变，诛杀了杨国忠，将士不愿入蜀，有的提出到河陇，有的提出北上灵武，或到太原。唐玄宗执意入蜀，关中父老拦道请留。唐玄宗留下太子李亨安慰父老。关中父老对太子说："皇上不愿留下，请殿下留下率领关中子弟东向破贼，取长安。"如果殿下与皇上都到了蜀地，中原百姓没了主人，那就真成了贼人的天下。不多会，来了几千群众，不让太子西行。太子李亨的第三子建宁王李倓多谋善断，他与宦官李辅国一齐拉着太子的马缰绳劝谏留下讨贼。李倓说："如果殿下与皇上都到了蜀地，那么中原之地拱手与贼。违背众心，一旦人心散失，不可复聚，那时再想回来就不可能了。不如留下收拢西北守边之兵，召回河北郭子仪、李光弼的军队，并力讨贼，克复两京，平定四海，兴复国家，再打扫干净宫禁，迎请皇上回京，那才是大孝。国家存亡在此，不可效法儿女温情。”太子的长子广平王李俶也劝太子留下。关中父老趁此围住太子坐骑，不让西行。唐玄宗在前面等了很久，不见太子跟来，打探消息后说：“这是天意。”唐玄宗留下二千兵马护卫太子，又派人送东宫内人给太子。唐玄宗还传话太子，要传位给他。于是父子分道扬镳，唐玄宗入蜀，太子北上灵武。七月，太子李亨即位于灵武，改元至德，是为肃宗，唐王朝进入了平定叛乱的新局面。

唐玄宗入蜀，留下太子收拾乱局，并传话传位给太子，这是唐玄宗晚年办的最重要的一件大事。作为开元盛世的明君，唐玄宗并不糊涂。他挥泪赐死杨贵妃，从众留下太子并传位给太子，表现了他的罪己悔过，与天宝时期的昏暗之主决裂。司马光批评唐玄宗，恃其承平，骄奢淫逸，“殚耳目之玩，穷声技之巧”，岂不知大盗在旁，窃其国柄，终于导致大祸，玄宗蒙尘，生民涂炭。司马光的结论是：“乃知人君崇华靡以示人，适足为大盗之招也。”唐玄宗昏而不暴，没有大恶，司马光的批评还是中肯的。

资治通鉴（白话本） 卷第二百一十九

唐纪三十五

唐肃宗至德元载至二载（公元756—公元757）

【起柔兆涒滩（丙申，公元756年）十月，尽强圉作噩（丁酉，公元757年）闰八月，不满一年】

【大事提要】

本卷记事起公元756年十月，讫公元757年闰八月，凡十一个月。当唐肃宗至德元载十月到至德二载闰八月。这是安史之乱战斗最为激烈的一年，双方投入兵力有百万之众，互有进退。广大中原地区到处是战火。官军方面，两攻长安不克，房琯兵败于前，郭子仪兵败于后。河北官军全线败退，史思明占据河北，兵进太原为李光弼所阻。河南鲁炅守南阳，淮北张巡、许远守睢阳，保护了淮南与江东的安宁。总的形势是，叛军气盛，处于进攻，官军稍弱，处于防守。唐室新政权肃宗已站稳脚跟，官军局部反攻，郭子仪收复了河东。由于双方都有内讧，影响战局发展。官军方面，张巡守睢阳，邻郡官军观望不救。永王李璘欲割据江东，差点危及大局。此时官军资给、唐皇室财货，都要仰赖江淮。叛军内讧，安庆绪弑父自立，史思明称雄河北。叛军势分，从此走入下坡路；官军日益占上风。

肃宗文明武德大圣大宣孝皇帝中之上

唐肃宗至德元载（丙申，公元756年）

冬季，十月初一日辛巳朔，日全食。

唐肃宗从顺化出发，十月初三日癸未，到达彭原。

当初，李林甫做宰相，谏官要进谏事情都要先告诉宰相，退朝后又要把入朝所进谏的内容告诉宰相，御史进言事情也必须和大夫一起署名。到这时，肃宗下敕书命令全部革除这些弊端，开通进谏的途径。又命令宰相在政事堂分别值日，接受皇帝的旨意，十天轮换一次，这都是鉴戒李林甫和杨国忠专权的缘故。

第五琦在彭原进见肃宗，请求用江、淮征收的租庸购买轻货，沿着长江、汉水而上运到洋川，命令汉中王李瑀再从陆地运到扶风以资助军用，肃宗听从了这个意见。不久即加任第五琦为山南等五道度支使。第五琦制定了榷盐法，使国家财用富足。

房琯喜欢结交朋友，爱好高谈阔论，引荐提拔了很多知名人士，而鄙视无名庸俗之辈，所以不少人都很怨恨他。北海太守贺兰进明到达天子巡行所在之地，肃宗命令房琯任用他为南海太守，兼御史大夫，充岭南节度使，而房琯却任用他为代理御史大夫。贺兰进明入谢，肃宗感到很奇怪，贺兰进明乘机说自己与房琯有矛盾，并且说："晋朝用王衍为三公，因崇尚浮华虚名，而导致中原社会动乱不安。现在房琯专门讲一些迂阔不切实际的大话来建立个人的虚名，所引荐任用的都是一些浮华之辈，真是和王衍差不多了！陛下任用他为宰相，恐怕对国家来说不是好事。况且房琯在南方朝廷辅佐太上皇，使陛下与诸王分别统领各道节制，而把陛下置于边塞沙漠空虚荒凉的地方，又把私人党羽分布在各道，让他们掌管大权。房琯的用心是他认为不管太上皇的哪一个儿子得到天下，他自己都不会失去富贵，这难道是忠臣所应该做的事吗？"肃宗因此疏远房琯。

房琯上疏，请求亲自率兵恢复长安、洛阳，肃宗同意了，于是加任他为持节、招讨西京兼防御蒲潼两关兵马、节度等使。房琯请求亲自挑选部下参佐，任命御史中丞邓景山为副将，户部侍郎李揖为行军司马，给事中刘秩为参谋。出发后，又命令兵部尚书王思礼做他的副手。房琯把军务都委托给李揖、刘秩，这两个人都是书生，不熟悉军事。房琯对别人说："贼兵精锐曳落河虽然很多，怎能敌得过我军的刘秩！"房琯把部队分为三军：派裨将杨希文率领南军，从宜寿进攻；派刘贵哲率领中军，从武功进攻；派李光进率领北军，从奉天进攻。李光进，是李光弼的弟弟。

唐肃宗任命贺兰进明为河南节度使。

颍王李璬到达成都的时候，崔圆迎接谒见，在马前行拜礼，李璬没有停步，崔圆因此很恨他。李璬上任两个月，官吏和百姓安定。崔圆却奏请罢免李璬，让他回行宫内宅居住；任命武部侍郎李岘为剑南节度使，代替李璬。李岘，是李岘的哥哥。太上皇不久又命令李璬与陈王李珪到肃宗那里去慰问，这时，在彭原见到肃宗。延王李玢跟随太上皇进入蜀中，没有赶上太上皇的车驾；太上皇非常生气，想要杀掉他。汉中王李瑀救了他，于是命令李玢也到肃宗那里去。

十月初四日甲申，令狐潮、王福德又率领步兵、骑兵一万多人进攻雍丘。张巡出城攻击，大败叛军，杀了好几千人；贼兵逃走。

房琯让中军、北军为前锋，十月二十日庚子，到达便桥。十月二十一日辛丑，两军在咸阳的陈涛斜遇到贼将安守忠。房琯模仿古代战法，用车作战，用两千辆牛车，骑兵、步兵夹杂；贼兵顺风击鼓喊叫，牛都受到惊吓。贼兵放火焚烧，士兵牛马大乱，官军死伤四万多人，活下来的只有几千人。十月二十三日癸卯，房琯亲自率领南军作战，又失败了，杨希文、刘贵哲都投降了叛贼。肃宗听说房琯失败，非常愤怒。李泌出面营救他，肃宗才原谅了他，仍像过去那样对待房琯。

（以上为第一段，写房琯兵败长安。）

唐肃宗任命薛景仙为关内节度副使。

敦煌王李承寀来到回纥牙帐，回纥可汗把自己的女儿嫁给他，并派自己的亲贵大臣与李承寀和仆固怀恩同来，在彭原拜见肃宗。肃宗优厚礼待回纥使者并送他回去，赐封回纥可汗女儿名号为毗伽公主。

尹子奇围攻河间，四十多天未能攻下，史思明带兵与他会合。颜真卿派他的部将和琳带领一万二千人去援救河间，史思明迎头阻击，活捉和琳，于是攻陷河间，俘获李奂把他送往洛阳杀掉。又攻陷景城，太守李暐投河自杀。史思明派遣两名骑兵带着书信去招降乐安郡，乐安郡立刻全郡投降。又派他的部将康没野波带领先锋去攻打平原，兵还没到，颜真卿自知兵力敌不过，十月二十二日壬寅，放弃平原郡渡过黄河向南撤走。史思明马上用攻打平原郡的部队去攻打清河、博平，都攻陷了。史思明又带兵在信都包围乌承恩，乌承恩投降了，亲自带领史思明进城，交出兵马、仓库，共有三千匹马，一万名士兵。史思明把乌承恩送到洛阳，安禄山恢复了他的官职与爵位。

饶阳裨将束鹿人张兴，不仅力大无比，而且秉性明辨事理。贼兵进攻饶阳，攻了一年也攻不下来。等到各郡都陷落后，史思明合力围攻饶阳，外援全都断绝了，太守李系困窘急迫，跳火自杀，于是城被攻陷。史思明捉住张兴，站在马的前面，对他说："将军真是一个壮士，能和我一起共享富贵吗？"张兴说："我张兴，是唐朝的忠臣，绝对没有投降的道理。现在我的性命只有片刻，希望向你进一言而死。"史思明说："请说出来看看。"张兴说："皇上对待安禄山，恩重如父子，群臣中没有一个比得上的，安禄山却不知道报答皇上恩德，反而兴兵攻打京城，使老百姓遭殃。大丈夫不能消灭叛逆元凶，难道还能北面称臣吗？我有一个小小的计策，足下能听一听吗？足下之所以跟随叛贼，只为了求得富贵，这好比是燕子筑巢在帐幕上，怎么能够长久安稳呢？不如乘机攻取叛贼，转祸为福，长久享受富贵，不也是一件美事吗？"史思明听后大怒，命令把张兴捆绑在木头上，用锯子把他锯死，张兴骂不绝口，直到死去。

叛贼每攻破一座城，就把城中的衣服、财物、妇女抢劫而去。至于男人，强壮的就让他们担负运输，老弱病幼的则都用刀枪像玩游戏一样杀死。安禄山当初交给史思明士卒三千人，让他平定河北，到这时，河北各郡都给平定了，每郡布置防守部队三千人，并混杂胡兵来镇守；史思明回到博陵。

（以上为第二段，写贼将史思明攻陷河北郡县，官军全线败没。）

尹子奇带领五千骑兵渡过黄河，攻打北海，想要向南攻取江淮一带。碰上回纥可汗派他的大臣葛逻支带兵来支援唐军，先派两千骑兵突然来到范阳城下，尹子奇听说后，连忙带兵回去。

十一月初八戊午，回纥到带汗谷，与郭子仪的军队会合。十一月十一日辛酉，与同罗和反叛的胡兵在榆林黄河以北交战，大败叛军，杀死三万人，俘虏一万人，河曲一带都平定了。郭子仪回军驻扎在洛交。

唐肃宗命令崔涣慰问江南地区，并兼管选举事务。

令狐潮带领部众一万多人在雍丘城北面安营扎寨，张巡截击，大败他，贼兵于是逃走。

永王李璘，从小失去母亲，由肃宗抚养，常常抱着他睡觉，跟随太上皇进入蜀地。太上皇命令各个儿子分别统领天下的节度都使，谏议大夫高适劝谏，认为不能这样做，太上皇不听。李璘兼领四道节度都使，镇守江陵。当时江、淮地区的租赋像山一样堆积在江陵，李璘招募勇士好几万人，每天花费巨大。李璘在深宫里长大，不懂得世事人情，他的儿子襄城王李玚，勇武有力，喜好军事，有薛镠等人替他做参谋，以为现在天下大乱，只有南方完整富足，而李璘掌握四道部队，疆土好几千里，应该占据金陵，保有江东，像东晋王朝一样。肃宗听说后，敕令李璘回蜀中朝见太上皇，李璘不听。江陵长史李岘借口有病辞别李璘奔赴肃宗所在之地，肃宗召集高适和他商议。高适陈述江东的形势，并且说李璘必定失败的情况。十二月，设置淮南节度使，统领广陵等十二郡，任命高适为节度使。设置淮南西道节度使，统领汝南等五个郡，任命来瑱做节度使，让他们与江东节度使韦陟共同对付李璘。

安禄山派兵攻打颍川。城中兵力很少，没有积蓄，太守薛愿、长史庞坚全力抵抗，城周围百里之内的房屋、树木都毁掉了。过了一整年，救兵不来，安禄山派阿史那承庆增加兵力进攻他们，白天黑夜拼死战斗了十五天，城被攻陷，把薛愿、庞坚抓住送到洛阳，安禄山把他们捆绑在洛水的冰上，活活冻死。

唐肃宗问李泌说："现在敌人如此强大，什么时候才能够平定？"李泌回答说："臣看到叛贼所掠获的女人和金银财帛，都送往范阳，这哪里是雄踞天下的志向！现在只是胡人将领还有些为安禄山效力，汉人只有高尚等几个人，其他的人都是被迫胁从。根据臣的预料，不出两年，天下就没有贼寇了。"肃宗说："什么原因？"李泌回答说："叛贼的骁将，不过史思明、安守忠、田乾真、张忠志、阿史那承庆等几个人罢了。现在如果命令李光弼从太原出井陉关，郭子仪从冯翊进入河东，那么史思明、张忠志就不敢离开范阳、常山，安守忠、田乾真就不敢离开长安，这样用两支部队牵制住他的四员大将，跟随安禄山的，只有阿史那承庆了。希望陛下敕令郭子仪不要攻取华阴，让两京之间的道路经常畅通，陛下把所征调的部队驻扎在扶风，与郭子仪、李光弼交替出兵攻打，叛贼如果救头部，我们就攻打他们的尾部，如果救尾部，我们就攻打他们的头部，迫使叛贼在几千里战线上往来，疲于奔命，我军经常以逸待劳，叛贼来后就避开其锋芒，走时就乘其疲惫攻打，不攻打城池，不阻断道路。第二年春天，再任命建宁王为范阳节度大使，沿着边塞向北出击，与李光弼构成南北夹击之势以攻取范阳，倾覆叛贼的巢穴。叛贼后退则无处可回，留下不走则不得安宁，然后大军四面合围而进攻，就一定能够活捉安禄山。”唐肃宗听了很高兴。

当时张良娣与李辅国内外勾结，都讨厌李泌。建宁王李倓对李泌说：“先生您在肃宗面前推举我，使我得以施展做臣子的忠效，没有什么可以报答先生的恩德，请为先生除去祸害。”李泌说：“怎么回事？”李倓说出张良娣的事。李泌说：“这不是做臣子说的话，希望您能搁置此事，不要先动手。”李倓不听。

十二月二十五日甲辰，永王李璘擅自率兵东巡，沿长江而下，军势非常强盛，但还没有露出割据一方的企图。吴郡太守兼江南东路采访使李希言写信给李璘，责备他擅自率兵东下的意图，李璘很生气，就分兵派遣他的部将浑惟明在吴郡袭击李希言，季广琛在广陵袭击广陵长史、淮南采访使李成式。李璘进军到当涂，李希言派他的部将元景曜以及丹徒太守阎敬之带兵抵抗，李成式也派他的部将李承庆抵抗。李璘击败阎敬之并将他斩首示众，于是元景曜、李承庆都投降了李璘，江、淮一带大为震动。高适与来瑱、韦陟在安陆会合，结盟誓师讨伐李璘。

于阗王尉迟胜听说安禄山谋反，命令他的弟弟尉迟曜代理国家大事，亲自带兵五千人来援助。唐肃宗嘉奖他，任命他为特进，兼殿中监。

令狐潮、李庭望进攻雍丘，好几个月都攻不下，于是便设置杞州，在雍丘北面修筑城池，以断绝雍丘城的粮食支援。贼兵经常有好几万人，然而张巡的部队才一千多人，每战则胜。河南节度使虢王李巨驻守彭城，让张巡代理先锋使。这个月，鲁郡、东平郡、济阴郡都被叛贼攻陷。贼将杨朝宗率领骑兵、步兵两万人，准备袭击宁陵，切断张巡的后路。于是张巡撤出雍丘，向东防守宁陵以等待叛贼，这时张巡才与睢阳太守许远相见。这一天，杨朝宗来到宁陵城西北，张巡、许远和他交战，一昼夜战了几十回合，大败杨朝宗，杀死一万多人，尸体塞满汴水顺流而下，叛贼收兵连夜逃走。肃宗敕命张巡为河南节度副使。张巡因为部下将士有功劳，就派使者到虢王李巨那里请求给予空白官吏委任状以及赏赐物品，李巨只给了折冲、果毅委任状三十份，没有给赏赐物品。张巡写信去责备李巨，李巨竟然不回应。

这一年，设置北海节度使，统领北海等四郡；设置上党节度使，统领上党等三郡；设置兴平节度使，统领上洛等四郡。

吐蕃攻陷威戎、神威、定戎、宣威、制胜、金天、天成等军，以及石堡城、百谷城和雕窠城。

当初，林邑王范真龙被他的大臣摩诃漫多伽独杀死，范氏也被族灭了。国人又立他们的国王头黎的女儿为王，女王不能治理国家，国人又改立头黎姑妈的儿子诸葛地，称他为环王，他娶女王为妻。

（以上为第三段，写永王李璘图谋割据江淮，河南张巡苦战雍丘。）

唐肃宗至德二载（丁酉，公元 757 年）

春季，正月，太上皇颁下诰命，任命宪部尚书李麟同平章事，总管百官，命令崔圆奉诰命奔赴彭原。李麟，是懿祖光皇帝李天锡的后裔。

安禄山自从起兵叛乱以来，眼睛渐渐昏暗，到这时再也看不见东西了。又长了毒疮，性情更加暴躁，对左右使唤的人，稍微有点不如意的地方，动不动就加以鞭打，有时甚至杀掉。称帝以后，深居宫中，大将难得见他的面，都通过严庄报告事情。严庄虽然尊贵而有权势，但也免不了被鞭打，宦官李猪儿被打尤其多，安禄山左右的人都觉得不能自保。安禄山的爱妾段氏，生了一个儿子名叫庆恩，想要代替安庆绪为太子。安庆绪经常害怕被杀死，不知道怎么办才好。严庄对安庆绪说："事情往往有迫不得已的时候，时机不可失去。"安庆绪说："哥哥有所作为，小弟哪敢不恭敬相从。"严庄又对李猪儿说："你前前后后挨打，哪里数得清呢！如果再不干大事，说不定哪天就死了！"李猪儿也答应了。严庄和安庆绪夜晚拿着兵器站在帐外，李猪儿拿刀直接进入帐中，砍安禄山的腹部。左右的人都很害怕，不敢动。安禄山用手去摸枕头旁边的刀，没有摸到，就用手用力摇动帐竿，说："一定是家贼干的。"肠子已经流出好几斗来，于是死去。严庄等在床下挖了一个好几尺的深坑，用毡包裹了安禄山的尸体把他埋了，并警告宫中的人不得泄露消息。初六日乙卯早晨。严庄对外宣布说，安禄山病重。立晋王安庆绪为太子，不久就即位称帝，尊称安禄山为太上皇，然后才发丧。安庆绪性情昏庸懦弱，说话语无伦次，严庄担心众人不服，不让他见人。安庆绪每天纵酒取乐，把严庄当作兄长一样看待，任命他为御史大夫、冯翊王，事无大小，都由严庄决定，并多加封诸将的官职和爵位以取得他们的欢心。

（以上为第四段，写叛贼内讧，安禄山子安庆绪弑父自立。）

唐肃宗在闲谈中对李泌说："广平王做元帅已经一年多了，现在想命令建宁王专管征讨大事，又恐怕力量分散。立广平王为太子，怎么样？"李泌回答说："我曾多次说过，现在军事繁忙急迫，必须马上分别处理；至于立太子这样的家事，应当等待太上皇的命令。不然，后代怎么看待陛下在灵武即位的意图呢？这一定是有人想要让我和广平王产生矛盾，臣请求把此事告诉广平王，广平王也一定不敢接受。"李泌出来，把这事告诉了广平王李俶，李俶说："这是先生深知我的心意，想多方促成美事。"于是进宫，向肃宗坚决推辞说："陛下即帝位后还来不及向太上皇行早晚看望的礼节，臣怎么敢当太子呢？希望等太上皇回宫后再说，这就是臣的幸运。"肃宗奖赏安慰他。

李辅国本来是飞龙厩中小当差，略微懂得一些书写和计算，在太子宫中供事，肃宗很信任他。李辅国外表恭恭敬敬，寡言少语，然而内心却狡猾凶险，他看到张良娣得到肃宗宠爱，就暗中巴结依附她，与她内外勾结。建宁王李倓多次在肃宗面前揭发攻击两人的罪恶，两人就在肃宗那里谗言说："李倓怨恨没有做成元帅，要谋害广平王。"唐肃宗大怒，赐李倓自杀。于是广平王李俶以及李泌心中都很害怕。李俶想设法去掉李辅国及张良娣，李泌说："不能这样做，您没看见建宁王的杀身之祸吗？"李俶说："我暗地里替先生担忧啊。"李泌说："我与肃宗事先有约定。等平定京师后，就回到山中去，大概可以免除祸患。"李俶说："先生走了，那我就更加危险了。"李泌说："您只管尽人子的孝道。张良娣是个妇道人家，您委曲求全尽量顺从她，她又能把你怎么样呢？"

唐肃宗对李泌说："现在郭子仪、李光弼已经做了宰相，如果收复两京，平定天下，那就没有官职奖赏他们了，该怎么办呢？"李泌回答说："古时候官职任命给有才能的人，爵位酬答给有功的人。汉、魏以来，虽然设郡县来管理人民，但对有功的人则赐封土地，土地可以传给子孙，一直到北周和隋朝都是这样。唐朝初期，还没有得到关东地区，所以赐封爵位都是设的虚名，那些享受实封的人，只是赏给一些丝绸布帛而已。贞观年间，太宗想要恢复古代的制度，大臣们意见不一而没有实行。从此多用官职来奖赏有功的人。用官职奖赏功臣有两大危害，如果才非所任就会荒废政事，如果权力太大就难以控制。因此，位居高官的功臣，都不替子孙深谋远虑，只是一心乘着一时的权势来谋取利益，不管什么样的事都干得出来。假使过去安禄山有百里的封地，那么他也会爱惜它并把它传给子孙，就不会反叛。从现在的情形考虑，等到天下平定后，不如分土封爵以奖赏功臣，那么即使是大的封国，也不过两三百里，相当于现在的一个小郡，难道不好控制吗！这样对于为臣子的人来说才是万代可以享用的长远利益。"肃宗说："很好！"

唐肃宗听说安西、北庭及拔汗那、大食诸国的兵马到了凉州、鄯州，正月十五日甲子，驾临保定。

正月十七日丙寅，剑南士兵贾秀等五千人谋反，将军席元庆、临邛太守柳奕讨伐杀死他。

河西兵马使盖庭伦与武威九姓胡族商人安门物等杀了节度使周泌，聚集六万人。武威大城中有七个小城，胡人占据其中的五个，只有两个小城坚守不下。支度判官崔称与中使刘日新用两个城的兵马攻打胡人，打了十七天，把他们平定了。

（以上为第五段，写唐肃宗听谗冤杀建宁王李倓，贼未平，已有猜忌功臣之心。）

史思明从博陵，蔡希德从太行，高秀岩从大同，牛廷介从范阳，总共率十万兵马，进犯太原。李光弼部下的精兵都奔赴朔方，剩下的团练乌合之众不满一万人。史思明以为太原唾手可得，如得到后，将乘机长驱直入夺取朔方、河、陇地区。太原的各位将领都很害怕，商议修筑城池以等待敌人来进攻，李光弼说："太原城周围有四十里，在叛贼快要到来时而修筑城池，这是还没有见到敌人而先使自己疲劳。”于是率领士卒和百姓在城外挖壕沟以巩固自己。又做了好几十万块土砖，众人都不知道有什么用。等到叛贼在外面攻城，李光弼用这些土砖在城内增加壁垒，毁坏了马上就修补好。史思明派人到山东去取攻城的器具，用三千胡兵护送，走到广阳，别将慕容溢、张奉璋拦击，把他们都杀掉了。

史思明包围太原，一个多月攻不下来，就挑选骁勇精锐的士兵作游兵，告诫他们说："我攻打城北时，你们就偷偷地跑到城南，我攻打城东时，你们就跑到城西，一有机会就乘机进攻。”然而，李光弼军令严整，即使是敌人没有进攻的地方，警戒巡逻部队也未曾有丝毫的松懈，因此，叛贼不能够攻入城内。李光弼在军中招募人才，只要有一技之长，都选取来，根据才能来使用他们，所以人尽其才。李光弼得到安边军三个铸钱的工匠，他们善于挖掘地道。当叛贼在城下仰头辱骂时，李光弼派人从地道中拉住叫骂人的脚，把他们拉进地道，抓到城墙上把他们杀死。从此叛贼行走时都看着地下。叛贼做了云梯冲车和土山用来攻城，李光弼挖地道迎战他们，叛贼一靠近城墙就陷入地中。叛贼开始逼近城池很急迫，李光弼就制作大炮，发射大石，一发就打死二十几人。叛贼被打死的有十分之二三，于是就退回好几十步以外安营扎寨，围城和守卫更加严密紧固。李光弼派人假装与叛贼订约，定好日期出城投降，叛贼很高兴，没有防备。李光弼让士卒在叛贼军营四周挖地道，用木头支撑。到了日期，李光弼率兵站在城上，派遣裨将带领几千人出城，好像投降的样子，叛贼都注意地观看。突然军营中的地陷落了，死了一千多人，叛贼惊慌失措乱了阵脚，官军击鼓呼喊乘机进攻，俘虏斩杀敌人数以万计。适逢安禄山死了，安庆绪派史思明回去守卫范阳，留下蔡希德等人包围太原。

（以上为第六段，写李光弼守太原，大破叛贼史思明。）

安庆绪任命尹子奇为汴州刺史、河南节度使，正月二十五日甲戌，尹子奇带领归州、檀州以及同罗、奚的士兵十三万人赶往睢阳。许远向张巡告急，张巡从宁陵带兵进入睢阳。张巡有士兵三千人，与许远兵合计六千八百人。叛贼全部人马进逼睢阳城，张巡督促鼓励将士们，昼夜苦战，有时一天战至二十回合，一共打了十六天，俘获贼将六十多人，杀死士卒两万多人，士气倍增。许远对张巡说："我许远生性懦弱，不懂军事，先生智勇双全，我请求替您守备，您代我指挥作战。”从此以后，许远只是调配军粮，修整战斗器具，在城中接应而已，战斗筹划方面的事务全由张巡决定。叛贼于是连夜逃走了。

郭子仪认为河东郡位于西京和东京之间，得到河东郡，西京和东京就可谋取。当时叛贼将领崔乾祐守卫河东郡，正月二十八日丁丑，郭子仪暗中派人进入河东郡，与唐朝陷入叛贼中的官员谋划，等官军到达后，作为内应。

当初，平卢节度使刘正臣从范阳失败回来，安东都护王玄志用毒酒杀死他。安禄山任命他的党羽徐归道为平卢节度使，王玄志又与平卢将领侯希逸袭击杀死徐归道，又派遣兵马使董秦率领士兵乘苇筏渡过大海，与大将田神功一起攻打平原、乐安，把它们攻下。防河招讨使李铣以肃宗制书的名义任命董秦为平原太守。

二月初十日戊子，肃宗到达凤翔。

郭子仪从洛交带兵赶赴河东，分一部分兵力攻取冯翊。二月十一日己丑夜晚，河东司户韩旻等人翻越河东城迎接官军，杀死叛贼近千人。崔乾祐翻越城墙逃走得以幸免，征发城北的士兵来攻城，并且抵抗官军，郭子仪打败他。崔乾祐逃走，郭子仪追赶攻击，杀死四千人，俘虏五千人。崔乾祐到达安邑县，安邑人打开城门接纳他们，在部队进到一半的时候，关门攻击，把贼兵全部杀死。崔乾祐没有进城，从白迳岭逃走。于是平定河东。

（以上为第七段，写张巡、许远守睢阳，郭子仪讨贼平河东。）

唐肃宗到凤翔十天，陇右、河西、安西、西域的士兵都会合起来，江淮一带的庸调赋税也到了洋川、汉中。肃宗从散关送表文到成都，信使来往络绎不绝。长安城中的人们听说肃宗驾到，从叛贼中逃出来投奔朝廷的日夜不绝。西方增援的部队休整充足后，李泌请求派遣安西以及西域的部队，照以前所计划的策略沿着边塞向东北进军，从归州、檀州向南攻取范阳。肃宗说：“现在大队人马已经聚集，庸调赋税也已运到，应当乘着兵马充足的势头直捣叛贼腹心，然而却带兵向东北走好几千里，首先攻取范阳，不是迂回了吗？”李泌回答说：“现在用这些部队直接攻取西京和东京，一定能攻下。然而，叛贼必定再次强盛，我军必定又会疲困，这不是长治久安的策略。”肃宗说：“为什么？”李泌回答说：“现在我们所依靠的，都是西北守卫边塞以及各胡族的士兵，他们生性耐寒而怕热，如果乘着刚到的锐气，攻打安禄山已经疲乏的军队，在形势上一定能战胜。但是西京、东京的天气已经到了暮春季节，叛贼如果收拾其残余部队，逃回巢穴，而关东一带天气炎热，官军一定困乏而想回去，不可能留下来。叛贼休整兵马，等官军离去后，一定再次向南方来，这样叛贼与官军征战的形势就会无休无止。不如先用兵于寒冷的地方，除掉叛贼的巢穴，而叛贼就无处可回，从根本上彻底平息战乱。”肃宗说：“朕急着要收复两京，迎回太上皇奉养，不能听从你的这个计策。”

关内节度使王思礼驻扎在武功，兵马使郭英乂驻扎在东原，王难得驻扎在西原。二月十九日丁酉，安守忠等人侵犯武功，郭英乂交战不利，箭射穿他的下巴而逃走。王难得看到他失败而不去救援，也逃走了，王思礼把部队撤退到扶风。叛贼的游兵到达大和关，离凤翔只有五十里，凤翔大为惊骇，全城戒严。

李光弼率领敢死队士兵出城攻击蔡希德，大败蔡希德，杀死七万多人，蔡希德逃走。

安庆绪任命史思明为范阳节度使，兼管恒阳军的事务，封他为妫川王，任命牛廷介掌管安阳军的事务，任命张忠志为常山太守兼团练使，镇守井陉口。其余的人都命令他们回到各自以前的任所，招募士兵以抵抗官军。先前，安禄山攻下西京和东京，把珍宝财货全都运往范阳。史思明拥有强大的兵力，凭借富足的财物，更加骄横，渐渐不听从安庆绪的命令，安庆绪也不能控制他。

二月二十日戊戌，永王李璘兵败死亡，他的党羽薛镠等都因罪被杀。

当时李成式与河北招讨判官李铣合兵讨伐李璘，李铣有兵马几千人，驻扎在扬子。李成式派判官裴茂带领三千兵马，驻扎在瓜步，广树旗帜，陈列在长江渡口。李璘和他的儿子李玚登上城墙张望，开始有惧怕的神情。季广琛召集各位将领说："我辈跟随永王到这里，天命尚未降临，人谋已经败坏，还不如趁两军还没有交战以前，早做去留打算。要不然死于刀箭之下，就永远成为叛逆的臣子了！"各位将领都同意他的意见。于是季广琛带领部下逃到广陵，浑惟明逃到江宁，冯季康逃到白沙。李璘忧虑害怕，不知所措。这天晚上，长江北面的军队陈列了许多火炬，火光照在水里，一个火炬都变成两个火炬，李璘的部队又用火炬来照应。李璘以为官军已经渡过长江，于是马上带领家属和手下的人偷偷地逃走。等到天亮，没有看见渡江的部队，便又进城收拾部队，准备好船桨就离去。李成式的部将赵侃等人渡过长江到达新丰，李璘派李玚和他的部将高仙琦率兵攻打；赵侃等与李玚交战，射中李玚的肩膀，李璘的部队便溃败了。李璘与高仙琦收拾残兵，向南逃往鄱阳，收集仓库里的兵器物资，想向南逃往岭表，江南西道采访使皇甫侁派兵追击讨伐，活捉了李璘，在客舍里把他暗中杀死；李玚也死于乱兵。

皇甫侁派人护送李璘家属回到蜀地，肃宗说："皇甫侁既然已经活捉了我的弟弟，为什么不送到蜀中而擅自杀死他呢？"于是废弃皇甫侁，不再任用。

（以上为第八段，写唐肃宗讨叛贼，不纳李泌先取范阳之计，兵指长安。永王璘兵败身死。）

二月二十二日庚子，郭子仪派他的儿子郭旰以及兵马使李韶光、大将王祚渡过黄河攻打潼关，攻下潼关，杀死五百人。安庆绪派兵救援潼关，郭旰等人大败，死了一万多人。李韶光、王祚战死，仆固怀恩抱着马头浮水渡过渭水，退回去保卫河东。

三月十三日辛酉，任命左相韦见素为左仆射，中书侍郎、同平章事裴冕为右仆射，两人同时被罢除政事。

当初，杨国忠讨厌宪部尚书苗晋卿，安禄山反叛时，请出苗晋卿为陕郡太守，兼任陕郡和弘农郡的防御使。苗晋卿以年老多病坚决辞谢，太上皇很不高兴，让他退休。等到长安失守，苗晋卿偷偷跑到山谷里躲起来。肃宗到达凤翔，亲自写敕书征召他为左相，军国大事都征求他的意见。

太上皇思念张九龄有先见之明，因此痛哭流涕，派中使到曲江去祭奠他，优厚地抚恤他的家属。

尹子奇又率领大军来攻打睢阳。张巡对将士们说：“我身受国家恩惠，所以坚守，是为国家效命。但是一想到大家为国捐躯，血浸原野，而赏赐却不能酬劳功勋，因此心中万分悲痛。”将士们都受到很大激励，奋勇请战。张巡于是宰牛设宴，大肆犒劳士卒，率领全军出城作战。叛贼看见张巡的士兵很少，就嘲笑他们。张巡手拿旗帜，率领各部将直接冲向叛贼阵地，叛贼于是全军溃败，杀死将领三十多人，杀死士卒三千多人，追赶叛军好几十里。第二天，叛贼又会合部队来到城下，张巡出城作战，一昼夜打了好几十回合，多次挫败叛军的锋芒，然而贼兵仍然不停地围城攻打。

三月二十三日辛未，安守忠率领骑兵两万人侵犯河东，郭子仪把他打跑了，杀死八千人，俘虏五千人。

夏季，四月，颜真卿从荆州、襄阳向北到达凤翔，肃宗任命他为宪部尚书。

唐肃宗任命郭子仪为司空、天下兵马副元帅，让他带兵奔赴凤翔。四月十三日庚寅，李归仁用五千铁骑在三原北面拦击，郭子仪叫部将仆固怀恩、王仲升、浑释之、李若幽等埋伏起来，在白渠留连桥攻击，几乎全歼叛军，李归仁游水逃脱。李若幽是李神通的玄孙。

郭子仪与王思礼的军队在西渭桥会合，进军驻扎在潏水的西边。安守忠、李归仁驻扎在京城西边的清渠。两军相持七天，官军没有前进。五月初六日癸丑，安守忠假装撤退，郭子仪率领全军追赶他。叛贼用骁勇的骑兵九千人排成长蛇阵，官军攻击，首尾变成两翼，夹击官军，官军大败。判官韩液、监军孙知古都被叛贼所擒获，军用物资各种器械全都抛弃了。郭子仪退回来保卫武功，内外戒严。

（以上为第九段，写贼将尹子奇重兵围攻睢阳。郭子仪兵败长安。）

这时候朝廷府库没有什么积蓄，朝廷只能用官爵来赏赐有功的人，各位将军出征时，都给以空白委任状，上自开府、特进、列卿、大将军，下到中郎、郎将等官爵，都随便由将军临时填上姓名。后来又允许用信牒授予官爵，甚至有异姓而封王的。各路军队只凭职务大小相互管辖，不再计较官爵的高低。等到这次清渠战败后，又用官爵来收拾散兵。从此官爵轻而财货重，一张大将军的委任状，只能换得醉酒一次。凡是应募当兵的，一律穿紫袍佩金鱼，甚至有朝廷官员的仆人也穿紫袍佩金鱼，号称大官，干的是卑贱的事务。唐朝封官赏爵名称之泛滥，这时已达到了极点。

房琯性情高雅简古，这时国家正是多灾多难，然而房琯却经常借口有病不上朝拜见肃宗，不把职事放在心上，每天和庶子刘秩、谏议大夫李揖，高谈阔论佛教与道教，有时听门客董庭兰弹琴，董庭兰也借机大肆招揽权利。御史上奏说董庭兰贪赃受贿，初十日丁巳，罢免房琯的官职让他做太子少师。任命谏议大夫张镐为中书侍郎、同平章事。肃宗经常让几百个僧人和尚在宫内设道场，早晨和晚上诵念佛经。张镐劝谏说："帝王应当修养德行来平息战乱安定人民，没有听说过布施僧人能够获得天下太平的！"肃宗认为他说的很对。

（以上为第十段，写唐肃宗行在所大本营资粮匮乏。）

五月十三日庚申，太上皇追封肃宗的生母杨妃为元献皇后。

山南东道节度使鲁炅镇守南阳，叛贼将令武令珣、田承嗣相继攻之。城中的粮食吃完了，一只老鼠都值好几百钱，到处都是饿死的人。肃宗派遣宦官将军曹日升前往宣谕慰问，因为叛军包围得非常严密，不能进城。曹日升请求单枪匹马进城完成任务，襄阳太守魏仲犀不同意。适逢颜真卿从河北来，说："曹将军为了完成皇上的使命万死不辞，为什么要阻止他！假使他不能到达，也不过损失一个使者；假如能够到达，那么全城的人心就能稳定下来了。"曹日升和十个骑兵一同前往，叛贼害怕他们的锐气，不敢紧逼。城中的人自认为毫无希望，等看到曹日升，非常高兴。曹日升又去襄阳替南阳军民取粮，派一千人运粮而进城，叛贼不能阻挡。鲁炅被包围在城里整整一年，日夜苦战，力量用尽而不能坚持，五月十五日壬戌夜晚，打开城门率领剩余的几千士兵突围出去，奔往襄阳。田承嗣追击他们，辗转交战两天，不能取胜而退回。当时叛贼企图向南侵犯江汉一带，幸亏鲁炅扼守住了战略要地，南夏才得以保全。

司空郭子仪赴朝请求自我贬官，五月十七日甲子，任命郭子仪为左仆射。

尹子奇增兵包围睢阳更加急迫，张巡半夜里在城中击鼓严整队伍，好像要出城攻击的样子，叛贼听到鼓声，整夜戒备。天亮后，张巡才让士兵休息停止击鼓。叛贼靠飞楼来窥探城中的动静，但什么也看不见，于是便解甲休息。张巡和将军南霁云、郎将雷万春等十几个将领分别带领五十个骑兵打开城门突然出击，直接冲向叛贼的军营，来到尹子奇的将旗下，叛贼军营大乱，杀了五十几个贼将，杀死五千多名士卒。张巡想要射杀尹子奇，可是不认识他，就削蒿草为箭头，被射中的叛军十分高兴，认为张巡的箭用完了，跑去告诉尹子奇，张巡因此才认出他的相貌。派南霁云射箭，射瞎了他的左眼，差一点把他捉住。尹子奇于是收兵退走。

六月，田乾真包围安邑。碰上陕郡叛贼将领杨务钦密谋归顺朝廷，河东太守马承光派兵接应他，杨务钦杀死城中各位与自己意见不同的将领，翻越城墙前来投降，田乾真解除对安邑的包围，逃走了。

（以上为第十一段，写鲁炅守南阳、张巡守睢阳，拒敌于江北，江南得全。）

将军王去荣因私仇杀了本县的县令，应当处死。肃宗因为他善用火炮，六月十六日壬辰，赦免他的死罪，以平民的身份在陕郡效力。中书舍人贾至没有立刻颁下敕书，上表进谏，他认为："王去荣罪大恶极，杀死本县的长官。《周易》说：'臣子杀死君主，儿子杀死父亲，都不是一朝一夕的事，而是由来已久逐渐形成的。'如果放掉王去荣，可以说祸乱就逐渐产生了。有人认为陕郡刚刚恢复，没有这个人守不住。那么其他没有王去荣的郡县，为什么也能坚守呢？陛下如果因为他有善用炮石的一技之长就赦免他的死罪，那么现在各军中有绝技的人实在太多了。他们必然依仗自己的才能，在各地犯上作乱，又怎么能够制止他们！如果只是赦免王去荣而杀掉其他的人，那就是法令不能统一而诱导人们犯罪啊。今天怜惜一个王去荣的才能而不杀他，以后必然要杀十个像王去荣这样有才能的人，那样伤害的人不也更多吗？王去荣，是个叛逆作乱的人，他怎么可能在这里叛逆而在那里恭顺，在富平作乱而在陕郡治安，背叛于县令而不背叛于天子呢？敬请圣明的君主从长远着想，顾全大局，那么祸乱很快就可以平定。"肃宗把这件事交给下面，让百官讨论。

太子太师韦见素等人的意见是："法律是天下最根本的大典，帝王还不敢擅自杀人，而王去荣竟敢随便杀县令，这是臣下的权力超过了人主。既然王去荣杀人没有死罪，那么军中凡是有一技之长的人，也可以自认为无忧无虑，到处横行霸道。做郡县长官的，不也太难了吗？陛下作为天下的君主，爱护臣民不分亲疏，得到一个王去荣而失去天下的百姓，有什么好处呢？从法律上讲，杀死本县县令，罪名列为'十恶'之一。然而陛下竟然宽大处理他，王法得不到实行，人伦道德不能伸张，臣等奉行诏书，实在不知道如何遵从。国家靠法律治理，军队靠法令取胜；只有恩爱而没有威严，就是慈母也不能使唤她的子女。陛下厚待战士然而每次打仗却很少胜利，难道不是因为执行军法不严吗？现在陕郡虽然很要紧，但不比法律更要紧。有法律那么海内就没有什么忧患不能克服，何况陕郡呢！没有法律那么陕郡也不可能守住，得到王去荣有什么益处？而且王去荣不过有点雕虫小技，陕郡不靠他来决定存亡；有没有王法，直接关系到国家的安危。这是臣等之所以衷心希望陛下遵守贞观年间制定的法律的原因。"但唐肃宗最终赦免了他。贾至是贾曾的儿子。

（以上为第十二段，写唐肃宗不能严法。）

南充土豪何滔叛乱，捉住本郡防御使杨齐鲁，剑南节度使卢元裕派兵讨平了他。

秋季，七月，河南节度使贺兰进明攻克高密、琅邪，杀死叛贼二万多人。

七月初二日戊申的夜晚，蜀郡士兵郭千仞等人谋反，六军兵马使陈玄礼、剑南节度使李峘讨伐杀了他们。

七月初六日壬子，尹子奇又征调士兵好几万人，攻打睢阳。先前，许远在城里积蓄粮食达到六万石，虢王李巨拿出一半给濮阳、济阴两个郡，许远坚持争辩不同意，意见不被采纳；济阴郡一得到粮食后，就举城叛变，而睢阳城里的粮食到这时已全部吃完了。将士每人每天给米一合，夹杂着茶纸、树皮一起吃，然而叛贼的粮道运输畅通，士兵伤亡后可再补充。睢阳城中的将士死后也得不到增补，各军不来救援接济，士卒损失得只剩下一千六百人，都是些又饿又病不能战斗的人，因而被贼兵所围困，张巡于是修整守城器具以抵抗敌人。叛军制作了云梯，形状像半个彩虹，云梯上部署了两百个精兵，把云梯推进到城墙边，想让精兵跳进城里。张巡预先在城墙上凿了三个洞，等云梯快要来到时，从一个洞里伸出一根大木头，前面绑上铁钩，钩住云梯使它不能后退；又一个洞里伸出一根木头，顶住云梯使它不能前进；又一个洞里伸出一根木头，木头的顶端安装了铁笼子，笼中装火焚烧云梯，云梯从中间折断，梯上的士卒都被烧死了。贼兵又用钩车来钩城上的棚阁，钩子所到之处，棚阁纷纷倒塌。张巡用大木头，顶端安置连锁，锁头又装上大环，套住贼兵钩车的钩头，用兵车把它拉进城里，截断钩头然后放车子回去。贼兵又制造木驴来攻城，张巡就熔化金属液来浇灌木驴，木驴立刻被毁坏。叛军又在城西北角用土袋和木柴堆成磴道，想要登上城墙。张巡不和叛军交战，每天夜里，暗中将松明与干草放进正在堆积的磴道里，一连十几天，贼兵都没有察觉，张巡因此出兵大战，派人顺风放火焚烧磴道，贼兵不能救火，过了二十多天，火势才熄灭。张巡的所作所为，都是随机应变，办事果断，叛军都很佩服他的智谋，不敢再进攻。于是在城外挖了三道壕沟，竖立木栅栏以围困张巡，张巡也在城内挖壕沟以抵抗敌人。

七月十一日丁巳，叛军将领安武臣进攻陕郡，杨务钦战死，贼兵于是入陕郡屠杀。

崔涣在江南主持选举，作弊的人很多，八月，肃宗罢免崔涣为余杭太守、江东采访、防御使。

唐肃宗任命张镐兼任河南节度、采访等使，代替贺兰进明。

灵昌太守许叔冀被叛贼包围，救兵不来，只好率兵投奔彭城。

睢阳城里士卒死伤所剩下来的，只有六百人，张巡、许远把城分成两部分来守卫，张巡守东北，许远守西南，与士卒一同吃茶纸，不再下城墙。贼兵攻打城墙的，张巡用叛逆和归顺的道理劝说他们，常常有人脱离叛贼前来投降，替张巡拼死作战，这样的敌兵前后有两百多人。

这时，许叔冀在谯郡，尚衡在彭城，贺兰进明在临淮，都拥兵不救睢阳。城中的情况日益艰难，张巡就叫南霁云带领三十骑兵突围出去，向临淮告急。南霁云出城后，贼兵几万人阻击，霁云的骑兵横冲直撞，边骑马飞驰，边向左右射击敌人，所向披靡，只损失了两名骑兵。到了临淮后，见到贺兰进明，进明说："现在睢阳不知是否已攻陷，救兵去了又有什么益处？"南霁云说："睢阳如果陷落，霁云情愿以死来向大夫谢罪。况且睢阳如果被攻陷，马上就轮到临淮，好比皮毛相互依存，怎么能够不救呢？”贺兰进明很喜欢南霁云的勇猛强壮，不听从他的意见，还要强行把他留下，准备了酒食和音乐，请南霁云入座。南霁云慷慨激昂，哭着说：“霁云来的时候，睢阳城里的人已经有一个多月没有吃东西了！霁云即使想独自吃饭，也吞不下去啊。大夫坐拥强兵，看着睢阳陷落，毫无救援分担灾患的意思，这难道是忠臣义士所应有的行为吗？”说完咬掉自己的一个手指头给贺兰进明看，并说：“霁云既然不能完成主将交给的任务，请让我留下一个指头以表示信用好回去报告。”在座的人很多都替他落泪。

南霁云知道贺兰进明终究没有出兵的意思，就走了。到了宁陵，与城使廉坦一起率领步兵骑兵三千人，闰八月初三日戊申的夜晚，突进叛军的包围圈，边战边走，到了城下，和敌人大战，破坏了敌营，除去死伤人员外，仅仅只有一千人进入城里。城里的将士官吏知道没有救兵，都大声痛哭。叛贼知道援救断绝，围城就更加紧急了。

当初，房琯做宰相时，讨厌贺兰进明，就让他做河南节度使，任命许叔冀为贺兰进明的都知兵马使，都兼任御史大夫。许叔冀自恃部下兵力精锐，而且官阶与贺兰进明相等，不受他的节制。所以贺兰进明不敢分兵救援睢阳，不只是嫉妒张巡、许远的功名，也害怕遭到许叔冀的袭击。

闰八月二十三日戊辰，肃宗犒劳诸位将领，让他们去进攻长安，对郭子仪说：“事情成功与否，在此一举！”郭子仪回答说：“这次如果不能取胜，臣一定以死相报。”

闰八月二十六日辛未，御史大夫崔光远在骆谷打败敌人。光远的行军司马王伯伦、判官李椿率领两千人进攻中渭桥，杀死守桥的叛军一千人，乘胜追到长安的苑门。叛贼先前驻扎在武功的部队听说后，逃回长安，在苑北与官军遭遇，两军交战，叛军杀死王伯伦，活捉李椿把他送往洛阳。然而从此以后，叛贼就不再驻扎武功了。

叛贼多次攻打上党，经常被节度使程千里所打败。蔡希德又带兵包围上党。

（以上为第十三段，写张巡困守睢阳，邻郡官兵诸将拥兵不救。）

【点评】

本卷着重点评安史之乱战斗最激烈时期，双方最高决策层的掌控者，他们的个人素质和决策是怎样影响战局发展的。唐肃宗李亨和安禄山父子是点评的中心。

安史之乱，来势汹汹，但它只不过是一场海啸，大海总归是要平静的。因为唐王朝，已有一百余年的根基，出现了贞观之治和开元之治两个盛世，特别是开元之治，承平日久，生产发展，经济繁荣，人口增长，国力强大。唐玄宗英年时期的开明，贤相治国的成就，恩泽深入人心。安禄山、史思明，只不过是两个祸乱小丑，叛乱得势，实乃唐王朝奸臣祸国，唐玄宗晚年骄侈，于是祸从上起，全国民众，没有祸乱之心。颜真卿、颜杲卿、张巡等地方小吏，以及清河青年李萼振臂一呼，两河军民踊跃奋起杀贼就是证明。唐室力量大于叛军十倍，这场祸乱，本来可以很快平定，但唐王朝决策者的错误，才导致形势急转。

唐玄宗不听郭子仪、李光弼取范阳之策，逼使哥舒翰轻出潼关，致使官军大败，全线溃退，长安不守，玄宗又远逃西蜀，中原无主，国家命绝一线。唐肃宗临危不惧，从马嵬民众之请，不追随玄宗入蜀，肩负国难，灵武即位，竖起讨贼大旗，使中原有主，凝聚军民，挽救了危局，是他对祖宗社稷的一大贡献。但唐肃宗心胸狭窄，多疑信谗，不是戡乱之主，失策，忌才，既昏又庸，把本该早日结束的战乱拖延下来，这又是唐肃宗之过、之失。

唐肃宗不纳李泌之言，先灭叛军巢穴范阳，而要先复两京，再次重犯唐玄宗之过，是最大的失策。唐肃宗曾问李泌，说："叛贼如此猖狂，何时才能平定。"李泌说："叛贼无远略，又无良辅，只靠几个骁勇贼将成不了大事。只要先灭其巢穴范阳，贼无所归，留则不安，然后大军四合，不过两年，祸乱可平。"至德二载二月，郭子仪攻取河东，肃宗移行在所于凤翔，西北诸镇边兵会集，江淮租庸调运到洋川、汉中。李泌请师长驱取范阳，肃宗认为攻克两京必得，远取范阳太迂。李泌说："西北边兵耐寒，趁春寒未尽，展其所长，北取范阳，断贼归路。如此官军新集之众，攻取两京必克，但贼人归逃河北，很快夏天到来，关东地热，官军困而思归，叛军休兵秣马，卷土重来，贼势再强，官军再困，战祸就会延长了。"肃宗不听，说："朕盼望太上皇回京以尽儿子之孝，不能等那么长的时间。"事势的发展不幸而被李泌言中，郭子仪继房琯之后，再次兵败于长安，官军胜势丧失，延长了战祸。

李泌对敌我形势的分析，了如指掌，唐肃宗心里也明白。他为什么不赞同呢？由于私心作怪，猜疑心重，于是一叶障目，不见泰山。唐肃宗乘危即帝位，形近于篡位，尽管唐玄宗予以追认，已得到了传国玉玺，但心里仍不踏实，担心有人立功抢在了他的前面。最亲的弟弟永王李璘在江南公然反叛割据，已使唐肃宗落下了心病。建宁王李倓，自己的亲儿子，有佐命之功，因贤能有英名，唐肃宗信谗将其赐死。如果官军先取范阳，则是天下兵马大元帅之任，功劳岂不归长子广平王李俶所有，担心儿子效法自己逼宫，唐肃宗要自建大功以巩固帝位，有了这个私心，是非不分，忠言不听。他用早日迎立太上皇回京的理由作挡箭牌，用以杜塞李泌之口。由此可见，唐肃宗的失策不是无知，而是私心作祟。

唐肃宗忌才，信谗，忠奸不分，是非不明，害及亲子，有亏帝德。房琯不懂军事，迂腐好清谈，大言长安可克，结果丧师四万。因房琯无才，办事合于心意，兵败不给予惩罚，丧失正义。唐肃宗对待功臣，却忌疑心重。郭子仪、李光弼屡建奇功，两人是唐室赖以生存的中流砥柱，又在大敌未灭之时，已经担心功高不赏。唐肃宗对李泌说："今郭子仪、李光弼都已经是宰相，如果收复了两京，平定了四海，可没有再更高的官职来酬劳他们，怎么办呢？”李泌回答说：“古代任命官职是给有才的人来担任，有功的人用封爵来酬劳。”李泌又说：“用官职赏功，有两大害处。才不胜任则废事，权力太重又难以控制。如果功臣当了大官，官职不能传子，他们就要充分发挥权力以谋当前自身利益，什么事都干得出来，安禄山就是这样产生的。现今最好的办法，是等到平乱以后，用封爵赏功，最大的封国不超过二三百里，很容易控制。”唐肃宗说：“很好。”这一段君臣对话，表现了唐肃宗的猜疑心有多重。唐肃宗对儿子也不放心。长子广平王李俶任天下兵马元帅讨贼，唐肃宗担心儿子建功势大难制，打算立李俶为太子，把兵权交给建宁王李倓。唐肃宗是试探李俶的忠诚与孝心，被李泌看穿了，李泌巧妙地劝谏说：“当前讨贼是紧急的国家大事，立皇太子是家事，还是等太上皇回京后再议吧。臣请转告广平王，广平王一定不会赞同的。”李俶得知，立即恳请唐肃宗等太上皇还宫，那时再议立太子的事。唐肃宗非常高兴。广平王之弟建宁王李倓就没有这样的幸运。建宁王马嵬劝留肃宗，乃为国深谋，肃宗以小人之心度儿子的君子之腹，由是忌疑建宁王。唐肃宗妻张皇后与宦官李辅国勾结，两个相互配合陷害建宁王，说建宁王要谋害广平王，唐肃宗不调查，不问是非，赐死李倓，连李泌也不敢为言。

唐肃宗猜忌，父子相疑。再看叛贼一方，安禄山、史思明，比唐肃宗更是等而下之，父子相残。安史两人行伍出身，目不识丁，只知争战杀人，不懂治国要务，正如李泌所言，无远略，无良辅，成不了大事。安禄山攻下长安，就认为天下已定，忙着当皇帝，失去了乘胜追击彻底打击唐王朝的良机。等到官军缓过劲来，天下之兵四面合围，叛军只能被动挨打，坐以待毙。安庆绪杀父自立，叛军内讧，雪上加霜。由于唐肃宗不采纳李泌的正确策略，才延缓了叛军挣扎的时日。

叛军的内讧，安庆绪杀父自立，有以下五个原因：

安禄山蓄谋叛乱，只是割据称雄，他并无代唐全据天下的雄心。安禄山之所以能反叛，一是奸臣误国，二是部下推动，也是为了自保。如果唐玄宗措施得宜，不使安禄山兼领三镇，或留京不遣，这场叛乱不会发生。尽管安禄山蓄谋十年，总是狐疑不决，因此没有治国方略，所以得胜后就急于称帝，遭受挫折就指责部属，诿过于人，没有权威。儿子杀父，积渐使然。此其一。

唐玄宗有厚恩于安禄山，而安禄山以怨报德，坏了良心，丧失道义，为儿子臣属立了榜样，安庆绪弑父，史思明杀安庆绪，以臣弑君，其后史思明亦为子所杀，循环无已，是安禄山自作孽所立的榜样。此其二。

安禄山征讨奚、契丹，一贯杀良冒功，养成习惯，叛军上下没有是非之心。叛军纪律极坏，史称“贼每破一城，城中衣服、财贿、妇人皆为所掠。男子、壮者使之负担，羸病老幼，皆以刀槊戏杀之”。如此恶劣的武装集团，违背人性，不仅遭到民众的坚决抵抗，而且叛贼内部也是强欺弱，众暴寡。部属轻易犯上，扩而大之，子弑父。此其三。

安禄山起兵以后，眼睛瞎了，又背长脓疮，苦不堪言，无端责打身边的人。称帝后，深居宫中，与大臣不相见，只宠信一个严庄居中用事。这种情况，最易偾事。此其四。

安禄山宠妾段氏生子，名安庆恩。安禄山犯了许多平庸人常犯的共同错误，爱屋及乌，耳根子软，依宠妾之请，想立安庆恩为嗣子，取代长子安庆绪，安庆绪忧郁惧死，横下心来，杀父自立。此其五。

以上五因，导致安氏父子火并。一代不如一代，安庆绪生性昏懦，连整句话都说不清。盘踞老巢范阳的史思明看不起安庆绪，不听他的指挥，叛贼势分。此等情况，据有两京的安庆绪，只是一个坐守之贼，官军应予缓攻，集中兵力消灭范阳史思明，果真如此，安庆绪可以兵不血刃而降服。可惜的是，唐肃宗错过了这一战机，强攻两京，把河北河南的叛军推挤为一个整体，郭子仪又不幸战败，提高了安庆绪的声威，拖延了平乱时日，唐肃宗之过也。

资治通鉴（白话本） 卷第二百二十

唐纪三十六

唐肃宗至德二载至乾元元年（公元 757—公元 758）

【起强圉作噩（丁酉，公元 757 年）九月，尽著雍阉茂（戊戌，公元 758 年），凡一年有奇】

【大事提要】

本卷记事起公元 757 年九月，讫公元 758 年，凡一年又四个月。当唐肃宗至德二载九月至至德三载。至德二载，唐肃宗借兵回纥，收复两京，河南、河东悉平，叛军收缩河北。张巡、许远守睢阳，以一万之众抗贼重兵，捍卫江淮，坚守一年有余，大小四百余战，杀贼十二万人，矢尽粮绝，全军战没。睢阳城破三天以后，援军赶到。睢阳军民在黎明前曙光初露时覆灭，是因邻郡官军坐视不救所致，尤以贺兰进明为罪魁。太上皇唐玄宗返回长安，唐肃宗大赦天下，叛将史思明降唐，肃宗分别轻重，按六个等级处置降人，受到司马光的称赞。唐肃宗纳李泌之谏，立太子，定国本。残贼安庆绪盘据邺城，犹据七郡六十余城。唐肃宗与回纥和亲，命郭子仪大发兵二十万众讨贼，官军节节胜利，平叛指日可待。突然局势逆转，史思明复叛。先是，史思明降唐，唐肃宗委以重权，封为归义王，任范阳节度使处置失当。随后谋杀史思明泄漏，激使复叛。平卢节度使王玄志死，军士推侯希逸为节度使，唐肃宗认可，开了藩镇割据的恶例，遗患无穷。

肃宗文明武德大圣大宣孝皇帝中之下

唐肃宗至德二载（丁酉，公元 757 年）

九月初二日丁丑，蔡希德用轻骑在上党城下挑战，程千里带领一百骑兵打开城门突然出击，想要活捉蔡希德。碰上叛贼救兵来到，程千里就收兵退回，因护城河木桥坏了，程千里掉进壕沟，反被蔡希德活捉。程千里仰天对随从的骑兵说：“我不幸落得这种下场，真是天意！回到城里请告诉各位将领，好好地守卫防备，宁可失去主帅，不可失去城池。”蔡希德攻城，一直攻不下来，于是把程千里送到洛阳，安庆绪任用他为特进，把他软禁在客省。

郭子仪认为回纥士兵精锐，劝肃宗多征召回纥兵来攻打叛贼。怀仁可汗派他的儿子叶护以及将军帝德等率领精兵四千多人来到凤翔。肃宗接见了叶护，设宴慰劳，赏赐财物，尽量满足他的欲望。九月十二日丁亥，元帅广平王李俶率领朔方等各镇军队以及回纥、西域的军队十五万人，号称二十万，从凤翔出发。李俶见到叶护，结为兄弟，叶护非常高兴，称李俶为兄。回纥兵到达扶风，郭子仪留他们设宴款待三天。叶护说："国家危急，远道来相助，怎么能只顾大吃大喝呢？"宴会完后，马上出发。每天供给他的部队二百头羊，二十头牛，四十斛米。

九月二十五日庚子，各路大军一起出发。九月二十七日壬寅，到达长安西边，在香积寺以北沣水以东摆开阵势。李嗣业为前军，郭子仪为中军，王思礼为后军。叛军十万人在北面布阵，李归仁出来挑战，官军上前追逐，逼近敌人阵前。叛军一起向前推进，官军退却，被叛军乘机攻击，官军惊恐慌乱，贼兵争相去抢夺官军辎重。李嗣业说："今天如果不亲自引诱敌人同他们拼死作战，那就会全军覆没。"于是他光着上身，手持长刀，立于阵前，大声喊叫，奋勇杀敌，贼兵碰上他的长刀的，人马纷纷落地，杀死好几十个人，阵势才慢慢稳定下来。于是李嗣业率领前军每人各拿一把长刀，排着整齐的队伍像墙壁一样向前推进，李嗣业身先士卒，官军所向披靡。都知兵马使王难得为了救他的裨将，被贼兵射中眼眉，眼皮垂下来遮住了眼睛。王难得自己拔出箭头，扯掉眼皮，血流满面，仍然不停地向前奋战。贼兵在阵地东面埋伏了精锐的骑兵，想要从后面袭击官军，被官军侦察兵发觉。朔方左厢兵马使仆固怀恩带领回纥兵前往攻击，叛军伏兵几乎全被消灭，贼兵士气因此大大低落。李嗣业又与回纥兵绕到贼兵阵势后面，与大军夹击叛贼，从中午到傍晚，杀死六万人，被填入沟堑中的尸体很多，叛贼因而大败溃退。其余的残兵逃入长安城，直到夜晚，喊叫喧闹声不停。

仆固怀恩对广平王李俶进言说："叛贼要弃城逃走，请用两百个骑兵追赶他们，活捉安守忠、李归仁等人。"李俶说："将军作战也很疲劳了，暂且休息一下，等到明天早晨再作计议。"仆固怀恩说："李归仁和安守忠，是叛贼的骁将，我军突然取胜，叛贼突然失败，这是上天赐给我们的一个极好的机会，为什么要放虎归山呢！假使他们再聚集部众，又会成为我们的祸患，后悔就来不及了！兵贵神速，何必等到明天早晨！"李俶坚决加以制止，让他返回营地。仆固怀恩再三请求，来来回回，一晚上跑了四五趟。天快亮时，侦察人员回来报告，安守忠、李归仁和张通儒、田乾真都已逃跑了。九月二十八日癸卯，唐朝大军进入西京。

当初，唐肃宗想要迅速收回京师，与回纥相约说："收复京城的时候，土地和百姓归唐朝所有，金帛和女人都归回纥所有。"到这时，叶护想要履行条约。广平王李俶在叶护马前行拜礼说："现在刚刚收回西京，假如马上掳获女子抢掠财物，那么留在东京的人都会替叛贼死守，不可能再收复了，希望到东京后再履行条约。"叶护吃惊地从马上跳下来回拜，跪下来两手捧着广平王的脚，说："应当替殿下直取东京。"叶护马上与仆固怀恩带着回纥、西域的部队从长安城南经过，驻扎在浐水的东边。老百姓、军士以及被俘的胡人看见广平王李俶下拜，都哭着说："广平王真是华夏和四夷的君主啊！"肃宗听说此事后高兴地说："朕不及他呀！"李俶整军进入长安城，城中百姓不分老幼夹道欢呼感动流泪。李俶停留长安，安抚三天，然后带领大军向东出征。任命太子少傅虢王李巨为西京留守。

（以上为第一段，写官兵借回纥之助，收复长安。）

九月二十九日甲辰，捷报送到凤翔，百官都入朝庆贺。唐肃宗泪流满面，当天就派宫中使者啖庭瑶到蜀地去奏报太上皇；命令左仆射裴冕进入京师，告祭郊庙并安抚百姓。

唐肃宗派骏马从长安召回李泌。李泌到后，肃宗说："朕已上表请太上皇东来回京城，朕应当回到东宫再尽臣子的职守。"李泌说："表文可以追回来吗？"肃宗说："已经走远了。"李泌说："太上皇不会来了。"唐肃宗大吃一惊，问是什么原因。李泌说："根据道理和情势，自然如此。"肃宗说："那怎么办呢？"李泌说："现在请再写一份群臣的贺表，说自从在马嵬被请求留下，在灵武被劝说即帝位，直到现在克复京城，圣上时刻思念事奉太上皇，请太上皇尽快返回京城以便圣上能尽孝养之心，这样写就可以了。"唐肃宗当即让李泌起草一份表。肃宗读后，哭着说："朕开始时真心诚意地愿把帝位归还给太上皇，现在听了先生的话，才发觉自己的失策。"马上命令宫中使者奉表进蜀中，然后与李泌一起饮酒，并同床而睡。李辅国请求把宫中的符契钥匙交付给李泌，李泌请求让李辅国掌管，肃宗准许了。

李泌说："臣现在报答圣上恩德已经够了，再做一个隐士，该是多么快乐啊！"唐肃宗说："朕与先生多年来同忧愁共患难，现在正要同享欢乐，为什么突然要离去呢？"李泌说："臣有五条不能留下的理由，希望陛下听任臣离去，免臣一死。"肃宗说："这话是什么意思？"李泌回答说："臣与陛下相遇太早，陛下任用臣太重，宠爱臣太深，臣功劳太高，事迹太奇，这就臣之所以不能留下的原因。"肃宗说："先睡觉吧，以后再商议这事。"李泌回答说："陛下现在与臣同床而睡，尚且还不答应我的请求，更何况以后在朝廷的大殿上怎么会答应我的请求呢？陛下如果不准许臣离去，是在杀臣啊。"唐肃宗说："没想到先生如此怀疑朕，哪有像朕这样而会做出杀害先生的事呢？这简直是把朕当作勾践了！"李泌回答说："正因为陛下不会做杀臣的事，所以臣才请求归隐；假如陛下已经做了，臣怎么敢再说呢？况且杀臣的，不是陛下您，而是'五条不能留下的理由'。陛下过去待臣这样好，臣对有些事还不敢尽言，更何况天下已安定，臣还敢再多说吗？"

唐肃宗过了许久才说："先生是指朕没有听从先生北伐计谋那件事吗？"李泌回答说："不是的，我所不敢说的，是指建宁王的事。"肃宗说："建宁王，是朕的爱子，性情英明果断，国家艰难时刻立有大功，朕哪里不知道呢？只是因为他被小人教唆，想要谋害他的哥哥，图谋做太子，朕为了国家的大计，不得已而除掉他，先生不知道其中详细的缘故吗？”李泌回答说：“建宁王如果有谋害哥哥的心思，广平王应当怨恨他。但广平王每当和臣谈起他的冤枉，就哭泣呜咽。臣现在一定要辞谢陛下而离去，才敢说此事。”唐肃宗说：“建宁王曾经夜晚敲广平王的门，想要加害于他。”李泌说：“这都是出自坏人谗言之口，哪里有像建宁王这样孝顺友爱而又聪明的人，肯做这样的事呢？而且过去陛下想任用建宁王为元帅，臣请求任用广平王。建宁王如果真有谋害之心，应当深深地痛恨臣；而他却认为臣很忠诚，更加亲爱友善，陛下从这里就可以察知他的心意了。”肃宗于是流着眼泪说：“先生说得很对，既往不咎，朕不想再听这事了。”

李泌说：“臣之所以提起此事，并不是想追究过去的事情，而是想使陛下谨慎地处理将来的事情。从前则天皇后有四个儿子，长子是太子李弘，则天皇后正在图谋称帝，厌恶李弘的聪明，就把他毒死，立次子雍王李贤为太子。李贤内心忧虑恐惧，写了一篇《黄台瓜辞》，想借此来感悟则天皇后。则天皇后听不进去，李贤最后死在黔州。他所作的《黄台瓜辞》是：‘种瓜黄台下，瓜熟子离离。一摘使瓜好，再摘使瓜稀，三摘犹为可，四摘抱蔓归！’现在陛下已经采摘一次了，请慎重地不要再次采摘！”肃宗很惊慌地说：“怎么会有这样的事！请先生录下这首《黄台瓜辞》，朕应当把它写在绅带上牢牢记住。”李泌回答说：“陛下只要在心中记住，何必要表现在外面呢？”当时广平王立有大功，张良娣嫉恨他，暗中散布流言蜚语，因此，李泌要谈论这件事。

郭子仪带领蕃、汉兵马追赶叛贼到潼关，杀死五千人，攻克华阳、弘农二郡。关东进献俘虏一百多人，肃宗敕命都杀掉，监察御史李勉对肃宗说：“现在元凶还没有除掉，叛贼污染了半个天下，他们听说陛下即帝位，都想洗心革面奉承圣明教化，如果现在把这些俘虏都杀掉，那是在驱使他们跟随叛贼啊。”唐肃宗马上派人赦免了这些俘虏。

冬季，十月初三日丁未，啖庭瑶到达蜀地。

十月初八日壬子，兴平军上奏说：“在武关打败叛贼，攻克上洛郡。”

（以上为第二段，写李泌善谏，劝唐肃宗远佞以保太子。）

吐蕃攻陷西平郡。

尹子奇长期包围睢阳，城中的粮食吃光了，大家商议放弃城池向东撤走，张巡、许远讨论后，认为：“睢阳是江淮的屏障，假如放弃睢阳而逃走，叛贼必定乘胜前进，长驱直入，因此，江淮一带就不保了。况且我军士卒又饥又弱，要撤退也一定走不脱。古代战国诸侯，同盟国尚且互相救援，何况近在咫尺的各个主帅呢？不如坚守以待救援。”茶纸吃完后，便吃马；马吃完后，就捕鸟雀捉老鼠；鸟雀老鼠又吃完后，张巡带出爱妾，杀掉分给士兵吃，许远也杀掉他的奴仆；然后搜寻城中的妇女来吃，接着又吃男人中的老人和衰弱的人。人人知道必定一死，没有人叛变，最后剩下的只有四百多人。

十月初九日癸丑，叛贼登上城墙，将士们体弱有病，不能作战。张巡面向西边拜了两拜说："臣的力量已经用尽，不能保全城池，活着既然不能报答陛下，死后当变为厉鬼来杀叛贼！"城于是被攻陷，张巡、许远都被捉住。尹子奇问张巡说："听说您每次作战都眼角睁裂，牙齿咬碎，这是为什么？"张巡说："我志在吞灭叛贼，但力量不够。"尹子奇用力撬开张巡的口探看，牙齿只剩下三四颗。尹子奇认为他的行为非常忠义，不想杀他。他的部下说："他是一个坚守节操的人，最终也不会为我们所用。而且他深得军心，留下他，将成为我们的后患。"于是连同南霁云、雷万春等三十六人都被杀掉。张巡临死时，神色自若，意气扬扬，像平常一样。许远被送往洛阳。

张巡当初守卫睢阳时，士卒有一万人，而城中居民也将近好几万人，张巡见第一次面便询问他的姓名，以后再见没有不认识的。前后大大小小的战斗打了四百多次，杀死叛军十二万人。张巡带兵不依照古代兵法教练作战阵势，命令部下将领各自按照自己的想法去教练士兵。有人询问其中的缘故，张巡说："现在同胡虏作战，他们像云、鸟一样忽散忽合，变化无常，几步之间，势态就不同。临机应变，往往就在极短暂的时间之内，如果动辄询问大将的意见，事情就来不及了，这是不懂得作战应变的道理。所以我让士兵知道将军的意思，将军了解士兵的情况，这样将军指挥士兵打仗，就像手使用自己的指头一样自如。士兵与将领互相熟悉，人自为战，不也很好吗？"自从与叛军交战以来，军用器械、甲仗都是从敌人那里夺取，自己从不修造。每次作战，将士中如果有人后退散开，张巡就站在战场上，对将士们说："我不离开这里，你们为我回去继续与敌人决战。"将士们没有人敢不向前的，又拼死作战，最后总能打败敌人。张巡又能诚恳待人，没有什么猜疑狭隘心理；遇上敌人善于随机应变，出奇制胜；号令严明，赏罚分明，与大家同甘共苦，一起忍受严寒酷暑，所以部下都争相拼死效力。

张镐听说睢阳被围紧急，就加倍赶路快速前进，传檄浙东、浙西、淮南、北海各节度使，以及谯郡太守闾丘晓，让他们共同去救援。闾丘晓平时傲慢凶狠，不听从张镐的命令。等张镐到后，睢阳城已陷落三天。张镐叫来闾丘晓，用棍子把他打死。

（以上为第三段，写睢阳不守，张巡、许远遇难。）

张通儒等人收拾残余跑到陕郡坚守，安庆绪征发了洛阳的全部士兵，派他的御史大夫严庄率领，靠拢张通儒以抵抗官军，加上张通儒的旧部步兵骑兵还有十五万人。十月十五日己未，广平王到达曲沃。回纥叶护派他的将军鼻施吐拨裴罗等人带领军队沿着南山搜寻伏兵，因而驻扎在岭北。郭子仪等人与叛贼在新店遭遇，叛贼依山而列阵，郭子仪等人开始时与叛贼作战不利，叛贼把他们赶下山。回纥从南山袭击叛贼的背后，从黄色尘埃中发射了十几支箭。叛贼惊奇地回头看着说："回纥兵来了！"于是便溃散。官军和回纥兵夹击叛贼，叛贼大败，尸横遍野。严庄、张通儒等人放弃陕郡向东逃跑，广平王李俶、郭子仪等进入陕郡，仆固怀恩等人分头追击叛贼。

严庄先进洛阳报告安庆绪。十月十六日庚申夜晚，安庆绪率领党羽从苑门逃出，逃往河北；杀掉所获俘的唐朝将领哥舒翰、程千里等三十多人而离去。许远死在偃师。

十月十八日壬戌，广平王李俶进入东京，回纥军的欲望还不满足，李俶很忧虑。父老们请求用一万匹绫罗锦缎来贿赂回纥，回纥才罢休。

派往成都的使者回来了，带回太上皇的诰命说："只要给我剑南一道来养老就足够了，不想再回长安。"肃宗忧虑害怕，不知道怎么办。后来派去的使者回来，说："太上皇起初得到皇上请求复为太子的表书后，彷徨不安，吃不下饭，不想回来；等群臣的贺表到后，才大为高兴，下令吃饭并演奏音乐，又颁下诰命确定起程日期。"肃宗召见李泌告诉他说："这都是你的功劳啊！"

李泌请求归隐山中，肃宗再三挽留，不得已，只好听任他回到衡山。敕命郡县在山中替他修筑房屋，按三品官的待遇供给。

十月十九日癸亥，肃宗从凤翔出发，派太子太师韦见素进入蜀地，迎接太上皇。

十月二十一日乙丑，郭子仪派遣左兵马使张用济、右武锋使浑释之带兵收复河阳及河内；严庄前来投降。陈留人杀了尹子奇，全郡归降。田承嗣在颍川包围来瑱，也派使者来投降；郭子仪答应慢了一点，田承嗣又反叛，与武令珣一起逃到河北。肃宗下制书任命来瑱为河南节度使。

十月二十二日丙寅，肃宗到了望贤宫，得到收复东京的捷报。十月二十三日丁卯，肃宗进入西京。老百姓跑到都城门外迎接，接连二十里，手舞足蹈，高呼万岁，还有人哭泣。肃宗进入大明宫。御史中丞崔器命令朝廷官员中接受了叛贼官位爵位的人都解下头巾，赤脚站在含元殿前，让他们自己捶打胸口，叩头谢罪，周围站立着手持武器的士兵，并让百官站在台上观看他们。太庙被叛贼焚毁，肃宗穿着素服向太庙号哭了三天。这一天，太上皇从蜀郡出发。

（以上为第四段，写两京光复，李泌归山以保太子。唐肃宗还长安，遣使入蜀奉迎太上皇。）

安庆绪退守邺郡，把邺郡改名为安成府，改年号为天成；跟随他的骑兵不过三百人，步兵不过一千人，其他部将阿史那承庆等分别跑到常山、赵郡、范阳。十几天之内，蔡希德从上党，田承嗣从颍川，武令珣从南阳，各自率领本部兵马归来。又招募河北各郡的人马，士卒达到六万人，叛军的声势又振作起来。

广平王李俶进入东京时，百官中接受过安禄山父子官职的陈希烈等三百多人，都穿着白色的衣服痛哭请罪。李俶根据肃宗的意旨把他们都释放了，不久又把他们押送西京。十月二十五日己巳，崔器命令他们到朝堂请罪，就像西京接受伪职的官员所举行的仪式一样，然后把他们关进大理寺和京兆的狱中。各府县中为叛贼干过事的小官吏和衙役们，也都逮捕起来，关进狱中。

当初，汲郡的甄济，操行很好，隐居在青岩山，安禄山做采访使时，曾上奏任命他为掌书记。甄济觉察到安禄山有谋反的野心，假装中风，让人抬回家。安禄山反叛，派蔡希德带着两个刽子手，拿着大刀去召请他，甄济伸着头等着刀砍；蔡希德把他确实有病的情况向安禄山报告。后来安庆绪也派人强行把他抬到东京，一个多月后，就赶上广平王李俶平定东京，甄济起身，到军门去谒见李俶。李俶把甄济派往京师，肃宗让他住在三司的馆舍里，命令接受过叛贼官爵的人列队向他跪拜，让这些人内心里感到惭愧，任命甄济为秘书郎。国子司业苏源假称生病不接受安禄山的官职，肃宗提拔他为考功郎中、知制诰。十月二十八日壬申，肃宗亲临丹凤门，颁下制书："对于官吏和百姓中接受过叛贼官位和俸禄以及为叛贼干过事的人，让三司分别不同情况向肃宗奏报；那些因为战斗而被俘虏的，或者居住的地方靠近叛贼，因此与叛贼有所往来的，一律允许自首免罪；那些家中子女被叛贼所牵连的，一概不追究。"

十月二十九日癸酉，回纥叶护从东京回来，肃宗命令百官在长乐驿欢迎他，然后在宣政殿设宴款待他。叶护上奏认为："军中缺少马匹，请求把军队留在沙苑，自己回去取马，等回来后再替陛下扫除范阳叛军的残余。"肃宗赏赐他并派他回去。

十一月，广平王李俶、郭子仪从东京来，肃宗慰劳郭子仪说："我的家和国，是由你复兴的。"

张镐率领鲁炅、来瑱、吴王李祗、李嗣业、李奂五个节度使攻打河南、河东各郡县，都平定了，只有能元皓占据北海，高秀岩占据大同没有攻下。

十月十五日己丑，任命回纥叶护为司空、忠义王；每年赠送回纥两万匹绢，让他们到朔方军去领取。

任命严庄为司农卿。

唐肃宗在彭原时，改用栗木为九庙中的神主；十六日庚寅，肃宗在长乐殿中祭祀九庙神主。

（以上为第五段，写叛贼龟缩河北，官军光复河南、河东。唐肃宗、太子恢复两京秩序。）

十一月二十二日丙申，太上皇到达凤翔，跟随的士兵有六百多人，太上皇命令把铠甲武器全部交到凤翔郡的武库中。肃宗派精锐的骑兵三千人去迎接。十二月初三日丙午，太上皇到达咸阳，肃宗准备天子的车驾在望贤宫迎接。太上皇在望贤宫的南楼上，唐肃宗脱下黄袍，穿着紫袍，望楼下马，急趋进入，跪拜于楼下。太上皇下楼，抚摸肃宗而哭泣，肃宗手捧太上皇的脚，呜咽不止。太上皇要来黄袍，亲自替肃宗穿上，肃宗趴在地上叩头坚决推辞。太上皇说："天命与人心都归于你，使我能够安度晚年，就是你的孝心了！"唐肃宗不得已，接受了黄袍。站在仪仗外面的父老乡亲，都大声欢呼并且跪拜。肃宗命令仪仗卫士放开通道，放进一千多人拜谒太上皇，他们说："我们今天又重新见到两位圣人相逢，就是死也不感到遗憾了！"太上皇不肯住在正殿，说："这是天子的位置。"肃宗再三请求，亲自扶太上皇登上正殿。主管天子饮食的官进献食物，肃宗亲自品尝后再献给太上皇吃。十二月初四日丁未，准备从行宫出发，肃宗亲自为太上皇试马然后才牵给太上皇。太上皇上马后，肃宗亲自替他牵马。走了几步，太上皇制止了他。肃宗骑着马在前面带路，不敢走皇帝所走的正道。太上皇对左右的人说："我做了五十年的天子，并不感到尊贵；现在做了天子的父亲，才真正感到尊贵啊！"左右的人都高呼万岁。太上皇自开远门进入大明宫，驾临含元殿，慰问安抚百官；再到长乐殿前向九神庙主谢罪，痛哭了很久；当天，驾临兴庆宫，于是就住在那里。肃宗多次上表请求复位太子并退居东宫，但太上皇不同意。

十二月初八日辛亥，任命礼部尚书李岘、兵部侍郎吕諲为详理使，与御史大夫崔器共同审理陈希烈等人的案子，李岘任命殿中侍郎史李栖筠为详理判官，李栖筠多从宽处理，因此人们都怨恨吕諲、崔器的严酷，而李岘一个人独自获得人们的好评。

十二月十五日戊午，唐肃宗亲临丹凤楼，赦免天下，只有那些与安禄山一起谋反的以及李林甫、王鉷、杨国忠的子孙不在赦免之列。立广平王李俶为楚王，加升郭子仪为司徒，李光弼为司空，其他跟随太上皇和肃宗在蜀郡、灵武保驾立功的臣子们，都升官晋爵，加封多少不等的食邑。李憕、卢奕、颜杲卿、袁履谦、许远、张巡、张介然、蒋清、庞坚等人都加增官衔，并任命他们的子孙当官。战争中死亡的将士，免除他们的家人两年的赋役。各郡县明年的租、庸减免三分之一。近年来所改的郡名、官名，都恢复原来的名称。以蜀郡为南京，凤翔为西京，西京为中京。立张良娣为淑妃，立皇子南阳王李係为赵王，新城王李僅为彭王，颍川王李僩为兖王，东阳王李侹为泾王，李僙为襄王，李倕为杞王，李偲为召王，李佋为兴王，李侗为定王。

有人议论怪罪张巡死守睢阳，不肯撤离，与其在城中吃人充饥，还不如弃城而保全人的生命。张巡的友人李翰替他作了一篇传，上表给肃宗说："张巡打仗以少击众，以弱制强，保卫江淮一带以等待陛下的部队，陛下的部队到时，张巡已死，张巡的功劳太大了。有人议论怪罪张巡吃人，认为张巡死守很愚蠢，对于这种贬善扬恶，只说缺点而不提功劳的做法，臣私下感到非常痛心。张巡之所以死守睢阳，是要等待各路军马的救援，救援不来而粮食又吃完了，粮食吃完后只好吃人，这实在违背他平日的心愿。假使张巡在开始守城时就已有吃人的用心，杀了几百人而保全了天下，臣还要说他功劳和罪过相当，何况那样做并不是他平日的心愿！现在张巡已经为国难而死，看不到国家的昌明，只有美名是他的光荣和爵禄了。如果不及时记载他的事迹，恐怕时间久了就会失传，假使张巡生前和死后都不被赏识，那才是真正可悲的事啊。臣贸然撰写了一篇传记进献肃宗，请求交付史官编入国史。”众人的议论从此才开始平息下来。此后朝廷的赦免令没有一次不提到李憕等人，唯独程千里因曾被活捉到叛贼的朝廷中，享受不到褒誉和赠官的待遇。

（以上为第六段，写太上皇还京师，唐肃宗大赦天下，封功臣，李翰为张巡作传。）

十二月二十一日甲子，太上皇驾临宣政殿，把传国的宝器授予唐肃宗，肃宗这才流着眼泪接受了传国的宝器。

安庆绪率领部下向北逃走，他的大将北平王李归仁以及精兵曳落河、同罗、六州胡好几万人都溃退回到范阳，所经过的地方大肆俘虏掠夺，人财都被抢夺一空。史思明严加戒备，并且派使者迎接并把他们招抚到范阳境内，曳落河、六州胡都投降了。同罗不听从，史思明派军队攻打，同罗大败，所掠夺的东西都被史思明抢过去，余下的残余逃回本国。

安庆绪嫉恨史思明的强大，派阿史那承庆、安守忠前往征调他的部队，并趁机暗中图谋他。判官耿仁智劝史思明说：“大夫您官高位重，别人都不敢说话，我耿仁智愿冒死进一言。”史思明说：“有什么事？”耿仁智说：“大夫您之所以全力为安氏打仗，不过是迫于他们的凶恶和威势。现在唐朝中兴，天子仁义贤明，大夫如能真心率领部下归顺唐朝，这就是转祸为福的计策。”裨将乌承玼也劝史思明说：“现在唐朝再次复兴，安庆绪不过是树叶上的露水罢了。大夫您为什么和他一起灭亡？如果归顺朝廷，以此来改过自新，真是易如反掌啊。”史思明认为他们说得对。

阿史那承庆、安守忠带着五千精锐的骑兵护卫，到了范阳，史思明带领全部士兵好几万人去迎接，相距一里路，派人对阿史那承庆等人说：“相公与大王远道而来，范阳的将士们都十分高兴，然而守边的士兵胆怯懦弱，害怕相公的大军，不敢前进，希望你们收起弓箭刀枪以使他们安心。”阿史那承庆等人听从了。史思明带阿史那承庆到内厅作乐饮酒，另外派人收缴了他部下的武器，各郡的士兵都给他们粮食放他们走，愿意留下的则加以优厚的赏赐，分别隶属于各军营。第二天，史思明囚禁了阿史那承庆等人，派自己的部将窦子昂拿着表文把他所统领的十三个郡以及八万士兵归降朝廷，并率领他的河东节度使高秀岩也带着部下来归降。十二月二十二日乙丑，窦子昂到达京师，肃宗大喜，任命史思明为归义王、范阳节度使，七个儿子都授予显要的官职。派内侍李思敬与乌承恩前往宣示慰问，让他率领部下士兵去讨伐安庆绪。

先前，安庆绪任命张忠志为常山太守，史思明召张忠志回范阳，任命他的部将薛萼代理恒州刺史，打开井陉的通道，招降了赵郡太守陆济；命令他的儿子史朝义带领五千士兵代理冀州刺史，任命他的部将令狐彰为博州刺史。乌承恩所到之处宣布诏书的意旨，于是沧州、瀛州、安州、深州、德州、棣州等都归降朝廷，虽然相州还没有降服，但河北大部都归顺了唐朝。

（以上为第七段，写史思明降唐。）

太上皇加封唐肃宗尊号为光天文武大圣孝感皇帝。郭子仪回到东都，经营河北地区。

崔器、吕諲向唐肃宗进言："那些投降叛贼的官员，背叛国家，跟随伪朝，按照法律都应该判处死刑。"唐肃宗打算听从这个意见。李岘认为："叛贼攻陷两京，天子南巡避难，人人都各自逃生。这些投降的人都是陛下的亲戚或者是一些功臣的子孙，现在一概以叛国法律处死，恐怕有违仁恕之道。而且河北地区尚未平定，群臣中陷入叛贼的还很多，如果宽恕他们，就能够开启他们悔过自新的道路；如果全都杀死，就会使他们坚守依附叛贼的决心。《尚书》说：'首恶必办，胁从不问。'吕諲、崔器墨守法律条文，不识大局。请陛下慎重考虑。"争论了好几天，唐肃宗听从了李岘的意见，分别六等定罪，重罪者在街市上处死，其次赐他们自杀，再其次重打一百棍，以下三等是流放、贬官。十二月二十九日壬申，在城西南独柳树下将达奚珣等十八人斩首，赐陈希烈等七人在大理寺自尽，应该受棍打的在京兆府门前挨打。

唐肃宗想要免掉张均、张垍的死罪，太上皇说："张均、张垍事奉叛贼，都担任重要的职务，张均还替叛贼毁坏我们的家业，罪不能赦免。"肃宗叩头三拜请说："我不是因为张说父子的帮助，就没有今天。我如果不能使张均、张垍活着，假使死者有知，我有什么脸面在九泉之下去见张说！"说着趴在地上痛哭流涕。太上皇让左右的人扶起肃宗，说："看在你的面子上，让张垍永远流放到岭南，但张均绝对不能让他活着，你不要再为他说情了。"肃宗哭着听从了太上皇的命令。

只有安禄山所任命的河南尹张万顷，因为在叛贼中能保护老百姓而没有被判罪。不久，有人从叛贼中来，说："在邺郡跟随安庆绪的唐朝群臣，听说广平王赦免了陈希烈等人，都自己感到很痛心，悔恨失身于叛贼；等听说陈希烈等人被杀，便没有了悔恨之意。”唐肃宗听说后很后悔。

臣司马光评论说：做人臣的人，既然接受君主的任命，委身于国家，就是死也不能有二心。陈希烈等人有的贵为公卿宰相，有的是皇亲国戚，在承平的时候，没有说一句规劝人主过失的话，没有去拯救国家的危亡，只有一味地迎合人主的心意，苟且偷安以谋取富贵；等到天下大乱，皇帝迁徙流离，他们贪生怕死，顾恋妻子儿女献媚于叛贼，俯首称臣，替叛贼卖力，这种行为连屠夫卖酒的也感到羞耻，真是连犬马都不如。假如让他们都活命，并恢复其官职爵位，那么就会使得那些只会阿谀奉承的臣子们随心所欲了。而像颜杲卿、张巡这样的人，天下太平时，就会被排挤在外地做官，屈居卑微的官位；天下大乱时，就会被抛弃在孤城中，粉身碎骨于敌寇之手。为什么行善的人遭不幸而行恶的人却如此幸运？朝廷为什么待忠义之士这样薄而待奸邪小人这样厚？至于那些地位卑贱的小臣，巡逻传令的奴仆，不能参与国家大事的谋划，也没听到号令，早上才听说皇帝亲征的诏书，晚上却不知道皇帝到哪里去了，却备责他们没有随从保驾，不也是太过分了吗？按照六个等级定罪判刑，这也是合适的，肃宗又有什么可后悔的呢？

唐肃宗以前的妃子韦氏废为尼姑后，住在禁中，这一年死去。

建立左、右神武军，选取那些动乱中随从肃宗流离迁徙的子弟充当，其建制与左、右羽林，左、右龙武四军一样，总称为北牙六军。又选择善于骑马射箭的一千人为殿前射生手，分为左、右两厢，号称为英武军。

升河中防御使为节度使，管辖蒲州、绛州等七州；划分剑南节度使为东川、西川节度使，东川节度使管辖梓州、遂州等十二州；又置荆澧节度使，管辖荆州、澧州等五州；夔峡节度使，管辖夔州、峡州等五州；改安西为镇西。

（以上为第八段，写肃宗分六等处置叛贼降人，受到司马光的称赞。）

唐肃宗乾元元年（戊戌，公元 758 年）

春季，正月初五戊寅，太上皇驾临宣政殿，授肃宗传国宝，加肃宗尊号。肃宗坚决辞谢“大圣”的称号，太上皇不同意。肃宗尊太上皇为太上至道圣皇天帝。

先前，官军已经收复京城，宗庙里的器物以及府库中的财物大都散落民间，就派使者搜检，经常打扰百姓。正月十二日乙酉，肃宗下令停止一切搜检，又命令京兆尹李岘去安抚街市民众。

二月初一日癸卯朔，任命殿中监李辅国兼任太仆卿。李辅国依附张淑妃，兼任元帅府行军司马，权势压倒朝野人士。

安庆绪所任命的北海节度使能元皓率领部下前来归降，任命他为鸿胪卿，充河北招讨使。

二月初五日丁未，肃宗驾临明凤门，赦免天下，改年号。全部免去百姓今年的租、庸，又回改“载”为“年”。

二月二十八日庚午，任命安东副大都护王玄志为营州刺史，充平卢节度使。

三月初二日甲戌，移封楚王李俶为成王。

三月初六日戊寅，立张淑妃为皇后。

镇西、北庭行营节度使李嗣业驻扎河内。三月二十一日癸巳，北庭兵马使王惟良阴谋作乱，被李嗣业与裨将荔非元礼讨杀。

安庆绪向北逃走时，他的平原太守王暕、清河太守宇文宽都杀死了他的使者归降了朝廷。安庆绪派他的将领蔡希德、安太清攻克了平原和清河，活捉他们而归，将他们在邺城街市上处以剐刑。安庆绪对于凡是想归降朝廷的部下一律处死，并株连其部落和宗族，乃至部曲、州县的官属，受连累而死的人非常多。安庆绪又和群臣在邺城南歃血结盟，然而人心日益离散。安庆绪听说李嗣业在河内，夏季，四月，与蔡希德、崔乾祐率领步兵骑兵两万人，渡过沁水去攻打，没有取胜便回来了。

四月初二日癸卯，任命太子少师虢王李巨为河南尹，充东京留守。

四月初十日辛卯，将栗木做的新神主送进太庙。四月十三日甲寅，肃宗祭祀太庙，因而祭祀昊天上帝。四月十四日乙卯，驾临明凤门，大赦天下。

五月十一日壬午，下制书取消采访使，改黜陟使为观察使。

张镐性情简朴淡泊，不愿巴结身居要职的宦官，听说史思明请求归降，向肃宗进言说：“史思明凶恶阴险，趁着叛乱而窃取高位，力量强大时众人就依附，权势失落时众人就离散，他实在是人面兽心，难以用仁德去感化他，请不要给他权威。”又说：“滑州防御使许叔冀，狡猾多诈，一遇危难，必定生变，请征召他回京担任宿卫。”此时肃宗用恩宠来拉拢史思明，正好有宦官从范阳和白马来，都说史思明、许叔冀忠诚可信，因此，肃宗认为张镐不识时务，五月十七日戊子，把张镐贬为荆州防御使，任命礼部尚书崔光远为河南节度使。

（以上为第九段，写唐肃宗宠信宦官李辅国，又假降贼史思明等以重权，留下隐患。）

张皇后所生的兴王李佋，才几岁，张皇后就要把他立为太子，肃宗犹豫不决，在闲谈时对考功郎中、知制诰李揆说：“成王年长，并且有战功，朕想立他为太子，你的意下以为如何？”李揆再次跪拜称贺说：“这真是国家的幸福，臣感到非常高兴。”肃宗欢喜地说：“朕的心意已经决定了。”五月十九日庚寅，肃宗立成王李俶为皇太子。李揆，是李玄道的玄孙。

五月二十四日乙未，任命崔圆为太子少师，李麟为少傅，都罢除他们的政事。肃宗很喜好鬼神，太常少卿王玙专门用鬼神之事来取悦肃宗，每当议论礼仪时，王玙就常常夹杂一些巫术和俚俗。肃宗很喜欢他，任命王玙为中书侍郎、同平章事。

追赠已故的常山太守颜杲卿为太子太保，谥号为“忠节”，任命他的儿子威明为太仆丞。颜杲卿死的时候，杨国忠听信张通幽的谮言，竟然没有任何褒奖追赠。肃宗在凤翔时，颜真卿做御史大夫，哭着把这事告诉了肃宗，肃宗于是把张通幽贬为普安郡太守，并把有关情况告诉了太上皇，太上皇命令用棍打死张通幽。颜杲卿的儿子颜泉明被王承业留下，因而寓居在寿阳县，被史思明俘虏，用牛皮裹住，送往范阳，碰上安庆绪刚即位，有赦免令，颜泉明免于一死。史思明投降后，他才得以回去，在东京寻找他父亲的尸体，找到后，便和袁履谦的尸体一道用棺材装敛送回。颜杲卿姐妹的女儿以及颜泉明自己的孩子都流落在河北。颜真卿当时任蒲州刺史，让颜泉明去寻找，颜泉明哭喊着四处求访，哀痛感动了路人，找了很久才找到。颜泉明到亲戚朋友那里去借钱，根据所借得的钱的多少去赎人，先是姑妈的女儿然后才是自己的孩子。姑妈的女儿被叛贼抢去，颜泉明有钱二百缗，想要赎回自己的女儿，又可怜他的姑妈愁苦憔悴，就先赎回姑妈的女儿。等到他借到钱，再找自己的女儿时，已经找不到了。颜泉明遇到许多流落在外的堂姊妹以及父亲在世时将吏袁履谦等人的妻子，都带上她们一起回来，一共有五十多家，三百多口人，一路上把资财和粮食平均分给大家，全都和亲戚一样。到了蒲州，颜真卿都给予他们接济，过了很长一段时间，便随他们的心意愿到哪里去就资助送他们到那里去。袁履谦的妻子怀疑袁履谦装殓时衣服比颜杲卿俭薄，等打开棺材察看，与颜杲卿没有区别，心中才惭愧信服。

六月初九日己酉，在南郊的东边设立太一坛，这是根据王玙的请求。肃宗曾经感到身体不适，占卜的结果说是山川在作祟，王玙请求派宦官和女巫乘驿马分别去祷告天下的名山大川。这些女巫依仗权势，所到之处都麻烦骚扰各州县的官吏百姓，索要财物，接受贿赂。黄州有一个女巫，年轻漂亮，身后跟随着几十名无赖少年，危害尤其严重，到黄州后，住在驿站馆舍。黄州刺史左震早晨到驿站，见馆舍门闩紧锁着，打不开，左震大怒，砸坏门锁就进去了，把女巫拉出来在台阶下杀了，随从的少年全都杀死。查点女巫贪污受贿的财物，有好几十万，把实际情形详细报告肃宗，并且请求把她的赃物用来代替贫民的租税，遣送宦官回京师，肃宗没有怪罪他。

任命开府仪同三司李嗣业为怀州刺史，充任镇西、北庭行营节度使。

山人韩颖改造新的历法，六月十七日丁巳，开始实行韩颖的新历。

（以上为第十段，写唐肃宗立太子，定国本。颜杲卿忠烈死贼获封赠。）

六月十八日戊午，唐肃宗敕令两京沦陷时投降叛贼的官吏，三司审理尚未完毕的全都释放；被贬谪降官的人继续原来的处置。

太子少师房琯失去职位后，心里很不快活，常常假装有病不去上朝，而家里来往的宾客从早到晚川流不息，他的党羽替他在朝中扬言说："房琯是文武全才，应该重用。"肃宗听说后非常厌恶，于是下制书数落房琯的罪状，把他贬为豳州刺史。前任祭酒刘秩被贬为阆州刺史，京兆尹严武被贬为巴州刺史，这两人都是房琯的党羽。

当初，史思明以将领的身份事奉平卢军使乌知义，乌知义对他很好。乌知义的儿子乌承恩做信都太守，举郡投降了史思明，史思明念及旧恩而保全了他。等安庆绪失败时，乌承恩劝史思明投降唐朝。李光弼认为史思明最终还是会叛乱的，而乌承恩是史思明的亲信，所以就让他暗中图谋史思明。又劝肃宗任命乌承恩为范阳节度副使，赐给阿史那承庆铁券，命令他们一起来图谋史思明，肃宗听从了这个意见。

乌承恩多次用私人的财物去招募士卒，又多次穿着女人的服装到各将领的军营中去劝说诱降他们，各将领把这一情况告诉了史思明，史思明有所怀疑但没有追查。适逢乌承恩进入京城，肃宗派内侍李思敬和他一起去范阳宣谕慰问。乌承恩宣明圣旨后，史思明留下乌承恩住在府中，又用帷帐把他的床围起来，在床下埋伏了两个人。乌承恩的小儿子在范阳，史思明让他来看望父亲，半夜里，乌承恩悄悄地对他的儿子说："我受皇帝的命令来除掉这个逆贼，将让我做节度使。"这时埋伏在床下的两个人大叫而出。于是史思明就把乌承恩抓起来，搜查他的行李袋，得到了铁券和李光弼的公文，公文说："如果阿史那承庆事情办成了就给他铁券，否则不要交给他。"又得到一个几百页的册子，上面全是以前跟随史思明反叛的将士的名单。史思明斥责他说："我有什么亏待你而你竟然这样干！"乌承恩谢罪说："有罪该死，这都是李光弼的计谋。"于是史思明就集合将领辅佐官吏百姓，面朝西大哭道："我以十三万人的部众归降朝廷，有什么对不起陛下的，陛下却要杀我！"然后打死了乌承恩父子，连累而死的有两百多人。乌承恩的弟弟乌承玼逃脱了。史思明囚禁了李思敬，上表说明这一情况。肃宗派宦官来慰问晓谕史思明说："这不是朝廷和李光弼的意思，都是乌承恩一个人干的，杀了他很好。"

这时三司处置投降叛贼官员的罪状书也传到范阳，史思明对各个将领说："陈希烈等人都是朝廷的大臣，太上皇自己抛弃他们逃到蜀中，现在他们仍然不免于一死，何况我们这些人本来就是跟随安禄山一起反叛的！"各个将领请求史思明上表肃宗要求杀掉李光弼，史思明听从了，命令判官耿仁智和他的幕僚张不矜写表文说："陛下如果不替臣诛杀李光弼，臣将亲自带兵去太原诛杀他。"张不矜起草表文给史思明看后，等到准备装入信函封好时，耿仁智把这些话全都删掉。抄写表文的人把这事告诉了史思明，史思明命令抓住两人斩首。耿仁智侍奉史思明很长时间，史思明怜惜他，想让他活命，又把他召进来，对他说："我任用你将近三十年，今天不是我对不住你。”耿仁智大叫说：“人生总会有一死，能够尽忠尽义，就是死得其所。现在跟随大夫继续反叛，只不过是暂时拖延岁月，还不如赶快死了还好些！”史思明大怒，用乱棒打死他，脑浆流了一地。

乌承玼逃到太原，李光弼表请他为昌化郡王，充石岭军使。

（以上为第十一段，写朝廷失策，唐肃宗密谋诛杀史思明而谋泄。）

秋季，七月十六日丙戌，开始铸造以一当十的大钱，名为“乾元重宝”。这是根据御史中丞第五琦的建议。

七月十七日丁亥，唐王朝册封回纥可汗为英武威远毗伽阙可汗，并把肃宗的幼女宁国公主嫁给回纥可汗为妻子。任命殿中监汉中王李瑀为册礼使，右司郎中李巽为副使，命令左仆射裴冕护送公主到边境上。七月十八日戊子，又命令司勋员外郎鲜于叔明为李瑀的副使。鲜于叔明，是鲜于仲通的弟弟。七月二十四日甲午，肃宗送宁国公主到咸阳，宁国公主辞谢告别说：“国家的事情重要，我就是死了也无遗恨。”肃宗哭着回来了。

李瑀等人来到回纥的牙帐，可汗穿着红褐色的袍子，戴着胡人的帽子，坐在帐中的床上，仪仗和卫队非常严整，有人引李瑀等人站在帐外。李瑀见了可汗站在那里不跪拜，可汗说：“我和天可汗是两国的国君，君臣之间有礼节，为什么不跪拜？”李瑀和鲜于叔明回答说：“过去我们唐朝和其他国家通婚，都是拿宗室的女儿作为公主。当今天子认为可汗有功劳，就把自己的亲生女儿嫁给可汗为妻，恩德礼遇极为隆重，可汗你怎么能够以女婿的身份而怠慢岳丈大人，坐在床上接受册命呢？”可汗连忙改变态度，起身接受册命。第二天，立公主为可敦，举国欢喜。

七月二十五日乙未，郭子仪入朝。

八月初三日壬寅，任命青州、登州等五个州的节度使许叔冀为滑州、濮州等六个州的节度使。

八月十一日庚戌，李光弼入朝。十七日丙辰，任命郭子仪为中书令，李光弼为侍中。八月十八日丁巳，郭子仪返回节度行营。

回纥派遣大臣骨啜特勒及帝德率领精锐骑兵三千人帮助唐朝讨伐安庆绪，肃宗命令朔方左武锋使仆固怀恩统领这支军队。

九月初一日庚午朔，任命右羽林大将军赵泚为蒲州、同州、虢州三州的节度使。

九月初七日丙子，招讨党项使王仲升杀了党项酋长拓拔戎德，传首级到京师。

安庆绪刚到邺城时，虽然各支各派分崩离析，但仍然占据着七个郡六十多座城，兵器物资粮食都很充足。安庆绪不亲自管理政事，一意大兴土木，修建亭台池沼楼船，以饮酒为乐事。他的大臣高尚、张通儒等人又因争权不和，不再有政令纲纪。蔡希德有才干，部下的士兵也很精锐，但性格刚强，喜欢直言，被张通儒谮言而杀掉。他的部下好几千人都四处逃散，各个将领也都怨恨生气，不为安庆绪所用。安庆绪就任命崔乾祐为天下兵马使，总揽内外兵权。崔乾祐刚愎乖戾，喜欢杀人，士卒都不愿为他卖力。

九月二十一日庚寅，命令朔方节度使郭子仪、淮西节度使鲁炅、兴平节度使李奂、滑濮节度使许叔冀、镇西、北庭节度使李嗣业、郑蔡节度使季广琛、河南节度使崔光远等七个节度使以及平卢兵马使董秦率领步兵骑兵二十万讨伐安庆绪；又命令河东节度使李光弼，关内、泽潞节度使王思礼等两个节度使率领部下的兵马去帮助。肃宗认为郭子仪、李光弼都是功臣元勋，难以相互统属，所以不设立元帅，只以宦官开府仪同三司鱼朝恩为观军容宣慰处置使。“观军容”的名称从这时开始。

（以上为第十二段，写唐肃宗与回纥和亲，大发兵讨叛贼安庆绪。）

九月二十四日癸巳，广州奏报说：“大食、波斯的军队包围了州城，刺史韦利见翻墙逃走了，这两个国家的士兵抢夺仓库，焚烧房屋，从海上乘船离去。”

冬季，十月初五日甲辰，册封太子，改名叫豫。自从唐朝中兴以来，没有给群臣赏赐过财物，到这时，开始有新铸造的大钱，因此百官和六军都得到数量不等的赏赐。

郭子仪率兵从杏园镇渡过黄河，东向到达获嘉县，打败安太清，杀死四千人，俘虏五百人。安太清逃走退保卫州，郭子仪进兵包围。初七日丙午，派使者回朝报捷。鲁炅从阳武渡过黄河，季广琛、崔光远从酸枣渡过黄河，与李嗣业的部队一起在卫州与郭子仪会合。安庆绪调发邺中全部士卒七万人去援救卫州，分成三军，任命崔乾率领上军，田承嗣率领下军，安庆绪自己率领中军。郭子仪派善射手三千人埋伏在军营垒墙里面，命令他们说：“我后退时，叛贼必定追赶我，你们便登上垒墙，擂鼓叫喊而射击他们。”随后与安庆绪交战，假装撤退，叛贼追赶他，到垒墙下，伏兵起来一起射击他们，箭如雨下，叛贼退走，郭子仪再带兵追击他们，安庆绪大败。抓住他的弟弟安庆和，杀了他。于是克复卫州。安庆绪逃走，郭子仪等人追赶到邺城，许叔冀、董秦、王思礼以及河东兵马使薛兼训都带兵相继赶到。安庆绪收拾残兵在愁思冈和官兵对抗作战，又失败了。前后杀死了三万人，俘虏一千人。安庆绪于是就进入邺城固守，郭子仪等人包围了邺城。安庆绪窘困急迫，派薛嵩向史思明求救，并且请求把自己的位置让给他。史思明调发范阳士兵十三万人想要去救援邺城，犹豫观望，不敢贸然前进，先派遣李归仁带步兵骑兵一万人驻扎在滏阳，与安庆绪遥相呼应。

十月十五日甲寅，太上皇驾临华清宫；十一月初八日丁丑，回到京师。

崔光远克复魏州，十一月十七日丙午，任命前兵部侍郎萧华为魏州防御史。碰上史思明把军队分成三路，一路出邢州、洺州，一路出冀州、贝州，一路出洹水到魏州。郭子仪奏请任命崔光远代替萧华，十二月初五日癸卯，下敕书任命崔光远领魏州刺史。

十二月初六日甲辰，设置浙江西道节度使，管辖苏州、润州等十个州，任命升州刺史韦黄裳担任浙江西道节度使。十二月十二日庚戌，设置浙江东道节度使，管辖越州、睦州等八个州，任命户部尚书李峘担任江浙江东道节度使，兼淮南节度使。

十二月二十一日己未，群臣请求给肃宗上尊号为乾元大圣光天文武孝感皇帝，肃宗同意了。

史思明趁崔光远刚到，带兵大举进攻，崔光远派将军李处崟抵抗。叛军气势旺盛，李处崟接连战斗都失利，只得退回城里。叛贼追到城下，扬言说："处崟叫我们来的，为什么不出来？"崔光远听信叛贼离间谣言，腰斩了李处崟。李处崟，是一员猛将，深得军心，他死后，众人没有斗志，崔光远脱身逃回汴州。十二月二十九日丁卯，史思明攻陷魏州，杀死了三万人。

（以上为第十三段，写郭子仪受命率领九节度使之兵讨安庆绪，史思明复叛。）

平卢节度使王玄志死了，肃宗派宦官前往安抚将士，并且去考察军中所要拥立的人，准备把旌节授予他。高丽人李怀玉做裨将，杀死王玄志的儿子，推举侯希逸为平卢军使。侯希逸的母亲，是李怀玉的姑妈，所以李怀玉拥立他。朝廷因此任命侯希逸为节度副使。节度使的职位由军士废立从此开始。

臣司马光评论说：人民天生有欲望，没有君主就会产生动乱。因此，圣人制定礼来治理国家。上自天子、诸侯，下至公卿、大夫、士人、庶人，尊卑有别，大小有序，好比大纲和条目相互维系，有条不紊，好比手臂与手指相互使唤，无不服从，因此人民服务事奉君上，而在下的人不会有夺取君位的野心。《周易》中的《象传》说："上面是天，下面是泽，这是《履》卦。"《象传》又说："君子以此来分别上下尊卑，安定人民的心志。"就是说的这个道理。大凡做人君的之所以能够保有自己的臣民，是因为驾驭臣民的八种权柄掌握在自己的手里。假如舍弃了这些权柄，那么君臣上下就会势均力敌，还怎么能够统治他的臣下呢？

肃宗遭遇唐朝中期的衰乱，有幸而复兴，应该端正君臣上下之礼以统治四方；而他却只想偷取一时的安定，不考虑长期的祸患。任命将帅，统治地方，本是国家的大事，却委派一个使者，曲从于士兵的情绪，不管贤能与否，只要有人想拥立谁就任命谁。从此以后，习以为常，国君与臣下都因循下去，以为是很好的政策，这就是"姑息"，即只求眼前的安宁。乃至于偏将士卒，杀死或驱逐主帅，也不治他们的罪，反而将主帅的位置授给他们。然而这样一来，君主驾驭臣下的八种权柄即爵禄、废置、杀生、予夺，都不出于肃宗而出于臣下，那么天下产生动乱还会结束吗？

而且治理国家的君主，要奖励善良，严惩凶恶，这样就使行善的人得到劝勉，行恶的人得到惩罚。那些做部下的人而杀死驱逐他的上司，没有比这更大的恶行了！竟然要他掌握生杀大权，统管一方，这实在是在奖赏啊。奖赏用来劝导行恶，恶行怎么能不到处产生呢？《尚书》说：“谋划要为长远着想。”《诗经》说：“国王鼠目寸光，我因而竭力进谏。”孔子说：“人无远虑，必有近忧。”主管天下的政事而一味地追求暂时的安宁，那么，天下的忧患还能有个完吗？于是做臣下的往往蔑视君主窥伺其位，若有机会就会攻杀君上。为君上的常常因为畏惧臣下而惶惶不安，一旦有机会也会乘其不备而屠杀他；于是就争相先发制人以满足自己的心志，而没有互相保养双方有利的长治久安之计。这样下去想求得天下的安定，怎么能够办得到呢！考究唐朝后期祸乱的原因，就是由于朝廷任命侯希逸为平卢节度使这件事而引起的。

古人治理军队的根本在于礼法，所以春秋时晋文公在晋楚城濮之战中，看到自己的军队少长有礼，便知道可以用事。现在唐朝治军不顾礼法，使得士卒可以侮辱偏将副将，偏将副将可以侮辱将军主帅，那么将军主帅可以侮辱天子，就是很自然的情势了。

由此祸乱迭起，战争不止，生民涂炭，无处控诉，一共二百多年，然后才是大宋受天命而有天下。宋太祖开始制定军法，让军队按照官阶军衔的高低相互承接制约，如稍有违反，就会招来杀身之祸。因此上下有序，令行禁止，征讨四方不守礼法的割据势力，无不顺服，天下太平安宁，百姓安居乐业，一直到今天，这都是由于用礼法来治军的缘故。这难道不是给子孙留下的深谋远虑吗？

这一年，设立振武节度使，管辖镇北大都护府、麟州胜州两个州；又设置陕州、虢州、华州以及豫州、许州、汝州两个节度使；改安南经略使为节度使，管辖交州、陆州等十一个州。

吐蕃攻陷河源军。

（以上为第十四段，写唐肃宗允许平卢士兵推举侯希逸为节度使，开了方镇割据的一个恶例，受到司马光的批评。）

【点评】

本卷点评四事：李泌辞官、唐肃宗视民如草芥、张巡殉国之是非、司马光的两条史论。

李泌辞官。李泌，京兆人，青年时就以才敏著称，上书言事受到唐玄宗的赏识，召为待诏翰林，供奉东宫。李泌不肯为官，与太子李亨为布衣交，太子尊李泌为先生。李泌被杨国忠排挤出京，隐居在颍阳。唐肃宗在灵武即位，文武官不满三十人，其中没有特出的人才，他的身边还有宠妾张良娣、宦官李辅国两个佞人，带给肃宗重大的负面影响。这时郭子仪带兵勤王，唐肃宗召回李泌，唐肃宗有了这一文一武两个杰出的人才辅佐，才稳定了局势，进驻彭原（在今甘肃庆阳县南），指挥平叛战事。唐肃宗要李泌任右相，李泌坚决推辞，只做布衣先生，谋划军国大事，人称布衣宰相。肃宗听从李泌建议，以长子广平王李俶为天下兵马元帅。肃宗创立侍谋军国、元帅府行军长史的名号安置李泌处理军务，是全军第二号人物，又用李辅国为判元帅行军司马事，是全军第三号人物。以唐肃宗为首的全国平叛指挥部成立了，李泌是指挥部和全军的灵魂。按李泌的规划，两年平定叛乱。用兵方略是令李光弼出井陉，郭子仪入河东，使安禄山在河北的两员大将史思明、张忠志不敢离范阳、常山，在西京的安守忠、田乾真不敢离京一步。郭子仪入河东后牵制叛军东都留守阿史那承庆，朝廷驻兵扶风，与郭李两军轮番出击叛军，不攻取叛军城池，不断叛军走路，保持叛军两京畅通，只是打击叛军使之疲于奔命。越冬之后，派出建宁王李倓率主力军从北边进入河北攻取叛贼老巢范阳，李光弼从南进攻，夹击范阳。叛军范阳丢失，退无所归，朝廷四方勤王之军会集，一战可平。李泌的计划实行了一半，郭子仪进入了河东，西北勤王之师抵达凤翔，江淮军需运抵洋州，唐肃宗昏聩贪利，要自建奇功，先复两京，改变了李泌的计划，结果欲速不达，延长了战祸。李泌早已料到昏庸皇帝不可以共始终，他与唐肃宗相约，官军收复两京，立即归山。唐肃宗入长安，李泌辞行，以“五不可”为由，留则被杀以感悟肃宗，既自我保护，也保护太子李俶。李泌畅言建宁王被冤杀，提醒唐肃宗警惕张良娣与李辅国两个嬖人的诡慝之口。既往不咎，来者犹可追。李泌颂李贤所作《黄台瓜辞》意味深长。太子之得以保全，李泌功莫大焉。

李泌一身正气，淡泊名利，不做高官。功成即身退，始终以布衣身份历事唐肃宗、代宗、德宗三朝，为国展力，立下盖世奇功。三代皇帝都昏庸猜忌，奸佞也嫉恨加害，而李泌都以他的大智慧规避，而且做出贡献，不仅保护了自己，还保护了功臣郭子仪、李光弼，以及肃宗太子李俶。李泌处乱世的主要方法有三条：一是不做官；二是讲神仙辟谷以为烟幕；三是皇帝听劝即共事，不听则走。李泌是唐中期特殊时代，即昏君当道的乱世，所产生的特殊人物，以布衣为帝王师友，国家有难则出，功成则退，明哲保身。李泌避开名与利，也就是避开了祸端来辅助唐朝，既显示了一个有为知识分子的大智慧，也表现了在专制政体下伴君如伴虎的无奈。在昏君奸臣当政的恶劣环境中，李泌保持了自己高贵的情操，也保持了自己的尊严，是一个值得尊敬的政治家，中国传统士大夫杰出的代表。

唐肃宗视民如草芥。唐肃宗借兵回纥，他的视民如草芥在与回纥的誓约中暴露无遗。当初长安陷落，唐玄宗丢下黎民大众西逃入蜀，任凭黎民遭涂炭，迫于无奈，犹有说辞。唐肃宗反攻长安，为的是想早一天收复，于是借兵回纥，与之相约说："克城之日，土地、士庶归唐，金帛、子女皆归回纥。"这是唐肃宗秘密出卖两京黎民的丑恶行为。士庶归唐，即男子留下当炮灰，女人、孩子卖给回纥当奴仆，钱财任其抢掠，做如此伤天害理的买卖，唐肃宗还有一点人性吗？广平王李俶向回纥首领叶护一拜，结为兄弟，请求到东京践约。李俶说："如果抢掠长安，东京就会坚守。"李俶一拜回纥，不是因为爱心，而是担心东京居民誓死抵抗。于是东都洛阳的百姓可就遭了大殃。《旧唐书·回纥传》载："及收东京，回纥遂入府库收财用，于市井村坊剽掠三日而止，财物不可胜计。"这哪里是拯救民于水火的王师，而是一群暴匪。唐肃宗出卖平民的行为，将永远地钉在历史的耻辱柱上。

张巡殉国之是非。张巡，郑州南阳人，开元末进士，由太子通事舍人出为清河令，转真源令。安史之乱，张巡起兵抗击，转战雍丘、宁陵一带，阻滞叛军进攻江南，达数月之久。至德元年十月，张巡救援睢阳（今河南商丘），与睢阳太守许远合兵共守睢阳，诏拜张巡为御史中丞，史称张中丞。睢阳守军不足万人，在张巡、许远的爱国热情激励下，团结如一人，英勇抗敌，坚守孤城达一年有余。大小四百余战，杀敌十二万人，捍卫江淮地区免遭叛军扰乱，同时保卫了江淮租庸运道，这是唐军的生命线。张巡、许远立下盖世奇功，应受到敬仰。睢阳四围邻郡官军，坐视不救，睢阳军民粮食吃完，茶叶、纸张充饥又吃完，战马吃完，雀鼠捕尽，张巡杀爱妾以犒士，然后吃城中妇女，继而吃男子老弱。最终睢阳不保，所存壮士三十六人，全部被害。城破三日后，救援官军才到，已于事无补。

张巡、许远殉国，有人罪其食人，张巡友人李翰为之作传，为张巡辩解，认为救兵不至，食尽而及人，固守以保全江淮和运道，有大功。即使食人，牺牲了几百人而保全了天下，至少也是功过相当。于是抨击之声始息。又过了三十年，有人诬张巡、许远降敌，为藩镇逐地争利辩说。元和二年（公元 807 年），四月十三日，韩愈读李翰《张巡传》后，感慨万千，奋笔疾书作《张中丞传后叙》，补充史实，并发议论，进一步表彰张巡、许远的功绩，附于传后，所以称《张中丞传后叙》。到了宋代，《张巡传》亡佚，韩愈所作《后叙》收入《韩昌黎集》传于后世。司马光感佩张巡爱国激情，在《资治通鉴》中做了长篇记载，张巡、许远地下有知，亦当瞑目。但用今日人权论观点反观张巡死战，食人坚守还是应当受到批评。老弱妇孺无辜，在守军还能突围之时，应当护送他们出城，因老弱妇孺留于城中，没有战斗力，还要增加粮耗。即死不能护送，在守城绝望，已无一粒粮食之时，不应再坚守。已尽全力，再做徒劳牺牲，不合人道。但是我们又不能苛求古人。张巡时代，讲的是舍生取义，杀身成仁，即使近代，乃至今日，人在阵地在的精神还是要提倡。只是到了吃人才能生存时，那就是徒劳，无论古今，此时停止战斗，不应受责，反之，在古时可谅，在今时则不可取。

司马光的两条史论。司马光的第一段评议，主张对苟且偷生，变节投敌的高官，应给予惩处，赞赏唐肃宗对叛贼按六等议刑。先是广平王李俶克东都，俘获陈希烈等三百多个伪官，广平王以皇上旨意全部赦免。这些伪官押送长安，唐肃宗采纳礼部尚书李岘的建议，按六等治罪。罪大恶极的死刑，斩于闹市，次一等的死刑自裁，再次一等的杖三百，轻罪又分三等，判流或贬官。盘据在河北邺城的伪官，听说陈希烈等被大赦，都痛恨自己失身叛贼，有悔改之意。后来听到陈希烈等被判刑受诛，于是死心塌地追随叛贼，唐肃宗十分后悔。司马光认为陈希烈等高级唐官，贵为卿相，平时尸位素餐，没有说一句规谏人主的话，只是阿谀奉迎保富贵，国家有难苟且偷生，投降叛贼，为之效力，还不如犬马。对这种人，摇身乞尾就官复原职，那样一来，岂不是在鼓励二三其德的人吗？又怎能对得起颜杲卿、张巡这些效忠舍命的人呢？如果这样，岂不是为恶的人得便宜，为善的人遭殃，是非颠倒，国家还能有忠义的人吗？按六等议罪，十分得当，有什么后悔的呢？司马光的这个批评与分析，是十分中肯的。唐肃宗对随后投降的史思明，不但大赦，还授以高官，没多久，史思明又重新叛变。为了安定社会，当然要赦免一些罪人，但不能不分青红皂白，一律免罪。做人的道德底线是不能践踏的。

司马光的第二段评议，主张以下犯上者必须严惩，不能姑息养奸，其理无可厚非。起因是平卢节度使王玄志死，裨将高丽人李怀玉杀了王玄志的儿子，推戴自己的姑表兄侯希逸为节度副使，唐肃宗所遣中使授以旌节，从此，节度使由军士废立，朝廷诏令不行，唐肃宗开了一个恶例。中唐之后藩镇割据，节度使父死子继，或强将逐主自任，以致唐末形成军阀大混战。唐肃宗平安史之乱而复国，更应该申明国法军纪，而不应偷取一时之安，留下无穷的祸患。只是司马光不是用法，用制度来纠正失误，说什么用礼来纲纪四方，把礼和法混为一谈，迂腐且不得要领。不过司马光的论说是传统的儒家观点。孔子主张："道之以政，齐之以刑，民免而无耻；道之以德，齐之以礼，有耻且格。"（《论语·为政》）孔子把法置于礼之上。几千年来，统治者总是宣扬执政为民，以礼维系上下尊卑，法只用来惩治下犯上，而不征治上犯下，于是在台上的统治者好话说尽，坏事做绝。法讲平等，礼讲尊卑。司马光维护专制政体，所以要混淆礼与法，说礼大于法，用礼统法，最后只有尊卑，没有平等，法只维护尊卑，不维护平等。最后的结果是，只许州官放火，不许百姓点灯。司马光的评议，理正而实非。理正，指社会要有秩序，如何维护秩序，就要有法，公正。而司马光说用礼维护秩序，那就是上下有序，只有尊卑，没有平等了，因此实质是错误的。

唐纪三十七

唐肃宗乾元二年至上元元年（公元 759—公元 760）

【起屠维大渊献（己亥，公元 759 年），尽上章困敦（庚子，公元 760 年），凡二年】

【大事提要】

本卷记事起公元 759 年，讫公元 760 年，凡二年。当唐肃宗乾元二年至上元元年。郭子仪讨贼，困围安庆绪于邺城。李光弼为后援，欲逼魏城，拖住史思明，邺城指日可破，史思明将不战自溃。唐肃宗派宦官鱼朝恩监军，鱼朝恩不懂军事却干预军事，阻止李光弼进攻叛军魏城的正确计谋，迫使官军会聚邺城达六十万众，史思明抄掠官军粮运，官军乏食，史思明进兵会战，官军大败，郭子仪被解职，李光弼为副元帅，退守河阳。史思明乘胜，火并安庆绪，自称“大燕皇帝”，率众南下，在河阳与李光弼大战，双方不分胜负，势均力敌。唐肃宗不信任诸将，忌刻功臣，任用宦官监军，郭子仪功败垂成，延长了战乱。宦官李辅国用事，恣意横行，竟逼迫太上皇玄宗迁出兴庆宫，移居大内。实乃唐肃宗忌疑，以便监控太上皇。唐肃宗不仁不武，徒使战祸蔓延。此时唐四境不行，羌胡秦陇，刘展又反于淮南。

肃宗文明武德大圣大宣孝皇帝下之上

唐肃宗乾元二年（己亥，公元 759 年）

春季，正月初一日己巳朔，史思明在魏州城北修筑祭坛，自称是“大圣燕王”；任命周挚为行军司马。李光弼说：“史思明得到魏州而按兵不动，这是想让我们松懈惰怠，然后用精锐部队攻我不备。请让我和朔方军一起进逼魏州，向史思明挑战，他有鉴于嘉山之败的教训，一定不敢轻易出兵。这样旷日持久，邺城就一定可以攻克。安庆绪若败死，史思明就没有借口来指挥他的部下了。”鱼朝恩认为不行，只好作罢。

正月初十日戊寅，肃宗祭祀九宫贵神，这是采纳王玙的意见。正月十一日己卯，肃宗亲自耕种藉田。

镇西节度使李嗣业进攻邺城，被乱箭射中。正月二十八日丙申，李嗣业去世。兵马使荔非元礼代替他率领部队。当初，李嗣业奏表请求段秀实任怀州长史，知留后事。当时各路军驻扎戍守时间很久，钱财用尽，粮食吃完，段秀实单独运送草料和粮食，招兵买马用以供应镇西行营，道路上络绎不绝。

二月十五日壬子，月全食。先前，百官请求加皇后尊号为“辅圣”，肃宗去征求中书舍人李揆的意见，李揆回答说：“自古以来皇后没有尊号，只有中宗时韦后有，怎么能够效法呢！”肃宗大惊，说：“这些庸人差点误了我的大事！”碰上月食，这件事就搁下来了。张皇后与李辅国互相勾结，在宫中横行无忌，干预朝政，请求拜托的事情没有止境，肃宗很不高兴，但也无可奈何。

郭子仪等九节度使包围邺城，筑营垒两道，挖壕沟三道，堵截漳河水灌城。城中井里的水都满溢出来，人们只好用木头搭起架子来住，从冬天到春天，安庆绪坚守以等待史思明，粮食吃光了，一只老鼠价值四千钱，淘洗墙上泥土中的碎麦壳以及马粪来喂养战马。人们都认为很快就会攻克邺城，然而唐朝各路军马没有统帅，进攻或退却也没有人指挥。城中的人想投降，因为水深的妨碍，不能出城。邺城久攻不下，官军上下松懈懒散。

史思明于是从魏州带兵赶往邺城，派各部将分别离城五十里安营扎寨，每个营寨里敲打三百面鼓，远远地呼应邺城，威胁官军。史思明又从各营中挑选精锐的骑兵五百人，每天去城下包抄抢夺，官军出来，就分散地回到自己的军营中；唐朝各军的人马牛车每天都有所损失，甚至连打柴割草都很困难，白天防备好了，叛贼骑兵就夜晚来，夜晚防备好了，他们就白天来。当时天下饥荒，辗转运送粮饷，南方来自江淮地区，西边来自并州、汾州，车辆和船只接连不断，史思明多次派遣勇敢强壮的士兵窃取官军的服装和号令，督促运粮的人，责骂他们的迟缓，随便乱杀人，运粮饷的人都很惊慌害怕。在车船会集的地方，又暗中放火烧掉。神出鬼没，只有他们自己互相认识，而官军巡逻搜捕也不能察知。从此各种军马都缺乏食物。人心涣散。于是史思明就带领大军直抵城下，官军和他约定时间决战。

三月初六日壬申，官军步兵骑兵六十万在安阳河北岸摆开阵势，史思明亲自率领精兵五万人迎敌，各路官军看见他们，以为是流动部队，没有介意。史思明奋勇直前，率军冲锋，李光弼、王思礼、许叔冀、鲁炅先和他交战，双方伤亡各占一半；鲁炅被乱箭射中。郭子仪跟在后接应，还没来得及布阵，忽然刮起大风，飞沙走石，树木拔起，天昏地暗，咫尺之间相互不能辨别，两军都大为惊慌，官军向南溃退，叛贼向北溃退，所抛弃的武器盔甲辎重满路都是。郭子仪让朔方军队切断河阳桥以保卫东京。官军的战马一万匹，只剩下三千匹；盔甲武器十万件，几乎全被抛弃。东京的士人和老百姓都惊慌失措，纷纷逃向山中；留守崔圆和河南尹苏震等官吏向南逃到襄州、邓州；各节度使也都各自溃退到自己的镇所。这些败兵沿路大肆抢杀，官吏不能制止，过了十几天才安定下来。只有李光弼、王思礼严整队伍，全军而回。

（以上为第一段，写史思明救安庆绪，邺城之战，大破官军。）

郭子仪到了河阳，准备谋划防守河阳城，可是军中人员互相惊扰，又逃奔到缺门。各路将领相继赶到，人数达到好几万，大家商议放弃东京，后退保卫蒲州、陕州。都虞候张用济说："蒲州、陕州连年饥荒，不如坚守河阳，叛贼来时，我们合力抵抗他们。"郭子仪听从了他的建议。派都游弈使灵武人韩游瓌率领五百骑兵前往河阳，张用济率领步兵五千人跟随其后。贼将周挚带兵来争河阳，因后到，不能进城便回去了。张用济让他的部下士兵修筑南、北两座城以准备坚守河阳。段秀实率领将士家属以及公家和私人的辎重从野戍渡过黄河，在河清县的南岸待命，荔非元礼赶到后便驻扎下来。各位将领分别向肃宗上表请罪，肃宗对他们都不问罪，只是削去了崔圆的官阶和封号，把苏震贬职为济王府长史，削去其银青光禄大夫官阶。

史思明确知官军已经溃退，就在沙河收拾整顿部队，还军驻扎在邺城的南面。安庆绪收集郭子仪军营的粮食，得到六七万石，他与孙孝哲、崔乾祐谋划紧闭城门再次拒绝史思明。各位将领说："今天怎么可以再次背叛史大王呢？"史思明既不与安庆绪联系，又不南下追击官军，只是每天在军中宴请将士。张通儒、高尚等人对安庆绪说："史王远道而来，我们都应该去迎接感谢。"安庆绪说："随你们的便暂时去看看吧。"史思明见到他们哭了，赏给他们优厚的礼物然后送他们回去。过了三天，安庆绪还不来。史思明秘密吩咐安太清去引诱他，安庆绪困窘急迫，不知道怎么办才好，就派安太清向史思明上表称臣，请求等史思明安顿好部队进城后，就奉上皇帝玉玺印绶。史思明看了表文后说："何必这样做呢？"因而拿出表文给全军将士看，大家都高呼万岁。于是史思明亲自写信慰问安庆绪，并不称臣，并且说："愿与你结成兄弟国家，相互依靠、援助。我们平待相待，鼎足而立，这还差不多；北面称臣的礼节，实在不敢接受。"连表文一起封好，送还给安庆绪。安庆绪非常高兴，因而请求与史思明歃血结盟，史思明同意了。安庆绪带了三百骑兵到了史思明的军营中，史思明命令他的士兵全副武装地等待安庆绪，然后领着安庆绪和他的几个弟弟进到庭院中。安庆绪再拜叩头说："我没能担当重任，丢掉了东、西二都，长期被陷入重重包围之中，没想到大王您因为太上皇的缘故，远来救援，使我本应死而又复生，我万难报答您的大恩大德。"史思明忽然大怒说："丢掉东、西二都，有什么好说的。你身为人子，杀死父亲夺取君位，天地也不能容忍。我要替太上皇讨伐你这逆贼，怎么会受你的巧言佞色的欺骗呢？"当即命令左右的人把他带出去，连同他的四个弟弟以及高尚、孙孝哲、崔乾祐等人都杀了；张通儒、李庭望等人都授予官职。史思明整军进入邺城，收拾安庆绪的人马，把府库中的东西赏赐给将士，安庆绪以前所统有的州、县以及士兵都归属史思明。派安太清率兵五千人夺取怀州，并留下来镇守。史思明想要继续向西进攻，考虑到自己的大本营还不巩固，就留下他的儿子史朝义守卫相州，自己带兵回到范阳。

（以上为第二段，写史思明杀安庆绪，并其众。）

三月十八日甲申，回纥骨啜特勒、帝德等十五人从相州逃回西京，肃宗在紫宸殿宴请他们，赏赐他们数量不等的财物。二十四日庚寅，骨啜特勒等人告辞回到行营。

三月二十五日辛卯，任命荔非元礼为怀州刺史，代理镇西、北庭行营节度使。荔非元礼又用段秀实为节度判官。

三月二十八日甲午，肃宗任命兵部侍郎吕諲为同平章事。三月二十九日乙未，任命中书侍郎、同平章事苗晋卿为太子太傅，王玙为刑部尚书，都罢除政事。又任命京兆尹李岘兼代吏部尚书，中书舍人兼礼部侍郎李揆为中书侍郎，以及户部侍郎第五琦并为同平章事。肃宗对李岘的恩德尤其深厚，李岘也把经国治邦视为己任，军国大事大都由李岘单独决定。这时京师盗贼很多，李辅国请求挑选羽林军骑兵五百人以备巡逻。李揆上疏说："以前西汉用南军北军互相制约，所以周勃由南军进入北军，因而安定刘氏天下。我大唐朝设置南牙、北牙，文武分开，让他们互相监督。现在用羽林卫来代替金吾卫巡夜，如果有什么突发事变，将如何加以制止呢？"于是这事便作罢。

三月三十日丙申，任命郭子仪为东畿、山东、河东各道的元帅，代理东京留守。任命河西节度使来瑱兼代陕州刺史，充陕州、虢州、华州节度使。

夏季，四月初四日庚子，泽潞节度使王思礼在潞城东边击败史思明的部将杨旻。

太子詹事李辅国，自从肃宗在灵武的时候，就兼任元帅行军司马的职务，在肃宗左右侍奉，宣布传达诏书命令。四方进呈的文书奏章，宝印符契，早晚的军中号令，全都委任他负责。等回到京师，李辅国专门掌管禁兵，常常住在宫禁中官署宅舍里，肃宗的制书敕令必须经过李辅国签字盖章后，才能施行。宰相和百官临时有急事上奏肃宗，都要通过李辅国禀报，并由他传达肃宗的旨意。李辅国经常在银台门裁决天下大事，事情无论大小，都由李辅国口宣制书敕令，写好后交由外面的官员去施行，事情完毕后再向肃宗奏报。李辅国又设置察事几十人，暗中命令他们到民间去察访细小的事情，察到什么情况马上就进行审讯。如有什么追查和索取，各部门都不敢拒绝。关在御史台和大理寺的重刑犯人，有的审判还没有完结，李辅国就追到银台，一下子把他们都释放了。三司以及府、县审理案件，都先到李辅国那里咨询请示，量刑的轻重都随他的意思，他声称是奉皇帝的制书敕令而施行，没有人敢违背。宦官不敢直呼李辅国的官衔，都称他为"五郎"。李揆是山东地区的名门贵族，看见李辅国就行子弟的礼节，称他为"五父"。

等到李岘任宰相，就在肃宗面前叩头，论述制书和敕令都应该由中书省颁布，详细陈述了李辅国专权乱政的情况，肃宗醒悟过来，奖赏他的正直。李辅国处理事情的办法，多有变更，罢除他设立的察事。李辅国因此辞去行军司马，请求回到他本来的官位做太子詹事，肃宗不同意。肃宗下制书："近来因为军事和国务繁忙，有时口头宣布敕命处理事情。各种名目的索求以及杖配囚徒，从今以后一律停止。如果不是‘正宣’，都不能施行。朝廷内外的一切事务，各归主管官员负责。英武军虞候以及六军诸使、诸司等，近来有时因为争论不已，就各自追查处理，从今以后一律要经过御史台、京兆府。如果负责官员处理判决不公正，允许写状上奏。各种刑法律令除了十恶、杀人、奸、盗、造伪以外，其他烦琐冗杂的条文全部删除，仍然委托中书省、门下省与法官详细审定后，再上奏肃宗。”李辅国因此嫉恨李岘。

四月初八日甲辰，设置陈州、郑州、亳州节度使，任命邓州刺史鲁炅来担任这一职务；任命徐州刺史尚衡为青州、密州等七个州的节度使；任命兴平军节度使李奂兼任豫州、许州、汝州三个州的节度使；各节度使仍然在自己的境内行使防御使和守捉使的职权。

（以上为第三段，写宦官李辅国掌禁军，专朝政。）

九节度使在相州溃散时，鲁炅所统率的部下士兵抢掠尤其严重，听说郭子仪退兵驻扎在黄河岸边，李光弼回到太原，鲁炅感到很惭愧害怕，就喝毒药死了。

史思明自称“大燕皇帝”，改年号为顺天，立他的妻子辛氏为皇后，封他的儿子史朝义为怀王，任命周挚为宰相，李归仁为将军，把范阳改名为燕京，各州改称郡。

四月十二日戊申，任命鸿胪卿李抱玉为郑州、陈州、颍州、亳州节度使。李抱玉本是安兴贵的后人，担任李光弼的裨将，多次立下战功，自己上书说耻与安禄山同姓，所以肃宗赐姓李氏。

回纥毗伽阙可汗死了，长子叶护先前已被杀，国人立他的小儿子，这就是登里可汗。回纥想让宁国公主殉葬。公主说：“回纥羡慕中原的风俗，所以娶中原的女子为妻。如果想要遵从本国的风俗，又何必到万里之外去缔结婚姻呢？”但是公主仍旧按回纥的风俗为毗伽阙可汗割破脸皮，流血哭泣。

凤翔管马坊的押官因为抢劫，被天兴县尉谢夷甫逮捕杀掉，押官的妻子替他告状申冤。李辅国本来出身于飞龙厩，敕命监察御史孙蓥审理此案，结果没有冤屈。又让御史中丞崔伯阳、刑部侍郎李晔、大理卿权献一起审讯，结果与孙蓥相同。押官的妻子还不服。又让侍御史太平人毛若虚审理。毛若虚是个投机取巧的人，迎合李辅国的意思，归罪于谢夷甫。崔伯阳大怒，把毛若虚叫来责问他，想要奏明肃宗弹劾。毛若虚预先跑到肃宗那里，肃宗把毛若虚藏在帘子后面。崔伯阳不久也到了，说毛若虚附会宦官，审判案件不公正。肃宗很生气，把崔伯阳叱责出去。崔伯阳被贬为高要县尉，权献被贬为桂阳县尉，李晔与凤翔尹严向都被贬到岭南做县尉，孙蓥被削去名籍，长期流放播州。吏部尚书、同平章事李岘上奏说崔伯阳没有罪过，处罚太重了，唐肃宗认为他们是结成朋党，五月十六日辛巳，把李岘贬为蜀州刺史。右散骑常侍韩择木入朝应付，唐肃宗对他说：“李岘想专权，现在贬到蜀州，朕还觉得用法太宽大了。”韩择木回答说：“李岘直言不讳，不是专权。陛下宽大处理，只会增加圣德。”不久，毛若虚被任命为御史中丞，威震朝廷。

五月十七日壬午，任命滑州、濮州节度使许叔冀为汴州刺史，兼任滑州、汴州等七州节度使；任命试汝州刺史刘展为滑州刺史，充当节度副使。

六月二十三日丁巳，划分朔方节度设置邠州、宁州等九州节度使。

观军容使鱼朝恩讨厌郭子仪，趁他这次打了败仗，在肃宗面前诋毁他。秋季，七月，肃宗召郭子仪回京师，任命李光弼代替他为朔方节度使、兵马元帅。士卒都哭了，拦住宫中使者请求留下郭子仪。郭子仪骗他们说：“我给宫中使者饯行，并不是要走啊。”趁机跳上马就走了。

李光弼希望派亲王为主帅，他作副帅，七月十七日辛巳，任命赵王李係为天下兵马元帅，李光弼为副帅，仍然让李光弼主管各节度使的行营。李光弼带领河东五百骑兵奔赴东都，深夜，进入朔方军营。李光弼治军严整，刚刚到达，号令一发，士卒、壁垒、旌旗、军容都为之一变。当时朔方军的将士都喜欢郭子仪的宽松，害怕李光弼的严厉。

（以上为第四段，写史思明称帝，官军重新部署，李光弼代郭子仪为副元帅。）

左厢兵马使张用济驻扎在河阳，李光弼发檄书召他来。张用济说：“朔方军，不是叛军，趁夜晚而进来，为什么有这么深的怀疑呢？”便与各位将领谋划派精锐部队突然进入东京，驱逐李光弼，请郭子仪回来。命令士兵口中衔枚，静静地整装待发。都知兵马使仆固怀恩说：“邺城溃散，郭公先领兵退却，朝廷责备主帅，所以罢免他的兵权。现在驱逐李公而强请郭公回来，是谋反的行为，这怎么能行呢！”左武锋使康元宝说：“您用兵请回郭公，朝廷必然怀疑是郭公劝您干的，这是在毁掉他的家庭啊。郭公百口之家有什么对不起您呢！”张用济才罢休。李光弼带着好几千骑兵东出汜水县，张用济单枪匹马前来谒见。李光弼责备张用济被召而不及时赶到，就杀了他，命令部将辛京杲带领他的队伍。

仆固怀恩接着赶到，李光弼招呼他就坐，与他谈话。不一会儿，守门人来报告：“蕃族和浑族的五百骑兵来到了。”李光弼一听便变了脸色。仆固怀恩走出来，把部下将领叫过来，假装责备他们说：“叫你们不要来，为什么非要违抗我呢！”李光弼说：“士兵跟随将领，又有什么罪过呢！”命令供给他们牛肉和酒。

任命潞沁节度使王思礼兼太原尹，充北京留守、河东节度使。

当初，潼关战败时，王思礼的马中箭而死，有骑兵盩厔人张光晟下马把自己的马给王思礼，王思礼问他的姓名，张光晟不告诉他便走了。王思礼暗暗地记下了他的长相，后来多方寻找也没找到。等到达河东后，有人谮言代州刺史河西人辛云京，王思礼非常愤怒，辛云京很害怕，不知道怎么办才好。张光晟当时是辛云京的部下，说："我曾经帮助过王公，但从来不敢说起此事，耻于以此事来取得赏赐。现在刺史您有危急，我请求去见王公，一定替您解决危急。"辛云京高兴地派他前往。张光晟拜谒王思礼，还没有开口，王思礼就认出他来，说："哎呀！您不是我的老朋友吗？为什么这么晚才相见啊！"张光晟把实情告诉他。王思礼十分高兴，拉着他的手，流着眼泪说："我之所以有今天，都是因为有您的帮助啊。我找您很久了。"牵着他和自己一同坐在床上，相约结为兄弟。张光晟借机在聊天中说出辛云京的冤屈。王思礼说："辛云京的过错也不小，今天看在您的面子上放掉他。"当天就提升张光晟为兵马使，赠给他很多的金银财帛田地宅舍。

七月二十七日辛卯，任命朔方节度副使、殿中监仆固怀恩兼任太常卿，进爵位为大宁郡王。仆固怀恩跟随郭子仪做前锋，勇冠三军，前前后后立下很多战功，所以奖赏他。

八月十二日乙巳，襄州将领康楚元、张嘉延占据本州作乱，刺史王政逃到荆州。康楚元自称为南楚霸王。

回纥因宁国公主没有儿子，听任她回到中原。八月二十三日丙辰，宁国公主回到京师。

八月二十五日戊午，肃宗派将军曹日升前往襄州慰问晓谕康楚元，把王政贬为饶州长史，任命司农少卿张光奇为襄州刺史，康楚元不服从。

八月二十九日壬戌，任命李光弼为幽州长史、河北节度等使。

九月初一日甲子，张嘉延袭击攻破荆州，荆南节度使杜鸿渐弃城而逃，澧州、郎州、郢州、陕州、归州等州的官吏听说这一消息，都争相躲藏到山谷里。

九月初五日戊辰，再次命令绛州铸造乾元重宝大钱，并在背面的边缘上加上重轮，一个大钱可以当五十个钱。在京城的百官，先前因为军费开支而没有领过俸禄，这时就用新铸造的钱支给官员作为冬季的俸禄。

九月二十四日丁亥，任命太子少保崔光远为荆州、襄州招讨使，充山南东道处置兵马都使；任命陈州、颍州、亳州、申州节度使王仲升为申州、沔州等五州节度使，兼管淮南西道行营兵马。

史思明派他的儿子史朝清守卫范阳，命令各郡太守分别带兵二千人跟随自己进攻河南，分兵四路，派他的部将令狐彰带兵五千人从黎阳渡河攻取滑州，史思明从濮阳，史朝义从白皋，周挚从胡良渡过黄河，在汴州会师。

（以上为第五段，写官军副元帅李光弼整训军容，调整诸将，史思明大举南下。）

李光弼正在黄河岸边各军营中巡视，听到这一消息，就回到汴州，对汴滑节度使许叔冀说："大夫能守住汴州十五天，我就会带兵来援救。"许叔冀答应了。李光弼返回东京。史思明到达汴州，许叔冀和他作战，不能取胜，于是就与濮州刺史董秦及其部将梁浦、刘从谏、田神功等人一起投降了史思明，史思明任命许叔冀为中书令，和他的将领李详一同防守汴州。史思明优待董秦，收取他的妻子儿女，把他们安置在长芦县作为人质。又派他的将领南德信和梁浦、刘从谏、田神功等好几十人攻打江、淮地区。田神功是南宫县人，史思明任命他为平卢兵马使。不久，田神功袭击南德信，把他杀了，刘从谏脱身逃走。田神功率领他的部众来投降。

史思明乘胜向西攻打郑州，李光弼整顿好部队，慢慢地行走，到达洛阳，对留守韦陟说："叛贼乘胜而来，对我们来说，按兵不动有利，速战速决不利。洛城不可能防守，您计划怎么办？"韦陟请求把部队留在陕郡，退守潼关，占据险要之地以挫败敌人的锐气。李光弼说："双方对阵，旗鼓相当，贵在前进，忌讳后退，现在无缘无故地放弃五百里土地，那么叛贼气势就会更加嚣张。不如转移部队，驻扎河阳，北边连接泽潞，有利就进取，不利则退守，里外相呼应，使叛贼不敢向西侵犯，这就好像猿猴的手臂，伸缩自如。辨别朝廷的礼仪，我不如您；谈论军事指挥，您不如我。"韦陟无以应答。判官韦损说："东京是帝王住宅所在地，李侍中您为什么不坚守？"李光弼说："如果坚守东京，那么汜水、崿岭、龙门等地都应该部署部队，您为兵马判官，能守得住吗？"于是送牒书给东京留守韦陟，让他率领东京的官吏及家属向西进入潼关，又送牒书给河南尹李若幽，让他率领官吏民众出城躲避叛军，使东京洛阳变成一座空城。李光弼率领军士运送油、铁等物资到河阳以备防守，李光弼带领五百骑兵殿后。当时史思明的巡逻兵已经到了石桥，各位将领请示说："现在是从洛阳城向北走呢，还是直奔石桥而向前进呢？"李光弼说："直接奔石桥而向前进。"等到傍晚，李光弼拿着火炬慢慢地前行，队伍严整沉着，叛贼带兵在后面跟踪，但不敢逼近。李光弼夜晚到达河阳，有士兵两万人，粮食只够支持十天。李光弼检阅守备，分布士卒，一丝不苟。九月二十七日庚寅，史思明进入洛阳，城内空荡荡的，一无所得，他害怕李光弼抄他的后路，不敢贸然进入宫中，退兵驻扎在白马寺的南边，在河阳城的南面修筑月城以抵抗李光弼。于是，郑州、滑州等州相继陷落，韦陟、李若幽都寄居在陕郡。

冬季，十月初四日丁酉，肃宗下制书要亲自带兵征讨史思明；群臣上表劝谏，方才作罢。

史思明率兵攻打河阳，派猛将刘龙仙到城下挑战。刘龙仙依仗他的勇猛，把右脚抬起来放在马鬣上，谩骂李光弼。李光弼回头对诸位将领说："谁能拿下他？"仆固怀恩请求让他去。李光弼说："这不是大将所做的事。"左右的人说："裨将白孝德可以前往。"李光弼把白孝德叫来询问。白孝德请求出战。李光弼问道："需要多少士兵？"白孝德回答说："请让我单枪匹马拿下他。"李光弼赞扬他的壮志，还是坚持问他需要什么。白孝德说："希望挑选五十个骑兵从垒门出去作为后援，并请大军击鼓叫喊相助，以增加我的勇气。"李光弼拍拍他的肩背便让他出战。白孝德手拿两根长矛，策马横渡河流向前进。渡过河水一半时，仆固怀恩便祝贺说：“胜了！”李光弼说：“还未交锋，凭什么知道胜了！”仆固怀恩说：“我观他牵着马的缰绳沉着镇定，便知道万无一失。”刘龙仙见他独自一人前来，非常轻视他。等他稍稍走近，刘龙仙就准备动手。白孝德摇摇手向他示意，好像不是来对敌的，刘龙仙搞不清楚是什么意思便停下来了。白孝德走到相距十步的地方，才同他说话，刘龙仙仍像以前一样谩骂。白孝德停下马休息了很久，然后怒目刘龙仙说：“你这个叛贼认识我吗？”刘龙仙说：“你是谁？”回答说：“我是白孝德。”刘龙仙说：“你是哪里来的猪狗！”白孝德大声喊叫，挥矛飞马上前搏击。城上击鼓呼叫，五十个骑兵跟着杀出。刘龙仙来不及拉弓射箭，环绕河堤奔跑。白孝德追上他，砍下他的头，提着回来。叛军士卒非常惊骇。白孝德本是安西地区的胡人。

（以上为第六段，写李光弼重兵守河阳，诱贼来战。）

史思明有一千多匹好马，每天带到黄河南岸的沙滩上洗澡，循环不停，以显示他的马多。李光弼命令把军中的母马都牵出来，共有五百匹，把它们的小马驹都拴在城里。等史思明的马到了水边，就把这些母马都放出，一时马叫个不停，史思明的马全都浮水渡过黄河来追母马，一同被赶进城内。史思明发怒，陈列了好几百艘战船，前面漂着燃烧的火船，战船跟在后面，想要顺流而下来烧毁浮桥。李光弼先准备了好几百根一百尺长的长竿子，用巨大的木头抵住长竿的尾部，把用毡裹住的铁叉安置在长竿的前端，迎着火船而把它们叉住。火船不能前进，很快就自行烧毁。又用铁叉抵住战船，在桥上发射炮石攻击战船，被炮石打中的船都沉到河里，叛军没能取胜便回去了。

史思明又出兵于河清县，想要断绝李光弼的粮道，李光弼驻军于野水渡以防备他。傍晚，回到河阳，留下一千士兵，让部将雍希颢守卫营栅，并说：“叛军将领高庭晖、李日越、喻文景，都是力敌万人的勇将，史思明必定派他们中的一人前来劫我军营。我暂时离开这里，你在这里等候。如果叛贼到了，不要和他作战。如果他们投降，就带他们一起来见我。”各位将领没有一个人明白李光弼的用意，都暗暗地发笑。不久，史思明果然对李日越说：“李光弼擅长守城，现在他驻扎在野外，正是活捉他的好机会。你带着铁骑连夜渡过黄河，替我把他捉来，捉不到，你就别回来。”李日越率领五百骑兵早晨来到营栅前，雍希颢的士兵守在战壕休息，看着他们唱歌吹口哨。李日越感到很奇怪，问道：“司空在营中吗？”回答说：“夜晚已经走了。”李日越又问：“营中有兵多少？”回答说：“一千人。”又问：“将军是谁？”回答说：“雍希颢。”李日越默默地盘算了很久，对他的部下说：“今天失去了李光弼，得到雍希颢而回去，我必死无疑，还不如现在投降了。”于是请求投降。雍希颢带着他一起来见李光弼，李光弼待他很优厚，如同心腹一样任用他。高庭晖听说后，也来投降。有人问李光弼：“降服两员大将怎么这么容易？”李光弼说：“这是人之常情。史思明常常因不能与我在野外作战而感到遗憾，听说我在野外后，以为一定可以抓到我。李日越没有俘获我，势必不敢回去。高庭晖的才干勇气都超过李日越，听说李日越受到重用和信任，就必定想来争宠了。”高庭晖当时是五台府果毅，十月初六日己亥，朝廷任命高庭晖为右武卫大将军。

史思明再次攻打河阳，李光弼对郑陈节度使李抱玉说：“将军能替我坚守南城两天吗？”李抱玉说：“超过日期怎么办？”李光弼说：“超过日期如救兵没到，就随你放弃。”李抱玉答应了，整兵抗敌守城。城快要被攻陷时，李抱玉欺骗敌人说：“我的粮食快要吃光了，明天早晨就投降。”叛军很高兴，就收兵等待。李抱玉修缮城墙整好守备，第二天，又请战，叛军非常生气，急忙来进攻。李抱玉派出一支奇兵，内外夹击，杀伤很多敌人。

董秦跟随史思明侵犯河阳，趁夜里率领部下五百人，拔掉栅栏突围出去，投降了李光弼。当时李光弼亲自率兵驻扎在中潬城，城外设置了栅栏，栅栏外挖凿壕沟，深宽各二丈。十月十二日乙巳，叛贼将领周挚放弃南城，合力进攻中潬城。李光弼命令荔非元礼带领精兵到城外低墙内迎击敌军。李光弼自己在城的东北角树起一面小红旗，在那里观察敌情。叛贼依仗人多势众，直接进逼城下，用车子运载着攻城的器具跟在后面，督促士卒填壕沟，从三面分成八路让士兵通过，又打开栅栏作门。李光弼看见叛贼逼近城下，就派人问荔非元礼说：“你看着叛贼填壕沟打开栅栏通过士兵，却安然不动，这是为什么？”荔非元礼说：“司空想防守呢，还是想出战？”李光弼说：“想出战。”荔非元礼说：“既然想要出战，那么叛贼正是在替我们填壕沟，为什么要阻止他们呢？”李光弼说：“很好，我没有想到这一点，好好地干。”荔非元礼等到栅栏打开，就率领敢死队突然出击攻打敌人，打退敌人好几百步。荔非元礼考虑叛贼阵地坚固，不易摧毁攻陷，就又带兵退回，想等到叛贼懈怠时再去攻打他们。李光弼看见荔非元礼后退，很生气，派左右的人去叫他，想要杀了他。荔非元礼说：“战事正紧急，叫我做什么？”于是领兵退入栅栏中。叛贼也不敢紧逼。过了许久，荔非元礼又击鼓喊叫冲出栅栏门，奋力攻击，打败敌人。

周挚又收兵赶往北城，李光弼立刻率领士卒进入北城，登上城墙观望叛军说：“贼兵虽然很多，嘈杂混乱而不整齐，用不着害怕。不超过中午，我保证替诸君打败敌人。”于是命令诸位将领出战。到了中午，还没有决出胜负，李光弼叫来诸位将领问道：“近来你们与叛军交战，叛军阵势哪个地方最强？”诸位将领回答说：“西北角。”李光弼命令他的部将郝廷玉去对付。郝廷玉请求给骑兵五百人，李光弼给他三百人。李光弼又问哪个地方的叛军第二强。回答说：“东南角。”李光弼命令他的部将论惟贞去对付。论惟贞请求给铁骑三百，李光弼只给他两百。李光弼命令各位将领说：“你们看我的旗帜而战，我慢慢地挥动旗帜，就随便你们选择有利时机作战；我急速地挥动旗帜三次到地面，那就是全军一起进攻，不管死活，稍有后退者斩首！”李光弼又把短刀插在自己的靴子中，说：“打仗，是一件危险的事，我是国家的三公，不能死在叛贼的手中，万一战斗不利，诸位在前面死于敌手，我就在这里自杀，绝对不让诸位单独战死。”各位将领出战，不一会儿，郝廷玉就跑回来了。李光弼看见后，大惊道：“郝廷玉后退，我的事情就危险了。”命令左右的人斩取郝廷玉的头。郝廷玉说：“我的马被敌人射中，我不是敢后退呀。”使者飞奔回报。李光弼命令换马，派他再战。仆固怀恩和他的儿子开府仪同三司仆固玚与叛军交战稍有退却，李光弼又命令斩取他们的头。仆固怀恩父子看见使者提刀跑来，就又向前决一死战。李光弼不断地挥动旗帜，各位将领一起进攻拼死作战，呼叫声惊天动地，叛军大败溃散，杀死一千多人，俘虏五百人，淹死一千多人，周挚只和几个骑兵一起逃走，活捉叛军大将徐璜玉、李秦授。叛军的河南节度使安太清退保怀州。史思明不知道周挚被打败，还在进攻南城，李光弼把俘虏赶到黄河岸边给他看，他才退走。

十月二十四日丁巳，任命李日越为右金吾大将军。

邛州、简州、嘉州、眉州、泸州、戎州等州的蛮人反叛。

十一月初一日甲子，任命殿中监董秦为陕西、神策两军兵马使，赐姓李氏，名忠臣。

康楚元等聚众达到一万多人，商州刺史兼荆、襄等道租庸使韦伦调兵讨伐他，驻军在邓州境内，招抚晓谕投降的人，很优厚地安抚他们。趁康楚元稍微有些懈怠，就进军攻打，活捉了康楚元，他的部众就溃散了。得到他所掠夺的租庸二百万缗，荆、襄一带都平定了。韦伦是韦见素的堂弟。

征发安西、北庭的士兵驻扎陕郡，以防备史思明。

第五琦铸造乾元钱、重轮钱，和开元钱一起，三种钱同时流通，民间争相偷铸，钱币贬值，物品贵重，谷价飞涨，饿死了很多人。向肃宗进言的人都把此事归咎于第五琦，十一月初七日庚午，把第五琦贬为忠州长史。御史大夫贺兰进明被贬为溱州员外司马，因他是第五琦的同党。

十二月初二日甲午，吕諲任度支使。

十二月十三日乙巳，韦伦押送康楚元到朝廷，处死。

史思明派他的部将李归仁率领五千精锐骑兵侵犯陕州，神策兵马使卫伯玉带领好几百骑兵在礓子阪打败李归仁，获得战马六百匹，李归仁逃走。任命卫伯玉为镇西、四镇行营节度使。李忠臣和李归仁等在永宁、莎栅之间作战，多次打败他。

（以上为第七段，写李光弼讨贼，与史思明在河阳展开大决战，双方势均力敌。）

唐肃宗上元元年（庚子，公元 760 年）

春季，正月十九日辛巳，肃宗任命李光弼为太尉兼中书令，其余的官职照旧。

正月二十四日丙戌，任命于阗国王尉迟胜的弟弟尉迟曜同四镇节度副使，代理本国政事。

党项等羌人部族侵吞唐朝的边疆，将要逼近京城附近的地方，于是就把邠宁等州节度分为鄜坊丹延节度，也称作渭北节度。任命邠州刺史桑如珪兼任邠宁节度副使，鄜州刺史杜冕兼任鄜坊节度副使，分道招抚讨伐羌族。正月二十六日戊子，任命郭子仪兼任邠宁、鄜坊两道节度使，留在京师，假借他的威名来镇抚两道。

唐肃宗祭祀九宫贵神。

二月，李光弼进攻怀州，史思明去援救。二月十一日癸卯，李光弼在沁水岸边迎战，打败史思明，杀死三千多人。

忠州长史第五琦已经上路赴任，有人告发他接受别人黄金二百两，朝廷派御史刘期光追究审查。第五琦说："我位至宰相，二百两黄金不可能拿在手里；如果有凭据，请按照法律定罪。"刘期光马上奏报肃宗说第五琦已经认罪。二月十八日庚戌，第五琦因此被削除名籍，永远流放在夷州。

三月二十三日甲申，改蒲州为河中府。

三月二十九日庚寅，李光弼在怀州城下打败安太清。夏季，四月初二日壬辰，又在河阳城西的沙洲上打败史思明，杀死一千五百多人。

襄州将领张维瑾、曹玠杀死节度使史翙，占据州城反叛。唐肃宗下制书任命陇州刺史韦伦为山南东道节度使。当时李辅国专权，节度使都出自他的门下。韦伦被朝廷任命后，又不去拜谒李辅国，不久就改任秦州防御使。四月二十九日己未，任命陕西节度使来瑱为山南东道节度使。来瑱到了襄州，张维瑾等人都投降了。

闰四月初七日丁卯，加任河东节度使王思礼为司空。从武德年间以来，王思礼是第一个没有做过宰相而拜为三公的人。

闰四月十四日甲戌，迁封赵王李係为越王。

闰四月十九日己卯，大赦天下，改年号为上元。

追谥西周的姜太公为武成王，挑选历代的名将为亚圣、十哲。其余的中祀、下祀和杂祀一律停止。

这一天，史思明进入东京。

五月十七日丙午，任命太子太傅苗晋卿为侍中。苗晋卿为人干练，善于处理官场事务，但处事谨慎，能稳住官位，当时的人把他比做东汉的胡广。

宦官马上言接受贿赂，替别人向兵部侍郎、同中书门下三品吕諲求官，吕諲帮他补了一个官职。这件事被发觉后，马上言受杖刑而死。五月二十三日壬子，吕諲被罢官为太子宾客。

五月二十四日癸丑，任命京兆尹南华人刘晏为户部侍郎，充度支、铸钱、盐铁等使。刘晏善于理财谋利，所以肃宗任用他。

六月初六日甲子，桂州经略使邢济上奏说：打败了西原蛮族二十万人，杀了他们的主帅黄乾曜等人。

六月初七日乙丑，凤翔节度使崔光远上奏说打败泾州、陇州的羌族和浑族十几万人。

开元钱、乾元钱和重轮钱这三种钱通行已久，碰上荒年，米价一斗达到七千钱，以致出现了人吃人的情况。京兆尹郑叔清逮捕私自铸钱的人，几个月的时间里，就打死了八百多人，还是不能禁止。于是肃宗就下令京城附近的地方，开元钱和乾元小钱都以一当十，重轮钱以一当三十，各州等待以后的命令再作规定。当时，史思明也铸造了顺天钱、得一钱，以一钱当开元钱的一百钱。因此叛贼占领的境内物价更加昂贵。

六月二十六日甲申，兴王李佋去世。李佋是张皇后的长子，张皇后的小儿子是定王李侗。张皇后为了兴王，多次想危害太子，太子常常谦逊恭敬地讨好张皇后。碰上李佋死，李侗还年幼，太子的地位就稳固了。

六月二十七日乙酉，凤翔节度使崔光远在普润县打败党项军队。

平卢兵马使田神功上奏说在郑州打败史思明的军队。

（以上为第八段，写唐肃宗朝政不肃，财政告危，河南讨贼诸军与贼拉踞相持。）

太上皇喜爱兴庆宫，从蜀中回来后，就住在兴庆宫里。唐肃宗时常从夹城前往问候起居，太上皇也偶尔到大明宫去。左龙武大将军陈玄礼、内侍监高力士长期侍奉保卫太上皇。肃宗又命令玉真公主、如仙媛、内侍王承恩、魏悦以及梨园弟子经常在太上皇身边和他娱乐。太上皇常常登临长庆楼，父老乡亲经过楼下总是瞻仰下拜，高呼万岁，太上皇也常在楼下设酒宴赏赐他们。又曾经把将军郭英乂叫上楼来赏赐酒宴。有位从剑南来奏报事情的官员经过楼下向太上皇拜舞，太上皇就叫玉真公主、如仙媛做东款待他。

李辅国素来出身卑贱，虽然突然飞黄腾达，专权用事，但太上皇左右的人都轻视他。李辅国心中嫉恨，并且想建立奇功以巩固自己受宠信的地位，就对肃宗说："太上皇住在兴庆宫，天天和外面的人交往，陈玄礼、高力士谋划不利于陛下的事情。现在的六军将士都是在灵武拥立您的功臣，他们心中都恐慌不安，臣虽然多方向他们解释但没有用，所以不敢不向陛下报告。"肃宗哭着说："太上皇仁慈，怎么会容忍这样的事呢？"李辅国回答说："太上皇固然没有这样的意思，但手下的小人要这样干，他又有什么办法呢！陛下是天下的君主，应当为国家大计着想，把祸乱消灭在还没有萌芽之时，怎么能一心想着匹夫的孝道呢？况且兴庆宫紧挨着宫外的里巷，宫墙低矮，不是太上皇所应该居住的地方。宫内戒备森严，把太上皇迎进来居住，这与住在兴庆宫有什么区别，又可以杜绝小人迷惑太上皇的视听。这样一来，太上皇就可以享受长久的安宁，陛下也可以享受一日三次去请安问好的乐趣，这又有什么可伤心的呢？”肃宗不听从。兴庆宫以前有三百匹马，李辅国假借肃宗的敕令带走这些马，只留下十匹。太上皇对高力士说：“我的儿子被李辅国所迷惑，不能够对我尽孝了。”

李辅国又命令六军将士，号哭叩头，请求迎接太上皇移居西内。唐肃宗哭着不答应，李辅国害怕了。适逢肃宗生病，秋季，七月十九日丁未，李辅国假称肃宗有话，迎接太上皇游玩西内，到达睿武门，李辅国率领射生手骑士五百人，拔刀出鞘拦住道路上奏说：“皇帝因兴庆宫低湿矮小，请太上皇迁居宫内。”太上皇听后非常惊慌，差一点从马上掉下来。高力士说：“李辅国不得无礼！”斥责他下马。李辅国不得已从马上下来。高力士因此宣读太上皇的诰命：“各位将士都好吗？”各位将士都收起刀，再三跪拜，高呼万岁。高力士又斥责李辅国，让他与自己一起牵着太上皇的马缰绳，侍卫太上皇到西内，住在甘露殿。李辅国率领众人退走，所留下的侍卫兵，只有老弱几十人。陈玄礼、高力士以及以前的宫人都不能留在太上皇身边。太上皇说：“兴庆宫，是我成就王业的地方，我曾多次让给皇帝，皇帝不接受。今天的迁出，也是我的愿望。”当天，李辅国与六军大将都身着白衣去见肃宗请罪。肃宗迫于诸位将领的压力，便慰劳他们说：“太上皇居住在兴庆宫或太极宫，又有什么区别呢？你们害怕小人蛊惑人心，防微杜渐，是为了安定社稷，又有什么可恐惧的！”刑部尚书颜真卿带头率领百官上表，请问太上皇的起居饮食。李辅国讨厌他，奏请肃宗把他贬为蓬州长史。

（以上为第九段，写唐肃宗纵容李辅国横恣。）

七月二十五日癸丑，敕令天下重轮钱都以一钱当三十钱，如同京城附近的地区一样。

七月二十八日丙辰，将高力士流放到巫州，王承恩流放到播州，魏悦流放到溱州，陈玄礼被强迫退休；把如仙媛安置在归州，玉真公主出宫住在玉真观。肃宗另外挑选了后宫一百多人，安置在西内，侍奉太上皇。命令万安、咸宜两位公主侍候太上皇的服饰饮食；四方所进献的珍贵奇异的东西，先进献给太上皇。然而太上皇的心情越来越不好，因而不吃荤菜，不吃五谷，渐渐地生了病。肃宗开始时还前往问安，后来肃宗自己也有病，只能派人去问候太上皇的起居。在这以后，肃宗慢慢有点后悔醒悟，讨厌李辅国，想要杀了他，又害怕他手上握有兵权，竟然犹豫不决。

当初，哥舒翰在临洮西关磨环川击败吐蕃，在当地设置神策军。等到安禄山反叛，军使成如璆派他的将军卫伯玉带领一千人来解救危难。不久神策军的地盘被并入吐蕃，卫伯玉留驻陕郡，官位做到右羽林大将军。八月十三日庚午，任命卫伯玉为神策军节度使。

八月三十日丁亥，追赠兴王李佋的谥号为恭懿太子。

九月初七甲午，在荆州设置南郡，以荆州为江陵府，仍然设置永平军团练兵三千人，以扼守吴、蜀两地的要冲，这是听从节度使吕諲的请求而设置的。

有人上书说："天下还没有太平，不应当把郭子仪安置在闲散的位置上。"九月初八日乙未，命令郭子仪出镇邠州，党项人闻讯逃走了。九月二十一日戊申，下制书："郭子仪统领诸道兵马从朔方直取范阳，然后回师平定河北，征调射生英武等禁军以及朔方、鄜坊、邠宁、泾原等各道的蕃兵和汉兵一共七万人，都受郭子仪指挥调度。"制书下后十天，又被鱼朝恩所阻挠，事情竟然作罢。

冬季，十月十九日丙子，设置青州、沂州等五州节度使。

十一月初六日壬辰，泾州打败党项。

御史中丞李铣、宋州刺史刘展都兼任淮西节度副使。李铣贪污强暴不遵守法纪，刘展刚愎自用，所以做他们上司的人大都厌恶他们，节度使王仲升抢先奏明李铣的罪过并杀了他。当时流传谣言说："手执金刀起东方。"王仲升让监军使、内左常侍邢延恩入朝上奏说："刘展倔强不接受命令，他的姓名也与谣言相符合，请求除掉他。"

邢延恩因此劝说肃宗："刘展与李铣是一丘之貉，现在李铣被杀，刘展心里不安，如果不去掉他，恐怕将要作乱。然而，刘展手上正握有强兵，应用计谋去掉他。请求任命刘展为江淮都统，代替李峘，等到他放下兵权去赴任时，中途把他捉住，这样只需要一个人的力量就够了。"肃宗听从了他的建议，任命刘展为都统淮南东、江南西、浙西三道节度使，并秘密命令旧都统李峘以及淮南东道节度使邓景山谋杀他。

邢延恩把制书交给刘展，刘展对此感到怀疑，说："我从陈留参军后，几年的工夫就做到刺史，可以说是突然富贵。江淮一带是供应国家租赋的地方，江淮都统是现今的一个重要职位，我既无功劳，又不是肃宗的亲戚贤人，一下子蒙受恩命如此宠信提拔，难道不是有小人在谗言离间谋害我吗？"因此哭泣起来。邢延恩很害怕，说："您平素有才干有威望，肃宗因忧虑江淮一带，所以才破格任用您。而您却反而怀疑，这是为什么呢？"刘展说："此事如果不是欺骗，是否可以把印玺和符节先给我？"邢延恩说："可以。"于是就飞奔到广陵，与李峘谋划，解下李峘的印玺和符节交给刘展。刘展得到印玺和符节，就上表感谢皇恩，然后下文书召来江淮一带的亲戚朋友，当作亲信，三道的官吏都派使者来迎接祝贺，申报地图簿籍，一路不绝，刘展率领宋州全部兵马七千人赶往广陵。

邢延恩知道刘展已了解内情，又连忙赶回广陵，与李峘、邓景山一起调兵抵抗他，并下檄书到各州、县，说刘展反叛。刘展也下檄书说李峘反叛，各州、县不知道谁是谁非，该听谁的。李峘带兵渡过长江，和副使润州刺史韦儇、浙西节度使侯令仪驻扎京口，邓景山率领一万人驻扎徐城。刘展平素就有威名，治军严整，江、淮一带的人闻风丧胆。刘展率兵昼夜兼程预先赶到，派人问邓景山说："我奉诏书之命前来赴任，这里的兵是做什么的？"邓景山不答应。刘展派人在阵前呼喊道："你们都是我的百姓，请不要阻拦我的部队。"然后派部将孙待封、张法雷攻打，邓景山的部队溃败，与邢延恩一起逃往寿州。刘展带兵进入广陵，派他的部将屈突孝标带兵三千人去攻掠濠州、楚州，王晅带兵四千人去攻掠淮西。

李峘开辟北固山作为战场，插木头以堵塞江口。刘展驻军在白沙，在瓜洲安排疑兵，设置了很多火把和战鼓，好像准备赶赴北固山，接连好几天都是这样。李峘用全部精锐士兵守卫京口以等待他。刘展于是从上流渡江，袭击下蜀城。李峘的部队闻讯后，自动溃散，李峘逃往宣城。

十一月初八日甲午，刘展攻陷润州。升州军士一万五千人计划响应刘展，进攻金陵城，没有攻克便逃走了。侯令仪害怕，就把后事托给兵马使姜昌群，弃城逃走了。姜昌群派他的部将宗犀到刘展那里去投降。十一月初十日丙申，刘展攻陷升州，任命宗犀为润州司马、丹阳军使；派姜昌群代理升州，并让自己的侄子刘伯瑛辅助他。

李光弼进攻怀州，攻了一百多天，才攻下来，活捉了安太清。

史思明派他的部将田承嗣带兵五千人攻掠淮西，王同芝带兵三千人攻掠陈州，许敬江带兵二千人攻掠兖州、郓州，薛鄂带兵五千人攻掠曹州。

十二月二十日丙子，党项侵犯美原、同官，大肆抢掠而去。

叛贼将帅郭愔等人带领各部羌人、胡人击败秦陇防御使韦伦，杀了监军使。

兖州、郓州节度使能元皓攻击史思明的部队，打败了他。

李峘逃离润州时，副使李藏用对他说："身处重要的官位，享受优厚的俸禄，遇到危难而逃走，这是对国家的不忠。手握几十州的兵马和粮食，又可凭借三江、五湖的险要坚固，不发一箭就弃城逃跑，这是毫无勇气的表现。失掉了忠诚和勇气，靠什么来侍奉国君！李藏用请求收拾残兵，竭力抗拒敌人。"李峘便将后事全部托给李藏用。李藏用收拾散兵，得到七百人，又向东到苏州招募壮士，得到二千人，于是设立栅栏以抵抗刘展。

刘展派他的部将傅子昂、宗犀进攻宣州，宣歙节度使郑炅之弃城逃走，李峘逃往淇州。

李藏用与刘展的部将张景超、张待封在郁墅交战，战败了，逃往杭州。张景超占据苏州，孙待封攻陷湖州。刘展任命他的部将许峄为润州刺史，李可封为常州刺史，杨持璧为苏州刺史，孙待封兼管湖州事务。张景超进攻逼近杭州，李藏用派他的部将温晁驻扎余杭。刘展任命李晃为泗州刺史，宗犀为宣州刺史。

傅子昂驻扎南陵，想要攻下江州，进而占领江南西道。这时刘展的部将屈突孝摽攻陷濠州、楚州，王晅攻陷舒州、和州、滁州、庐州等州，所向披靡，无坚不摧，聚集兵力达一万人，骑兵三千人，横行江、淮一带。寿州刺史崔昭调兵抵抗，因此王晅不能再向西进攻，只好驻兵在庐州。

当初，唐肃宗命令平卢兵马使田神功率领部下精兵五千人驻扎任城；邓景山失败后，与邢延恩一起上奏请求敕命田神功援救淮南，没有得到回报。邓景山派人去催促田神功，并且许诺战胜后把淮南的金银财帛和女人作为报酬，田神功及其部下听说后非常高兴，带领全部人马南下，到了彭城，肃宗命田神功讨伐刘展的敕书才到达。刘展闻讯后，才开始感到惧怕，便从广陵率兵八千人抵抗，挑选精兵二千人渡过淮河，在都梁山攻打田神功，刘展战败，逃到天长县，依靠五百骑兵凭借桥梁抵抗作战，又战败了，刘展独自与一个骑兵渡江逃跑。田神功进入广陵及楚州，大肆抢夺，杀死几千个经商的胡人，为了寻求财宝，城中地面几乎挖遍了。

这一年，吐蕃攻陷了廓州。

（以上为第十段，写唐四境不宁，羌胡冠秦陇，刘展又反于淮南。）

【点评】

本卷点评官军九节度使兵败邺城、宦官李辅国横恣。

九节度使兵败邺城。叛军丢失西京，军心动摇，安庆绪放弃洛阳，逃往河北，盘据邺城，仍据有七郡六十余城，有兵六万，仍是唐的劲敌。乾元元年（公元758年），九月郭子仪受命集七节度使进讨安庆绪，合计步骑二十余万。肃宗又命李光弼、王思礼两节度使率本部兵为后援。九节度使不相统属，使宦官鱼朝恩为观军容宣慰处置使，实际上是以鱼朝恩为全军统帅。唐肃宗不设元帅的理由是郭子仪、李光弼都是元勋，难相统属。这是一个借口。唐肃宗猜忌功臣，不让靖乱之功为郭、李所有，让鱼朝恩来贪天之功便于控制。这一错误决策给官军带来了灭顶之灾。

进兵之初，郭子仪率领七节度使之兵进围卫州，安庆绪率领邺城叛军，倾巢来救，郭子仪连战皆胜，大破叛军，包围安庆绪于邺城。从乾元元年十月至乾元二年二月，围贼数月，筑垒两层，穿堑三重，又引漳水灌城，城中井泉漫水，构栈而居。贼众食尽，掘鼠一只值钱四千，贼众将惊骇，邺城指日可破。安庆绪向史思明呼救，声言让位称臣。史思明率领十三万大军南下救援，李光弼阻击于魏州。监军观军容使宦官鱼朝恩催促李光弼并兵围邺城。李光弼说："史思明得魏州按兵不进，是在寻求战机，等待官军疲惫，出其不意打击官军。官军应将计就计，拖延史思明，邺城一定会被攻破。邺城被攻破，史思明孤军不战自破。"鱼朝恩不赞同，李光弼无可奈何地移师邺城，史思明紧追其后，离邺城五十里扎营。史思明每天擂鼓遥应邺城贼众，按兵不战，抄掠官军粮饷。此时官军会围邺城达六十万人。史思明选壮士假扮官军，烧毁粮库，官军乏食，士气低落。史思明抓住战机，引大军直逼城下。三月初六日壬申，两军会战，官军大败。郭子仪朔方军，战马万匹，只存三千，甲仗十万，弃遗殆尽。官军四散，所过剽掠。九节度使，只有李光弼、王思礼两节度使之兵，全军退回。官军功败垂成，贼势大胜。随后史思明火并安庆绪，引兵南下，东京不守，河南河北又是一片战火。此次官军五倍于敌，郭子仪、李光弼两员良将督阵，为何输得如此之惨，原因有五。唐肃宗借口郭子仪、李光弼都是元勋，难相统属不置元帅。步骑数十万，节度使九人，没有统帅，号令不一，这是失败的主要原因。宦官鱼朝恩不懂军事，唐肃宗用他为监军，首次设置观军容使之名，权在主将之上。鱼朝恩不听李光弼之言，迫使李光弼进军邺城，史思明于是跟随其后，与邺城贼众呼应，里应外合，这是失败的第二个原因。官军政出多头，以致粮饷被史思明假扮官军焚毁。官军无粮，士气低落，这是失败的第三个原因。三月六日，两军交战，突起大风，飞沙走石，两军不战自溃。贼众兵少而精，作困兽之斗，溃散而易整合。官军来自四面八方，人数太多，乌合之众，溃散难以收拢，这是失败的第四个原因。归根到底，唐肃宗忌疑主帅，用宦官遥控，政治腐败，这才是失败的第五个原因，也是最根本原因。邺城之败，不在军事，而在政治，罪不在郭子仪，而在唐肃宗。宦官监军，是唐玄宗创立的一个恶例，封常清、高仙芝冤死于宦官之手，哥舒翰兵败潼关也毁于宦官之手。唐肃宗设观军容使，在监军之外创立了一个更大的恶例，良将受制，带来更大的失败。九节度使兵败邺城，鱼朝恩归罪于郭子仪，唐肃宗解除郭子仪的军权，用李光弼为朔方节度使，又重赏朔方节度副使仆固怀恩晋爵为郡王，使与李光弼地位相等，以分李光弼之权。昏君对功臣是如此的猜忌，对宦官是那样的宠信，唐王朝没有在战争中得到洗礼、净化，而是更加腐败。

宦官李辅国横恣。李辅国，原名李静宗。是历仕唐玄宗、肃宗、代宗三朝的大宦官。唐代宗宝应元年（公元 762 年），李辅国要皇帝做傀儡，他对代宗说："大家但居禁中，外事听老奴处分。"代宗忍无可忍，派刺客将李辅国诛杀。

李辅国出身一个养马人之家，从小阉割入宫，在高力士手下当仆役。天宝中，李辅国进东宫作了太子侍卫。肃宗灵武即位，李辅国有拥立之功，成为肃宗心腹，被赐名护国，后改名辅国。肃宗拜李辅国为家令，判元帅行军司马，开创了唐朝宦官掌握禁军的先例。

至德二载（公元 757 年），唐军收复长安，肃宗回京，任命李辅国为少府、殿中二监，封郕国公，加开府仪同三司，传达百官奏事，始专权自恣。李辅国为了巩固到手的权势，暗中与张良娣（后为张皇后）勾结，合谋陷害建宁王李倓。李倓是唐肃宗的第三子，胆识过人，又典亲军，为人耿直，看不惯张良娣放纵自恣，李辅国内外勾结、权倾朝野，向肃宗直言谏说。李辅国与张良娣诬陷建宁王怀恨未掌兵权，阴蓄异志。肃宗猜疑，赐死李倓，李辅国更加肆无忌惮，欺负到了太上皇的头上。唐玄宗返回长安，常住兴庆宫。肃宗命陈玄礼、高力士旧人陪伴唐玄宗，旧时梨园弟子也伴随太上皇，奏乐解闷，其乐融融。兴庆宫长庆楼南临大道，唐玄宗在楼上不时与路过楼下的父老交流。李辅国不满高力士的傲慢，又深恐唐玄宗一旦得势或影响肃宗对己不利，李辅国设计拆散高力士、陈玄礼，掌控太上皇。李辅国利用肃宗的猜忌心，挑拨两代皇帝的父子关系。李辅国对肃宗说，太上皇住在靠近街市，不便养老，高力士、陈玄礼等人伺机图谋不轨。李辅国建言迁太上皇到禁中，断绝与外人来往，才能免除后患。肃宗不忍，流着泪说："太上皇仁慈，不会有事。"李辅国悍然训斥说："太上皇没有夺位之心，身边的那一群小人靠不住。陛下为天下人之主，要为社稷大计，消乱于未萌，岂能效法匹夫之孝！太上皇入居深宫，杜绝小人荧惑圣听，有什么不好！"肃宗还是没有答应，李辅国就假传圣旨，强行迎请太上皇入居宫禁，流放了高力士，陈玄礼等旧人全被斥逐。从此，唐玄宗也孑然一身，屈居西内。时逢端午节，肃宗惧怕李辅国与张皇后反对，竟然不敢到西内去探望父亲。太上皇形同软禁，闷闷不乐，一年多后就死了。

此时李辅国常居大内，制敕必经李辅国押署才能施行。宰相百官奏事，先要向李辅国报告，才能见皇上。御史台、大理寺重囚，李辅国说放就放。三司、府、县审案，事先要通报李辅国，重判轻判，都要随李辅国的意。李辅国为了监视朝官大臣，设置了特务机构，称察事厅子，窥探隐情，想要惩治某官，说办就办。察事厅子所到之处，横加追索，诸司不敢违抗。汉、唐、明三代，是宦官肆虐的三个朝代。中唐以后，皇帝废立都掌握在宦官之手。宦官如此猖獗，因其掌握禁军。始作俑者，唐肃宗也。皇帝猜忌将相，就倚重宦官，宦官权重，反制皇帝。宦官肆虐，实质是扭曲了的皇权，也可以说是皇权的旁落。只要专制政体存在，宦官这一政治肿瘤就永远无法割除。

资治通鉴（白话本）　卷第二百二十二

唐纪三十八

唐肃宗上元二年至唐代宗广德元年（公元761—公元763）

【起重光赤奋若（辛丑，公元761年），尽昭阳单阏（癸卯，公元763年）六月，凡二年有奇】

【大事提要】

本卷记事起公元761年，讫公元763年六月，凡两年又六个月。当唐肃宗上元二年到唐代宗广德元年六月。此时期政治多故，唐王朝又处于崩溃前夜。唐玄宗、肃宗两代皇帝相继去世，宦官李辅国发动政变，诛杀张皇后，拥立代宗，跋扈嚣张，欲架空皇帝，代宗绝地反击，用暗杀手段，诛除李辅国。由于代宗仍然信任宦官，除了一虎又来一狼，宦官程元振代李辅国专权，朝纲依旧不立。地方多滥刑，诸镇兵将轻易杀逐主帅。官军讨贼，李光弼代郭子仪为副元帅，观军容使宦官鱼朝恩听信叛贼反间计，再次干预军事，迫使李光弼盲目决战，邙山大败，叛军史思明气盛，欲乘胜取长安。史朝义杀父自立，官军得以喘息。代宗借兵回纥，任用仆固怀恩为副元帅，复东京，降河北，史朝义授首，长达八年的安史之乱被平定。代宗姑息，任命安史旧将田承嗣、李宝臣、李怀仙、薛嵩四人分帅河北为节度使，此为仆固怀恩所树党援，为藩镇割据留下隐患。

肃宗文明武德大圣大宣孝皇帝下之下

唐肃宗上元二年（辛丑，公元761年）

春季，正月十七日癸卯，史思明改年号为应天。

张景超带兵攻打杭州，在石夷门击败李藏用的部将李强。孙待封从武康向南进发，将要和张景超会合一起攻打杭州，温晁凭借险要打败他们；孙待封脱身逃往乌程，李可封献出常州投降了。正月二十一日丁未，田神功派特进杨惠元等人率领一千五百人向西去攻打王晅。正月二十五日辛亥夜里，田神功先派遣特进范知新等人率领四千人从白沙渡江，向西赶往下蜀；邓景山率领一千人从海陵渡江，向东赶往常州；田神功与邢延恩率领三千人驻扎在瓜洲，二十六日壬子，渡过长江。刘展率领步兵骑兵一万多人在蒜山上摆好阵势，田神功用船装载士兵赶往金山，碰上大风，五条船飘抵金山脚下，刘展血洗了两条船，又弄沉了另外三条船，田神功不能渡江，回师瓜洲。但范知新等人的部队已经到达下蜀，刘展攻击他，不能战胜。刘展的弟弟刘殷劝刘展带兵逃到海上，可以拖延时间，刘展说："如果事情不能成功，何必要多杀人家的父子呢！要死，早晚都一样！"于是又率领部众奋力作战。将军贾隐林用箭射刘展，射中他的眼睛，刘展倒在地上，于是被杀了。刘殷、许峄等人都战死了。贾隐林是滑州人。杨惠元等人在淮南击败王晅，王晅带兵向东逃走，逃到常熟，便投降了。孙待封向李藏用投降。张景超聚集士兵达七千多人，听说刘展死了，就把军队全部交给张法雷，派他去进攻杭州，张景超自己则逃到海上。张法雷到达杭州，李藏用打败他，残余的军队全都被平定了。平卢军队大肆抢掠了十几天。安史之乱时，叛乱的军队还没有波及江淮一带，到这时，江淮一带的老百姓也开始遭受战乱的残害。

荆南节度使吕諲上奏：请求将江南的潭州、岳州、郴州、邵州、永州、道州、连州以及黔中的涪州，都隶属于荆南管辖。肃宗听从了这一意见。

（以上为第一段，写官军平定刘展之乱。）

二月，奴剌、党项侵犯宝鸡，焚烧大散关，向南侵犯凤州，杀死刺史萧愧，大肆抢掠后西去惃。凤翔节度使李鼎追击，打败他们。

二月十三日戊辰，新罗王金嶷来朝，因而请求留在京师守卫。

有人说："史思明驻扎在洛中的将士都是燕地人，长期戍守在外，很想回家，军中上下离心离德，攻打他们，就可以打败他们。"陕州观军容使鱼朝恩信以为然，多次向肃宗说起，肃宗便敕命李光弼等进攻夺取洛阳。李光弼上奏说："叛贼锋芒还很锐利，不能轻易进攻。"朔方节度使仆固怀恩，勇敢而刚愎自用，部下都是蕃族和汉族的强兵，仗恃有功，大都不遵守法纪，郭子仪性情宽厚，尽量容忍他们，每次遇敌用兵打仗，就依靠他们成功战事；李光弼性情严厉，一律按法律制裁，决不姑息容忍。仆固怀恩害怕李光弼而且心中厌恶他，就依附鱼朝恩，声称东都洛阳可以夺取。于是宫中使者接连不断，督促李光弼出兵，李光弼不得已，派郑陈节度使李抱玉守卫河阳，与仆固怀恩率领军队会鱼朝恩及神策节度使卫伯玉进攻洛阳。

二月二十三日戊寅，列阵于邙山。李光弼命令依靠险要而列阵，仆固怀恩却在平原列阵，李光弼说："依靠险要可进可退；如果在平原，战斗不利就会全军覆没。对史思明不可忽视。"命令他移阵于险要之地，仆固怀恩再次停止不动。史思明趁他们列阵还没有部署完毕，就发起进攻，官军大败，死了好几千人，军需物资器械都抛弃了。李光弼、仆固怀恩渡过黄河退守闻喜，鱼朝恩、卫伯玉逃回陕郡，李抱玉也抛弃河阳逃跑了，河阳、怀州又都陷入叛贼手中。朝廷闻讯后，非常恐惧，再加派军队驻扎陕郡。

（以上为第二段，写观军容使鱼朝恩中叛贼反间计，致使官军邙山大败。）

李揆与吕諲同时做宰相，两人相处很不愉快。吕諲在荆南，以善政闻名，李揆担心他再次入朝做宰相，上奏说在湖南设置军镇很不便利，又暗中派人到荆南、湖南去寻找吕諲的过失。吕諲也上疏控告李揆的罪过。二月二十八日癸未，把李揆贬为袁州长史，任命河中节度使萧华为中书侍郎、同平章事。

史思明性情猜忌残忍又好杀人，部下稍有不如意的地方，动辄就诛灭九族，人人都感到不能自保。史朝义是史思明的长子，经常跟随史思明带兵打仗，性情非常谦恭谨慎，爱护士卒，将士多依附于他，但得不到史思明的宠爱。史思明喜欢小儿子史朝清，让他守卫范阳，常常想杀掉史朝义，立史朝清为“太子”，左右的人泄露了不少史思明的阴谋。史思明打败李光弼后，想乘胜向西入关，派史朝义带兵做先锋，从北道进攻陕城，史思明亲自率大军从南道继续进攻。三月初九日甲午，史朝义的部队到达礓子岭，卫伯玉迎战，打败了他。史朝义多次进攻，都被陕地部队打败。史思明退驻永宁，认为史朝义怯懦，说：“终究不能成就我的事业！”想按军法斩杀史朝义和各位将领。三月十三日戊戌，命令史朝义修筑三隅城，想用来贮存军粮，限期一天修筑完毕。史朝义修筑完毕，还没有泥平，史思明就到了，生气地骂他，命令左右骑着马在那儿监督泥平城墙，一会儿墙就泥好了。史思明又说：“等攻克陕州后，终究要杀掉朝义这个坏东西。”史朝义忧虑恐惧，不知道怎么办才好。

史思明在鹿桥驿，命令他的心腹曹将军带兵守卫。史朝义在旅馆住宿，他的部将骆悦、蔡文景劝史朝义说：“我们与大王您，死到临头了！自古以来有废有立，请把曹将军叫来谋划。”史朝义低着头不答应。骆悦等人又说：“大王如果不允许，我们今天就归顺李氏，那么您也不能保全了。”史朝义哭着说：“诸君好好地处理这事，不要惊动圣人！”骆悦等人便让许叔冀的儿子许季常叫来曹将军，曹将军到来后，就把他们的谋划告诉他，曹将军知道各个将领都有怨恨，害怕祸乱涉及自己，不敢违抗。这天傍晚，骆悦等人带领史朝义部下的士兵三百人，全副武装来到驿站，守卫的士兵对他们感到很奇怪，害怕曹将军，不敢行动。骆悦等人带兵来到史思明睡觉的地方，正好史思明上厕所去了，便问左右的人，还没来得及回答，已经杀死了好几个人，于是左右的人便指示史思明的去向。史思明听到有变乱，翻墙来到马厩中，自己套好马骑着逃走，骆悦的副官周子俊向他射箭，射中了他的手臂，史思明便掉下马来被他们抓住。史思明问道：“作乱的是哪一个？”骆悦说：“我们奉怀王的命令。”史思明说：“我早上说话失口，应该得到这样的下场。然而现在杀我太早了一些，为什么不等我攻克长安以后再杀！如今我不能成就大业了。”骆悦等人押送史思明到柳桥驿，把他囚禁起来，回来向史朝义报告说：“事情成功了。”史朝义问“没有惊动圣人吗？”骆悦说：“没有。”当时周挚、许叔冀在福昌率领后军，骆悦等人派许季常前往告诉他们此事，周挚惊倒在地。史朝义率军回，周挚、许叔冀前来迎接，骆悦等人劝史朝义逮捕周挚，把他杀了。军队到达柳泉，骆悦等人害怕众人心志不一，便用绳子勒死了史思明，用毡子包裹了他的尸体，用骆驼运回洛阳。

史朝义即了“皇帝”位，改年号为显圣。秘密派人到范阳，敕命散骑常侍张通儒等人，杀死史朝清和史朝清的母亲辛氏以及不依附自己的几十个人。贼党自己互相攻击，在城中战斗了几个月，死了好几千人，范阳才安定下来。史朝义任命他的部将柳城人李怀仙为范阳尹、燕京留守。当时洛阳四面好几百里内，州、县都成为废墟，而且史朝义所统领的节度使都是安禄山的旧部将，与史思明同辈，史朝义召见他们，大都不到，相互之间只是大致维持表面的君臣关系，史朝义并不能使用他们。

（以上为第三段，写叛贼内讧，史朝义杀父自立。）

李光弼上表，坚决要求将自己贬官，肃宗下制书任命他为开府仪同三司、侍中，兼河中节度使。

方士长塞镇将朱融与左武卫将军窦如玢等谋划拥戴嗣岐王李珍作乱，金吾将军邢济告发了他们。夏季，四月初一日乙卯朔，肃宗将李珍废为平民，安置在溱州，他的党羽都被诛灭。李珍是李业的儿子。初二丙辰，左散骑常侍张镐被贬为辰州司户。这是因为张镐曾经购买李珍住宅的缘故。

四月初五日己未，任命吏部侍郎裴遵庆为黄门侍郎、同平章事。

四月二十一日乙亥，青密节度使尚衡打败史朝义的部队，杀死五千多人。

四月二十三日丁丑，兖郓节度使能元皓打败史朝义的部队。

四月二十八日壬午，梓州刺史段子璋造反。段子璋健壮勇猛，跟随太上皇在蜀地有功，东川节度使李奂上奏请人替代他，段子璋发兵，在绵州偷袭李奂。路过遂州，刺史虢王李巨匆忙按照属郡的礼节迎接他，段子璋杀了李巨。李奂战败，逃往成都，段子璋自称为梁王，改年号为黄龙，以绵州为龙安府，设置百官，又攻陷剑州。

五月初五日己丑，李光弼从河中入朝。

当初，李辅国与张皇后一同谋划把太上皇迁居到西内。这一天是五月初五日端午节，山人李唐拜见唐肃宗，肃宗正抱着他的小女儿，并对李唐说：“朕很想念她，请你不要见怪。”李唐回答说：“太上皇想见到陛下，大概也同陛下想念公主一样。”唐肃宗流泪哭泣，然而因畏惧张皇后，还是不敢到西内去。

五月初九日癸巳，党项进犯宝鸡。

当初，史思明任命他的博州刺史令狐彰为滑郑汴节度使，率领几千士兵戍守滑台。令狐彰秘密地托宫中使者杨万定上表请求归降，并迁移到杏园度驻扎。史思明怀疑他，派部将薛岌包围了他。令狐彰与薛岌交战，大败薛岌，因此跟随杨万定入朝。五月初十日甲午，任命令狐彰为滑州、卫州等六个州的节度使。

五月十四日戊戌，平卢节度使侯希逸攻打史朝义的范阳兵，打败了他们。

五月十一日乙未，西川节度使崔光远与东川节度使李奂一起进攻绵州，五月十六日庚子，攻克绵州，杀了段子璋。

再次任命李光弼为河南副元帅、太尉兼侍中，都统河南、淮南东、淮南西、山南东、荆南、江南西、浙江东、浙江西八道行营节度，外出镇守临淮郡。

（以上为第四段，写邙山之败，李光弼自请解职，一月之后，复职为河南副元帅。）

六月初一日甲寅，兖郓节度使能元皓打败史朝义的部将李元遇。

江淮都统李峘害怕朝廷治他失守的罪过，就把责任归咎于浙西节度使侯令仪，六月二十三日丙子，侯令仪因此被削除名籍，永远流放康州。加任田神功为开府仪同三司，迁为徐州刺史；征召李峘、邓景山回京师。

六月二十五日戊寅，党项进犯好畤县。

秋季，七月初一日癸未朔，日全食，大星都出现了。

任命试少府监李藏用为浙西节度副使。

八月初一日癸丑朔，加任开府仪同三司李辅国为兵部尚书。乙未日，李辅国赴省就职，宰相朝臣都去欢送他，由肃宗的厨房准备酒席，太常寺设乐队奏乐。李辅国的骄横放纵，一天比一天厉害，他向唐肃宗要求做宰相，肃宗说："以你的功劳，什么官不能做，只是朝廷中有声望的大臣不同意怎么办呢！"李辅国于是就暗示仆射裴冕等人，让他们推荐自己。唐肃宗暗中对萧华说："李辅国要求做宰相，如果公卿大臣们推荐他的表文来了，就不能不让他做了。"萧华出宫后去问裴冕，裴冕说："根本就没有这回事，我的手臂可以断，他想得到宰相的职位绝对办不到！"萧华入宫报告肃宗，肃宗十分高兴，李辅国因此怀恨在心。

八月十七日己巳，李光弼奔赴河南行营。

八月二十七日辛巳，肃宗任命殿中监李若幽为镇西、北庭、兴平、陈郑等节度行营及河中节度使，镇守绛州，赐名为国贞。

九月初三日甲申，是天成地平节，唐肃宗在三殿设置道场，让宫人装扮佛、菩萨，让北门武士装扮金刚神王，召来大臣，在四周围绕膜拜。

九月二十一日壬寅，唐肃宗下制书除去尊号，只称皇帝，除去年号，只称元年，以建子月为一年的第一个月，每个月都按所建字为名次，大赦天下。停止京兆、河南、太原、凤翔四京以及江陵南都的名号。从今以后，每次新任命五品以上的清望官以及郎官、御史、刺史，都要他们推举一个人来代替自己，然后朝廷考察他们所推举的人，以确定先后的名次。

江淮地区发生大饥荒，出现人吃人的情况。

冬季，十月，江淮都统崔圆任命李藏用为楚州刺史。碰上支度租庸使因刘展的叛乱，各州使用仓库的物资没有准则，上奏请求查证检验。当时仓促招募士兵，物资多有散亡，检查数量不足时，各个将领往往变卖财产以补偿。李藏用担心此事会连累自己，曾经和人谈起，颇有悔恨的意思。李藏用的牙将高干对他怀有旧恨，派人到广陵去控告李藏用谋反，并先带兵去袭击他。李藏用逃走，高干追上去把他杀掉。崔圆于是按簿籍名册查问李藏用的部将和官吏，一一加以验证，那些部将和官吏都很害怕，都附和高干的说法而证实李藏用谋反。只有孙待封坚持说李藏用没有谋反，崔圆命令把他带出去杀了。有人说："你何必不随从大家的说法而求得生存呢？"孙待封说："我先前跟随刘大夫，奉唐肃宗的诏书赴镇上任，人们说我造反；李公起兵消灭了刘大夫，现在又说李公是造反。照这样讲，哪一个人不是造反者，这样还有个完吗？我宁愿去死，也不能诬告没有罪的人。"于是他就被杀了。

十一月初一日壬午朔，肃宗接受群臣的朝贺，如同元旦的仪式。

有人控告鸿胪卿康谦与史朝义勾结，事情连累到司农卿严庄，两人都被关进监狱。京兆尹刘晏派官吏防守严庄的家。肃宗不久敕命释放严庄，带去觐见。严庄因为怨恨刘晏，就趁机说刘晏与他谈话，经常传出宫中的一些闲话，自恃有功而埋怨肃宗。十一月初六日丁亥，贬刘晏为通州刺史，严庄为难江县尉，康谦服罪被杀。十一月初七日戊子，御史中丞元载为户部侍郎，充句当度支使、铸钱使、盐铁使兼江淮转运使等职。元载起初做度支郎中时，敏捷聪明善于奏对，肃宗喜爱他的才干，委任他负责江淮的漕运事务，几个月后，便取代了刘晏，专门掌管财政事务。

十一月十七日戊戌，冬至；十一月十八日己亥，唐肃宗去西内朝见太上皇。

神策军节度使卫伯玉攻打史朝义，占领永宁，攻破渑池、福昌、长水等县的敌军。

十一月二十八日己酉，唐肃宗去太清宫朝拜祭祀。十一月二十九日庚戌，去太庙祭奠祖宗，去元献庙祭奠母后。十二月初一日建丑月辛亥朔，祭祀圜丘和太一坛。

平卢节度使侯希逸与范阳敌军相互攻击多年，救援断绝后，又受到奚人的侵扰，于是率领全军二万多人袭击李怀仙，打败他，便率军南归。

（以上为第五段，写唐肃宗受制于宦官李辅国，朝纲不振，地方亦多滥刑。）

唐肃宗宝应元年（壬寅，公元 762 年）

正月初四日建寅月甲申，追尊靖德太子李琮为奉天皇帝，妃子窦氏为恭应皇后，正月十七日丁酉，将他们葬在齐陵。

正月二十四日甲辰，吐蕃派使者来请求与唐朝和好。

李光弼攻克许州，活捉史朝义所任用的颍川太守李春。史朝义的部将史参去援救，正月二十六日丙午，在城下交战，又把史参击败。

正月二十八日戊申，平卢节度使侯希逸在青州北岸渡过黄河，与田神功、能元皓在兖州会合。

租庸使元载认为江淮地区虽然经历兵荒，但是当地人民与其他各道的人民比起来，财产还是多些，于是就按户籍检查出八年来租调未交者和逃亡者，然后估计一个大约的整数加以征收；元载选择一些富豪官吏做县令来督办此事，无论是否拖欠，家产有多少，只要查到人民有粮食和布帛，就派人将他们包围起来，登记所有的粮食、布帛数量，然后分取一半，有的甚至取走十分之八九，称之为“白著”。如有不服气的人，就用严刑来威胁他。有的百姓积蓄了十斛粮食，就战战兢兢地等待命令，有的就相互聚集在山林湖泽间做强盗，州县官府也不能制止。

二月初一日建卯月辛亥朔，大赦天下。又以京兆为上都，河南为东都，凤翔为西都，江陵为南都，太原为北都。

奴剌侵犯成固。

当初，王思礼为河东节度使时，储备了大量的物资，除供给军队以外，积蓄米粮一百万斛，上奏请求输送五十万斛到京师。王思礼去世后，管崇嗣代替他，处理政务宽松，信任左右的人，几个月的时间，这些粮食耗费散失殆尽，只剩下一万斛陈旧腐烂的米。唐肃宗听说后，任命邓景山代替管崇嗣。邓景山到任后，就核对米粮的收支情况，将士们大多数加以隐瞒，都很害怕。有一个副将按照罪过应当处死，各位将领去求情，邓景山不同意。副将的弟弟请求代替哥哥去死，邓景山也不同意。请求进献一匹马来赎取死罪，邓景山才同意了。各位将领都愤怒地说：“我们还不如一匹马吗？”于是便作乱。二月初三日癸丑，杀了邓景山。肃宗认为邓景山安抚驾驭部下不当，以致引起叛乱，就不再追究叛乱人的罪责，派使者慰问晓谕以安抚他们。各位将领请求任命都知兵马使、代州刺史辛云京为节度使。辛云京奏请让张光晟担任代州刺史。

绛州一向没有储蓄，民间有饥荒，无法征收赋税，将士们的粮食和赏赐都不充足，朔方等各道行营都统李国贞多次奏报这一情况，但朝廷没有答复，军中将士忧愁埋怨。突将王元振准备作乱，向士卒假传命令说：“来日修理都统的住宅，各人准备好挖运泥土的工具，在门口待命。”士卒都愤怒了，说：“朔方的健儿难道是修理住宅的民工吗！”二月十五日乙丑，王元振率领他的部下作乱，焚烧牙城门。李国贞逃进监狱，王元振抓住他，把士卒的饭食放在他的面前，说：“吃这种饭还要让他们出劳力，行吗？”李国贞说：“修理住宅是没有的事，至于军中粮食问题则是多次奏报而没有得到朝廷的答复，这是各位都知道的。”众人想要退下。王元振说：“今天的事情，何必再问！都统如果不死，那我们就会死。”于是拔刀杀了李国贞。镇西、北庭行营兵驻扎在翼城，也杀了节度使荔非元礼，推举裨将白孝德做节度使，朝廷因此就任命了白孝德为节度使。

二月十八日戊辰，淮西节度使王仲升与史朝义的部将谢钦让在申州城下交战，被叛贼所俘虏，震动淮西。适逢侯希逸、田神功、能元皓进攻汴州，史朝义征召谢钦让的部队去援救。

绛州各军抢劫掠夺不止，朝廷担心他们与太原叛乱的部队联合起来勾结叛贼，新近提拔起来的各位将领无法镇服，二月二十一日辛未，任命郭子仪为汾阳王，主掌朔方、河中、北庭、潞泽节度行营兼兴平、定国等军副元帅，调发京师四万匹绢、五万端布、六万石米以供给绛州各军。

三月十一日建辰月庚寅，郭子仪即将启程，此时肃宗有病，群臣都不能进见。郭子仪请求说："老臣接受命令，将要死在外面，不见到陛下，死不瞑目。"肃宗把他叫进卧室内，对他说："河东的事情，全都委托给你了。"

史朝义派部队在泽州包围李抱玉，郭子仪调定国军去援救，史朝义的部队才退去。

唐肃宗召山南东道节度使来瑱到京师来，来瑱喜欢待在襄阳，他的部将和士兵也喜欢他留在襄阳，于是他暗示部下的将领和官吏上表书请求留在襄阳，等他走到邓州时，肃宗又命令他返回镇所。荆南节度使吕諲、淮西节度使王仲升以及来来往往的宫中使者都说："来瑱竭力收买人心，恐怕时间长了难以节制他。"肃宗便分出商州、金州、均州、房州另外设置观察使，命令来瑱只管辖六个州。适逢谢钦让在申州包围王仲升好几个月，来瑱怨恨他，按兵不动，不去救援，王仲升终于战败被俘。行军司马裴茙图谋夺取来瑱的位置，暗中上表说来瑱性情倔强难以制服，请求带兵袭击并逮捕他，肃宗认为可以。三月十四日癸巳，肃宗任命来瑱为淮西、河南十六个州的节度使，表面上表示宠爱信任，实际上是想除掉他。唐肃宗又秘密下令让裴茙代替来瑱做襄州、邓州等州防御使。

（以上为第六段，写租庸使元载不顾江淮大饥而苛征赋税。藩镇兵将轻易逐杀主帅。）

三月十五日甲午，奴剌侵犯梁州，观察使李勉弃城逃跑。任命邠州刺史河西人臧希让为山南西道节度使。

三月十七日丙申，党项侵犯奉天。

李辅国因为要求做宰相不得而怨恨萧华。庚午日（疑误），任命户部侍郎元载为京兆尹。元载到李辅国那里坚决辞谢，李辅国知道他的心意。三月二十三日壬寅，任命司农卿陶锐为京兆尹。李辅国说萧华专权，请求肃宗罢免他的宰相职位，肃宗不同意。李辅国再三请求不止，唐肃宗便同意了，李辅国就推荐元载来代替萧华。三月二十九日戊申，萧华被罢去宰相而做礼部尚书，任命元载同平章事，兼度支使、转运使照旧。

四月初一日建巳月庚戌朔，泽州刺史李抱玉在城下打败史朝义的部队。

四月初三日壬子，楚州刺史崔侁上表声称，有一位名叫真如的尼姑，恍恍惚惚地升上天空，见到上帝，上帝赏赐她十三枚宝玉，并说："中原有灾难，用这些宝玉可以镇压。"群臣都上表祝贺。

四月初五日甲寅，太上皇在神龙殿驾崩，享年七十八岁。四月初六日乙卯，将神座迁到太极殿。肃宗因为卧病不起，就在内殿里举哀，群臣就在太极殿里举哀。有四百多位蕃族官员划破面孔、割耳朵表示哀悼。四月初七日丙辰，命令苗晋卿总摄朝政。唐肃宗自从仲春以来，卧病不起，听说太上皇玄宗去世后，悲哀思念，病情加重，于是就命令太子监理国政。四月十五日甲子，下制书改年号，又以建寅月为正月，其他月份的次序都和以前一样，大赦天下。

当初，张皇后与李辅国相互勾结，专权用事，到了晚年，彼此产生矛盾。内射生使三原人程元振与李辅国结为朋党。唐肃宗病重，皇后召来太子对他说："李辅国长期掌管禁兵，皇上的制书敕令都是从他那里发出的，他擅自威逼太上皇迁居，他的罪行极大，他所嫉恨的是我和你。现在皇上已处在弥留之际，李辅国暗中与程元振阴谋作乱，不能不诛杀他们。"太子哭着说："陛下病重很危险，这两个人都是陛下以前有功劳的老臣，一旦不告诉陛下就把他们杀掉，必须会导致陛下震惊，恐怕陛下受不了。"皇后说："那么太子暂且先回去吧，我再慢慢地考虑一下。"太子出来后，皇后把越王李係叫来对他说："太子仁慈软弱，不能诛杀叛贼逆臣，你能够吗？"李係回答说："能。"李係便命令内谒监者段恒俊挑选宦官中勇敢有力的二百多人，在长生殿后面把武器铠甲发给他们。四月十六日乙丑，皇后以唐肃宗的命令召见太子。程元振知道他们的计谋，就秘密地报告了李辅国，在陵霄门埋伏士兵等待太子。太子到后，就把皇后发难的事告诉他。太子说："一定没有这事，皇上病重召见我，我怎么能够怕死而不去呢！"程元振说："社稷事大，太子万万不能进去。"于是就让士兵护送太子到飞龙厩，并且让全副武装的士兵守卫他。这天夜晚，李辅国、程元振带兵来到三殿，收捕越王李係、段恒俊以及知内侍省事朱光辉等一百多人，将他们捆绑起来。以太子的命令把皇后迁到别殿。当时，唐肃宗在长生殿，使者逼迫皇后下殿，连同左右几十个人都幽禁在后宫，宦官和宫女都惊吓害怕四处逃散。四月十八日丁卯，唐肃宗驾崩。李辅国等人杀死皇后以及越王李係和兖王李僩。当天，李辅国才带着太子穿着白衣服在九仙门与宰相见面，叙述太上皇、肃宗驾崩后宫中的一系列变故，跪拜哭泣，太子才开始行使监国的权力。四月十九日戊辰，在两仪殿为大行皇帝发丧，宣读遗诏。四月二十日己巳，唐代宗即皇位。

高力士遇到大赦回来，走到朗州，听说太上皇玄宗驾崩，号啕大哭，万分悲痛，吐血而死。

（以上为第七段，写唐玄宗、肃宗父子相继病殁，李辅国发动政变，杀张皇后，拥立代宗。）

四月二十五日甲戌，唐代宗任命皇子奉节王李适为天下兵马元帅。

李辅国仗恃有功更加专横，公开地对代宗说："陛下只要住在宫中就行了，外面的事任由老奴来处理好了。"唐代宗内心愤愤不平，因李辅国正掌握禁兵，表面上不得不尊敬礼待他。四月二十六日乙亥，唐代宗尊称李辅国为尚父而不叫他的名字，事情无论大小都去咨询他，群臣出入朝廷也都先去拜访他，李辅国自己也安然处之。任命内飞龙厩副使程元振为左监门卫将军。知内侍省事朱光辉以及内常侍啖庭瑶、山人李唐等二十多人都流放黔中。

当初，李国贞治军严厉，朔方将士不高兴，都思念郭子仪，所以王元振趁机作乱。郭子仪到了军中，王元振自以为有功劳，郭子仪说："你身处与敌贼相接的地方，擅自杀害主将，如果敌人乘机进攻，那么绛州就完了。我身为宰相，怎么能够接受一个士卒的私情呢！"五月初二日庚辰，郭子仪将王元振及其同谋四十余人，全都杀掉。辛云京听说后，也追究审理杀死邓景山的几十个人，把他们全都杀掉。从此河东各镇都遵纪守法。

五月初四日壬午，任命李辅国为司空兼中书令。

党项侵犯同官、华原。

五月初六日甲申，任命平卢节度使侯希逸为平卢、青、淄等六州节度使，从此，青州节度使有平卢的称号。

五月初七日乙酉，移封奉节王李适为鲁王。

追尊代宗的母亲吴妃为皇太后。

五月十四日壬辰，把礼部尚书萧华贬为峡州司马。这是元载迎合李辅国的心意，诬告萧华有罪的结果。

敕令乾元大钱和小钱，都一个钱当一个用钱，老百姓这才安定下来。

（以上为第八段，写郭子仪诛兵变首领，整肃军纪。）

史朝义包围宋州已有好几个月，城中的粮食吃完了，将要被攻陷，刺史李岑不知道怎么办才好。遂城果毅开封人刘昌说："仓库里还有几千斤酒曲，请捣碎了吃；不出二十天，李太尉一定来援救我们。城的东南角最危险，我请求去防守该处。"李光弼到达临淮，各个将领都认为史朝义的军队还很强盛，请求向南去保卫扬州。李光弼说："朝廷依靠我来决定安危，我再退缩，朝廷还有什么希望？况且我军出其不意，叛军怎么知道我军人数的多少？"于是直接赶往徐州，派兖郓节度使田神功进攻史朝义，大败史朝义。先前，田神功攻克刘展后，流连扬州没有回去，太子宾客尚衡和左羽林大将军殷仲卿在兖州、郓州之间相互攻击，听说李光弼到了，都害怕他的威名，田神功连忙赶回河南，尚衡和殷仲卿也相继回到朝廷。

李光弼在徐州，只有军事指挥的事情由他自己决定，其余的众多事务都委托判官张傪，张傪从政办事非常精明，处理问题十分自如，各位将领禀告事情，李光弼大多让他们与张傪一起商议，各位将领事奉张傪如同事奉李光弼一样，因此军中十分整肃，东夏得以安宁。先前，田神功由裨将擢升为节度使，把前任节度使的判官刘位等人留用在自己的幕府里，田神功总是平身接受他们的跪拜；等见到李光弼与张傪以平等礼节相待，才大吃一惊，于是就一一拜见刘位等人说："我田神功出身行伍，不懂礼仪，诸位为什么也不说，造成我的过失呢！"

五月十九日丁酉，大赦天下。

立皇子益昌王李邈为郑王，李延为庆王，李迥为韩王。

来瑱听说自己被调到淮西，非常恐惧，上书说："淮西没有粮食，请求等到收割麦子时再去。"又暗示部将和官吏挽留自己。代宗想息事宁人，五月二十四日壬寅，又任命来瑱为山南东道节度使。

飞龙副使程元振阴谋夺取李辅国的权力，秘密向代宗进言，请求慢慢削弱限制李辅国的权力。六月十一日己未，解除李辅国行军司马及兵部尚书的职务，其他的职务照旧，让程元振代理元帅行军司马，还把李辅国迁出皇宫到外面的宅第居住。因此人们互相庆贺。李辅国开始感到害怕，就上表请求让位。六月十三日辛酉，罢免李辅国兼任的中书令职务，进封爵位为博陆王。李辅国入宫谢恩，气愤哽咽地说："老奴事奉不了皇上，请让老奴到地下去事奉先帝吧！"代宗仍然安慰劝谕一番送走他。

（以上为第九段，写唐代宗解除李辅国军权。）

六月十四日壬戌，唐代宗任命兵部侍郎严武为西川节度使。

襄邓防御使裴茙驻扎在谷城，接到代宗的秘密敕书后，立即率领部下两千人沿着汉水奔赴襄阳。六月二十一日己巳，在谷水北岸摆下阵势。来瑱带着部队来迎接他，问他为什么而来，裴茙回答说："尚书不接受朝廷的命令，所以前来。如果你接受被取代的命令，我自当撤兵而走。"来瑱说："我已经蒙受皇恩，又留在此地镇守，还有什么接受替代呢？"说着就取出代宗的敕令以及任命状给他看，裴茙惊疑不解。来瑱与副使薛南阳大举出兵两面夹攻，大败裴茙，在申口追上裴茙，将他活捉，送往京师，代宗敕令其自杀。

六月二十七日乙亥，任命通州刺史刘晏为户部侍郎兼任京兆尹，并担任度支使、转运使、盐铁使、铸钱使等职务。

秋季，七月十五日壬辰，任命郭子仪总管朔方、河东、北庭、潞州、仪州、泽州、沁州、陈州、郑州等节度行营，以及兴平等军副元帅。

七月十六日癸巳，剑南兵马使徐知道反叛，派兵守住交通要地，抗拒严武，严武不能前进。

八月，桂州刺史邢济讨伐西原叛贼主帅吴功曹等人，将他们平定。

八月十三日己未，徐知道被部将李忠厚杀掉，剑南叛军全部平定。

八月十九日乙丑，山南东道节度使来瑱入朝谢罪，唐代宗优待他。

八月二十三日己巳，郭子仪从河东入朝。当时程元振专权，嫉恨郭子仪功高任重，多次在代宗面前谗言。郭子仪心里不安，上表请求解除副元帅、节度使。唐代宗安慰他，于是郭子仪便留在京师。

台州叛贼主帅袁晁攻陷浙东各州，改年号为宝胜，老百姓因被朝廷的横征暴敛搞得痛苦不堪都跑去依附他。李光弼派兵在衢州攻打袁晁，打败了他。

八月二十九日乙亥，移封鲁王李适为雍王。

九月初四日庚辰，任命来瑱为兵部尚书、同平章事，兼山南东道节度使。

九月十九日乙未，加任程元振为骠骑大将军兼内侍监。

左仆射裴冕为山陵使，议论事情有时和程元振意见不一。九月二十日丙申，将裴冕贬为施州刺史。

（以上为第十段，写宦官程元振取代李辅国专朝政。）

唐代宗派遣宫中使者刘清潭出使回纥，重建过去友好的关系，并且征调回纥的军队去讨伐史朝义。刘清潭到了回纥的大本营，回纥的登里可汗已先被史朝义所诱惑，史朝义声称："唐王室接连有大丧事，现在中原没有君主，可汗应快来和我一起收取他们府库中的财物。"可汗相信了他的话。刘清潭送上皇帝敕书说："先帝虽然已经去世，但是现今的皇帝已即位，皇帝就是过去的广平王，曾与叶护共同收复两京。"此时回纥已经发兵到了三受降城，见到各州、县都是一片废墟，有轻视唐王朝的意思，于是就侮辱刘清潭。刘清潭派使者回朝汇报回纥的情况，并且说："回纥调动全国十万大军来了。"京师闻讯大为震惊。唐代宗派遣殿中监药子昂前往沂州南边慰劳回纥军队。当初，毗伽阙可汗替登里求婚，肃宗让仆固怀恩的女儿嫁给登里为妻，称之为登里可敦。可汗请求与仆固怀恩相见，仆固怀恩此时在汾州，唐代宗命令他前去会见可汗，仆固怀恩对可汗说唐朝的恩德信义不能辜负，可汗很高兴，派使者上表书，请求帮助国家去讨伐史朝义。可汗想从蒲关进入，由沙苑出潼关向东走，药子昂劝他说："关中多次遭受战乱，州县到处萧条，没有什么东西供给部队，恐怕可汗会感到失望。叛军都在洛阳，请从土门攻取邢州、洺州、怀州、卫州，然后向南进攻，得到他们的资产财物可以补充军备。"可汗不同意。药子昂又请可汗"从太行山南下占据河阴，扼住叛军的咽喉"，可汗也不同意。又请可汗"从陕州大阳津渡过黄河，食用太原仓的粟米，与各道的军队一起前进"，可汗这才同意了。

袁晁攻陷信州。

冬季，十月，袁晁攻陷温州、明州。

任命雍王李适为天下兵马元帅。十月十六日辛酉，李适向代宗辞行，又任命兼御史中丞药子昂、魏琚为左右厢兵马使，任命中书舍人韦少华为判官，给事中李进为行军司马，在陕州与各道节度使和回纥的军队会合，进军征讨史朝义。唐代宗想让郭子仪做李适的副手，程元振、鱼朝恩等人从中阻挠而作罢。加任朔方节度使仆固怀恩同平章事兼绛州刺史，统领各军节度行营并担任李适的副手。

唐代宗在东宫时，因李辅国专权蛮横，心里愤愤不平，等到继位后，因李辅国杀张皇后有功，不想公开地杀掉他。十月十七日壬戌夜里，有强盗进入李辅国的宅第，偷割了他的头以及一个手臂逃走了。唐代宗敕令有关部门追捕强盗，并派宦官去慰问他的家属，用木头刻了一个头把他埋葬了，还追赠他为太傅。

十月二十一日丙寅，唐代宗命令仆固怀恩与母亲、妻子一起到行营去以便与登里可汗及其妻子相会。

雍王李适到达陕州，回纥可汗驻扎在河北，李适与部属随从数十人骑马前往拜见可汗。可汗责备李适见到他不行拜舞礼，药子昂回答说依照礼节不应当拜舞。回纥将军车鼻说："唐朝天子与可汗结为兄弟，可汗对雍王来说，就是叔父，怎么能说不当拜舞呢？"药子昂说："雍王，是天子的长子，现在是元帅。哪里有中国的储君向外国的可汗拜舞呢！况且太上皇和先帝都还没有下葬，也不应该舞蹈。"据理力争了好久，车鼻就带走药子昂、魏琚、韦少华、李进，对他们每人各鞭打一百下，以李适年少不懂事，遣送回宫。魏琚和韦少华过了一夜就死了。

十月二十三日戊辰，各军从陕州出发，仆固怀恩与回纥左杀担任前锋，陕西节度使郭英乂、神策观军容使鱼朝恩殿后，从渑池进攻；潞泽节度使李抱玉从河阳进攻；河南等道副元帅李光弼从陈留进攻；雍王李适留守陕州。十月二十六日辛未，仆固怀恩等驻扎在同轨。

史朝义听说官军就要到了，与各位将领谋划。阿史那承庆说："唐朝如果只是单独派汉人部队来，我们就应当出动全部军队与他们决战。如果与回纥部队一起来，他们的锋芒就不可阻挡，我们就应当退守河阳以避开其锋芒。"史朝义不听从他的意见。十月二十七日壬申，官军到达洛阳北郊，分兵攻打怀州。十月二十八日癸酉，攻下怀州。十月三十日乙亥，官军在横水摆开阵势。叛军好几万人，设立栅栏，各自固守，仆固怀恩在西原列阵以抵挡叛军。派遣勇猛的骑兵以及回纥军队沿着南山出到营栅的东北，内外夹攻，大败叛军。史朝义率领他的全部十万精兵来援救，在昭觉寺摆开阵势，官军突然进攻他们，杀死杀伤很多叛军。但叛军的阵势却没有动摇。鱼朝恩派射生手五百人奋力冲杀，贼兵虽然死了很多，但阵势稳定依然像以前一样。镇西节度使马璘说："事情危急啊！"说着便单枪匹马奋力冲击，夺得贼兵的两个盾牌，突然进入千军万马之中，左右两边的贼兵纷纷倒下溃散，唐朝大军乘机攻入敌阵，叛军大败。转战到石榴园、老君庙，叛军又败了。人马相互践踏，填满了尚书谷。官军一共杀死叛军六万人，俘虏两万人，史朝义率领轻骑数百人向东逃走。仆固怀恩进军攻克东京洛阳以及河阳城，抓获史朝义的中书令许叔冀、王伷等人，遵照代宗的命令又将他们释放了。仆固怀恩留下回纥可汗驻扎在河阳，让他的儿子右厢兵马使仆固玚以及朔方兵马使高辅成率领步兵骑兵一万多人乘胜追逐史朝义，到达郑州，再三交战，都取得了胜利。史朝义到达汴州，他的陈留节度使张献诚紧闭城门拒绝他，史朝义逃往濮州，张献诚便打开城门出来向官军投降。

回纥军队进入东京洛阳，大肆烧杀抢掠，死的人数以万计，大火烧了几十天都不熄灭。朔方、神策军也把东京、郑州、汴州、汝州都视为叛军统治的地区，所到之处也是大肆掠夺，过了三个月才停止下来。一排排的房屋荡然无存，士人和百姓都穿上纸做的衣服。回纥军队把所抢夺来的珍宝货物都放在洛阳，留下其部将安恪来看守。

（以上为第十一段，写唐代宗借兵回纥，大破史朝义，收复东都，回纥恣意抢掠，平民遭杀戮。）

十一月初二日丁丑，捷报送到京师。

史朝义从濮州向北渡过黄河，仆固怀恩进攻滑州，攻下滑州，在卫州追击打败史朝义。史朝义的睢阳节度使田承嗣等人率领士兵四万多人与史朝义会合，又来进行抵抗战斗；仆固玚击败他们，长驱直入，到达昌乐东面。史朝义率领魏州的军队来交战，又失败逃走了。于是史朝义的邺郡节度使薛嵩献出相州、卫州、洺州、邢州等四州，向陈郑、泽潞节度使李抱玉投降，恒阳节度使张忠志献出赵州、恒州、深州、定州、易州等五州，向河东节度使辛云京投降。薛嵩是薛楚玉的儿子。李抱玉等人已进军到薛嵩等人的军营中，检查他们的部队，薛嵩等人都接受了替代。没过多久，仆固怀恩命令他们都恢复原先的官职。因此，李抱玉、辛云京怀疑仆固怀恩有二心，各自上表说明此事，朝廷也暗中防备。仆固怀恩也上疏替自己申辩，代宗安慰勉励他。十一月初六日辛巳，代宗下制书："东京及河南、河北接受伪官的人，一律不追究。"

十一月十四日己丑，任命户部侍郎刘晏兼河南道水陆转运都使。

十一月二十二日丁酉，任命张忠志为成德军节度使，统领恒州、赵州、深州、定州、易州等五个州，赐姓李，名宝臣。当初，辛云京带兵准备出井陉时，常山裨将王武俊劝李宝臣说："如今河东的军队十分精锐，离开本地到远方战斗，无法抵抗。况且我军以少数对抗多数，以无理对抗有理，交战就必然离散，防守就必然溃败，请您好好考虑一下。"李宝臣于是撤除守备，率五州前来投降。等到李宝臣又做了节度使，认为王武俊的策略很好，便提拔他为先锋兵马使。王武俊本是契丹人，当初名叫没诺干。

郭子仪认为仆固怀恩有平定河朔的功劳，请求将副元帅的职位让给他。十一月二十四日己亥，任命仆固怀恩为河北副元帅，加任左仆射兼中书令、单于、镇北大都护、朔方节度使。

史朝义逃到贝州，与他的大将薛忠义等两个节度使会合，仆固玚追赶他到达临清。史朝义从衡水带领部队三万人回来进攻，仆固玚埋设伏兵把他打败赶走。回纥的军队又到达了，官军士气更加振奋，于是追逐史朝义。在下博县的东南边大战一场，叛军大败，成堆的尸体顺着河水流走了，史朝义逃到莫州。仆固怀恩的都知兵马使薛兼训、兵马使郝庭玉与田神功、辛云京在下博会合，进军莫州包围史朝义，青淄节度使侯希逸随后赶到。

十二月十六日庚申，开始用祭祀太祖来配合祭祀天地。

（以上为第十二段，写官军穷追史朝义。）

代宗睿文孝武皇帝上之上

唐代宗广德元年（癸卯，公元 763 年）

春季，正月初五日己卯，追赠吴太后的谥号为章敬皇后。

正月初九日癸未，任命国子祭酒刘晏为吏部尚书、同平章事，度支使等职照旧。

当初，来瑱在襄阳时，程元振有所请求拜托，来瑱没有听从。等来瑱做了宰相，程元振就谮言说来瑱的言辞有不恭顺的地方。王仲升陷入叛贼之中，因屈服而保全性命，叛贼平定后得以回朝，他与程元振的关系很好，上奏说来瑱与叛贼合谋，导致王仲升陷入叛贼之中。正月二十八日壬寅，来瑱因此被削去官职爵位，流放播州，在路上赐令他自杀。从此各藩镇都对程元振恨得咬牙切齿。

史朝义多次出兵应战，都失败了，田承嗣劝说史朝义，让他亲自前往幽州调兵，回来援救莫州，田承嗣自己请求留守莫州。史朝义听从了他的建议，挑选精锐的骑兵五千人从北门突围出去。史朝义走后，田承嗣马上率领全城投降，把史朝义的母亲、妻子、儿子都送给官军。于是仆固玚、侯希逸、薛兼训等人率领部众三万人追赶史朝义，到了归义，与史朝义交战，史朝义失败逃走。

这时史朝义的范阳节度使李怀仙已经通过宫中使者骆奉仙请求投降，派遣兵马使李抱忠带兵三千人镇守范阳县，史朝义到达范阳，不能进去。官军就要到了，史朝义派人向李抱忠说明大军留在莫州，自己带轻骑来调兵救援的意思，并且用君臣大义来责备他。李抱忠回答说：“上天不保佑燕国，唐朝又复兴了，现在我已归顺唐朝，怎么能够再反反复复呢，那不是愧对三军将士吗？大丈夫以用诡计图谋别人为耻辱，希望你趁早决定去就以谋求自我保全的办法。况且田承嗣一定已经叛变了，不然的话，官军怎么能够追到这里呢！”史朝义非常恐惧，说：“我从早上到现在还没有吃饭，难道说不能招待我们吃顿饭吗？”李抱忠便让人在城东摆好食物。于是范阳人在史朝义部下的，都一起向史朝义叩拜辞别而去，史朝义只是哭泣而已，独自一人与几百个胡人骑兵吃完饭便离去了。向东跑到广阳，广阳不接受他们；想往北进入奚、契丹，到达温泉栅时，李怀仙派兵追上了他们；史朝义走投无路，在树林中上吊自杀，李怀仙取下他的头去献给朝廷。仆固怀恩与各军都回来了。

正月三十日甲辰，史朝义的头被送到京师。

（以上为第十三段，写史朝义授首，官军平定安史之乱。）

闰正月初五日己酉，夜晚，有十五个回纥兵进犯含光门，突然闯入鸿胪寺，守门官吏不敢阻止。

闰正月十九日癸亥，任命史朝义的降将薛嵩为相州、卫州、邢州、洺州、贝州、磁州等六州节度使，任命田承嗣为魏州、博州、德州、沧州、瀛州等五州都防御使，李怀仙仍然留在原地做幽州、卢龙节度使。当时河北各州都已投降，薛嵩等人迎接仆固怀恩，在他的马前叩拜，请求留在军中效力。仆固怀恩也担心叛贼平定后代宗对自己的恩宠减少，所以奏请留下薛嵩等人以及李宝臣，让他们分别统帅河北地区，成为自己的党羽和外援。朝廷也厌恶过去的战争，只希望平安无事，因此就将河北交给他们。

回纥登里可汗回国，他的部下所经过的地方都任意抢劫掠夺，各地官府供给稍不如意，就随便杀人，无所顾忌。陈郑、泽潞节度使李抱玉想派遣官员部属去安顿他们，人人都害怕推辞，只有赵城县尉马燧一个人请求去办理此事。等回纥部队快要到来时，马燧先派人贿赂他们的主将，约束部队不要强暴掠夺，主将送给他一面旗帜说：“有违背命令的，您可以自行杀掉他。”马燧让死囚作为他的左右随从，稍有违反命令者，立即斩首。回纥士兵相互对视，大惊失色，于是经过境内的回纥士兵都规规矩矩，约束自己。李抱玉对此感到非常惊奇，马燧趁机劝李抱玉说：“我与回纥人交谈，了解不少内情。仆固怀恩恃功倨傲，他的儿子仆固玚好逞强而轻浮。现在仆固怀恩在国内树立了四个主帅，在国外结交回纥，　定有窥伺河东、泽潞的意图，应该认真地防备他。”李抱玉认为很对。

当初，长安人梁崇义以羽林射生跟随来瑱镇守襄阳，不断升迁，做到右兵马使。梁崇义勇敢有力，能够弯曲铁器，舒展铁钩；他性格沉静坚毅，言语很少，很得人心。来瑱入朝为相时，命令各位将领分别戍守各州，来瑱死后，戍守者都逃回襄阳。行军司马庞充带兵二千人奔赴河南，到达汝州时，听说来瑱死了，就带兵回来袭击襄州；左兵马使李昭抵抗他，庞充逃到房州。梁崇义从邓州率领戍守士兵回来，他与李昭及副使薛南阳相互推让不肯做首领，长时间不能决定下来。众人都说：“军队非梁崇义做统帅不可。”于是推举梁崇义为统帅。梁崇义不久便杀了李昭和薛南阳，并向朝廷奏报情况，代宗不能讨伐他。三月初一日甲辰，任命梁崇义为襄州刺史、山南东道节度留后。梁崇义上奏改葬来瑱，替他建立祠堂，自己也不住在来瑱的办公厅和正堂。

三月十八日辛酉，将至道大圣大明孝皇帝葬在泰陵，庙号为玄宗。三月二十七日庚午，将文明武德大圣大宣孝皇帝葬在建陵，庙号为肃宗。

夏季，四月初七日庚辰，李光弼奏报抓住袁晁，浙东都平定了。当时袁晁聚众将近二十万人，辗转攻打各州县，李光弼派部将张伯仪率兵讨伐平定他们。张伯仪是魏州人。

郭子仪多次上书说：“吐蕃、党项不可忽视，应该早做准备。”

四月二十八日辛丑，派遣兼御史大夫李之芳等人出使吐蕃，被吐蕃人扣留，过了两年才得以回到唐朝。

群臣三次上表请求立太子，五月初一日癸卯，唐代宗下诏书许诺等秋收后再商议此事。

五月二十五日丁卯，唐代宗下制书，划分河北各州：把幽州、莫州、妫州、檀州、平州、蓟州划归幽州统管，把恒州、定州、赵州、深州、易州划归成德军统管，把相州、贝州、邢州、洺州划归相州统管，把魏州、博州、德州划归魏州统管，把沧州、棣州、冀州、瀛州划归青淄统管，把怀州、卫州、河阳划归泽潞统管。

（以上为第十四段，写仆固怀恩奏请安史旧将田承嗣、李宝臣、李怀仙、薛嵩四人分帅河北为节度使，自为党援，唐代宗姑息从之，为藩镇割据留下隐患。）

六月初一日癸酉，礼部侍郎华阴人杨绾上疏，他认为：“古代选拔士人必定考察他的生平事迹，近代选拔士人专门崇尚文辞。从隋炀帝开始设置进士科，还只是考试策论而已；到了唐高宗时，考功员外郎刘思立开始奏请进士科加试杂文，明经科加试帖经，从此积成弊端，转而变成习俗。朝廷的公卿大人以此来看待士人，家中长辈以此来教训儿子，那些考试明经科的人，只知背诵‘帖括’以求得侥幸及第。而且，让举人呈递谱牒自由报考，这样一来，想让他们返璞归真，崇尚廉洁礼让，又怎么办得到呢！请求命令县令察举孝廉之士，选取那些在乡里德行突出，学问上又通晓经术的人，推荐到州里。州刺史经过考试后，再把他们送到尚书省。任由他们各自口述一部经书，朝廷选择精通儒学的人，考问他们二十条经书义理，三道对策。考试成绩上等的马上按名次授予官职，中等的获得一种做官的身份或资格，下等的让他们回去。另外道学科举也与治理国家无关，希望与明经科、进士科一起停止。”唐代宗命令各有关部门共同商议，给事中李栖筠、左丞贾至、京兆尹严武都与杨绾的意见相同。贾至的议论认为：“现在考试学问以会帖经为精通，考试文章以懂声病为是非，这种风气颓废败坏，确实应当改革。然而自从东晋以来，很多人侨居他乡，士人居住在本乡本土的，不到百分之一二；请求朝廷广设学校，留在故乡的人由乡里推举，寄居他乡的由学校推举。”唐代宗命令礼部制定详细考试科目呈报上来。杨绾又请求设置五经秀才科。

六月十八日庚寅，任命魏博都防御使田承嗣为节度使。田承嗣检查所管辖的区域内户籍人口，年轻力壮的都入册当兵，年老体弱的都去种田，几年之间便拥有军队十万人。又从中挑选勇猛强健的士兵一万人保卫自己，称他们为牙兵。

同华节度使李怀让为程元振所谮言，恐惧万分，最后自杀。

（以上为第十五段，写改革科举，以经术与对策取士。）

【点评】

本卷记载肃宗死，代宗继位，平定安史之乱进入最后阶段。两年间发生了许多重大的政治和军事事件，值得点评的有以下四件大事。

第一件，邙山之战，李光弼败北。邺城之战，唐肃宗罢免郭子仪，改用资望较轻的李光弼统军，同时又进用仆固怀恩以分李光弼之权，还要加一个观军容使宦官鱼朝恩来掌控，战局的前景可想而知。

肃宗乾元二年（公元759年），史思明率大军南下取汴州、郑州。李光弼兵少，退出东京扼守河阳，牵制叛军得了东都却不敢西进长安。史思明引军来争河阳，李光弼大破史思明，史思明逃回东都，战争胶着相持。叛军利在速决，官军坚守河阳，援军大集，李光弼可稳操胜券。叛贼史思明反间计蛊惑官军观军容使鱼朝恩，说：“洛中将士皆燕人，久戍思归，上下离心，击之可破也。”李光弼上奏：“贼锋尚锐，未可轻进。”肃宗不听，逼迫李光弼进军取东都。仆固怀恩想取代李光弼，于是依附鱼朝恩，上书说东京可取。肃宗上元二年（公元761年）二月，宦官使者一批接一批地催促李光弼，李光弼不得已进兵洛阳，两军在邙山会战。仆固怀恩不听李光弼节制，在邙山下平原布阵，唯恐官军不败。结果官军大败，诸将散走，河阳、怀州等军事要地失守，唐王朝再度陷入危机。史思明乘胜进攻陕州，兵指西京，朝廷大惧。正在紧急关头，史思明被儿子史朝义杀死，史朝义称帝。叛贼内讧，停止了进攻。

邙山之败，是官军继邺城之败的又一次惨败。李光弼因战败被解除兵权，改任河中节度使，仆固怀恩接任朔方节度使，成为代替郭、李的统兵副元帅。罪魁祸首鱼朝恩依然得到宠任。郭子仪、李光弼是唐军的名将，唐王朝赖以生存的中流砥柱，可是在唐肃宗猜忌之下，宦官的干预之下成为败军之将。昏君依靠功臣来维持朝廷，却要用宦官来监控他们，宁愿冒败军的风险，也要听信宦官的谗言。因为宦官是执行皇帝的意志。皇帝总以为宦官是家奴好控制，其实奴大欺主，宦官权重反过来控制了皇帝。邙山战后的第二年，唐肃宗病重，宦官李辅国和程元振发动政变，杀张皇后，拥立太子李豫，即李俶即位，是为代宗。唐肃宗惊吓而死。

第二件，代宗借兵回纥，太子取辱，东京遭劫难。公元 762 年，代宗即位，他仍然是一个昏君。代宗同乃父一样，猜忌郭子仪、李光弼，他要收复东京，消灭史朝义，借兵回纥，用太子李适为天下兵马元帅，仆固怀恩为副元帅。回纥登里可汗亲自率兵来内地，目的是要抢掠财物，代宗效法乃父出卖东京百姓财物。登里可汗趾高气扬，轻视唐朝，强迫李适行拜舞礼。随从唐臣力争，说雍王李适是天子的长子，今为元帅，哪有储君向外国可汗行跪拜礼的。回纥车鼻将军说："唐天子与可汗约为兄弟，可汗对于雍王是叔父，为什么不拜？"回纥争的是敌国平等礼，唐臣争的是大唐天朝至高无上。回纥鞭打抗礼的唐臣各一百鞭，批评李适年幼无知，免其行礼。唐代宗不信任郭子仪、李光弼忠臣良将，却信任依附宦官桀骜不驯的仆固怀恩，不信任本国兵力而借兵回纥，自取其辱，是极大的失策和错误。李渊起兵灭隋，借兵突厥，只是象征性，为的是笼络突厥不为敌，没有给中原带来祸害。肃宗借兵回纥复两京，在东都烧杀抢掠，已是一场大祸。代宗再次借兵回纥，攻入东京，又肆行杀略，死者万计，火累旬不灭。更有甚者，这次官军也把东京、郑州、汴州、汝州当作贼境，所过掳掠，达三个月之久。河南民众，抵抗叛军，渴望官军解救，希望把他们救出水火，结果盼来洪水猛兽。这真是官匪不分，甚至是官比匪更凶恶。郭、李兵败，官军四散，也乱抢一气。仆固怀恩为胡将，抢掠固其天性，人民遭受的灾难就更为沉重。

第三件，代宗任用仆固怀恩为元帅，姑息河北降将割河北，是极大的错误。太子任兵马元帅只是挂名，仆固怀恩为副元帅，实际是全军主帅。仆固怀恩为胡人，其生性和文化，重义不重忠。仆固怀恩之女代公主和亲回纥。仆固怀恩有异志，则以回纥为外援。公元 763 年，史朝义自杀，史朝义部下诸节度使投降官军，安史之乱形式上被平定。仆固怀恩鉴于郭、李遭遇，为了避免"狡兔死，走狗烹"的结局，仆固怀恩表奏河北叛将归降分帅河北为节度使，以为党援。代宗姑息，居然下诏："东京及河南、北受伪官者，一切不问。"认可仆固怀恩之请，河北叛贼四位降将田承嗣、李宝臣、李怀仙、薛嵩分帅河北为节度使。田承嗣为魏博节度使、李宝臣为成德节度使，李怀仙为幽州卢龙节度使，薛嵩为相卫节度使。八年安史之乱，唐王朝倾全力讨贼。付出了几千万人生命的代价，最终结果，只是叛将名义归顺朝廷而已。

代宗姑息苟安，对强横不法的武夫，愈是强横，得到的待遇愈是优厚。对顺从朝命的功臣，愈是功大，愈遭猜忌，郭子仪功绩最大，遭到猜忌的程度最深。无论功臣和武夫，为了自保，都不肯轻易放弃兵权和防地，于是藩镇割据在代宗的姑息下基本格局在其后期就形成了。而郭子仪忠贞无私，罢了兵权，连亲兵都解散了，实在是难能可贵。

第四件，昏君误国，最大祸害是重用宦官。安史之乱，叛军只拥有河北数镇，军力、财力、人口不及全唐天下的十分之一，为何叛乱达八年之久！如果肃、代二宗不用宦官监军，郭子仪、李光弼，以及诸多良将，有足够能力早日平定叛乱，也不用借兵回纥。官军重大的失利，哥舒翰潼关不守，郭子仪邺城之败，李光弼邙山之败，全都是宦官监军造成。由于安史之乱，皇帝不思自己的过错，不从政治腐败找原因，反而猜忌功臣，更加宠信宦官。肃代二宗不仅用宦官监军，还用宦官掌控禁军。代宗之世，李辅国、程元振、鱼朝恩相继掌控神策军。宦官用事，代行皇帝之权，乱政乱军，皇帝兜着。忠臣良将要诛除宦官，投鼠忌器。无行武夫投靠宦官，嚣张跋扈，加剧割据势力的发展。如同华节度使周智光投靠鱼朝恩，无恶不作，敢擅杀他州刺史，活埋杜冕家属八十一人以泄私愤。宦官往往是割据称雄武夫的保护伞。当宦官权重危及皇帝时，皇帝也只是杀了宦官再换一个。代宗是一个典型。他除掉李辅国，换了程元振，除了程元振，又换了鱼朝恩。安史之乱，久久不能平定，宦官之祸占了决定性的因素。

公元 755 年，安史之乱初起，全国人口五千三百万，到公元 763 年安史之乱被平定，第二年人口普查全国只剩一千七百万，死亡人口三千六百万，达百分之七十以上。强大的唐王朝从此一蹶不振，以后的近二百统治，长期处于藩镇割据战乱之中，全国民众陷入了大灾大难。玄宗致乱，肃代不武，不作为之皇帝，应负全部责任。

资治通鉴（白话本） 卷第二百二十三

唐纪三十九

唐代宗广德元年至永泰元年（公元763—公元765）

【起昭阳单阏（癸卯，公元763年）七月，尽旃蒙大荒落（乙巳，公元765年）十月，凡二年有奇】

【大事提要】

本卷记事起公元763年七月，讫公元765年十月，凡两年又两个月。当唐代宗广德元年到永泰元年十月。唐代宗执政十四年，此为代宗初即位的头两年，安史之乱已平定，正是中兴大有为之时，由于代宗平庸，处理安史之乱善后不当，事事姑息，是非不明，逼反仆固怀恩，形势急转，唐室再现危局。仆固怀恩两次连兵回纥、吐蕃入寇，一度攻占长安，代宗蒙尘，幸赖郭子仪被重新起用，和好回纥，大破吐蕃，才又使唐室转危为安。代宗亲信宦官，初受制于李辅国，继为程元振掌控，导致吐蕃犯阙，文武百官愤恨，赶走了程元振，又来了鱼朝恩。代宗依赖宦官是政治的一大失误。正是由于宦官监军，导致郭子仪、李光弼两位中兴良将在荡平安史之乱前夕被罢职。仆固怀恩摘取胜利之果，保奏河北降将以为党援，于是河北四镇承德李宝臣、魏博田承嗣、相卫薛嵩、卢龙李怀仙，再加一个山南东道梁崇义，互为婚姻，连体相依，日渐成为割据之势。

代宗睿文武皇帝上之下

唐代宗广德元年（癸卯，公元763年）

秋季，七月初一日壬寅，群臣为代宗上尊号为宝应元圣文武孝皇帝。七月十一日壬子，大赦天下，改年号为广德。参与讨伐史朝义的各位将领都进升官阶、增加爵位和封邑各有等差。册封回纥可汗为颉咄登密施合俱录英义建功毗伽可汗，可敦为娑墨光亲丽华毗伽可敦，左、右杀以下的官员，都有封赏。

七月二十七日戊辰，杨琯进上贡举考试条目：秀才考问经义二十条，对策五道；国子监推举的人才，先让博士推荐给国子祭酒，国子祭酒考试通过后再送到尚书省，和乡贡的办法相同。明法科的考试，委托刑部主考。有人认为明经科、进士科，已经实行很久了，不可以突然改变。杨琯的建议虽然没有实行，但有识之士都认为很好。

任命仆固玚为朔方行营节度使。

吐蕃侵入大震关，攻陷兰州、廓州、河州、鄯州、洮州、岷州、秦州、成州、渭州等州，全部占领了河西、陇右地区。唐朝自从武德年间以来，开拓边疆，国土与西域相连，都设置了都督、府、州、县。开元年间，唐朝设置朔方、陇右、河西、安西、北庭各节度使来统治，每年都调发山东地区的壮丁作为戍守边疆的士卒，用丝织品作为军费开支，开荒屯田，供应军粮，设置监牧，蓄养牛马，军队戍守城镇，来回巡逻，万里之间，相互呼应。等到安禄山造反时，守边的精锐士兵都征调回来援救朝廷，称之为“行营”，所留下的士兵单薄老弱，吐蕃军队就渐渐地蚕食领土，数年时间，西北好几十个州相继沦陷，凤翔以西，邠州以北，都被吐蕃占领了。

（以上为第一段，写吐蕃趁安史之乱，夺取大唐西北陇右河西数十州之地。）

当初，仆固怀恩接受代宗诏书，在太原与回纥可汗相见，河东节度使辛云京认为回纥可汗是仆固怀恩的女婿，担心他们合谋袭击军府，紧闭城门自我坚守，也不犒劳他们的部队。等到史朝义平定后，代宗诏令仆固怀恩送回纥可汗出塞，往来经过太原，辛云京也闭城不见。仆固怀恩大怒，上表朝廷说明情况，朝廷没有答复。仆固怀恩率领朔方军队好几万人驻扎在汾州，派他的儿子御史大夫仆固玚率领一万人驻扎在榆次，裨将李光逸等人驻扎在祁县，李怀光等人驻扎在晋州，张维岳等人驻扎在沁州。李怀光本来是勃海靺鞨人，姓茹，任朔方将领，因有功赐姓李。宫中使者骆奉仙到达太原，辛云京与他深交，对他说仆固怀恩与回纥合谋，反叛的迹象已经暴露。骆奉仙回京，经过仆固怀恩军营，仆固怀恩和他在自己的母亲面前一起饮酒，仆固怀恩的母亲多次责备骆奉仙说：“你与我儿结为兄弟，现在又与辛云京亲近，为什么要做两面派呢？”酒喝到兴起时，仆固怀恩起身跳舞，骆奉仙赠送给他缠头彩。仆固怀恩想要酬谢他，说：“明天是端午节，我们应该再痛痛快快地喝一天。”骆奉仙再三要求返回京师，仆固怀恩就把他的马藏起来，骆奉仙对左右的人说：“早上，仆固怀恩的母亲责备我，现在仆固怀恩又藏了我的马，他们这是准备杀掉我啊。”到了夜晚，骆奉仙就翻墙逃走了；仆固怀恩大惊，立刻追上去把马还给他。八月十三日癸未，骆奉仙回到长安，上奏代宗说仆固怀恩谋反。仆固怀恩也把详情向唐代宗奏明，请求杀掉辛云京、骆奉仙。唐代宗对两方面都不追究，宽容地下诏书让他们和解。

仆固怀恩自认为从安禄山反叛、自己参与起兵征讨以来，到处奋力作战，全家为报效朝廷而死的就有四十六人，女儿远嫁回纥，劝说回纥出兵，帮助收复西京和东京，平定河南、河北地区，功劳之大，无人可比，却受到诬陷，气愤怨恨之情特别强烈，因此上书代宗，自我申辩，他认为：“臣先前奉诏令送回纥可汗回国，倾家荡产，才使可汗上路。到了太原，辛云京、骆奉仙紧闭城门不出来恭候迎接，让我们悄悄行走像盗贼一样。回纥人非常怨恨恼怒，很想纵兵攻打，臣竭力从中劝解，才使得回纥平安地出塞回国。辛云京、骆奉仙害怕臣先上奏申明，于是就假装声称设军备以预防，和李抱玉联合组织起来。臣静心思考，自己的罪过有六点：过去同罗叛乱，臣替先帝平定河曲，此其一；臣的儿子仆固玢被同罗俘虏，乘机逃回，臣把他杀了以号令将士，此其二；臣有两个女儿，为了国家的和亲需要以及消灭敌寇而远嫁外夷，此其三；臣与儿子仆固玚不顾生死，为国效命，此其四；河北地区新近归附朝廷，各个节度使手上都握有强大的兵力，臣安抚他们使他们不再疑虑反叛，此其五；臣劝说回纥，让他们出兵解救朝廷的危难，天下平定后，又送他们回国，此其六。臣既然有这六点罪过，确实罪该万死，只该含恨九泉，含冤千古，还有什么可申诉的呢！臣蒙受皇恩深重，日夜都想回朝事奉陛下，但因来瑱被杀，朝廷没有宣布他的罪状，各道节度使，谁不疑虑害怕！最近听说代宗下诏令召回好几个人，他们都不敢来，实际上是害怕宦官的谗言，冤枉地遭受陛下的诛杀；难道是大臣们不忠诚吗？不，这正是因为陛下的身边有邪恶的小人。而且臣前后所奏报关于骆奉仙的事，言词和事情都是确实的，陛下竟然不加以处理，反而更深地宠爱信任他。这都是因为小人们相互勾结，蒙蔽陛下视听的缘故。臣私下听说，四方派人上奏事情，陛下总是说去和骠骑将军商议，不曾委托宰相来决定可否，有的奏报甚至拖延好几个月不给答复，使得远近地方官吏更加疑虑和疏远。比如臣所率领的朔方将士，功劳最大，是先帝中兴的主力，又是陛下蒙尘落难时的旧部，陛下未曾特别给以优待嘉奖，反而听信那些诬陷之词。郭子仪先前已经受到猜疑，臣今天又遭受诋毁，鸟尽弓藏的古话，确实一点也不假。陛下相信那些诬陷之词，这与指鹿为马有什么区别？倘若陛下不采纳我诚恳的意见，而且仍然因循守旧，臣实在不敢说能保卫家业，陛下又怎么能安定国家呢？忠言逆耳利于行，只有请陛下认真考虑。臣想公开回到朝廷，但担心将士们拘留阻拦。现在臣借巡视晋州和绛州之机，在那里多停留一段时间，请求陛下特派一个使者来绛州问候臣，臣就立即与他一同出发。”

九月二十二日壬戌，唐代宗派遣裴遵庆到仆固怀恩那里去宣谕圣旨，并且去观察他的去留动向。仆因怀恩见到裴遵庆，就抱住他的脚痛哭流涕，诉说冤枉。裴遵庆向他说圣恩优厚，暗示他回朝拜见代宗。仆固怀恩答应了。但他的副将范志诚认为不行，并说：“你如果相信他的甜言蜜语，回朝后就成为又一个来瑱，不能再回来了！”第二天，仆固怀恩见到裴遵庆，以怕死为借口，请求让他的一个儿子回朝，范志诚又认为不行，裴遵庆便回去了。御史大夫王翊出使回纥返回，仆固怀恩先前与回纥可汗往来，他害怕王翊泄露此事，于是就将他扣留下来。

（以上为第二段，写仆固怀恩上奏诉冤，唐代宗无辞以对，和稀泥，君臣相猜，暗伏危机。）

吐蕃入侵唐朝，守卫边疆的将领向朝廷告急，程元振都不向唐代宗报告。冬季，十月，吐蕃侵犯泾州，刺史高晖率全城投降吐蕃，并替吐蕃做向导，带领吐蕃军队深入唐朝境内。过了邠州后，唐代宗方才知道这个消息。十月初二日辛未，吐蕃侵犯奉天、武功，京师震惊。代宗下诏书任命雍王李适为关内元帅，郭子仪为副元帅，出兵镇守咸阳以防御吐蕃。

郭子仪在京城闲居已久，部下四处离散，到这时临时招募，只召得二十骑而行，到达咸阳时，吐蕃率领吐谷浑、党项、氐、羌等各族军队二十多万人，漫山遍野，前后几十里连成一片，已经从司竹园渡过渭水，沿着山路向东前进，郭子仪派判官中书舍人王延昌入朝上奏，请求增加兵力，程元振从中加以阻止，竟然没有得到代宗召见。十月初四日癸酉，渭北行营兵马使吕月将率领精锐士卒两千人在盩厔的西边打败吐蕃。十月初六日乙亥，吐蕃进犯盩厔，吕月将又与吐蕃人奋力作战，部队全部战死，他自己也被吐蕃人俘虏了。

唐代宗正在训练军队，然而吐蕃军队已经渡过便桥，代宗在仓促之间不知道怎么办才好。十月初七日丙子，唐代宗出城逃到陕州，官吏们躲藏逃窜，六军也四处逃散。郭子仪闻讯后，立刻从咸阳回到长安，等他到达长安时，代宗已经走了。代宗刚刚出了宫苑门。渡过浐水，射生将王献忠就率领四百个骑兵叛变返回长安，胁迫丰王李珙等十个王向西迎接吐蕃军。在开远门内遇到郭子仪，郭子仪大声呵斥，王献忠跳下马来，对郭子仪说："如今皇上已经东迁，社稷没有君主，您身为元帅，皇上的废立就在于您的一句话了。"郭子仪没有答应。李珙抢上前说："你为什么不说话？"郭子仪责备他，并派兵护送他到代宗所在地去。十月初八日丁丑，代宗到达华州，地方官吏早已逃散，没有人给代宗一行提供食宿，随从将士不免饥寒交迫。适逢观军容使鱼朝恩率领神策军从陕州来迎接代宗，代宗便到了鱼朝恩的军营中。丰王李珙在潼关见到代宗，代宗没有责备他。但是李珙退回营帐中，却出言不逊，群臣上奏建议杀掉他，于是代宗便赐他自杀。

十月初九日戊寅，吐蕃军进入长安，高晖与吐蕃大将马重英等人拥立已故邠王李守礼的孙子李承宏为皇帝，改年号，设置百官，任命前翰林学士于可封等人为宰相。吐蕃军队大肆抢劫府库和民间的财物，焚烧住宅房舍，长安城中一片萧条。苗晋卿因病躺在家里。吐蕃派人把他抬到朝廷，胁迫他担任官职，苗晋卿闭口不言，吐蕃也不敢杀他。此时，逃散的六军士兵也到处抢劫，士人百姓为了躲避战乱，都逃进山谷之中。

十月十二日辛巳，唐代宗到达陕州，百官中也渐渐有些人来到了。郭子仪带领三十个骑兵从御宿川沿着山路向东行进，他对王延昌说："六军将士逃跑溃散的大都在商州，现在要赶快前去收集他们，并调发防守武关的部队，在数日之内，北出蓝田，向长安进发。吐蕃必然逃走。"经过蓝田时，遇到元帅都虞候臧希让、凤翔节度使高升，得到士兵近千人。郭子仪与王延昌谋划说：“溃散的士兵到了商州，地方官吏必然逃跑躲藏，当地人也就一片混乱。”于是就派王延昌直接进入商州安抚晓谕百姓。各个将领正准备纵兵抢掠，听说郭子仪来了，都非常高兴并听从他的命令。郭子仪担心吐蕃进逼代宗，就把军队留在七盘山，过了三天才行动，等到商州后，边走边收集散兵，与武关的守军合起来共有四千人，军势稍微有些振作。于是，郭子仪哭着晓谕将士，勉励大家共雪国耻，夺取长安，将士们皆感动愿受约束。郭子仪请太子宾客第五琦做粮料使，负责供给军中粮草。唐代宗赐郭子仪诏书，担心吐蕃军队东出潼关，征召郭子仪去皇帝所在地。郭子仪上表说：“臣不收复京城，无法来见陛下，如果从蓝田出兵，吐蕃必定不敢东进。”唐代宗同意了。鄜延节度判官段秀实劝说节度使白孝德率兵解救国家危难，白孝德当天就大举进兵，向南赶往京畿，与蒲州、陕州、商州、华州的军队联合起来，共同进击吐蕃。

吐蕃人拥立广武王李承宏为皇帝后，便想掠夺城中的士人、女子以及工匠，然后整队回国。郭子仪派左羽林大将军长孙全绪率领二百个骑兵从蓝田出发去观察吐蕃人的形势，命令第五琦代理京兆尹，和他一同去，又命令宝应军使张知节率兵接应。长孙全绪到达韩公堆，白天就击鼓张扬旗帜，夜晚就点燃很多火把，迷惑吐蕃人，前光禄卿殷仲卿聚集了近千人，保卫蓝田，与长孙全绪相互呼应，率领两百多个骑兵直接渡过浐水。吐蕃人害怕了，老百姓又骗他们说：“郭令公从商州率领不计其数的大军来到！”吐蕃人信以为真，慢慢地就带领部队离去了，长孙全绪又派射生将王甫进城暗中联络几百个少年，夜晚在朱雀街击鼓大声呼叫，吐蕃人惊恐，十月二十一日庚寅，全部逃走。高晖闻讯后，率领部下三百多个骑兵向东逃跑，跑到潼关时，被守将李日越活捉，并被杀掉。

十月二十三日壬辰，代宗下诏书任命元载代理元帅行军司马，任命第五琦为京兆尹。十月二十四日癸巳，任命郭子仪为西京留守。十月二十五日甲午，郭子仪从商州出发。十月三十日己亥，代宗任命鱼朝恩的部将皇甫温为陕州刺史，周智光为华州刺史。

（以上为第三段，写吐蕃入长安，代宗蒙尘。勤王之师驱走吐蕃，转危为安。）

骠骑大将军、判元帅行军司马程元振专权放肆，人们害怕程元振的程度比害怕李辅国更厉害。对那些功劳卓著的将领，程元振都非常嫉恨，总想加害于他们。吐蕃入侵，程元振不及时上奏，导致代宗狼狈逃避。代宗发诏书征调各道兵马，李光弼等人都忌恨程元振身居要职，没有人来，朝廷内外都对程元振恨得咬牙切齿，但没有人敢公开发表意见。太常博士柳伉上疏，认为：“吐蕃进犯大震关，穿过陇山，兵不血刃，直接进入京师，抢劫宫禁，焚烧陵寝，武士们没有一个奋力作战的，这是将帅叛陛下。陛下疏远元勋功臣，亲近奸佞小人，日积月累，酿成大祸，群臣在朝廷没有一个人敢冒犯龙颜使陛下回心转意，这是公卿大臣背叛陛下。陛下刚离开都城，老百姓便争先恐后地跑出来，抢夺府库，互相杀戮，这是三辅地区背叛陛下。从十月初一日征召各道军队，到现在已经四十天了，没有一只车轮入关，这是四方背叛陛下，朝廷内外都离散背叛，陛下认为今天的形势是安全呢，还是危险呢？如果认为危险，怎么能高枕无忧，而不替天下讨伐罪人呢？臣听说良医治病，对症吃药，药不对症，就没有益处。陛下看今天的这个病症，是因为什么原因才发展到这样的地步？如果一定想要保存宗庙社稷，只有砍下程元振的头，驰告天下，把担任内诸司使的所有宦臣都迁出宫中，隶属各州管辖，将神策军交付大臣掌管，然后削去皇上自己的尊号，下诏书引咎自责，说：‘天下的人如果允许朕改过自新，那么当立即招募士兵西来救援朝廷；如果认为朕的罪恶不能悔改，那么帝王的大位，岂敢妨碍圣贤去坐，朕愿意任凭天下的人推举圣贤来做帝王。’如果这样做，而救援的士兵不来，百姓不受感动，天下不服从，臣情愿全家碎尸万段来向陛下谢罪。”代宗认为程元振曾经有保驾的功劳，十一月初二日辛丑，削去程元振的官职和爵位，放回乡里。

（以上为第四段，写宦官程元振专权自恣，诸将百官共愤，唐代宗放归田里。）

王甫自称为京兆尹，聚众两千多人，任命设置官员下属，在长安城中横行霸道。十一月初三日壬寅，郭子仪到达浐水西边，王甫按兵不动。有人对郭子仪说，不能进城。郭子仪不听，带领三十个骑兵慢慢前进，派人传呼召来王甫。王甫进退两难，只好出来迎接叩拜，郭子仪把他杀了，他的部下都散去。白孝德与邠宁节度使张蕴琦率兵驻扎在畿县，郭子仪召他们进城，于是京畿地区才安定下来。

担任广州市舶使的宦官吕太一起兵作乱，节度使张休弃城逃往端州。吕太一纵兵烧杀抢掠，官军讨伐平定了他。

吐蕃军队回到凤翔，节度使孙志直闭城拒守，吐蕃军队包围了凤翔城好几天。镇西节度使马璘听说代宗到了陕州，就率领精锐的骑兵一千多人从河西前来救援。一路转战来到凤翔，正碰上吐蕃军队围城，马璘就率领部下下手持满弓，面向外直指敌人，突破包围圈进入城中，没有解下铠甲休息，又出城作战。马璘单枪匹马，身先士卒，奋勇攻击，俘虏斩杀数以千计的敌人才回。第二天，敌人又逼近城下挑战，马璘打开悬门，严阵以待。敌人撤退，说：“这位将军不怕死，应该避开他。”于是就离去了，留居在原州、会州、成州、渭州等地。

十二月十九日丁亥，代宗从陕州出发。左丞颜真卿请求代宗先拜谒陵庙，然后回宫。元载不同意，颜真卿愤怒地说：“难道朝廷还能经受你的再次破坏吗？”元载因此对他怀恨在心。十二月二十六日甲午，唐代宗到达长安，郭子仪率领城中百官及各路军队在浐水东边迎接，并伏地等待代宗治罪。代宗慰劳他说：“朕没有及早任用你，所以才导致这种结果。”

唐代宗任命鱼朝恩为天下观军容宣慰处置使，总管禁兵，权势和恩宠没有人比得上。在鄠县和中渭桥修筑城池，在那里屯兵防备吐蕃。任命骆奉仙为鄠县筑城使，因而统率那里的军队。

十二月二十七日乙未，唐代宗任命苗晋卿为太保，裴遵庆为太子少傅，都罢除政事。任命宗正卿李岘为黄门侍郎、同平章事。裴遵庆离去后，元载的权力更大，用钱财勾结内侍董秀，派主书卓英倩暗中与他往来，代宗有什么想法，元载必定预先知道，于是就顺承代宗心意，探求唐代宗的微旨，所说的话无不与代宗心里所想的符合，因此代宗就更加宠爱他。卓英倩是金州人。

吐蕃走后，广武王李承宏躲藏在野外，唐代宗赦免不杀他，十二月二十八日丙申，把他流放到华州。

程元振已因罪撤职，回到三原，听说代宗回到宫中，就穿上女人的衣服，私自进入长安，企图再被任用，京兆府抓住他，奏报朝廷。

吐蕃攻陷松州、维州、保州等三个州以及云山新修的两座城，西川节度使高适不能救援，于是剑南西山各州也落入吐蕃之手。

（以上为第五段，写唐代宗返回长安，宦官鱼朝恩用事。）

唐代宗广德二年（甲辰，公元 764 年）

春季，正月初四日壬寅，唐代宗下敕书说程元振换穿女人的衣服潜入长安，将要图谋不轨，将他长期流放到溱州。唐代宗顾念程元振有保驾之功，不久又下令在江陵安置他。

正月初五日癸卯，把剑南东、西川合为一道，任命黄门侍郎严武为节度使。

正月初八日丙午，派遣检校刑部尚书颜真卿前去宣抚安慰朔方行营。唐代宗在陕州时，颜真卿请求奉诏书去召来仆固怀恩，唐代宗不同意。到这时，代宗命令颜真卿劝说晓谕仆固怀恩入朝，颜真卿回答说：“陛下在陕州时，臣前往，用忠义的道理责备他，使他前来解救国家的危难，他还有可能到朝廷来的理由。如今陛下已经回宫，他进没有起兵救援王朝的功劳，退则不能向大家解释，召他来，他怎么肯来呢！况且说仆固怀恩谋反的，只有辛云京、骆奉仙、李抱玉和鱼朝恩四个人，其余大臣都说他是冤枉。陛下不如让郭子仪代替仆固怀恩，可以不战而使他服从。”当时汾州别驾李抱真，是李抱玉的堂弟，他知道仆固怀恩有反叛的志向，就脱身回到京师。代宗正在为仆固怀恩的事感到忧虑，就召见李抱真询问计策，李抱真回答说：“这件事不值得忧虑，朔方将士思念郭子仪，就好像子弟思念父兄一样。仆固怀恩欺骗他的部下说，郭子仪已被鱼朝恩所杀，部下都相信了，所以为他所用。陛下如果真让郭子仪统领朔方，他们都会不召而来的。”代宗同意了。

正月十六日甲寅，礼仪使杜鸿渐上奏说：“从今以后，祭祀圜丘、方丘时请配祭太祖，祈祷谷神时祭高祖，大雩祀时配祭太宗，明堂祭祀时配祭肃宗。”唐代宗同意了。

正月十七日乙卯，立雍王李适为皇太子。

吐蕃进入长安时，各军中逃亡的士卒以及乡里中的无赖子弟相互聚集在一起做强盗；吐蕃走后，他们就逃窜潜伏在南山的子午谷等五个山谷中，成为当地一大祸患。正月十九日丁巳，任命太子宾客薛景仙为南山五谷防御使，去讨伐他们。

魏博节度使田承嗣上奏请求把他所管辖的地区取名为天雄军，唐代宗同意了。

仆固怀恩既然不被朝廷重用，便与河东都将李竭诚暗中谋划攻取太原；辛云京觉察出来了，杀掉李竭诚，登城设防。仆固怀恩派他的儿子仆固玚率兵进攻太原，辛云京出城与他交战，仆固玚大败而回，于是便带兵包围榆次。代宗对郭子仪说：“仆固怀恩父子辜负朕实在太深了。听说朔方将士思念你就像久旱盼望下雨一样，请你替朕去镇抚河东，汾阳的朔方军一定不会叛变。”正月二十日戊午，任命郭子仪为关内、河东副元帅、河中节度等使。仆固怀恩的将士闻讯后，都说：“我们跟随仆固怀恩做不义的事，还有什么脸面去见汾阳王！”

正月二十五日癸亥，任命刘晏为太子宾客，李岘为詹事，一并罢除他们的政事，刘晏是因为与程元振结交，程元振被治罪，李岘出了大力，因此被宦臣所忌恨，所以和刘晏一起罢除政事。任命右散骑常侍王缙为黄门侍郎，太常卿杜鸿渐为兵部侍郎，二人并同平章事。

正月二十九日丁卯，唐代宗任命郭子仪为朔方节度大使。二月，郭子仪到达河中。当时，云南籍的士兵一万人戍河中，将领贪婪，士兵残暴，成为当地一大祸患，郭子仪杀了十四人，棍打三十人，河中府才安定下来。

二月初五日癸酉，唐代宗在太清宫朝拜祭奠；二月初六日甲戌，享祭太庙；二月初七日乙亥，在圜丘祭祀昊天上帝。

（以上为第六段，写仆固怀恩反叛，唐代宗重新起用郭子仪为朔方节度大使以招怀旧部。）

仆固玚包围榆次，十几天都攻不下来；派使者紧急征调祁县的部队，李光逸把祁县的部队都给了他。士卒没有吃东西，不能向前行进，十将白玉、焦晖用响箭射那些落伍的人，军士说：“将军为什么射人？”白玉说：“如今跟随别人造反，终究免不了要死；反正总是一死，用箭射人又有什么关系？”到达榆次，仆固玚指责他们来迟了，胡人士兵说：“我们骑马，是汉人士卒走不动才迟到的。”仆固玚鞭打汉人士卒，士卒们都很怨恨愤怒，说：“节度使偏袒胡人士兵。”当天晚上，焦晖、白玉率领部众攻打仆固玚，把他杀了，仆固怀恩闻讯后立即回家告诉他的母亲。他的母亲说：“我劝你不要谋反，国家待你不薄，现在士兵已经变心，祸害必然牵连我，这将如何是好！”仆固怀恩无言以答，就拜了两拜出门走了。他的母亲提着刀出来追赶他说：“我替国家杀掉这个叛贼，挖出你的心来向三军将士谢罪。”仆固怀恩飞快逃跑，得以免死，于是便与部下三百人渡过黄河向北逃走。

当时朔方将领浑释之守卫灵州，仆固怀恩的檄文到了，说他要率领全军回到镇所，浑释之说：“不对，这一定是军队溃散了。”准备拒绝他，他的外甥张韶说：“仆固怀恩也许是幡然悔改，率领部队返回镇所，为什么不让他进城呢？”浑释之犹豫不决。仆固怀恩行动迅速，在迎接宾客的官吏还没有出来以前就已经先到达了，浑释之不得已而接纳了他。张韶把浑释之的谋划告诉仆固怀恩，仆固怀恩让张韶做他的内应，杀掉浑释之而接管了他的军队，让张韶统领。不久，仆固怀恩又认为：“浑释之是张韶的舅舅，张韶尚且还要背叛他，又怎么会忠实于我呢？”有一天，仆固怀恩借故用棍打他，打断了他的小腿，将他弃置在弥峨城而死。

都虞候张维岳在沁州，听说仆固怀恩离去，便乘驿马到汾州，安抚稳定他的部下，杀死焦晖、白玉然后窃取他们的功劳，向郭子仪报告。郭子仪派牙官卢谅到汾州，张维岳贿赂卢谅，让他证实自己所说的事。郭子仪奏报说张维岳杀了仆固玚，把仆固玚的首级传送到宫中，群臣都入朝庆贺，但代宗却忧郁不乐，说：“朕的诚心不能使人相信，以致功臣死亡，深深地感到惭愧，又有什么好庆贺的呢？”下令用车子把仆固怀恩的母亲接到长安，供给待遇非常优厚，一个多月后，她寿终正寝，按照礼仪将她安葬，功臣们对此都感动赞叹。

二月初十日戊寅，郭子仪到汾州，仆固怀恩的部下都归附郭子仪，他们既欢欣鼓舞，双悲伤哭泣，高兴的是郭子仪终于来了，悲哀的是他来得太晚了。郭子仪了解卢谅的欺诈，就用棍子把他打死。代宗认为李抱真说的话被证实了，就提升他为殿中少监。

（以上为第七段，写郭子仪入汾州，怀恩之众，涕泣归服。）

唐代宗驾临陕州时，李光弼竟然拖延时间不去救援，唐代宗担心因此产生隔阂，正好他的母亲在河中，便多次派遣宫中使者去慰问。吐蕃军撤退后，唐代宗又任命李光弼为东都留守，以此来观察他的去留动向。李光弼借口江淮粮运事加以辞谢，率军回到徐州。唐代宗接他的母亲到长安，供给丰厚，任命他的弟弟李光进掌管禁兵，待遇优厚。

二月二十日戊子，大赦天下。

自从安史之乱以来，汴水淤塞废弃，漕运都是从长江、汉水运到梁州、洋州，路途曲折危险，劳费财力，三月十二日己酉，任命太子宾客刘晏为河南、江淮以来转运使，商议开通汴水。三月十三日庚戌，又任命刘晏与诸道节度使平均调节赋税和劳役，准他见机行事，事后再奏报朝廷。当时正值战乱以后，京城内外粮食匮乏，关中的米价每斗一千钱，老百姓揉搓谷穗来供应禁军，宫中的厨房没有长期的存粮。刘晏便疏通汴水，写信给元载，详细陈述漕运的利弊，让朝廷内外的有关官员响应。从此以后，每年运米好几十万石以供给关中，唐代掌管漕运很有才能的人首推刘晏，后来的人都遵循刘晏的法度。

三月二十七日甲子，盛王李琦去世。

党项侵犯同州，郭子仪派开府仪同三司李国臣去攻打党项，说："党项一有机会就出来抢夺，官军到后他们就逃到山里，应该派老弱士兵在前面引诱他们，把精锐的骑兵放在后面去消灭他们。"李国臣在澄城北面与党项交战，大败他们，杀死俘虏一千多人。

（以上为第八段，写刘晏为河南江淮转运使，漕运畅通。）

夏季，五月十七日癸丑，开始实行《五纪历》。

五月二十四日庚申，礼部侍郎杨绾上奏说每年各地方选择孝弟力田科的举人与实际不符，考中童子科的都属于侥幸，朝廷将这两科全部取消。

郭子仪认为安禄山、史思明过去占据洛阳，所以各道都设置节度使以控制交通要道。现在安史之乱已经平定，而各节度使仍在当地聚集部队，消耗侵蚀老百姓的财力物力，所以就上表请求取消各节度使，就从河中节度使开始。六月，唐代宗敕令罢除河中节度使以及耀德军。郭子仪又请求罢免自己的关内副元帅职务，代宗不同意。

仆固怀恩到了灵武，收集散失的士卒，他的部队又复兴起来。唐代宗优厚地安抚他的家属。六月十七日癸未，唐代宗下诏书，称仆固怀恩"对皇室和天下都功勋卓著。猜疑和嫌隙的产生，来自一些小人，考察他的内心，本来就没有反叛的意图；群臣之间的情义，实际上宛如当初，只是因为河北已经平定，朔方已有了归属，所以应当解除河北副元帅、朔方节度使等职；他的太保兼中书令、大宁郡王等官爵照旧。但仆固怀恩应当入朝，再不要迟疑"。仆固怀恩竟然不服从。

秋季，七月初五日庚子，征收天下青苗钱税，以供给百官俸禄。

太尉兼侍中、河南副元帅、临淮武穆王李光弼，治军严整，指挥号令，各个将军都很畏惧，不敢仰视，计谋决定后再作战，能以少胜多，与郭子仪齐名。等到驻扎在徐州时，便拥有大军而不朝见代宗，诸将如田神功等人就不再受命和畏惧他了，李光弼惭愧悔恨，积郁成疾，七月十四日己酉，去世。八月初一日丙寅，任命王缙代替李光弼统帅河南、淮西、山南东道各行营。

郭子仪从河中入朝，适逢泾原上奏说仆固怀恩带领回纥、吐蕃部队十万人将要入侵，京师惊恐，代宗诏令郭子仪率众将出兵镇守奉天。代宗询问对策，郭子仪回答说："仆固怀恩将无所作为。"代宗问："什么原因？"郭子仪回答说："仆固怀恩虽然勇猛但对部下缺少恩惠，士卒的心愿并不是想归附他，之所以前来进犯，是因为士卒都思归故里。仆固怀恩本是臣的一个偏将，他的部下实际上都是臣的部下，必然不忍心兵刃相见，由此可知，仆固怀恩将无所作为。"八月十六日辛巳，郭子仪发兵，奔赴奉天。

八月二十九日甲午，加任王缙为东都留守。

河中尹兼节度副使崔寓调镇兵向西去抵御吐蕃，军队法令不统一。九月初二日丙申，镇兵作乱，掠夺官府及居民的财物，持续了一个晚上才平息下来。

九月十二日丙午，加任河东节度使辛云京同平章事。

九月十七日辛亥，任命郭子仪兼北道邠宁、泾原、河西以来通和吐蕃使，任命陈郑、泽潞节度使李抱玉兼南道通和吐蕃使。郭子仪听说吐蕃逼近邠州，九月二十日甲寅，派他的儿子朔方兵马使郭晞率兵一万人去救援。

九月二十五日己未，剑南节度使严武打败吐蕃七万人，攻下当狗城。

关中地区闹蝗灾，又连遭阴雨，米价一斗一千多钱。

仆固怀恩的先头部队到达宜禄，郭子仪派右兵马使李国臣带兵做郭晞的后续部队。邠宁节度使白孝德在宜禄打败吐蕃。冬季，十月，仆固怀恩带领回纥、吐蕃的军队到达邠州，白孝德、郭晞闭城坚守。

十月初六日庚午，严武攻下吐蕃的盐川城。

仆固怀恩与回纥、吐蕃部队进逼奉天，京师戒严。各将领请求出战，郭子仪不同意，说："敌人深入我境，利在速战，我们坚守壁垒以等待他们，他们以为我们胆怯，必然戒备松懈，这样就可以打败他们了，如果马上作战而形势又不利的话，那么军心就会涣散。谁再敢说出战就斩首！"十月初七日辛未夜里，郭子仪带兵出城在乾陵南面列阵，十月初八日壬申，天还没亮，敌人的大队人马就到了。敌人开始以为郭子仪没有防备，想要偷袭，忽然见到郭子仪的大军，大为震惊，于是便不战而退。郭子仪派裨将李怀光等人率领五千骑兵追赶敌人，追到了麻亭才回来。敌人到达邠州，十月十三日丁丑，攻打邠州，没有攻下；十月二十一日乙酉，敌人便渡过泾河逃走了。

仆固怀恩向南进犯时，河西节度使杨志烈调兵五千人，对监军柏文达说："河西精锐部队都在这里了，您带领他们去进攻灵武，那么仆固怀恩就有后顾之忧，这也是救援京师的一大奇计！”于是柏文达就率领部队去进攻摧砂堡、灵武县，都攻下了，然后又进攻灵州。仆固怀恩听说后，从永寿县连忙回来，派蕃族、浑族骑兵二千人夜袭柏文达，大败柏文达，士卒死了近一半。柏文达率领残余部队回到凉州，痛哭着进了城。杨志烈迎接他说："这次行动有安定京城的功劳，死了一些士卒有什么关系。"士卒对这话都非常怨恨。不久，吐蕃包围凉州，士卒都不听指挥，杨志烈逃到甘州，被沙陀所杀。沙陀姓朱耶，世代居住在沙陀碛，因此以沙陀为名。

（以上为第九段，写李光弼拥兵徐州，忧愤而死。郭子仪击退仆固怀恩连引回纥、吐蕃之入寇。）

十一月十四日丁未，郭子仪从行营入朝，郭晞在邠州，放纵士兵横行霸道，节度使白孝德感到很棘手，因为郭子仪的缘故，不敢声张。泾州刺史段秀实自动请求白孝德补任他为都虞候，白孝德同意了。任职一个月后，郭晞的十七个军士到街市上去喝酒，用刀刺酿酒的老人，砸毁酿酒的器具。段秀实派兵围捕，砍下这十七个人的头，插在长矛上，树立在集市的街口。郭晞的军营中大为喧闹，士兵们都穿上铠甲，白孝德非常震惊恐慌，把段秀实叫来问："怎么办？"段秀实说："没有关系，请让我前去解决。"白孝德派几十个人随行，段秀实把他们辞掉了，只挑选了一个年老跛脚的人，为他牵马，来到郭晞的门口。身穿铠甲的士兵们出来了，段秀实边笑着边走进去，说："杀一个老兵，哪里用得着穿铠甲？我是带着我的头来的。"甲士们都很惊愕。段秀实趁机晓谕他们说："郭常侍对不起你们吗？副元帅对不起你们吗？为什么想要作乱来败坏郭家呢！"这时郭晞出来了，段秀实责备他说："副元帅功盖天地，应当想到善始善终。如今常侍你放纵士兵横行霸道，这种行为将会变乱，发生变乱就会连累副元帅。乱子是由常侍你造成的，然而郭家的功名，还能留存多少！"话还没有说完，郭晞连忙拜了又拜，说："幸亏您用道义来教导我，您的恩情太大了，我怎敢不从命呢！"回头叱责左右的人说："都脱下铠甲，各自回到自己的队伍中，谁再敢闹事就处死！"段秀实因而留宿军营中。郭晞整夜未脱衣服，告诫哨兵敲木梆守卫段秀实。早晨，段秀实和郭晞一同来到白孝德的官署，郭晞谢治军不严之罪，请求让他改过。邠州从此平安无事。

五谷防御使薛景仙讨伐南山的强盗，连续几个月都没有成功，唐代宗命令李抱玉去讨伐。强盗首领中高玉实力最强，李抱玉派兵马使李崇客率领四百骑兵从洋州进山，在桃虢川袭击高玉，大败高玉，高玉逃到成固。十一月二十七日庚申，山南西道节度使张献诚活捉高玉，献给朝廷，其余的强盗都平定了。

十二月初二日乙丑，加任郭子仪为尚书令。郭子仪认为："自从唐太宗做过这个官后，历朝的皇帝都不再设立这个官职。近来皇太子也曾做过尚书令，这个官职不是我所应该担任的。”再三辞谢，不接受，又回去镇守河中。

这一年，户部奏报：全国有二百九十多万户，一千六百九十多万人口。

唐代宗派遣于阗王尉迟胜回国，尉迟胜坚决请求留下来在京城守卫，把国家交给他弟弟尉迟曜去治理，唐代宗同意了，加任尉迟胜为开府仪同三司，赐爵位为武都王。

（以上为第十段，写段秀实智勇，申军法，大义晓谕服郭晞。）

唐代宗永泰元年（乙巳，公元 765 年）

春季，正月初一日癸巳朔，改年号为永泰，大赦天下。

正月十六日戊申，加任陈郑、泽潞节度使李抱玉为凤翔、陇右节度使，任命他的堂弟殿中少监李抱真为泽潞节度副使。李抱真认为山东如有变乱，上党就是军事要地，可是在兵荒马乱之后，地瘠民贫，没有力量供给军队，于是就登记百姓户籍，每三个成年人中挑一个身体强壮的人，免去他的租税和徭役，发给弓箭，让他们在农闲时练习骑马射箭，年终集中考试，进行赏罚。过了三年，便得到精兵二万人，既不耗费官府的给养，又使得官府的仓库充实，于是李抱真威震山东。从此，天下都称赞泽潞节度的步兵是各道最强大的。

二月十六日戊寅，党项侵犯富平，焚烧了定陵的前殿。

二月十八日庚辰，仪王李璲去世。

三月初一日壬辰朔，命令左仆射裴冕、右仆射郭英乂等文武大臣十三人在集贤殿值班。左拾遗洛阳人独孤及上疏说：“陛下叫裴冕等人值班以备随时询问，这是五帝的盛德。近来陛下虽然能够容忍臣下的直率但不记录他们的言词，有容忍臣下之名，无听从劝谏之实，于是使得劝谏的人慢慢闭口不言，饱食终日，为了俸禄官位而相互应付，这正是忠诚耿直的人之所以私下叹息的原因，也使臣感到羞耻。如今战乱不停已达十年，百姓停止生产，妇女不能纺织，拥有军队的人住宅公馆在街道上连绵不断，他们的奴婢连酒肉都吃厌了，而贫穷人家虚弱饥饿去服劳役，忍受着敲骨吸髓的盘剥。长安城里，光天化日之下杀人劫财，官吏不敢追究，将军堕落，士卒凶暴，百官之事，犹如沸粥乱麻一团糟，老百姓不敢向有关部门申诉，有关部门也不敢报告陛下，大家都忍受毒害和痛苦，穷困潦倒而无处诉说。陛下不在此时思考能够解救危难的办法，臣实在感到害怕。当今天下只有朔方、陇西有吐蕃和仆固怀恩的忧患，而邠州、泾州、凤翔的部队足以抵挡他们。从今以后，东到大海，南到番禺，西至巴蜀，已经没有盗寇，然而各地的军队还不遣散。倾尽天下的货物，竭尽天下的粮食，来供给闲置的军队，我不知道这是什么缘故。假若是居安思危，自然只需在要害之地，派军队驻守防御，其余的军队全部遣散，用于这些军队的粮食、服装和鞋子等军用物资，来充当贫困人家的赋税，一年可减少国家一半的租税。陛下怎么能够迟疑于改革，使国家的忧患日益加重呢？”唐代宗没有采用他的意见。

三月十五日丙午，任命李抱玉同平章事，照旧镇守凤翔。

三月十九日庚戌，吐蕃派使者来请求讲和，唐代宗诏令元载、杜鸿渐与吐蕃在兴唐寺结盟。代宗问郭子仪：“吐蕃请求结盟，你看怎么办？”郭子仪回答说：“我们没有防备对吐蕃有利，如果我们没有防备他们就来了，那么国家就守不住了。”于是相继派遣河中部队戍守奉天，又派遣士兵巡逻泾原以侦察吐蕃的动向。

这年春天没有下雨，米价一斗一千钱。

（以上为第十一段，写左拾遗独孤及建言裁减诸节度镇兵，省军费，轻税赋，以抒民困，唐代宗不听。）

夏季，四月十六日丁丑，任命御史大夫王翊代理诸道税钱使。河东道租庸、盐铁使裴谞入朝奏报事情，唐代宗问：“卖酒专利，一年收入多少？”裴谞沉默很久没有回答。唐代宗又问他，裴谞回答说：“臣从河东来，沿途看到地里没有种庄稼，农民都抱怨发愁，臣以为陛下见到臣，一定会先问百姓的疾苦，然而陛下却以营利的事情责问臣，臣因此不敢回答。”唐代宗感谢他，任命他为左司郎中。裴谞是裴宽的儿子。

四月三十日辛卯，剑南节度使严武去世。严武前后三次镇守剑南，横征暴敛，穷奢极欲；梓州刺史章彝稍微有点不合他的意，就叫来用棍子把章彝打死；然而吐蕃很畏惧他，不敢侵犯他的辖区。他的母亲多次告诫他不要骄横残暴，严武不听；等严武死后，他的母亲说：“我如今才可以免于做官府的奴婢了。”

五月二十二日癸丑，任命右仆射郭英乂为剑南节度使。

京城附近地区的麦子成熟了，京兆尹第五琦请求征收老百姓的田税，十亩田收取一亩田的麦子作租税，说：“这是古代征收十分之一的税法。”代宗同意了。

平卢节度使侯希逸镇守淄青，喜欢打猎，建造宝塔佛寺，所在军州备受其苦。兵马使李怀玉很得人心，侯希逸嫉妒他，借故解除了他的军职。侯希逸与巫师在城外睡觉，军士们关闭城门不让他进来，尊奉李怀玉为主帅。侯希逸到滑州，上表代宗，等待治罪，唐代宗诏令赦免他，把他叫回京师。秋季，七月初二日壬辰，任命郑王李邈为平卢、淄青节度大使，任命李怀玉知留后，并赐名为正己。当时承德节度使李宝臣，魏博节度使田承嗣，相卫节度使薛嵩，卢龙节度使李怀仙，收集安禄山、史思明的余党。各自拥有强兵好几万人，他们训练部队，修筑城池，自行任命文武官员，不向朝廷进贡交税，与山南东道节度使梁崇义及李正己都结为姻亲，互为表里，遥相呼应。然而朝廷对此一味姑息，不能再控制他们，他们名义上虽然是朝廷的藩臣，但实际上朝廷只不过笼络他们使其不生异心罢了。

七月初四日甲午，把唐代宗的女儿升平公主嫁给郭子仪的儿子郭暧。

太子的母亲沈氏，是吴兴人。安禄山攻陷长安时，沈氏被强迫送到洛阳的宫中，唐代宗收复洛阳，见到沈氏，还没有来得及迎她回长安，碰上史思明再次攻陷洛阳，于是就失去了下落。代宗即位后，派人四处寻找，没有找到。七月初九日己亥，寿州崇善寺的尼姑广澄假称是太子的母亲，经核实，此人原来是以前少阳院的奶妈，就用鞭子把她打死了。

（以上为第十二段，写河北四镇承德、魏博、相卫、卢龙节度使皆安史旧将，再加一个山南东道梁崇义，互为婚姻，渐成割据之势。）

九月初一日庚寅朔，在资圣寺和西明寺中设置百尺高座，请高僧宣讲《仁王经》，从宫中运出两车佛经，让人扮作菩萨、鬼神的模样，前面用音乐仪仗队开道，百官在光顺门外迎接，跟随到寺里。

仆固怀恩引诱回纥、吐蕃、吐谷浑、党项、奴剌数十万人一起来犯，命吐蕃大将尚结悉赞摩、马重英等从北路奔赴奉天，党项主帅任敷、郑庭、郝德等人从东道奔赴同州，吐谷浑、奴剌的军队从西道奔赴盩厔，回纥军队跟在吐蕃军队后面，仆固怀恩又带领朔方军队跟在后面。

郭子仪派行军司马赵复入朝上奏说：“敌人都是骑兵，他们的行动迅猛如飞，不可轻视。请求陛下派遣凤翔节度使李抱玉、滑濮节度使李光庭、邠宁节度使白孝德、镇西节度使马璘、河南节度使郝庭玉、淮西节度使李忠臣，各自分别出兵扼守军事要地。”唐代宗同意了他的意见。但各道的节度使大都不及时出兵。李忠臣正和部下各将领打球，得到诏令后，马上下令整装出发。各将领及监军都说：“部队出发一定要选择吉利的日子。”李忠臣气愤地说：“父母有急难，难道说也要选择吉利的日子然后再去援救吗？”李忠臣当天就率领军队出发了。

仆固怀恩中途得了急病被迫回去，九月初八日丁酉，在鸣沙死去。大将张韶代替他率领部队，别将徐璜玉杀死张韶，范志诚又杀死徐璜玉来统率部队。仆固怀恩拒绝代宗诏命长达三年，两次带领胡寇侵犯，是国家的大患，但代宗仍然替他隐讳，前后所发布的敕令制书都不曾提及他反叛，等到他死后，又悲怜地说：“仆固怀恩不想反叛，是被左右的人所误啊！”

吐蕃到达邠州，白孝德环城固守。九月十五日甲辰，唐代宗命令宰相及各部门长官到西明寺烧香摆设素食，演奏音乐。当天，吐蕃十万大军到达奉天，京城震动恐慌。朔方兵马使浑瑊、讨击使白元光预先戍守奉天，敌人刚开始布列阵营，浑瑊就率领勇猛的骑兵二百人冲击敌阵，他身先士卒，所向披靡。浑瑊抓住敌人一个将领，跃马飞奔而回，随从骑兵没有一个人被敌人兵器所击中。城墙上的士卒看到这一情景，勇气开始倍增。九月十六日乙巳，吐蕃进攻奉天，士兵伤亡惨重，攻了好几天，便收兵回营。浑瑊夜晚带领部队去袭击他们，杀死一千多人，前后与敌人交战二百多个回合，杀死五千人。九月十七日丙午，唐代宗罢除在百尺高座上宣讲佛经；又从河中征召郭子仪，让他驻守泾阳。九月二十日己酉，命令李忠臣驻守东渭桥，李光进驻守云阳，马璘、郝庭玉驻守便桥，李抱玉驻守凤翔，内侍骆奉仙、将军李日越驻守盩厔，同华节度使周智光驻守同州，鄜坊节度使杜冕驻守坊州，代宗亲自统率六军驻守禁苑中。

九月二十一日庚戌，代宗下制书表示要亲自出征。九月二十二日辛亥，鱼朝恩请求在京城里搜查，收括士民私人的马匹，命令城里的人都穿上黑衣服，组成民团，按士兵来训练，四面城门都堵塞两个只开放一个。士人和百姓都大为惊慌，翻墙打洞逃跑的人很多，官吏不能禁止。鱼朝恩想要代宗去河中以避吐蕃，害怕群臣议论不一。一天早晨，百官入朝，分班站立了很久，东西阁门没有打开，鱼朝恩忽然率领十几个禁卫军手上拿着亮晃晃的刀子出来，宣布说：“吐蕃多次侵犯京畿郊县地区，皇上想要驾临河中，你们觉得怎么样？”公卿大臣们都惊慌失措，不知道如何回答。有一位刘给事，独自走出朝班大声说：“宦官想要造反吗！现在守军云集，你不齐心合力地抵抗敌寇，反而想匆忙胁迫天子放弃宗庙社稷而逃跑，不是造反又是什么！”鱼朝恩惊慌沮丧地退下去，于是这件事便作罢。

从九月十七日丙午到九月二十五日甲寅，大雨下个不停，因此敌人不能进军。吐蕃便调动部队进攻醴泉，党项西攻掠白水，向东侵犯蒲津。九月二十八日丁巳，吐蕃大肆掠夺男男女女好几万人回去，所经过的地方都焚烧房屋，把庄稼几乎践踏光了。周智光率兵拦击，在澄城北面打败吐蕃，于是趁机向北追逐敌人直到鄜州。周智光平时就与杜冕关系不和，于是便杀了鄜州刺史张麟，活埋了杜冕家属八十一人，焚烧房屋三千多家。

（以上为第十三段，写仆固怀恩再引回纥、吐蕃连兵入冠，唐代宗下诏亲征。仆固怀恩病死。吐蕃退兵。）

冬季，十月初一日己未，代宗又恢复在资圣寺宣讲佛经。

吐蕃退到邠州，遇上回纥，又联合起来进犯唐朝，十月初三日辛酉，到达奉天。十月初五日癸亥，党项军队焚烧同州的官府房舍和老百姓的居室，然后撤军而去。

十月初八日丙寅，回纥、吐蕃两军会合围攻泾阳，郭子仪命令各位将领严加防守而不要与敌军作战。等到晚上，回纥、吐蕃两军退驻北原，十月初九日丁卯，又来到城下。这时，回纥与吐蕃听说仆固怀恩死了，开始争夺统帅位置，不相和睦，分别设置营帐而居住，郭子仪了解到这一情况。回纥军队在城西，郭子仪派牙将李光瓒等人前往游说回纥，想与回纥军共同攻击吐蕃。回纥军不信，说：“郭公真的在这里吗？你们在骗我们，假若果真在这里，可以见见面吗？”李光瓒回来报告，郭子仪说：“现在我们寡不敌众，难以凭实力取胜。过去我们与回纥的盟约非常深厚，不如我挺身前往劝说他们，可以不战而胜。”各位将领请求挑铁骑五百人作为卫队随从，郭子仪说：“这样做足以害了我。”郭晞拉住郭子仪的马劝阻道：“他们是虎狼，大人您是国家的元帅，怎么能够拿自己的性命去做敌人的饵食呢？”郭子仪说：“如果现在交战，那么我们父子都会战死而国家就很危险；我前去真心诚意与他们交涉，也许能有幸使他们听从我的意见，那就是天下的福分了！假如他们不听从我的意见，那么我死了但我的一家还能保全。”说着就用马鞭抽打郭晞的手说：“走开！”于是就只和几个骑兵打开城门出去，派人传呼说：“郭令公来啦！”回纥人大吃一惊。回纥大帅合胡禄都督药葛罗，是可汗的弟弟，拉满弓箭上弦，站在阵前。郭子仪脱掉铠甲，把枪丢在地上向前，回纥的各位酋长相互看了看说：“是他来了！”都下马列队叩拜，郭子仪也下马，上前握着药葛罗的手，责备他说：“你们回纥对唐朝有大功劳，唐朝报答你们也不薄，为什么要背叛盟约，深入我唐朝的境地，侵犯进逼京畿郊县地区，抛弃以前的功劳，结下怨仇，背弃恩德而帮助叛臣，这是多么愚蠢啊！而且仆固怀恩背叛君主抛弃母亲，对你们国家有什么用处！今天我挺身而来，任凭你捉住我杀死我，但我的将士必然誓死与你们血战到底。”药葛罗说：“仆固怀恩欺骗了我，他说天可汗已经驾崩，令公你也去世，中原没有做主的人，我因此才敢同他一起来。现在知道天可汗在京城长安，令公你也在这里统率部队，仆固怀恩又遭天杀，我们哪里肯与您作战啊？”郭子仪趁机劝他说：“吐蕃不讲道义，趁我国有变乱，不顾舅甥之间的亲戚关系，吞噬我边疆，焚烧扫荡我京畿地区，他们所掠夺的财物装也装不完，牛马及各种牲畜的队伍长达好几百里，弥漫在原野上，这是上天赐给你们的。既能保全军队又能和唐朝继续修好，打败敌人而夺取财富，替你们着想，还有比这更有利的事吗？机不可失啊。”药葛罗说：“我被仆固怀恩所误，实在对不起您，今天请求替您尽心尽力，攻击吐蕃以谢过错。然而仆固怀恩的儿子，是我们可敦的兄弟，希望放过他不要杀他。”郭子仪答应了。这时，回纥围观的人分成两侧队。渐渐向前靠近，郭子仪的部下也向前靠近，郭子仪挥手叫他们退下，因而拿出酒来与回纥酋长共饮，药葛罗让郭子仪先拿着酒发誓，郭子仪把酒浇在地上说：“大唐天子万岁！回纥可汗万岁！两国将相也万岁！如有违背盟约的，就身死阵前，家族灭绝。”酒杯递给药葛罗，他也把酒浇在地上说：“如郭令公的誓言一样！”于是各位酋长都非常高兴地说：“出发时我们带着两个巫师随军，巫师说这次行动很安稳，不会与唐朝交战，见到一位大人就回来，今天果然如此。”郭子仪送给回纥彩帛三千匹，酋长分一部分奖赏给巫师。郭子仪终于同回纥定好盟约而回。吐蕃闻讯后，深夜带兵逃走。回纥派他们的酋长石野那等六人入朝拜见天子。

药葛罗率领部队追击吐蕃军，郭子仪派白元光率领精锐骑兵与他一起追击；十月十五日癸酉，在灵台西原与吐蕃军交战，大败吐蕃，杀死吐蕃士兵数以万计，截获吐蕃所掠的士人妇女四千人。十月十八日丙子，又在泾州东面打败吐蕃军。

十月十九日丁丑，仆固怀恩的将领张休藏等人投降。

十月二十二日辛巳，唐代宗下诏书停止亲征，京城解除戒严。

当初，肃宗任命陕西节度使郭英乂统领神策军，让宦官鱼朝恩为神策军的监军。郭英乂入朝任仆射，鱼朝恩便专门统领神策军。等代宗去陕州，鱼朝恩便率领全部在陕州的部队与神策军前去迎驾扈从，都号称神策军，天子驾临他的军营中。到京师平定，鱼朝恩便把军队归属宫中，由自己统率，但神策军尚未获得与北门六军相匹敌的地位。到了这个时候，鱼朝恩率领神策军跟随代宗驻扎在禁苑中，他的势力越来越强，便把神策军分为左右厢，其地位在北门六军之上。

郭子仪认为仆固名臣、李建忠等人都是仆固怀恩的猛将，担心他们外逃，请求唐代宗招降他们。仆固名臣是仆固怀恩的侄子，当时他正在回纥军营中。唐代宗敕令赦免仆固名臣等人及有功劳的旧将的罪过，命令回纥送他们回来。十月二十四日壬午，仆固名臣率领一千多骑兵来降。郭子仪派开府仪同三司慕容休贞带着书信去晓谕党项的主帅郑庭、郝德等人，他们都到凤翔来投降。

十月二十六日甲申，周智光到朝廷来献俘虏和战利品，住了两个晚上才回到镇所。周智光有擅自杀人的罪过而没有受到惩治，代宗让他走后又有些后悔。

十月二十七日乙酉，回纥胡禄都督等二百多人入朝进见，朝廷前后赠送他们的丝帛有十万匹；府库储存的丝帛都用光了，只好征收百官俸禄税来供给回纥人。

（以上为第十四段，写郭子仪诚信感回纥，连兵大破吐蕃。）

【点评】

本卷记事为代宗初即位头两年的史事。值得点评的有以下四件大事：一、安史乱平，代宗善后失宜。二、吐蕃入长安，代宗蒙尘。三、仆固怀恩反叛。四、郭子仪诚信感动回纥，再造唐室。

安史乱平，代宗善后失宜。代宗忌郭子仪、李光弼功臣建立奇功，平定安史之乱的收尾之战不用郭、李，而用仆固怀恩，借兵回纥。这本身就是失计。李光弼被罢黜元帅，出镇临淮，心怀怨恨，以致吐蕃入长安，李光弼拥兵徐州不勤王，事后忧死，唐王朝折了一员良将，此其一失。仆固怀恩挟私智，表请河北降将分帅河北，开启了藩镇割据的先声，到代宗末年，藩镇割据的格局形成，祸及子孙，此其二失。

代宗不听独孤及裁减诸镇兵员的建言，乱平而听任诸镇拥强兵，以致叛服不定，祸及自身，此其三失。解除郭子仪兵权，以朔方节度使授仆固怀恩，假兵柄于跋扈镇将，此其四失。太原节度使辛云京与仆固怀恩有隙，回纥还军，路过太原，仆固怀恩奉命护送回纥，辛云京闭门不接待，危及两国亲和，激化仆固怀恩怨忿，过在辛氏，不在仆固怀恩。辛云京自我辩护，诬奏仆固怀恩勾结回纥有异心，未有证据。仆固怀恩上奏诉冤，代宗不回答，两不过问，是非混淆，直接激起了仆固怀恩的反叛。此其五失。仆固怀恩为臣不忠，代宗为君亦不仁、不明，君臣两失。仆固怀恩之反，代宗难辞其咎。

吐蕃入长安，代宗蒙尘。吐蕃趁安史之乱，夺取大唐西北陇右河西之地，兰、河、鄯、洮、岷、秦、成、渭等州尽设入吐蕃。广德元年（公元 762 年），七月，吐蕃大举入寇，宦官程元振封锁消息，等到吐蕃过了邠州，前锋达到奉天、武功，代宗才得知，情况危急，赶紧起用郭子仪为关内副元帅出镇咸阳。郭子仪闲废日久，部曲离散，临时招募，到达咸阳，仅有二十骑跟随。吐蕃二十万众，铺天盖地而来，郭子仪上奏请求增派军队，程元振又扣住不使上闻。吐蕃兵临长安，代宗匆匆出逃，到达陕州，入鱼朝恩神策军营。代宗下诏勤王，没有人听命，拥兵徐州的李光弼，也不赴难。郭子仪赶往商州，手中只有三十个骑兵。郭子仪在商州收聚散兵，又调发武关守军，总计才四千人。郭子仪大胆进兵蓝田，虚张声势，鄜延节度使白孝德引兵南趋京畿，蒲、陕、商、华合势进击，吐蕃大掠长安后退走。

代宗返长安，太常博士柳伉上书指陈时弊，柳伉说："吐蕃长驱入长安，将士纷纷逃避，这是将帅背叛朝廷。功臣被疏远，嬖倖受重任，直到大祸造成，群臣没有一个敢直言，这是公卿背叛朝廷。这次车驾刚出长安，百姓就哄抢府库，这是京城百姓背叛朝廷。十月初一，皇上下诏征兵，四十天之后，没有一兵一卒勤王，这是四方都背叛朝廷了。"柳伉指出四条严峻形势后，义正词严直问代宗："陛下以今日之势为安全呢，还是危险呢？如果认为危险，岂能高枕无忧，不惩治罪人吗？"柳伉要求代宗斩程元振，斥退宦官，神策军交由大臣统率，然后皇上下罪己诏，问天下百姓允不允许自己改过自新，如果得不到允许，皇上就该退位让贤。这是正义的抗争，可以说振聋发聩。柳伉代表了百官群臣的公意。代宗不得已罢了程元振的官，依然用鱼朝恩为天下观军容宣慰处置使，宠信宦官的热情不减。代宗还加重了奸相元载的权势，依靠他来弹压百官。昏君是不会以史为鉴的。

仆固怀恩反叛。仆固怀恩，铁勒部九姓之一。贞观二十二年（公元 648 年），铁勒九姓大首领降唐，唐太宗授歌滥拔延为右武卫大将军、金微都督。仆固怀恩为拔延之孙，世袭都督。肃宗即位于灵武，仆固怀恩为郭子仪部属，从郭子仪赴行在，是郭子仪最得力的战将之一，成为副手。仆固怀恩作战英勇，一门尽力王事，战死四十六人，女为公主，远嫁回纥和亲。官军收两京，平定河南、河北，剿灭史朝义，仆固怀恩立下卓越战功。仆固怀恩不为天下兵马副元帅，在郭子仪麾下，不失为忠臣良将，所建勋劳仅次于郭子仪、李光弼，是平定安史之乱的第三大功臣。代宗猜忌郭子仪、李光弼，用仆固怀恩取代，煽起了他的野心，自以为功大，不满意朝廷的待遇。而代宗照例猜忌功臣，现在轮到了猜忌仆固怀恩。辛云京、李抱玉与宦官骆奉仙、鱼朝恩，添油加醋地打小报告。代宗下诏召仆固怀恩入朝，要收他的兵权，仆固怀恩称病不入朝。双方关系迅速恶化。代宗广德二年（公元 764 年），代宗用李抱玉计谋，重新任用郭子仪为朔方节度使。朔方将士听到郭子仪到任，纷纷离开仆固怀恩，欢迎郭子仪。仆固怀恩率领三百亲兵逃到灵武，收合散兵，招引回纥、吐蕃两次大举入寇。代宗永泰元年（公元 765 年），九月，仆固怀恩第二次引回纥、吐蕃、吐谷浑三十余万大军入寇，深入至奉天，京师大骇。九月初八日，仆固怀恩病死，郭子仪与回纥结盟，连兵击退吐蕃，唐王朝才转危为安。仆固怀恩，一个盖世功臣，以叛臣贼子落幕，令人悲悯。代宗内心有愧，前后所下敕书，从不言仆固怀恩反叛，并在京师养其母，抚其女。代宗听到仆固怀恩死亡消息后，也怆然曰：“怀恩不反，为左右所误耳。”误怀恩者，实代宗也。

郭子仪诚信感动回纥，再造唐室。仆固怀恩第二次引回纥、吐蕃大举入寇，郭子仪守奉天，仆固怀恩不敢与之交战，回纥、吐蕃之兵取道泾阳指向京师。长安士民惊恐。代宗下诏亲征，实欲逃往河东。在这千钧一发之关头，郭子仪驰援泾阳，立脚未稳，回纥十余万大军围攻上来，吐蕃继其后。官军人心惶惶，强行拒战，泾阳不守，一定会全军覆灭。回纥与唐和亲，助唐平定安史之乱，获得唐朝丰厚回报。回纥留在长安的商人、办事人员有数千人，作奸犯科，代宗一概不问。每年互市，唐朝用重金购回纥的瘦马，以维护关系。郭子仪与回纥将领并肩作战，关系友好。回纥之所以入寇，一定是仆固怀恩挑拨，而今仆固怀恩已死，挑拨的源头没有了，郭子仪决定身入虎穴，以大义谕说回纥与唐联合共击吐蕃。众将军不同意，认为冒险，一定要去，请选派五百精骑保护。郭子仪对众将说：“打硬仗是以卵击石。与回纥重申盟好，只有这一条路。担心回纥杀我，派五百人也没有用，只是增加无谓的牺牲。回纥不是豺狼虎豹，胡人讲诚信。我诚心而去，只要有一线希望，便是国家之福，如果殉职，这是军人的责任。”最后，郭子仪带领数十骑，不穿甲胄而往。回纥全副武装迎接，如临大敌。郭子仪令人传呼：“令公来了。”郭子仪官拜中书令，人称“令公”。回纥人见到郭子仪，大吃一惊。回纥大帅药葛罗，是回纥可汗的弟弟，也是郭子仪的老朋友。药葛罗拉弓搭箭站在队列，见郭子仪赤手空拳而来，十分感动，扔下兵器，纳头便拜，其他卫士也高兴地拜迎郭子仪。郭子仪扶起药葛罗，既亲切又严肃地责备说：“回纥有大功于唐，唐也回报丰厚，为何有始无终，负约侵犯？仆固怀恩叛君弃母，值得回纥帮助吗？我如今挺身而来，你们可以杀我，我的将士将会和你们拼命。”回纥说：“仆固怀恩骗了我们，说皇帝和令公都死了，中国无主，我们才来的。现在仆固怀恩被杀了，我们怎敢与令公交战。”郭子仪趁机说回纥，吐蕃无道，夺地掠民，抢了许多财物。回纥与唐重归于好，共同打败吐蕃，所有财物全归回纥。药葛罗于是与郭子仪执酒为誓。吐蕃听到消息，连夜逃跑。唐军与回纥军并兵追击，大破吐蕃军，斩首以万计，解救被吐蕃抢掠的百姓四千多人。

郭子仪善用兵，懂外交，讲仁德，所以声威远播，回纥人很敬仰他，这是他的资本。李抱玉向代宗推荐郭子仪，说：“仆固怀恩反叛，不足忧虑。朔方将士想念郭子仪，如同子弟想念父兄。陛下只要起用郭子仪为朔方节度使，朔方将士不召自来。”事实果然如此。不过郭子仪与回纥行盟，毕竟是身入虎穴，不仅要有大勇，而且要有高度的爱国精神，这正是郭子仪受人敬仰的内在原因。郭子仪既诚信，义利分析得当，又诱以厚利，所以赢得了回纥人的信任。假如吐蕃再入长安，回纥助纣为虐，势将激起河北兵变，唐王朝真的就要完蛋。郭子仪诚信感回纥，不仅退了吐蕃军，而且是再造了唐王朝。

资治通鉴（白话本） 卷第二百二十四

唐纪四十

唐代宗永泰元年至大历八年（公元765—公元773）

【起旃蒙大荒落（乙巳，公元765年）闰月，尽昭阳赤奋若（癸丑，公元773年），凡八年有奇】

【大事提要】

本卷记事起公元765年闰月，讫公元773年，凡八年又三个月。当唐代宗永泰元年闰十月到大历八年。此时为唐代宗执政中期，宦官程元振、鱼朝恩相继用事，元载专权，代宗佞佛，政刑废弛，赋敛无度，国库仍然空虚，百官用职田之入充军粮。刘晏、第五琦、韩滉诸人掌理财赋，国用稍足，民更困矣。代宗姑息，诸镇兵将屡屡犯上逐帅，朝廷随即安抚，以致蜀中大乱，幽州兵将两度自立边帅，华州刺史周智光桀骜不驯，岭南蛮夷叛乱，举国不宁，局部变乱不断。幸赖郭子仪等良将健在，维护了国家的统一，打击吐蕃入侵，巩固了西北的边防。和亲、互市、维护了与回纥的和平。代宗平庸，不能裁减诸镇之兵，不能剪除强梁镇将，不能控御权臣，只是维持了唐朝的统治。代宗仁厚，不兴大狱，所以能维护大局平稳。

代宗睿文孝武皇帝中之上

唐代宗永泰元年（乙巳，公元765年）

闰十月十七日乙巳，郭子仪回到京城朝见天子。郭子仪认为灵武刚刚收复，老百姓损伤破败，戎族部落尚未安定，请求任用朔方军粮使三原人路嗣恭去镇抚灵武；河西节度使杨志烈已死，请派遣使者去巡抚河西并且设置凉州、甘州、肃州、瓜州、沙州等州的长史。唐代宗都听从了这些建议。

闰十月十九日丁未，群臣请求征收职分田的田税以充实军粮，唐代宗准许了。

闰十月二十日戊申，任命户部侍郎路嗣恭为朔方节度使。路嗣恭上任后披荆斩棘，设立军府，威严的号令通行无阻。

闰十月二十一日己酉，郭子仪返回河中。

当初，剑南节度使严武奏请任命将军崔旰为利州刺史；当时蜀地刚刚发生动乱，山林盗贼堵塞道路，崔旰前去讨伐并平定了他们。等到严武再次出镇剑南时，就贿赂山南西道节度使张献诚以便得到崔旰，张献诚就让崔旰上书称病辞职，自动解除印绶，前往严武处。严武任命他为汉州刺史，让他率领部队在西山攻打吐蕃，连续攻克吐蕃好几座城池，夺取好几百里土地；严武特意制作七宝车把崔旰迎进成都以表示对他的宠爱。

严武去世后，行军司马杜济负责军府事务。都知兵马使郭英干是郭英乂的弟弟，与都虞候郭嘉琳共同请郭英乂为节度使。崔旰当时是西山都知兵马使，与他的部下共同请大将王崇俊为节度使。适逢朝廷已经任命郭英乂为节度使，郭英乂因而对崔旰等人怀恨在心，他到达成都几天后，就诬陷王崇俊有罪而把王崇俊杀掉。又要把崔旰召回成都，崔旰借口要防备吐蕃，不能回来，郭英乂就更加愤怒，便断绝崔旰的粮饷使他陷入困境。崔旰转移到深山老林中，郭英乂又亲自带兵去进攻他，声称是帮助崔旰防守吐蕃。碰上下大雪，山谷里积雪好几尺深，士兵马匹冻死很多，崔旰出兵攻打，郭英乂大败，收集残兵，只有一千人，就返回了成都。

郭英乂施政，严酷残暴，骄奢淫逸，从不体恤士卒，众人离心离德，怨声载道。玄宗离开蜀中时，把所居住的行宫作为道士观，用金铸了一个真容塑像。郭英乂喜爱那里竹木盛美，上奏改为军营，于是迁走真容塑像，自己居住在观中。崔旰扬言郭英乂谋反，不然的话，为什么要迁走真容塑像自己居住在观中。于是率领部下五千多人袭击成都。十一月二十四日辛巳，在城西交战，郭英乂大败。崔旰便进入成都，屠杀郭英乂的家人。郭英乂单独一人骑马逃到简州。普州刺史韩澄杀死郭英乂，把他的首级送给崔旰。邛州牙将柏茂琳、泸州牙将杨子琳、剑州牙将李昌巎各自发兵讨伐崔旰，蜀中因而大乱。崔旰是卫州人。

华原县令顾繇上书说，元载的儿子元伯和等人招揽权势，接受贿赂，十二月十一日戊戌，顾繇获罪被流放到锦州。

自从安史之乱以后，国子监的教室厅堂都破旧败坏，军队多借居在里面。祭酒萧昕上书说："学校不能因此而荒废。"

（以上为第一段，写蜀中大乱。）

唐代宗大历元年（丙午，公元 766 年）

春季，正月二十九日乙酉，唐代宗下敕书恢复补充国子监学生。

正月三十日丙戌，任命户部尚书刘晏为都畿、河南、淮南、江南、湖南、荆南、山南东道转运使、常平使、铸钱使、盐铁使等职，任命侍郎第五琦为京畿、关内、河东、剑南、山南西道转运使等职，分别管理国家的财政赋税。

周智光到达华州，更加骄横，朝廷征召他，他也不去，代宗命令杜冕跟随张献诚去山南躲避他；周智光派兵在商山拦截，没有截到。周智光自己知道罪过深重，就聚集亡命之徒及无赖子弟，人数多达好几万，放纵他们去到处抢夺以博取他们的欢心，又擅自截留关中由水路运来的米二万斛，各藩镇向朝廷贡献的物品，常常被周智光杀掉使者而夺走。

二月初一日丁亥朔，在国子监祭奠文宣王孔子。代宗命令宰相率领常参官、鱼朝恩率领六军各位将领前往听讲，子弟们都穿着红色和紫色的衣服作学生。鱼朝恩已经尊贵显要，就学着讲经典写文章，他仅仅只会拿笔辨认章节句读，就马上自以为兼有文武之才，人们都不敢和他对抗。

二月初五日辛卯，代宗命令有关部门维修国子监。

元载专权，害怕向代宗奏事的人攻击揭露他的私心，于是就请求："百官凡是奏论事情，都首先报告长官，长官报告宰相，然的再上奏代宗。"他还以唐代宗的圣旨晓谕百官说："近来各部门上奏事情繁杂太多，所说的大都是些谗言诋毁的话，所以委托各长官、宰相先决定所说的事是否可以上奏。"

刑部尚书颜真卿上疏，认为："郎官和御史，是陛下的耳目。现在让上奏论事的人先报告宰相，是自己掩盖自己的耳目。陛下担心群臣谗言，为什么不考察一下群臣言论的真假虚实呢？假如群臣所说的话真是虚假的，就应该杀了他们；假如是真实的，就应该奖赏他们。现在不这样做，而使天下的人认为陛下对听取和阅读臣下的奏章已经感到厌烦，以此为借口来堵塞臣下劝谏和争辩的途径，臣私下替陛下感到惋惜！太宗所著的《门司式》说：'那些没有出入宫门通行证的人，如有急事上奏，都让宫门负责人和宿卫五仗的执事带领他们去奏报，不许有任何阻碍。'用这种办法来防止言路堵塞、蒙蔽。天宝以后，李林甫做宰相，对进言的人深恶痛绝，人们在路上相遇不敢交谈，只能用眼神示意。致使君主的意旨不能下传，而下面的情况也不能上达，君主被蒙蔽，臣下缄口不言，最后酿成玄宗逃奔蜀中的大祸。国家衰败到了今天这种地步，其中的原因都是慢慢积累而形成的。陛下即使大开直言不讳之路，群臣尚且不敢畅所欲言，更何况让宰相大臣裁决并压制，那么陛下所能听到和看见的人只不过三两个罢了。天下的人士从此将闭口不言，陛下见到不再有进言的人，便认为天下没有事情可能奏论，这就是李林甫在今天又复活了！过去李林甫虽然专权，但群臣仍有不征求宰相意见就奏报事情的，而李林甫只能借口其他的事情来暗中伤害他们，还不敢明目张胆地下令各部门奏报事情都先报告宰相。陛下假若不早点醒悟，就会逐渐孤立，以后虽然后悔，也来不及了！"元载听说后很嫉恨颜真卿，上奏说颜真卿有意诽谤。二月初九日乙未，唐代宗将颜真卿贬为峡州别驾。

（以上为第二段，写元载专权。）

二月十三日己亥，任命大理少卿杨济负责与吐蕃重建友好关系。

二月二十六日壬子，任命杜鸿渐为山南西道、剑南东西川副元帅、剑南西川节度使，去平定蜀中的动乱。

任命四镇、北庭行营节度使马璘兼任邠宁节度使。马璘任命段秀实为三使都虞候。士卒中有一个人能拉开重达二百四十斤的弓，犯了盗窃罪应当处死，马璘想免他死罪，段秀实说："将军对人有爱憎之别，执法就会不一，即使是韩信、彭越这样的名将也不能治好军队。"马璘认为他的意见很好，终于把那个士卒杀了。马璘处理事情有时不合理，段秀实就据理力争。马璘有时非常生气，左右的人都吓得胆战心惊，段秀实说："我如果犯了可以杀头的罪过，你为什么要大发脾气呢？如果杀了没有罪过的人，恐怕是没有道理的。"马璘气得拂袖而起，段秀实则慢慢地走出去。过了许久，马璘设酒宴叫来段秀实表示歉意和感谢。从此军州事务都征求段秀实的意见后再施行。马璘因此在邠宁一带的声誉非常好。

二月二十七日癸丑，任命山南西道节度使张献诚兼任剑南东川节度使，邛州刺史柏茂琳为邛南防御使；任命崔旰为茂州刺史，兼任西山防御使。三月二十八日癸未，张献诚与崔旰在梓州交战，张献诚战败，仅仅只身逃脱。旌旗和符节都被崔旰夺走。

夏季，五月，河西节度使杨休明把镇所迁移到沙州。

秋季，八月，国子监修成。八月初四日丁亥，在国子监祭奠孔子。鱼朝恩拿着《易经》登上高座，宣讲《易经》中所说的"鼎一折足，鼎中美食就会倾覆"，以此来讽刺宰相。王缙非常气愤，元载却和颜悦色。鱼朝恩对别人说："发怒是人之常情，而微笑是深不可测的啊。"

杜鸿渐到达蜀地，听说张献诚失败而感到恐惧，派人先向崔旰表达自己的意思，保证他绝对安全。崔旰用谦辞重赂来迎接杜鸿渐的使者，杜鸿渐很高兴。进到成都，会见崔旰，杜鸿渐以温和谦恭的态度与崔旰交往，没有一句话责备他违法乱纪，州府中事务都委托给崔旰。又多次向朝廷推荐崔旰，而且请求把节度使的职位让给崔旰，任命柏茂琳、杨子琳、李昌巙各自做本州的刺史。代宗不得已而同意了他的建议。八月十九日壬寅，任命崔旰为成都尹、西川节度行军司马。

八月二十一日甲辰，任命鱼朝恩为内侍监并掌管国子监事务。中书舍人京兆人常衮上书说："国子监的职位，应当任用有名的大儒，不应当让宦官来主管。"八月二十四日丁未，代宗命令宰相以下的官员送鱼朝恩上任。

京兆尹黎幹从南山引涧水开凿渠道进入长安，但这项工程最终没有成功。

冬季，十月十三日乙未，唐代宗的生日，各道的节度使贡献金银玉帛、器物服装、珍宝古玩及骏马作为寿礼，一共价值缗钱二十四万。常衮上书，认为："节度使本人都不能从事男女耕织之类的生产，这些财物寿礼必然是从百姓那里索取而来的，以聚集人民的怨恨来向上献媚，这种风气不可助长。请求陛下将这些财物寿礼退掉。"唐代宗不听从常衮的意见。

京兆尹第五琦实行十分取一的税法，老百姓深受重税之苦，很多人流亡他乡。

十一月十二日甲子，冬至，大赦天下，改年号为大历，全部停止十分取一的税法。

十二月二十二日癸卯，周智光杀死陕州监军张志斌。周智光平时就与陕州刺史皇甫温关系不好，张志斌入朝奏事路过，周智光留他住宿馆舍，张志斌责备他的部下纪律不严，周智光愤怒地说："仆固怀恩不想造反，正是由于你这样的人刺激他造反。我也不想造反，今天因为你而造反了！"说着叱令拉下斩首，并且把他的尸体切成肉块吃了。朝廷官员推举应选的士子，都惧怕周智光的残暴，大多数人都从同州偷偷地经过，周智光派将领率兵在路上截击。被杀死的人很多。十二月二十七日戊申，唐代宗下诏书加任周智光为检校左仆射，派宫中使者余元仙拿着委任状去授予周智光。周智光谩骂道："我周智光对国家天下有大功劳，不给平章事而给仆射！况且同州、华州地方狭小。不足以施展我的才能，如果再增加陕州、虢州、商州、鄜州、坊州五个州，那还差不多。"因而历数大臣们的过失，并且说："这里离长安只有一百八十里，我周智光夜晚睡觉不敢伸脚，恐怕会踏破长安城。至于挟天子而令诸侯，只有我周智光能够办到。"余元仙吓得双腿发抖，郭子仪多次请求讨伐周智光，唐代宗不同意。

郭子仪因为河中军队的粮食常缺，就亲自耕了一百亩田地，将军和校尉耕田数根据一百亩的标准而分别不同，因此士卒都无须劝说督促而自动耕田。这一年，河中地区没有荒废的土地，军队中也有了余粮。

任命陇右行军司马陈少游为桂管观察使。陈少游是博州人，做官强悍敏捷，喜欢贿赂，善于结交权贵，因此得以升迁。得到掌管桂州的任命后，他讨厌桂州道路远，又多瘴疠之气，宦官董秀掌管枢密事务，陈少游请求每年献给他五万缗钱，又向元载的儿子元仲武行贿。这样宫廷内外都向代宗推荐陈少游。几天后，唐代宗就改任他为宣歙观察使。

（以上为第三段，写华州刺史周智光桀骜不驯；元载为相排斥异己；第五琦聚敛。）

唐代宗大历二年（丁未，公元 767 年）

春季，正月初六日丁巳，唐代宗秘密诏令郭子仪讨伐周智光，郭子仪命令大将浑瑊、李怀光把军队驻扎在渭水岸边；周智光部下闻讯后，都产生离散之心。正月初八日己未，周智光的大将李汉惠从同州率领他的部下投降郭子仪。正月十一日壬戌，代宗把周智光贬为澧州刺史。正月十三日甲子，华州牙将姚怀、李延俊杀死周智光，并把他的头带来献给朝廷。

淮西节度使李忠臣入朝，以收复华州为名，率领部下士兵大肆掠夺，从潼关到赤水的二百里之间，财产和牲畜几乎被抢光了，官吏中有人穿着纸做的衣服，或者好几天没有饭吃的。正月十八日己巳，在潼关设置镇守部队二千人。

二十一日壬申，从剑南节度使中分置东川观察使，镇守遂州。

二月初六日丙午，郭子仪入朝。唐代宗令元载、王缙、鱼朝恩等人轮流在家里摆设酒席款待郭子仪，一次宴会的花费就多达十万缗钱。代宗礼遇尊重郭子仪，常常称他为大臣而不叫他的名字。

郭暧曾经与升平公主争吵，郭暧说："你倚仗你的父亲是天子吗？我的父亲不屑于做天子！"公主很生气，驱车飞奔回宫奏报此事。唐代宗说："这事不是你所能知道的。他确实是不屑于做天子，假如想做天子，天下哪里是你家所有呢！"安慰晓谕一番后就叫她回去了。郭子仪听说后，囚禁了郭暧，入宫等待代宗治罪。唐代宗说："俗话说：'不痴不聋，不能做家长。'儿女闺房中的话，哪值得听信呢！"郭子仪回去后，用棍子把郭暧打了几十下。

夏季，四月二十一日庚子，命令宰相、鱼朝恩与吐蕃在兴唐寺结盟。

杜鸿渐请求入朝奏报事情，让崔旰担任西川留后。六月二十六日甲辰，杜鸿渐从成都来，进贡了大量财物，趁机极力陈述利害关系，推荐只有崔旰才可承担此任。唐代宗也一味姑息，于是留下杜鸿渐让他再做宰相。秋季，七月十九日丙寅，任命崔旰为西川节度使，杜济为东川节度使。崔旰大力征收赋税以贿赂权贵，元载就提拔崔旰的弟弟崔宽为御史中丞，提拔崔宽的哥哥崔审为给事中。

七月二十日丁卯，鱼朝恩奏请把先前所赏赐的庄园改为章敬寺，用来为章敬太后祈求冥福。于是，鱼朝恩把章敬寺修得极其宏伟壮丽，耗尽都市储存的木材也不够用，又奏请拆卸曲江和华清宫馆舍的木料来供给。卫州进士高郢上书，大略说："先太后的圣德，不必靠一座寺庙来增辉。国家要长治久安，不如以百姓的利益为根本。舍弃百姓而去修建寺庙，怎么能够得福呢？"又说："没有寺庙还可以，没有百姓那怎么可以呢！"又说："陛下不应当看重宫室，以夏禹为榜样，不能步梁武帝的后尘崇尚佛塔寺庙！"又上书，大略说："古代贤明的君王积善以得福，不浪费财物来求福；修养德行以消除灾祸，而不是劳累百姓以消除灾祸。现在急急忙忙地大兴土木，日夜不停，对体力不支的人随便鞭打，道路上充满了哀愁痛苦的声音。用这种方法来希望得福，臣认为恐怕不行。"又说："陛下在内心里回避了正当的道义，希求外物微小的帮助，顺从身边人错误的计策，损害了帝王重要的规划，臣私下为陛下感到惋惜！"这些上书都被搁下没有答复。

起初，唐代宗喜好祠堂祭祀，并不很重视佛教。元载、王缙、杜鸿渐做宰相，这三个人都喜欢佛教，王缙信奉的程度最深，不吃荤食，与杜鸿渐一起不停地修建寺庙。代宗曾经问："佛教说因果报应，果真有吗？"元载等人回答说："国家之所以命运长久，如果不是平素种下福业，怎么能够办到？福业已定，虽然有时有些小的灾难，终究不能造成大的危害，所以安禄山和史思明叛乱气势正盛时，便都遭受了他们的儿子所带来的杀身之祸，仆固怀恩举兵入侵，出门就病死了；回纥、吐蕃军队大举进攻，深入我国境内，没有交战就撤退了。这些都不是人力所能办到的。怎么能说没有因果报应呢？”唐代宗因此非常相信佛教的报应说，经常在宫中招待一百多个僧人吃饭；有敌寇侵犯就让僧人讲《仁王经》以消灾，敌寇走了就大赏僧人。胡族僧人不空，官位到卿监，爵位为国公，出入宫中，威震权贵。京畿地区的良田和获利大的行业大都归佛寺所有。代宗下敕书命令天下的人不得鞭打和无礼僧人、尼姑。在五台山上修建金阁寺，铸造鎏金铜瓦，所耗费的资金数以亿计。王缙发给中书省的符信和公文，让五台山的几十个僧人分散到全国的各地，去募捐集资，用来修建佛寺。元载等人每当侍奉代宗闲暇时，就常常谈论佛事，因此朝廷内外的臣子及百姓，深受这种风气的影响，互相仿效，都废弃人事而信奉佛教，国家的政务和法令日益紊乱。

（以上为第四段，写唐代宗笃信佛法，政刑废弛。）

八月初三日庚辰，凤翔等道节度使、左仆射、平章事李抱玉入朝，坚决辞让仆射的官职，言辞十分恳切，代宗便同意了；癸丑日（疑误），又辞让凤翔节度使的官职，唐代宗不同意。

八月二十日丁酉，杜鸿渐招待一千名僧人吃饭，因为蜀地平安无事的缘故。

九月，吐蕃军队发几万人包围了灵州，巡逻的骑兵到达潘原、宜禄，诏令郭子仪从河中率领士兵三万人镇守泾阳，京师戒严。九月十七日甲子，郭子仪移兵镇守奉天。

山獠攻陷桂州，驱逐刺史李良。

冬季，十月初一日戊寅，朔方节度使路嗣恭在灵州城下打败吐蕃，杀死两千多人。吐蕃撤走。

十二月初四日庚辰，强盗挖了郭子仪父亲的坟，官府追捕强盗，没有抓到。人们认为鱼朝恩平素厌恶郭子仪，就怀疑是鱼朝恩派人干的。郭子仪从奉天入朝，朝廷担心他会生变乱。郭子仪拜见代宗，唐代宗谈及此事，郭子仪流着眼泪说：“臣长期带兵，却不能禁止残暴的行为，士兵中有很多人去挖掘别人的坟墓。今天挖到我的头上，这是上天的谴责，与人事无关。”朝廷这才安定下来。

这一年，又改镇西为安西。

新罗王金宪英死了，他的儿子金乾运继承王位。

（以上为第五段，写郭子仪宽厚，不以私害公，避免兴大狱。）

唐代宗大历三年（戊申，公元768年）

春季，正月二十日乙丑，唐代宗驾临章敬寺，主持仪式使一千名俗人出家为僧人、尼姑。

追赠建宁王李倓为齐王。

二月十八日癸巳，商州兵马使刘洽杀死防御使殷仲卿，不久便被讨伐平定下去。

二月十九日甲午，郭子仪禁止无故在军中跑马。南阳夫人奶妈的儿子违犯了禁令，都虞候用棍子把他打死。郭子仪的几个儿子在他面前哭诉告状，并且说都虞候专横，郭子仪叱责并赶走了他们。第二天，郭子仪把这件事告诉僚属并叹息道："我郭子仪的几个儿子，都是奴才，他们不赞赏父亲的都虞候，反而怜惜母亲奶妈的儿子，这不是奴才又是什么！"

二月二十五日庚子，册封后宫的独孤氏为贵妃。

三月初一日乙巳朔，日食。

夏季，四月初四日戊寅，山南西道节度使张献诚，因为有病推举堂弟右羽林将军张献恭代替自己，代宗同意了。

四月二十八日壬寅，西川节度使崔旰入朝。

当初，唐代宗派宫中使者在衡山征召李泌，李泌到后，又赐给他金鱼袋和紫袍，替他在蓬莱殿的旁边修建了一个书院，唐代宗有时穿着汗衫、拖着鞋去看望他。从给事中、中书舍人以上的官职到各方镇节度使的任免以及军国大事，都和李泌商议。又派鱼朝恩在白花屯为李泌修建外院，以便让李泌与亲朋故旧见面。

唐代宗想任命李泌为门下侍郎、同平章事，李泌坚决辞谢。唐代宗说："国家军政大事十分繁重，我们不能早晚相见，实在不如暂时住得近一些，何必要下敕书任命然后才当宰相呢！"后过端午节，王、公、妃子、分主都分别向代宗进献服饰和玩物，代宗对李泌说："为什么唯独您没有进献什么东西呢？"李泌回答说："臣居住在宫中，从头巾到鞋子都是陛下所赏赐的，所剩下的只有我的一个身躯了，拿什么来进献呢？"唐代宗说："朕所要求的正是您这个人。"李泌说："臣的身躯如果不属陛下所有，那归谁所有呢？"唐代宗说："先帝想要用宰相的职位来委屈您办不到，从今以后，您既然将自身献给朕，就应当为朕所用，而不归您自己所有。"李泌说："陛下想使臣干什么？"代宗说："朕想让您吃肉喝酒，拥有家室，接受俸禄爵位，做一个俗人。"李泌哭着说："臣不吃五谷已有二十多年，陛下为什么一定要让臣毁了自己的志向呢？"代宗说："哭又有什么用处！您现在在深宫之中，还想到哪里去呢？"于是就命令宫中使者替李泌安葬他的双亲，又替李泌娶卢氏女子为妻子，所有费用都由朝廷提供。代宗还赏赐给他一所在光福坊的住宅，让李泌在这个住宅里住几天，然后在蓬莱院住几天。

唐代宗和李泌谈及齐王李倓，想要给予他隆厚的褒扬和追赠，李泌请求依照岐王李范和薛王李业死后追赠为太子的先例，代宗哭着说："是我的弟弟首先提出先帝北上灵武的建议，成就了中兴的大业，岐王、薛王那里有这么大的功劳呢？他竭尽忠孝，却被小人的谗言所加害。假使他还活着，朕一定要让他做皇太弟。现在应当用皇帝的称号来推崇他，以完成我的夙愿。”五月十二日乙卯，唐代宗下制书，追谥李倓为承天皇帝；五月十七日庚申，将李倓安葬在顺陵。

崔旰入朝时，让他的弟弟崔宽为留后。泸州刺史杨子琳率领精锐骑兵好几千人乘虚突然进入成都，朝廷闻讯后，加任崔旰为检校工部尚书，赐名字为宁，派他回去镇守成都。

（以上为第六段，写代宗招李泌入京，付与军国大事，优礼有加。）

六月二十日壬辰，幽州兵马使朱希彩、经略副使昌平人朱泚以及朱泚的弟弟朱滔一起杀死了节度使李怀仙，朱希彩自称为留后。闰六月，成德军节度使李宝臣派将领率兵讨伐朱希彩，被朱希彩打败；朝廷不得已而原谅了他。闰六月十八日庚申，唐代宗任命王缙兼任卢龙节度使。闰六月二十五日丁卯，让朱希彩兼任幽州留后。

崔宽与杨子琳交战多次，都失利。秋季，七月，崔宁的妾任氏拿出自家的钱财好几十万，招募士兵得到几千人，率领这些士兵去进攻杨子琳，打败了他；杨子琳逃跑了。

七月初四日乙亥，王缙到了幽州，朱希彩部署了很多部队，戒备森严地迎接他。王缙安然而行，朱希彩欢迎拜谒非常谦恭。王缙考虑到终究不能制约他，于是慰劳军队，过了十几天就回去了。

回纥可敦死了，七月初九日庚辰，任命右散骑常侍萧昕为吊祭使。回纥人当庭责问萧昕说：“我回纥对唐朝有大功劳，唐朝为什么失信，买我们的马，不按时归还我们马钱？”萧昕说：“回纥的功劳，唐朝早已报答了。仆固怀恩叛乱，回纥帮助他，与吐蕃军队联合入侵唐朝，逼近我京畿郊县地区。等到仆固怀恩死，吐蕃军队撤走，然后回纥就感到害怕而请求讲和，我唐朝没有忘记回纥以前的功劳，施恩惠放你们回去。不然的话，你们一匹马也别想回去。这是回纥负约，哪里是我唐朝失信呢？”回纥人感到惭愧，厚加礼遇而让萧昕回到唐朝。

七月十五日丙戌，从宫内拿出盂兰盆赐给章敬寺。代宗设置七庙神灵牌座，把七代祖先的尊号都写在旗幡上，百官在光顺门前迎拜。从此以后，每年都照例举行这样的仪式。

八月二十一日壬戌，吐蕃部队十万人侵犯灵武。八月二十六日丁卯，吐蕃尚赞摩率军两万人侵犯邠州，京城戒严，邠宁节度使马璘打败吐蕃军队。

八月二十九日庚午，河东节度使、同平章事辛云京去世，任命王缙兼任何东节度使，其余的官职照旧。

九月初一日壬申，任命郭子仪率领部队五万人驻扎在奉天以防备吐蕃。

九月初六日丁丑，济王李环去世。

九月十一日壬午，朔方骑兵将领白元光攻打吐蕃，打败吐蕃。九月二十一日壬辰，白元光又在灵武打败吐蕃军队两万人。凤翔节度使李抱玉派右军都将临洮人李晟率军五千人攻打吐蕃，李晟说："用武力五千人是不够用的，用智谋五千人就太多了。"于是就率领一千人从大震关出兵，到了临洮，屠灭了吐蕃的定秦堡，焚烧了他们聚积的军用物资，俘虏了城堡的主帅慕容谷种而回。吐蕃人闻讯后，就解除对灵州的包围而撤走。九月二十七日戊戌，京师解除戒严。

颍州刺史李岵因事触怒了滑亳节度使令狐彰，令狐彰派节度判官姚奭巡视颍州，于是代替李岵主管州中事务，并且说："李岵如果不接受代替，就立即杀掉他。"李岵知道了，就激怒将士，让他们杀死姚奭，与姚奭一同死的有一百多人。李岵往汴州投奔河南节度使田神功。冬季，十月初五日乙巳，令狐彰上表说明情况，李岵也上表替自己申辩。代宗命令给事中贺若察前往调查此事。

十月二十七日丁卯，郭子仪从奉天入朝。

十一月十七日丁亥，任命幽州留后朱希彩为节度使。

郭子仪返回河中。元载认为吐蕃连年入侵，马璘用四镇的兵力驻扎在邠宁，力量无法与吐蕃对抗，而郭子仪用朔方的重兵镇守河中，深居在内地没有战事的地方，就与郭子仪以及各位将领商议，迁移马璘去镇守泾州，而让郭子仪带领朔方兵镇守邠州，元载说道："如果因为边疆土地荒芜破坏，军费不足，那么就用土地的租税以及运送金银财帛来帮助。"各位将领都认为这个办法好。十二月初九日己酉，唐代宗让马璘移任为泾原节度使，让邠州、宁州、庆州三个州隶属朔方。马璘先动身前往修建泾州城，让都虞候段秀实主管邠州留后。

当初，四镇、北庭的部队远距离地奔赴中原去解救中原的危难，长期客居他乡，多次迁移，四镇的部队经历了汴州、虢州、凤翔，北庭的部队经历了怀州、绛州、鄜州然后又到邠州，士兵颇为辛劳疲惫。等到迁移泾州，大家都牢骚满腹。刀斧兵马使王童之谋划作乱，约定在十二月二十一日辛酉天快亮时击警鼓而发难。前一天晚上，有人告发了这个阴谋。段秀实假装召见掌管报更漏的人，对他们大发脾气，说因为他们的失职，命令他们今晚每一更都报告，每一更都故意延长好几刻钟点，于是到四更时天已大亮，王童之来不及按时发难。段秀实想讨伐他们，但因他们叛乱的迹象还没有暴露，恐怕军中的人怀疑他们冤枉。告发者又说："他们今天晚上想要焚烧马坊草，趁救火时图谋作乱。"半夜里，火果然烧起来了，段秀实命令军中走动的人都停止走动，坐着的人也不要起来，各自整理好队伍，严守要害地方。王童之报告请求救火，段秀实不同意。等天亮后，逮捕王童之及其党羽八人，都把他们斩首。并且下令说："迁移落后的人要族灭，散布流言的要严刑惩处！"于是部队全部迁移到泾州。

十二月二十三日癸亥，西川击溃吐蕃军队一万多人。

平卢行军司马许杲率领士卒三千人驻扎在濠州不离去，有窥伺淮南的意图，淮南节度使崔圆命令副使元城人张万福代理濠州刺史；许杲听说后，马上带领士卒离开濠州，停留在当涂。这一年，代宗召见张万福，任命他为和州刺史、行营防御使，去讨伐许杲。张万福到了和州，许杲害怕了，把军队移到上元，又北到楚州大肆掠夺，淮南节度使韦元甫命令张元福去追赶讨伐，还没有到淮阴，许杲就被他的部将康自劝所驱逐。康自劝率军队继续掠夺，沿着淮河向东走，张万福兼程追赶，把他杀死，能够免于被杀的不过十之二三。韦元甫要对将士大加奖赏，张万福说："官军常常白白耗费公家的衣服粮食，没有做什么事。现在刚立了小功，不足以过分奖赏，请用大赏的三分之一去奖赏他们。"

（以上为第七段，写吐蕃屡次犯边，唐代宗调整西北边防部署，以郭子仪朔方兵镇邠州。）

唐代宗大历四年（己酉，公元 769 年）

春季，正月初七日丙子，郭子仪入朝，鱼朝恩邀请他游览章敬寺。元载害怕他们相互结交，就暗中派郭子仪的军吏去告诉郭子仪说："鱼朝恩想要对您图谋不轨。"郭子仪不听。军吏又把这个消息告诉了各位将领，有三百名将士请求内披衣甲随从郭子仪前往。郭子仪说："我是国家的大臣，他没有天子的命令，怎么敢害我！如果他受天子的命令而来，你们又想怎么办呢？"于是就只带了几个家僮随从前往。鱼朝恩迎接郭子仪，看到随从人员很少而惊奇。郭子仪把他所听说的消息告诉鱼朝恩，并且说："怕麻烦你张罗了。"鱼朝恩拍着胸脯，握着郭子仪的手流泪说："如果不是您这样的长者，能不怀疑我吗？"

正月十三日壬午，把李岵流放到夷州。

正月十六日乙酉，郭子仪返回河中。

正月二十二日辛卯，赐李岵自杀。

二月初三日壬寅，把京兆的好畤，凤翔的麟游、普润隶属于神策军，这是听从鱼朝恩的请求。

杨子琳失败后回到泸州，召集亡命之徒，得到好几千人，沿着长江向东行，声称要带兵入朝。涪州守捉使王守仙在黄草峡埋伏部队，杨子琳把这些伏兵都捉住了，在忠州攻打王守仙，王守仙仅仅只身逃脱。杨子琳便杀了夔州别驾张忠，占据了夔州城。荆南节度使卫伯玉想要结交杨子琳作为自己的后援，就把夔州许给他，替他向朝廷请求。阳曲人刘昌裔劝说杨子琳派使者到朝廷里去请罪，杨子琳同意了。二月初六日乙巳，任命杨子琳为峡州团练使。

当初，仆固怀恩死时，代宗怜惜他有功劳，就把他的女儿安置在宫中，收为养女。回纥请求把她嫁给可汗做可敦。夏季，五月二十四日辛卯，册封她为崇徽公主，嫁给回纥可汗。五月二十五日壬辰，派遣兵部侍郎李涵护送她，李涵奏请让祠部郎中虞乡人董晋为判官。六月初一日丁酉，公主向代宗辞行后，到达回纥的牙帐。回纥派人来说：“唐朝约请我们做买卖，我们的马已经送给唐朝，但唐朝还我们的钱不够，我们要向使者索取。”李涵害怕了，不敢回答，看着董晋，董晋说：“我们唐朝并不是没有马才向你们买马，我们所给予你们的不是已经很多吗？你们的马每年进来后，我们仅数一下马匹的数量而不管是死是活，就一律马上付钱给你们。守边的官员请求朝廷责问此事，但天子考虑到你们过去有功劳，所以就下诏令禁止侵犯你们。各戎族部落害怕我们这样的大国与你们交往，都不敢与你们较量。你们的百姓生活安宁，牲畜马匹繁殖兴旺，不是我大唐，谁能使你们这样！”于是回纥的众人都围着董晋下拜。后来又相互跟着排列有序地面向南边唐朝的方向而下拜，都举起双手说：“我们不敢对大国有异心。”

六月二十日戊申，王缙上表辞让副元帅、都统、行营使。

六月二十五日辛酉，郭子仪从河中迁到邠州，他的精锐的部队都跟随自己，其余的部队就让裨将带领，分别守卫河中、灵州。军士们长期家居河中，都很不乐意迁移，常常从邠州逃回来。行军司马严郢负责河中留守，将这些逃兵全部抓获，杀掉他们的首领，军心才得以稳定。

秋季，九月，吐蕃军队侵犯灵州；九月十二日丁丑，朔方留后常谦光打败他们。

河东兵马使王无纵、张奉璋等人仗恃有功，骄横狂妄，认为王缙是个书生，轻视他，多次违反军纪。王缙接受诏令调兵到盐州去保护秋收以防外敌入侵，派王无纵、张奉璋率领步兵、骑兵三千人奔赴盐州。张奉璋逗留不前进，王无纵借口其他的事情擅自进入太原城。王缙把他们都抓起来杀了，并将他们的同党七个人一起杀掉，那些强悍蛮横的将领几乎都清除了，军府才得以安宁。

冬季，十月，常谦光上奏说吐蕃侵犯鸣沙，部队首尾长达四十里。郭子仪派兵马使浑瑊率精锐的部队五千人去救援灵州，郭子仪亲自率军进到庆州，听说吐蕃军队撤退后，才返回。

黄门侍郎、同平章事杜鸿渐因为患病要求辞去相位，十一月初八日壬申，代宗同意了。十一月十一日乙亥，杜鸿渐去世。杜鸿渐病重时，命令僧人给他剃去头发，留下遗嘱他死后建造宝塔来安葬。

十一月十二日丙子，任命左仆射裴冕为同平章事。起初，元载做新平县尉时，裴冕曾经推荐他，所以元载就推举裴冕为宰相，同时也因为裴冕年老多病，便于控制。裴冕接受任命，谢礼时摔倒在地，元载连忙上前扶起他，代他致谢辞。十二月初四日戊戌，裴冕去世。

（以上为第八段，写郭子仪光明磊落，不听元载挑拨。唐代宗养仆固怀恩之女为公主，与回纥和亲。）

唐代宗大历五年（庚戌，公元 770 年）

春季，正月初五日己巳，羌人酋长白对蓬等人各自率领本部落归附唐朝。

观军容宣慰处置使、左监门卫大将军兼神策军使、内侍监鱼朝恩，专门掌管禁军，代宗对他无比宠幸，经常和他商议军国大事，权倾朝野。鱼朝恩喜欢在大庭广众面前肆意谈论时事政事，侮辱宰相，元载虽然能言善辩，但也只好拱手沉默，不敢应对。

神策都虞候刘希暹，都知兵马使王驾鹤，都受到鱼朝恩的宠爱。刘希暹劝说鱼朝恩在北军中设置监狱，唆使街坊市里的无赖少年罗织罪名告发富人家，诬蔑他们有罪，把他们逮捕起来关进地牢里，严刑拷打使他们屈服，没收他们的家产归于北军所有，并分别奖赏给诬告和搜捕的人。地牢在宫中的隐秘处，人们都不敢说。鱼朝恩每次上奏论事，事先就期望必然会得到代宗的允许。朝廷的政事若有事先不同他商议的，他就发怒说："天下的事情有不由我决定的吗？"代宗听说后，因此不高兴。

鱼朝恩的养子鱼令徽年龄还小，做内给使，穿绿色朝服，他与同事争吵，回家告诉了鱼朝恩。鱼朝恩第二天拜见代宗说："臣的儿子官职卑微，被同辈所欺负，乞求赐给他紫衣。"代宗还没有答应，有关部门官员已经拿着紫衣走上前来，鱼令徽穿上紫衣，向代宗拜谢。唐代宗勉强地笑着说："小孩子穿紫色衣服很合适。"但心里更加愤愤不平。

元载猜测到代宗的心思，乘机上奏鱼朝恩独断专行，图谋不轨，请求除掉他。唐代宗也知道天下对鱼朝恩都很怨恨和愤怒，于是就命令元载策划。鱼朝恩每次进入宫殿，经常派射生将周皓率一百人保卫自己，又派他的党羽陕州节度使皇甫温掌握部队作为外援；元载都用重金贿赂结交他们，因此，鱼朝恩阴谋诡计和机密的谈话，都一一被代宗了解，而鱼朝恩本人还没有察觉。

正月二十七日辛卯，元载为唐代宗谋划，把李抱玉迁任为山南西道节度使，任命皇甫温为凤翔节度使，从外表上看是加重他的权力，实际上是让皇甫温靠近京城以帮助朝廷。元载又请求分割郿、虢、宝鸡、鄠、盩厔等县隶属于李抱玉管辖，将兴平、武功、大兴、扶风等县划归神策军管辖。鱼朝恩得到地盘很高兴，完全不把元载放在心上，仍像过去一样骄横。

正月二十八日壬辰，加任河南尹张延赏为东京留守，罢免河南等道的副元帅，把他们的部队归属留守。张延赏是张嘉贞的儿子。

二月初五日戊戌，李抱玉迁移镇守盩厔，军士们都很愤怒，大肆抢掠凤翔城的街市，过了好几天才平定下来。

刘希暹已经察觉代宗对鱼朝恩另有打算，就告诉了鱼朝恩，鱼朝恩才开始怀疑和恐惧。然而代宗每次见到他，恩遇更加隆重，鱼朝恩也就因此感到自己很安稳。

皇甫温到京师，元载就留下他不让他走，因而同皇甫温以及周皓密谋杀掉鱼朝恩。计谋定好后，元载就向代宗报告。代宗说："好好地去干，不要反受其祸！"

三月初十日癸酉，寒食节，代宗在宫中摆酒席宴请显贵和近臣，元载守候中书省。宴会结束后，鱼朝恩准备回营，代宗留下他商议事情，乘机责备他图谋不轨。鱼朝恩自我辩解，言语颇为顶撞傲慢，周皓和左右的人捉住他，用绳子把他勒死，外面没有人知道。唐代宗下诏书，罢免鱼朝恩的观军容使等职务，内侍监一职照旧保留。又对外谎称说："鱼朝恩接受诏命后便上吊自杀了。"把他的尸体送回家，赐钱六百万来安葬。

三月十四日丁丑，加任刘希暹、王驾鹤为御史中丞，以安慰稳定北军的军心。三月二十三日丙戌，代宗赦免京畿囚犯，命令释放鱼朝恩所有党羽，并且说："北军将士，都是朕的亲信，一切仍按过去的办。朕今天亲自掌管禁军，大家不要忧虑和害怕。"

三月二十六日己丑，罢免度支使及关内等道的转运使、常平使、盐铁使，委托宰相管理有关度支事务。

代宗敕令皇甫温仍旧回去镇守陕州。

元载杀了鱼朝恩后，代宗对他的宠爱信任更加深厚。元载于是趾高气扬，骄横放肆，每每当众大言不惭，自吹有文武才略，古往今来没有人比得上他，玩弄权术和智谋，施政办事全由贿赂决定，僭越礼制生活奢侈，没有止境。吏部侍郎杨绾，掌管选举事务，性情耿直，不依附元载。岭南节度使徐浩，贪婪而奸佞，竭尽南方的珍宝财货来贿赂元载。元载让杨绾任国子祭酒，引荐徐浩代替杨绾任吏部侍郎。徐浩是越州人。元载有位长辈从宣州来，找元载要官做，元载估计这个人不足以任用官职，只给他一封信往河北就把他打发走了。这位长辈很不高兴，走到幽州时，就私自打开书信来看一看，只见信中没有一句话，只有元载的署名而已。这位长辈非常愤怒，不得已去试着拜谒节度使院的僚属。节度判官听说有元载的书信，大吃一惊。连忙报告了节度使，派遣大校用箱子来盛放元载的书信，招待这位长辈在上等的馆舍住宿，留下宴请了他好几天。临走时，又送给他绢帛一千匹。元载的威势和权力就是如此惊人。

夏季，四月初八日庚子，湖南兵马使臧玠杀了观察使崔灌，澧州刺史杨子琳起兵讨伐他，接受贿赂后就回来了。

泾原节度使马璘多次上诉说本镇的土地荒芜破坏，不能供给军队，唐代宗便劝说李抱玉把郑州、颍州两个州让给他。四月十三日乙巳，任命马璘任郑颍节度使。

四月二十八日庚申，王缙从太原入朝。

五月二十一日癸未，任命左羽林大将军辛京杲为湖南观察使。

荆南节度使卫伯玉遇到母亲的丧事，六月初七日戊戌，任命殿中监王昂代替他。

卫伯玉暗示大将杨鉥等人拒绝王昂请留自己。六月二十三日甲寅，诏令恢复卫伯玉镇守荆南照旧。

秋季，七月，京畿地区饥荒，米价一斗值一千钱。

刘希暹内心经常感到忧虑不安，说了些不恭敬的话，王驾鹤报告了代宗。九月十二日辛未，赐刘希暹自杀。

吐蕃侵犯永寿。

冬季，十一月，郭子仪入朝。

代宗对元载的作为一清二楚，因为他担任宰相的职务时间很长，所以想保全他善始善终，因此单独召见他，深切地告诫他。元载还是不改，唐代宗因此慢慢开始讨厌他。

元载认为李泌得到唐代宗的宠信，就嫉妒他，说："李泌经常与亲友故旧在北军举行宴会，与鱼朝恩亲密友好，应该知道他们的阴谋。"代宗说："北军诸将领都是李泌的旧部，所以是朕派李泌去见见这些亲友故旧。鱼朝恩被诛杀，李泌也参与谋划，你不要怀疑他。"但元载和他的党羽不停地攻击李泌。适逢江西观察使魏少游要一个参谋辅佐的官员。唐代宗对李泌说："元载容不下你，朕现在把你藏在魏少游那里。等朕下决心除掉元载后，就会有信来通报你，到时你可整装前来。"于是就任命李泌为江西观察判官，并且嘱咐魏少游好好对待李泌。

（以上为第九段，写元载设谋诛除了鱼朝恩，更加飞扬跋扈，排挤李泌出京。）

唐代宗大历六年（辛亥，公元 771 年）

春季，二月十五日壬寅，河西、陇右、山南西道副元帅兼泽潞、山南西道节度使李抱玉上书说："凡是所掌握的军队，都应当亲自训练。现在从河西、陇右直到扶州、文州，绵延二千多里，巡抚和控制非常困难。如果吐蕃军队取道岷州、陇州同时进犯，臣保卫固守汧阳、陇州，就不能援救梁州、岷州。进军扶州、文州，那么敌寇就会进逼关辅地区。首尾来不及互相照应，进退无所适从。希望另外选择能干大臣，把山南委托给他，使臣能够专心防备陇坻。"代宗下诏书同意了他的建议。

郭子仪返回邠州。

岭南蛮人酋长梁崇牵自称为平南十道大都统，占据容州，与西原蛮人的张侯、夏永等人联合部队攻陷城邑，前容管经略使元结等人都把治所寄设在苍梧。经略使王翃到藤州，用私人财产招募部队，不到几个月，就杀了叛贼的统帅欧阳珪。王翃飞奔到广州，拜见节度使李勉，请求派兵去收复容州。李勉认为很困难，王翃说："大夫如果无暇派兵，只需下公文到各州，扬言派出士兵一千人作为后援，凭借这样的声势，也可以成功。"李勉同意了。王翃就与义州刺史陈仁璀、藤州刺史李晓庭等人结盟讨伐叛贼。王翃招募到三千多人，打败叛贼好几万人。攻打容州，并把容州攻克，活捉梁崇牵，前后打了大小一百多次仗，全部收复容州以前的辖地。又分别命令诸将袭击西原蛮人，收复郁林等各州。

先前，番禺叛贼统帅冯崇道，桂州反叛将领朱济时，都占据险要地方作乱，攻陷了十几个州，官军讨伐他们，连年都不能成功。李勉派他的部将李观与王翃合力进攻讨伐，把他们都杀了。三月，五岭全部平定。

河北干旱，米价一斗值一千钱。

夏季，四月初三日己未，澧州刺史杨子琳入朝，代宗优厚接待他，赐名为猷。

四月初四日庚申，任命典内董秀为内常侍。

吐蕃请求讲和。四月二十四日庚辰，派遣兼御史大夫吴损出使吐蕃。

成都司录李少良上书说元载奸邪贪赃的秘事，唐代宗把李少良安置在客省。李少良把代宗的话告诉了友人韦颂，殿中侍御史陆珽又转告元载，元载奏报代宗。唐代宗发怒，把李少良、韦颂、陆珽关进御史台监狱。御史上奏说李少良、韦颂、陆珽凶狠阴险，结党营私，离间群臣关系。五月二十三日戊申，代宗敕令交付京兆尹，都用棍子打死。

秋季，七月二十二日丙午，元载上奏说，凡是另外敕令任命文，武六品以下的官员，请求命令吏部、兵部不得进行检查核正，唐代宗准许了。这是因为当时元载所上奏拟定的事情大都不遵守法度，他担心被有关部门所反驳的缘故。

八月十四日丁卯，淮西节度使李忠臣率领部队二千人驻扎奉天保护秋收。

唐代宗越来越讨厌元载的所作所为，想得到士大夫中刚正不阿的人为心腹，慢慢地收回元载的权力。八月二十三日丙子，从宫内颁布代宗的制书，任命浙西观察使李栖筠为御史大夫，宰相事先不知道，元载的权力从此渐渐受到遏制。

九月，吐蕃军队攻下青石岭，驻军在那城。郭子仪派人晓谕吐蕃，第二天，吐蕃军队撤退。

这一年，任命尚书右丞韩滉为户部侍郎、判度支。自从战乱发生以来，到处毫无节制地征收赋税，仓库货物的进出没有法令制度，国家财用空虚耗尽。韩滉为人廉洁勤勉，精于账簿登记管理，制定了赋税进出收支的法规，统治部下严格认真，官吏不敢欺骗。同时又遇到连年丰收，边境没有敌寇侵扰，从此仓库积蓄开始充实。韩滉是韩休的儿子。

（以上为第十段，写李勉讨平岭南蛮夷叛乱，代宗渐收元载之权。）

唐代宗大历七年（壬子，公元 772 年）

春季，正月二十二日甲辰，回纥使者擅自走出鸿胪寺，抢夺百姓的子女。主管官员出面禁止，被他们殴打。他们还率领三百个骑兵进犯金光门和朱雀门。这一天，宫门全部关闭，代宗派宫中使者刘清潭去晓谕回纥人，才制止了他们。

三月，郭子仪入朝。三月二十五日丙午，返回邠州。

夏季，四月，吐蕃的五千骑兵到达灵州，不久就撤退了。

五月十五日乙未，大赦天下。

秋季，七月十四日癸巳，回纥人又擅自走出鸿胪寺，把长安令邵说撵到了含光门街道，夺了他的马，邵说只好骑别的马离开，不敢和他们争辩。

卢龙节度使朱希彩得到官位后，顶撞朝廷，傲慢无礼，残酷地虐待将士。孔目官李怀瑗利用众人的愤怒，找个机会把他杀了。众人无所适从。经略副使朱泚在城北扎营，他的弟弟朱滔率领牙内兵，暗中派了一百多个人在众人中大喊大叫："节度使非朱副使当不可。"众人都听从了。朱泚暂时代理留后，派使者到朝廷说明情况。冬季，十月二十四日辛未，任命朱泚为检校左常侍，幽州、卢龙节度使。

十二月二十五日辛未，在滑州设置永平军。

（以上为第十一段，写幽州再度兵乱，自立节度，唐代宗姑息听之。）

唐代宗大历八年（癸丑，公元 773 年）

春季，正月，昭义节度使、相州刺史薛嵩去世。他的儿子薛平，年龄十二岁，将士们胁迫他做主帅，薛平假装答应了。不久就把主帅的位置让给他的叔叔薛崿，夜晚护送父亲的灵柩，逃回乡里。正月初六日壬午，下制书任命薛崿任留后。

二月二十七日壬申，永平节度使令狐彰去世。令狐彰接受经过战乱的滑州、亳州的乱摊子以后，整治军队，鼓励农耕，因此府库充实。当时各藩镇大都飞扬跋扈，唯独令狐彰上交朝廷的赋税从未缺过。每一年派遣部队三千人到京西去保护秋收，自带粮食，路途中各方所供给和赠送的东西也不接受，所经过的地方秋毫不犯。病重时，召见掌书记高阳人齐映，和他一起商量后事。齐映劝令狐彰向朝廷请求替代自己的人，遣送自己的儿子回家。令狐彰听从了这一建义，写下遗表说："以前鱼朝恩打败史朝义，想要掠夺滑州，臣不听从，由此产生矛盾。等到鱼朝恩被杀时，臣正重病不起，因此无法入朝拜见陛下，生前死后都感到惭愧对不起。臣现在病重一定不会好，仓库的货物以及牧养的牲畜都已经先登记封存，军中将士、州县官吏，安居待命。臣个人认为吏部尚书刘晏、工部尚书李勉可以委任人事，希望赶快让他们来代替臣。臣的儿子令狐建等人，如今已勒令他们回到东都私宅。"令狐彰去世后，将士们想要拥立令狐建，令狐建誓死不从，带领全家西归东都。三月初一日丙子，任命李勉为永平节度使。

吏部侍郎徐浩、薛邕都是元载、王缙的党羽。徐浩妾的弟弟侯莫陈忩为美原县尉，徐浩拜托京兆尹杜济虚报侯莫陈忩掌管驿站工作成绩突出，胜过其他各县，又拜托薛邕拟任用他为长安县尉。侯莫陈忩参拜御史台，御史大夫李栖筠弹劾他并奏明他的情况。唐代宗敕令礼部侍郎万年人于邵等人审查此事。于邵上奏说薛邕的罪过在大赦以前，应该原谅免罪。唐代宗很生气。夏季，五月十一日乙酉，把徐浩贬为明州别驾，把薛邕贬为歙州刺史。五月十二日丙戌，又把杜济贬为杭州刺史，把于邵贬为桂州长史。于是朝廷的纲纪稍稍得到一些整肃。

五月十七日辛卯，郑王李邈去世，追赠为昭靖太子。

回纥自从乾元年间以来，每年都请求唐朝议价购买他们的马匹，每一匹马换四十匹绢，动不动就是好几万匹马，而且这些马都是瘦弱无用的。朝廷感到很苦恼，常常不能尽数购买，因此住在鸿胪寺等待回去以及接踵而来的回纥人络绎不绝。到了此时，代宗想要满足他们的心意，命令把他们的马全部购买下来。秋季，七月二十八日辛丑，回纥人辞别而回，运载朝廷的赏赐和卖马得到的财物，一共用了一千多辆车子。

（以上为第十二段，写永平节度使令狐彰恪尽职守，唐用重金买回纥瘦弱无用之马以维护和平。）

八月十六日己未，吐蕃六万骑兵侵犯灵武，践踏秋季的庄稼后回去。

八月二十八日辛未，幽州节度使朱泚派他的弟弟朱滔率领五千骑兵到泾州保护秋收。自从安禄山反叛后，幽州的军队不曾被朝廷所调用，朱滔到后，唐代宗非常高兴，慰劳赏赐极为优厚。

八月二十九日壬申，回纥又派使者赤心带一万匹马来要求与唐朝交易。

九月初十日壬午，循州刺史哥舒晃杀死岭南节度使吕崇贲，占据岭南反叛。

九月十一日癸未，晋州男子郇模用麻绳扎发辫，手持竹筐苇席，在长安东市痛哭。人们问他为什么这样做，他回答说："我愿意贡献三十个字，一个字反映一件事，如果我所说的话一无可取，请求用苇席裹住我的尸体，装进竹筐中，抛弃在野外。"京兆府把这件事报告代宗。代宗召见郇模，赐给他新衣服，让他住在客省里。他说"团"字，是请求罢除各州团练使；说"监"字，是请求罢除各道监军使。

魏博节度使田承嗣为安禄山、史思明父子建立祠堂，称他们为"四圣"，并且请求做宰相。代宗命令内侍孙知古借奉命出使的机会，婉言劝说田承嗣拆毁祠堂。冬季，十月初二日甲辰，加任田承嗣同平章事以此来褒奖他。

灵州打败吐蕃军队一万多人。吐蕃军队十万人侵犯泾州、邠州，郭子仪派朔方兵马使浑瑊率领步兵骑兵五千人抵抗他们。十月十八日庚申，双方在宜禄交战。浑瑊登上黄萯原，瞭望敌人，命令依据险要地方布置防御战具，以防止敌骑冲击。老将史抗、温儒雅等人心里瞧不起浑瑊，不服从他的命令。浑瑊派人叫他们去攻打敌人，他们已喝醉了。他们看见防御战具说："野外作战，用这东西干什么！"命令把它撤掉。叱令骑兵冲向敌人阵地，不能冲进敌阵便退回来了。敌人紧跟在后，乘机进攻，官军大败，士卒死了十分之七八，居民被吐蕃军抢走一千多人。

十月二十二日甲子，马璘和吐蕃军在盐仓交战，又失败了。马璘被敌人阻隔，到了黄昏的时候还没有回来，泾原兵马使焦令谌等人与败兵争着进入城门。有人劝说行军司马段秀实登上城墙据守，段秀实说："大帅不知道在哪里，应当向前攻打敌人，怎么能够苟且偷生自我保全呢？"把焦令谌等人叫来责备说："按照军法，失去大将，部下都要死。各位忘记了自己的死罪吗？"焦令谌等人都惶恐不安，跪拜向段秀实请战。段秀实于是调集城中还没有作战的士兵全部出城，在东原布下阵势，并且收集散失的士兵，做出准备拼死作战的样子。吐蕃军害怕了，稍稍向后撤退。夜里，马璘得以返回。

郭子仪召集诸将谋划说："军队战败的罪过在我身上，不在诸位将领身上，然而朔方军队精锐闻名天下，现在被敌人打败，有什么计策可以雪耻？"没有人回答。浑瑊说："败军之将，本不当再参与商议军事。但是我愿意说一说今天的事情，此事只该治我的罪，否则就再派我去战斗。"郭子仪赦免他的罪过，让他率兵奔赴朝那。敌人打败官军后，想要攻掠汧阳、陇州。盐州刺史李国臣说："敌人乘胜必然进犯京畿郊县地区，我们在他们后面进行牵制，敌人一定会回头照顾。"于是就带兵奔赴秦原，一路上击鼓西行。敌人听到后，到了百城就往回撤。浑瑊在山隘里截击，把敌人所掠夺的人员财物全都夺回来了。马璘也派出精锐部队在潘原袭击敌人的辎重，杀死好几千敌人，敌人于是便逃走。

十月二十三日乙丑，命令江西观察使路嗣恭讨伐哥舒晃。

当初，元载曾任西州刺史，了解河西、陇右的山川地势。这里，吐蕃多次侵犯，元载对唐代宗说："四镇、北庭的治所已经设在泾州，没有险要之地可以防守。陇山高峻，南连秦岭，北抵黄河。如今国家西方的边境到潘原为止，而吐蕃戍守摧沙堡，原州夹在中间，正当陇山的山中，它的西部都是设监放牧的地区，草肥水美，平凉在他的东部，是原州唯一的农耕县，可以供给军用粮食，过去的堡垒还保存着。吐蕃人放弃这些堡垒而不居住。每一年的盛夏，吐蕃人在青海放牧牲畜，离开边塞很远，如果乘机修筑城墙，二十天就可完毕。调遣京西的军队去戍守原州，调遣郭子仪的军队戍守泾州，以此作为根本办法，分兵把守石门关、木峡关，逐渐开辟陇右，进而到达安西，占据吐蕃的腹地，那么朝廷就可以高枕无忧了。"元载又画了一幅地形图献给代宗，暗中派人出陇山估计工程费用。适逢汴宋节度使田神功入朝，代宗询问他对此事的看法，田神功回答说："调兵打仗，预料敌情，就是久经沙场的老将也感到是很困难的事，陛下为什么采用一介书生的话，想要让全国上下都听从他呢？"元载不久获罪，这件事也就搁置作罢。

有关部门认为回纥使者赤心所带来的马匹太多，请求只购买一千匹。郭子仪认为这样办，就会违背回纥人的意愿太大，请求拿出自己一年的俸禄替国家买下回纥人的马。唐代宗不同意。十一月十七日戊子，代宗命令购买六千匹马。

（以上为第十三段，写吐蕃入侵，大败而返。）

【点评】

中庸之主唐代宗。本卷记载代宗中期执政，八年有余。安史之乱平定后，唐王朝应有一番中兴气象，由于唐代宗昏而庸，懦而阴，猜忌功臣，宠信宦官，放任权臣，姑息藩镇，祸乱不断，无善政可言。但唐代宗不兴大狱，不滥杀无辜，维持政局相对稳定，也算一个中庸之君。本卷点评，唐代宗可以称述的一些中庸事务。

唐代宗之女升平公主下嫁郭子仪之子郭暧，小夫妻有口舌之争。有一次，郭暧气愤，口无遮拦，大言说："你仗势老子是皇帝吗？我的父亲看不起皇帝之位才不做。"此言大逆不道，有杀身之祸。升平公主也不思后果，耍孩子脾气，气急败坏入宫上奏，可是代宗没有护短听信儿女私情的话，平心静气教导公主，说："你不懂事，你的丈夫说得对，他的老子要当天子，皇帝还是你家的吗？"代宗安抚公主一番，打发她回家。郭子仪知道了，把郭暧抓起来，入宫请罪。代宗开导说："俗话说，'不呆不聋，做不了公公'，儿女私房语，不要去听。"唐代宗极为清醒明白，公主仗势，才有驸马发怒，从容地与郭子仪聊家常，在诙谐之中保护了功臣。就事论事，唐代宗不失为一个明主。代宗临终，嘱咐太子李适，国家有急，郭子仪堪大用。代宗昏庸，猜忌心扭曲了他的人性。清醒时，却又明智可爱。

唐代宗宠信宦官，放纵奸相元载，他两用权臣与宦官，保持权力平衡。宦官李辅国、程元振、鱼朝恩，权臣元载，该诛除时就诛除，元恶止其身，不兴大狱，不滥杀无辜，在当时乱世环境，亦不失为明智之举。权臣元载不容李泌，代宗不想立即诛除元载，于是外放李泌为江西判官，保护起来。代宗对李泌说："等朕决意除掉元载后，再找你回来。"唐代宗直到后期大历十二年（公元 777 年）才诛杀元载，籍没家产，单是胡椒就有八百石。其他珍宝不计其数。第二年，代宗召回李泌，对李泌说，好容易八年才杀了元载这个贼臣。李泌说："臣下有罪，应该及早处置，不要宽容太过。"唐代宗说："做事应该十全，不可轻发。"这些谈话，可见代宗把优柔看作智谋，自以为是，不可救药，过了几天，唐代宗又听了宰相常衮的话，又把李泌外放做州刺史，考察他的行政能力。代宗耳根子软，有人说东就是东，有人说西就是西，心无定见，这也是昏庸的一种表现。

唐代宗也擅长权谋，诛除鱼朝恩，用心细密。吐蕃入长安，代宗蒙尘入鱼朝恩神策军营，鱼朝恩自以为功大，权势日隆，贪心越来越大。鱼朝恩不满足于军功显贵，还胁迫代宗任命他掌管国子监，附庸风雅，还自吹自擂文武双全，大言不惭地登坛讲《易经》。鱼朝恩当众讥讽宰相元载等人，狂妄声称："决定天下事不能没有我鱼朝恩。"鱼朝恩在神策军府私设牢狱，唆使京城恶少诬告京城富室，捕入牢狱，拷打成罪，然后没收富人资财，巧取豪夺，市民称其牢狱为"地牢"。万年县吏贾明观依靠鱼朝恩撑腰，捕人收财，家资巨万。鱼朝恩骄恣，甚至不把代宗放在眼里。鱼朝恩为他的养子鱼令徽求高官，有一次鱼朝恩在殿上对代宗说：“臣的儿子官小，遭到小青年的凌辱，乞赐紫衣。”唐代宗还没有说话，有人就拿紫衣披在鱼令徽身上。代宗很尴尬，苦笑着说：“儿服紫，大宜称。”心里很不畅快。元载抓住机会，指控鱼朝恩专恣不轨，请求诛除。代宗嘱咐元载说：“善图之，勿反受祸。”因为鱼朝恩，不仅握有神策军，还有藩镇亲信，同华节度使周智光，陕州节度使皇甫温，凤翔节度使李抱玉，都近在咫尺，代宗不能不小心。大历二年，唐代宗密诏郭子仪征讨同华，杀了周智光。大历五年，元载又收买了皇甫温，以及鱼朝恩的身边侍从卫士长周皓，完全掌握了鱼朝恩的动向中。为了麻痹鱼朝恩，表面上又把兴平、武功、天兴、扶风等地划归神策军。鱼朝恩喜得地盘，骄横如故。大历五年三月寒食节，唐代宗设宴于禁中，宴会后，唐代宗以议事为由留下鱼朝恩，周皓将其擒获缢杀。诡谲权诈，唐代宗超过了肃宗。

唐纪四十一

唐代宗大历九年至十四年（公元 774—公元 779）

【起阏逢摄提格（甲寅，公元 774 年），尽屠维协洽（己未，公元 779 年）七月，凡五年有奇】

【大事提要】

本卷记事起公元 774 年，讫公元 779 年七月，凡五年又七个月。当唐代宗大历九年到大历十四年七月。此时期为代宗晚年执政，比前期略有一番作为。卢龙节度使朱泚听命入朝，带兵防秋。魏博节度使田承嗣骄慢，唐代宗征调九节度使征讨，虽然无功，但表现了朝廷反对割据的姿态。平定了汴宋留后李灵曜的叛乱。裁撤诸州团练使，额定诸州守兵，统一京师以及地方各级官吏的俸禄，清理积弊，法制粗定。诛杀了权臣元载。吐蕃在西北、西南全线频繁入侵，也为诸镇边兵击退。但唐代宗终非中兴之主，平庸姑息如故，田承嗣战事不利，上表服罪，只是一句空话，代宗不问。田承嗣死，田悦继位，唐代宗听之任之，藩镇割据之势不可逆转。唐代宗崩，德宗立，锐意兴革，释禁苑走兽，出宫女，治刑狱，倡节俭，罢奉献，禁中使向地方求索，德宗还整顿京师秩序，拆毁逾制豪宅，约束回纥商人，罢天下榷酒收利，中外皆悦，天下以为太平之治庶几可望。

代宗睿文孝武皇帝中之下

唐代宗大历九年（甲寅，公元 774 年）

春季，正月初三日壬寅，田神功在京师去世。

澧朗镇遏使杨猷从澧州沿长江而下，擅自出境到了鄂州，唐代宗下诏让他入朝。杨猷于是溯汉江而上，复州、郢州都闭城自守，山南东道节度使梁崇义调兵防备他。

二月初二日辛未，徐州军队叛乱，刺史梁乘翻越城墙逃走。

谏议大夫吴损出使吐蕃，被留在那些里好几年，最后病死在吐蕃。

二月十一日庚辰，汴宋调去保护秋收的部队一千五百人，盗窃仓库财物溃散逃归，这是因为田神功去世的缘故。二月二十日己丑，任命田神功的弟弟田神玉为汴宋留后。

二月二十四日癸巳，郭子仪入朝，向代宗进言说：“朔方是国家的北大门，那里的战士消耗散失，仅仅剩下十分之一。现在吐蕃兼有河陇地区，杂聚羌、吐谷浑的部众，势力比以前强大十倍。请求各道再分别派遣精兵，组成一支四五万人的部队，那么就一定能克敌制胜。”

三月初九日戊申，将代宗女儿永乐公主许配给魏博节度使田承嗣的儿子田华为妻。代宗想要牢固地得到田承嗣的忠心，但田承嗣却更加骄横傲慢。

任命澧朗镇遏使杨猷为洮州刺史、陇右节度兵马使。

夏季，四月十六日甲申，郭子仪辞别唐代宗返回邠州时，再次向代宗谈论边疆事情，以致痛哭流涕。

四月二十四日壬辰，大赦天下。

五月初八日丙午，杨猷从澧州来入朝。

泾原节度使马璘入朝，暗示将士们替自己上表请求任平章事的职位。五月二十八日丙寅，任命马璘为左仆射。

六月，卢龙节度使朱泚派他的弟弟朱滔拿着表书请求入朝，并且请求亲自率领步兵、骑兵五千人去保护秋收，代宗同意了，并事先替他在京师修了一座高大的宅第等待他回来。

六月十五日癸未，兴善寺的胡族僧人不空圆寂，追赠他为开府仪同三司、司空，赐爵号为肃国公，谥号为大辩正广智不空三藏和尚。

京师旱灾，京兆尹黎幹做了一条土龙求雨，亲自和巫师巫妇交替舞蹈。过了一个月仍不见下雨，又向文宣王孔子祈祷。代宗听说后，命令撤掉土龙，减少膳食，节约费用。秋季，七月二十一日戊午，天下雨。

朱泚入朝，到达蔚州时，生了病，诸位将领劝他回去，等病好了再启程去京城。朱泚说：“如果我病死，就用车子载着我的尸体前行！”诸位将领不敢再说什么了。九月初四日庚子，到达京师，士人和百姓围观的很多，好像排成人墙一样。九月初五日辛丑，唐代宗在延英殿宴请朱泚及其将士，犒劳和赏赐之盛大，是近年来所没有过的。

九月初六日壬寅，回纥人擅自走出鸿胪寺，光天化日之下杀人，有关部门捉住他们，唐代宗竟释放他们而不追究。

九月初八日甲辰，任命郭子仪、李抱玉、马璘、朱泚分别统领各道保护秋收的部队。

冬季，十月初六日壬申，信王李瑝去世。初九日乙亥，梁王李璿去世。

魏博节度使田承嗣诱使昭义的将领官吏叛乱。

（以上为第一段，写郭子仪入朝言边事，卢龙节度使朱泚带兵防秋。）

唐代宗大历十年（乙卯，公元 775 年）

春季，正月初三日丁酉，昭义兵马使裴志清驱逐留后薛崿，率领他的部众归附田承嗣，田承嗣声称去救援，带兵袭击相州，攻下相州。薛崿逃到洺州，上表请求入朝，唐代宗同意了。

正月初七日辛丑，郭子仪入朝。

正月初八日壬寅，寿王李瑁去世。

正月十一日乙巳，朱泚上表请求留在京师，并任命他弟弟朱滔为幽州、卢龙留后，唐代宗同意了。

昭义副将薛择为相州刺史，薛雄为卫州刺史，薛坚为洺州刺史，他们都是薛嵩的族人。十四日戊申，唐代宗命令内侍魏知古到魏州去晓谕田承嗣，让他们各自严守自己的疆界。田承嗣不接受诏令，正月十九日癸丑，派大将卢子期攻取洺州，杨光朝攻打卫州。

正月二十一日乙卯，西川节度使崔宁奏报说在西山打败吐蕃好几万人，杀死一万人，俘虏几千人。

正月二十二日丙辰，代宗诏令："各道士兵有逃亡的，没有接到朕的敕命，不得随便招募。"

二月初一日乙丑，田承嗣引诱卫州刺史薛雄，薛雄不服从，就派强盗把薛雄杀了，并杀光了他的家属，完全占据了相州、卫州等四个州的地方，擅自设置长官，收编这些地方的精兵良马，把他们都归属于魏州。又逼迫魏知古和他一起巡视磁州、相州两个州，让这两州的将士用刀割耳划脸，请求封田承嗣为主帅。

二月初七日辛未，唐代宗立皇子李述为睦王，李逾为郴王，李连为恩王，李遘为鄜王，李迅为随王，李造为忻王，李暹为韶王，李运为嘉王，李遇为端王，李遹为循王，李通为恭王，李达为原王，李逸为雅王。

二月十二日丙子，任命华州刺史李承昭为昭义留后。

河阳三城使常休明，对部下刻薄寡恩。他的军士保护秋收归来，常休明出城去慰劳他们。护秋的士兵与城内的士兵合谋攻打常休明，常休明逃往东都洛阳。军士拥立兵马使王惟恭为主帅，大肆抢掠，过了好几天才平定下来，唐代宗命令监军冉庭兰前往慰问安抚。

三月初一日甲午，陕州军队叛乱，驱逐兵马使赵令珍。观察使李国清不能加以禁止，只好低三下四地说好话，并到处求拜将士，才得以脱身。军士大肆掠夺仓库财物。适逢淮西节度使李忠臣入朝，经过陕州，唐代宗命令李忠臣去制止他们。陕州将士慑于李忠臣的军威，不敢轻举妄动。李忠臣用荆棘围出一块地方，命令军士以不计名的方式将所抢夺的仓库财物投放在里面。一天的时间，就获得价值万缗的财物，全部分给他的随从士兵作为奖赏。

三月十二日乙巳，薛崿、常休明都到朝廷去请罪，唐代宗放过他们不加追究。

当初，成德节度使李宝臣、淄青节度使李正己都被田承嗣所瞧不起。李宝臣的弟弟李宝正娶田承嗣的女儿为妻，李宝正在魏州与田承嗣的儿子田维打马球，马受了惊，误将田维撞死。田承嗣发怒，囚禁了李宝正，将此事告诉李宝臣。李宝臣以管教不严表示歉意，将棍杖封好交给田承嗣，让他责打李宝正。田承嗣于是将李宝正打死，从此两镇结下怨仇。等到田承嗣抗拒朝廷的命令时，李宝臣和李正己都上表请求讨伐他，唐代宗也想利用他们之间的矛盾讨伐田承嗣。夏季，四月初三日乙未，唐代宗敕令把田承嗣贬为永州刺史，并令河东、成德、幽州、淄青、淮西、永平、汴宋、河阳、泽潞各道派兵前往魏博，假如田承嗣还要拖延违抗的话，就进军讨伐他；只惩治田承嗣和他的侄儿田悦的罪行，其他将士及其兄弟侄儿如能自省的话，一律不追究。

当时朱滔很恭顺，他与李宝臣及河东节度使薛兼训从北面进攻，李正己和淮西节度使李忠臣等人从南面进攻。五月初三日乙未，田承嗣的部将霍荣国以磁州城投降。五月十五日丁未，李正己攻打德州，把德州攻下。李忠臣统率永平、河阳、怀、泽等地的步兵骑兵四万人进攻卫州。六月初九日辛未，田承嗣派他的部将裴志清等人进攻冀州，裴志清带领他的部下投降了李宝臣。六月十二日甲戌，田承嗣亲自率兵包围冀州，李宝臣派高阳军使张孝忠率领精锐的骑兵四千人前去抵御，李宝臣的大军随后赶到。田承嗣烧毁辎重逃走了。张孝忠本是奚族人。

田承嗣因为各道军队四面合力进攻，部将又多叛变而感到害怕。秋季，八月，派使者上表，愿缚身回朝请罪。

八月二十日辛巳，郭子仪返回邠州。郭子仪曾经奏请任命州县官一人，没有得到答复，僚属们互相议论说："以郭令公的功勋和德行，奏请一个下属官吏而不被批准，宰相怎么这样不识大体？"郭子仪听说后，对僚属说："自从战乱以来，方镇武臣大都飞扬跋扈，凡是有所请求，朝廷都委曲求全地满足他们的要求；这并不是因为别的，而是对他们抱有疑虑。如今我上奏的事情，皇上认为不可行而搁置起来，这正表明是不把我像其他武臣那样看待，而是对我特别亲厚；各位应当祝贺，又有什么责怪呢？"听了郭子仪的这番话，大家都心悦诚服。

八月二十八日己丑，田承嗣派他的部将卢子期侵犯磁州。

九月十七日戊申，回纥人在光天化日之下将一市民的肠子都捅出来了，有关部门逮捕了凶手，把他关在万年县的牢狱里；回纥酋长赤心驰入牢狱。砍伤狱吏，劫狱而去。唐代宗也不追问。

九月二十一日壬子，吐蕃侵犯临泾，九月二十二日癸丑，侵犯陇州及普润，大肆掠夺人员牲畜而离去，百官往往将家属送出城关去逃窜躲藏。九月二十五日丙辰，凤翔节度使李抱玉奏报在义宁打败吐蕃。

李宝臣和李正己在枣强会合，进而包围贝州，田承嗣派兵去救援。两军分别犒赏士兵，成德军的犒赏丰厚，平卢军的犒赏微薄；事后，平卢军的士卒都有怨言，李正己害怕他们发生变乱，便带领部队撤退了，李宝臣也撤退了。李忠臣闻讯后，就放弃围攻卫州，向南渡过黄河。驻扎在阳武城。李宝臣与朱滔一起进攻沧州，田承嗣的堂弟田庭玠守卫沧州；李宝臣不能攻克。

吐蕃侵犯泾州，泾原节度使马璘在百里城打败吐蕃。九月二十七日戊午，任命卢龙节度使朱泚出京城去镇守奉天行营。

冬季，十月初一日辛酉朔，日食。

卢子期进攻磁州，州城几乎被攻陷。李宝臣与昭义留后李承昭共同去援救，在清水大败卢子期，并活捉卢子期把他送往京师，被斩首。河南各个将领又在陈留大败田悦，田承嗣感到很害怕。

当初，李正己派使者到魏州，田承嗣把使者囚禁起来，到此时，他礼待使者并送使者回去，并将境内的户口、甲兵、粮食和布帛的数量全部登记后交给使者，说道：“我田承嗣今年八十六岁，离死也不远了，我的几个儿子没有一个成器的，田悦也柔弱无能，我今天所有的一切，都不过是替李公看守罢了，难道还值得有劳李公兴师动众吗？”田承嗣让李正己的使者站在庭中，自己面向南方，伏拜后才授给使者书信；又画了一幅李正己的肖像，烧香供奉。李正己非常高兴，于是便按兵不动。因此河南各道的军队都不敢前进。田承嗣既然没有南顾之忧，就集中力量对付北方。

唐代宗为嘉奖李宝臣的功劳。派遣宫中使者马承倩带着诏书前去慰劳。准备返回时，李宝臣来到他住的馆舍，送他一百匹绢。马承倩大骂李宝臣一顿，并把绢扔在路上，李宝臣环顾左右的人，感到很惭愧。兵马使王武俊劝李宝臣说：“现在您刚在军中立了战功，这个宫中小人尚且这样对待您，更何况敌寇平定后，只一道诏书就把您召归朝廷，到那时您仅仅是一个匹夫而已，不如放过田承嗣作为自己日后的资本。”李宝臣于是就有了放纵敌人为己所用的意图。

田承嗣知道范阳是李宝臣的家乡，心里一直想着得到范阳，就在一块石碑上刻了这样两句谶语：“二帝同功势万全，将田为侣入幽燕。”秘密让人埋在李宝臣管辖的境内，让风水先生说那里有帝王之气，李宝臣挖到这块石碑。田承嗣又派人去游说李宝臣说：“您与朱滔共同攻取沧州，攻下后，土地归国家所有，不归您所有。您如果能放弃惩治田承嗣的罪过，请求将沧州归您所有，还愿跟着您为攻取范阳而效力。您以精锐的骑兵做前锋，田承嗣率领步兵随后赶到，还会攻打不下来吗。”李宝臣非常高兴，认为此事符合谶语，于是派人与田承嗣合谋，秘密图谋范阳，田承嗣也陈兵边境。

李宝臣对朱滔的使者说：“听说朱公仪表相貌如神仙一般，希望得到他的画像看看。”朱滔就把画像给他了。李宝臣就把画像挂在射堂里，和部下诸将一起观看，说："真是一个神人啊！"朱滔驻军在瓦桥，李宝臣挑选精锐的骑兵二千人，连夜奔驰三百里去袭击，并告诫将士们说："捉拿相貌如同射堂上画像一样的人。"当时两军关系和睦，朱滔没有想到有变。狼狈出来应战，很快战败，恰巧朱滔穿着别的衣服才得以脱身。李宝臣想乘胜攻取范阳，朱滔派雄武军使昌平人刘怦守卫留府。李宝臣知道有所防备，不敢前进。

田承嗣听说幽州、恒州交战，马上率领部队回南方，派人对李宝臣说："河内有警报，没有功夫跟随您出战范阳，石碑上的谶语，是我跟您开玩笑故意刻的！"李宝臣又惭愧又愤怒地撤退了。李宝臣既已和朱滔产生矛盾，就任命张孝忠为易州刺史，让他率领精锐的骑兵七千人去防备朱滔。

十月初六日丙寅，贵妃独孤氏去世，十月初七日丁卯，追赠谥号为贞懿皇后。

十一月初七日丁酉，田承嗣的部将吴希光率瀛州投降。

岭南节度使路嗣恭提拔被流放的人孟瑶、敬冕为将领，讨伐哥舒晃。孟瑶率领大军占据交通要道，敬冕从小道率轻骑偷袭，十一月十七日丁未，攻克广州，杀了哥舒晃及其党羽一万多人。

路嗣恭讨伐哥舒晃时，容管经略使王翃派遣将领率兵帮助他，西原叛贼主帅覃问乘虚袭击容州，王翃埋伏部队攻打并活捉了他。

十二月，回纥骑兵一千人侵犯夏州，州将梁荣宗在乌水打败回纥骑兵。郭子仪派兵三千人救援夏州，回纥军队便逃走了。

元载、王缙上奏说魏州的盐很贵，请求禁止将盐运入魏州境内以围困田承嗣。唐代宗不同意，说："田承嗣对不起朕，老百姓又有什么罪过！"

田承嗣请求入朝，李正己也多次替他上表，请求代宗允许他悔过自新。

（以上为第二段，写唐代宗征九节度使之兵讨魏博节度使田承嗣，无果而终，朝廷威望受损。）

唐代宗大历十一年（丙辰，公元776年）

春季，正月初三日壬辰，唐代宗派遣谏议大夫杜亚出使魏州宣抚慰问。

正月二十二日辛亥，西川节度使崔宁上奏报捷，打败了吐蕃的四节度以及突厥、吐谷浑、氐、羌等族部众二十多万人，杀死一万多人。

二月二十二日庚辰，田承嗣又派使者上表，请求入朝。代宗于是下诏书，赦免田承嗣的罪过，恢复他的官职爵位，允许他和家属一起入朝，他的部下抗拒朝廷命令的，一律不追究。

二月二十三日辛巳，增加戍守朔方五城的军队，以防备回纥。

三月初一日戊子，河阳军队变乱。驱逐监军冉庭兰出城，大肆掠夺了三天。冉庭兰重整军队进入城内，杀死叛乱的好几十人，才使河阳平定下来。

五月，汴宋留后田神玉去世。都虞候李灵曜杀死兵马使、濮州刺史孟鉴，勾结北面的田承嗣作为后援。五月初七日癸巳，任命永平节度使李勉兼汴州、宋州等八个州的留后。五月初九日乙未，任命李灵曜为濮州刺史，李灵曜不接受诏令。六月初二日戊午，唐代宗任命李灵曜为汴宋留后，派使者慰问李灵曜。

秋季，七月，田承嗣派兵侵犯滑州，打败了李勉。

吐蕃侵犯石门，进入长泽川。

八月十一日丙寅，加任卢龙节度使朱泚同平章事。

李灵曜做了留后以后，更加骄横傲慢，全部用他的党羽担任他所管辖的八个州的刺史和县令，想要仿效河北各镇的做法。八月二十九日甲申，代宗诏令淮西节度使李忠臣、永平节度使李勉、河阳三城使马燧去讨伐李灵曜。淮南节度使陈少游、淄青节度使李正已都进兵攻击李灵曜。

汴宋兵马使、摄节度副使李僧惠，是李灵曜的主要参谋。宋州牙门将刘昌派僧人神表暗中劝说李僧惠；李僧惠召见刘昌询问计策，刘昌哭着向他陈述了叛逆和顺从朝廷的利害关系。李僧惠就与汴宋牙将高凭、石隐金一起派神表携带奏表前往京师，请求讨伐李灵曜。九月初八日壬戌，任命李僧惠为宋州刺史、高凭为曹州刺史、石隐金为郓州刺史。

九月十一日乙丑，李忠臣、马燧驻军郑州，李灵曜带兵迎战；李忠臣和马燧两军没有料到李灵曜的突然到来，就把军队撤退到荥泽。淮西军士溃散逃走的有十分之五六。郑州的百姓都惊慌失措，逃入东都。李忠臣打算返回淮西，马燧坚持认为这样做不行，他说道："用正义来讨伐叛逆，何必担心不能战胜敌人，为什么要自己放弃建立功名的机会？"他坚守壁垒，不轻易出动。李忠臣听说后，渐渐收拢散卒，几天后全部集中，士气又振作起来。

九月十四日戊辰，李正已奏报攻克郓、濮二州。九月十八日壬申，李僧惠在雍丘击败李灵曜。冬季，十月，李忠臣、马燧进兵攻击李灵曜，李忠臣在汴南行动，马燧在汴北行动，多次打败李灵曜的部队。十月十八日壬寅，与陈少游前锋部队会合，在汴州城西与李灵曜大战，李灵曜失败，进入城中固守。十月十九日癸卯，李忠臣等人包围了汴州。

田承嗣派遣田悦带兵救援李灵曜，在匡城打败了永平、淄青的部队，乘胜进军汴州，在城北几里的地方安营扎寨。十月二十二日丙午，李忠臣派副将李重倩率领轻骑几百人夜晚攻入田悦的军营，横冲直撞，杀死几十个人而返回，田悦军营中大为惊骇。李忠臣、马燧乘机率领大军进攻，击鼓呐喊着进入敌营，田悦的部队不战而溃。田悦只身向北逃走，将士们的尸体堆积在路上，数也数不清。李灵曜闻讯后，打开城门连夜逃走，汴州平定。李重倩本是奚人。十月二十三日丁未，李灵曜跑到韦城，永平将领杜如江活捉了他。

马燧知道李忠臣性情暴躁凶狠，就把自己的功劳让给他，没有进入汴州城，率领部队向西驻扎在板桥。李忠臣进城后，果然把所有功劳都归在他一个人身上。宋州刺史李僧惠和他争功，李忠臣借会面的机会把他杀了，又想杀刘昌，刘昌逃走才得以幸免。

十月三十日甲寅，李勉押送李灵曜到京师，朝廷杀了李灵曜。

十二月初四日丁亥，李正己、李宝臣同时被加任为同平章事。

泾原节度使马璘病很重，让行军司马段秀实掌管节度事务，并把后事托付给他。段秀实严整部队以防备不测。十二月十三日丙申，马璘去世，军队中奔丧痛哭的有好几千人，门庭屏墙外一片号哭声，段秀实一概不许他们入内。命令押牙马頔在里面办理丧事，李汉惠在外面接待宾客，妻妾子孙位于灵堂中，宗族父老位居庭院中，将领佐吏位居门前，士卒留在军营里哭丧，老百姓各自留守家中。如果有两个以上的人站在街道上窃窃私语，就捉拿囚禁起来；不是护丧而跟在丧葬队伍后面的人不得远送。吊唁哭拜，都有仪式礼节，送丧远近，都有规定，违者以军法处置。都虞候史廷干、兵马使崔珍、十将张景华阴谋借丧事而作乱，段秀实知道他们的阴谋。奏请史廷干入京师宿卫，让崔珍移军驻守灵台，将张景华补任外职，没有杀一个人，而节度军府安然无事。

马璘家的财富多得没法计算，京师所建的宅第，在功臣权贵中首屈一指，修建一中堂就花费了二十万缗钱，其他居室的费用也少不了多少，他的子孙不成器，没有多久就把他的家产花光了。

十二月十五日戊戌，昭义节度使李承昭上表称病重；任命泽潞行军司马李抱真兼任磁州、邢州两州留后。

十二月二十七日庚戌，加任淮西节度使李忠臣同平章事，仍兼领汴州刺史，治汴州。

（以上为第三段，写官军平定汴宋留后李灵曜之乱。）

唐代宗大历十二年（丁巳，公元 777 年）

春季，三月初二日乙卯，兵部尚书、同平章事、凤翔怀泽潞秦陇节度使李抱玉去世，他的弟弟李抱真仍兼任怀泽潞留后。

三月十一日癸亥，任命河东行军司马鲍防为河东节度使，鲍防是襄州人。

田承嗣终究没有入朝，又帮助李灵曜，唐代宗又下令讨伐他。田承嗣于是再次上表谢罪，唐代宗对他还是无可奈何，三月十八日庚午，全部恢复田承嗣的官职爵位，还命令他不必入朝。

中书侍郎、同平章事元载专横，黄门侍郎、同平章事王缙依附他，两个人都很贪婪。元载的妻子王氏及其儿子元伯和、元仲武，王缙的弟弟、妹妹及出入他家的一些尼姑，都争相收取贿赂。元载、王缙又把政事委托给官吏们办理，士人想要进入官场的，若不结交他们的子弟及主书卓英倩等人，便无法进入仕途。代宗多年来包涵容忍，但元载、王缙仍不悔改。

唐代宗想要杀掉他们，担心左右的人泄露消息，又没有可以商议的人，只有与左金吾大将军吴凑谋划。吴凑是唐代宗的舅舅。正好有人控告元载、王缙夜里请道士设坛祈祷，图谋不轨。三月二十八日庚辰，唐代宗驾临延英殿，命令吴凑在政事堂逮捕元载、王缙，又把元仲武及卓英倩等人逮捕入狱。命令吏部尚书刘晏与御史大夫李涵等人一起审理此案，起诉文书都出自宫中，还派遣宫中使者责问他们阴谋勾当，元载、王缙都认罪。当天，先用棍子在宫中打死左卫将军、知内侍省事董秀，后又赐令元载在万年县自杀。元载请求主持行刑的官员说："希望能让我快点死！"主持行刑的人说："相公，你必须受点侮辱，请不要见怪！"于是脱下臭袜子塞进元载嘴里而把他杀死。王缙起初也被赐令自杀，刘晏对李涵等人说："按照惯例，施用重刑的都要复查上奏，何况大臣呢！而且法律上有首犯和从犯的区别，应当再次禀告皇帝听候处置。"李涵等人同意了。于是唐代宗把王缙贬为栝州刺史。元载的妻子王氏，是王忠嗣的女儿，她和儿子元伯和、元仲武、元季能都被处死。有关部门登记元载的家产，仅胡椒就多达八百石，其他物品的数量也与此类似。

夏季，四月初一日壬午，任命太常卿杨绾为中书侍郎，礼部侍郎常衮为门下侍郎，两人同时为同平章事，杨绾性格清廉简朴，任职制书下达之日，朝野上下相互祝贺。郭子仪正在宴请宾客，闻讯后，便将在座旁演奏的声乐队减少了五分之四，京兆尹黎幹，随从人马很多，从当天起大加裁减，只留下十名骑从。中丞崔宽，宅第房舍宏大奢侈，也赶紧毁掉拆除。

四月初二日癸未，吏部侍郎杨炎，谏议大夫韩洄、包佶，起居舍人韩会等人都被贬官，他们都是元载的党羽。杨炎是凤翔人。元载常推举一位有文学才望的人，特别亲近和厚待他，打算以后让这个人来代替自己，所以杨炎受牵连被贬了官。韩洄是韩滉的弟弟。韩会是南阳人。代宗当初想全部杀掉杨炎等人，吴凑百般劝谏解救，他们才受到贬官的处置。

四月十六日丁酉，吐蕃侵犯黎州、雅州，西川节度使崔宁打败他们。

元载因为进入仕途的人大都喜欢在京师里任职，厌恶这些人接近自己的官位，于是规定俸禄制度，出任外官的俸禄优厚，任职京官的俸禄微薄，致使京官的生活不能自给，经常向外官请求借贷。杨绾、常衮上奏说京官的俸禄太微薄。四月二十八日己酉，唐代宗诏令增加京官的俸禄，每年大约增加十五万六千余缗钱。

（以上为第四段，写唐代宗诛除元载。）

五月初一日辛亥，唐代宗诏令除都团练使以外，各州团练守捉使一律取消，又命令各使非军事紧急要务，不得擅自召集刺史及停其职务，派人代理。又规定各州军队的规模，都有一定的人数，各州所招募的供给家人粮食、春季冬季衣服的士兵，称之为“官健”；差遣点召当地人，春夏回乡种田，秋冬召集训练，由官府供给本人粮食和酱菜的，称之为“团结”。自从战乱以来，州县官吏俸禄供给不一，加上元载、王缙任意徇私情，刺史每月的俸禄有的多达一千缗，有的只有几十缗，到这时，才规定节度使以下到主簿、县尉俸禄的数额，减多补少，上下有序，有关的法令制度才大致确立。

五月二十日庚午，唐代宗派遣宫中使者挖了元载祖父的坟墓，砍开棺材，扔掉尸体，毁坏他的家庙。焚烧他祖先的神主牌位。五月二十八日戊寅，卓英倩等人都被用棍子打死。卓英倩当权时，他的弟弟卓英璘横行于乡里。等到卓英倩被捕下狱，卓英璘便占据险要地方作乱。唐代宗调动禁军去讨伐他。六月二十五日乙巳，金州刺史孙道平打败活捉了卓英璘。

唐代宗正依靠杨绾，让他革除朝政的弊病，不巧杨绾生病，秋季，七月二十日己巳去世。唐代宗非常悲痛地哀悼他，对群臣说：“上天不想让朕得到天下太平，为什么这么快就从朕手里夺去了杨绾的生命！”

八月初四日癸未，赐东川节度使鲜于叔明姓李氏。

元载、王缙做宰相时，唐代宗每天赏赐他们宫中御厨所做的美味佳肴，可供十人食用，于是成为惯例。八月二十四日癸卯，常衮与朱泚对代宗进言说：“宰相的膳食费已够多了，请求停止赏赐御用食品。”代宗同意了。常衮又想辞去宰相的封邑。同僚认为不行才作罢。当时的人讥笑常衮，认为：“朝廷优厚的俸禄，是用来供养贤才的，如果没有才能，就应当辞去职位，而不应当辞去俸禄。”

> 臣司马光评论说：君子以多受人家的食禄为耻，常衮辞去优俸禄，说明他还有廉耻之心，与那些只知保住官位，贪求俸禄的人相比，不是强多了吗？《诗经》上说：“那些贵族官吏啊，还不是不劳而食吗？”像常衮这样的人，也不可以过分地讥刺。

杨绾、常衮推荐湖州刺史颜真卿，代宗当天就召他返回京城。八月二十五日甲辰，任命为刑部尚书。杨绾、常衮又推荐淮南判官汲县人关播，把他提拔为都官员外郎。

九月十三日辛酉，任命四镇、北庭行营兼泾原、郑颍节度副使段秀实为节度使。段秀实军令简明扼要，有威望，对将士也有恩惠，生活清廉节俭，家无姬妾，不是因公聚会，从不饮酒听音乐。

（以上为第五段，写唐代宗裁撤诸州团练，额定诸州守兵，统一各级政府官吏俸禄，厘革弊政，法制粗立。）

吐蕃军队八万人驻扎在原州北面的长泽监，九月二十一日己巳，攻破方渠县，侵入拔谷；郭子仪派副将李怀光去援救，吐蕃军撤退。九月二十二日庚午，吐蕃军侵犯坊州。

冬季，十月初七日乙酉，西川节度使崔宁奏报在望汉城大败吐蕃军队。

先前，秋雨绵绵，河中府的池盐大都被损坏。户部侍郎判度支韩滉唯恐盐户减税，十月初九日丁亥，上奏说雨水虽然很多，但并不妨碍盐的生产，仍然有表示灵瑞的好盐生产。唐代宗怀疑情况不是这样，派遣谏议大夫义兴人蒋镇前往视察。

吐蕃军队侵犯盐州、夏州，又侵犯长武城。郭子仪派遣部将抵抗并打退他们。

任命永平军押牙匡城人刘洽为宋州刺史，仍让宋州、泗州二州隶属永平军。

京兆尹黎幹上奏说连日秋雨损害庄稼，韩滉上奏说黎幹所奏情况不实。唐代宗命令御史去视察核实。十月二十九日丁未，御史回报说："所损坏的庄稼共有三万多顷。"渭南县令刘澡阿谀附和度支韩滉，声称唯独渭南县境内的禾苗没有损坏；御史赵计上奏与刘澡的说法相同。代宗说："连日来各地普降秋雨，难道单单渭南无雨？"又命御史朱敖去视察，损坏了三千多顷。唐代宗叹息了很久，说："县令，是抚养百姓的父母官，没有损坏也应该说有损坏，但他们竟不仁到这种地步！"于是把刘澡贬为南浦县尉，赵计贬为澧州司户，但没有追究韩滉。

十一月初四日壬子，山南西道节度使张献恭上奏报告说在岷州打败吐蕃军队一万多人。

十一月初八日丙辰，蒋镇返回，上奏说："灵瑞之盐的生产确实如韩滉所说的那样。"还上表祝贺，请求交付史官记录，赐给好名字。唐代宗同意了，给盐池赐名号为宝应灵应池。当时人认为这是件丑事。

十二月初八日丙戌，朱泚从泾州返回京师。

十二月初九日丁亥，崔宁奏报说打败吐蕃军队十几万人，杀死八千多人。

十二月二十二日庚子，任命朱泚兼任陇右节度使，执掌河西、泽潞行营。

平卢节度使李正己占有淄、青、齐、海、登、莱、沂、密、德、棣十州地方，等到李灵曜之乱时，各道联合部队攻打他，所攻得的地方，都各自占为己有，李正己又得到曹、濮、徐、兖、郓五州，因此把自己的治所从青州移到郓州，派儿子、前淄州刺史李纳守青州。李正己使用刑法严酷，人们都不敢聚众交谈；然后他的法令整齐划一，赋税平均而且很轻微，拥有军队十万人，雄踞东方，邻近的藩镇都很畏惧他。这时田承嗣占据魏、博、相、卫、洺、贝、澶七州，李宝臣占据恒、易、赵、定、深、冀、沧七州，各拥有军队五万人；梁崇义占据襄、邓、均、房、复、郢六州，有军队两万人；他们盘踞一方，相互勾结，虽然表面上事奉朝廷但不用朝廷的法令，官爵、士兵、租赋和刑杀都由自己掌握，代宗宽容仁慈，完全听任他们所作所为。朝廷有时要修缮一座城，增加一个士兵，他们就有怨言，认为朝廷猜疑有二心，事情经常因此而作罢。但他们却在自己的辖境内天天修筑城垒，完善军备。因此，他们虽然名为中原的藩镇大臣，而实际上同异域蛮夷一样。

（以上为第六段，写吐蕃在西北、西南沿边不断侵扰，为诸镇边兵击破。平卢、魏博、山南东道诸镇，不行朝廷政令，名为藩臣，实为割据。）

唐代宗大历十三年（戊午，公元 778 年）

春季，正月十四日辛酉，唐代宗敕令拆毁白渠支流上的水磨，以利于灌溉田地。升平公主有两个水磨，她入宫面见代宗，请求保留。唐代宗说：“我想为天下百姓谋利，你能懂我的意思，就应当率先拆毁。”升平公主当天就拆毁了她的水磨。

正月二十一日戊辰，回纥人侵犯太原，河东押牙泗水人李自良说：“回纥精锐部队从远处赶来挑战，难以同他们交锋；不如在他们返回的路上修筑两座堡垒，派兵戍守。敌人来了，就坚守堡垒不与他们交战，他们疲劳后就会自动撤回，这时我们再乘机出击。两座堡垒的士兵在前面抵抗，大部队在后面追击，就不会不取得胜利。”留后鲍防不听从这个建议，派大将焦伯瑜等人迎战。正月二十六日癸酉，在阳曲县遇到敌人，大败而回，死了一万多人。回纥放纵士兵大肆掠夺。二月，代州都督张光晟在羊武谷打败回纥部队，回纥才带兵退走。唐代宗也不追究回纥人入侵的原因，仍像以前一样对待他们。

二月二十二日己亥，吐蕃派遣将领马重英率领部队四万人侵犯灵州，夺取了填汉、御史、尚书三个渠道的出水口，以此破坏唐朝的屯田。

三月二十八日甲戌，回纥使者返回时，路过河中，朔方军士抢夺了他们的辎重，回纥人因而大肆掠夺街坊市井。

夏季，四月二十八日甲辰，吐蕃侵犯灵州，朔方留后常谦光打败他们。

六月二十四日戊戌，陇右节度使朱泚向唐代宗进献同乳却不相害的猫鼠，认为这是祥瑞吉兆。常衮率领百官表示祝贺。唯独中书舍人崔祐甫没有表示祝贺，他说：“事物反常就是妖怪。猫捉老鼠，是它的天职，如今猫鼠同乳，分明就是妖怪。有什么好祝贺的？应当告诫那些不明察奸邪的法官以及不抵御敌寇的边防官，以顺应上天的意志。”代宗称赞了他。崔祐甫是崔沔的儿子。秋季，七月，任命崔祐甫为吏部选事。崔祐甫多次因为公事与常衮发生争执，常衮因此厌恶崔祐甫。

七月十四日戊午，郭子仪上奏说，因回纥人还在塞上，边塞的百姓恐惧不安，请派遣邠州刺史浑瑊率兵镇守振武军，唐代宗同意了。回纥人才离去。

七月二十七日辛未，吐蕃将领马重英率领部队二万人侵犯盐州、庆州两个州，郭子仪派朔方都虞候李怀光打退他们。

八月初二日乙亥，成德节度使李宝臣请求恢复姓张，唐代宗同意了。

吐蕃军队两万人侵犯银州、麟州，掠夺党项人的牲畜，郭子仪派遣李怀光打败他们。

唐代宗对贞懿皇后悼念不已，灵柩停放在内殿，多年不忍心安葬。八月二十四日丁酉，才安葬于庄陵。

九月二十七日庚午，吐蕃骑兵一万人从青石岭下来，直逼泾州。代宗诏令郭子仪，朱泚与段秀实共同退敌。

冬季，十二月十四日丙戌，任命吏部尚书、转运盐铁等使刘晏为左仆射，主管三铨和使职照旧。

郭子仪入朝，任命判官京兆人杜黄裳主持留守事条。李怀光阴谋取代郭子仪，诈称有代宗诏书，想杀掉大将温儒雅等人。杜黄裳察觉了他的伪诈，因而严厉责问他；李怀光吓得汗流浃背，连忙服罪。于是对那些难以驾驭的将领，杜黄裳都假借郭子仪的命令，把他们都派到外地去，军府中才安然无事。

任命给事中杜亚为江西观察使。

唐代宗召江西判官李泌入朝相见，对他谈起元载的事，说："与你分别八年，才能杀掉此贼。幸亏太子发现他的阴谋，要不然，几乎见不到你了。"李泌回答说："臣以前曾经一再说过，陛下如果察知群臣中有图谋不轨的，就将他除掉，由于陛下过分地包涵容忍，所以才到了这种地步。"代宗说："考虑事情也应该周全，不能轻举妄动。"代宗进一步说："朕曾当面将你嘱托给路嗣恭，路嗣恭却听取元载的意见，上奏让你担任虔州别驾。路嗣恭当初平定岭南，献给我一个琉璃盘，直径九寸，我以为是天下至宝，到元载被抄家时，得到路嗣恭送给元载的琉璃盘，直径一尺。等他来后，应当跟你商议一下怎样处置他。"李泌说："路嗣恭为人，谨慎小心，善于事奉别人，畏惧权势，做官精明勤勉但不识大局。过去做县令，有能干的名声，陛下没有顾得上了解他，而被元载所使用，所以他替元载尽力。陛下如果真能了解他的才能而加以任用，他也会为陛下尽力的，虔州别驾的职位，是我自己求的，不算是他的罪过。况且路嗣恭新近立了大功，陛下怎么能因一个玻璃盘而治他的罪呢？"唐代宗这才消解了他心中的怒气，任命路嗣恭为兵部尚书。

郭子仪因为朔方节度副使张昙性格刚强直率，他曾说郭子仪以武将的身份而轻视自己，因而怀恨在心。孔目官吴曜是郭子仪所信任的人，他从中挑战诬陷。郭子仪很愤怒，诬奏张昙煽动军队谋反，把他杀了。掌书记高郢据理力争，郭子仪不听，奏贬高郢为猗氏县丞。此后，郭子仪的许多僚属佐吏都纷纷称病要求离去，郭子仪非常后悔，将他们全部推荐给朝廷，并说："吴曜害了我。"于是将吴曜赶走。

常衮对代宗说："陛下早就想起用李泌，以前汉宣帝想用人做公卿大臣，必定先试试他治理百姓的才能，请暂且任命他为刺史，让他广泛了解民间的利弊，等他有了政绩上报后再重用他。”

（以上为第七段，写唐代宗召回李泌，试用为刺史。郭子仪知过则改。）

唐代宗大历十四年（己未，公元 779 年）

春季，正月二十一日壬戌，任命李泌为澧州刺史。

二月十二日癸未，魏博节度使田承嗣去世。他有十一个儿子，因只有他的侄子中军兵马使田悦有才能，所以让他主持军务，而让儿子们辅佐他。二月十三日甲申，任命田悦为魏博留后。

淮西节度使李忠臣，贪婪好色，将领佐吏的妻子女儿有长得漂亮的，多被他逼迫奸淫，他将军事政务全部委托给妹夫节度副使张惠光。张惠光依仗权势，残暴专横，军中将士和州中官民深受其苦，李忠臣又任命张惠光的儿子为牙将，其残暴专横胜过他的父亲。左厢都虞候李希烈，是李忠臣的族侄，为众人所拥护。李希烈借民心怨恨愤怒，三月初六日丁未，与大将丁暠等人杀死张惠光父子而赶走了李忠臣。李忠臣只身单骑逃往京师，唐代宗认为他有功劳，让他留在京师担任检校司空、同平章事；又任命李希烈为蔡州刺史、淮西留后。任命永平节度使李勉兼任汴州刺史，增加统领汴州、颍州两个州，并将治所移至汴州。

三月二十日辛酉，任命容管经略使王翃为河中少尹，主管府中事务。河东副元帅留后的部将凌正残暴专横，王翃对他加以抑制。凌正和他的党羽想乘黑夜作乱，王翃知道了，故意缩减漏水计时器上的时刻数，让他们在时间上产生差错，叛贼大惊，溃散逃走，凌正被活捉，并被处死，军府中才安然无事。

成德节度使张宝臣请求恢复张姓后，自己心中又感到不安，再次请求代宗赐姓。夏季，四月十三日癸未，唐代宗再次赐他姓李。

（以上为第八段，写田悦、李希烈非其道得任节度使，其后成为割据藩镇。）

五月初三日癸卯，唐代宗开始生病，五月二十一日辛酉，下制书让皇太子监国。当天晚上，代宗在紫宸殿的内殿中驾崩，遗诏任命郭子仪总摄群臣，辅佐朝政。五月二十三日癸亥，德宗即位，在居丧处服丧，举止遵循礼法，德宗曾经召韩王李迥前来进餐。吃的是马齿苋羹，不放盐和乳酪。

常衮性情刚强急躁，为政苛求细致，不合众人心意。当时群臣早晚临丧，常衮痛哭不已极度疲困，随从官吏中有人去扶他。中书舍人崔祐甫指着他们对大家说：“大臣在君主灵前哭丧，有搀扶的礼节吗？”常衮听到后，就更加痛恨崔祐甫。适逢群臣讨论丧服的事情，常衮认为：“按丧礼，大臣为君主服丧三年。汉文帝临时制定的丧礼，也有三十六天。高宗以来，都依照汉制服丧。等到玄宗、唐肃宗治丧时，才开始服丧二十七天。如今遗诏上说：‘天下的官吏百姓，三天后就除丧。’但自古以来公卿大夫服丧与君主一样，皇帝是二十七天除丧。在朝的群臣也应当如此。”崔祐甫认为：“遗诏中并没有区别朝臣和百姓。朝野内外，难道不都是一个天下？所有任职管事的人，哪一个不是朝廷的官吏？都应该三天后除丧。”他们相互力争，声色俱厉。常衮感到受不了，就上奏说崔祐甫任意变更丧礼，请求把他贬为潮州刺史。唐德宗认为处罚太重，闰五月初三日壬申，将崔祐甫贬为河南少尹。

当初，在唐肃宗时代，天下事务繁多，宰相常常有几个人，轮班处理日常事务，有时有的宰相休息各自回到家中，便诏令值班宰相代他们署名上奏，从此成为惯例。此时郭子仪、朱泚虽然以军功而出任宰相，但都不参与朝政，只有常衮独居政事堂，他便代郭子仪、朱泚署名奏告崔祐甫。崔祐甫被贬官后，郭、朱二人上表说他无罪，德宗问道：“你们先说他可以贬官，现在又说他无罪，这是为什么？”二人回答说，他们起初并不知道这件事。德宗刚即位，便认为常衮是在欺骗蒙蔽他，大为震惊。闰五月初五日甲戌，群臣身着丧服，依次排列站立在月华门前，唐德宗颁发制令，将常衮贬为潮州刺史，任命崔祐甫为门下侍郎、同平章事，听到这个消息的人都感到震惊和恐惧。崔祐甫到达昭应县后就返回京师。不久，群臣还是采用常衮的建议服丧。

唐德宗此时正在居丧，各种政务都委托给崔祐甫，对他所说的事没有不同意的。当初，至德年间以后，天下不断用兵，各个将领竞相论功邀赏，所以加官晋爵不能不杂滥。等到永泰年间以来，天下渐渐平定下来，而元载、王缙当政掌权，四面八方的人纷纷上门贿赂求官，大官出自元载、王缙之手，小官出自卓英倩等人之手，求官的人都能如愿以偿地离去。等到常衮做宰相，想要革除这种弊病，杜绝人们侥幸得官的途径，对四面八方上奏请求做官的，一律不准许，而不加以甄别，致使贤能与蠢材同样滞留在原位而得不到提拔。崔祐甫代替常衮做宰相，想要拉拢人心，提高声望，于是各方引荐推举的人很多，每天不断。他做宰相不到二百天，就授官八百人。前后两位宰相都相互矫枉过正，终究没有找到一种适当的办法。唐德宗曾经对崔祐甫说：“有人诽谤你，说你所任用的人大都涉及亲朋故旧，这是为什么？”崔祐甫回答说：“臣为陛下选择百官，不敢不周密谨慎。如果是平生不认识的人，凭什么熟悉他的才能德行而任用他呢。”唐德宗同意他的看法。

臣司马光评论说：我听说任用人才，没有亲疏、新旧之别，只以贤能和无能作为考察对象。其人并非贤能，因为是亲朋故旧的关系而被任用，这固然不公正；如果某人贤能，因为亲朋故旧的关系而舍弃，这也是不公正的。天下的贤才，本不是一个人所能全部认识的，如果必须等待平时就认识并熟悉其才能德行，然后才加以任用，那么所遗漏的人才也就很多了。古代做宰相的人就不是这样做的，而是由众人推荐，然后以公正的态度量才任用。众人都说某人贤能，自己虽然不知道他的详细情况，也姑且试用，等到他没有什么功绩，然后再辞退他，如果有功绩，就提拔他；被推荐的人确实是人才，就奖赏推荐的人，否则，就惩罚推荐的人。晋升、黜退、奖赏和惩罚，都由大家所公认，宰相本人不在中间添加自己丝毫的私心。假如推广这种态度来任用人才，又怎么会遗漏贤才或才能不能胜任官职，足以造成弊端呢？

（以上为第九段，写代宗崩，德宗立，崔祐甫代常衮为首辅，用人唯亲。）

诏令取消各地贡献非急需的物资，又裁撤梨园使及乐工三百多人，所留下的人都归属于太常。

郭子仪以司徒、中书令的身份兼河中尹、灵州大都督、单于镇北大都护、关内河东副元帅、朔方节度和关内支度、盐池、六城水运大使、押蕃部并营田及河阳道观察等使，权势大，责任重，功名也大，而他性情宽宏大量，行政法令很不严肃，唐代宗想分散他的权力而感到有些为难，长期以来犹豫不决。闰五月十五日甲申，唐德宗下诏书尊郭子仪为尚父，加任太尉兼中书令，增加实封满二千户，每月供给一个千五百人的粮食、两百匹马的饲料、他的子弟、女婿们升官的有十几个人，郭子仪所兼任的副元帅与诸使职全部免去；任命他的裨将河东、朔方都虞候李怀光为河中尹，邠、宁、庆、晋、绛、慈、隰等州节度使，任命朔方留后兼灵州长史常谦光为灵州大都督，西受降城、定、远、天德、盐、夏、丰等军州节度使，任命振武军使浑瑊为单于大都护，东中二受降城与振武、镇北、绥、银、麟、胜等军州节度使，分别承担郭子仪的职务。

闰五月十七日丙戌，德宗下诏书说：“泽州刺史李鷃上《庆云图》。朕认为时和年丰为吉祥，进荐贤士表现忠诚为良兆，至于卿云、灵芝、珍禽、奇兽、怪草、异木，对人们有什么益处？现布告天下，从此以后，凡是有这些东西，都不许向上贡献。”内庄宅使上奏说各州所收的官租有一万四千多斛，德宗命令分给各地当作军粮储备。先前，各国多次进献驯象，共有四十二头，德宗说：“豢养驯象花费很大，并且违反了动物的天性，养着它们有什么用处！”于是命令将驯象放到荆山南边，另外所有的豹、貀、斗鸡、猎犬之类的禽兽，也都放归山林，同时又放了好百个宫女出宫。于是朝野内外都欢欣鼓舞，淄青的军士，甚至扔掉兵器，相互看着说：“圣明的君主出现了，我们还要造反吗？”

闰五月十九日戊子，任命淮西留后李希烈为节度使。

闰五月二十二日辛卯，任命河阳镇遏使马燧为河东节度使，河东自百井之战失败后，骑兵部队势单力薄，马燧征召所有牧马劳役，得到几千人，把他们训练了几个月，都成为精锐的骑兵。制作铠甲一定要分为长短不同的三种尺寸，骑兵们穿上合身，以便快速前进。又制造战车，行走时运载武器装备，停放时便列为营阵，有时堵塞险要地方以遏制敌人冲锋，各种军用器械无不精锐锋利。过了一年，得到经过挑选的士兵三万人。征召兖州人张建封为判官，任命李自良为代州刺史，委以重任。

兵部侍郎黎幹，狡猾阴险，阿谀逢迎，与宦官特进刘忠翼关系很好。刘忠翼本来名字叫刘清潭，仗恃唐代宗的宠信而贪婪放纵。两个人都被众人所厌恶。当时有人说黎幹和刘忠翼曾经劝代宗立独孤贵妃为皇后，立独孤贵妃的儿子韩王李迥为太子。唐德宗即位后，黎幹秘密乘车找刘忠翼谋划此事，事情被发觉。闰五月二十七日丙申，黎幹、刘忠翼同时被除名永久流放，到达蓝田时，被赐自杀。

任命户部侍郎判度支韩滉为太常卿，任命吏部尚书刘晏为判度支。先前，是由刘晏、韩滉分别掌管天下的财赋，刘晏掌管江南、山南、江淮、岭南，韩滉掌管关内、河东、剑南，到这时，才由刘晏一人兼管。德宗平时就听说韩滉征收赋税过于凶狠贪婪，所以罢除了他的财政大权，不久又将他调出京城作晋州刺史。

至德初年，第五琦开始实行食盐专卖以补充军事费用，等到刘晏代替他以后，专卖的办法更加精细完善。开始一年收入钱财六十万缗，到最后一年收入超过十倍，而老百姓并不感到厌恶痛苦。大历末年，统计一年的收入总共有一千二百万缗，而食盐专卖的收入占了其中的一大半。将食盐的收入作为漕运雇工的费用，从江、淮地区运到渭桥，大约是一万斛的数量支付漕运雇工工钱七千缗，从淮河以北，沿路设置巡院，选择有能力的官吏负责此事，不烦劳州县而事情却办得很好。

（以上为第十段，写德宗初即位，锐意兴革，释放禁苑珍禽走兽，出宫女数百归民，整顿武备财赋，初露明主风采。）

六月初一日己亥朔，大赦天下。

西川节度使崔宁、永平节度使李勉同时任同平章事。

唐德宗下诏说："天下冤案积压很多，州府不予受理，听任人们去找三司使，让御史中丞、中书省舍人、门下省给事中各一人，每天在朝堂接受讼词。还不能完全推断决定的，听任他们敲击登闻鼓。从今以后不许再上奏请求设置寺观以及剃度和尚、尼姑这类事。"于是敲登闻鼓的人很多。右金吾将军裴谞上疏德宗，认为："诉讼的人所争论的都是些鸡毛蒜皮的小事，如果天子一一亲自过问，那何必任用狱吏去审理案子呢？"德宗这才将全部诉讼事务交给有关部门处理。

唐德宗下令："所有帝陵修建制度，务必从优从厚，应当竭尽国库财物来供应修建费用。"刑部员外郎令狐峘上疏劝谏，大意是说"臣拜读遗诏，先帝要求修陵务从俭省节约，如果制度要求优厚，哪里是先帝遗命的用意呢？"德宗回诏书，大意是说："这不仅正说中朕的过失，而且还成朕之美，朕哪敢不听从大义而改正过失呢？”令狐峘是令狐德棻的玄孙。

六月初二日庚子，立皇子李诵为宣王，李谟为舒王，李谌为通王，李谅为虔王，李详为肃王。六月初七日乙巳，立德宗的弟弟李迺为益王，李傀为蜀王。

六月初八日丙午，依照先天年间的成例，六品以上的清望官，虽然不是供奉官、侍卫官，但命令每天必须有两个人轮流值班等候诏令，以备德宗随时有事顾问。

六月十二日庚戌，任命朱泚为凤翔尹。

唐代宗优待宠信宦官，奉命出使四方的宦官，都不禁止他们求取财物，唐代宗曾经派宦官去赏赐某妃子的家族，回来后，代宗询问宦官，得知所得到的酬谢很少，就很不高兴，认为这是轻视他的命令。那个妃子非常害怕，连忙把自己的私房拿出来作为补偿。从此，宫中宦官公开地求取贿赂，无所顾忌。宰相们都曾经把钱存放在省阁中，每次德宗命宦官来赏赐一物，或宣读一道圣旨，都没有空着手回去的。宦官出使经过各州县，发放公文，收取财物，就如同征收赋税一样，都是满载而归。唐德宗平素就知道这个弊病。派宫中宦官邵光超赏赐李希烈旌节，李希烈便送给他仆人、马匹以及缣七百匹，黄茗二百斤。唐德宗听说后，十分生气，打了邵光超六十大棍然后把他流放。于是那些出使还没有回朝的宦官，都偷偷地把所获得的财物丢弃在山谷里，即使有人给他们东西，他们也不敢接受。

六月二十六日甲子，任命神策都知兵马使、右领军大将军王驾鹤为东都园苑使，任命司农卿白琇珪代替他的职务，改名为白志贞。王驾鹤掌管禁军长达十几年，权势通行于朝廷内外，德宗担心他产生变乱。崔祐甫因此召见王驾鹤，有意留住他拖延了很长时间，白琇珪那边已接管完毕。

李正己畏惧德宗的威名，上表表示奉献三十万缗钱；德宗想接受又怕受骗，想推辞又没有借口，崔祐甫请求派遣使者慰劳淄青将士，乘机将李正己所贡献的钱赏赐给他们，这样使得将士们人人都对德宗感恩戴德；另外让各道听说后，也知道朝廷是不重视财物的。德宗很高兴。听从了崔祐甫的建议。李正己非常惭愧、佩服。天下人认为太平之治，差不多就可以看到了。

（以上为第十一段，写唐德宗治刑狱，倡节俭，罢奉献，严禁中使向地方求索，表现中兴气象。）

秋季，七月初一日戊辰朔，日食。

礼仪使、吏部尚书颜真卿向德宗进言说：“上元年间，武后专政，开始增加祖宗的谥号。玄宗末年，奸臣当权，历朝皇帝的谥号，有增加到十一个字的。按周代的文王和武王，称文就不称武，称武就不称文，难道他们的大德就不崇高吗？这大概是群臣认为文、武是最高的称呼的缘故。所以，谥号的字多并不意味着褒扬，字少也不意味着贬低。现在历朝皇帝的谥号字数太多，超过了古代的制度，请求自中宗以上的皇帝，都依从最初的谥号，中宗以下，睿宗称圣真皇帝，玄宗称孝明皇帝，肃宗称宣皇帝，以求减少文字，崇尚质朴，辨正名分，注重根本。”德宗命令百官集中讨论，儒学之士，都同意颜真卿的建议。只有兵部侍郎袁傪，因军功而加官，他上奏说：“陵庙中的玉册、神位牌都已经刊刻，不可以轻易改动。”于是这事便搁置起来。殊不知皇陵中玉册所刻的本来就是最初的谥号。

当初，在唐代宗时期，朝廷的许多事情都拖延未办，四夷使者以及各地奏报计划的官员，有的一连好几年都不遣返，于是在右银台门设置客省安置他们。还有上书议事的、失职未再任的，也安置在客省里，动辄一住就是十年。经常住在那里的有好几百人，加上随从、牲畜，动辄就是数以千计，由度支供给粮食饲料，费用很大。德宗下令全面治理整顿，被拘留的放出来，事情办完了遣返，应当按次第进职的就任命，一年就节省粮食一万九千二百斛。

七月初五日壬申，毁掉元载、马璘、刘忠翼的宅第。起初，在天宝年间，贵戚的宅第房舍虽然极其奢侈华丽，然而围墙房屋的高低，还符合有关的规章制度，然而李靖的家庙已经改作杨氏的马厩了。等到安史之乱以后，法令制度全被破坏废弛，大臣将帅竞相修建宅第房舍，各人都竭尽自己的力量才罢休，当时人称之为木妖。德宗平时就很痛恨这种做法，就拆毁其中特别奢华的宅第，还命马氏献出他的园林，归宫司掌管，称之为奉成园。

七月初六日癸酉，减少经常贡奉宫中服用的织锦一千匹，以及服装玩物好几千件。

七月十三日庚辰，诏令在京师的回纥及各族胡人，各自穿本民族的服装，不得效仿汉人。先前，滞留在京师的回纥人常常上千人，而经商的胡人穿着汉人服装与汉人杂居的又多一倍，官府每天要供给他们大量的食物，他们却大置产业，修筑宅第房舍，在市场上大做买卖，优厚的利润都归他们所得，日益放纵、贪婪、横暴，官吏不敢责问追究他们。有人穿着汉人的衣服，骗娶妻妾，因此德宗下令禁止他们穿汉人服装。

七月二十四日辛卯，取消天下酒的专卖来增加国家税收。

唐德宗当年在东宫做太子时，国子监博士河中人张涉做他的侍读，唐德宗即位的当晚，就把张涉召进宫中，事情无论大小都向他咨询。第二天，就把他安排在翰林做学士，无比地信任和重视。七月二十八日乙未，唐德宗任命张涉为右散骑常侍，仍然担任学士。

（以上为第十二段，写德宗大刀阔斧处理积案，拆毁权臣达官逾制的住宅，整顿京师秩序，约束回纥商人。）

【点评】

本卷记载代宗晚年执政和德宗初即位，共五年又七个月。本卷点评代宗晚年的作为与德宗即位之初的兴革。

代宗晚年清理积弊。王夫之论唐高宗有言："至弱之主，必有暴怒；至暗之主，必有微明。"（《读通鉴论》卷二十一）唐代宗姑息藩镇，涵容权臣元载，晚年一奋而起，讨魏博，诛李灵曜，杀元载，表现了中唐皇权仍有控制朝政的能力。魏博节度使田承嗣是河北诸镇中最为骄慢的割据者。代宗为了笼络田承嗣，把皇女永乐公主许妻田承嗣之子田华，唐代宗为此是要拉近与田承嗣的关系，可是田承嗣不买账，更加骄慢。田承嗣不听朝廷号令，不入朝，不派兵防秋。当时吐蕃经常寇边，常于秋天扰乱收割，朝廷征兵诸镇防秋。代宗大历九年（公元 774 年），幽州卢龙节度使朱泚入朝，亲自带领五千士卒防秋，代宗给予很高礼遇。朱泚表请留阙下，推荐其弟朱滔知幽州卢龙留后，代宗听之，朱滔效顺。又成德节度使李宝臣、淄青节度使李正己，两人皆为田承嗣所轻视，上表请求讨伐田承嗣。代宗于是利用诸镇之间的矛盾，在大历十年四月初三日乙未下诏贬田承嗣为永州刺史，征调河东、成德、幽州、淄青、淮西、永平、汴宋、河阳、泽潞等九节度使之兵，大举讨伐田承嗣。这是朝廷平定安史之乱以来的最大规模用兵。代宗此举，志在必得。朝廷无权威良将统率诸镇，没有统帅，诸镇各自为战，田承嗣分化瓦解，各个击破，拉拢李正己中立，挑起了朱滔与李宝臣交斗，其余诸镇各自退兵。田承嗣上表谢罪，代宗就势下坡，征讨田承嗣不了了之。随后汴宋留后李灵曜反叛，北连田承嗣。代宗命李忠臣、马燧进讨，又反正了汴宋兵马使李僧惠，授命李僧惠为宋州刺史。李僧惠是李灵曜的谋主，李僧惠反戈一击，李灵曜军心瓦解。诸军进击，十月汴州城破，诛杀了李灵曜。李灵曜之死，使朝廷挽回了一些面子。

田承嗣上表入朝，李正己随后上表替田承嗣说情，请求允许他自新改过。两人配合演双簧，田承嗣终究没有入朝，又帮助李灵曜反叛，代宗再次下令征讨，田承嗣又上表谢罪。代宗没有办法，只好下诏，恢复田承嗣官爵，免其入朝。此时郭子仪健在，代宗忌刻功臣而不用，是以建功不成。代宗刻忌功臣，又表现了一个昏君的常态。

奸相元载专横纳贿，黄门侍郎、同平章事王缙党附。元载妻王氏，元载之子元伯和、元仲武，以及王缙之弟、妹，争纳贿赂。士人求进，百官晋升，都要通过元载、王缙两人的子弟及主书卓英倩等，纳贿办事，否则无由仕进。大历十二年（公元 777 年）三月，代宗单独与左金吾大将军吴凑密谋诛元载。吴凑是代宗的舅舅。谋定使人上告元载、王缙图谋不轨。三月二十八日庚辰，代宗驾临延英殿，命吴凑到政事堂逮捕元载、王缙，及其同党。元载及卓英倩等被诛，王缙贬官为栝州刺史。

唐代宗诛杀元载后，清理积弊，额定百官俸禄，裁撤诸州团练使，又定员诸州守兵，皆有常数，史称“法制粗立”。

大历十四年（公元779年）五月二十一日辛酉，代宗崩，德宗即位。

德宗初即位急躁轻率。德宗即位，时年三十九岁，曾参加平定安史之乱，年富力强，阅历已久，即位之初，表现了励精图治之志。居丧期间，下诏罢四方贡献，又罢梨园及乐工三百余人，释放禁苑走兽归山林，出宫女数百人。又下诏天下各州平反冤狱，不准全国各地增修寺观，不准剃度增加僧尼。禁止外出中使向地方求索。德宗派中使邵光超赐淮西节度使李希烈旌节，李希烈送给邵光超仆从、良马，以及谦七百匹，黄茗茶二百斤。唐德宗大怒，处邵光超杖刑二百，流放边地。其他各道中使无人敢接受馈赠。于是中外大悦，认为明主出世，天下庶几可治。其实德宗仍是一个昏君。肃宗、代宗处事优柔寡断，姑息藩镇，只求苟安。德宗处事举重若轻，急躁妄动，刚愎自用，即位旬日之间就表现出来。朝廷为代宗治丧，群臣议丧服。宰相常衮主张按惯例服丧二十七日除服，中书舍人崔祐甫主张依从代宗遗诏，三日除服。两人争执，恶语相加。常衮上奏德宗说崔祐甫任意变更丧礼，请求贬为潮州刺史。德宗认为太重，于闰五月初三日壬申，贬崔祐甫为河南少尹。常衮的上奏，有郭子仪、朱泚两人副署。两人以军功为宰相，并不到政事堂办事。唐肃宗时，事务繁多，宰相有好几个人，轮流值班。有时有宰相休假，值班宰相奏事，代休假宰相署名上奏，成为惯例。这次常衮上奏，代郭子仪、朱泚署名，合于惯例。常衮刚直，得罪了许多人，这些人抓住这件事做文章，德宗也想树立一下威望，加罪常衮欺君，贬常衮为潮州刺史。常衮欲贬崔祐甫为潮州刺史，德宗用在了常衮自己身上，然后把崔祐甫召回来代替了常衮的位置。而丧服礼却按照常衮的意见执行。唐德宗五月二十三日即位，十天后于闰五月初三日贬崔祐甫，第三天闰五月初五日倒过来贬宰相常衮。德宗和其父其祖代、肃二宗大相径庭，急躁轻率，唐朝在他的统治下，结束了苟安，但带来的不是治世，而是动荡危难。急躁的昏君比宽厚的昏君更容易偾事。肃宗、代宗、德宗，本质上都是昏君，昏聩的最大特点就是忠奸不分，猜忌功臣。德宗对功臣的猜忌，更甚于其父其祖，耍弄的小聪明也甚于其父其祖。德宗初即位，就免去郭子仪的一切军职，用郭子仪的三个部将李怀光、常谦光、浑瑊分掌兵权。代宗想分郭子仪的兵权，久久不能决定，临终也没有办成。德宗一上台便办了，表面上却尊崇郭子仪为尚父，给予优厚的生活待遇，增加封邑到二千户，实权却剥夺殆尽，包括郭子仪的子侄。中唐昏君，刻忌功臣，仿佛有基因遗传，一代甚过一代。

唐纪四十二

唐代宗大历十四年至唐德宗建中二年（公元779—公元781）

【起屠维协洽（己未，公元779年）八月，尽重光作噩（辛酉，公元781年）五月，凡一年有奇】

【大事提要】

本卷记事起公元779年八月，讫公元781年五月，凡一年又十个月。当唐代宗大历十四年八月到唐德宗建中二年五月。这是唐德宗初即位，欲有一番大作为的时期。德宗即位之年三十八岁，正当盛壮年富力强之时。安史之乱平定后，经代宗十余年的休养生息，唐朝恢复了一定的国力。天下税户三百八十五万余，籍兵七十六万余，税钱一千又八十九万余缗，谷二百七十万余斛。德宗重整朝纲，有一定的实力。德宗革除积弊，采纳杨炎建议，在建中元年实施两税法，是中国财政史上的一次大变革。德宗又将宦官所掌管的天下财赋转归户部左藏管理，惩贪，罢贡奉，节制方镇，和好吐蕃，确实有了一番新气象。但所用非人，德宗的革新大打折扣。杨炎入相大权独揽之后就专以报仇害人为能事，冤杀理财家刘晏是唐朝政治的一大损失。不久卢杞入相，奸诈误国，德宗朝政治很快走了下坡路。德宗性格偏执，因曾受回纥之辱，即位后指使振武节度使张光晟滥杀九姓回纥商人，是外交上的一大败笔。

代宗睿文孝武皇帝下

唐代宗大历十四年（己未，公元779年）

八月初七日甲辰，朝廷任命道州司马杨炎为门下侍郎，怀州刺史乔琳为御史大夫，一并授予同平章事头衔。德宗正励精图治，破格用人，为选择宰相而征询崔祐甫的意见，崔祐甫举荐了杨炎的器识和业绩，德宗也早已听说杨炎的名声，因此任用正在受降职处分的杨炎为宰相。乔琳是太原人，性情粗疏随意，喜欢开玩笑，又没有什么长处，与张涉是好朋友，张涉说乔琳是个可以起大作用的能干之才，德宗相信了张涉的话而任用乔琳为宰相；听到乔琳被任用为宰相消息的人，无不感到震惊和诧异。

在代宗朝，吐蕃屡次派遣使臣向朝廷求和，却又不停地越境侵犯骚扰，因此代宗把派来求和的吐蕃使臣都拘留起来，前后共有八批，有的使者直到老死都没能回归；而在交战中所俘虏的吐蕃人，都发配流放到江南或五岭以外。德宗想以恩德来感化怀柔他们，八月初八日乙巳，便任命随州司马韦伦为太常少卿，派韦伦出使吐蕃，并集中所有被流放的吐蕃俘虏共五百余人，赐予每人一套衣服并将他们遣送回去。

协律郎沈既济上奏议论有关人才选举的事宜，沈既济认为：“选拔任用人才的办法，只根据三条标准就行了，这三条标准就是德操、才学和劳绩。而现在负责选用人才的官署都没有考虑到这三条标准；他们考核人才的办法，全都在于书法是否优雅，文理是否通畅，资历是否深长，言语表达和辩论是否流利，言谈举止是否妥当，待人处事是否得体等等方面而已。大凡步履稳重，言语徐缓，并不表明此人有德行；辞藻华丽，书法清秀，并不表明此人有才干；资历深长，屡受考核，并不表明此人有功劳。根据这些标准来选拔天下的贤能之士，当然就不可能得到完全令人满意的结果。现在有些人长期不住在自己家乡，因此乡邻地方对他的评价不足为凭；单一的鉴定考察不可能做到特别清楚，那么选拔人才，就不能完全由吏部操持。臣下认真详细地研究了古今择人任官的办法，认为五品以上的官员和中央各官署内的负责官员，应当下令由宰相推荐叙用，吏部和兵部可以参与任用他们的讨论。六品以下官员和幕僚佐吏一类的人员，允许州、府自行辟举任用，如果州府长官和将帅有选任不公正的事情发生，那么吏部和兵部都要查明冒滥为官的行为。而那些不能谨慎推荐人才的官员，轻则申斥贬官，重则依法严惩。被任用官员，要责令他取得相应的政绩，谁还敢不勤勉努力呢？这样一来，那么贤能之士不需要勉励就会自求进取，无才无德的人也不需要压制就会被自行淘汰，各种人才都可以任职，那么政务没有治理不好的。现在的铨选办法，都是由吏部选拔人才，送到州郡试用。如果才能和职务不相称，办事杂乱无章而失职，责备刺史用人不当，刺史就会推脱责任说他所任用的官员都是吏部选派下来的，不敢弃而不用；责备吏部侍郎，吏部侍郎就会推脱责任说他完全是考量书法文章、资历考绩等条件而任命的，不能担保他日后政绩如何；责备掌管文案基层的令史，他们就会辩解说是根据他的籍贯和资历材料来执行的，对其他情况一概不知。黎民百姓无故受害，罪责究竟应由谁来承担呢？如果这种不称职的官员是州郡长官自己任用的，那么州郡长官怎能推卸自己的罪责呢？如果肯定是州郡长官虚妄不实而造成弊端，那么只要换个刺史就可革除了。如果是吏部虚妄不实，那么即使更换了吏部侍郎也于事无补。现在人员众多，朝廷不可能掌握全面情况，是制度法规不当造成了这样的结果，不是主管部门的过错。当今各道节度使、都团练使、观察使、租庸使，从判官、副将以下的官吏，都让他们自己选拔任用，即使中间可能因人情世故而营私舞弊，但总的看来，十人之中应有七人是名实相符、才职相称的。而征辟官吏的办法，现在已经试行，只是还没有普及到州县罢了。什么有利什么有害，道理非常明白。以前的各道长官的幕僚、佐辅人员都由吏部选派，他们怎么能够承担起镇守一方的重任，管理征收赋税的繁杂工作呢？”沈既济是吴县人。

（以上为第一段，写杨炎入相，沈既济上奏选举议案。）

当初，衡州刺史曹王李皋很有治政业绩，湖南观察使辛京杲嫉恨他，设置圈套使他触犯法律，贬官为潮州刺史。当时杨炎在道州，知道曹王李皋为人正直，等到杨炎入朝做了宰相，就提拔李皋为衡州刺史。当初，在李皋受诬陷被当作囚犯受审期间，担心母亲郑太妃年事已高，如果知道此事会受刺激而替李皋担忧，所以出庭受审时就身穿囚服进行申辩，回家时就换去囚服，手持笏板，身佩金鱼袋，盛装一如往常，即使是被贬任潮州刺史时，也仍向母亲报喜说自己被升迁了；直到此时重任衡州刺史，才跪在母亲面前认错并说出了实情。李皋是曹王李明的玄孙。

朔方、邠宁节度使李怀光取代了郭子仪的职务之后，邠宁节度使属下的旧将史抗、温儒雅、庞仙鹤、张献明、李光逸等人，功勋名望一向都在李怀光之上，对受制于李怀光都不服。李怀光调兵防守秋收，驻扎于长武城，军队调发驻屯，老将们都不按规定时间执行命令。监军翟文秀建议李怀光上奏朝廷，请下令将他们调作宫廷宿卫，等他们离开军营后，便派人追捕，给他们捏造别的罪名，并且说：“黄萯原之所以被打败，完全是由这伙人违背命令造成的！”于是将他们全部杀掉了。

九月初七日甲戌，把淮西节度使改称为淮宁军。

西川节度使、同平章事崔宁，在蜀地经营了十多年，倚仗地势险要和兵力强大，为所欲为，奢侈荒淫，朝廷虽然认为崔宁是一大祸害，却无法更换崔宁的职位；直到此时崔宁入朝，才趁机给崔宁加授司空头衔，兼任山陵使。

南诏王阁罗凤去世，儿子凤迦异死在阁罗凤之前，孙子异牟寻立为南诏王。

冬季，十月初一日丁酉，吐蕃与南诏联合，派遣军队十万，分成三路进犯唐朝疆域，一路进犯茂州，一路进犯扶州、文州，一路进犯黎州、雅州，并且声言：“我们目标是攻下蜀地作为东府。”当时崔宁正在京城，留守蜀地的众将领无法抵挡三路进攻，吐蕃与南诏接连攻陷蜀地的州、县，唐朝的刺史弃城逃亡，士人平民逃往深山幽谷之中躲藏。德宗为此非常担忧，催促崔宁归蜀镇守。崔宁已向德宗辞行，杨炎对德宗说：“蜀地富饶，崔宁据守它而视为己有，朝廷丧失这所京外的府库，至今已经有十四年了。现在崔宁虽然入朝为官，但崔宁的全部军队还留守后方，贡物和赋税不上缴，朝廷虽有蜀地，实际情形与无蜀相同。况且崔宁的地位本来与其他一些将领差不多，由于乘乱夺得高位，因此无威望，命令也难以执行。现在即使将崔宁派遣回去，恐怕也不会有什么成效；假如崔宁能退敌建功，那么按理就不能撤换崔宁西川节度使的职务。因此，蜀地作战失败，固然要丧失它，即使取胜，朝廷实际上也无法得到蜀地。希望陛下深思熟虑。”德宗问：“既然如此，那该怎么办才好？”杨炎回答说：“请求将崔宁留在京城，调发朱泚率领的几千范阳兵，编入宫廷的禁卫军一起攻击敌人，还怕不能克敌制胜？同时还能够将亲信的禁卫军安插在蜀的腹地中，蜀地将领一定不敢轻举妄动，然后另外任命一人为蜀地统帅，使广袤富饶之地重新为国家所有，这正是借小害的机会而获大利。”德宗听后说道：“好！”于是把崔宁留在京城。

当初，因马璘妒忌泾原都知兵马使李晟功高名重，派遣李晟入朝廷值勤警卫，担任禁卫军右神策都将。德宗调发禁卫军四千人，让李晟统领，又调集邠宁、陇右、范阳之兵五千名，由金吾大将军安邑人曲环率领，用来援救蜀地。他们同时从东川出兵，从江油向白坝进发，与山南守军合击吐蕃、南诏，打败了来犯之敌。范阳军追击到七盘，再次打败敌人，于是攻下了维州、茂州。李晟领军追击敌人到大渡河外，又打了一次胜仗。吐蕃、南诏的军队饥寒交迫，掉到悬崖深谷中而死的多达八九万人。吐蕃军悔怒之下，杀死当初引诱他们进攻蜀地的人。异牟寻非常害怕，构筑起苴咩城，城垣和防御工事长达十五里，将首府迁居到这里。吐蕃封他为日东王。

德宗实施法令严厉，文武百官都非常震惊恐惧。由于临近大行皇帝代宗的陵寝，因此禁止一般人屠宰牲畜；郭子仪的仆人偷偷地宰杀羊只，将它运进京城，右金吾将军裴谞将此事上奏给朝廷。有人对裴谞说：“郭公立有保卫国家社稷的大功劳，难道你就不给他留点余地吗？”裴谞说：“我这样做，就是为他着想啊！郭公功劳大名望重，皇上刚继位，认为满朝大臣中有很多人都归附于郭公，因此我故意揭发他的小过错，借以表明郭公的威望权势并不足以令人生畏。这样一来，就能够对上尊重当今天子，对下安定群臣，这样做不也是恰如其分的吗？”

十月十三日己酉，安葬睿文孝武皇帝于元陵，庙号为代宗。在灵柩即将启运前往元陵的时候，德宗出来送丧，发现丧车不是朝向道路的中间，而是稍微有点偏西，便问其中的原因，主管丧事的官员回答说：“陛下的本命在‘午’，方向为南，不敢用先帝的灵车冲犯啊。”德宗哭着说：“哪有让先帝的灵驾受委屈而谋求自身利益的事呢？”命令把灵车对准子午方向的路中央行进。肃宗、代宗都喜欢阴阳鬼神这一套，事情无论大小，都一定要求神问卜，因此王屿、黎幹都凭借旁门左道而受进用。德宗一贯不相信阴阳鬼神之说，先帝下葬，只按照治丧礼仪规定停殡七个月，当各种事务都办妥之后就出殡，而不再另外选择吉日。

（以上为第二段，写唐军击退吐蕃、南诏联兵进犯西州。德宗安葬代宗。）

十一月十一日丁丑，将晋州刺史韩滉任命为苏州刺史和浙江东、西观察使。

乔琳体衰年迈，耳朵失聪，德宗有时因事咨询，乔琳应答的时候语无伦次，而且谋划和建议又多迂阔不切实际。十一月十六日壬午，德宗将乔琳任命为工部尚书，罢免了乔琳处理朝政的职权。德宗还因此疏远了举荐乔琳的张涉。

杨炎将崔宁留在京城之后，于是两人的关系紧张，结下仇怨。杨炎以北部边疆须派大臣镇守安抚为托词，十一月二十七日癸巳，改任担任京畿观察使的崔宁为单于镇北大都护、朔方节度使，镇守坊州。改任荆南节度使张延赏任西川节度使。又改派担任灵盐节度都虞候的醴泉人杜希全为掌管灵州、盐州各种事务的留后；改任代州刺史张光晟为掌管单于、振武等都护府和绥州、银州、麟州、胜州事务的留后；改任延州刺史李建徽担任掌管鄜州、坊州、丹州事务的留后。当时崔宁已经担任节度使职务，按规定不应该在辖区内再设置留后职务，杨炎这样做，就是想要剥夺崔宁的权力，而且还能够监视崔宁的所作所为，因此给予杜希全、张光晟，李建徽三人直接向朝廷汇报情况和提出建议的特权，还暗示他们要窥探崔宁的过错。

（以上为第三段，写杨炎裁制崔宁。）

十二月十九日乙卯，册立宣王李诵为皇太子。

按常规制度，征敛的天下财赋都储备在国库之中，由太府每年按四季上报储藏数量，由比部审核支出收入。等到第五琦担任了度支和盐铁使职务，由于当时京城中有众多居功自傲和手握大权的桀骜将领，向国库索要钱物，毫无节制，第五琦约束不住他们，于是上奏把天下财赋全部贮藏在皇家内库百宝大盈库中，指派宦官负责管理。天子也认为这样取用和赏拨比较方便，所以征敛的财赋长期都贮藏在内库而不支出。因此，就把天下征敛而来的公赋当作了君主的私有财产，主管官署不能探知征敛的财赋究竟有多少，无法核实收入支出的盈亏，这种情况持续了将近二十年。掌理内库收支的宦官有三百多人，都不断从中贪污盗窃，他们串通一气结成死党，根深蒂固不动摇。杨炎在德宗面前叩头进言说："财赋，是江山社稷的根本，是民众得以维持生命的源泉，国家的盛衰安危，无不由财赋收入的多少来维持，因此前朝都是指派国家的重臣掌管其事，即使如此，仍难免发生损耗和混乱不清的情况。如今却完全指派宦官们掌管收支，核实盈亏，而大臣们都不知道实情，朝政的毁损败坏，没有比这更严重的了。臣下请将掌管财赋的大权移交出来，重归主管官署。计算一下宫中全年所需费用有多少，让主管官署按数额送上纳入内库，他们一定不敢使宫中用度缺乏。只有这样，才能够好好地治理国家政事。"德宗当天颁布诏令："凡是征收所得财赋，都归国库储备，一切都依照旧有规矩办事，每年从中选择精美上佳的布帛三五千匹，送进百宝大盈内库。"杨炎用简洁的几句话便改变了德宗的想法，议论这件事的人都称赞杨炎。

十二月三十日丙寅，出现日食。

湖南盗寇头目王国良凭借山势险要，劫掠为害，德宗派遣都官员外郎关播去招抚他。关播辞行的时候，德宗询问治理国家最重的是什么，关播回答说：“治理国政的根本之处，在于必须找寻德才兼备的人，让他参与治理天下。”德宗说：“我近来颁诏求贤，又派使臣到各地广泛寻访，这样一来，大概可以把天下治理好了吧？”关播回答说：“陛下颁诏所要征召的和使臣们推荐的那些人，只能是一些凭文采辞章求取官职的士人，哪有德养深厚的贤才愿意凭州县的文书，就甘心接受推举的呢？”德宗听了非常高兴。

崔祐甫患病，德宗便命令用轿子将崔祐甫抬进中书省来议事，有时崔祐甫在府第休假，遇有大事，就派宦官去向崔祐甫咨询解决的办法。

（以上为第四段，写杨炎善谏，为国家从宦官手中夺回财赋。）

德宗神武孝文皇帝一

唐德宗建中元年（庚申，公元 780 年）

春季，正月初一日丁卯，改年号为建中。群臣为德宗奏上尊号称圣神文武皇帝；大赦天下。德宗开始采用杨炎的建议，命令黜陟使与观察使、刺史“估算统计各地百姓的成丁和田地财产，制定民户等级，征收国家赋税改行两税法。近来出现的各种繁杂的税收名目，一律予以取消。在二税以外，如果官吏滥收百姓一文钱的，以违犯国法论处”。

唐朝初期，征收的赋税有租、庸、调三种，有田地的就要缴纳田租，有人口的就要按人丁缴纳服役费用称“庸”，有家庭的就要按户口缴纳丝麻制品称“调”。唐玄宗末年，户口逐渐混乱不堪，大多户籍册与实际情况不相符合。到了至德年间，战乱发生，各地的赋税征敛，被迫按上级命令催办，不再有固定标准。征税机构数目增加，而朝廷却无法进行统一管理，以至于各机构任意增加赋税的数额，自行设立赋税的种类，新旧相重，没有终止的时候。百姓中富有而人丁众多的家庭，大部分都得到官家或者寺院的庇护而免除赋税和徭役。然而，百姓中贫穷而人丁兴旺的人家没有地方藏匿，所以大户逍遥而小户困顿。官吏们乘机从中不断贪赃肥私，租赋十天或满月就要上缴一次，老百姓无法承受这种折腾，于是大多逃亡移居外地，成为飘忽不定的流动户口，而真正定居在本乡本土的，不到总数的百分之四五。事情发展到这种地步，杨炎建议征收两税法：先计算州县每年应支出的费用和应上缴给中央政府的数额，根据支出总数制定征收赋税的总额。户口不再分定居本土的，还是迁移流动的，都以现居住地登记户籍；人口不分丁男、中男，只按贫富状况区别等级；外出买卖经商的，于所在州县内纳三十分之一的盈利，使他们与定居户均等纳税，而不至于逃税获侥幸之利。定居户的赋税，在夏、秋两季征缴。而以前规定的租、庸、调和各种杂役等一律免除，赋税征收全部由度支负责管理。德宗采纳了杨炎的建议，于是颁令免除百姓以前尚未缴清的赋税，全面推行两税法。

当初，左仆射刘晏任吏部尚书，杨炎任吏部侍郎，两人相处很不融洽。元载之所以被处死，刘晏曾暗中落井下石，起了很大作用。等到德宗继位时，刘晏长久掌管财赋职权，很多人怨恨他，不少人建议撤销转运使。又有谣言传说刘晏曾密本上奏，劝代宗册立独孤妃为皇后。杨炎当上宰相后，要替元载报仇，便痛哭流涕地对德宗说："刘晏与黎幹、刘忠翼同谋叛逆，臣身为宰相而无法讨伐他们，罪该万死！"崔祐甫对德宗说："这件事真暧昧不清，既然陛下已宽宏大量地赦免了当事人，那么就不应该再去追究那些流言蜚语。"杨炎于是建议："尚书省是治理国政最重要的机构，近来设置的诸使，分散夺去了尚书省的权力，现在应该恢复旧制。"德宗听从了杨炎的意见。甲子这一天，德宗颁布诏令天下所有钱粮事务都归金部、仓部掌管，免去了刘晏转运、租庸、青苗、盐铁使等职务。

（以上为第五段，写杨炎施行两税法，刘晏被罢官。）

二月初一日丙申，朝廷命令黜陟使十一人分头巡视各地。此前，魏博节度使田悦事奉朝廷还算恭敬顺服。河北黜陟使洪经纶，对时政不甚明了，听说田悦统领的军队人数达七万之多，便按规定下了一道命令，裁减田悦部众四万，将他们遣散回家务农。田悦表面接受了命令，按照命令裁军。不久却召集应当被裁的部众，激怒他们说："你们长期在军队中服役，上有父母，下有妻儿，如今一旦被黜陟使下令裁减，将靠什么财产来养家糊口呢？"众人大哭起来。田悦于是拿出自己家中的钱财分赐给他们，让他们各归原来的部队。因此，军士们都感激田悦而怨恨朝廷。

崔祐甫因疾病缠身，基本不过问政事；杨炎因而得以独掌朝政，专干报恩复仇的事情。杨炎奏请采用元载生前提出的计划，修筑原州城，又想征发两京、关内地区的壮丁夫役疏浚丰州的陵阳渠，以便兴办屯田。德宗派宦官作为使者去见泾原节度使段秀实，咨询利害关系。段秀实认为："当今边防还比较空虚，不太适宜调动力役大兴工程，招致敌人入侵。"杨炎对此大为震怒，认为他故意跟自己过不去，于是召回段秀实担任司农卿，夺其兵权。二月十二日丁未，朝廷命令邠宁节度使李怀光兼任四镇、北庭行营、泾原节度使，并指派他将部队移驻原州，任命四镇、北庭留后刘文喜为别驾。京兆尹严郢上奏说："考察朔方五城，原来所屯垦的是一片肥沃丰饶之地，自从发生战乱以来，劳动力严重不足，于是造成沃土荒废，被耕种的土地还不到十分之一。如果有足够的劳动力可以耕垦，就不必等到疏通渠道以后再去屯田了。现在如果征发两京、关内地区的人力去丰州疏通渠道，垦荒耕种，仔细计算实在得不偿失，而关内一带的老百姓难免会因此逃亡流散，结果不但会造成京师周围地区的人丁空虚，而且也无助于增加军粮储备。"奏疏呈上后，没有得到答复。结果，疏通陵阳渠的工程始终都没能够完成，半途而废了。

德宗采纳了杨炎的意见，二月十四日己酉，以刘晏的奏请不实为借口，把刘晏贬谪为忠州刺史。

二月十八日癸丑，朝廷任命泽潞留后李抱真为节度使。

杨炎打算通过修筑原州城，来恢复秦州、原州，命令李怀光前往监督工程的进行，朱泚、崔宁各领军万人在后辅助。德宗颁下诏令，命泾州负责准备筑城器具，泾州的将士对此大为愤怒，他们说："我们保卫国家西边的大门，已经十余年了。最初驻屯邠州，刚刚开出荒芜之地，经营农桑，开始有安心驻守此地的愿望时，把我们又调往泾州屯田，我们披荆斩棘，辛苦地建起军营，可是我们在这里连座位都还没有坐热，又要将我们抛到苦寒的塞外之地。我们到底犯了什么罪，要受这等折磨？"李怀光刚就任邠宁节度使时，就处死了温儒雅等老将，而且军令严厉；等到兼任泾原节度使后，部属将领都非常恐惧。他们说："温儒雅、史抗、庞仙鹤、张献明、李光逸五位将领犯了什么罪而将他们杀了？现在他又来此统帅我们，我们能不忧心吗？"刘文喜趁众将士惶惶不安之机占据泾州，不接受朝廷的诏令，上奏请求朝廷派段秀实重回泾州来担任统帅，否则就派朱泚任节度使。二月二十八日癸亥，朝廷任命朱泚兼任四镇、北庭行营、泾原节度使，取代了李怀光。

三月，翰林学士、左散骑常侍张涉收受了前任湖南观察使辛京杲的贿赂，事情暴露以后，德宗震怒，准备依法严惩张涉。李忠臣以检校司空、同平章事、奉朝请的身份，进言德宗说："陛下贵为天子，而您的老师却因为家贫而犯法，依臣下个人的愚见，这并非您老师的过错。"德宗的怒气消了许多。三月初六日辛未，德宗将张涉解职放回原籍。辛京杲因为私忿，用杖刑处死了一个家仆，有关官署奏请按照法律的相应条文，应将辛京杲判死罪，德宗准备依奏处理。李忠臣又上奏德宗说："辛京杲早就该死了！"德宗问他说这话的缘故，李忠臣回答说："辛京杲的父辈和兄弟们都为国战死了，唯独辛京杲一人死里逃生，至今还活着，因此我认为辛京杲早就该死了。"德宗听罢，动了恻隐之心，将辛京杲降职为诸王师傅。李忠臣常在关键时刻救人，多是采用这种方式。

杨炎撤销了度支和转运使，由金部和仓部取代其职责。不久，因为尚书省官员长期没有管理过这类事务，职事荒废了，上下接应不上，没有人能把工作开展起来，以至于天下钱粮的征收、储藏、转运等无人统筹处置。三月二十八日癸巳，又任命谏议大夫韩洄为户部侍郎，管理度支事务，任命金部郎中万年人杜佑代理江淮水陆转运使，完全恢复了先前的规章制度。

刘文喜再度不服从朝廷诏命，打算自任泾原节度使。夏季，四月初一日乙未，刘文喜割据泾州反叛朝廷，派遣儿子去吐蕃做人质，请求吐蕃援助。德宗命令朱泚、李怀光率部讨伐刘文喜，又派神策军使张巨济统领禁卫军两千人前去增援。

吐蕃起初听说韦伦代表朝廷要将战俘送还吐蕃，还不相信此事，等到战俘回到境内，各自回归原来的部落，到处宣传"新皇帝将宫女放还家园，将奇禽异兽放归山林，皇上英姿圣明的威德，使中原一派祥和、安定”。吐蕃非常高兴，洒扫行道隆重迎接韦伦。吐蕃赞普随即派出使节跟着韦伦入朝进贡，并且为代宗的丧事送了份厚礼。四月初九日癸卯，吐蕃使节到达京城长安，德宗按礼仪接见了吐蕃使节。不久，蜀地的守将上奏说：“吐蕃豺狼成性，俘虏的人不能放回去。”德宗说：“戎狄侵犯边塞，就予以还击，如果他们服顺，就放回俘虏。坚决还击在于向他们显示威力，归还战俘在于向他们显示诚信。如果没有威力和诚信，用什么去怀柔周边的夷狄呢？”命令放回所有战俘。

在代宗朝，每逢正月初一、冬至和端午等节日，以及皇上的生日，各州府在规定的赋税之外，竞相向皇上进贡，进贡数额多的，皇上就喜欢他们。武将、奸吏因此趁机侵夺下属和百姓的财产。四月十九日癸丑，是德宗的生日，全国各地进贡的生日礼物，德宗一概不接受。李正己、田悦每人给皇帝献上细绢三万匹，德宗全部交付给度支，用来抵充应缴纳的租赋。

（以上为第六段，写德宗锐意兴革，惩贪、罢贡奉、节制方镇，所用非人，得失参半。）

五月初五日戊辰，朝廷任命韦伦为太常卿；五月二十二日乙酉，又派遣韦伦出使吐蕃。韦伦请求德宗亲笔写一份双方结好的誓约文书，与吐蕃结盟；杨炎认为吐蕃与唐朝的地位不对等而德宗不必亲自动手，请求与郭子仪等人拟定结盟文书后，由德宗认可就行了，德宗采纳了杨炎的建议。

朱泚等众将领把刘文喜围在泾州城，封锁了刘文喜的进出道路，而刘文喜却关闭城门坚守，不与朱泚等人交战，朱泚等人久攻不下。当时正值天旱，又要征发百姓为军队运输粮饷，由此导致朝野骚动。朝廷大臣上书德宗请求赦免刘文喜、用以缓解军疲民困的状况，上奏的人多得不可胜数。德宗一概不采纳，并且说：“像刘文喜这样小小的孽臣都不能消灭，用什么来号令天下呢？”刘文喜派手下将领刘海宾入朝面奏德宗，刘海宾对德宗说：“臣子本是陛下从前藩镇行营中的部属，哪肯随从叛逆皇上的罪臣呢？我一定会为陛下砍下刘文喜的头献上来。但刘文喜现在所求的，不过是一个旌节，希望陛下暂且给他，刘文喜一定会因此懈怠，而我的计划就能够实现了。”德宗说：“名位官爵不可以随便给人，你能为朝廷效劳立功，固然是好事，但刘文喜休想得到我赐给他节度使的名位。”让刘海宾返回泾州向刘文喜转告朝廷的态度，同时继续围攻泾州城。德宗省减自己的膳食开销以补贴前线将士的军费。城中将士应发春季服装的，也照旧赐予。因此众人都知道德宗要消灭刘文喜的意志是坚定不移的。当时吐蕃正着手与唐朝建立睦邻友好关系，不肯为刘文喜派援兵，泾州城内势单力穷。五月二十七日庚寅，刘海宾与各位将领联手杀了刘文喜，将他的头颅传送京城。原州因为这场战事最终没有把城建起来。

自德宗继位以来，李正己内心就惶惶不安，派遣一个幕僚入朝奏事；正巧攻破泾州的捷报传到，德宗让他看了刘文喜的首级后再回去，于是李正己更加畏惧。

六月初一日甲午，门下侍郎、同平章事崔祐甫去世。

有个名为桑道茂的方术之士对德宗说："陛下在不久的几年之内，暂时会有被迫离宫的厄运。臣子观测，奉天一带有天子云气，应当扩大这座城池，以防备非常的事情发生。"六月初八日辛丑，朝廷命令京兆地区征发壮丁夫役几千名，加入六军士兵，修建奉天城。

起初，回纥风俗朴实淳厚，君臣间的等级差别不太悬殊，因此众心团结专一，勇猛强健而所向无敌。等到后来协助唐朝剿灭安史之乱有功，唐朝对他们的赏赐和赠送的东西非常丰厚，登里可汗从此妄自尊大，修建宫殿居住，后宫粉饰打扮，服饰华丽；唐朝为登里可汗耗费了大量钱财，而回纥的风俗也变坏了。等到代宗逝世，德宗派遣宦官梁文秀作使者前往回纥报丧，登里可汗态度傲慢，对待唐使有失礼节。于是九姓回纥投其所好，劝说登里可汗，认为唐朝物产丰富，应趁唐朝国丧之机，出兵征伐，可以获得很大利益。登里可汗采纳了这一建议，想出动全国力量，大举进犯唐朝。回纥宰相顿莫贺达干，是登里可汗的堂兄，劝谏登里可汗说："唐朝，是个强大的国家，没有对不起我们的地方，我们前年进犯太原，掠获几万羊马，可以称得上大胜，但是路途遥远且粮草缺乏，等到返回时，士卒多半是步行走回来的。现在出动全部力量，深入唐朝境内，万一不胜，将如何返回呢？"登里可汗没有听从他的意见。顿莫贺便乘人心不想南下犯唐之机，发兵杀死登里可汗，兼并九姓胡二千人，自立为合骨咄禄毗伽可汗，派遣大臣聿达干与梁文秀一同入朝晋见皇帝，表示愿归顺朝廷充当藩臣，并且披散头发不剪，以等待朝廷的诏命。六月二十二日，朝廷派遣京兆少尹临漳人源休前往回纥册封顿莫贺为武义成功可汗。

秋季，七月初四日丙寅，邵州叛贼首领王国良向朝廷投降。王国良原是湖南驻军的一个亲随将领，观察使辛京杲派遣他率部戍守武冈，用以抵御西原蛮的侵扰。辛京杲生性贪婪暴虐，因王国良家中富有，辛京杲给他加了一条死罪，王国良非常害怕，便占据武冈县城反叛，与西原蛮联合起来，聚兵一千多人，侵扰劫掠州县，沿湖一带上千里的地方，都遭受到王国良的危害。德宗诏令荆南节度使、黔中观察使、江南西道观察使、桂管经略观察使等联合出兵讨伐，但连年都无法击败王国良。到曹王李皋担任湖南观察使时，李皋认为："驱使疲惫不堪的老百姓，来诛讨发动反叛的人，这并不是十分恰当的策略啊。"于是给王国良写了封信，信中称："将军你并不敢反叛朝廷，不过是想解救自己性命。我和将军都被辛京杲所诬陷，我蒙皇恩已昭雪，怎忍心再用武力来对付你呢？将军你遇到我领军来到而不立即投降，将会后悔莫及。"王国良得信后既高兴又害怕，便派使者前来求降，但还心存疑惑，犹豫不决。于是曹王李皋假扮前去劝降的使者，带着一个随从，骑马翻山越岭五百里，抵达王国良据守的营垒，用鞭抽打营门，大声呼喊说："我是曹王，快来受降。"全军大惊。王国良急忙跑出来，迎拜请求恕罪。李皋拉着王国良的手，与他结拜为兄弟，将攻守兵器统统烧光，遣散了王国良的士兵，让他们返乡务农。德宗颁诏赦免了王国良之罪，并赐名为惟新。

七月十九日辛巳，德宗遥望东都尊崇母亲沈氏为皇太后。

荆南节度使庾准迎合杨炎的旨意，向德宗呈奏诬告忠州刺史刘晏写信给朱泚，请求朱泚营救自己，而且信中有许多怨恨朝廷的话。又奏称刘晏征召、补充忠州的兵员，打算抗拒朝廷的命令，杨炎从旁边证明而使冤案成立；于是德宗秘密派宦官前往忠州，绞杀刘晏，七月二十七日己丑，德宗下颁诏赐刘晏自杀。天下人都认为刘晏死得冤枉。

（以上为第七段，写德宗和好吐蕃、回纥，讨平叛逆，冤杀刘晏。）

当初，安史之乱爆发，短短几年内，百姓流离而天下户口损失十之八九，州县多半被藩镇控制，征敛的赋税不上缴国库，朝廷的府库耗费一空，国内变故连连发生，周边的戎狄等部连年进犯边疆，朝廷在边塞驻扎重兵，后勤给养全赖朝廷供给，所耗费的钱财无法计算，都倚仗刘晏筹办。刘晏当初担任转运使时，只负责管理陕东各道的财政，陕西各道则都归度支掌管，刘晏任职后期才兼管陕西各道，不久便被罢官了。

刘晏精力充沛，非常机智，理财的方式十分灵活，处处设法做到恰到好处。他常用高薪招募善于走路的人，在各地设站传递消息，前后相望，让他们查访各地的物价，随时汇报，虽相距遥远，但没有几天就可送达转运使司，粮食货物价格涨跌的支配大权，全都在控制之中，国家获得了实际利益，天下民众也没有粮食货物价格暴涨暴跌的担忧。刘晏常认为："要办好各项事务，关键在于选择任用合适的人才，所以必须选择通达敏捷、精明干练、廉洁勤奋的人才，使其发挥才干；至于整理核查账簿，收支钱财谷物，就必须委任谨慎的士人来办理；胥吏则只让他们干些缮写文书的事，不可以随便发表意见。"刘晏还常常说："士人要是沦落到收取赃物、谋求贿赂的境地，就自绝于社会而断送前程，对他们而言，声誉更重于财利，所以士人大多能够以清廉自守；胥吏即使廉洁奉公，但最后也不会有显赫的荣耀，对他们而言，实际利益重于声誉，所以胥吏们大多会贪污。"然而只有刘晏能够让士人和胥吏廉而不贪，别人要效仿，最终也难以做到。刘晏的属官即使身在数千里之外，遵奉刘晏的教令就像在刘晏的眼前一样，生活起居、举止言行，没有人敢蒙骗。当时一些权贵之人，有把自己的亲戚故旧拜托给刘晏以求一官半职的，刘晏也应承下来，而且给这些人薪俸多少，升迁官职的级别和快慢，都能满足权贵们的意思，然而就是不让他们插手职事。那些转运使属下的各个要职，一定选择当时最合适的人担任。因此刘晏去世以后，掌管财赋事务而又有声望的人，大多是刘晏以前的部属。

刘晏又认为国家的户口增多，那么赋税的来源自然就会扩大，因此他掌管财赋，把爱护百姓放在首位。在各道都设置负责巡视下情的知院官，每十天或一个月，都要将各州县下雨降雪和收成丰歉的具体情况上报转运使司，丰年就高价买入粮食，歉收就将库存粮食低价卖出，或者用库存粮食向民众换取各种物品，供应官府的需用，以及把这些物品运往粮食丰收的地方出卖。知院官在开始发现辖地有危及丰收的迹象时，先要向转运使司申报情况，甚至说明某月需要朝廷免除多少赋税，某月需要提供多少救济。到那时刘晏不等州县向朝廷申请，就上奏核准实施，解救百姓的危急，不曾错过时机，而不至于百姓陷入贫困破败、背井离乡、饿死路途的境地，才去救济。因此百姓得以安居乐业，而户口也大量增长。刘晏开始担任转运使时，天下统计户口不超过二百万户，到刘晏任职的后期，户籍总数竟达三百余万户；而且是刘晏辖区之内户口就增长，不是刘晏的辖区，户口就没有增多。他任转运使之初，国家财赋收入每年不超过四百万缗，到他任职的后期，国家财赋收入每年竟达一千多万缗。

刘晏用官府掌管食盐专卖的方式筹集经费，供军队和朝廷开支。当时，自许州、汝州、郑州、邓州以西地区，居民吃的都是河东盐池出产的食盐，由度支掌管；而汴州、滑州、唐州、蔡州以东地区，吃的都是海盐，由刘晏掌管。刘晏认为官员越多，百姓受到的滋扰就越大，因此只在产盐地设置盐官，收购盐户煮制的食盐转卖给盐商，听任盐商贩运往各地去卖；其余州县不再设置盐官。江岭一带那些远离产盐区的地方，就将官盐转运到那里储存起来，如果盐商贩运断绝而盐价暴涨，就将官盐削价出售，这种盐称为常平盐，官府获得了卖盐的利益而百姓又不会买不起盐。当初江淮一带每年的食盐利润不超过四十万缗；而刘晏任职后期，每年竟达到六百余万缗，因此国家用度充足而百姓没有增加负担之苦。只有河东池盐之利，每年不超过八十万缗，价格却比海盐贵。

此前，将关东的谷物运往长安，因河流湍急凶险，大约运一斛有八斗到达目的地的，就算很有成效了，要受到优厚的奖赏。刘晏从为长江、汴河、黄河、渭水，水利不尽相同，要各自视情况方便与否，建造运船，培训行船运输的士卒。由长江来的运船抵达扬州进入淮河，而汴河来的运船从清口抵达河阴，黄河来的运船抵达渭河入黄河的河口，渭河来的运船将粮食转运到太仓。这中间在沿河岸边设置粮仓，在各仓库之间装卸转运。从此每年运送粮食到京达百余万斛，而没有一斗一升翻沉到江河中。运船每十艘编为一队，派军队将领带队，运输粮食十次没有损失了，就计功而予以优待，提升官职。经过几次运送后，押运者因操劳过度，无人不头发花白。刘晏在长江沿岸建造十个造船工场，每艘船付给工钱一千缗。有人认为“造船所花费的钱实际上不到所付的一半，白花的钱实在太多”。刘晏说：“不对，要考虑大事的人，本来就不能吝啬小的花费。凡是干一件事，一定要作长远的打算。现今刚刚设置造船工场，操持造船事务的人非常多，应先让他们私人不缺钱用，那么造出的官船才会牢固耐用。如果开始就在费用方面同他们斤斤计较，怎能希望造出的船能够长期使用呢？日后一定有不满我多给了钱而要减少的人；减少的数额不超过一半的话还行，如果超过了一半，造出的船就不能运粮了。”过了五十年，主管官署果然将造船费用减少了一半。到了咸通年间，主管官署核算造船费用如数支付，除工料款以外没有一点赚头，造出来的船更加脆薄易损，水运粮食的事务便废弛了。

刘晏为人勤恳努力，凡事不论轻重缓急，一定要在当日处理完毕，决不留过一宿，后来执掌财政的人没有一个能赶上他。

（以上为第八段，回顾刘晏理财政绩。）

八月初三日甲午，振武留后张光晟杀了回纥的使臣突董等九百多人。突董是武义可汗的叔父。在代宗朝，九姓胡人经常冒充回纥人的身份，杂居在唐朝的京城，贱买贵卖牟利，为非作歹恣行，与回纥人一起成为官府和百姓的共同祸患；当今皇上德宗继位后，命令突董率领所有的九姓胡和回纥人返还回纥居住地，他们装载的各种货物、器具非常多。到了振武，他们滞留了好几个月，要求官府供应大量钱物，他们每天光吃肉就要上千斤，别的耗费也和这差不多，突董放纵手下砍柴和放牧，任意糟践粮田和果木，振武人苦不堪言。张光晟想杀了这群回纥人，夺取他们的物资装备，但又怕他们人多势大，不敢贸然行事。九姓胡人听说本族的人全部被新可汗杀了，大多在途中逃亡，突董对他们严加防范；九姓胡人逃跑不成，又不敢随突董一道回归回纥，于是秘密地向张光晟献计，请求杀死这群回纥人。张光晟非常乐见突董徒众自行分裂，就答应了九姓胡的请求。德宗因在陕州受辱而心里痛恨回纥人，张光晟体察德宗的心意，于是上奏朝廷说：“回纥中纯种的回纥人并不多，协助回纥使之强大的，不过是其他种群的胡人。如今听说他们自相残杀，顿莫贺刚立为可汗，登里可汗移地健还留有一个孽子，以及回纥国相、梅录将军也都各自带兵几千人相互攻掠，国中局势还不稳定。他们没有财物就难以驱使各自的部下，陛下不乘此机会除掉回纥，却放回他们的人马，赐予他们财物，这正是所谓将兵器借给敌寇，将粮食送给盗贼啊。请求让我杀掉他们。”三次奏杀回纥，德宗均未允许。张光晟于是指使他一位副将，经过回纥使臣所住客馆门前，故意做出失礼的举止；突董大为愤怒，把这名副将抓去打了几十鞭。张光晟以此为借口，统率士兵发动突然袭击，将回纥人和其他胡人全都杀掉，并将尸首堆积成丘，供人观赏。只留下一个胡人，让这人回国为这件事作证，对这人说：“回纥使臣用鞭抽打唐朝的大将并加以侮辱，而且策划袭击官军，占据振武，因此我们先行杀了他们。”德宗征召张光晟为右金吾将军，派遣宦官王嘉祥作使者前往回纥送达符信和钱财。回纥可汗请求引渡擅自杀死突董的人以报仇，德宗为此将张光晟贬为睦王傅来安抚回纥可汗。

朝廷给卢龙、陇右、泾原节度使朱泚加官中书令一职，仍旧担任卢龙、陇右节度使。任命舒王李谟为四镇、北庭行营、泾原节度大使一职，任命泾州军队中的牙前兵马使河中人姚令言为泾原留后。李谟是李邈的儿子，早年就死了父亲，德宗把李谟收为养子。

八月二十二日癸丑，德宗颁诏赠太后的父亲、祖父、兄弟们官职，以及给宗族中其余的男女们授官封邑，都颁给策命和委任状，共有一百二十七件；由宫中的宦官用马驮着分赐给他们。

（以上为第九段，写振武节度使张光晟杀跋扈作歹的回纥使臣而滥及经商的九姓回纥。）

九月二十一日壬午，掌管土木工程建设的将作监上奏称宣政殿的廊庑损坏，而十月份正值关天冈、河魁禁忌，不宜兴工修建。德宗说："只要不妨碍公务、危害众人，那就吉利，哪管是什么时日！"当即下令缮修。

大历年间以前，赋税的收入支出和官吏的薪俸多少，都没有一定的章程，具体办理这些事情的官吏得以擅自做主；再加上元载、王缙把持政权，贿赂公行，各地不惩治贪官污吏将近二十年。只有江西观察使路嗣恭惩治了虔州刺史源敷翰，将这个贪官流放了。德宗认为宣歙观察使薛邕温文尔雅，还是先帝的旧臣，于是征召入朝担任左丞；薛邕离开宣州时，盗窃吞没官府的财物，其价值以亿计数，这件事被殿中侍御史员寓揭发出来。冬季，十月初九日己亥，德宗将薛邕贬谪为连山县尉，从此，州县官吏才开始畏惧朝廷的法典，不敢任意妄为。

德宗刚刚继位时，疏远排斥宦官，亲近倚重文臣，而张涉凭借通晓儒学入侍皇帝，薛邕凭借文采优雅担任朝臣，都相继以受贿贪赃受到惩处。宦官、武将们以此作借口，说："尚书、中书、门下各省文官贪赃受贿的数目动不动就高达亿万，却说我们这些人淆乱了天下，这不是弥天大谎吗？"于是德宗心中开始产生了疑惑，而不知道究竟该倚仗哪些人了。

中书舍人高参请求德宗派遣皇太后沈氏族人，分别到各地去寻访下落不明的沈太后，十月二十日庚寅，任命睦王李述为奉迎使，工部尚书乔琳为奉迎副使；又任命四位沈氏族人为判官，会同宫中宦官，分道出行寻访沈太后。

十一月，朝廷首次命令除待制官以外，另外带领两名朝集使巡视各地，咨询时下朝政的得与失，访察边远地区民众的疾苦。

此前，公主们嫁到丈夫家中，公婆都要向新媳妇下拜，而新媳妇不须回礼。德宗命令礼官制定公主嫁夫时拜见公婆和丈夫的父辈、哥哥、姐姐们的礼仪规范，规定公婆坐在中堂接受新媳妇的行礼，哥哥、姐姐站在中堂的东边接受行礼，所行之礼为家人礼节。有位藩王的孙女县主即将出嫁，选择的黄道吉日为十一月十七日丁丑，正巧这一天，德宗的堂妹去世，因而命令暂停婚娶。主管官员奏称："所有的陈设都已备齐，而且比较疏远的未成年亲戚去世并不影响办婚事。"德宗说："你吝惜为办婚嫁花费的钱财，而我看重的是礼仪规定。"最终还是取消了当天的婚礼。自从至德年间以来，国家多有变故，公主、郡主、县主大多不能够按时出嫁，有的头发都花白了，她们虽然深居宫禁之中，有的十年也见不到皇帝一面；德宗开始接见各位宗室女性，对辈分高、年龄大的，便致以敬意，对辈分低、年轻的，便表示安慰。命令为他们寻找合适的婆家，都嫁出去。她们携带到夫家的大小陪嫁物件，德宗都必须亲自过目和亲自过问。十一月十九日己卯、二十日庚辰两天，嫁出岳阳等县主共九十一位。

吐蕃首领见韦伦再次以唐使身份来到吐蕃，更加高兴。十二月初一日辛卯，韦伦自吐蕃启程回国，吐蕃首领派遣国相论钦明思等同行入朝进贡。

在这一年，册封皇太子的生母王氏为淑妃。

天下本年的纳税户有三百零八万五千零七十六户，注册在军籍的士兵有七十六万八千余人，征收的税钱有一千零八十九万八千余缗，谷物则有二百一十五万七千余斛。

（以上为第十段，写德宗和好吐蕃，嫁公主，治职弊，此时天下户口繁息，国库充盈。）

唐德宗建中二年（辛酉，公元 781 年）

春季，正月初九日戊辰，成德节度使李宝臣去世，李宝臣本来打算将自己所拥有节度使的职权传给儿子行军司马李惟岳，觉得儿子年轻懦弱而不通世故，所以事先就杀了属下将领中难以制约的深州刺史张献诚等人，甚至有十几个将领在一天中被杀死。李宝臣想把易州刺史张孝忠召回治所恒州，但张孝忠不来，李宝臣又指使张孝忠的弟弟张孝节去召请。张孝忠让孝节回复李宝臣说："各位将领犯了什么罪，竟把他们一起杀死？我张孝忠怕死，不敢前往恒州见您，又不敢背叛您，我的心思正如您不入朝觐见皇帝一样。"张孝节哭着说："这样一来，我肯定会被李宝臣处死。"张孝忠说："我要是去的话，那么我们兄弟俩都会丧命，而我留在这里，李宝臣一定不敢杀你。"于是张孝节回恒州复命，李宝臣也没有将张孝节治罪。兵马使王武俊这个人，地位虽然卑微，但十分勇武，因此李宝臣特别喜欢，把自己的女儿嫁给王武俊的儿子王士真为妻，王士真同李宝臣身边的亲信关系又特别好；所以只有张孝忠、王武俊两人保全了性命。

等到李宝臣死时，孔目官胡震和李氏家仆王他奴劝李惟岳秘不发丧长达二十余天，而伪托李宝臣的名义奏报朝廷，要求让李惟岳继承节度使的职位。德宗没有同意，而是派遣给事中汲县人班宏前往恒州探视李宝臣的病情，并晓以大义。李惟岳用重礼贿赂班宏，班宏不接受，返回朝廷向德宗如实汇报。李惟岳这才发丧，自封为留后，指使属下的将官僚佐联名上奏朝廷，要求朝廷赐给节度使旌旗符节，德宗仍没有允许。

早先，李宝臣与李正己、田承嗣、梁崇义相互勾结，都希望将土地传给子孙。因此田承嗣死后，李宝臣为田承嗣卖力地向朝廷说情，让代宗将节度使职位授给田悦；代宗依了李宝臣。田悦开始承袭节度使时，事奉朝廷非常恭顺，河东节度使马遂上表朝廷，认为田悦一定会反叛，请求事先对他多加防备。到这时，田悦多次请求朝廷让李惟岳承袭节度使，德宗想革除以前的弊政，不同意他的请求；有人劝谏德宗说："李惟岳事实上已经据有他父亲的权力和职位，不就此任命他为节度使，他一定会叛乱。"德宗说："叛贼们本来没有什么资本来反叛朝廷，都是借国家的土地，借朝廷所赐的权位与名号，来聚集他们的党羽罢了。从前为满足他们的欲望而任命官位的事很多，可是乱局日益滋长。这是因为赐予官位并不能够阻止祸乱，反而助长了祸乱。既然李惟岳必定要反叛，那么任不任命他为节度使，结果都是一样。"最后还是没有同意。田悦于是与李正己各自派出使者去见李惟岳，暗中策划率兵抗拒朝廷的命令。

魏博节度副使田庭玠对田悦说："你凭借你伯父田承嗣的遗业，只要恭谨地事奉朝廷，就能坐享荣华富贵，不也是很好的吗？为什么无缘无故地与成德节度使、淄青节度使共同去当叛臣？你看自战乱发生以来，反叛朝廷者，谁能保全他家庭呢？你一定要一意孤行，对抗朝廷，可以先杀我，不要让我看到田氏被灭族。"于是称病卧床不出。田悦亲自前往田庭玠家认错，田庭玠闭门拒绝，终于因忧虑过度而死。

成德判官邵真得悉李惟岳的计划，流着眼泪规劝李惟岳说："你的先公蒙受国家的大恩，而你正在居丧期间，立刻就想要背叛朝廷，这样做实在行不通。"劝李惟岳将李正己的使者抓起来送交朝廷，并请求朝廷让自己带兵讨伐李正己，说："这样，朝廷将会嘉许你的忠诚，那么任命你为节度使的事也许很快能办成。"李惟岳认为邵真说的对，就让邵真草拟奏章。长史毕华说："先公与成德、淄青二道结交友好关系二十多年，怎能突然之间背弃他们呢？而且即使抓了他们的来使，朝廷也未必信任你。李正己要是突然袭击我们，而我们孤军无援，用什么来对付呢？"李惟岳又听从了毕华的意见。

前定州刺史谷从政，是李惟岳的舅父，此人有胆识谋略，读过不少书，王武俊等人都敬畏谷从政，因而被李宝臣嫉妒，谷从政于是就称病不出。李惟岳也嫉妒谷从政，有事都不同谷从政一起商量，日夜只与胡震、王他奴等商议，在将士身上大把花钱以笼络他们。谷从政去见李惟岳，说："当今天下平安无事，从京城来的人，都说当今皇帝聪明英武，立志要让国泰民安，非常不希望各地诸侯的子孙割地专权。

你现在第一个违抗诏令，皇帝一定会派遣各道大军来讨伐。你部下的将士在受到赏赐时，都说要为你拼死效力；假如一仗不能取胜，他们各自吝惜自己的生命，谁还与你同心同德呢？有权的大将，都想乘情况危急，窥伺机会，砍下你的头来使自己立功。而且先公所杀的那些高级将领，大约数以百计，在你遭受挫败的时候，他们的子弟想复仇的，不知有多少人。另外，先公与幽州留后朱滔结怨，朱滔兄弟时时对我们恨得咬牙切齿，当今皇帝必定选朱滔为主将率兵前来；而且朱滔又与我们地盘接壤，打更的声音都听得到，料想朱滔一接到朝廷的命令，一定会快速行动起来，就像虎狼捕捉猎物一样势不可挡，我们又如何抵御？往年田承嗣追随安禄山、史思明父子一起反叛朝廷，历经百战，以凶悍闻名天下，违抗朝廷命令，举兵造反，自以为天下无敌；等到卢子期束手就擒，吴希光归附朝廷，田承嗣只能仰天流泪，找不到立身之地。全靠先公按兵不动，没有对田承嗣发起攻击，还在朝廷为田承嗣求情，先帝宽厚仁慈，予以赦免而没有杀田承嗣，不然，田氏家族哪还有人活到今天？何况你生长在荣华富贵中，年龄还小，没有经历过什么艰难危殆，于是就相信了你身边亲信的话，打算效仿田承嗣来反叛朝廷吗！为你作长远之计，还不如暂时辞别你身边的将领、僚属，让你兄长李惟诚代理成德节度使，自己赴京入朝，请求留在京城宿卫，乘机说明李惟诚是暂时留在军府中代理职务，任命谁做节度使，完全由皇帝决定；皇帝对你的忠义一定会感到高兴，即使你得不到显赫权位，也不会失去显荣厚禄，一辈子高枕无忧。否则，将大祸临头。我也清楚你一贯疏远、嫉恨我，但看在舅甥关系的情分上，事情又如此危急，我不得不说这些话！”而李惟岳见谷从政说的话过于实在，更加厌恶谷从政。于是谷从政又回到家里，闭门称病不出。李惟诚是李惟岳同父异母的庶出兄长，为人谦逊宽厚，爱好读书，深得民心，同母异父的妹妹是李正己的儿媳。当天，李惟岳将李惟诚送往李正己那里，李正己让惟诚恢复原来的张姓，于是李惟诚留在淄青为官。李惟岳派王他奴到谷从政家，观察谷从政的生活起居，谷从政喝毒药自尽；谷从政在快要断气时说：“并不是我怕死，而是为张氏要被灭族感到悲哀啊！”

当去年四镇北庭留后刘文喜被杀之时，李正己、田悦等人都感到惶恐；左仆射刘晏被赐死后，李正己等人更加害怕，互相议论说：“我们这些人的罪恶，哪能与刘晏相提并论呢？”正好朝廷认为汴州城太狭窄，加以扩建，京东的人就散布谣言说“皇帝想扩展对东边疆域的控制，所以要扩建汴州城”。李正己恐惧，调动军队万余人驻扎曹州；田悦也修整城防，调集兵马备战，与梁崇义、李惟岳遥相呼应，互为援助，河南的军队和民众对此骚动不安，惊恐不已。

永平军原来统辖汴、宋、滑、亳、陈、颍、泗七州的防务，正月十七日丙子，朝廷将宋州、亳州、颍州分出来另设节度使，任命宋州刺史刘洽为节度使；将泗州改属淮南军；又任命东都留守路嗣恭为怀州、郑州、汝州、陕州等四州及河阳等三城的节度使。十天后，又派永平节度使李勉全权指挥刘洽、路嗣恭管辖的两道，又分出郑州直属李勉，选择曾经当过将领的人担任上述各州的刺史，用来防备李正己等人作乱。

（以上为第十一段，写成德、魏博、淄青、襄州等四镇勾结要维护节度世袭制，德宗要革除积弊，因李宝臣之死为导火索，加深朝廷与四镇之间的矛盾，双方备战，大战一触即发。）

先前，高力士有个养女寡居在东京洛阳，能说不少皇宫中的旧事，宫中女官李真一怀疑她就是失踪的沈太后，于是到负责寻找沈太后下落的使臣那里详细地讲述了这一情况。德宗听到消息，又惊又喜。当时沈家同沈太后有交往的老辈们都去世了，已没有认识沈太后的人。德宗派遣宦官、宫人前往洛阳审察验证，因为年龄和容貌都很相同，宦官和宫女虽不是真正认识沈太后，却异口同声说这人就是沈太后。高氏声称自己确实不是沈太后，负责审察验证的人更加怀疑而不信她的话，用强迫手段将她迎进了上阳宫。德宗派出一百多名宫女，备办车舆、衣服和各种皇室用的东西送到上阳宫去供奉她。左右侍从千方百计地诱导，要她承认自己就是沈太后，高氏动心了，于是就自称是失踪的太后。负责审察验证的人快马疾驰入朝汇报，德宗非常高兴。二月初二日辛卯，德宗一反常规，在双日登殿临朝，文武群臣都入朝向德宗祝贺。德宗下令有关官署拟定礼仪，来奉迎皇太后。高氏的弟弟高承悦住在长安，担心如果不说出事情的真相，日久一旦被识破就免不了要治罪，马上主动向朝廷说明了此事的前后经过。德宗令高力士的养孙樊景超前往洛阳复查。樊景超看见高氏住在内殿，俨然以皇太后的身份自居，四周侍从警卫森严。樊景超对高氏说："姑妈您为什么不顾性命而把自己放在砧板上呢？"侍卫大声呵斥樊景超，命令樊景超走开，樊景超高呼道："皇上有诏令，皇太后是欺诈冒充的，侍卫全部退下。"侍卫们听到诏令后都退下大殿。于是高氏解释道："我是被人强迫的，并不是我自己要冒充太后啊。"樊景超用牛车将高氏载回家里。德宗担心以后人们不再敢提寻找沈太后，对所有的人员都不怪罪，还说："我宁愿受一百次蒙骗，也许有一次真能找到太后。"此后各地声称找到沈太后的事情再三再四发生，但都不是，而真太后一直不知下落。

（以上为第十二段，写德宗千方百计寻找生母沈太后，高力士养女几乎被强行冒名顶替。）

御史中丞卢杞是卢奕的儿子，相貌长得丑，面色深青，但是能言善辩；德宗喜欢他，二月十八日丁未，卢杞被提升为御史大夫，兼任京畿观察使。郭子仪每次会见宾客，他的姬妾都不离身边。卢杞曾经去郭子仪那里探视病情，郭子仪将所有的侍妾都支走，独自躲在几案后接待卢杞。有人就问这样做的缘故，郭子仪回答说："卢杞相貌丑陋而心地险恶，妇道人家见了卢杞肯定会讥笑，有朝一日，卢杞得志，那么我们郭家就没有人能保住性命了！"

杨炎杀死刘晏以后，朝野官员都不敢正视杨炎，李正己多次上表要求公布刘晏的罪名，讽刺指责朝廷处事失当。杨炎对此感到害怕，于是就派遣心腹们分别前往各道，借宣抚安慰的名义，实际上是让他们暗中对节度使们说："刘晏以前依附奸邪之人，结为同党，请先帝立独孤氏为皇后，是皇上本人恨刘晏而将他杀了。"德宗知道此事后，非常厌恶杨炎，因此就有了除掉杨炎的想法，只是隐忍在心中没有发作。二月十六日乙巳，将杨炎调任中书侍郎，提升卢杞为门下侍郎，给两人都授予同平章事的头衔，共同理政而不再只专门任用杨炎了。卢杞身材矮小而长相丑陋，又没有文采学识，杨炎瞧不起卢杞，经常假称有病而不愿同卢杞一起进餐，卢杞为此也痛恨杨炎。卢杞阴毒狡猾，想培植自己的势力，建立自己的威望，稍有不附从他的人，一定将其置于死地才罢休。卢杞援引太常博士裴延龄为集贤殿直学士，对裴延龄亲近信任。

二月十七日丙午，改称汴宋军为宣武军。

振武节度使彭令芳苛刻暴虐，监军刘惠光为人贪婪，二月二十六日乙卯，军士们一齐动手杀了这两人。

调动驻扎在京西的防秋士兵一万二千人去戍守关东。德宗亲临望春楼设宴慰劳出征的将士，唯独神策军将士们不喝酒。德宗派人查问原因，神策军将领杨惠元回答说："我们从奉天出发时，军帅张巨济告诫我们说：'这次出兵如果能大建功名，凯旋的日子我们再举杯共饮。'我们遵守军帅的诫令，所以不敢奉诏饮酒。"等到部队将要出发，有关官署沿途摆设酒菜，只有杨惠元率领的神策军将士不打开酒瓶。德宗大为赞赏，亲笔写信慰问。杨惠元是平州人。

三月，在郾城设置溵州。

三月二十二日辛巳，任命汾州刺史王翃为振武军使、镇北绥银等州留后。

派遣殿中少监崔汉衡出使吐蕃。

虽然梁崇义与李正己等人相互联合，结成同党，但因势单兵弱，对朝廷的礼数算是最恭顺的了。有人劝梁崇义入京朝见德宗，梁崇义说："来瑱曾为朝廷立下莫大功劳，上元年间被宦官谗言诬陷，肃宗延缓了来瑱的生命。等到代宗继承皇位时，来瑱不等车马备好就入朝晋见，尚且不免族诛之祸。我与朝廷多年积下仇怨，哪里还能够入朝啊？"淮宁节度使李希烈多次请求朝廷出兵讨伐梁崇义，梁崇义十分害怕，更加强了军事准备。有个名叫郭昔的人向朝廷告发梁崇义图谋叛乱，梁崇义知道这件事后，奏请朝廷治郭昔诬告罪，德宗为梁崇义对郭昔施了杖刑，将他流放到很远的地方；并派金部员外郎李舟到襄州传达德宗安慰梁崇义谕旨。李舟曾作为朝廷使者到泾州刘文喜处，陈说违旨和顺命的利害祸福，刘文喜不听而将李舟囚禁起来，正好碰上刘文喜的部将杀了刘文喜投降朝廷。各道中那些飞扬跋扈的节度使得悉此事，都说李舟能攻陷城池，手刃将领。因此李舟到达襄州时，梁崇义很厌恶李舟；李舟又劝说梁崇义入朝，语气相当直率急切，梁崇义更加不高兴。到后来朝廷派遣使臣到各道慰问安抚，李舟再次前往襄州，梁崇义拒之于州境外而不接纳李舟，上奏朝廷说“军中将领对李舟心怀疑惧，请改派一位使者前来”。当时正值河南、河北各镇互相猜疑，德宗想通过表示恩义和诚信来安抚他们。夏季，四月初二日庚寅，德宗加授梁崇义同平章事职衔，梁崇义的妻儿也都加了封赏，并赐给梁崇义铁券；派遣御史张著带着德宗亲笔诏书去征召梁崇义入朝，还任命梁崇义的副将蔺杲为邓州刺史。

五月初八日丙寅，因为要调兵作战，将商税由原三十税一提高到十税一。

田悦终于与李正己、李惟岳商定，联合起来，以武力抗拒朝廷的命令。田悦派兵马使孟祐率领步兵、骑兵五千人开往北方去协助李惟岳。在薛嵩死后，田承嗣窃据洺州、相州，朝廷只能控制邢州、磁州和临洺县。田悦打算凭借山势划分边境，说：“邢州、磁州就像朝廷的两个耳目，在我的心腹中，不能不攻下来。”于是派兵马使康愔统领八千人马包围邢州，派别将杨朝光统领五千人马在邯郸西北设置营寨，用以阻断昭义军派出的救兵。田悦亲率几万将士围攻临洺城；邢州刺史李共、临洺守将张伾坚守营垒，奋力抵抗田悦的进攻。

贝州刺史邢曹俊，是田承嗣的旧将，年老而有计谋，田悦宠信牙官扈崿而疏远邢曹俊，等到进攻临洺的时候，田悦才召见邢曹俊询问作战计谋，邢曹俊回答：“《孙子兵法》讲十围五攻，而尚书你却是反叛朝廷，势力又众寡不敌。如今我军围攻的是防守坚固的城池，直到粮草断绝、兵力耗尽，也不能取胜，这是一条自取灭亡的道路。不如在崞口驻守一万大军阻断朝廷西边来的救兵，这样一来，黄河以北的二十四州都会成为你的地盘了。”众将领都憎恶邢曹俊的意见与自己不同，不约而同地毁谤邢曹俊，田悦也就没有采用邢曹俊的策略。

（以上为第十三段，写卢杞入相。河北、山东方镇成德、魏博、淄青联兵反叛朝廷。）

【点评】

本卷点评三大史事：刘晏理财、杨炎行两税、张光晟杀九姓回纥。

刘晏理财。刘晏，字士安，曹州南华县（今山东东明）人。刘晏是历仕中唐肃宗、代宗、德宗三朝的理财家，勋劳卓著。刘晏理财，“广军国之用”而“未尝有搜求苛敛于民”（王夫之语，《读通鉴论》卷二十四）。安史之乱，天下户口十亡八九，州县多为藩镇所据，贡赋入不敷出。肃宗任命刘晏为转运使，当时国家掌控户口只有二百万户，岁入四百万缗，到刘晏被罢官的德宗初年，户口增加到三百余万户，财政岁入一千二百余万缗，其中盐利近半。刘晏上任时江淮地区盐利岁入只有八十万缗，季年达六百万缗。肃宗、代宗两朝的军国之用，皆倚办于晏。同代的人都称赞刘晏能干，把他与管仲、萧何相提并论。他的理财方针和用人原则，是我国古代文化的一笔宝贵遗产。

与刘晏同时的一些理财大臣，都是些不管百姓死活的聚敛之臣，他们的办法是巧立名目，强征暴取，乃至逼良为盗。刘晏的理财方针，与此相反，以爱民为先，用发展生产的办法，主要从市场筹钱，安定社会。具体措施是改革漕运，整顿盐法，转买谷物，平抑物价。唐初漕运是国家用行政办法强迫地方负担，沉重的费用和徭役都摊派在农民身上，人不堪命，皆离乡为盗。刘晏改为政府造船，招募船工，组成专业运输船队，把农民从沉重的漕运负担中解放出来，安心生产。造船及运输的经费，从盐利收入中解决。唐初任民自己煮盐自售，每斗盐值十文钱。后来官卖食盐，每斗盐一百到二百文，涨了十多倍，贫苦农民只好淡食。销路萎缩，盐利寡少，大部为盐官耗费，抬高盐价，销路更窄，成了恶性循环。刘晏决心改革，他大量裁撤盐官，减少开支，官卖食盐改为官办漕运，商卖食盐，官府掌控的食盐运往各地作为平价储备。刘晏不是抬高盐价，而是平抑盐价，扩大销路，扩大生产，官府从生产利润和税收中得利。这个办法是“官获其利，而民不乏盐”，而国家收入增加了近十倍。为了防止谷贱伤农，水旱民散，刘晏多购谷物转运各地，“丰则贵籴，歉则贱粜”。这个办法，既救了灾，又不损国用，还刺激了生产。刘晏从实践中总结经验说：“王者爱人，不在赐与，当使之耕耘织纴，常岁平敛之，荒年国救之。”（《新唐书·刘晏传》）刘晏还扩大常平仓的储粮，他所管辖的州县，保持储粮三百万石，以作备灾备荒之用。

有了好的理财方针，还要有精明强干的人来执行。刘晏说，“办集众务，在于得人”。刘晏的用人原则是“择通敏、精悍、廉勤之士而用之”，即精明能干，忠于职守，廉洁奉公。至于各部门的负责官吏要求更高，必须具有声望，“其场院要剧之官，必尽一时之选”。场官是管理盐场的“盐监”。院官，是刘晏在各地设置的了解市场经济情报的“知院官”。这些官员，不仅仅是管理，还要懂得技术，用今天的话说是专业人才。刘晏选用的人才，大多为“新进”之士，年轻有为，积极创新的人才。刘晏理财成绩的奥秘之一就是选拔人才，委用专家。至于权贵请托，以及故旧庸官，刘晏用高薪把他们养起来，按时升迁，但不准他们干预生产。这样的用人原则，说起来简单，做起来甚难，只有公忠体国的人才能做到。所以史称刘晏用人的办法，只有他才能做到。刘晏所任使的后进，如韩洄、元琇、裴腆、李衡、包佶、卢徵、李若初等，都是一时之选。刘晏理财，培养了一大批专家。刘晏死后，掌财赋有声望的人，大多是刘晏的故吏。总括为一句话：“屏绝权贵干扰，坚持任才使能。”这一用人原则，既简单，又难办，直到今天仍有借鉴意义。

如上所述，刘晏是一个实干家。刘晏又廉洁奉公，身为财政大臣，却两袖清风。但在专制制度下，往往功高犯忌，廉洁遭妒。宰相常衮就忌晏有公望而排挤他。杨炎则视刘晏为仇，公元780年，刘晏被罢官贬为忠州刺史，接着又诬以“谋反”赐死。刘晏死年六十五岁。家属流放岭南，被牵连这一冤案的有数十人，天下皆以为冤。司马光用大篇幅在本卷记载刘晏的理财功绩，是刘晏应得的褒奖，历史不应忘记。

杨炎行两税。杨炎，字公南，凤翔天兴县（今陕西凤翔）人。代宗朝宰相元载与杨炎同郡，元载提拔杨炎任吏部侍郎，时刘晏任吏部尚书是正长官。刘晏弹劾元载罢相，杨炎以元载同党被贬为道州司马。德宗即位，宰相崔祐甫推荐，公元780年，杨炎入相，改革税制实施两税法，得到德宗宠信，杨炎借此报仇害人，使刘晏蒙冤，这是杨炎执政的一大败笔。杨炎也因此受到诟病，卢杞借机排挤，第二年就被罢相贬死，算是罪有应得。

杨炎很有才干，善著文，书法也好，美姿容，两税法的成功，使他名声很高。但杨炎为人心胸狭窄，害人害己，十分可惜。

唐初推行均田制，征税称租庸调，以丁男为中心。男子二十一至五十九为丁。成丁农民授田一百亩，其中八十亩为口分田，二十亩为永业田。丁男每年向国家交纳粟二石，称作租。交纳绢二丈、绵三两或布二丈五尺，麻三斤，称为调。每丁每年服徭役二十天，如不服役，每天输绢三尺或布三尺七寸五分，称作庸。官僚贵族享有租庸调的蠲免权。由此可见租庸调只问丁身，不问财产。其后人口增加，土地集中于官吏地主之手，均田制无法推行。特别是安史战乱，大批农民流离失所或死亡，按丁征税无法维持。为了军国之用，官府巧立名目，各种苛捐杂税兴起，财赋制度十分混乱。初唐各地设置的义仓演变成为地税。代宗朝依据资产分天下户为九等，按户纳税为户税。为了合理分摊，增加国库收入，使财税走上正轨，保障社会生产，杨炎向德宗建言实行两税法，只按资产征税，不以丁身为本。基本内容如次：其一，取消租庸调及各种杂税，只保留户税和地税。其二，量出制入。政府预算开支，以此确定征税总额。其三，户税按户等高低征税，户等分为上上至下九共九等。一品官准上上户，九品准下下户。达官贵人，也一律纳税。其四，地税按地亩征收谷物。其五，无论户税和地税均按夏秋两季征收，夏税限六月纳毕，秋税限十一月纳毕，所以新税制称为两税法。商贾征三十税一，后改为征十分之一。

两税法的改革具有重大意义。首先，按资产征税，资产多者税多，资产少者税少，无产者无税，不仅使人民负担合理，而且扩大了征税面，国库增加。推行两税法之前，国家岁入一千二百万缗，其中盐利居其半，推行两税法，单是两税就达到一千三百万缗，增长了一倍。这为德宗的用兵河北创造了条件。其次，按资产征税，不按丁身，减轻了农民的人身依附，也是一大进步。再次，两税改实物为货币，具有深远意义。杨炎是中国财政史上著名的理财家。

起初推行两税，国家规定，地方官吏在两税之外多征一文钱以枉法论。但是这一局面没有维持多久，随后德宗用兵，各种苛捐杂税卷土重来，加之钱重物轻，人民的负担成倍增加，生活比以前更加困苦。

张光晟杀九姓回纥。唐回纥有九姓部落，称九姓胡。九姓胡在代宗朝冒回纥之名，杂居京师，经营商业，横暴京师。代宗宝应元年（公元 762 年），德宗李适时为太子，任天下兵马元帅，回纥登里可汗入援唐军征讨史思明。李适与回纥可许在陕州相见，回纥可汗声称与代宗结为兄弟，是德宗之叔，要德宗以侄礼相见，拜舞于庭。德宗不肯，回纥可汗杖责从官药子昂、韦少华、魏琚等。韦少华、魏琚因此而死。德宗认为奇耻大辱，对回纥怀恨在心，不顾国家安危，一心结和吐蕃，进攻回纥。当时形势，回纥势衰，吐蕃正盛，是唐朝西边的最大敌国。德宗为报私仇，做了许多蠢事。德宗即位，回纥使臣董突是武义可汗的叔父，驻留京师。德宗命董突率领全部九姓胡商人九百多人回国，途经振武，留后张光晟将董突和九姓回纥全部杀灭。回纥责问，索要专杀者，德宗贬张光晟为睦王傅，搪塞责任。当时回纥一心要与唐朝和好，才没有扩大事态。德宗心胸如此偏狭与任性，他贻误许多军国大事，也就不言而喻了。

资治通鉴（白话本）　卷第二百二十七

唐纪四十三

唐德宗建中二年至三年（公元781—公元782）

【起重光作噩（辛酉，公元781年）六月，尽玄黓阉茂（壬戌，公元782年），凡一年有奇】

【大事提要】

本卷记事起公元781年六月，讫公元782年，凡一年又七个月。当唐德宗建中二年六月到建中三年。此期间德宗讨伐河北叛逆，战火蔓延河南、淮西，这是中唐继安史之乱以后又一次朝廷与地方割据的大冲突。河北魏博田承嗣、成德李宝臣，与山东淄青李正己相约节度使职传子，相互勾结对抗朝廷。代宗大历十四年（公元779年），田承嗣死，田悦继位，代宗姑息，加以任命。德宗建中二年（公元781年）成德李宝臣死，其子李惟岳继位，德宗正当锐意兴革关头，不予准许。田悦、李正己、李惟岳联合对抗朝廷，襄州梁崇义遥相呼应。德宗大发诸镇兵讨伐叛逆，这是一场带有决定性的大战役，朝廷取胜将抑制地方割据，朝廷失败，则藩镇割据不可逆转。起初德宗讨伐河北、山东三镇，意气很甚，一心进攻，不惜开辟两线战场，使淮西李希烈等讨梁崇义。公元781年，李希烈讨平梁崇义，居功狂悖而野心勃发，朝廷去一狼而生一虎。公元782年官军打败田悦，成德归顺，淄青李纳战败请降，官军两条战线均取得胜利。德宗处置失当，田悦未灭，立即又爆发了朱滔、王武俊的背叛，李纳也重整旗鼓。叛军声势更大，叛臣相约称王。朱滔自称冀王、田悦称魏王、王武俊称赵王、李纳称齐王。朱滔为盟主。四人称王，表示不再是唐朝的叛臣，此举标志唐藩镇割据正式形成。

德宗神武圣文皇帝二

唐德宗建中二年（辛酉，公元781年）

六月初三日庚寅，任命浙江东西观察使、苏州刺史韩滉为润州刺史、浙江东西观察使，命名韩滉所统领的军镇为镇海军。

张著到达襄阳后，梁崇义心里更害怕，竟在府邸布兵列阵来接见张著。蔺杲接到德宗的诏令后不敢去邓州赴任，驱马急驰到襄阳面见梁崇义请示。梁崇义对着朝使张著放声大哭，始终不接受诏书。张著只得回朝廷复命。

六月初六日癸巳，朝廷给李希烈加封南平郡王的爵位，又加授汉南、汉北兵马诏讨使的职务，负责督率各道军队共同讨伐梁崇义。杨炎劝谏德宗说：“李希烈为董秦的养子，董秦对他特别亲信重用，最终他还是驱逐了董秦而夺其节度使的权位。他为人凶狠暴戾而六亲不认，在无寸尺之功的时候，尚且倔强任性不守朝廷法度，假使他讨平了梁崇义，将用什么办法来制约他？”德宗不听杨炎的意见，杨炎固执地急辩不已，德宗心中更加愤愤不平。

荆南牙门将吴少诚以攻灭梁崇义的计策去求见李希烈，李希烈便委任他为讨梁联军的前锋。吴少诚是幽州潞县人。

当时内地自关中，西到蜀、汉，南到江、淮、闽、越，北到太原，各地都在出动军队，但李正已派兵控制着徐州的交通要道甬桥、涡口，梁崇义拥兵盘踞襄阳，主要运输道路都被切断，人心惶恐不安。江淮一带给朝廷进贡物品的一千多只船，停泊在涡口不敢继续前往。德宗委任和州刺史张万福为濠州刺史。张万福驰骑赶到涡口，勒马站在河岸边，催发进贡的船只，李正已的军队呆站在河岸边，眼睁睁地望着船队经过而不敢动手。

六月十四日辛丑，汾阳忠武王郭子仪逝世。郭子仪位至大将军，拥有强大的军队，程元振、鱼朝恩这些人千方百计地诬蔑毁谤郭子仪，郭子仪忠于朝廷，只要皇帝一纸诏书征召，不管发生什么情况，郭子仪都会当天上路，因此在皇帝面前那些诬蔑毁谤都不起作用。郭子仪曾派使者到田承嗣那里去，承嗣遥望西方向郭子仪跪拜说：“我的双膝，不向人下跪已有多年了！”李灵曜占据汴州作乱时，经过汴州的公私钱财货物，全都扣留下来，唯有郭子仪的货物过汴州时，他不敢靠近，并且还派兵护送出境。郭子仪担任中书令共二十四年，每月收入官俸多达二万缗，私有财产还不包括在内；家中仓库里珍宝奇货堆积如山。郭子仪有三千家人，八个儿子和七个女婿都在朝廷担任高官要职；孙子辈的有几十人，他们每次来问候请安，郭子仪不能都叫得出名字，只能对他们点点头而已。仆固怀恩、李怀光、浑瑊都出自郭子仪的帐下，他们虽然贵为王公，但郭子仪常对他们颐指气使，任意使唤，他们也奔走效命于郭子仪跟前，而郭子仪家里的人也把他们当作家仆一样对待。天下安危系于郭子仪一人身上前后将近有三十年，郭子仪功劳超群绝伦，但是皇帝毫不怀疑郭子仪的忠诚，权位到达做臣子的顶点，但是众官员都不嫉恨，郭子仪穷奢极欲地纵情享受，但是人们并不指责，郭子仪以八十五岁高寿而终。郭子仪的部将僚佐任大官，成为朝中名臣的人非常多。

六月二十五日壬子，任命怀州、郑州、河阳节度副使李艽为河阳、怀州节度使，并将东都地区的五县划归他管辖。

自从吐蕃攻占了河西、陇右之后，北庭、安西与朝廷交通隔绝而消息不通。伊西、北庭节度使李元忠、四镇留后郭昕率领将士封闭边塞据守，多次派遣使者入朝上奏，都没送到，因此同朝廷断绝音讯十几年；直到此时，派使者抄小路偷偷地经过诸胡地区，取道回纥抵达京城，德宗对他们非常赞赏。秋季，七月初一日戊午，加授李元忠为北庭大都护，赐封宁塞郡王；任命郭昕为安西大都护、四镇节度使，赐封武威郡王；所有将士都提升七级。李元忠的姓和名，都是朝廷所赐，他本姓曹，名令忠；郭昕是郭子仪弟弟的儿子。

李希烈因天气久雨不停而没有率军进发，德宗对此困惑不解。卢杞趁机向德宗密报："李希烈之所以拖延进军，是因为杨炎的缘故啊。陛下何必因爱惜杨炎一时之名，而丧失了成就平叛的大事呢？还不如暂时免除杨炎的宰相职务，而让李希烈高兴进剿叛逆，等到平定了梁崇义之后，再重新任命杨炎为宰相，也没有什么妨害吧。"德宗认为卢杞说得很对。七月初三日庚申，命令杨炎担任左仆射，免除了他主持朝政的权力。任命前永平节度使张镒为中书侍郎、同平章事。张镒是张齐丘的儿子。任命朔方节度使崔宁为右仆射。

（以上为第一段，写唐中兴名将郭子仪辞世，卢杞构陷杨炎。）

七月十九日丙子，追赠已故伊州刺史袁光庭为工部尚书。袁光庭在天宝末年任伊州刺史，吐蕃攻陷河西、陇右之后，袁光庭率部坚守伊州达数年之久，吐蕃想方设法诱其投降，都没有得逞。当粮竭兵尽，城池马上就要被攻破的时候，袁光庭先杀了妻儿，然后自焚而死。郭昕派的使者抵达京师，朝廷才知道此事，因此朝廷给他追赠官衔。

七月二十四日辛巳，朝廷命令邠宁节度使李怀光兼任朔方节度使。

七月二十六日癸未，河东节度使马燧、昭义节度使李抱真、神策先锋都知兵马使李晟合力在临洺把田悦打得大败。

当时田悦攻打临洺，几个月没有攻下来，临洺城中的粮食将要耗尽，府库的储备已用完，将士大多非死即伤。守将张伾将自己的爱女打扮了一番，带着她出来向将士们行礼说："各位守城与敌人苦战，我家已没有别的什么东西了，让我卖了这个女儿，作为各位将士一天所需的费用。"在场的众将士都感动得哭了，说："我们愿拼死力战坚守城池，而不敢提任何奖赏。"李抱真向朝廷告急，德宗颁诏让马燧率领步骑兵二万人与李抱真共同讨伐田悦，并派李晟率领神策军与他们一起合击田悦；又颁诏令幽州留后朱滔率兵讨伐李惟岳。

马燧等率军在还没有开出壶关险要之前，先派使者带着书信去劝谕田悦，信中说了不少好听的话，田悦以为马燧害怕自己，因而对他们率军前来不加防备。马燧与李抱真合兵八万人，由壶关向东边挺进，驻扎在邯郸，对田悦的一支部队发起攻击，打败了他们。这时田悦正急攻临洺，只能将李惟岳援兵中的五千人派出支援杨朝光。第二天，马燧等率军向杨朝光的营寨发起攻击，田悦亲自率领一万多人来救援，马燧命令大将李自良等在双冈阻击田悦，并命令李自良说：“如果田悦过了双冈，就砍你的头！”李自良等人尽力死战，田悦的军队被打退。马燧推出燃烧的车辆焚毁杨朝光的营寨，将杨朝光斩首，获取敌方首级五千多。过了五天，马燧等进军到临洺，田悦出动全军竭力应战，总共交手一百多个回合，田悦的军队大败，被斩首达一万多人。田悦带领残部连夜逃遁，邢州的围困随即也被解除了。

当时平卢节度使李正己已经逝世，儿子李纳把此事隐瞒下来，擅自统领军务。田悦向李纳和李惟岳求援，李纳派大将卫俊率兵一万人，李惟岳派兵三千人前去援救。田悦收编散兵，共计得到二万多人，驻扎在洹水县；李纳的援军驻扎在东边，李惟岳的援军驻扎在西边，首尾相互呼应。马燧率领各部进驻邺县，奏请朝廷令河阳的军队就地援助；德宗颁诏令河阳节度使李艽率部与马燧会合。

八月，李纳这才为父亲李正己发丧，奏请朝廷自己承袭父亲的职位，德宗没有答应。

梁崇义发兵进攻江陵，到达四望山时，被朝廷军队打得大败而归，于是集合自己的部队，驻扎在襄阳和邓州。李希烈领军溯汉水而上，与各道的军队会合，梁崇义派将领翟晖、杜少诚在蛮水迎战，被李希烈打得大败；李希烈乘胜追击到疏口，又打败了他们。翟晖和杜少诚请求投降，李希烈命令他们带领残部先进襄阳去安抚、晓谕军民。梁崇义关闭城门，想抗拒朝廷的军队，但守城的士兵打开城门，纷纷争着逃出城，根本无法禁止。梁崇义只得和妻子投井自杀，梁崇义的头颅被砍下传送到京城。

范阳节度使朱滔即将发兵讨伐李惟岳，把军队驻扎在莫州；张孝忠统领精锐士兵八千人据守易州，朱滔派判官蔡雄前往易州劝说张孝忠：“李惟岳是个乳臭未干的毛孩子，竟敢抗拒朝廷的命令；现在昭义军、河东军已打败田悦，淮宁节度使李希烈仆射攻陷了襄阳城，估计在河南的各路军队，要不了多久就会向北挺进，李惟岳和田悦的灭亡，已经是指日可待了。假使你真的能够领头率易州归顺朝廷，那么平定李惟岳的头功便是你的，这是你转祸为福、转危为安的良策啊。”张孝忠觉得他说得很对，于是派牙官程华前去见朱滔，另外又派录事参军董稹奉表入朝以表示忠诚，朱滔也上表推荐他；德宗对此十分高兴。九月初六日辛酉，朝廷任命张孝忠为成德节度使。又命令李惟岳限期护送其父李宝臣的灵柩回朝，李惟岳不服从命令。张孝忠非常感激朱滔，替儿子张茂和娶了朱滔的女儿为妻，使双方加深了感情。

九月初七日壬戌，加授李希烈同平章事职衔。

起初，李希烈请求朝廷让自己征讨梁崇义，德宗对满朝大臣再三赞赏李希烈的忠心。黜陟使李承从淮西回到朝廷，对德宗说：“李希烈一定能够建立微小的战功；只是怕他在有功之后，恃功自傲而不服从朝廷的命令，那么更要烦劳朝廷对他用兵了！”德宗对李承的话不以为然。

李希烈攻取襄阳后，马上就把它据为己有，德宗这才想到李承的预见正确。当时李承正担任河中尹的职务，九月初九日甲子，朝廷任命李承为山南东道节度使。德宗打算派禁卫军护送他去襄阳上任，李承却请求单枪匹马赴军就职；到达襄阳之后，李希烈将他安置在驿馆中，不让李承入军府，李希烈千方百计地威胁逼迫，李承誓死不向李希烈屈服，李希烈无可奈何而大掠襄阳全境的财物之后离开。李承治理了整整一年时间，被抢掠的军府才逐渐复原。李希烈把一个牙将留在襄州，守护所抢得的财物，因此常有使者来来往往。李承也派遣亲信臧叔雅往来于许州、蔡州之间，与李希烈的亲信周曾等人，结为深交，与他们暗中图谋李希烈。

起初，萧嵩的家庙建在曲江边，唐玄宗认为曲江是娱乐游览的地方，不适宜作为神灵的居所，命令将萧嵩的家庙迁走了。杨炎任宰相后，厌恶京兆尹严郢，将严郢降职为大理卿；卢杞想陷害杨炎，便举荐严郢担任了御史大夫。此前，杨炎打算修建家庙，有座宅院在东都洛阳，委托河南尹赵惠伯把它卖掉，赵惠伯便买下来用作官舍，严郢将此事检举出来，认为杨炎从中谋取了厚利。卢杞召大理正田晋来讨论如何惩处，田晋认为："按照法律，主管官员负责购买东西而从中渔利的话，以勒索贿赂论罪，当处以撤职。"卢杞为十分震怒，将田晋贬职为衡州司马。转而召集别的官员讨论处罚事宜，他们认为："负责的主管官，在自己经管的财物中窃取利益，是监守自盗，论罪当处绞刑。"杨炎修建的家庙正好位于萧嵩家庙原址，卢杞因此散布毁谤的话，说"那个地方有作帝王的瑞气，所以玄宗命令萧嵩将家庙迁走；而杨炎心怀不良图谋，所以在那里修建家庙"。冬季，十月初十日乙未，杨炎从左仆射的官位上被贬为崖州司马；在赴任途中离崖州还有一百里路程的地方，朝廷下令绞死了杨炎。赵惠伯也从河中尹任上被贬为费州多田县尉；没过多久也被处死了。

（以上为第二段，写马燧率领官军解临洺之围，大败田悦叛军。李希烈讨平襄州梁崇义，居功狂悖而野心勃发，朝廷去一狼而生一虎。德宗信卢杞谗言杀杨炎。）

十月辛巳日（疑误），册立萧氏为太子妃。

十月十八日癸卯，在太庙合祭列祖列宗。在此之前，太祖的灵位已经供奉在正东向的位置上，太祖的祖父和父亲献、懿二祖的灵位都藏在太庙的西夹室内，没有对他们四时祭祀；而到这时，又把献祖的灵位供奉在太庙东向的位置而受到四时祭祀。

徐州刺史李洧，是李正己的堂兄。李纳攻打宋州，彭城县令太原人白季庚游说李洧率领徐州全境归附朝廷；李洧听从了这个意见，派遣摄巡官崔程奉表入朝表示忠诚，并指派他口头奏报德宗，同时禀告宰相，声称："仅凭徐州的力量不能单独抵抗李纳，请求朝廷任命兼理徐州、海州、沂州的观察使，何况海、沂二州，目前都被李纳据有。我李洧和海、沂二州刺史王涉、马万通平时已有约定，如果朝廷颁诏任命我为三州观察使，那么海、沂二州一定能和徐州一起抵抗李纳。”崔程由外地来朝廷，误以为各个宰相的权位都是相同的，禀告谁都一样，便把李洧的话先向张镒汇报，张镒再将内容告诉卢杞。卢杞对崔程不先禀告自己十分恼怒，因此没有接受李洧的请求。十月二十三日戊申，朝廷加授李洧御史大夫官衔，命令李洧充当招谕使。

十一月初四日戊午，德宗把永乐公主嫁给检校比部郎中田华，这是因为德宗不想违背先帝的意愿的缘故。

蜀王李傀改名叫李遂。

十一月初七日辛酉，宣武节度使刘洽、神策军都知兵马使曲环、滑州刺史襄平人李澄、朔方军大将唐朝臣等，在徐州将淄青节度使李纳、魏博节度使田悦的军队打得大败。

在此之前，李纳派遣将领王温会同魏博的将领信都崇庆一起进攻徐州，徐州刺史李洧派牙官温县人王智兴向朝廷告急。王智兴擅长行走，不到五日就到达了京城。德宗为徐州调发了朔方士兵五千人为援军，命令唐朝臣率领，与刘洽、曲环、李澄共同前去援救。当时朔方军的物资装备还没有及时运到，军队的旗帜和服装都破烂不堪，宣武军的官兵们都嗤笑他们：“叫花子也能去消灭敌人吗？”唐朝臣用这些话来激怒部下士兵，并且说：“李都统下了命令，率先攻破敌人营垒的人，营中的财物全部赏给他。”士兵们无不愤怒而奋力争先杀敌。

信都崇庆、王温攻打彭城，二十天还未能攻下，于是请求李纳增兵，李纳派遣将领石隐金率兵一万来援助，与刘洽等人率领的朝廷军队在七里沟对峙。天快黑的时候，刘洽率军稍稍后撤，朔方军的马军使杨朝晟对唐朝臣说：“唐公你率步兵背山列阵，以待魏博、淄青两镇的军队，我统领骑兵在山坳中埋伏，敌人见你们孤军作战，一定认为势单力弱而向你进攻；我乘机率埋伏的骑兵拦腰截击，一定会打败他们。”唐朝臣听从了这个建议。信都崇庆等人果然率领骑兵二千人过桥往西，追击官兵，伏兵突然出动，拦腰截击；信都崇庆等人的军队前后中断，只得狼狈逃回，倚仗桥头来抵御官军。没有挤上桥头的叛军，于是涉水渡河。杨朝晟指着叛军说：“他们能够涉水过河，我们为什么不照办？”于是率部涉水攻击敌人，据守桥头的叛军都逃跑了，信都崇庆等的军队溃不成军；刘洽等乘机出击，斩杀敌人首级八千，溺死水中的超过一半。朔方军缴获了敌军所有的物资装备，旗帜和军服都鲜艳华美，焕然一新，于是他们对宣武军说：“叫花子立的功劳，与你军相比究竟谁多？”宣武军的士兵都觉得惭愧。各支官军乘胜向北追击，直达徐州城下，魏博、淄青的军队解除了对徐州的包围而逃走，江淮的漕运到这时才又通畅起来。

十一月十五日己巳，德宗颁诏命令削夺李惟岳的官职爵位；招募李惟岳的部属中投降朝廷的将士，一律赦免不予追究，而且还加以奖赏。

十一月三十日甲申，淮南节度使陈少游派军队攻击海州，海州刺史王涉率领海州归降朝廷。

十二月，李纳部下的密州刺史马万通向朝廷求降；十二月十三日丁酉，朝廷仍任命马万通为密州刺史。

崔汉衡出使到达吐蕃，赞普认为德宗的敕书在涉及双方关系时称“贡献”和“赐”等，完全以对待臣属的礼仪用于吐蕃；又认为灵州的西边，应以贺兰山为边界，要求崔汉衡再次代为请求朝廷加以更改。十二月二十三日丁未，崔汉衡派遣判官与吐蕃的使者入奏朝廷，德宗为吐蕃修改了敕书的措辞和边界，都满足了赞普的请求。

加授马燧魏博招讨使职衔。

（以上为第三段，写官军大败淄青李纳叛军，疏通了江淮漕运。）

唐德宗建中三年（壬戌，公元 782 年）

春季，正月，河阳节度使李艽挥兵进逼卫州，田悦派遣驻守卫州的将领任履虚假装投降朝廷，不久再次反叛。

马燧等各支官兵驻扎在漳水之滨。田悦派遣将领王光进修筑两端临水的拱形月城来守卫长桥，马燧等各支官兵不能过河。于是马燧用铁链将几百辆车串在一起，在车厢中装满土袋，填塞到长桥的下游，河水变浅后，各路人马涉水渡过漳水。当时朝廷军队中粮食缺乏，田悦等叛军加深加固营垒坚守不出来迎战。马燧命令各支官兵带上十天的粮食，进驻仓口，与田悦的部队隔着洹水在两岸对峙。李抱真、李艽问马燧说：“我军粮草缺乏而深入敌人腹地，为什么呢？”马燧回答说：“粮草缺乏，只有靠速战速决才对我们有利，眼下魏博、淄青、成德三镇集结军队而不出兵迎战，想要拖垮我们的军队；我们如果分散兵力，向田悦军的两边出击，田悦一定发兵援救，那么我们将腹背受敌，作战必然不利。因此主动出击，进逼田悦，这就是兵法所谓的攻其必救吧。田悦如果出兵迎战，就一定会被你们各位击败。”于是建造了三座桥，使军队过了洹水，天天到田悦军前挑战，田悦就是坚守不出。马燧命令各部半夜起来吃饭，悄悄地沿着洹水直向魏州城进发，又命令各军：“敌军一到，就马上停止前进，并排列战阵。”同时留下一百名骑兵在兵营中击鼓吹号，仍像往日一样抱来柴草薪，打着火把。等待各路军队都出发后，就停止击鼓吹号，隐藏在旁边，就等田悦的军队过了河，立即将桥烧毁。马燧等人率军行进到十里左右的地方，田悦得到这一消息，就率领淄青、成德两镇的步兵、骑兵共四万人过桥，尾随着马燧等人，还借助风势一路放火，呐喊着向前进攻。马燧当即命令军队停止行进，先将前方一百步内的树木杂草清除作战场，然后部署兵力列阵以待，又招集五千余名勇士排在阵前作先头部队。田悦的军队到达时，火也熄灭了，士气也衰退了，马燧挥军出击，田悦军被打得大败。神策、昭义、河阳三军虽在进攻中受挫稍退，但看到马燧的河东军打了胜仗，便回过头来重新投入战斗，再次把田悦的军队打败。朝廷的军队追击逃敌到洹水时，河上的三座桥早已被埋伏的骑兵烧毁，田悦军阵脚大乱，跳河逃走而被淹死的无法统计，官军斩获敌人首级二万多，抓捕俘虏三千多，死尸躺卧相叠长达三十余里。

田悦收拾残兵败将一千多人逃往魏州。由于马燧与李抱真关系不和，官军停留在平邑的寺庙区。田悦连夜逃到魏州的南门城外，大将李长春关闭城门，不让田悦进入，想等待官军到来，时间过了很久，天就要亮了，官军还没有到来，李长春这才开了城门接纳田悦进入。于是田悦杀了李长春，紧闭城门固守。这时魏州城内的士兵只有几千人，满街都是战死将士的亲属在号啕痛哭。田悦既担心又害怕，于是手持佩刀，骑马伫立于军府门外，集合城中所有军民，痛哭流涕地说道："我不成器，承蒙淄青李正己、成德李宝臣两位老前辈保荐，继承看管我伯父的大业，现在两位老前辈都已去世，而他们的公子都无法承袭节度使的职位，我不敢忘记两位老前辈的深恩大德，自不量力，就违抗起朝廷的命令来，以至于失败到这种程度，造成士大夫们的惨死，都是我田悦的罪过。但是我有年迈的母亲，不能自杀，只希望诸位用这把刀把我的头砍下来，拿着出城向朝廷的马燧仆射投降，去求得荣华富贵，千万不要同我一起去死呀！"于是从马上翻身滚下。将士们纷纷争着上前抱住田悦说："田尚书你起兵行义，并非只为自己。打仗有胜有负，本来是兵家常事。我等世代受你家的恩惠，怎能忍心听你说这样的话呢？我们愿意跟随尚书你再决一战，打不了胜仗就拿性命奉陪。"田悦说："各位不因我田悦打了败仗而抛弃我，我田悦即便死掉，九泉之下也不敢忘记你们的深厚情谊！"于是与众将领各自剪断头发，结为兄弟，立誓同生共死；拿出府库储藏的所有钱财，加上向富户征敛的钱财，共有一百多万，全部赏给士兵；城中的军民这才安定下来。田悦又召来贝州刺史邢曹俊，让他负责整饬军队，修缮武器和工事，加强军备，全军的声势和士气再次振作起来。

李纳驻军在濮阳，受到河南军的进攻逼迫，便逃回了濮州，接着向魏州请求派兵增援。田悦派军使符璘统领三百名骑兵送往李纳军中，符璘的父亲符令奇对符璘说："我已老了，我曾亲眼见过的安禄山、史思明那一伙反叛作乱的人，如今还有哪个活在世上？田氏又能长久维持吗？你如果找机会离弃叛贼，归顺朝廷，那就是你将父亲的名声传扬于后世而尽了大孝。"说完咬着儿子的臂膀作别。于是符璘与副手李瑶统领部众向马燧投降。田悦收捕了符璘的全族家人，全部杀死，符令奇不停地辱骂田悦而死。李瑶的父亲李再春率领博州军民投降朝廷，田悦的堂兄李昂率领洺州军民投降，王光进率领长桥军民投降。田悦退入魏州城十几天后，马燧等率领的各路人马才到达魏州城下，向魏州发动进攻，没有攻下来。

（以上为第四段，写魏博招讨使马燧在卫州大破田悦军，却因官军将领失和，未能追歼穷寇，田悦逃至魏州，得以喘息，死灰复燃。）

正月十二日丙寅，李惟岳派援兵与孟祐共同防守束鹿县城，朱滔、张孝忠攻克了这座县城，进兵包围深州。李惟岳因此既担心又害怕，掌书记官邵真再次规劝李惟岳，让李惟岳秘密上表归顺朝廷，先派弟弟李惟简进京入朝；然后对众将领中不服从命令的人格杀勿论，再亲自入朝，而让岳父冀州刺史郑诜代理节度使的职务，等待朝廷的命令。李惟简已经出发前往京城，孟祐知道了邵真的计划，于是秘密派人将这事告诉了田悦。田悦大怒，派衙官扈岌前去见李惟岳，责备李惟岳说："田尚书起兵对抗朝廷，完全是为大夫你向朝廷求取节度使职务而已，并不是为了自己。现在大夫你竟然听从了邵真的主意，派弟弟奉表入朝，完全把反叛的罪名归于田尚书，以求得为自己洗脱罪责，田尚书有什么地方对不起你，以至于你这样对待田尚书呢？如果你为田尚书杀了邵真，那么田尚书会一如既往地对待你，否则，必将与大夫你断绝一切交往！"判官毕华对李惟岳说："田尚书因为你的缘故而身陷朝廷军队的重围中，假如大夫你一旦背叛了田尚书，那就太不讲义气了。何况魏博、淄青二镇兵力强大，粮储丰足，足以与天下抗衡，现在事情的成败还难以预料，为什么突然三心二意采取背叛同盟的下策呢？"李惟岳为人一向怯懦，不能坚持早先已经决定了的计划，竟将邵真召来，当着扈岌的面杀了；又调动成德镇一万兵马，前去与孟祐一起围困束鹿城。正月十二日丙寅，朱滔、张孝忠与李惟岳的军队在束鹿城下交战，结果李惟岳军被打得大败，焚烧营寨而逃。

兵马使王武俊被李惟岳身边的亲信所诬陷，李惟岳便对王武俊心存猜疑，只是爱惜王武俊人才难得，所以才不忍心将王武俊除掉。在束鹿的战斗中，李惟岳指派王武俊当先锋打头阵，而王武俊私下为自己盘算说："我如果打败了朱滔，李惟岳军的势力就会因此大振，班师后李惟岳一定会杀掉我。"因此在战斗中不太卖力，结果被打败了。

朱滔打算乘势进攻恒州，而张孝忠却带领自己的军队往西北进发，驻军于义丰县城。朱滔大为惊异，张孝忠的部将僚佐对此也都感到奇怪，张孝忠解释说："恒州还有很多身经百战的老将，不能轻易地看待他们。一旦我们进逼恒州，他们就会齐心合力拼死一战，如果暂缓进攻，他们内部就会相互算计以图自保。你们各位尽管等着瞧吧，我们驻扎义丰，坐待李惟岳军被消灭就是了。况且，朱司徒只会说大话，见识却很浅陋，可以与他在初始时一起合作，却难以共同分享最后的成果！"这样一来，朱滔也只得驻军束鹿，不敢贸然进攻恒州。

李惟岳的将领康日知率领赵州归附朝廷，李惟岳由此更加猜疑王武俊，王武俊非常害怕。有人对李惟岳说："您的先公把王武俊视为心腹，极为信任，让王武俊辅佐大夫您，而且两家又有骨肉之亲。王武俊是三军中以勇猛著称的大将，时下这种危急的时候，还对王武俊加以猜忌和限制；如果没有王武俊，那又打算派谁来为您击退敌方的军队呢？”李惟岳觉得此话有理，于是指派步军使卫常宁与王武俊共同进攻赵州，又指派王武俊的儿子王士真带兵在军府中值宿保卫自己。

正月二十九日癸未，蜀王李遂改名为李游。

淮南节度使陈少游攻克海、密二州，却又被李纳夺回。

王武俊离开恒州后，便对卫常宁说：“我王武俊今日有幸逃出虎口，是不打算再回去了！我将北上投奔张孝忠尚书。”卫常宁说：“李惟岳大夫昏庸怯弱，信任身边的小人，观察今日态势，最终会被朱滔所灭。现今皇帝有诏书，凡能砍掉李大夫头的人，就赐予李惟岳的官职和爵位，中丞你一向为众人所信服，与其出走逃生，还不如反戈一击杀了李大夫，这样转祸为福，不过易如反掌罢了；若是事情不成功，投奔张孝忠尚书，也不算晚吧！”王武俊认为这段话说得非常有道理。当时正遇上李惟岳指派节度使衙前要藉官谢遵来到赵州城下王武俊的军营中，王武俊便将谢遵拉进来共同策划除掉李惟岳；谢遵回到恒州，将此计划密告王武俊的儿子王士真。闰正月二十一日甲辰，王武俊、卫常宁从赵州带领军队返回恒州袭击李惟岳，谢遵与王士真诈称李惟岳的命令，打开城门将军队接纳进城。黎明时分，王武俊率领几百名骑兵冲进节度使军府大门；王士真在府内接应，杀死十几个人。王武俊命令说：“李惟岳大夫反叛作乱，将士们已归顺朝廷，谁敢违背抗拒命令，就灭了全族！”众人都不敢轻举妄动。于是抓住了李惟岳，逮捕了郑诜、毕华、王它奴等人，将他们全都杀了。王武俊因为李惟岳是已故节度使李宝臣的儿子的缘故，打算把他活着送往长安。卫常宁对王武俊说：“李惟岳如果见到皇上，将会把反叛朝廷的罪责又推到中丞你的头上。”于是王武俊绞杀了李惟岳，将李惟岳的首级传送到京城。深州刺史杨荣国，是李惟岳的姐夫，杨荣国向朱滔投降，朱滔便让杨荣国官复原职。

朝廷恢复了在全国各地由官府专卖酒的制度，唯有西京长安不实行专卖。

（以上为第五段，写成德叛军首领李惟岳被部属王武俊所杀，田悦困守魏州，河北叛乱基本平定。）

二月初五日戊午，李惟岳委任的定州刺史杨政义向官军投降。当时河北地区基本上已经平定，仅有魏州还没有攻下；河南的各支官军军队在濮州进攻李纳，李纳的每况愈下，形势日益窘迫。朝廷认为天下不久就可平定；二月十一日甲子，朝廷任命张孝忠为易、定、沧三州节度使，任命王武俊为恒冀都团练观察使，任命康日知为深、赵都团练观察使，将德州、棣州交给朱滔管辖，命令朱滔回归幽州本镇驻守。朱滔向朝廷再三要求将深州交给自己管辖，未获批准，因此对朝廷产生怨恨，不听命令而留下驻军深州。王武俊一贯瞧不起张孝忠，自认为亲手杀了李惟岳，功劳要比康日知大，然而张孝忠却当了节度使，自己与康日知一样只担任都团练使，另外在辖地内还划出赵州、定州，心里也为此不高兴。德宗又颁诏书让王武俊送三千石粮食给朱滔，送五百匹马给马燧。王武俊认为这是因为朝廷不想让叛军的旧将做节度使的缘故，当田悦的魏博镇叛军平定后，一定会夺取恒冀，所以将他的粮食和马匹分别调运他处，以削弱他的实力，由于有此疑虑，王武俊不肯执行诏令。

田悦得悉此事，便派遣判官王侑、许士则秘密地抄小路前往深州，游说朱滔道："朱司徒您奉皇帝诏令征讨李惟岳，短短的十天半月之间，就已经攻克束鹿城，夺取了深州，李惟岳的军势日渐窘迫，于是王武俊便借助司徒您不断取胜的优势，才能砍下李惟岳的首级，这完全是司徒您的功劳啊。另外，皇上明确地颁下诏书，命令朱司徒一旦夺得了李惟岳的城池，都要划归您管辖；现在竟然把深州划归康日知管辖，这是自食其言，背信弃义，而且当今皇上立志要扫清河朔一带与朝廷作对的势力，不让藩镇的后代世袭权位，将要完全用文臣取代武臣的职事，就像从前魏国被灭亡，而燕国和赵国就紧随其后一样；如果魏国还存在，那么燕国和赵国就会安然没有祸患。要是朱司徒您果然真心怜悯魏博镇的危难处境而想救援的话，就不只是收到存亡继绝的大义之名，而且也是替自己的子孙创下万代的利益啊！"田悦还许诺把贝州作为礼物送给朱滔。朱滔一贯对朝廷存有反叛的念头，听了这番话，大为高兴，立即就让王侑返回魏州去报信，使魏州将士知道有外援力量，各自坚守阵地。又派遣判官王郅与许士则一起前往恒州，向王武俊游说："王大夫您定下九死一生的计谋，杀了反叛朝廷的罪魁祸首，拔除了祸乱的根源，康日知的脚并没有迈出赵州一步，怎能与大夫您的功劳相提并论呢？然而朝廷对你们两人的褒奖封赏却差不多，谁都会为您感到愤愤不平！如今又听说皇上下诏令将您的粮食和马匹调派给邻道，朝廷的用意，大概是认为大夫您英勇善战，恐怕成为日后的心腹之患，打算先削弱您军府的实力，等到扫平魏州之日，再指派马燧仆射率军向北，朱滔司徒率兵向南，共同夹击来消灭您啊。朱滔司徒也不敢自保无忧，所以派我王郅等人来向您献上愚笨的计策，打算与大夫您一起救助田悦尚书，使他的势力得以保存。大夫您把粮食和马匹自己留下来供给军中的将士使用；朱滔司徒不想将深州交给康日知，想将它交给您，请您尽早确定刺史去镇守深州。假如范阳、恒冀、魏博三镇能联合起来，就像耳目手足一样彼此救助，那么以后大家都永远没有忧患了！"王武俊听后也喜不自禁，便同意了，随即派遣判官王巨源出使到朱滔那里，并命令王巨源代理深州刺史的各项事务，与朱滔相互约定时间率兵南下救援田悦。朱滔又派人去游说张孝忠，但张孝忠没有应允。

（以上为第六段，写河北风云突变，由于德宗刚愎自用，善后失计，田悦策反朱滔，河北方镇又联兵对抗朝廷。）

宣武节度使刘洽进攻固守在濮州的李纳，攻克了濮州外城。李纳在城墙上哭着要求改过自新，李勉又派人去规劝，癸卯这天，李纳派遣手下的判官房说带着胞弟李经和儿子李成务入京朝见德宗以示归顺。正遇上中使宋凤朝回京报告说李纳已到势衰力竭的地步，不能就这样放过李纳，于是德宗将房说等拘押在宫禁中，李纳便逃到郓州，再次与田悦等人聚集在一起。朝廷认为李纳的势力并没有衰竭，三月十三日乙未，才命令徐州刺史李洧兼任徐、海、沂三州都团练观察使，海州、沂州已被李纳占据，李洧实际上一无所得。

李纳起初反叛朝廷的时候，他所委任的德州刺史李西华备战防守非常严密，都虞候李士真暗中在李纳面前诋毁李西华，李纳把李西华召回军府，让李士真替代任德州刺史，李士真又假冒李纳的命令召见棣州刺史李长卿，李长卿应召经过德州时，李士真劫持了李长卿，与李长卿一起归附了朝廷。夏季，四月初六日戊午，朝廷任命李士真、李长卿为德州、棣州刺史。李士真向朱滔求援兵，当时朱滔已有反叛的意图，就派遣大将李济时率兵三千人声称去帮助李士真防守德州，而且召李士真前往深州共同讨论军事，李士真到达深州，便遭朱滔软禁，而指派李济时代理德州刺史职事。

（以上为第七段，写征讨淄青的官军大破叛军之后，因朝廷不接受李纳投降，功亏一篑。）

四月初八日庚申，吐蕃送回以前俘虏的军民八百人。

德宗派遣宦官为使者征调卢龙、恒冀、易定三镇兵力一万人前往魏州攻打田悦。王武俊不服从德宗诏令，把使者抓起来送给朱滔，朱滔向部下将领们鼓励说：“将士中有功劳的人，我向朝廷奏请封官嘉奖，都没有能实现；我现在打算与你们整装出发同赴魏州，打败马燧来求得个温饱，你们看怎么样？”大家都没有回答。问了三遍，才有人说：“幽州将士，自从安禄山、史思明反叛朝廷以来，随他们南下作战的，没有一个人能活着回来，直到今天，他们的遗属仍然悲痛万分。何况太尉和司徒您在朝廷中都享有宠信和荣耀，将士们也都蒙受朝廷赐予的官职和勋阶，我们实在只求能够保持现状，不敢再有什么侥幸企望。”朱滔当时沉默作罢，而随后却杀了几十位大将，然后对部属士兵们厚加安抚。

康日知得悉朱滔的阴谋以后，便告诉了马燧，马燧立即奏报朝廷。德宗认为魏州还没有攻下，王武俊再次反叛了朝廷，一时没有力量去制服朱滔，四月初十日壬戌，赐予朱滔通义郡王的爵位，希望以此来稳住朱滔。不料朱滔的反叛活动更加厉害，分派一部驻扎赵州来威逼康日知，把深州交给王武俊的部属王巨源统辖，王武俊任命儿子王士真为恒州、冀州、深州三州的留后，自己率兵马去围攻赵州。

涿州刺史刘怦获悉朱滔想去救助田悦，就写了封信规劝说：“如今你朱滔和朱泚兄弟俩的故乡昌平，朝廷已改称为太尉乡、司徒里了，这也是大丈夫世代不朽的功名了。你只要保持对朝廷忠心顺服，那就没有办不成的事。我私下思量，你近来一心务求大举，以发动战争为乐事，而不顾成败后果，最终导致家破身亡的，成为安禄山、史思明这样的人。我刘怦有幸能与司徒你关系亲密，如果现在保持沉默不提醒你，那就辜负了你对我的推重和赏识。但愿司徒你自己考虑周详，免得后悔不及。”朱滔虽没有听从刘怦的劝告，但也赞赏刘怦对自己无保留的忠心，始终都没有对刘怦产生过怀疑。

朱滔马上就要发兵援救田悦，但担心张孝忠成为自己的后顾之忧，于是又派遣牙官蔡雄去劝说张孝忠。张孝忠对蔡雄说：“过去朱司徒从幽州出兵时，派人对我说：‘李惟岳辜负皇恩是朝廷的叛贼。’言下之意，只要我张孝忠归顺朝廷，就是皇上的忠臣。我张孝忠为人耿直，一直按朱司徒的指教行事。如今我既然已经作了皇帝的忠臣，那就不再帮助反叛朝廷的逆贼。何况我张孝忠和王武俊都是塞外夷狄部族人，非常了解王武俊是个反复无常而最没有信义的人。但愿朱司徒不要忘记我这一席话，将来必有一天会想起我这番苦心的！”蔡雄还想花言巧语地游说张孝忠，张孝忠为此震怒，准备将蔡雄押送京城，蔡雄非常恐惧，逃回去了。于是朱滔派刘怦率兵驻扎在要害地带来防备张孝忠。张孝忠修缮城墙，磨砺兵器，严加戒备，独自处在强大的敌人之间，没有人能让张孝忠屈服。

朱滔统领步兵和骑兵二万五千人从深州出发，到达束鹿。第二天清晨，准备继续行进，出发的号角还没有停止，队伍忽然大乱，士兵们吵闹起来：“皇上命令朱司徒返回幽州去，为什么违抗朝廷命令南进援救田悦？”朱滔惊恐万分，跑到驿站后堂里躲了起来。蔡雄和兵马使宗项等人哄骗士兵们说：“你们不要喧哗！听候司徒传达命令。”士兵们才渐渐安静下来。蔡雄又说：“当朱滔司徒在范阳将要发兵时，皇上下旨允诺凡是攻占了李惟岳州县的人，所占州县就属他统辖，朱司徒因为幽州之地缺少丝绵，所以与你们一起竭尽全力血战以攻取深州，希望得到深州的丝绵，以减轻你们的赋税，没料到朝廷言而无信，又把深州划归了康日知。另外，朝廷因为你们对国家有功，赏赐每人绢十匹，当运送到魏州西部的时候，全部被马燧仆射掠夺去了。只管个人，朱司徒仅有范阳，就足以自保荣华富贵；如今他率军南下，正是为了你们，而不是为了自己。你们不愿意南下，那么可以随意回北方去，也不用喧闹抵触，违抗军纪啊！”大家听了这番话，不知应该怎么办才好，就说道：“朝廷派来传敕令的使臣为什么不为我们这些士兵守护好皇帝赏赐的东西！”于是闯进敕使院，将敕使四肢撕裂而杀死了他。又高呼道：“我们虽然知道司徒南下是为了士兵，但是终究不如暂且遵照皇帝的诏令回到幽州去！”蔡雄说：“那么你们各自归队，明日早上再前往深州，到那里休息几天后，再一起返回幽州吧。”众人这才平静下来。朱滔马上率军返回深州，秘密下令各位将领明察暗访最先出头制造混乱的人，一共查得二百多人，将他们全部杀了，其余的人都吓得双腿颤抖；朱滔于是又率领军队南下，士兵中再没有一个人敢领头抗拒。一路进军。攻克了宁晋县，便在当地驻扎下来等待王武俊。王武俊率领步兵和骑兵一万五千人攻克元氏县后，向东奔赴宁晋。

王武俊当初杀了李惟岳，马上就派判官孟华入京城朝见德宗。孟华为人忠诚耿直，有才能而通谋略，与德宗交谈对答自如，慷慨陈词；德宗很欣赏他，任命他为恒冀团练副使。正遇上王武俊与朱滔定下了反叛朝廷的计划，德宗立即派遣孟华回去传达德宗的谕旨。孟华到达恒州，王武俊已经率军出发了，孟华劝谏他说："皇上对王大夫你寄予厚望，假如你对皇上尽忠尽义，那还用担心什么官职爵位不高，统辖的土地不广呢？不久皇上定会将康日知中丞调往其他镇，深州、赵州最终将会为你所有，你何苦轻率地与反叛朝廷的人搅到一起呢？如果往后事情不成功，那将追悔莫及！"孟华从前在李宝臣幕府供职的时候，由于为人正直，心里想什么就说什么，被同僚们忌妒，到这时做了团练副使，往日的同僚们更加嫉恨，都在王武俊面前中伤孟华说："孟华把我军的秘密情况都奏报给皇上，请求皇上让他充当内应，因此能够得到越级提拔；他的这些主张，实际上是想要消灭大夫您的军队，大夫应该多加戒备。"王武俊因为孟华是自己的旧属，不忍心杀掉孟华，只是褫夺了孟华的职务，让孟华回家去了。

田悦倚仗增援的兵马就要到了，派遣大将康愔统领士兵万余人出了城西，与马燧等人的官军在御河岸边交战，结果大败而回。

（以上为第八段，写朱滔、王武俊挟制部属反叛朝廷，朱滔为其罪魁。）

当时朝廷对河南、河北用兵，每月要支出军费一百多万缗，国库亏空，已有几个月没有支付军费。太常博士韦都宾、陈京便提出建议，认为："货物交易的利益，都落到富商手中，请朝廷下令搜刮富商们的财利，让这些富商们拿出一万缗钱财来，其余的全部借来供应军队。估算起来，只不过借用了一二千个富商的钱财，足可供应军队几年的用度。"德宗接受了这一建议。四月十二日甲子，德宗下诏向商人借钱，让度支负责登记上报朝廷。负责度支事务的杜佑在长安城的商人中大肆调查全部财物数量，如果怀疑商人们有所瞒报，就任意对他们进行拷打、鞭笞，商人们无法忍受这种痛苦，竟有上吊自杀的，整个长安城一片混乱，就像遭受了敌寇和强盗们的劫掠一样。这样大肆搜刮，总共才借得商人钱财八十多万缗。朝廷又搜刮钱庄和当铺的钱财，凡是储积钱币、衣帛、粟麦的人，都得借出储积数量的四分之一，并查封了各钱庄、当铺的柜台和窖藏，市内的商人们为此关门停业，相互间串联起来阻拦宰相的坐骑来诉苦，人数成千上万。宰相卢杞开始还安慰拦路的人，并向他们解释，但赶来挡道的人越来越多而难以阻遏，就急忙驱马从另一条路回府了。这样，朝廷总共才借得二百多万缗，但商人们已钱尽财竭了。陈京是陈叔明的五世孙。

（以上为第九段，写两河用兵，朝廷滥征苛税以足军用。）

四月二十二日甲戌，朝廷任命泽潞节度副使、磁州刺史卢玄卿为洺州刺史兼魏博招讨副使。

起初，李抱真担任泽潞节度使时，马燧兼管河阳三城；李抱真打算杀掉怀州刺史杨鉥，杨鉥投奔马燧，马燧容留了他，并且向朝廷奏称杨鉥没有罪责，李抱真因此对马燧十分恼怒。等到他们一同征讨田悦时，彼此多次由于具体事情相互怨恨和敌视，二人裂痕越来越深，不再相见议事。这样一来，各部之间拖延、观望，以致征讨田悦拖了很久没有成功。德宗多次派身边的宦官作使者去调和二人的关系。等到王武俊率军进逼赵州时，李抱真将自己的部属分出二千人去戍守邢州，马燧勃然大怒说："残敌还没有扫除，大家应当彼此合作，全力以赴，他竟然分散兵力去守护自己的地盘！"马燧也打算率兵撤回自己的军镇。李晟劝马燧说："李抱真尚书因为邢州、赵州接壤，分出一支人马去防守邢州，对整个战局确实没有害处。此时您如果轻率地带兵撤回军镇去，众人都将会如何看待您呢？"马燧转怒为喜，认为李晟说得有理，于是独自驱马前往李抱真的兵营中拜访，两人彼此尽释前嫌，欣然结好。正巧洺州刺史田昂请求入朝，马燧便上奏皇帝将洺州划归李抱真统辖，又请朝廷指派卢玄卿为洺州刺史，兼任招讨副使。李晟所率军队先前隶属于李抱真，此时又请求也同时隶属于马燧，以显示双方协调融洽。德宗对这些请求都予以接受。

卢龙节度行军司马蔡廷玉讨厌判官郑云逵，奏请朝廷将他贬谪为莫州参军。郑云逵的妻子是朱滔的女儿，朱滔又向朝廷奏请任命郑云逵为掌书记。郑云逵于是在朱滔面前极力诬陷蔡廷玉，蔡廷玉又与检校大理少卿朱体微向朱滔的哥哥朱泚诉说："朱滔在幽州军镇，处理事务大多独断专行，这样的性情绝非长者风度，不能够把兵权交付给朱滔。"朱滔获悉此事后，大为恼怒，多次给朱泚写信，请他杀了这两人，朱泚都没有听从；这样一来，兄弟之间的关系产生了明显裂痕。后来朱滔违抗朝廷命令，德宗打算通过归罪于蔡廷玉等人来取悦朱滔，四月十二日甲子，将蔡廷玉贬谪为柳州司户，将朱体微贬谪为万州南浦县尉。

宣武节度使刘洽攻打李纳的濮阳，收降了濮阳守将高彦昭。

朱滔写了一封信用蜡加封，派人藏在发髻中送交朱泚，想联络他一同反叛朝廷；马燧抓获了朱滔的使者并搜出了这封信，派人将信件连同使者押送到京城长安，朱泚并不知道这件事。德宗命令通过驿递迅速从凤翔把朱泚宣召入朝，朱泚到了朝廷，德宗将朱滔的信件和派遣的使者展示在朱泚面前，朱泚惶恐地连忙向德宗叩头请求罪。德宗说："你们兄弟相距千里，从开始就没有同谋反叛，这并非你的罪过。"随即将朱泚软禁在朱泚长安的私宅中，赏赐著名的园林、肥沃的田地、绫罗锦缎和大量的金银财宝，来安定朱泚的情绪；朱泚所担任的幽州和卢龙节度使、太尉、中书令等职务仍旧保留不变。

（以上为第十段，写河北叛军联兵救田悦，大敌当前，官军统帅马燧与李抱真释嫌言和，协力讨逆，官军摆脱危机。）

德宗认为朱泚所统领的幽州军驻扎在离长安不远的凤翔，考虑到得派一个朝廷的重要大臣去取代朱泚。卢杞嫉妒张镒为人忠诚耿直，受到德宗的倚重，打算把张镒排挤到朝廷之外，使自己能够专擅朝政，于是就对德宗说："朱泚的名望和地位向来很高，驻扎在凤翔的军中将领和校官们的官职级别也已超出一般军镇，如果不是像宰相这样朝中的亲信大臣，是不能镇抚他们的，因此我请求去代理朱泚的职务。"德宗低头沉吟，没有表态，卢杞又对皇帝说："陛下一定认为我其貌不扬，不会被三军将士所折服，那就只有请陛下您自行英明决断了。"德宗于是回头看着张镒说："身兼文武之才，朝廷内外都称上德高望重的，那就没有人能取代替你了。"张镒明知被卢杞所排挤，但又没有什么托词可以避免受命，因而只得再三向德宗拜谢，接受了任命。四月二十六日戊寅，朝廷任命张镒兼任凤翔尹、陇右节度使。

起初，卢杞与御史大夫严郢共同制造了杨炎、赵惠伯的冤案。杨炎死后，卢杞又忌恨严郢。当时正遇上蔡廷玉等人遭贬官，殿中侍御史郑詹误将文书传到昭应派人解送，蔡廷玉等已经行进到蓝田，又被召回向东进发，蔡廷玉等以为自己会被解送给朱滔，他们走到灵宝县西境时，都投入黄河自杀了。德宗得悉这一消息，震惊不已，卢杞乘机上奏说："朱泚一定会怀疑这件事是陛下诏书的旨意，请派遣三司使去审讯郑詹。"又说："御史干这件事，一定向御史大夫禀报过，请将严郢一并审讯。"案情还没有完全弄清楚，四月三十日壬午，卢杞奏请在京兆府中用杖刑处死了郑詹，又将严郢贬谪为费州刺史，后来严郢死在费州。

德宗当初即位的时候，崔祐甫担任宰相，为政极力推崇宽大仁慈，因此当时朝廷理政的声誉很好，被认为具备太宗时期"贞观之治"的风尚；后来卢杞担任了宰相，了解德宗为人多存猜疑，于是常常用自己怀疑、猜想的事情在德宗面前拨弄是非，离间君臣关系，还试着劝德宗以严厉的手段来统驾群臣，以至于朝野对德宗都大失所望。

淮南节度使陈少游上奏朝廷，请求在本道内的征税数量按每一千钱再增加二百钱。五月初四日丙戌，德宗下诏各道增收税额增加如同淮南道的标准；另外，每斗食盐的价钱都增加了一百钱。

朱滔、王武俊统领兵马从宁晋南下援救魏州的田悦。五月初九日辛卯，德宗下诏朔方节度使李怀光统领朔方和神策军的一万五千步骑兵东讨田悦，同时抵御朱滔所率的叛军。朱滔行军到达宗城时，掌书记郑云逵、参谋田景仙背弃朱滔向朝廷投降。

五月十五日丁酉，加授河东节度使马燧为同平章事。

五月二十九日辛亥，在定州设立义武军节度使，将易州、定州、沧州三州隶属义武军管辖。

张光晟杀掉突董以后，德宗打算立即与回纥断绝交往，宣召传送册封可汗的使臣源休返回太原。过了很久，才再次派遣源休将突董以及翳密施、大梅录、小梅录等四人的尸体送往回纥，回纥的可汗派出宰相颉子斯迦等来迎接。颉子斯迦坐在大帐里面，让源休等唐使站立在大帐前的雪地当中，责问杀死突董的情况，多次动了杀掉源休的念头，而且对这些唐使的生活供应和招待都很差；把源休等人扣留在回纥长达五十余日，才放他们回唐。可汗派人对源休说："我们回纥人都想杀掉你来报仇，我自己的想法则同他们不一样。你的朝廷已经杀了突董等人，假如我又杀了你这个唐使，那就如同用血来洗涤血污，越洗就越不干净！现今我用水来洗血污，不也是很好的吗？唐朝欠我们的马匹价值相当绢一百八十万匹，应当立即归还给我们！"派遣散支将军康赤心随同源休入长安朝见，源休竟没能见到可汗一面就返回朝廷。六月二十八日己卯，他们一行抵达长安，德宗下诏用绢帛十万匹、金银十万两充当买马的钱还给回纥。源休能言善辩，卢杞担心他见了德宗而受到赏识，乘源休还在赶往长安的途中，就先行授予了源休光禄卿的职务。

（以上为第十一段，写奸相卢杞专权，排斥朝中大臣。回纥主动结好于唐。）

朱滔、王武俊的军队到达魏州，田悦置办了牛酒盛宴出城迎接，魏州地方的人为援军的到来而欢声震天动地。朱滔的军队驻扎在惬山。这一天，李怀光的军队也到了，马燧等带领军队排着整齐的队列隆重迎接李怀光。朱滔以为他们要来袭击自己，仓促调兵布阵；李怀光作战虽然英勇却没有谋略，他打算乘朱滔的营寨还没有修建好就去袭击。马燧请他暂且先让将士们进行休整，静观敌方的变化而伺机采取行动。李怀光说："如果他们把营寨修建好了，就将为我们进攻留下后患，眼下的机会千万不能错过。"于是率领军队在惬山之西向朱滔发动进攻，杀掉敌方的步兵一千多名，朱滔的军队被打得溃不成军；李怀光勒马伫立观看到这一场面，得意扬扬而面有喜色。李怀光的部属士卒争相杀入朱滔的营寨中抢掠金银财宝，王武俊带领两千骑兵朝李怀光军队中部横冲而来，把李怀光的军队拦腰截成两段；朱滔于是也率领部属将士紧随王武俊之后向李怀光军发起进攻，结果官军被打得大败，被逼得跳入永济渠中淹死的人，多得不可胜数，自己人互相践踏，尸体堆积如山，渠水因此阻塞不流，马燧等各自收拾残部，退入营垒以自保。这天晚间，朱滔等率军筑坝阻水，把永济渠水引入王莽故河，断绝了官军的运粮通道和退路。第二天，官军驻地的周围水深已达三尺多。马燧非常害怕，派遣使者低声下气地向朱滔赔罪道歉，请求朱滔网开一面，放自己与各位节度使各自退回本道，并奏报德宗，请求朝廷将河北地区的事务都交付朱五郎处理。朱滔打算答应马燧的请求，王武俊认为不能答应；朱滔没有接受王武俊的主张。秋季，七月，马燧与各道节度使统领军队涉水过河，向西边撤兵，退守魏县来抵御朱滔，到这时朱滔才向王武俊致歉，王武俊因此对朱滔怀恨在心。以后几天，朱滔等人也带领人马驻扎在魏县东南，与官军隔水对峙。

李纳向朱滔等请求救兵，朱滔派遣魏博镇兵马使信都承庆统兵去助战。李纳攻打宋州，没有攻克，派遣兵马使李克信、李钦遥戍守濮阳县、南华县以抵御刘洽。

（以上为第十二段，写李怀光轻敌，导致官军魏州惨败。从此，河北方镇割据形势，不可逆转。）

七月二十三日甲辰，朝廷任命淮宁节度使李希烈兼任平卢、淄青、兖郓、登莱、齐州节度使，率兵征讨李纳；又任命河东节度使马燧兼任魏博、澶相节度使；加授朔方、邠宁节度使李怀光同平章事。

神策行营招讨使李晟请求统率所部将士向北进发去解赵州之围，与张孝忠分兵图谋夺取范阳，德宗采纳了这一意见。李晟从魏州统兵向北方的赵州进发，王士真解除了对赵州的围困，撤走了军队。李晟在赵州滞留了三天，于是与张孝忠的军队联合起来，向北攻取恒州。

演州司马李孟秋起兵反叛朝廷，自称安南节度使；安南都护辅良交发兵讨伐，杀了李孟秋。

八月初七日丁未，朝廷设置河东和河西的水陆转运、两税、盐铁使二人，度支只是从总体方面管理一些重要事务而已。

八月十一日辛酉，朝廷任命泾原留后姚令言为节度使。

卢杞憎恶太子太师颜真卿，打算把颜真卿从朝廷排挤出去。颜真卿对卢杞说："令尊先中丞被斩，首级传到平原，我颜真卿可是用舌头将令尊脸上的血迹舐得干干净净。现在相公你竟然忍心不能容我吗？"卢杞闻言而不安地左右顾盼，起身下拜，但更加痛恨颜真卿。

九月二十三日癸卯，殿中少监崔汉衡从吐蕃返回朝廷，赞普派遣使臣区颊赞随崔汉衡入朝拜见德宗。

冬季，十月初二日辛亥，朝廷任命湖南观察使曹王李皋为江南西道节度使。李皋到达洪州，将所有的将领和佐吏都召集起来，检查考核他们的才能，发现了牙将伊慎、王锷等人，将他们提拔为大将，延请荆襄判官许孟容，安排他作为自己幕府的成员。伊慎是兖州人；许孟容是长安人。

伊慎曾经跟随李希烈征讨梁崇义，李希烈赏识伊慎的才能，打算挽留伊慎，伊慎不愿意，只身逃回洪州。李希烈得知李皋重用伊慎，担心他将成为自己的祸患，赠予伊慎七捆犀甲，并且冒充伊慎的名义写回信，故意将信丢弃在伊慎驻地境内。

德宗听到这件事，派出宦官作为使者去李皋军中要将伊慎斩首，李皋为此向德宗申诉洗冤；而没有得到德宗的答复。正好遇上长江中的盗贼三千多人进入江南西道劫掠，李皋派遣伊慎领军攻击盗贼来赎罪；伊慎击败了盗贼，斩获几百个盗贼首级，于是免于一死。

卢杞掌管朝廷政事，知道德宗肯定会再任命一个人为宰相，担心新任的宰相会分享自己的权力，寻求机会推荐吏部侍郎关播，称赞关播儒雅仁厚，可以担当整肃风气习俗的职任；十月初七日丙辰，朝廷任命关播为中书侍郎、同平章事。但是一切政务都由卢杞做决定，关播只是袖手画诺，凡事都不做明确表态。有一次德宗曾从容地与两位宰相讨论国事，关播有点不同的意见，起身想要说出来，卢杞递个眼色制止了关播。两人回到中书省官邸后，卢杞对关播说："只是因为你端庄稳重、寡言少语，我才向皇帝引荐使你位至宰相，刚才你为什么要开口说话呢？"从此以后关播不敢再说话了。

十月十八日戊辰，朝廷派遣都官员外郎樊泽出使吐蕃，告诉吐蕃赞普双方缔结盟约的日期。

十月二十六日丙子，皇子肃王李详逝世。

（以上为第十三段，写官军魏州战败后，朝廷重新部署全国讨逆事宜。吐蕃遣使和好唐朝。）

十一月初一日己卯，加授淮南节度使陈少游同平章事。

田悦对朱滔的救援感恩戴德，与王武俊商讨拥戴朱滔为君，而自称臣子的名分来事奉他，朱滔不同意这一主张，说："惬山所取得的大捷，都是大夫您与王二兄的功劳，我朱滔岂敢独居帝王之尊位！"于是幽州判官李子千、恒冀判官郑濡等人共同商议："请与郓州李纳大夫一起成为四国，都称王而不更改李氏唐王朝的年号，就像过去各诸侯国奉周王朝为正统一样。筑设祭坛，结为同盟，有不遵守同盟誓约的，大家一起来讨伐他。否则，岂能像这样总是做朝廷的叛臣，茫然不知所从，用兵没有正当的名义，对立功之将士又无官职、爵位作为奖赏，使将领、官吏不知应该依附于谁！"朱滔等人都认为这一建议有道理。于是朱滔就自称冀王，田悦称魏王，王武俊称赵王，还敦请李纳称齐王。这一天，朱滔等在军营中设祭坛，祭告上天而拜受王号。朱滔当了盟主，称呼自己为"孤"；王武俊、田悦、李纳都称呼自己为"寡人"。他们居住的地方称为"殿"，处理各种事务的文书称为"令"，众部属上书称为"笺"。他们的妻子称为"妃"，长子称为"世子"。他们各自以直接辖治的州的所在地为王府，设置留守兼元帅，把军务、政事委托给他们管理；又设置东曹、西曹，负责处理中书省、门下省事务；设置左右内史，比照侍中、中书令处理事务；其余的各级官员都模仿朝廷而只是改变了它们的名称。

王武俊委任孟华为司礼尚书，孟华一直不肯接受，最终吐血而死；任命兵马使卫常宁为内史监，把军事委托给他掌管。卫常宁暗地策划谋杀王武俊没获成功，王武俊将卫常宁腰斩。王武俊派遣将领张终葵进犯赵州，康日知将张终葵击败，并且将张终葵斩首。

李希烈统领所部将士三万人移驻许州，派遣自己的心腹去李纳那里，与他共同策划袭击汴州事宜；又派使者去通报李勉，说自己已兼任淄青节度使，打算借道李勉的辖区赴任。李勉为李希烈走马上任架设桥梁，准备好饮食等他到来，而又严密布防对他有所戒备。李希烈最终还是没有来，却又在暗中与朱滔等人联络，李纳也多次派遣小股部队渡过汴河去迎接李希烈。这样一来，由东南地区转运到首都长安的物资都不敢途经汴渠，而改道从蔡水北上。

十二月二十九日丁丑，李希烈自称天下都元帅、太尉、建兴王。这时朱滔已与官军对峙了几个月，官军有度支负责运送粮草等，各道也派遣兵马增援，而朱滔与王武俊都因孤军深入，一切供应只得依赖田悦筹办，宾主双方都日益感到困弊不堪。他们获悉李希烈军队势力非常强盛，都怨恨他不给予援助，于是就相互商量派遣使者前往许州，劝说李希烈称帝，李希烈因此自称天下都元帅。

司天少监徐承嗣请求德宗重新编制《建中正元历》；德宗采纳了这一建议。

（以上为第十四段，写公元 782 年，朱滔、田悦、王武俊、李纳结盟称王，标志唐后期藩镇割据正式形成。）

【点评】

德宗用兵河北，志在消除割据，结果是：军事胜利，政治失败，河北风云突变，爆发更大的动乱，叛逆四镇称王，割据形势反而不可逆转。风云突变原因，是本卷点评的重点。

德宗用兵河北。代宗时淄青节度使李正己、魏博节度使田承嗣、成德节度使李宝臣、襄州节度使梁崇义四镇互相结成死党，通婚相连，共同对抗朝廷，维护传子制。大历十四年（公元 779 年），田承嗣死，田悦继位，李宝臣为之代请节度旌节，代宗应允。建中元年（公元 780 年），德宗继位，李宝臣死，其子李惟岳继位，田悦为之代请节度旌节，德宗不允许，志在削除藩镇割据。其时，刘晏的盐利整顿与杨炎推行两税法，国家财政岁入近两千万缗，国库充盈，加之新君即位，德宗表现出革除积弊的锐气，决心用兵河北。田悦、李正己、李惟岳联兵反叛朝廷，坚决维护传子制，实现藩镇割据。叛军以田悦为首，魏博兵力最强。官军以河东节度使马燧、昭义节度使李抱真、神策先锋都知兵马使李晟等为主力征讨叛军。双方在临洛城展开大战。战事方起，李正己死，其子李纳继位，德宗当然不允许。李纳兵围徐州，要切断江淮漕运。官军以宣武节度使刘洽、朔方大将唐朝臣、神策都知兵马使曲环为主力救徐州。德宗又命淮宁节度使李希烈讨伐梁崇义。一场维护中央统一与藩镇割据的大战役就这样全面展开。这是一场决定性的大战争，如果官军胜利，割据势力就大为削弱，反之，则割据势力不可逆转。当时官军占有绝对优势，马燧、李抱真、李晟、唐朝臣等都是良将，朝廷财力雄厚，官军兵力众多，交战顺利，官军全线取胜。马燧在临洺大破田悦军，田悦退保邺城，马燧等官军进围邺城。范阳节度使朱滔奉命南下征讨成德。成德易州刺史张孝忠反正。随后成德大将王武俊杀李惟岳归顺朝廷，成德叛乱被平定。马燧乘胜再次大破田悦于邺城，魏博精锐丧失殆尽，田悦领残兵退保魏州。南线，李希烈平定梁崇义，官军又大破李纳于徐州，李纳退逃濮州请降。官军讨逆，不到一年，河北叛乱基本被平定。由于朝政腐败，德宗昏庸，风云突变，战争出人意料地扩大，形势逆转。官军的局部胜利，不能改变唐王朝整个局面的大破败。德宗把唐王朝带入了安史之乱以来更大的危困局面，德宗未能成为亡国之君，实属万幸。

德宗躁急，军事胜利，政治失败。德宗是一个轻躁冒进的昏君，与肃宗、代宗两个昏君有所不同。昏君的共同点是没有自信，犯忌功臣，不用人才用奴才，唐代宦官得势，原因在此。德宗聪明能干，有魄力，举重若轻，敢做大手笔，这是他的优点，行两税，大举讨叛，肃、代二宗做不到。肃、代二宗被史家称为“温仁”、“宽厚”，而两代皇帝用姑息办法维持局面。德宗刚愎自用，偏狭固执，猜忌心尤为突出，又死不改过，于是转化他的优点成为缺点。举重若轻，变成了轻躁冒进。德宗讨逆，既无周密的计划，也没有长远的考虑。李希烈是一个背主的野心家，用他讨伐梁崇义，是去一狼而生一虎。朝臣建言，德宗不听，果然自食恶果。德宗猜忌功臣，河北官军不设统帅。马燧与李抱真失和，官军邺城大胜没有乘胜追讨，放纵田悦逃回魏州，得以喘息。更大的失策是德宗自己践踏人伦诚信的道德底线，食言承诺，对河北三镇的处置失宜，导致政治大失败，立即招来更大的战争。

德宗处置成德降将，以最效顺的张孝忠为易、定、沧三州节度使，以王武俊为恒、冀二州都团练使，以另一降将康日知为赵、深二州都团练使。王武俊杀李惟岳，自认为功大，又素来位在张孝忠、康日知之上，今地位反在张孝忠之下，耻于与康日知为伍。德宗的如易算盘是分散成德旧势力，目的太明显，王武俊抗命。朱滔南讨，德宗许以割深州为奖励，而今深州划归康日知，以德、棣二州代替。德、棣二州远离范阳，朱滔不答应。田悦乘机游说朱滔、王武俊反叛。德宗不接受李纳请降，李纳困兽犹斗。于是田悦、王武俊、李纳与朱滔联兵反叛，形成新的更大的反叛集团。朱滔、王武俊救魏州，德宗令朔方节度使李怀光入援马燧。李怀光轻敌，官军在魏州吃了大败仗。叛军声势复振，共推朱滔为盟主，相约称王，表示不再是唐臣，也就不再是叛臣，而要与唐王朝分庭抗礼。朱滔称冀王、田悦称魏王、王武俊称赵王、李纳称齐王。四王又向淮西李希烈劝进，拥戴他做皇帝。李希烈接受推戴，反叛朝廷，先自称天下都元帅。李希烈兵强，又挡在漕运之侧，威胁唐朝的生命线。朝廷于是罢兵河北征讨，北守南攻，战场转移到河南。德宗锐气尽失，从一心进攻转为一心防守，遥控军事，招致一连串的失败，以至蒙尘出逃。

马燧与李抱真释嫌言和，苦撑河北战局。早先，李抱真为泽潞节度使，马燧领河阳三镇，两人为邻。李抱真要杀所属怀州刺史杨鉥，杨鉥逃到河阳请求马燧保护，马燧接受杨鉥请求，于是与李抱真结仇。两人会兵讨伐河北叛逆，又多次发生意见相左。两人不和，官军久无战功。德宗任命马燧为招讨使，李抱真意更不平。官军邺城大胜，两人不能协力，官军没有乘胜追击田悦，功亏一篑。河北四镇反叛，王武俊兵围赵州，李抱真分兵守邢州。马燧大怒，也要撤兵回河东。在这危急关头，李晟劝马燧顾全大局，与李抱真释嫌共赴危难。马燧不愧为大将风度，单骑拜访李抱真军营，李抱真被马燧的真诚感动，两人结欢。碰巧魏博洺州刺史田昂请求归顺朝廷，洺州与邢州接壤，马燧借花献佛，上奏朝廷把洺州划归李抱真，并请求朝廷任命李抱真为副招讨使。李晟受命李抱真节制，至此，李晟上表兼隶马燧，表示接受两人的节制。德宗一一批准。马燧、李抱真、李晟三大良将，在紧急关头团结起来，虽然苦撑，却也牢牢控制了河北战局，双方处于相持。李抱真还策动王武俊归顺朝廷，对抗朱滔。不久，京师动乱，朱泚称帝，河北未遭大害。三大将的团结起了至关作用。

资治通鉴（白话本） 卷第二百二十八

唐纪四十四

唐德宗建中四年（公元 783）

【起昭阳大渊献（癸亥，公元 783 年）正月，尽十月，不满一年】

【大事提要】

本卷记事起公元 783 年正月，讫当年十月，共十个月，当德宗建中四年正月到十月。本卷记事不足一年，正表明这是一个多事之秋的年份，德宗蒙尘，出逃奉天，唐王朝处于危亡的紧急关头。田悦等叛乱四王向淮西节度使李希烈劝进，李希烈反叛，先称天下都元帅，战火扩大到河南，并成为重要战场。德宗遥控战局，导致汴军大败，襄城危急。陆贽上疏论治国之要，提出重根本、重民生，即加强京师防务，不要滥征苛税。陆贽还建议调整讨逆方略。德宗皆不采纳。其时，国库空竭，朝廷强征间架税和除陌钱，民怨沸腾。泾原兵东调河南，途经京师，因犒赏菲薄而导致兵乱，陆贽的担忧不幸被言中。德宗仓皇出逃奉天，朱泚借乱兵僭号称帝，兵围奉天，赖浑瑊坚守，德宗才没被俘虏。奸臣卢杞误国，他趁李希烈之叛，借刀杀人，上奏德宗派颜真卿为宣慰使召抚李希烈，等于是以肉投饿虎，时人都知颜真卿不返。到了奉天，卢杞仍唆使德宗诛杀忠良。陆贽上疏论乱由人为而非天命，隐喻卢杞误国，德宗充耳不闻。正当朱泚急攻奉天之时，河北官军撤退勤王，叛军却内部有隙，王武俊因与朱滔不和而反正，西川节度使韦皋从叛军手中攻克凤翔，李怀光入援奉天，朱泚兵败，唐皇室才转危为安。

德宗神武圣文皇帝三

唐德宗建中四年（癸亥，公元 783 年）

春季，正月初十日丁亥，陇右节度使张镒和吐蕃的代表尚结赞在清水县缔结了唐朝与吐蕃睦邻盟约。

正月十三日庚寅，李希烈派遣将领李克诚袭击汝州，攻陷了汝州城，抓获了汝州别驾李元平。李元平原本担任湖南判官，略有才识技艺，但性情疏阔傲慢，敢于夸夸其谈，又喜好议论军事；宰相关播认为李元平是一名少有的奇才，将李元平推荐给皇帝，认为李元平具备担任将相的气度。由于汝州距离许州最近，提拔李元平任汝州别驾，执掌处理汝州事务。李元平到达汝州之后，马上就招募工匠役夫，修城筑墙；李希烈私下派军中壮士伪装后应李元平的招募去修城筑墙，进来了好几百人，李元平对此全无知觉。李希烈派遣李克诚带领几百名骑兵突然袭击到汝州城下，乔装应募入城的民工在城内接应，将李元平绑缚急驰而去。李元平身体短小，又不长胡须，见了李希烈以后十分恐惧，以致大小便失禁，弄得污秽满地。李希烈骂李元平道："宰相真是个瞎子，竟然把你派来与我抗衡，为什么轻视我到这种地步？"于是任命判官周晃为汝州刺史，又派遣别将董待名等人四出抢掠，攻占了尉氏县，进而围困郑州，朝廷军队屡次被叛军打败。叛军巡逻的骑兵往西边到了彭婆镇，使得东都洛阳一带的士绅、民众惊恐不已，纷纷逃进山谷中隐藏起来；东都留守郑叔则退入洛阳守卫在西苑。

德宗向卢杞询问对策，卢杞回答道："李希烈是个年轻气盛、骁勇善战的将领，依仗有功而骄横傲慢，部下的将校和僚佐中无人敢对他的行动进行劝阻；如果能够有一名德高望重的朝廷大臣，去对李希烈宣谕陛下的诏旨，陈说反叛朝廷的祸患和归顺朝廷的福祚，李希烈一定会洗心革面，自新悔过，那么就可以不必烦劳出动军旅，兵不血刃地使他顺服。颜真卿是玄宗、肃宗、代宗三朝的元老旧臣，为人忠心正直，办事刚毅有决断，盛名享誉海内，为朝野人士所信服，真是办理此事的合适人选啊！"德宗认为有道理。正月十七日甲午，派遣颜真卿前往许州宣谕德宗的旨意，安抚李希烈。诏书下达后，满朝文武大臣都大惊失色。

（以上为第一段，写李希烈反叛，卢杞上奏德宗派颜真卿为宣慰使召抚李希烈，实乃借刀杀人，其为人阴险如此。）

颜真卿乘坐驿车到达东都洛阳，洛阳留守郑叔则对颜真卿说："你此去许州，一定难以幸免，最好稍微逗留一下，等待朝廷稍后的命令。"颜真卿说："我出使许州是国君的命令，这怎么能回避呢？"于是启程去许州。李勉向德宗上表奏称："如果失去了一位朝廷的元老，那就是国家的羞耻，请将他留下来。"同时又派人在半路上去拦截颜真卿，结果没有赶上。颜真卿写给儿子的书信，只是要儿子"恭奉祖庙，抚育宗族的孤弱"而已。颜真卿到达许州，想向李希烈宣谕皇帝的诏旨，李希烈指派一千多名养子围住颜真卿吵嚷谩骂，他们还拔出刀剑威胁，摆出一副要把颜真卿剁碎吃掉的架势；颜真卿镇定自若，脚跟不移，面不改色。李希烈这时突然上前用身体遮挡住颜真卿，命令众养子退下，将颜真卿请进馆舍，按照礼节来接待。李希烈打算让颜真卿返回长安去，正巧碰到李元平也在座，颜真卿义正词严地训斥李元平，李元平惭愧不已地起身离去，写了封密函将此事禀告给李希烈；李希烈于是改变了主意，把颜真卿扣留在许州，而不许颜真卿回长安。

朱滔、王武俊、田悦、李纳各自派遣使者前往李希烈那里，向李希烈上表称臣，劝李希烈即位称帝，各位使者来到李希烈面前隆礼重拜，劝说李希烈道："朝廷诛杀功臣，失信于天下；都统您英武天赋，功业盖世，如今您已经受到朝廷的猜忌，马上就会有如同韩信、白起那样的祸患。希望您赶快称帝，使四海之内的臣民知道有所归附。”李希烈召来颜真卿，向颜真卿展示这一场面说：“现在四王派遣使者来拥戴我，他们不谋而合，颜太师您看到了这种态势，难道唯独我被朝廷猜忌而无地自容吗？”颜真卿说：“这四个人分明是四凶，为什么称他们四王？相公不能够守住自己的功业，做朝廷的忠臣，而与乱臣贼子们同流合污，想和他们一同覆灭吗？”李希烈很不高兴，把颜真卿扶了出去。又有一天，颜真卿与朱滔等的四名使者同赴宴会，四位使者说：“久仰颜太师德高望重，如今李都统马上就要称帝而太师您恰好来了，这是上天把宰相的合适人选赐给李都统啊！”颜真卿怒斥他们道：“什么叫宰相？你们知道有因大骂安禄山而死的颜杲卿这个人吗？他就是我的兄长。时下我已年满八十，懂得应该为朝廷守节而死，难道还会受你们的引诱和胁迫吗？”四位使者不敢再说什么。于是李希烈就派遣十个全副武装的士兵在馆舍看守颜真卿，他们在庭院中挖掘了一个坑，扬言要活埋颜真卿，颜真卿怡然自得，见到李希烈时说：“我的生死已经被定了下来，你何必千方百计制造事端？立即给我一剑，那样你不就称心了吗？”李希烈便向颜真卿赔礼道歉。

（以上为第二段，写颜真卿痛责李希烈背叛朝廷。）

正月二十一日戊戌，朝廷任命左龙武大将军哥舒曜为东都、汝州节度使，率领凤翔、邠宁、泾原、奉天、好畤行营的军队一万多人讨伐李希烈，德宗又下诏各道共同讨伐李希烈。哥舒曜率军到达郏城县，遭遇上李希烈的先锋陈利贞，打败了陈利贞所统领的军队；李希烈士气受到小小挫折。哥舒曜是哥舒翰的儿子。

李希烈派出部将封有麟占据了邓州，于是切断了朝廷与南方各地联系的通道，南方向朝廷的进贡物品、商人和旅客都不能通行。正月二十五日壬寅，德宗下诏修整上津县的山路，并在途中设置邮驿。

二月初一日戊申，朝廷命令鸿胪卿崔汉衡护送吐蕃使者区颊赞返回吐蕃。

二月十九日丙寅，朝廷将河阳三城、怀州、卫州建置为河阳军。

二月二十日丁卯，哥舒曜率军攻克汝州城，擒获了李希烈的汝州刺史周晃。

三月初一日戊寅，江西节度使曹王李皋在黄梅县击败了李希烈的部将韩霜露，并斩杀了韩霜露。三月十四日辛卯，曹王李皋率军攻占了黄州。此时李希烈的军队在黄梅境内蔡山设寨建营。此处地势险峻，难以攻陷。李皋扬言要向西进军以夺取蕲州，并带领水军溯江而上，李希烈的部将也带兵沿江跟踪追击李皋。在距离蔡山三百多里的地方，李皋突然率水军调转船头，顺流而下，向蔡山发动猛攻，终于攻下蔡山。李希烈的军队又急忙返回救援蔡山，还没有到达蔡山就被李皋击破了。于是李皋向西进军攻占了蕲州，上表朝廷任命了伊慎为蕲州刺史，王锷为江州刺史。

淮宁都虞候周曾、镇遏兵马使王玢、押牙姚憺、韦清等人，暗中向李勉表示他们对朝廷的忠诚。李希烈派遣周曾与十将康秀琳率领三万兵马进攻哥舒曜，抵达襄城县一带，周曾等人秘密策划反戈袭击李希烈，而拥戴颜真卿为节度使，让王玢、姚憺、韦清作为内应。李希烈获悉了这一情况，派遣别将李克诚带领精锐的骡军三千人袭击周曾等人，杀了周曾，同时还杀了王玢、姚憺和他们的党羽。三月十七日甲午，德宗颁诏追赠周曾等人官职。当初，韦清与周曾等人事先约定，如果事情泄露了，绝不相互牵连，所以唯有韦清一人得以幸免。韦清担心最终难逃祸殃，就劝说李希烈请求自己前往朱滔军中乞求救兵，李希烈派韦清前去，到达襄邑县的时候，便逃跑投奔了刘洽。李希烈获悉周曾等人要发动兵变，将兵营大门紧紧关闭了许多天；李希烈的部众在劫掠尉氏县和郑州时听到这件事后，也都各自逃跑回去了。于是李希烈就向德宗呈上奏表，将所有罪过推给已死去的周曾等人，自己率兵回归蔡州，在表面上向朝廷显示悔过自新，归顺服从，实际上是等待朱滔等人的增援。李希烈达到蔡州之后，便将颜真卿软禁在龙兴寺。

三月二十日丁酉，荆南节度使张伯仪与李希烈属下的淮宁兵在安州交战，结果官军大败，节度使张伯仪孤身一人从死里逃生，而且丢掉了朝廷所赐的节度使旌节。李希烈派人把张伯仪的旌节和割下的俘虏左耳拿给颜真卿看；颜真卿悲痛欲绝而号啕大哭，一时气绝昏倒在地，苏醒过来以后，从此不再与人说话。

夏季，四月，德宗命令神策军使白志贞担任京城招募使，招募禁兵来征讨李希烈。白志贞向朝廷建议让那些曾经担任过节度使、观察使、都团练使的人，不管他们本人是否去世或健在，勒令他们的子弟统领家奴和私人的马匹，一律自备军资行装入伍，授给他们五品官衔；家境败落的节度使等人深为这一措施所苦，人心也随之动摇不定。

德宗命令宰相、尚书与吐蕃使者区颊赞在丰邑里缔结盟约，而区颊赞则觉得清水之盟并没有将吐蕃与唐朝的疆域问题解决，最终没有签下盟约。四月十三日己未，德宗命令崔汉衡前往吐蕃，将结盟事宜交付吐蕃赞普来裁决。

四月十四日庚申，朝廷加授永平、宣武、河阳都统李勉为淮西招讨使，加授东都、汝州节度使哥舒曜为淮西招讨副使，任命荆南节度使张伯仪为淮西应援招讨使，任命山南东道节度使贾耽、江南西道节度使曹王李皋为淮西应援招讨副使。德宗督促哥舒曜进军讨伐李希烈，哥舒曜到达襄城县颍桥城时，遇上天降大雨，便率军退守襄城县。李希烈派遣部将李光辉攻打襄城县，哥舒曜击退了李光辉。

（以上为第三段，写官军征讨李希烈。唐与吐蕃会盟划界。）

五月初九日乙酉，颍王李璬逝世。

五月十九日乙未，朝廷任命宣武节度使刘洽兼任淄青招讨使。

李晟谋划攻取涿州和莫州，切断幽州和魏州往来通行之路。李晟与张孝忠的儿子张昇云率军围攻朱滔任命的易州刺史郑景济驻守的清苑县，一连攻了几个月都没攻下来。朱滔任命司武尚书马寔为留守，统领步兵、骑兵一万多人坚守魏州营寨，自己则率领步兵、骑兵一万五千人前去解救清苑县。于是李晟的军队被打得大败，李晟率军退保易州。朱滔率军回归瀛州，张昇云逃奔到满城县。正好遇上李晟病得很厉害，因而带领军队退回驻守定州。

王武俊因朱滔已经打败了李晟，却留军驻扎在瀛州，没有返回魏桥，于是就派给事中宋端去催促朱滔率军南归。宋端见到朱滔，说话有些不礼貌，朱滔十分恼怒，派遣使者对王武俊说："我朱滔因天热得了病，只是暂时停留在此而没有返回南方，大王二兄即刻就送来闲言碎语，我朱滔因为要解救魏博镇而背叛朝廷，舍弃兄长，如同甩掉一双拖鞋那样轻而易举。二兄你一定要怀疑我的话，那就随便你怎么办吧！"宋端回去向王武俊禀报后，王武俊亲自去向马寔作解释，马寔将这些情况向朱滔汇报说："赵王王武俊知道宋端对大王您无礼，狠狠地训斥责骂了宋端一顿，实在是没有别的意思。"王武俊也派遣承令官郑和随同马寔的使者去瀛州见朱滔，向朱滔道歉。朱滔这才高兴起来，对待王武俊的态度一如既往。但是，王武俊因为这件事更加痛恨朱滔。

六月，李抱真派参谋贾林前往王武俊的军营中伪装投降。王武俊见了贾林。贾林说："我来这儿是奉命宣谕皇上诏旨的，并不是来投降的。"王武俊听后变了脸色，询问贾林究竟是怎么回事，贾林说："皇上知道大夫您对朝廷一向怀有忠诚报效之心，即便是到了登坛结盟称王时，您还抚摸着胸膛回顾左右的人说：'我本来是践行对朝廷尽忠守义的，但是皇上不能体察我的心意。'众位将领也曾共同表示过与大夫您一样的愿望。我来此之前，皇上对我说：'朕先前对王武俊的所作所为实在不对，已经后悔不及。朋友之间发生误会，还可以道歉赔罪，况且朕还是四海之内的君王呢？'"王武俊说："我是个胡人，做个将领都还知道爱护百姓；何况是皇上，怎么会专门把杀人当成自己的事业呢？如今山东一带连年战事不断，死人的骸骨暴露野外，随处可见，即使是克敌制胜，人都死光了，又交给谁来守着这片荒凉之地经营呢？我并不害怕归附朝廷，但是已经与各镇立誓结盟。我们胡人性格直爽，不愿意做出什么让自己觉得是理亏的事情，如果皇上真能颁布一道诏令赦免我们各镇节度使的罪责，我一定首先倡议大家归顺朝廷接受教化；如果有哪一镇不归附的，我将请求奉皇上的诏令去讨伐他。这样一来，就会上不辜负皇上，下对得起各位同仁，不会超过五十天，河朔地区就可以平定了。"王武俊于是让贾林回去向李抱真报告，暗中与李抱真联络。

（以上为第四段，写王武俊与朱滔有隙，暗中与李抱真联络，萌生归顺之意，为德宗兴元大赦张本。）

六月初五日庚戌，开始施行“税间架”和“除陌钱”的征税办法。当时河东、泽潞、河阳、朔方四镇的军队驻扎在魏县，神策、永平、宣武、淮南、浙西、荆南、江泗、沔鄂、湖南、黔中、剑南、岭南等地的军队都还以环状包围着淮宁之境。依照旧有的制度规定，各镇的军队出了本道的辖区，所有供给都由度支解决；德宗对士兵们抚恤优待，每当他们出境远征，给养要另加酒和肉，本道的饷粮仍给士兵家里，因而一个人几乎兼得了三个人的供给，所以将士们都以此为利。于是各镇投机取巧，军队刚过自己的边境后就停止进发，朝廷每月支出的军费高达一百三十余万缗，正常的赋税收入难以供给。掌管度支事务的赵赞因此上奏施行两种办法：所谓“税间架”，就是房屋以两架壁墙为一间的标准进行计量，上等的房屋每间交税二千钱，中等的交税一千钱，下等的交税五百钱，具体执行的税吏拿着纸笔算盘，进入民房内登记数额。有的人家房屋的间数多而没有其他资产的，缴纳的间架税动不动就有几百缗。假如有了隐匿一间不上报的，就要处以杖刑六十下，奖赏告发的人五十缗钱。所谓“除陌钱”，就是官府或私人给予的各种钱财和买卖的收入，每一缗钱，官府就要征收五十钱，给的是实物以及相互间以物易物的，都折算成钱按规定比率缴纳。如果敢于隐藏一百钱的，要处以杖刑六十下，并罚款二千钱，奖赏告发的人十缗钱，这些赏钱都由被揭发的户主给付。于是无论远近，到处充满了愁苦的呻吟和抱怨的声音。

六月二十二日丁卯，迁调改封皇弟郴王李逾为丹王，鄜王李遘为简王。

六月二十五日庚午，答蕃判官、监察御史于頔和吐蕃的使者论剌没藏一同从青海来到长安，声称吐蕃与唐朝的疆界已经议定，请让区颊赞返回吐蕃。秋季，七月初九日甲申，朝廷任命礼部尚书李揆为赴吐蕃缔结盟约的会盟使。七月十七日壬辰，德宗诏令各位将相在京城西边与区颊赞缔结盟约。李揆具有才能威望，卢杞讨厌李揆，因此就派李揆出使吐蕃。李揆对德宗说：“微臣我并不惧怕为国出使远方，但是担心会死在半路上，不能向吐蕃送达陛下的诏书！”德宗听了这话也很同情伤感，回头对卢杞说：“派李揆出使恐怕他太老吧？”卢杞说：“出使遥远的夷狄地区，不是熟悉朝廷各种章程的人不行。况且李揆出使了吐蕃，那么朝中所有比李揆年龄要小的人，从此就不敢借故推辞出使远方的差事了。”

（以上为第五段，写唐朝廷国库空竭，强征间架税和除陌钱以补军用，士民苦之。）

八月初二日丁未，李希烈统领三万人马将哥舒曜围困在襄城县内，德宗下诏李勉和神策军将领刘德信率军前去救援。八月初十日乙卯，李希烈的部将曹季昌在随州向朝廷投降，不久又被自己的部将康叔夜所杀。

当初，德宗还是皇太子的时候，就听说监察御史嘉兴人陆贽很有名气，到了登上皇位之后，马上将陆贽召至身边任命为翰林学士，多次向陆贽询问军国大事的得失。当时朝廷用兵河北、河南，长久不能决出胜负，赋税和徭役日益增长，陆贽鉴于兵疲民困的现状，担心另有内乱爆发，于是向德宗上奏，大意是说："打败敌军的关键，在于选任最合适的将领；而制约将领的方法，在于能够掌控权柄。假如用人不当，军队再多也不能依靠；而失去了控制权，即便是能干之材也不能为我所用。"又说："将领不会统兵，朝廷又不能制约将领，不仅是空费钱财放纵叛逆的弊端，而且还会有引火自焚的灾难。"又说："如今在河北、河南、淮西充当反叛朝廷首领的人，只有四五个元凶而已。恐怕这四五个人中间还有是受连累或受欺蒙而反叛朝廷的，他们对反叛心存疑惧；在仓皇之中一时失策，结果弄得局势也无法挽回。更何况他们作乱的部属，大抵都是被威胁而随从的人，如果他们知道还有活路，难道还会有人反叛作恶吗？"又说："朝廷如果不缓解眼前这些忧患，也许会引发意想不到的变乱。人民，是国家的根基；钱财，是人民心中所向往的。在人心方面伤害了老百姓，那么就损伤了国家的根基，国家的根基伤了，那么根基上的枝干就会枯萎凋落。"又说："人心动摇则不得安宁，事情的变化是很难预料的，因此用兵贵在看似笨拙而要迅速，不以精巧而迟缓为可贵。如果不从根本上安定天下局面，而一味地采用治标的举措，那么实施救治的所作所为，就是引起祸乱发生的根源啊。"陆贽又详细讨论关中地区的形势，认为："作君王的人应该既蓄积威势，又昭示恩德，倘若偏废一个方面就有危险；而且君王应当居住在重兵防卫的地方；如果情况相反，就不合事理。京都一带，是天下四方的根本。太宗当年设置府兵，都分别隶属于朝廷的禁卫军，全国各地总计驻兵八百多所，而在关中地区驻扎的差不多有五百所。集中全天下各地兵府的力量也不能与关中的兵力匹敌，可见太宗采用居重驭轻的意图是非常明显的。天下太平的日子延续很久了，因而朝廷的武备就会渐渐地松弛下来而使力量削弱，虽然府兵戍卫的制度依然保留，但各府兵马却很少操练演习。所以安禄山趁外重内轻的机会窃取了兵权，凭借外地藩镇兵强马壮的资本，一举发动反叛，闯下了滔天大祸，以至于东都洛阳、西京长安相继失守。全靠当时朝廷在西边还有兵力，各牧场中还喂养着军马，每个州内还有储备的粮食，因此肃宗能够平定安、史之乱而中兴唐朝。肃宗乾元之后，相继有外患发生，朝廷集中所有兵力向东征伐，不仅边疆的防备松弛了，而且关中地区驻军的实力也很空虚，于是吐蕃得以乘虚出兵，深入到我们的腹地来抢劫烧杀，所以先皇代宗没有军队来抵御，因此只能到东边去避难。这都是因为失去了内重外轻的控制权，忘却了加深根本巩固根基的策略所造成的。结果内乱起来，殽关、函谷关失去了险要；外族进犯，汧水、渭水沦为戎狄的牧场。到这种时候，即使拥有全国各地的军队，难道能够解救突发的危难吗？陛下您如果想到这一点，怎能不忧心忡忡啊！现在朔方、太原的兵马，远在山东；朝廷神策禁卫所属的六支军队，也相继调出关外。假如有叛贼引狼入室，而狡黠的戎狄窥伺边境，等待时机乘虚而入，偷袭边塞，这正是愚臣我私下所担心的啊。这种情况一旦发生，臣真不知道陛下您将用什么来抵御？当朝廷讨逆之初，我从侧面了解到，谈论讨逆的人多半都认为解决起来轻而易举，都说只要派军出征，根本无须打仗，整个战局不会拖过一个季度，估计动用的兵力不会太多，预算要花的费用也不会很大，不会对政事有什么妨碍，也不会对百姓带来困乏。谁都没有料到会兵连祸接，一再发生难以预测的变故，天长日久，事情的发展逐渐与当初所计划的相背离。前几年为害天下的人，都说除掉他们，天下就可变得太平，这些人就是李正己、李宝臣、梁崇义、田悦他们。前几年为朝廷所信任的人，都说只要重用他们，就可以为国家铲除祸乱，朱滔、李希烈就是这种人。然而后来李正己死了，有李纳继之而起；李宝臣死了，有李惟岳继之而起；平定了梁崇义，李希烈又起兵反叛朝廷；李惟岳被杀死了，朱滔又带着叛逆之心割据。这样一来，前几年被认为是祸害天下的人，虽然四个之中已经除掉了三个，但是祸乱却没有衰减；前几年朝廷所信任的人，如今却各自叛变了，而且其余的人，又难以保证他们不反叛朝廷。由此可知，国家的安危在于掌控形势，而办理事务能否成功在于选用合适的人。如果朝野内外形势安定，那么即便是边塞戎狄部族，也会与我们同心同德；如果朝廷内外形势危急，那么即使是同舟共济的人，也会互相敌对。陛下您怎么能不追思往事而引以为戒，改革政治，励精图治，夺回旁落的权柄以安定人心，恢复被倒置的权威以巩固国基！而您却如此勤勤恳恳殚精竭虑，毫不停止地去追求，希望得到难以达到的成效呢？现在关中和长安地区，被征调派出的士兵已经太多了，皇宫禁苑的守备卫兵已不健全。万一在将帅之中，又有像朱滔、李希烈一样的人，或者倚仗有坚固的边疆营垒，与边塞的外敌勾结，引狼入室，或者是暗中向长安附近出兵，进犯京城而惊动宫阙，这也是愚臣我私下为陛下您忧虑的，不知道遇上这种情况，陛下您又采取什么措施来防备？倘若陛下屈尊听从愚臣我的这一计策，将所派出关外的神策六军李晟等人的部队以及节度使等将领的子弟，都全部追召返回关中；明令泾州、陇右、邠州、宁州，只让驻军严密防备，谨守边疆，并对他们说明不再征调他们外出，让他们知道只是各自保卫驻守地并安定居住。再下一道诏书，废除长安城内以及京城附近各县所征收的间架税、除陌钱等杂税，这样才有可能让已经缴纳了税钱的人消除心中的怨恨，让那些无法完税而遭受处罚的人重新获得安宁。只要人心不发生动摇，那么国家的根基自然就稳固了。”德宗没能接受陆贽的建议。

八月二十七日壬戌，朝廷任命汴西运使崔纵兼任为开府魏州的河东、泽潞、河阳、朔方四节度都粮料使，负责军队后勤。崔纵是崔涣的儿子。

（以上为第六段，写陆贽上疏论治国之要，重根本，重民生，即加强京师防务，不要滥征苛税，建议朝廷调整讨逆方略，德宗没有采纳。）

九月十二日丙戌，神策军中的将领刘德信、宣武节度使部下的将领唐汉臣与李希烈的淮宁镇将领李克诚交战，官军在沪涧地区被打败。此时李勉派遣唐汉臣率领将士一万人去援救襄城，德宗派遣刘德信率领从各将领家中征召的士兵三千人去增援。李勉上奏说："李希烈的精锐人马都在襄城，许州空虚，如果袭击许州，那么自然就解了襄城的围。"于是径自派遣刘德信、唐汉臣二将率领所部直奔许州，还差几十里地就可到达许州时，德宗派中使赶来斥责他们违反诏令，刘、唐二将无所适从而狼狈地退回原地，并且不再侦察敌情以加强戒备。李克诚设下埋伏截击他们，兵力死伤了一大半。唐汉臣逃往大梁，刘德信逃往汝州；李希烈部下巡游的士兵竟烧杀抢掠到了伊阙一带。李勉又派遣他的部将李坚率兵四千去协助保卫东都，李希烈派兵切断了他的后路，使李坚的部队不能撤回。宣武军的将士因此一蹶不振，襄城处境更加危急。

德宗认为各路征讨淮宁的官军不能统一行动，九月二十六日庚子，任命舒王李谟为荆襄等道行营都元帅，李谟改名为李谊；任命户部尚书萧复为长史，右庶子孔巢父为左司马，谏议大夫樊泽为右司马，其余的一些将领和僚佐也都选用了在朝野内外很有名望的人士。但他们赴任还没有成行，正好遇到泾原军发生叛乱而作罢。萧复是萧嵩的孙子。孔巢父是孔子的三十七世孙。

（以上为第七段，写德宗遥控军事，导致汴军大败，襄城危急。）

德宗调发泾原各道兵马去救援襄城。冬季，十月初二日丙午，泾原节度使姚令言统兵五千到了京城。士兵们冒雨进军，极为寒冷，他们多数携带着子弟同来，希望得到朝廷的重赏让他们的子弟带回家，但是到达长安之后，却没有任何赏赐。十月初三日丁未，泾原兵出发到达浐水，德宗诏令京兆尹王翃犒劳军队，供给的只是一些粗饭淡菜，士兵们大怒，抬腿就踢翻了饭菜，因而扬言："我们即将赴敌战死，却连口饱饭都吃不上，怎能拿这条小命去抗拒刀山剑丛呢？听说琼林、大盈两个内廷府库里装满了金银布帛，我们何不如一同去自个领取吧。"于是披甲举旗，喧哗着赶往长安。当时姚令言入宫辞行，人还在宫禁之中，获悉部下闹事的消息，急驰回营，行至长乐阪，遇到这些士兵。士兵张起弓箭射向姚令言，姚令言伏在马背上驰入叛乱的士兵中，高声呼喊："各位做错了！只要东征叛军，立下功劳，还愁不富贵吗？这是在犯灭族的大罪啊！"士兵们不服从，用兵器簇拥着他西归京城。德宗急忙命令赏赐士兵锦帛，每人二匹；这更激起了众怒，他们用弓箭射德宗的使者。德宗再派出宫中使者去宣谕安抚，但叛乱的士兵们已经到达通化门外，德宗的使者刚出通化门，叛军就把使者杀死了。德宗又命令拿出金帛二十车赏赐给士兵们，但叛军们已经进入城内，沿途喧哗，乱成一片，再也不能加以遏制。百姓们惊恐万状，狼狈逃生，叛军们大声对他们呼喊："你们不必惶恐，不会有人抢夺你们的商货钱财！更不会有人向你们征收间架税和除陌钱了！"德宗派普王李谊、翰林学士姜公辅出来安抚慰问他们；叛军们已经在皇城的丹凤门外排兵布列，前来围观的平民百姓数以万计。

起初，神策军使白志贞主持招募禁军事务，东征死亡的人，白志贞一律隐瞒不报，可是却接受市井中富贵子弟的贿赂，把他们的名字冒名补上，这些冒名子弟却登记在军籍上接受朝廷的供给和赏赐，自己却身居闹市做买卖。司农卿段秀实上奏德宗说："禁卫士兵不精良，数额齐全的也不多，突然间发生祸乱灾难，那将怎么应付呢？"德宗不接受这个意见。到这时，德宗召集禁兵来抵御叛军，竟然没有一个人奉命而来，叛军已经攻下城门，进入宫禁，德宗才与王贵妃、韦淑妃、太子、诸王、唐安公主等人从宫苑的北门逃出，王贵妃把传国玉玺系在衣服内跟在德宗后面；后宫中的诸王、公主来不及追着逃命的人十成中占了七八成。

先前，鱼朝恩被杀后，宦官就不再执掌兵权，有两个名叫窦文场、霍仙鸣的宦官，在德宗做太子的时候，曾经侍奉过他，到这时，二人带领宦官侍从，仅有一百多人跟随德宗，德宗指派普王李谊在前面开道，皇太子手执兵器殿后。司农卿郭曙带着几十个部属正在禁苑中狩猎，听说德宗车驾到来，便在道路左边谒见了德宗，于是带着部属随行护驾。郭曙是郭暧的弟弟。右龙武军使令狐建正在宫中教士兵们练习射箭，得知变故后，便率领部下四百人随行，德宗于是让令狐建断后护驾。

姜公辅跪拜在德宗的马前说："朱泚曾任泾原军的统帅，由于受他弟弟朱滔反叛的连累，而被罢黜，闲居长安，心情一直怏怏不乐。微臣认为陛下既然不能推心置腹地信任他，那么不如杀掉他，不可留下后患。此时如果叛军拥戴他为统帅，那么事态就难以控制了，请将他召来，跟陛下一起走。"德宗在仓促之间无暇依照姜公辅的提议去做，说："来不及了！"便出发了。晚上抵达咸阳，大家匆匆地吃了几口饭。当时事情大出人们的意料之外，朝中的群臣都不知道皇帝到哪儿去了。宰相卢杞、关播翻过中书省的墙垣跑了。白志贞、王翃和御史大夫于颀、中丞刘从一、户部侍郎赵赞、翰林学士陆贽、吴通微等人一直追到咸阳，与德宗相聚。于颀是于頔的堂兄弟；刘从一是刘齐贤的侄孙。

叛军进入皇宫，登上含元殿，大声喊叫："天子已经逃出皇宫，该我们各自发财了！"于是纷纷喧哗鼓噪，争相进入府库，搬运金银财帛，直到体力不支才停止下来。平民百姓借此机会，也进入宫禁盗窃库房内的各种物品，整整一夜都没有停歇。那些无法进入宫禁的人，便拦路抢劫。各个街区的居民，都聚居街区内相互保护财产和家人。姚令言给叛乱的士兵们出主意说："目前群龙无首，这样无法持久下去，朱泚太尉闲居在自己的家中，请各位共同拥戴他吧。"大家都表示同意，于是派遣几百名骑兵前往晋昌里朱泚的私宅去迎接他。夜半时分，朱泚勒马徐行，一路火把成行，传呼此伏彼起，拥入皇宫，朱泚当晚就在含元殿中住下，设置严密警戒，自称暂时掌管六军事务。

十月初四日戊申，凌晨，朱泚搬到白华殿居住，在宫门外张榜公告，内称：“泾原军的将士们长期戍守边疆，不熟悉朝廷的礼仪，随便闯入宫禁大门，以至于陛下受到惊吓，而到西边巡行各地去了。朱泚太尉已暂时掌管六军，所有的神策军士及文武百官中凡在职领官俸的人，应该全都前往陛下出巡的地方；不能前往的人，立即到本官官署来。如果超过三日，查出两处都没有报到的人，一律斩首！”于是文武百官都出来见朱泚，其中有人劝朱泚将德宗迎归还宫；朱泚对此大为不悦，所以文武百官渐渐地逃走了。

源休出使回纥归来，因所受赏赐太少而怨恨朝廷，此时他进宫面见朱泚，屏退在场的人，同朱泚密谈了很长时间，为朱泚陈述成败谋略，又引用天命征兆的说法，劝朱泚僭越叛逆称帝。朱泚虽然很高兴，但对源休的建议仍犹豫不决。卫戍皇宫的各支禁军打着白旗降附朱泚的人，聚焦排列在宫门外非常之多。朱泚又在夜间把士兵从宫苑门调出去，让他们清晨从通化门入宫，这些士兵络绎不绝，剑拔弩张，朱泚想借此威慑压服众人。

德宗想起了桑道茂以前说的话，于是从咸阳临幸奉天。县府中的官吏听说德宗突然到来，都想逃到山谷中隐藏起来；但是主簿苏弁阻止了他们。苏弁是苏良嗣兄长的孙子。后来，文武大臣们渐渐地相继来到德宗身边。十月初五日己酉，左金吾大将军浑瑊到达奉天。浑瑊向来有威望，众人都依仗着浑瑊，才渐渐安下心来。

（以上为第八段，写泾原兵出征，变起京师，德宗蒙尘，出逃奉天。）

十月初六日庚戌，源休劝朱泚将长安十个城门戒严，不让任何朝廷官员出城，朝廷官员们往往装成仆人或雇工模样，偷偷逃出长安城。源休又为朱泚在朝廷游说、劝诱文武官员们，要他们投靠朱泚。检校司空、同平章事李忠臣久失兵权，太仆卿张光晟恃才自负，二人因未受重用而郁郁寡欢，朱泚起用了他们并委以重任。工部侍郎蒋镇逃出城后，从马背上掉下来，摔伤了脚，被朱泚的部下抓获。先前，源休凭借其才能，张光晟凭借其节义，蒋镇凭借其清正俭朴，都官员外郎彭偃凭借其文学造诣，太常卿敬釭凭借其有勇有谋，都受到当时人的推重，至此全被朱泚所任用。

凤翔、泾原军的将领张廷芝、段诚谏率领几千人马去救援襄城，还没有出潼关，听说朱泚已占据长安，便杀了统军的大将陇右兵马使戴兰，向西溃散，投奔朱泚。朱泚于是自以为众望所归，便决定谋反篡位。他任命源休为京兆尹、判度支，李忠臣为皇城使。各官署的职守和待遇，六军值勤警卫宫禁的章程，都比照皇帝君临天下的制度实行。

十月初七日辛亥，朝廷任命浑瑊为京畿、渭北节度使，行在都虞候白志贞为都知兵马使，令狐建为中军鼓角使，任命神策都虞候侯仲庄为左卫将军兼奉天防城使。

朱泚因为司农卿段秀实长期失去兵权，断定段秀实一定对朝廷不满，于是派出几十名骑兵去传召。段秀实关闭大门，拒绝朱泚的召见，骑兵们翻墙入室，用兵器威逼，劫持了段秀实。段秀实预料自己此次很难幸免，就对子弟们说：“国家有祸患，我能逃避到哪里去呢？我决定以死殉国；你们最好各自谋求生路。”于是去见朱泚。朱泚十分高兴地说：“段公前来帮我，我的事就要告成了。”请段秀实入座询问大计。段秀实规劝朱泚道：“朱公你本以忠义之声名扬天下，如今泾原军的士兵们因朝廷犒劳赏赐不够丰厚，突然猖狂地发难起事，使得皇上出宫流亡。至于说犒劳赏赐不够丰厚，那是下面主管官署的过错，天子怎能知道这件事？朱公你应当用这些道理来开导将士们，向他们指出这样下去的利害祸福，迎接皇上重返宫廷，除此以外，就再也不会建立比这更大的功劳了！”朱泚沉默不语，极不高兴，但是仍然认为段秀实跟自己一样，都是被朝廷罢黜的人，因此还是推心置腹地对待段秀实，左骁卫将军刘海宾、泾原都虞候何明礼、孔目官岐灵岳，都是段秀实以往厚待的人，段秀实暗中与他们策划除掉朱泚，迎接德宗回宫。

德宗刚抵达奉天的时候，下诏附近各道的人马前来增援。有人上奏说：“朱泚已经被叛乱的士兵立为统帅，将要来攻打奉天城，应当及早做好防守的准备。”卢杞却咬牙切齿地说：“朱泚对朝廷的忠贞不贰，文武群臣中没有谁比得上，怎么能说朱泚依附乱军，而伤害大臣的心呢？我愿意以全家一百口人的性命担保朱泚不会反叛。”德宗也认为卢杞的说法有道理。又听说群臣规劝朱泚奉迎自己回宫，德宗于是又下诏各道援兵到达奉天，都要在距城三十里外的地方扎营。姜公辅劝谏德宗说：“如今卫戍部队力量单薄，防范的计划不能不细致周全，假如朱泚竭诚尽忠地来奉迎陛下，又怎么会害怕汇聚在陛下周围的兵多呢？假如朱泚并非如此，那我们也有备无患。”德宗于是这才将所有援兵召入奉天城内。卢杞和白志贞向德宗建议说：“臣下观察朱泚的真实用心，一定不至于造反作乱，希望陛下选择大臣进入长安去宣谕、慰问，并且观察他的表现。”德宗因为跟随而来的文武群臣都害怕，而无人敢去长安，只有金吾将军吴溆请求让自己担当此任，德宗很是高兴。吴溆退朝后对人说：“享受朝廷的俸禄而逃避朝廷的危难，那算什么大臣？我有幸成为皇室的外戚，并非不知道此去必死无疑，但是整个朝廷之中竟然没有为国赴难的大臣，这也太让皇上感到遗憾了！”于是奉诏前往朱泚那里。朱泚反叛朝廷的计划已经决定，虽表面上接受了德宗的诏令，将吴溆安置在客省馆舍中，但不久便把吴溆杀了。吴溆是吴凑的哥哥。

朱泚派遣泾原兵马使韩旻带领精锐部队三千人，声称奉迎德宗回宫，实际上是要袭击奉天。此时奉天城防守力量薄弱，段秀实对岐灵岳说：“事情紧急了！”他让岐灵岳盗用姚令言的印符，命令韩旻暂时带领人马回来，到时候与大军一同出发。岐灵岳还没有将盗取的印符送到，段秀实便把司农卿的印符倒过来印在命令上，招募善于奔跑的人去追赶韩旻。韩旻已出发抵达骆驿。接到命令后就撤军返回。段秀实对同谋者说：“韩旻一旦回来，我们就没命了！我们当与朱泚直接搏斗，亲手杀了朱泚，如不成功就是一死，终归不能做朱泚的臣属！”于是指派刘海宾、何明礼暗中与军中的士兵们联络，打算让他们在外作为接应。韩旻率兵撤回长安，朱泚、姚令言十分震惊，岐灵岳独自承担了此事的责任而被杀，没有牵连到段秀实等人。

当天，朱泚召集李忠臣、源休、姚令言以及段秀实等人商讨称帝的事宜。段秀实忽然站了起来，夺过源休的象牙笏板，走上前来吐了朱泚一脸口水，大骂道：“你这猖狂的叛贼，我恨不得将你斩成万段，岂能追随你造反呢？”随即将笏板砸向朱泚，朱泚举手阻挡，只砸中了朱泚的前额，血浆溅出洒了一地。朱泚与段秀实互相吆喝着搏斗，朱泚的随从因事出突然，不知所措。刘海宾不敢上前，乘着混乱之机逃了出去。李忠臣上前来帮助朱泚，朱泚连滚带爬，才得以脱身。段秀实知道事情难以成功，对朱泚的党羽说：“我不同你们一起反叛，你们为什么不上来杀我？”于是众人争着上前来杀段秀实。朱泚一手捂着流血的额头，一面挥手阻止众人说：“段秀实是义士，不要杀害！”段秀实死后，朱泚为他哭得十分伤心，于是按朝廷三品官员的礼仪为段秀实治丧。刘海宾穿着丧服逃跑了，两天后，被朱泚的人抓获，刘海宾被处死，也没有牵连何明礼。何明礼跟随朱泚去攻打奉天城，策划谋杀朱泚，也未成功而被杀。德宗听到段秀实的死讯，悔恨当初没有重用段秀实，涕泪交加，哭了很久。

（以上为第九段，写变乱之中，忠奸分明，源休助贼，段秀实殉国。奸相卢杞继续作恶，排抑大臣，德宗昏愚，竟不知觉。）

十月初八日壬子，朝廷任命少府监李昌巙为京畿、渭南节度使。

凤翔节度使、同平章事张镒，性清儒雅缓和，喜欢修饰边幅，不懂军事，听说德宗来到奉天城，打算去迎接德宗，准备好各种衣服、用具、金钱和财物，进献给奉天行宫。后营将领李楚琳，性情强悍凶狠，军中的将士都害怕他。李楚琳曾经跟随过朱泚，朱泚待李楚琳十分优厚。行军司马齐映与同僚齐抗对张镒说：“如果不清除李楚琳，李楚琳一定会成为叛乱的祸首。”张镒于是命令李楚琳离开凤翔去戍守陇州。李楚琳寻找借口不按时出发。张镒正为奉迎德宗大驾的事担忧，还以为李楚琳已离开了凤翔城。当晚李楚琳与同党在城中叛乱。张镒系绳吊下城墙逃跑，被李楚琳的叛军追上杀掉，判官王沼等人都死了。齐映从城内的水洞逃往城外，齐抗被仆人背着逃出城，两个人都免于一死。

刚到达奉天的时候，德宗认为奉天城狭小，想前往凤翔城，户部尚书萧复听说了这件事，立即求见德宗说：“陛下的想法是个大错，在凤翔驻扎的将士都是朱泚过去的部下，其中肯定有与朱泚同谋作恶的。我担心张镒在那里尚且不能持久，岂能让陛下的车驾陷于难以预测的深渊呢？”德宗说：“我去凤翔的事已经决定，冲你的这一番话，我就试试暂时在此多留一天吧。”第二天，获悉凤翔发生叛乱，德宗才打消了前往凤翔的念头。

齐映、齐抗都逃往奉天城，朝廷任命齐映为御史中丞，齐抗为侍御史。李楚琳自任节度使，向朱泚投降。而陇州刺史郝通投奔了李楚琳。

商州的团练兵杀了本州的刺史谢良辅。

朱泚从白华殿迁往宣政殿，自称“大秦皇帝”，改年号为“应天”。十月初九日癸丑，朱泚任命姚令言为侍中、关内元帅，李忠臣为司空兼侍中，源休为中书侍郎、同平章事、判度支，蒋镇为吏部侍郎，樊系为礼部侍郎，彭偃为中书舍人，其余如张光晟等也都分别授予了级别不等的官职。朱泚又册立弟弟朱滔为“皇太弟”。姚令言和源休共同执掌朝政，大凡朱泚的筹谋策划、升迁任免官职、军旅事务，以及物资粮草，都要向源休禀报。源休劝朱泚除掉皇族在京城中的成员，借以断绝人们对朝廷的期望，于是朱泚下令杀了郡王、王子、王孙等共七十七人。不久，朱泚又任命蒋镇为门下侍郎，李子平为谏议大夫，又任命二人为同平章事。蒋镇为此担惊受吓，常常怀揣短刀，准备自杀，又打算逃亡流窜，但终因性格怯懦，始终未能实施。源休劝说朱泚诛杀朝廷百官中那些曾经逃跑隐匿的人，借以胁迫其他朝臣就范，蒋镇竭尽全力营救这些人，赖此得到保全性命的人有很多。樊系为朱泚撰写好了称帝的册文之后，便服毒自杀了。担任大理卿的胶水人蒋沇在秘密前往奉天城的途中，被朱泚的部属抓住，于是蒋沇拒绝进食，假装有病，得以偷偷地逃生。

哥舒曜的军粮耗尽，不得不放弃襄城，投奔洛阳去了。李希烈便攻下了襄城。

（以上为第十段，写朱泚潜号称帝，官军在各条战线失利，襄城失守，贼势炽盛。）

右龙武将军李观带领护卫士兵一千多人跟随德宗到了奉天城，德宗将招募新兵的任务交给李观，几天之内，就招募到新兵五千余名，李观将这支军队排列在奉天的交通要道上，军容仪仗十分严整，奉天城中的人士为此勇气倍增。

姚令言在向东出发去援救襄城的时候，任命部下的兵马使京兆人冯河清为泾原留后，判官河中人姚况掌管泾州的大小事务。冯河清、姚况获悉皇帝被迫巡幸奉天城，召集驻地的将士当着他们的面大哭了一场，还用忠烈道义激励将士们，调拨了一百多车的盔甲、兵器和各种器械，彻夜不停地运往奉天城。当时奉天城中正苦于没有盔甲、兵器，得到了这一百多车的军事装备，士气大振。德宗颁诏任命冯河清为四镇、北庭行营、泾原节度使，姚况为行军司马。

德宗抵达奉天城几天以后，右仆射、同平章事崔宁才赶到，德宗对这位重臣的到来极为高兴，倍加安抚、慰问。崔宁退朝后，对亲信们说：“皇上圣明英武，从善如流，只可惜被卢杞所迷惑，以至于落到这种境地！”于是禁不住地流下眼泪。卢杞知道了崔宁说的这一席话，便与王翃谋划陷害崔宁。王翃对德宗说：“我曾与崔宁一同出京城，崔宁多次下马解小便，过了很长时间还不归队，这一定是犹豫不决，心存观望啊。”正好碰上朱泚这时诏令任命左丞柳浑为同平章事，崔宁为中书令。柳浑是襄阳人，当时正逃亡到山谷中躲了起来。王翃指使盩厔县尉康湛假冒崔宁之名给朱泚写输诚信，并将信交给了朝廷。卢杞乘机诬陷崔宁与朱泚暗中结盟，相约充当朱泚的内应，因此一个人后到。十月十一日乙卯，德宗派宦官去将崔宁带到幕府来，声称传达密旨，却派出两个大力士从背后上来勒死了崔宁，朝廷内外都认为崔宁冤枉。德宗听说后，才赦免了崔宁的家室。

朱泚遣派使者给朱滔送去一封信，称：“三秦之地，我几天内就可以将它平定；黄河以北，就全部交给你来征服了，我将与你在洛阳会师。”朱滔收到朱泚的信后，马上在军府中全文公布，并且将信的内容作为公文向各道转发，借以自我炫耀。

德宗派遣宦官使者前往魏县行营通报自己蒙难的情况，在魏县的各位大将闻讯后，互相抱头号啕大哭。李怀光马上统领部下将士赶赴长安，马燧、李艽各自带领人马撤回镇守之地太原、河阳，李抱真退守临洺。

（以上为第十一段，写官军收缩战线，布防奉天。德宗蒙尘，仍昏愚不悟，惑于卢杞，继续诛杀忠良。）

十月十三日丁巳，朝廷任命户部尚书萧复为吏部尚书，吏部郎中刘从一为刑部侍郎，翰林学士姜公辅为谏议大夫，均加任同平章事。

朱泚亲自率部进逼奉天城，军队声势极为强大。任命姚令言为元帅，张光晟为姚令言的副职，任命李忠臣为京兆尹、皇城留守，仇敬忠为同、华等州节度使兼拓东王，让他们抵御关东的勤王官军，还任命李日月为西道先锋经略使。

邠宁留后韩游瓌，庆州刺史论惟明，监军翟文秀，接受诏令率兵三千在便桥阻击朱泚，官军在醴泉与朱泚相遇。韩游瓌打算回军直奔奉天，翟文秀说：“我们退往奉天，那么敌人也就尾随而到，这就是引来敌人逼迫天子。不如留下扎营驻守此地，叛贼一定不敢越过我们的防守而进逼奉天城。如果叛军无视我军而超越过去逼向奉天城，那么我军将与奉天城守军夹击叛军。”韩游瓌说：“叛贼强大，我军弱小，如果敌军分出兵力纠缠我们，大队直逼奉天城，奉天城的守军力量也很薄弱，哪有什么力量夹攻敌人呢？目前我们快速赶赴奉天城，目的就在于保卫天子。更何况我军士兵饥寒交迫，而叛军钱粮充足，如果他们用财物引诱我军士兵，那我将无法禁止。”于是率领人马进入奉天城；朱泚的军队也跟随抵达了奉天城下。官军出城迎战，战斗失利，朱泚的士兵争夺城门，准备冲进城内；浑瑊与韩游瓌率领将士与朱泚的人马血战一整天。城门内有几乘装载草料的车辆，浑瑊派虞候高固率领身披甲胄的士兵用长刀砍杀敌人，这批士兵都以一当百，他们将草车拉去堵住城门，纵火焚烧，官军各部将士乘着火势攻击叛军，叛军这才败退下去。到了夜晚，朱泚的人马在奉天城东三里的地方驻扎，他们敲打木梆，设置火把，布满了原野，并指派西明寺的僧人法坚制造攻城器具，拆毁了佛寺，取其木材制造云梯和冲车。韩游瓌说："寺庙中的木材都像干柴，只须准备好火把等敌人送上门来。"高固是高侃的玄孙。朱泚从这一天起发动对奉天城的进攻，浑瑊、韩游瓌等人率领将士昼夜力战。派去增援襄城的幽州军队听说朱泚造反，便冲入潼关，在奉天城下投奔了朱泚，戍守普润县的军队也投奔了朱泚，于是朱泚就拥有了几万人马。

（以上为第十二段，写逆贼朱泚攻围奉天，浑瑊城守，以弱抗强，初战取胜，稳住了局势。）

德宗同陆贽谈论发生变乱的原因，深刻地做了自我检讨。陆贽说："导致今天这种祸乱忧患，都是各位大臣的罪过。"德宗说："这也是天命，并不是人为造成的。"陆贽退朝后，就给德宗上了一折奏疏，认为："陛下矢志统一天下，四出征讨叛逆之徒，凶暴的祸首刚刚消灭，反叛的将领又接着作乱，以致战事频仍，祸乱不绝，到如今已近三年了。出征的军队日益增多，收敛的赋税日益沉重，内自京城，外到边塞，行路之人有遇上兵刃相逼的忧患，居家之人又有苛捐杂税无止境的困扰，因此叛乱相继发生，怨言便纷繁地冒了出来，非常事件的发生，全天下的百姓都在担心。只有陛下您一个人被蒙在鼓里，无法知道事情的真相，以至于凶悍的士卒鼓噪横行，在光天化日之下侵犯皇城宫禁，这难道不是趁着朝廷出现了问题，凭借人心背离而胡作非为吗？陛下您有辅政的亲信大臣，有专门负责情报的机构，有职司规劝谏诤的言官，有负责防卫京城、戍守皇宫的官署，但都不能在国家遇到危机的关键时刻竭诚尽忠，又不能在陛下您遇到灾难的时候以身殉职；以上就是臣说的导致今日的祸患，是朝廷中百官的罪过，这难道是随便说出的空话吗？圣上的旨意认为国家的兴盛与衰弱，都是有天命的。臣下听说过，老天的所见所闻，都是凭借人的所见所闻才会有的。因此祖尹指责商纣王的话说：'我的生存不是有天命的护佑吗？'周武王数落商纣王的罪行时说：'我有天命护佑，不肯以所受的欺侮为戒。'这岂不是说抛开人事而希求天命，一定是不可靠的吗？《易经》说：'要依据行事来考察吉凶。'又说：'吉凶只是得失的表象。'这就是说天命是由人事决定的，其中道理说得很明确。那么以先哲先圣们的思想，融会《六经》中的主张，都认为是祸是福，完全由人们自己把握，而不说什么兴盛或衰落由天命来定夺。大凡把人事治理顺畅了而上天却降下祸乱的，还未曾有过；反之，把人事处理得乱七八糟而上天却降下安乐的，也未曾有过。近来征讨叛逆的战争相当频繁，刑法之网渐渐严密，财力物力消耗殆尽，民心疑惑惊恐，就像身处大风大浪中，动荡不定。上自朝廷群臣，下至平民百姓，宗族邻里日夜相聚谈论，都担心时局一定会出现大变故，不久在京城就发生泾原士卒的反叛，这正如民众所担忧的那样。京城内的人，成千上万，人数极多，他们根本不懂推算之术，不通晓占卜的书籍，却预见了变乱的发生，这正说明导致叛逆作乱的原因，未必都会与天命有关。臣听说治理国家有时难免会发生变乱，变乱发生有时反过来也有助于治理；也有并无内忧外患而亡国丧家的，也有因多灾多难却兴邦振国的。如今已发生反过来变乱和失去所守的事情，则已成为过去，无法再追悔了；那些有助于治理天下、兴邦振国的功业，就在于陛下您能够自励而谨慎地建树了。叛乱的贼人哪值得担心！时运困厄哪值得害怕！只要勤勉发奋，持久不息，足以达到太平之世，哪里只是扫平叛乱，返回皇城宫禁而已？”

（以上为第十三段，写陆贽上疏，论乱由人为而非天命，隐喻权奸卢杞误国，德宗仍是充耳不闻。）

田悦劝王武俊，要王武俊与马寔共同攻击驻守在临洺的李抱真。李抱真又派遣贾林去劝告王武俊说：“驻扎在临洺的军队相当精锐，而且有所防备，不要随意轻视。现今您即使打了胜仗，攻取了临洺，得到的利益全归魏博的田悦所有；假如战败了，那么恒冀的实力将大受损伤。易、定、沧、赵等各州，都是大夫您原来的地盘，不如先出兵夺取这些地方。”于是王武俊推辞了田悦的请求，与马寔一起领军北归驻地。十月十八日壬戌，田悦在馆陶给王武俊送行，握着王武俊的手，挥泪告别，下至王武俊的将士，每人也赠送一份相当丰厚的礼品。

此前，王武俊召集回纥士兵，指派他们切断李怀光等官军的粮草运输线，而李怀光等人已率军西赴长安，回纥达干便带领回纥兵一千名和各族人马二千名也到达了幽州北部地区。朱滔乘机游说回纥人，打算让他们同自己一起去河南夺取东都洛阳，接应朱泚，并许诺用河南的男女回报他们。朱滔还娶了一个回纥女人为小妾，回纥人便把朱滔称为“朱郎”，而且贪图前去河南有俘获掳掠的利益，因此答应了朱滔。

贾林再次去游说王武俊道：“自古以来，国家有忧患，未必不能借此复兴；何况皇上已是第九代天子，聪慧明达，英杰勇武，天下谁肯舍弃这样的皇帝而去事奉朱泚呢？朱滔自从当了盟主以来，瞧不起原先与他平起平坐的人。河朔自古以来都没有一个冀国，冀州这片地方是大夫您的疆域。如今朱滔自称冀王，又向西依靠他的哥哥朱泚，还从北边招引回纥人，朱滔的志向是要吞并河朔的所有地区称王，到时大夫您即使想做朱滔的臣属，也不可能了。何况大夫您英勇善战，不是朱滔所能比的；您又本着忠义之心亲手杀了朝廷的叛逆李惟岳，只是由于当时宰相在处理此事时有失公允，又被朱滔欺骗引诱，因此才失误栽到这一地步。您不如与昭义军合力进攻朱滔，势必获得成功。朱滔一旦被消灭，那么朱泚自然也就会破败。这种功劳千载难遇，也是您转祸为福的一条道路。目前各道从四面八方汇聚进攻朱泚，过不了多久就会平定朱泚。到天下已经安定之时，大夫您才悔悟过错而归顺朝廷，那就太晚了！”当时王武俊与朱滔已有了隔阂，因而挽起袖子，愤然变脸说：“我不当二百年代代相承的天子的臣属，怎能当这乡间小子的臣属呢？”于是就与李抱真和马燧联络，结成异姓兄弟；但是在表面上仍然事奉朱滔，而且礼节十分恭谨，同田悦各自派使者前往河间见朱滔，祝贺朱泚称帝登位，而且请求与马寔的军队共同向驻在赵州的康日知发起进攻。

汝州、郑州应援使刘德信率领京师将领的子弟兵驻扎在汝州，获悉德宗蒙难出走，马上带兵进京增援，与朱泚的部众在见子陵激战，刘德信打败了朱泚军。由于东渭桥有朝廷囤积的、尚未转运走的粮食，十月十九日癸亥，刘德信率领人马进驻东渭桥。

朱泚夜间向奉天城东、西、南三面发起进攻。十月二十日甲子，浑瑊率领军队奋力作战，击退了朱泚的进攻；左龙武大将军吕希倩在此役中战死。十月二十一日乙丑，朱泚再次攻打奉天城，将军高重捷与朱泚部将李日月在梁山下激战，打败了李日月，高重捷乘胜追击逃敌，身先士卒，结果被埋伏的叛军擒获。高重捷的部下十余人奋不顾身，拼命追赶争夺，叛军抵挡不住，于是砍了高重捷的头，丢弃高重捷的身躯跑了。部下将其身躯收殓带回奉天城内，德宗亲自抚尸痛哭，极其悲哀，让人用蒲草编成首级配在尸身上埋葬了高重捷，追赠高重捷为司空。朱泚见到高重捷的首级，也哭着说：“高重捷是一个忠臣啊！”也让人用蒲草编成一个身躯埋葬。李日月是朱泚的骁勇战将，战死在奉天城下；朱泚派人把李日月的尸体送回长安，加以厚葬。李日月的母亲竟没有哭泣，还骂李日月道：“这个奴才！朝廷在什么地方亏待了你而要叛逆作乱？真是死得太迟了！”等到后来朱泚失败时，朱泚的党羽都被处以灭族，唯独李日月的母亲没有遭受连坐之罪。

十月二十五日己巳，德宗加授浑瑊为京畿、渭南、渭北、金商节度使。

十月二十八日壬申，王武俊与马寔率军抵达赵州城下。

起初，朱泚担任凤翔节度使时，曾派遣部将牛云光带领幽州士兵五百人前去戍守陇州，指派陇右营田判官韦皋兼任陇右留后。等到郝通逃奔凤翔，牛云光假托有病，打算等韦皋到达以后，埋伏士兵，将韦皋抓起来以响应朱泚，事情败露，牛云光便带领部众去投奔朱泚。他们走到汧阳县时，碰到了朱泚派遣的宦官使者苏玉携带着诏书来加授韦皋中丞一职，苏玉规劝牛云光说：“韦皋只是一介书生。你不如与我一起前往陇州，假如韦皋肯受诏命，那么他是我们的同路人；假如不肯接受诏命，那么你就带兵杀掉韦皋，这就像获取小猪一样易如反掌！”牛云光接受了苏玉的劝告，随苏玉来到陇州。韦皋从城上向牛云光问道：“前些时你不辞而别，如今你又回来了，这是为了什么？”牛云光说：“前些时不明白您的心意，而今您即将担任新的职务，因此我再次回来，愿意充当您的亲信。”韦皋于是先让苏玉入城，接受了苏玉带来了诏书；然后对牛云光说：“牛大使你如果对我没有二心的话，那么请将盔甲、兵器全部交出来，使城中军民不怀疑你，你的部众才能进城。”牛云光认为韦皋是个书生，而轻视韦皋，于是将所带盔甲、兵器都送交韦皋，再率众入城。第二天，韦皋在郡中客舍宴请苏玉、牛云光以及他们的士卒，埋伏甲兵将他们全部杀掉。然后筑坛，与将士盟誓说：“李楚琳这个叛贼残害了本军节度使张镒，既然不能侍奉上司，那么又怎能体恤部下呢？我们应当共同去讨伐李楚琳！”韦皋派遣兄长韦平、韦弇前往奉天请命，又派遣使者前往吐蕃求援。

（以上为第十四段，写王武俊反正，与李抱真、马燧结盟为兄弟，韦皋收复凤翔，朱泚挫于奉天，官军走出低谷，形势胶着，陷于相持。）

【点评】

本卷点评李希烈兵乱淮西、苛税重起、陆贽上奏论治国之要、德宗蒙尘等四件史事。

李希烈兵乱淮西。李希烈，辽西人，年少从军平卢军，为李忠臣部属。李忠臣任淮西节度使，署李希烈为偏将。代宗末，李忠臣荒废军政，李希烈因众怨逐走李忠臣，任淮西节度留后，德宗即位提升李希烈为淮西节度使，改称淮宁军。德宗用兵河北，李希烈请缨讨梁崇义，德宗嘉奖，封李希烈南平郡王，加汉南、汉北兵马招讨使。杨炎固谏认为李希烈狼子野心，不可授以方面重任。德宗不悦，卢杞趁机构陷，杨炎遭贬杀，李希烈如愿以偿，得以专征方面。黜陟使李承从淮西还朝，也上奏德宗，认为李希烈取胜，将是朝廷大害。德宗不以为然。梁崇义被平定，李希烈果然野心狂悖，欲据襄州为已有，目的未达，于是与李纳勾结，接受河北四镇的推戴，自号建兴王，天下都元帅，反叛朝廷。李希烈与河北四镇五贼，兵连祸结，扰乱唐朝半壁江山，李希烈于公元 782 年反叛，一度称帝，建伪号为楚，杀害宣慰使颜真卿。至公元 785 年，李希烈为部将陈仙奇所杀，淮西乱平。李希烈为害淮西河南达四年之久，人民遭涂炭，中原人口为之一空。李希烈这一祸国大盗，完全是德宗拒谏而一手栽培起来的。

苛税重起。唐制，节度使出兵，只要出境，一切用度由国库承担。两河用兵，月耗军资一百余万缗。国库很快空竭。朝廷重征酒税，这自然是杯水车薪。太常博士韦都宾、陈京出歪招，建言向商人借款，凡富有超过一万缗者借其余，只要向全国一两千商人借款，就可筹措数年之军费，长安一地可筹五百万缗。德宗采纳，诏命判度支杜佑大索长安商贾所有钱物，拷打强索，逼人上吊。接着又征收典当铺制钱。长安全城遭浩劫，才搜刮到八十万缗。地方商借，凡家有钱帛储粮的人家，强征四分之一，总计所得，也才二百万缗。建中四年（公元 783 年），又初行间架税和除陌钱法。间架税，就是开征房产税，两架为一间，上等屋税两千，中等税一千，下等税五百文。除陌钱，凡交易，甚至馈赠，抽百分之五营业税。两税法施行才二三年，各种巧设名目的苛税接踵而至，民怨沸腾，困苦不堪。

陆贽上奏论治国之要。陆贽，字敬舆，苏州嘉兴（今浙江嘉兴）人。唐代著名政论家和名臣。年十八登进士第，代宗末，官至监察御史。德宗在东宫时，已仰慕陆贽名声。德宗即位，召陆贽为翰林学士，以备顾问应对。陆贽忠直敢言，时政有缺，巨细必陈。建中四年，朱泚叛乱，德宗出亡奉天，陆贽从驾，军国事务，千头万绪，陆贽草诏，思如泉涌，下笔成章，莫不如意。陆贽奏议，直言时政，是当时历史横切面的写照，在中国政治史上占有重要的地位。陆贽奏议收入《翰苑集》中有五十六篇，《资治通鉴》只摘录了十余篇，只占一小部分，但已经生动地描绘了德宗的昏愚，刻画其猜忌凶暴的嘴脸，栩栩如生。陆贽对时务的洞察深刻入骨，见微知著，料事如神。建中四年八月，两河争战正酣，赋役日滋，陆贽忧心兵穷民困，恐生内变，于是上奏德宗论治国之要，重根本，重民生，掌控大局。形势在君，异类同心，形势倾危，同舟之人都是敌人。陆贽反对泾原兵东调，提出调整讨逆官军部署，加重京师防务，否则变生肘腋。泾原兵变，德宗诿过于天命。陆贽正言，祸由人起，不是天命，灾祸之源就是德宗本人，并讽喻德宗除奸，罢免奸相卢杞。不过，这一切苦口婆心，大都对牛弹琴，德宗很少采纳。德宗在颠沛流离之中，不得不依靠陆贽支撑大局，多少采纳了一些建议，改善了一些政治，尽管是短暂的，却拨正了唐皇室航船的方向，渡过了险滩，如发布兴元大赦诏就出自陆贽的建议和陆贽之手。

德宗蒙尘。建中四年十月，德宗调泾原兵五千东出救援襄城。泾原兵路过京师，因不犒赏，士兵哗变，攻入京城，德宗蒙尘，仓皇逃奔奉天，随从只有宦官一百余人，朝士百官都丢在京师。过了两三天，左金吾卫大将军浑瑊率家属到奉天，附近诸镇派出勤王援军赶来奉天，有了浑瑊统兵，人心始安。浑瑊是郭子仪旧将。德宗即位伊始，就迫不及待解除郭子仪兵权，分郭子仪所管军州为三个节度使，浑瑊是其中之一。当年，德宗又调浑瑊入京任左金吾卫大将军，仍是猜忌而夺其兵权。浑瑊成了挽救危局的决定性人物。德宗未被叛军俘虏，全靠浑瑊。

朱泚，是朱滔的哥哥，曾任泾原节度使。朱滔反叛，德宗软禁朱泚于京师。德宗出逃，谏议大夫姜公辅叩马谏德宗，请求立即杀掉朱泚，若被变兵拥为首领，必为大害。德宗只顾逃命，说："来不及了。"变兵果然拥护朱泚为首领，朱泚连夜入宫居含元殿，自称权知六军。十月初三日，泾原兵变，十月初四日朱泚登白华殿召会百官，初九日登宣政殿，自称"大秦皇帝"，改元"应天"。百官变服出逃者有之，出任伪职者有之。劝进者为京兆尹源休，他出使回纥回京，因赏薄而怨恨，特为朱泚论成败，引符命，劝其僭逆称帝。朱泚愚蠢无比，真的忙于称帝，丧失了追击擒获德宗的最佳良机，也未能迎请德宗挟天子以令诸侯。朱泚的浅薄，成就了德宗的侥幸。

资治通鉴（白话本） 卷第二百二十九

唐纪四十五

唐德宗建中四年至兴元元年（公元 783—公元 784）

【起昭阳大渊献（癸亥，公元 783 年）十一月，尽阏逢困敦（甲子，公元 784 年）正月，不满一年】

【大事提要】

本卷记事起公元 783 年十一月，讫公元 784 年正月，共三个月。当唐德宗建中四年十一月到兴元元年正月。这三个月是唐王朝与德宗个人转危为安的紧要关头，发生一系列大事件。首先是李怀光解奉天之围，朱泚龟缩京师坐以待毙。其次，河南战场李希烈势盛，南方诸镇守境自保，扩充实力，观望形势。李希烈南犯江淮，东西受阻，曹王李皋、鄂州刺史李兼立下大功，稳定了河南局势。其三，陆贽上言德宗下罪己诏书以挽救时局。德宗蒙尘纳其言，下诏改元兴元，于正月元旦发布大赦诏，河北王武俊、田悦与山东李纳接受赦令归顺朝廷，朱滔陷于孤立。史称兴元大赦诏。正当形势大好之际，奸臣卢杞破坏了这一局面。卢杞阻挠德宗召见李怀光，李怀光怏怏不乐，挟手握重兵之权，强谏德宗贬逐卢杞出朝而心不自安，埋下了李怀光背叛的祸根。

德宗神武圣文皇帝四

唐德宗建中四年（癸亥，公元 783 年）

十一月初二日乙亥，朝廷在陇州设置奉义军，提升韦皋担任节度使。朱泚又派宦官使者刘海广前往陇州，许诺授予韦皋凤翔节度使；韦皋杀了刘海广。

灵武留后杜希全、盐州刺史戴休颜、夏州刺史时常春会同渭北节度使李建徽，聚集兵力一万人进入关中援救皇帝，快要到达奉天城的时候，德宗召集将军、宰相一起商议这支军队入援奉天的路线。关播、浑瑊说：“漠谷道既险峻又狭窄，走这条路恐怕被叛军设伏截击。不如从乾陵的北边经过，沿着乾陵的柏树林行军，在城东北的鸡子堆建寨设营，与奉天城形成掎角之势，互相接应，而且可以分散叛贼的兵力。”卢杞说：“漠谷道离城比较近，走这条路如果被敌人截击，那么奉天城出兵接应就行了。倘若走乾陵这一线，恐怕惊扰了先帝们的陵寝。”浑瑊说：“自从朱泚攻打奉天城以来，叛军砍伐乾陵松柏，夜以继日，未曾停歇，先帝们的陵寝所受惊扰太多了。目前奉天城中相当危急，各道的救兵都还没有到达，只有杜希全等人的人马来了，他们的作用举足轻重，如能占据要害之地扎营，那么朱泚就可以被我们打败了。”卢杞说：“陛下用兵，怎么能同叛贼相提并论呢？假如让杜希全等人的人马从乾陵旁经过。那么就是我们自己去惊扰先帝们的陵寝。”于是德宗命令杜希全的军队取道漠谷入援。十一月初三日丙子，杜希全等人的军队到达漠谷时，果然被朱泚叛军截击，叛军凭借占据道旁高山的优势，用大弩、巨石向山谷中的朝廷官军发动攻击，杜希全等人的人马死伤很多；奉天城派兵出来接应，也被叛军击败。当晚，杜希全、戴休颜、时常春、李建徽等的四支军队被叛军击溃，于是撤退回防邠州。朱泚在城下检阅缴获的装备辎重，随从官员看到如此情景，无不大惊失色。戴休颜是夏州人。

朱泚攻打奉天城越来越猛烈，叛军在奉天城外挖了一道战壕，把奉天城包围起来。朱泚移指挥帷帐到乾陵，在此俯视奉天城内，所有动静都能看得清清楚楚，常派使者环绕城墙，招引诱骗城中的士兵和百姓投降，并且嘲笑他们不知道顺应天命。

神策军河北行营节度使李晟病愈，听说德宗抵达奉天城，统率各位将领就要赶去增援效命。张孝忠迫于朱滔、王武俊两支反叛军队的强大压力，依靠李晟的军队为后援，不想让李晟成行，多次阻挠李晟出发。于是李晟就留下了他的儿子李凭，要他娶张孝忠的女儿为妻，又解下自己的玉腰带收买张孝忠的亲信，让他去劝说张孝忠，张孝忠才听任李晟率军西归关中，并派自己的大将杨荣国带领六百人的精锐部队与李晟一同出发。李晟率兵从飞狐道挺进，日夜兼程，抵达代州。十一月初四日丁丑，朝廷加授李晟神策军行营节度使。

王武俊、马寔进攻赵州没有什么战果。十一月初八日辛巳，马寔撤军回瀛州，王武俊为他送行五里路，给他的犒赏和赠送物品十分丰厚；王武俊也回到了恒州。

德宗出奔奉天时，陕虢观察使姚明扬把军事指挥权都交给防御副使张劝代理，自己来到奉天城德宗身边。张劝在当地招募士兵，得到了几万人。十一月十一日甲申，朝廷命张劝为陕虢节度使。

朱泚围攻奉天城已有整整一个月，城中的物资和粮食都消耗完了。德宗曾经派遣一个善于行走的人出城去侦察叛军的情况，这个人以天气酷寒为理由，跪地恳求德宗给一身短袄和裤子。德宗为他四处寻找都无法找到，最后只能带着哀怜之心，默默地让这个人去执行任务。当时德宗的供应仅有粗米二斛，人们常常抓住叛军们休息的时机，在夜间将人用绳子吊放到城外，采掘一点点野生的芜菁根进献给德宗作为食物。德宗召集王公、卿相、将领、官员们说道：“我由于没有德行，自身陷入危亡的境地，这本来是应该的。可是你们都没有罪过，最好及早投降来挽救自己的家室。”群臣都跪地叩头，痛哭流涕，期待能拼死尽力，因此将士们虽然处在极度困穷之中，但是战斗的锐气丝毫不减。

德宗出奔奉天时，魏县行营掌管后勤的粮料使崔纵劝说李怀光入援关中，李怀光听从了。于是崔纵把军需物资全部集中起来，与李怀光一同来增援奉天城。李怀光率领人马昼夜兼程，抵达河中境内时，已是人困马乏，便让士兵们休整了三天。河中府尹李齐运倾其全力设宴犒劳军队，士兵们还想再拖延些时日。崔纵先装载物资钱财悉数运过了黄河，并对众士兵说："到达河西后，将全部钱财物资分赐给大家。"士兵们都贪图这些钱财之利，渡过黄河向西开拔，进驻蒲城时，军队已增到五万人。李齐运是蒋王李恽的孙子。

李晟边行进边招募士兵，也从蒲津渡口过了黄河，在东渭桥设营驻扎；起初只有士兵四千人，但李晟善于安抚、约束部下，能够与士兵们同甘共苦，人们都乐意追随，短短的一个月李晟的士兵就扩充到一万多人。

神策兵马使尚可孤征讨李希烈，率领三千人驻扎在襄阳，从武关前来援救奉天城，把营垒设在七盘岭，打败了朱泚的将领仇敬，于是乘胜攻占了蓝田城。尚可孤是宇文部落一个分支的首领。

镇国军副使骆元光，祖先是西域安息国人，骆奉先将骆元光收为养子。骆元光领兵守卫潼关将近十年，为部下众将士所信服。朱泚派遣部将何望之带兵袭击华州，华州刺史董晋放弃华州，逃奔奉天城德宗的身边。何望之占据华州，正要集中兵力断绝东方进入关中的通道；骆元光带领潼关的军队袭击何望之，何望之逃回长安城，于是骆元光驻扎在华州，招募士兵，几天之内，就召到了一万多名新兵。朱泚多次派兵进攻骆元光，都被骆元光击退，叛军由此无法东出。于是德宗任命骆元光为镇国军节度使，骆元光率领二千兵力，向西进驻昭应。

马燧遣派行军司马王权以及儿子马汇带领五千人马来增援奉天城，在中渭桥驻扎。

到了这时，朱泚一伙所占据的范围只有长安一座孤城而已，救援官军的巡逻骑兵经常来到望春楼下。李忠臣等人屡次出兵交战都吃了败仗，于是向朱泚求援，朱泚担心周围的民众乘自己困敝为难之时，前来抄劫袭击，因此所派出的援兵都是白天隐蔽，晚上行军。

朱泚的内心深为长安的局势感到担忧，于是猛烈进攻奉天城，指派僧人法坚制造云梯，高度和宽度各有几丈，外面蒙着犀牛皮，下部安装巨大的车轮承载，云梯上部可以容纳五百名壮士；奉天城内的人看见这一庞然大物都震惊恐惧。德宗询问群臣对策，浑瑊、侯仲庄回答说："臣观察云梯的样子很沉重，既然沉重，就容易下陷，臣请求对着云梯来的方向挖掘地道堆积干柴，备好火种来等候它。"神武军使韩澄说："云梯这东西只是攻战中的小小伎俩，不足以烦劳陛下过分忧虑，请让我来抵御它。"于是韩澄推测了云梯行进的方向，把城墙东北角向外延伸了三十步，在上面储备了大量的膏油、松脂和干柴、芦苇。十一月十四日丁亥，朱泚的人马大举出动，喧嚣着进攻奉天的南城，韩游瓌说："这是打算分散我们的兵力。"于是带兵在城东北严加防备。十一月十五日戊子，北风刮得极为迅猛，朱泚的人马推出了云梯，云梯上面铺着湿透了的毡子，还悬挂着一些水袋，运载精兵来攻打奉天城，云梯两翼还有助攻的战车，躲在战车下部的士兵抱着干柴，身背泥土，填埋壕沟，向前推进，箭石火把都不能伤到他们。叛军合兵向奉天城东北角猛攻，箭石如雨，奉天城内死伤的人多得数不胜数。当时叛军已有人登上了奉天城墙，德宗与浑瑊相对哭泣，群臣束手无策而只有仰天祈祷苍天保佑。德宗将一千多份上自御史大夫、实封食邑五百户以下各级官吏的空白委任书交给了浑瑊，指派他招募敢死队伍抗击攻城的叛军，还把御笔赐给浑瑊，让浑瑊按照这些人战功的大小，在委任书上写上姓名发放给他们，如果分发的委任书不够，就直接写在立功者的身上，而且说："现在就与你诀别了。"浑瑊扑倒在地上，痛哭流涕，德宗抚摸着浑瑊的脊背，抽咽不止，难以自控。当时士兵们饥寒交迫，又缺少护身的盔甲，浑瑊抚慰劝导他们，还用忠义来激发他们的斗志，士兵们都擂鼓呐喊，竭力奋战。浑瑊被飞来的箭矢射中，仍然挺身奋战不息，当时也无暇顾及伤口疼痛。这时正碰上云梯的巨轮辗在地道上面，一个轮子偏斜塌陷，进退两难，火焰从地道中冒了出来，风势也转换方向吹了回去，奉天城上的守军将芦苇扎的火把投到云梯上，撒上松脂，浇上膏油，欢叫呼喊之声，震天动地。片刻之间，云梯和梯上的人全都化为灰烬，散发出的臭味儿几里以外都能闻到，叛军这才退却下去。于是奉天城东、西、南三个城门大开，兵马涌出，皇太子亲自督战，叛军被打得大败，死者就有几千人。负伤的朝廷将士，皇太子亲自为他们包扎伤口。到了夜间，朱泚又率叛军来攻城，乱箭落在离德宗三步远的地方，德宗大惊失色。

（以上为第一段，写官军勤王之师会集关中，朱泚叛军急攻奉天，万分危急。）

李怀光从蒲城带领军队奔赴泾阳，沿着北山山麓向西挺进，先派兵马使张韶装扮成百姓模样偷偷地前往奉天城，身上携带藏了蜡丸中的上奏表章。张韶到达奉天城时，正碰上叛军开始攻城，叛军见到了张韶，以为他是贫贱的百姓，于是驱使张韶和百姓一起抱柴背土填壕沟；张韶得到机会，翻越壕沟，跑到城墙下面，向城上呼喊："我是从朔方军来的使者。"城上守军放下绳子将张韶吊上去，等到登上城墙时，张韶身上已中了几十箭，从衣服里把李怀光的表章拿出来进呈给德宗。德宗极为高兴，让人抬着张韶在城内绕行以示表彰，每个角落得到消息都欢声雷动。十一月二十日癸巳，李怀光在澧泉打败了朱泚的叛军。朱泚闻讯后非常害怕，带领余部逃回长安。此时大家都认为，如果李怀光再过三天还不来增援的话，那么奉天城就一定会失守。

朱泚撤退后，随从的大臣们都向德宗表示祝贺。汴滑行营兵马使贾隐林向德宗建议说："陛下您的性情太急躁，待人又不够宽容，如果这种禀性不改的话，那么即使朱泚失败了，而忧患还不能到此为止啊！"德宗并不认为这是冒犯龙颜，反而对贾隐林极为称许。侍御史万俟著打通了从金州到商州两地之间的运输路线，朝廷支出的费用才渐渐地宽裕起来。

朱泚退到长安，只作守城的准备，经常派人从城外进来，满城奔跑呼喊说："奉天城已被我们攻陷了！"打算用这种方法来迷惑长安城内的民众。朱泚据有朝廷府库里的财富以来，毫不吝惜地将这些财富赏赐给将士。出逃的朝廷公卿们的家属只要在长安城中的，照例都给每月薪俸。神策军和六军中跟随皇帝车驾的将士及哥舒曜、李晟的部下，朱泚都给他们的家属发粮食；加上修缮各种器具装备，每天的费用非常大。到朝廷军队收复长安时，府库里还存有剩余的钱财物资，凡是见过的人，都怨恨先前主管官署对百姓横征暴敛的行为。

有人对朱泚说："陛下您已经秉承天命，登上皇位，那么唐朝皇帝的陵庙就不应当保存。"朱泚说："我曾经向唐朝称过臣，怎能忍心干这种事呢？"又有人说："朝廷文武百官多半空缺，请派兵胁迫读书人来补足。"朱泚说："强行给人授官任职，那么人们一定会恐惧。只给那些想做官的人授予官职，何必敲门叩户地给人家封官授职呢？"朱泚所能调用的军队只有范阳军和神策军的团练兵；泾原军的士兵都很骄悍，全都不听从朱泚的指挥，他们只守着自己劫掠来的物资钱财，不肯出动为朱泚作战；而且他们密谋过杀掉朱泚，因没有成功而只好作罢。

李怀光性格粗放，不细心，从山东昼夜兼程赶赴奉天救国解难，途中多次对人们说起卢杞、赵赞、白志贞的奸佞言行，并且宣称："天下的混乱局面，都是这伙人所造成的，我拜见皇上时，一定请求诛杀他们！"在奉天之围解除后，李怀光自以为功劳很大，认为德宗一定会以超出常规的礼仪来接待他。有人劝王翃、赵赞说："李怀光沿路愤然感慨认为宰相的谋划和议论都太离谱，度支征敛赋税十分繁重，京兆尹犒赏泾原将士非常刻薄；以致皇上的车驾被迫出亡，这都是宰相、度支、京兆尹三个大臣的罪责。如今李怀光又刚刚立下大功，皇上一定会对他敞开胸襟，坦诚相对，征询政事得失，假如李怀光的那些话传到了皇上的耳中，难道你们不危险吗？"王翃、赵赞把这番话告诉了卢杞，卢杞感受到恐慌，便装出一副若无其事的样子对德宗说："李怀光所建树的功勋业绩，正是国家安危的根本倚赖，叛军被李怀光的英名吓破了胆，全都没有固守长安来抗拒朝廷之心，如果派李怀光乘胜追击，攻下长安，那么就可以一举消灭叛军，而且势如破竹，轻而易举。假如现在让李怀光入城朝见，陛下一定会设宴招待，因而就会拖延几天，致使叛军顺利进入京城，能够从从容容地做好准备工作，到那时恐怕就难以攻下长安城了！"德宗认为卢杞说得很有理。于是诏令李怀光直接带领兵马在便桥驻扎，与李建徽、李晟和神策兵马使杨惠元在指定日期内合兵攻取长安城。李怀光认为自己以数千里之远，日夜兼程，竭尽忠诚来救援天子，击败了朱泚，解除了奉天的重围，但近在咫尺，却不能够见上天子一面，心里极不快乐，说："现在我已被奸臣们排挤了，这事明摆着再清楚不过了！"随即带兵离开了奉天城，到达鲁店这个地方，停留了两天，才向长安进发。

（以上为第二段，写李怀光解奉天之围，因卢杞奸诈阻隔，没有受到德宗召见，心怀怏怏进兵长安，埋下隐患。）

剑南西山兵马使张朏率领所部士卒发动叛乱，攻进了成都城，西川节度使张延赏丢弃成都城，逃奔汉州；戍守鹿头关的将领叱干遂等人率兵征讨张朏，杀了张朏及其党羽，张延赏重又返回成都。

淮南节度使陈少游率领人马讨伐李希烈，驻扎在盱眙县境内，获悉朱泚在长安城叛乱，便回归广陵，整治战壕和营垒，修缮盔甲和兵器。浙江东道、西道节度使韩滉封锁关隘桥梁，禁止牛马出境，又建筑了石头城，在城内开凿了近一百口井，修整馆舍府第几十处，还营建了土堡和壁垒，从建业县起，一直抵达京岘山，瞭望城楼与防御城墙互相联结，这既是为德宗车驾南渡长江做准备，也是为了巩固自己的守备。陈少游调动兵马三千在长江北岸大规模演习，韩滉也派出水军三千人在京江水域耀武扬威，与陈少游相互呼应。

盐铁使包佶征敛的盐铁税共有八百万钱帛，将要运往长安。陈少游认为叛军占据着长安，朝廷军队能否收复也无望，打算强行夺取包佶的这些钱财。包佶不肯交出来，于是陈少游就准备杀了他；包佶感到害怕，将自己的妻儿老小藏匿在文书档案中间，急急忙忙地渡过长江，陈少游将他押运的钱财全部收缴过来；包佶手下有守护钱财的士兵三千人，陈少游也强行收编为自己的部下。包佶仅仅偕同几十人逃往上元县，又遭到韩滉的一次劫掠。

此时南方的藩镇节度使各自封锁边境以自保，只有江南西道的节度使曹王李皋屡次派遣使者抄小路向在奉天城的朝廷进献贡物。李希烈叛军进攻不断逼近汴州、郑州，江淮通往奉天的道路被隔绝，各道给朝廷的贡赋都改道从宣州、饶州、荆州、襄州一线直赴武关而运抵奉天。李皋整饬境内的邮驿设施，平治道路，于是来来往往的使者得以通行无阻。

（以上为第三段，写南方各藩镇对德宗蒙尘做出的应对反应，多为守境自保，扩充实力以待时机。）

德宗询问陆贽什么是当前最急需办理的事务。陆贽认为近期导致变乱的根源，在于朝廷内外的情况互不相通，劝说德宗听取下情，接受谏劝，于是上疏，大致意思是说："臣认为当今最急迫的事务，在于仔细了解天下民众的情况，如果是天下民众最希望的，那么陛下您就要优先去实施它，如果是他们十分厌恶的，那么陛下您就要优先去除掉它。人主的好恶与天下民众相同，而天下民众不肯归附于他的事情，从古到今，就不曾发生过。说到治与乱的根本，就是人心的向背，更何况当前正处在变故突发，众心动摇的时期，在朝士疑虑、民心向背都难以捉摸的关头，如果是人心所归，那么就能够建树功业，人心涣散，那么就会政权倾颓，陛下您怎能不仔细考察民众实情，与他们好恶一致，让天下万民归心朝廷，从而安定国家呢？这实在是朝廷目前最须急于解决的事啊。”又说：“近来臣私下已听到过众多议论，对各方面的情况也稍稍做了一些探究，全国地方担忧朝廷内外政见不一，朝廷百官担忧君臣之间的沟通被阻隔。地方上的意见不能上达于朝廷，朝廷百官的诚意，不能上达圣听。皇上的恩泽很少向下流布，下面的实情被阻塞不能上闻，于是真实的情况不一定知悉，知悉的情况不一定真实。由于上下之间阻滞不通，导致了解的情况真伪夹杂，聚集的怨苦之声铺天盖地，喧闹地流言蜚语层出不穷，想要上下之间没有疑忌和阻隔，那可能吗？”又说：“汇聚天下人的智慧来帮助陛下做到耳聪目明，顺应天下人的心愿施行政教律令，那么就会君臣同心，有谁会不听从命令！远近都归服，谁还来作乱呢！”又说：“有的谋虑看上去很愚却切近事理，有的事情极为切合实际，看上去却似乎相当迂阔。”

陆贽的奏疏上呈后已有十来天，德宗没有施行任何举措，也不向陆贽追问其中原委。于是陆贽又上奏德宗，疏奏的大意是说：“臣下我听说立国的根本在于得到广大民众，而得到广大民众最重要的是体察民情。因此孔子认为民情是产生圣王的土壤，就是说民情是治国之道产生的基础。”又说：“在《易经》中，乾卦在下而坤卦在上叫作‘泰’，坤卦在下而乾坤在上叫作‘否’，损卦在上而益卦在下叫作‘益’，损卦在下而益卦在上叫作‘损’。说到天处在下面，而地处在上面，这本是位置颠倒，但是反而被称为‘泰’，这是上下相交融通达的缘故啊。君王在上，而大臣在下，这在道义上完全是顺理成章的，反而被称为‘否’，那是上与下不相沟通交往的缘故。人君约束自己而宽怀大度地待人，人们必然会喜欢他而事奉他，这难道不应该叫作‘益’吗？人君蔑视他人而肆意妄为，人们必然会怨恨他而背叛他，这难道不应该叫作‘损’吗？”又说：“船就好比是为君之道，而水好比是天下的民情。船顺应了水的规律就会浮流水上，如果违背了水的规律，那么船就会沉没；君主能够了解天下的民情，江山大业就能巩固，反之，如果不能体察天下的民情，那么江山大业就危险了。因此古代的那些圣明君王身居天下百姓之上，必定要使自己的欲望顺从天下百姓的心愿，而不敢让天下百姓来屈从自己的欲望。”陆贽还说：“陛下十分愤恨藩镇割据已成习惯，妨碍了天下治理，便以削平藩镇为己任，以圣明的威严君临天下，用严厉的法度裁决万事。然而流弊相承已经很久了，而陛下革除的目标和要求又太重太远。因此那些您所疏远的人惊恐猜疑，因而阻抗朝廷命令以求逃脱死罪的叛乱就发生了；同时您所亲近的人，畏懦恐惧，因而苟安偷生、逃避罪责的情形就出现了。君王和大臣的意图互相违背，上下之间情况阻塞，不得沟通。君王务求政治清明，天下大治，而臣下却时刻在防备诛杀灭族之祸。臣下准备向君王交付一片忠心，而君王总是担心受欺瞒。因此皇帝的诚意不能散播于天下万众，而万众的愿望也不能转达到皇帝那里。我从前曾担任过监察御史，得以侍奉朝见陛下，仅有不到半年的时间，况且陛下深威莫测，高高在上，一次也不曾见陛下降旨征询群臣的意见，群臣小心谨慎，恭敬进退，也不肯提出各种事项条列陈奏。在朝堂之上的君臣尚且未能互相交流、沟通，宇宙如此广阔，又怎能自由通达呢！虽然陛下按惯例与大臣们交谈，还另外延请宰相们商议政务，但这既与君臣共同参与讨论不同，而且也异于当朝公开进言。对还没有施行的事情，大臣们都认定是机密，以不讨论为戒；对已经实施的举措，大臣们又认为已经是发生的事了，不必再去诤谏。于是大臣们渐渐产生了拘谨和顾忌，动不动就牵连到受猜疑的事情上，这样一来大家都各自隐瞒真实情况，都忌讳站出来讲话。以至于将要发生变乱的时候，天下臣民同感忧虑，唯独陛下一人因为不知道实情而满不在乎，还以为太平之世就要到来。陛下您以今日所亲眼见到的事实来验证一下您以往听说的一些话，区分哪些是实的，哪些是虚假的，得在哪里，失在何处，那么事情的通达与阻塞情况，不就全都明白了吗！臣民的忠诚与虚伪，不就全都掌握了吗！”

于是德宗派宦官去谕示陆贽说：“朕本身的性格是很喜欢对人推心置腹的，也能够采纳臣下所提的意见。而且我觉得君与臣应该是一个整体，因此对臣下毫无提防，一向推诚相待，不加猜疑，但多次被奸佞诡诈的人出卖和愚弄。导致今天这种祸乱的局面，朕考虑不是别的原因，失误反而在于我对人家太诚心诚意了。另外，谏官议论军国大事，很少有人能把事情说得严谨周密的，照例都是高谈阔论，自我夸示炫耀，把过错全推在朕的身上，来为自己博取高名。朕从继承皇位以来，看到大臣们上奏、议对，以及讨论的事情甚多，但所谈的东西大体上都互相雷同，不外乎道听途说。朕尝试加以质疑问难，马上就会无言以对。假如真有特殊的才能，朕怎么会舍不得提拔他们呢？朕观察从先前到如今，事情都只是这个样子，所以新近以来，从不依例向大家咨询各种意见，但也不是说我懒得接受人家的意见。卿应当深切体会朕的这番心意。”陆贽认为帝王统治天下，应当以诚和信作为根本原则。即便进谏人的言辞和态度都很粗鄙迂拙，皇帝也应该宽容大度地对待他们，以便开通言路，假如用威严来震慑他们，用辩难之词来当庭挫伤他们，那么臣下怎么敢毫无保留地表达自己的主张呢？于是再次上奏，大致意思是说：“做天子的道理，与上天统驭万物的方式一样，上天不会由于地上长出了坏树就禁止万物生长，天子也不能因为经常出现小人便废除采纳臣下的意见。”又说：“能够用来治理天下的，只有信和诚，二者一旦失去就无法弥补。一旦有不诚心待人的事发生，那么就设法保有天下人的心，一旦有不守信用的事情发生，那么天子的言语就无人会遵行。陛下您说自己失误的地方在于对待臣下过分真心诚义，才导致了祸乱的发生，臣下私下觉得这话说得过分了。”又说：“用智谋来控制臣下，那么人们就会变得狡诈，向臣下表示猜疑的态度，那么人们就会变得苟且。上面推行什么，下面就跟随执行什么，上面对下面施恩，下面就会对上面报德。如果自己做不到竭诚待人，却指望别人竭诚对待自己，大家必然会消极懈怠，不会听从。先前待人不诚而许诺以后会待人以诚，人们一定会表示怀疑而不信任。由此可知，真诚和信义这一准则，是一刻也不能离开自身的，希望陛下您谨慎地坚持这一准则，并且身体力行更加认真，恐怕不是让陛下您后悔的事情吧！”又说：“臣听说仲虺在颂扬成汤时，不是赞扬周宣王没有过错，而是赞扬周宣王能改正过错；尹吉甫称颂周宣王时，不是赞美成汤没有缺失，而是赞美成汤能够补救缺失。由此可知圣贤的意思非常明确，只以改正过错为贤能，而不以没有过错为可贵。本来任何人行事，必定会有过失、差错，无论是最聪明的人，还是最愚笨的人，都在所难免。明智的人通过改正过错而朝向善良，愚笨的人耻于改正过错而顺遂错误；朝向善良，德行一天会比一天进步，顺遂错误，罪恶会越积越多。”又说：“谏官建言有失缜密，而且自夸炫耀，那实在是欠缺忠诚和厚道，但对于陛下的德望本也没有什么损害。陛下如果能够接受谏官的直言规劝，而不拒绝，那么此事一旦传出去，正好足以给您的德行增美；陛下如果拒绝接受直言劝谏，又怎么能禁止人们不传播此事呢？”又说：“说空话而没有实际效验的进谏不能采用，言辞朴素而符合事理的进谏不必拒绝。言词笨拙而收效迅速的进谏，不一定是愚昧的，话说得甜美动听而不及弊端的谏言，不一定是聪明的。这些都要根据实际情况来考察，而且还要分析思考后果，总之采用进谏之言，没有别的标准，只看对事情是否有益。”又说：“陛下所说的‘近来所见上奏、议对及讨论事情都互相雷同，不外乎道听途说’这句话，臣私下认为，人人都议论的事情，足以反映了大多数人的心愿，必定会有切实可行的建议，当然也会有令人担忧的意见，恐怕陛下不能一概加以轻视侮慢，而不加深思、采纳。陛下您又说‘尝试加以质疑问难，马上就会无言以对’。臣个人认为，陛下您虽能诘难奏对大臣无话可说，但不能认定人家就毫无道理，您只是让人口服而不能让人心服。”又说：“作为臣下，没有不愿对君王竭尽忠诚的，作为帝王，没有不追求治理天下太平的。但是臣下总是以帝王不能导致天下太平而愁苦，帝王也总是为臣下不能尽忠竭诚而苦恼。这究竟是为了什么呢？不过是上下两方面情况无法沟通的缘故罢了。下面的情况没有不愿意传达给帝王的，帝王的情况也没有不寻求让臣下知道的，然而臣下总是苦于下情难上达，帝王则总是苦于臣下难以知道上情。这又是什么原因呢？不过是没有清除九弊的缘故罢了。所谓九弊，帝王就占了六项而臣下占有三项：待人争强好胜、耻于听别人指出自己的过失、口若悬河地雄辩、炫耀自己的聪慧明智、务求仪容威严、刚愎无节制，这六个方面，是帝王的弊端；谄媚阿谀、观望犹豫、畏惧怯懦，这三个方面，是臣下的弊端。皇上热衷于争强好胜，一定乐闻巧舌奉承之辞，皇上耻于听说自己的过错，一定以诤言劝谏为忌讳，这么一来，臣下中的阿谀谄媚者就去迎合帝王的意图，那么帝王就听不到忠诚真实的话了。帝王喜欢口若悬河的雄辩，必然会大讲抄袭来的理论而打断别人讲话；帝王炫耀自己的聪慧明智，一定会随意揣测而担心别人诳骗自己，这么一来，臣下中瞻前顾后之徒一定会见风使舵，而经过反复斟酌取舍的言辞一定会没完没了。帝王务求仪容威严，一定不会屈尊自谦地待人接物；帝王刚愎无节制，一定不会承认自己的过失而接受臣下的规劝，这么一来，臣下中的那些畏惧怯懦的人将会逃避罪责，而合情合理的辩解就得不到申诉了。由于天下的地域幅员广阔，天下的生灵多得数不胜数，而皇城宫门幽深重叠，上下尊卑的等级限制和阻隔，从众多普通民众的贤能之士中，能够有幸得见帝王威仪和风采的人，在超过亿万人之中难得有一名；而又在有幸得见帝王威仪的人中，能够与帝王直接交谈、议论国家大事的人，又是千万人中难得有一名；在有幸能够受帝王接待的人中，又有九项弊端横阻其间，那么，上与下的情况所能沟通的就极其稀罕了。上情不能下达，那么臣下就心存困惑，而下情不能上达，那么帝王就会在心中猜疑。帝王怀疑臣下，那么就不会接纳臣下的诚意，臣下困惑，就不会服从帝王的命令；忠诚不被接受，那么就会采取悖逆的行为对待帝王，帝王的命令不被臣下所服从，那么帝王就用刑罚来对付臣下；臣下悖逆帝王而帝王施用刑罚，国家不败亡更待何时？因此，天下变乱蜂起而太平时日稀少，自古以来都是如此。”又说：“过去赵武说话口吃，但却做了晋国的贤臣，绛侯周勃朴实寡言，但却做了汉朝的丞相。这样看来，辩才出众的人所说的事情未必可信，而言语短拙的人所说的话未必不切中事理。人是难以了解透彻的，即便是尧、舜这些圣君都有短处，怎么能仅凭君臣之间一问一答，就断定此人的才能不过如此呢？用这种方式来考察天下的事情，原本就有很多缺失，因此而轻视天下的士人，那么一定会有弃置不用的贤才。”陆贽还说：“进谏规劝的人多，正好表现君王喜欢纳言听谏；进谏的人敢于犯颜直谏，正显示君王能有容人的宽宏大量；进谏的人狂妄诬罔，正表明君王能够宽恕待人；进谏的人能够言无不尽，正彰显了君王能从善如流；这就是帝王与进谏者之间相互沟通补益的途径。进谏的人能够获得官爵赏赐的利益，帝王就会获得治理天下太平的大利；进谏的人获得进献忠言的名声，帝王就会获得采纳意见的美名。尽管进谏的人有的失于中肯，而帝王却只会得到好处。那么帝王应担忧的只是臣下的正直之言还不够切中要害，以及天下人听不到臣下提的这些问题。倘若能达到这种境地，那么陛下善于纳谏的美德就会光耀无际了。”德宗接受了陆贽的一些主张。

（以上为第四段，陆贽上奏论人君治国之道，用贤纳谏是根本，隐喻卢杞专权误国，德宗文过饰非，自用如故。）

李怀光屯驻兵马于途中，不进发，屡次上书德宗揭露卢杞等人罪恶行径；于是朝野舆论喧哗起来，也都把罪责归于卢杞等人。德宗迫不得已，十二月十九日壬戌，将卢杞贬谪为新州司马，将白志贞贬谪为恩州司马，将赵赞贬谪为播州司马。宦官翟文秀，也是德宗信赖重用的人，李怀光又检举翟文秀的罪行，德宗因此又将翟文秀处死。

十二月二十二日乙丑，朝廷任命翰林学士、祠部员外郎陆贽为考功郎中，任命金部外员郎吴通微为职方郎中。陆贽上奏，推辞任命，说自己“刚到奉天城，跟随皇帝的护驾将士们，依照惯例应该提升两级，如今却只有翰林学士升官。按照惯例，在施行惩罚的时候，要先从显贵和亲近的人开始，然后是卑微和疏远的人，这样，发布的命令就不会有人违犯；而行赏的先后正好相反，先从卑微和疏远的人开始，然后才是显贵和亲近的人，这样，所有的功劳都不会遗漏。希望陛下能先行奖赏、升迁有大功劳的人，其次再遍及各级文武官吏，那么我也不敢独自推辞对我的迁升任命”。但没有得到德宗的准许。

德宗在奉天的时候，派遣使者前往田悦、王武俊、李纳那里去宣旨，劝他们归顺朝廷，许诺赦免他们的罪行，增加高官显爵；田悦等人暗中都向朝廷表示归降的诚意，但还不敢与朱滔断绝交往，一如既往地各自称王。朱滔让虎牙将军王郅去劝说田悦道：“先前八郎你处于危急的时候，我朱滔与赵王一道不惜性命，竭尽全力赶来救援，有幸解除了对你的围困。目前我做太尉的三哥在关中承受天命而登上皇位，我朱滔打算与回纥兵一同前去援助，希望八郎你能整饬兵马，与我朱滔一道渡过黄河，共同攻占大梁。”田悦内心不愿意与朱滔一起去攻大梁，但又不忍心拒绝，于是就答应了。朱滔又派遣内史舍人李琯去见田悦，观察田悦是否打算出兵，田悦犹豫不决，暗中召扈崿来商议这件事。司武侍郎许士则说：“朱滔先前事奉李怀仙为牙将，与兄长朱泚以及朱希彩共同杀了李怀仙，并拥立了朱希彩。朱希彩因此极其宠信朱泚兄弟俩，而朱滔却又与判官李子瑗共谋杀掉了朱希彩，并拥立了朱泚。朱泚做了节度使后，朱滔接着又劝朱泚只身进京入朝，自己担任留后，虽然劝导朱泚是满口忠义之言，而实际上是夺走了朱泚的权力。毕生都帮朱滔出谋划策，共立大功的人如李子瑗这伙人，遭朱滔背弃而杀害的，达二十余人。如今朱滔又与朱泚东西相互策应，如果朱滔一旦达到目的，那么就连朱泚也不会被朱滔所容，何况只是同盟者呢？既然朱滔的为人如此反复无常，大王怎么能相信朱滔还会对您发出肺腑之言呢？朱滔带领十万幽州、回纥兵驻扎在城外郊野，大王您如果出去迎接，就会被生擒。朱滔囚禁了大王您，吞并了魏国的兵马，随即南下渡过黄河，与关中地区互相呼应，那么天下还有谁能与朱滔抗衡呢？大王您到时候后悔都来不及了。设身处地来为大王您考虑，不如表面上许诺与朱滔一同南下，而暗地里做好防备，用隆重的迎接和殷勤的慰劳应付朱滔，等朱滔抵达时，就找一个别的借口推托，另派将领带兵跟随朱滔。这么一来，大王您对外就不会丧失知恩报德的名声，对内也不用担心突然发生变乱了。”扈峤等人都认为许士则说得有道理。王武俊获悉李琯去了魏博田悦那里的消息，就派司刑员外郎田秀骑马急驰去见田悦说：“我王武俊一向认为是当朝宰相处理事情不适宜，恐怕危害到自己的生命，加上八郎你陷入重重围困之中，因此才与朱滔一起合兵来救援你。目前皇帝正处在深深的忧患之中，还能用恩德来抚慰我们，我们怎能不悔过自新而归顺朝廷呢？又怎能舍弃九世代代相承的天子不去侍奉，而去侍奉反叛朝廷的朱滔呢？况且朱泚在没有称皇帝的时候，朱滔与我辈原本是平起平坐，相互称王，那时他已开始轻视我辈了。何况再让朱滔南下夺取汴州和东都洛阳，与朱泚联成横贯之势，那我们大家不都成了朱滔的奴隶吗！八郎你要十分谨慎，不要与朱滔一同南下，只要紧闭城门，坚守抵抗就行；请让我王武俊侦伺朱滔的破绽，联合昭义军的兵马，发动袭击并消灭朱滔，我与八郎合力再次扫清河朔地区，重新担任朝廷的节度使，共同事奉皇帝，这不也是很好的选择吗？”田悦于是下定决心这样做，哄骗朱滔说：“我跟随你一起去，一定按照以前约定的那样去做。”

十二月二十四日丁卯，朱滔带领范阳的五万步兵、骑兵，作为私属跟随的又有一万多人，还有回纥兵三千人，从河间开拔，举兵南下，运输辎重的车队首尾相连，长达四十里。

李希烈对驻扎在汴州的李勉发起进攻，驱赶民众运送土木材料，在地面筑起很高的攻城营垒和栈道，李希烈因为恼怒工程很久没有完成，便将活人随土填埋到地基中，把这些人称为“湿柴”。李勉固守汴州城好几个月，外边的救兵还未抵达，于是率领部下一万多将士逃往宋州投靠刘洽。十二月二十七日庚午，李希烈攻陷了大梁。滑州刺史李澄带领全城投降李希烈，李希烈任命李澄为尚书令兼永平节度使。李勉上表请求惩处，德宗对李勉派来的使者说：“我尚且弃守京城丧失宗庙，李勉自己应该安心才是。”德宗对待李勉与先前一样。

刘洽派遣将领高翼带领精锐部队五千人去防卫襄邑城，李希烈攻克了襄邑，高翼投水身亡。李希烈乘胜攻打宁陵县，江淮局势大为震动。陈少游派遣参谋温述向李希烈表达诚意说：“濠州、寿州、舒州、庐州，我已命令他们放松戒备，兵器和甲胄都收藏起来了，敬候您前来指挥。”又派遣巡官赵诜去郓州与李纳联络。

中书侍郎、同平章事关播被免职，贬为刑部尚书。

朝廷任命给事中孔巢父为淄青宣慰使，国子祭酒董晋为河北宣慰使。

（以上为第五段，写李怀光挟领兵之重强谏，倒奸相卢杞。官军河南战事吃紧，李希烈势盛。朝廷分化招降河北叛军，朱滔陷于孤立。）

陆贽对德宗建言说：“如今叛军遍布天下，陛下的车驾流亡迁徙，陛下应当痛切地引咎自责以感化民众之心。过去成汤因自己承担罪责而勃然兴盛，楚昭王因善意的讲话而终于复国。如果陛下确实能够不惜改过，公开地向天下人谢罪，颁下的诏书无所避讳，臣虽愚昧浅陋，能够让草拟的诏书，上可以符合陛下的深心，下可以让那些反复无常之徒洗心革面，归附朝廷。”德宗认为陆贽说得好，因此在奉天城所颁布的诏书词情恳切，即使是骄兵悍将听到后，也没有不感动得挥泪不已的。

有方术之士进言朝廷说：“国家蒙受了厄运，应当有所变化，以顺应时运的更变。”群臣们请为德宗的尊号再加上一两个字。德宗询问陆贽对此事的看法，陆贽上奏，认为不能这么做，奏疏大致的意思是说：“给皇帝添加尊号这件事，本来就不是古代传承下来的制度。在国家安定太平的时候施行，本来就已经拖累了皇帝谦逊冲和的美德，何况在国家处在丧乱之际袭用，再给皇帝加尊号，尤其有伤体统。”又说：“嬴姓秦朝德行衰败，兼用皇与帝两个名称，始将二者合称皇帝；此事流传到后代，昏庸邪僻的帝王，才有汉哀帝的‘圣刘’之号，周宣帝的‘天元’之称。由此可知，帝王是否伟大、渺小，不在于他有个什么名称。相反，降低尊号，就会有谦逊和顺从古制的美誉，增大尊号，只能获得炫耀才能和接受谄媚的讥讽。”又说：“假如陛下一定要屈身迎合时运术数，希望变更称号，与其给自己增加美称而丧失民心，不如废除原有的尊号而表示恭奉上天的儆诫。”德宗接受了陆贽的主张，仅仅是改换了来年的年号。

德宗又把中书官署撰写的赦免文书给陆贽看，陆贽上书德宗，认为：“用言语打动别人，使人所受的感动本来就淡泊，而如果所说的话不切实际，那又有谁会放在心上呢？而今陛下的这篇诏书，追悔过失的意思不能不深切，引咎自责的措辞不能不详尽，这样来洗刷自己缺点和错误，宣泄大家心中久埋的抑郁，使人们各自得到所希望的满足，那么还有谁会不听命于朝廷呢？应当及时变革的各个事项，我恭敬地另写了一个条陈同时进呈。除此之外，我还有所担忧。臣以为承认自己的过错并不难，但要改正过错却太难。话讲得好并不难，但事做得好却很难。假如这篇赦罪文书写得极为精致，那也只是停留在承认自己的过错和讲得动听，还希望陛下更多地考虑切实改正过错这一更难办的事吧。”德宗觉得陆贽说得有理。

（以上为第六段，写陆贽上奏德宗，改弦更张政治来挽救时局，而下诏罪己挽回人心是实际改弦更张的起点。）

唐德宗兴元元年（甲子，公元 784 年）

春季，正月初一日癸酉，朝廷大赦天下，改年号为兴元，颁布制书说：“务求天下太平，振兴四方教化，一定在于开诚布公；克制自己的欲求，去帮助救济民众，不惜改正错误和过失。朕继承大统，主宰天下，但却使京城的宗庙失守沦陷，自身也亡命于荒野之中。这是由于没能念念不忘遵循德教，实在无法追悔以往；只有长久地审思自己的过错，希望将来复兴国家。现把这个意思公开表达出来，展示在天下人的面前。

“朕担心自己的德行难以继承先帝们的业绩，因此临朝不敢荒淫懈怠，然而由于长期居住在深宫内廷之中，不熟悉治理国家的事务，积习沉迷，不加更改，当身处平安之世，便忘却天下会有危难，不知道农事的艰难，不体恤征戍将士的劳苦，恩泽没能广施下层百姓，而他们的情况也没能上通朝廷，上下双方的情况阻隔壅塞，民众心怀疑虑而忧愁。这时朕仍不懂得深刻反省自己，因而兴起了战乱，征发兵马，遍布四方之地，传输粮饷，连绵千里之遥，征用民间车马，致使远近骚动不安，出征的人要自带衣食，而居家的人则服役输送，民众都受尽了辛苦，有时一天之内会发生几场战事，将士们连续几年不能解甲休整。以至于祭祀祖先没有主人，家庭失去了依靠，百姓生死无定，流离失所，怨恨之气，凝结集聚，征发劳役未曾停息，农田长草多半荒芜。残暴的官吏严厉索讨钱粮，困疲的农妇不再织布，人们流离转徙死于沟壑之中，背井离乡，以至于城镇、乡村荒废为丘墟，杳无人烟。苍天的谴责，朕没有醒悟，下民的怨尤，朕不知晓，于是渐渐沦入祸乱的境地，变乱兴起于都城，一切都丧失了秩序，九朝祖宗震惊不已。朕对上拖累了祖宗，对下有负于民众，痛心不已，惭怍羞愧，这些罪责实在都应该由朕一人承担，为此长久地惭愧和悲伤，就像坠入九泉幽谷中一样。从今以后，朝廷内外所上奏的书表奏章，一概不允许再称‘圣神文武’的尊号。

“李希烈、田悦、王武俊、李纳等人，都是有功旧臣，各自驻守在藩镇。朕安抚、控驭失当，致使他们对朝廷疑惑畏惧，这都是由于上面失道而导致下面深受灾害，朕实在是有失为君的规范，他人有什么罪呢？应当把李希烈等人连同他们的部属将士等一并对待如同当初。

“朱滔虽然由于朱泚反叛而应获连坐之罪，但二人相距遥远不是同谋，念他先前建有功勋，也一定宽大恕罪，如果能够归顺朝廷，为国效命，那么也准许他反省自新。

“朱泚违背天道而移易了君臣的上下秩序，篡窃权位，严重侵扰了先皇陵寝，所作所为令人实在不忍称说，犯了得罪列祖列宗的罪恶，朕不敢赦免。那些因受朱泚威胁而被迫跟随的将士、官吏、百姓等人，只要是在朝廷尚未打到京城以前，离开叛军而效顺朝廷，或者能够散伙后投奔本道、本军的人，一律依照赦免条例办理。

“诸军、诸道凡应召奔赴奉天救难和进军收复京城的将士，一并赐予‘奉天定难功臣’的称号。那些加征的除陌钱、间架税，以及竹、木、茶、漆税和专营铁器等项税赋，全部停止征收。”

赦罪文书颁行天下，四方民心大快，万众欢欣。等到德宗重返长安的第二年，李抱真入朝为此对德宗说：“山东颁布赦罪文书之时，士兵们都感动流泪，我见民情如此归向朝廷，就知道平定叛军实在不足挂齿了！”

朝廷任命兵部员外郎李充为恒冀宣慰使。

朱泚更改国号为“汉”，自称“汉元天皇”，改换年号为“天皇”。

（以上为第七段，写德宗采纳陆贽建言，在兴元元年的元旦日颁布兴元大赦诏。）

王武俊、田悦、李纳见到德宗的赦罪文书后，都除掉了自封的诸侯王的称号，上表朝廷认罪。只有李希烈倚仗自己军力强大，资财富足，竟然谋划称帝，派人向颜真卿询问登临皇位的典礼仪式，颜真卿说：“老夫曾担任礼官，所记得的只有诸侯朝见天子的礼仪罢了！”李希烈于是就登上了皇帝之位，国号为“大楚”，改换年号为“武成”。设置文武百官，让党羽郑贲担任侍中，孙广担任中书令，李缓与李元平为同平章事。把汴州改称为大梁府，划分所统辖的地域为四个节度区。李希烈派将领辛景臻对颜真卿说：“你既然不肯屈节侍奉我，那就应该自焚求死！”在颜真卿的庭院中堆积干柴，还在上面浇透了油脂。颜真卿快步走向火堆，辛景臻急忙把颜真卿拉住。

李希烈又派出部将杨峰携带赦书去送给陈少游和寿州刺史张建封。张建封让人绑着杨峰在军中示众，然后在街市中将杨峰腰斩，陈少游听到消息后震惊惧怕。张建封将陈少游与李希烈互相勾结的情况上奏给朝廷，德宗非常高兴，任命张建封为濠州、寿州、庐州都团练使。李希烈任命部将杜少诚为淮南节度使，率领步兵、骑兵一万多人先去攻占寿州，然后再前往江都赴任，张建封派遣部将贺兰元均、邵怡防御霍邱县的秋栅，杜少诚被阻截无法通过，无奈之中便向南侵犯蕲州、黄州，准备截断长江通道。这时德宗命令包佶亲自督运江、淮一带征敛的财赋，溯江而行，前往德宗所在的奉天城；到了蕲口，遭遇到杜少诚的侵扰。曹王李皋派遣蕲州刺史伊慎带领七千人马阻击杜少诚，双方在永安戍交战，伊慎大败杜少诚，杜少诚脱身逃走，官军斩获叛军首级一万多，包佶这才得以继续前进。后来包佶入朝晋见德宗，把陈少游夺取朝廷财赋的事情原原本本地奏报了；陈少游获悉后感到害怕，在控制的地域内大肆搜刮来补偿朝廷。李希烈认为夏口这个地方系长江上游的要害之地，便派出骁将董侍招募敢死士卒七千人奔袭鄂州，鄂州刺史李兼偃伏军旗，停敲军鼓，关闭城门，以待董侍。董侍命令部下拆除城外民房的木材，运到城下来焚烧城门，李兼带领将士们出城交战，把董侍的人马打得大败。德宗任命李兼为鄂州、岳州、沔州都团练使。于是李希烈东怕曹王李皋，西怕李兼，不敢再有窥伺江淮的想法了。

（以上为第八段，写李希烈南犯江淮，东西受阻，再不敢南犯。）

朱滔带领兵马进入赵州境内，王武俊为朱滔备办了丰厚的犒赏军食；随后，朱滔兵马进入魏州境内，田悦供应奉献的物品加倍丰厚，派去迎候朱滔的使者很多，沿途一个接着一个。正月初五日丁丑，朱滔抵达永济县，派遣王郅去见田悦，准备约田悦率领军队在馆陶会合，然后同行南渡黄河。田悦接见王郅时说：“我田悦本来愿意随从五哥进军南下，而昨天将要带兵出城的时候，将士们按兵不动，不服从我的命令出城，他们说：‘我们魏国的军队前不久被马燧打败，而且在这里攻战、守御已有一年多，物资储备全都耗尽了。如今将士们难以避免挨饿受冻，全军凭借什么远征作战呢？大王您每日都要亲自安抚慰谕将士，军心还不能安定下来；假如放弃驻守的城邑南下，早上开出城门，日落后必定会发生兵变！’我田悦的本意是不敢对五哥怀有二心的，但又能拿将士们怎么办呢？我已经命令孟祐准备步兵、骑兵五千人，随从五哥，供五哥用作割草喂马的贱役。”于是派遣司礼侍郎裴抗等人前往朱滔那里赔罪。朱滔获悉这一消息后，大怒骂道：“田悦这个背信弃义的逆贼，先前身陷重围之时，性命如同头发丝那样纤弱，怂恿我背叛皇帝，离弃兄弟，发动兵马，昼夜兼程地赶赴增援，侥幸保住了他的性命。田悦许诺把贝州送给我，我推辞没有接受；拥戴我做皇帝，我也推辞不肯接受。到如今却辜负恩德，害得我率军远行而来，田悦竟然花言巧语推托而不肯出兵！”当天，便派遣马寔带兵攻打田悦占据的宗城县、经城县，派遣杨荣国带兵攻打冠氏县，都攻克了；还纵容回纥兵大肆抢劫馆陶，将驿站、馆舍内的帷帐及各种器具、车辆、牛群掳掠而去。田悦关闭城门，防守自卫。正月初十日壬午，朱滔打发裴抗等人返回魏州，又分派兵马，设置官吏，守备平恩县和永济县。

正月十四日丙戌，朝廷任命吏部侍郎卢翰为兵部侍郎、同平章事。卢翰是卢义僖的第七代孙。

朱滔带领军队北进围困贝州，引来河水，将贝州城环绕起来，贝州刺史邢曹俊据城抵御朱滔的围攻；朱滔纵容范阳和回纥兵马在贝州各县大肆抄劫掳掠，又攻克了武城县，连通了德、棣两个州，并让德、棣二州供给军队的粮草。派遣马寔率步兵、骑兵五千人屯驻在冠氏县，逼迫魏州。

朝廷任命给事中杜黄裳为江淮宣慰副使。

（以上为第九段，写王武俊、田悦、李纳接受赦令归顺朝廷，河北朱滔仍负隅顽抗。）

德宗在行宫廊庑之下贮藏着各道贡献的物品，挂起一个题写“琼林大盈库”字样的牌子。陆贽认为将士们征战杀敌和固守奉天城的功劳，一直没有颁行赏赐，却急忙将财物另存私库，那么就会引起士兵们的怨恨，再不会有出生入死的战斗意志，因而上疏劝谏，奏疏的大意是说：“天子应有与上天同样的德行，以四海为家园，为什么一定要自坏法度，为私己聚敛财货呢？把至高无上的地位降低为看守财物的主管官吏，辱没天子无上的尊崇而去效仿平民百姓私藏物品，这样既坏了法度，又失了人心，诱导奸邪，蓄养大恶，用这种方式来处置事务，难道不是错误的吗？”又说：“不久以前，随皇上前往奉天城的军队，刚到的时候，各种物资储备都没有，他们对外要抵御凶狠的叛军，对内要加固、防守垂危的城楼，昼夜连续战斗，前后将近五十天，大家饥寒交迫，丧命和负伤的人纵横相枕，但他们拼死力战，同心同德，最终克服了巨大的艰难。这确实是因为陛下您没有贪图个人享受，不去满足自己的私欲，弃绝甘美的饮食，与士兵们同甘共苦，甚至停用御膳，以省下食物赐给立功的将士。当时未施严厉的惩罚，而大家并没有背叛，这是由于被陛下的恩德感动了；对将士们没有丰厚的赏赐，而大家并没怨言，这是由于他们知道当时已没有东西可赏。如今叛军的进攻和围困都已解除，提供的衣食都已充裕起来，然而军中的谣言和怨声正在兴起，士气渐趋败坏，这难道不是因为勇夫们的共性都是喜好财利、自夸功劳，在患难之时能与他们分担忧患，而在欢乐之时却不能有福同享造成的吗？假使陛下已不像当时那样恬淡沉稳，怎么能禁止将士们没有怨言呢？”又说：“陛下果真能好好回想不久前被重重围困的深切忧虑，戒除往常只满足个人欲望的缺点，下令把凡是贮存在大盈、琼林两个府库中的金银财货，全部拿出来赏赐有功人员，每当获得华美珍贵的物件，先拿来用作军中的赏赐，这样一来，那么天下的变乱必定会平定下来，叛贼也必定会被芟除，到时候，您从容地统领六军将士，凯旋班师，复归京城，以天子的尊贵，难道用得着担忧会遭受贫困吗？这样只是散去了陛下的小小储蓄，而成就了陛下一统天下的巨大储蓄，虽然损耗了陛下的小宝物，而巩固了陛下的万世根基这个大宝物啊。”德宗立即命令拆除了“琼林大盈库”的牌子。

萧复曾对德宗说：“宦官自从国家发生祸乱以来，大多派往各镇担任监军，他们倚仗皇帝的恩宠而飞扬跋扈。这伙人只应掌管皇宫内的事务，不应当把指挥军队和商议国政的权力委托给他们。”德宗听完就感到不高兴。萧复还曾经对德宗说过：“陛下继承皇位的初期，德泽四溢，光耀天下，然而自从杨炎、卢杞扰乱冒黩朝纲朝政，以至于形成了目前这种局面。倘若陛下真能够改变一下以前的主张，臣怎敢不竭尽全力报效朝廷呢？假如要让臣凡事依附，苟且自保，那臣实在无法做到！”萧复又曾经与卢杞同时上朝奏议政事，卢杞迎合皇帝的旨意说话，萧复面色严肃地说：“卢杞讲话虚伪不正直！”德宗听了感到惊愕，退朝之后，还对身边的人说：“萧复他太不把朕放在眼里！”正月十六日戊子，德宗任命萧复充当山南东西道、荆湖、淮南、江西、鄂岳、浙江东西道、岭南等道的宣慰、安抚使，这实际上是疏远萧复。稍后，刘从一和朝中官员们纷纷上奏德宗，请求把萧复留在朝中，德宗对陆贽说：“朕考虑到自从出奔奉天城以来，因江、淮地区所在遥远，对那边的情势不甚了解，有的传闻言过其实，准备派遣一个德高望重的大臣去宣谕安抚，将此事征求宰相和朝臣们的意见，都以为应该照此处理。而现在派萧复去，朝臣们却纷纷奏留，这样翻来覆去，朕一连恼恨了几天。猜想或许是萧复不愿意赴任，而指使朝臣上奏议论让自己留下吗？卿知道萧复是什么样的人吗？他不想赴任，究竟意图何在？”陆贽上奏，认为：“萧复痛下决心去修身自励，希望做到清正廉洁，虽然言行有许多不够周详之处，但是他的品德还是毋庸置疑的。至于采取如此轻贱的诡计，萧复一定不会这样做。假使萧复打算逗留朝中，那刘从一怎么肯附和萧复呢？此刻陛下所说的话有矛盾，希望陛下明加辨察，追问清楚。倘若萧复对刘从一有什么请托的话，那么刘从一怎敢替萧复隐瞒呢？倘若刘从一自愿回护萧复，那么萧复就不应当受到怀疑。陛下为什么担心而不查明此事，竟然为此而耿耿于怀呢？事情搞清楚了，就不会有困惑，要是让当事人申辩，就不会有冤枉。疑惑，没有比被人欺诳而没法辨明更糟的了；冤屈，没有比人猜疑而不能辨明更痛心的了。这样会使真伪糅杂，忠奸难辨了。这确实是君临天下控御群臣的关键，希望陛下留意。”德宗最终还是没有对此事重加辨察。

正月十九日辛卯，朝廷任命王武俊为恒、冀、深、赵四州节度使。正月二十日壬辰，一并加授李抱真、张孝忠为同平章事。正月二十四日丙申，加授田悦为检校左仆射。任命山南东道行军司马樊泽为本道的节度使，任命前深、赵二州观察使康日知为同州刺史、奉诚军节度使，任命曹州刺史李纳为郓州刺史、平卢节度使。

正月二十六日戊戌，加授刘洽为汴、滑、宋、亳四州都统副使，代理都统职务，命令李勉把自己率领的兵马全部交给刘洽。

正月二十九日辛丑，朝廷在六军中各设统军一职，品级为从三品，用来表示对有功之臣的宠信。

吐蕃的尚结赞请求出动兵马援助唐朝收复京城长安。正月二十八日庚子，朝廷派遣秘书监崔汉衡出使吐蕃，调动吐蕃军队来援。

（以上为第十段，写德宗猜疑、贪财秉性难移，局势好转旧病复犯，由于尚在蒙尘之中，京城未复，才勉强听取了陆贽的劝谏。）

【点评】

本卷点评卢杞之贬和德宗罪己两大事件。

卢杞之贬。卢杞，字子良，滑州灵昌（今河南滑县西南）人。出身官僚世家，父、祖皆唐玄宗朝重臣，祖卢怀慎，宰相，父卢奕，御史大夫。卢杞门荫入仕，代宗末官至虢州刺史。建中二年（公元 781 年），征为御史大夫，旬日之间升为宰相。建中四年（公元 783 年）末贬为新州司马。为相三年，蒙蔽圣听，堕乱朝典，残害忠良，致乱危国，是唐代，也是中国历史上著名的奸相。卢杞貌丑，面色如蓝，人们把他看成是鬼怪。郭子仪病重，百官看望，郭子仪不回避婢仆。卢杞造访，郭子仪让所有婢仆回避，自己一人正襟危坐接待卢杞。事后家人问原因，郭子仪说：“卢杞貌丑，婢仆们见了暗中嘲笑，卢杞一旦掌权，我们家就要灭族。”郭子仪历练世故，一眼看穿了卢杞的奸恶。可是多数人识不透，见卢杞穿粗衣，吃粗饭，认为他有父祖清廉之风，这说明卢杞善于伪装。

卢杞妒贤害能，小有违逆，必置人于死地。杨炎看不起卢杞貌丑，便遭杀身之祸。颜真卿为人耿正，卢杞上奏德宗派颜真卿为淮西宣慰使，借李希烈之手杀害忠良。宰相张镒忠正有才，卢杞妒忌，上奏德宗出张镒为凤翔节度使。宰相崔宁来到奉天，德宗慰劳有加，卢杞忌惮，借口朱泚任命崔宁为中书令，诬陷崔宁来奉天是为朱泚作内应，德宗不察，暗杀了崔宁。诸镇勤王之师到奉天，卢杞以全家百口性命担保朱泚不反，不让勤王之师进奉天城，劝德宗不在奉天设备，以此来向朱泚示之以诚。谏议大夫姜公辅强谏，反驳卢杞，如果朱泚不反，还怕天子之兵多吗？有备才能无患。诸镇之兵，这才得以进奉天城。灵武、盐州等一万多勤王之师将到奉天，有两条路可以进城。一条路经漠谷，道近艰险，如中敌伏则危殆，一条路径乾陵，道稍远平坦，可保无虞。关播、浑瑊主张援军途径乾陵入城。卢杞反对，说援军经乾陵惊扰祖宗。浑瑊说："朱泚叛兵，砍伐乾陵松柏，日夜不停，早已惊扰多时。"卢杞说："天子之兵，怎能与贼兵相比。"结果灵盐援兵经漠谷，全军覆没。卢杞大奸似忠，如此祸国，百官咬牙切齿，无人敢言。李怀光解奉天之围，自以为功大，期待德宗召见。卢杞担心李怀光入朝对己不利，冠冕堂皇上奏德宗下诏，让李怀光乘胜追击朱泚，不必入朝晋见。李怀光不满，认为被卢杞所卖，屯兵咸阳不进，连上数道奏章揭发卢杞罪恶，百官也议论纷纷，德宗不得已贬卢杞为新州司马。德宗回到京师，念念不忘卢杞，又要起用他，遭到朝臣反对。德宗说："众人都说卢杞奸邪，朕怎么认识不到。"李勉回答："卢杞奸邪，天下人皆知，只有陛下不知，这正是卢杞之所以为奸也。"德宗无话可说。卢杞善逢迎，他摸透德宗自大忌刻的心理，总是顺着德宗的心意去办事，卢杞的过恶，其实就是德宗的过恶。苛暴杂税的征收，杀崔宁、杀杨炎，以及不准勤王之师进奉天城、路经漠谷遭覆灭等等，均为德宗之意，通过卢杞之口说出而已。一个愚笨的昏君，如遇良辅，尚可治国，三国蜀汉刘禅，有贤相诸葛亮、蒋琬为辅，国可治，而一个自以为是又有些才干的昏君，如殷纣王、如隋炀帝，有神仙相辅也没有用。德宗乃殷纣王、隋炀帝之流，逼反李怀光，第二次蒙尘，罪有应得，没有做亡国之君，真是万幸。

德宗罪己。德宗蒙尘，出逃奉天，收缩河北之军勤王，魏县行营解散，李抱真退屯临洺，观望形势。李抱真利用王武俊与朱滔的矛盾，劝说王武俊归唐。德宗困在奉天，陆贽进言，说"昔成汤以罪己勃兴，楚昭以善言复国"，希望德宗能够下罪己诏，推诚改过，赦免叛臣，允许他们革新改过，可以早日结束战争。德宗采纳，派人游说田悦、王武俊、李纳，允许他们改过，以朝命委他们做节度使。本来这三人要的就是割据，传子继承。名义上归唐，揭去叛臣帽子，何乐而不为，三人于是秘密答应了。公元784年正月初一日，德宗改元兴元，发布大赦诏，史称兴元大赦诏，也就是德宗的罪己诏。诏书开门见山，德宗表示推诚改过。制曰：“致理兴化，必在推诚；忘己济人，不吝改过。朕嗣服丕构，君临万邦，失守宗祧，越在草莽。不念率德，诚莫追于既往；永言思咎，期有复于将来。明征其义，以示天下。”说得情真意切。诏书宣布，四方人心大快，河北那些骄兵悍将，也无不感激涕零。田悦、王武俊、李纳上表谢罪。德宗任命王武俊为恒、冀、深、赵四州节度使，李纳为平卢节度使，田悦已为节度使，加官检校左仆射。朱滔于公元 785 年病死，将士立刻拥立刘怦为军主，朝廷授任为幽州、卢龙节度使。公元 786 年，李希烈为部将陈仙奇所杀，接着淮西将吴少诚杀陈仙奇，自为留后，朝廷认可。这样由节度使传子制引发的一场大战，祸乱唐朝半壁江山，德宗两度蒙尘，最终以皇帝罪己告终，藩镇割据成为定局。陆贽的出现，促使德宗最后关头的转变，使唐王朝度过了危机。陆贽政治上的运筹帷幄，军事上的洞察预测，起了中流砥柱的作用。陆贽是一个杰出的政治家。

唐纪四十六

唐德宗兴元元年（公元 784）

【起阏逢困敦（甲子，公元 784 年）二月，尽四月，不满一年】

【大事提要】

本卷记事起公元 784 年二月，讫四月，共三个月。当德宗兴元元年二月到四月。德宗偏狭、任性而急躁，遥控战事，拒谏而自用，促成李怀光反叛，唐朝再度陷于危局。德宗被迫逃奔汉中，甚至有效法唐玄宗避蜀的打算。幸赖陆贽支撑大局，李晟分兵驻屯，阻止了李怀光与朱泚合势，逼迫李怀光东走入据河中，缓解了形势。陆贽直谏，德宗不平，外亲内疏，陆贽有宰相之实而无宰相之名，时人称其为内相。山南东道节度使贾耽识大体，奉君命，从容让位下属，留给了蒙尘中的德宗一块立足之地。河北战事，王武俊与李抱真释嫌联兵救贝州。魏博田绪杀田悦归顺朝廷，朱滔陷于孤立。

德宗神武圣文皇帝五

唐德宗兴元元年（甲子，公元 784 年）

二月初七日戊申，德宗下诏追赠段秀实为太尉，赐给谥号“忠烈”，还特别优厚地抚恤他的家人。这时贾隐林已经去世，追赠贾隐林为左仆射，以奖赏贾隐林在世时能够正言直谏。

李希烈率领军队五万人包围宁陵城，挖沟引水灌城；濮州刺史刘昌率领三千人守卫宁陵城。

滑州刺史李澄秘密派遣使者到奉天诚请求归顺朝廷，德宗承诺授给李澄为汴滑节度使。李澄在表面上仍然服从李希烈；李希烈对李澄有了怀疑，派遣自己的六百名养子去戍守白马城，召令李澄率军与他一起去攻打宁陵城。李澄率军到了石柱这个地方，指使部下佯装受到侵袭，烧毁自己的营房后逃跑了。又派人暗地引诱李希烈的养子们在外盗劫抢掠，然后全部将他们抓起来杀了，并将他们的罪行都报告给了李希烈，李希烈也没有办法加罪于李澄。

刘昌防守宁陵，连续四十五天没有脱卸身上的铠甲。浙江东道、西道节度使韩滉派出部将王栖曜率兵协助刘洽抵御李希烈，王栖曜派出强健精锐的弩弓手几千人游过汴水，晚上进入宁陵城。第二天，弩弓手们从宁陵城上射击李希烈，箭矢落到了李希烈的坐帐之上，李希烈大吃一惊说："宣州、润州的弩弓手来了！"于是解除了对宁陵城的包围，率军离去。

（以上为第一段，写淮西军事，官军与叛贼李希烈拉锯相持。）

朱泚从奉天城战败，逃回到长安，李晟谋划攻取长安城。刘德信军与李晟军都驻扎在东渭桥，但刘德信不服从李晟的指挥；李晟乘刘德信到自己军营中的机会，列举刘德信在沪涧战败以及率军沿途抢劫掳掠的罪行，把刘德信杀了；接着率领几名随从驰入刘德信军营中，去慰劳他的部众，他的部众中没有人敢起来反抗的，于是李晟一并统帅了刘德信队伍，军队的声势更加振作。

李怀光胁迫朝廷贬逐了卢杞等人之后，自己内心也惴惴不安，于是便有了反叛朝廷的打算。又嫉妒李晟独当一面，害怕李晟取得成功，便上奏朝廷请求与李晟的军队联合在一起；德宗下诏同意。李晟与李怀光在咸阳西边陈涛斜这个地方会师，营垒还没有完全修好，朱泚的大批军队就蜂拥而来。李晟对李怀光说："假如叛军们固守宫城和苑城，也许会旷日持久，不容易攻下长安城；现在他们离开了自己的巢穴，竟敢出城来挑战，这是上天将叛军赐给您来消灭，这种时机一定不能丧失啊！"李怀光说："我们的军队才到这里，战马尚未吃草料，战士还没有吃饭，怎么能马上就出来迎战呢？"李晟迫不得已，只得回到自己的营垒里去。李晟每次都与李怀光一同派出军队，李怀光的士兵总是抢掠平民百姓以及牛马，而李晟的军队纪律严整，秋毫不犯。李怀光的士兵憎恶李晟的军队与自己不同，把抢劫来的东西分给他们，但李晟的军士始终都不敢接受。

李怀光在咸阳一连驻扎了几个月，却按兵不动，不肯攻城；德宗多次派宦官使者催促李怀光攻打长安城，李怀光总是以士兵疲惫不堪，应当休养军力，以便寻找战机。各位将领也多次劝李怀光攻打长安城，李怀光仍然不听，而秘密地与朱泚勾结合谋。李晟屡次上奏朝廷，担心李怀光有变故，军队被李怀光兼并，请求朝廷让自己的军队移往东渭桥；德宗仍然希望李怀光洗心革面，争取能让李怀光为朝廷效劳，所以将李晟的奏疏压下来，没有批示。

李怀光想延缓作战的时间，而且还想激怒统帅下的各支军队，挑拨他们的关系，就上奏说："各军的粮食供给很少，只有神策军的供应丰厚。这样厚薄不平均，难以进军出战。"德宗因为财物用度正处于困难之中，如果各军的粮食供给都同神策军一样，就没有那么多粮食供给，但如果不增加对各军的供给，又怕违逆了李怀光的心意，引起各支军队的不满情绪；于是就派陆贽去李怀光营中宣谕、安抚，顺便传召李晟参与讨论如何处理这件事。李怀光的意思是想让李晟自己开口请求朝廷减少对他的军队的供给，这样便会让李晟在自己军中丧失人心，以败坏李晟所建立的功劳，于是就说：“各军将士出征与敌人作战相同，但粮食供给却不同，那怎么能让他们齐心协力呢？”陆贽当场不说话，只是多次示意李晟表态。李晟说：“您是军中元帅，有权发号施令；我李晟只不过带领一支军队，接受您的指挥而已。至于是否要增减衣服和粮食供给，一切都应由您裁断。”李怀光沉默不语，又不愿意亲口说出裁减李晟军队的供给，事情就此搁置下来。

当时德宗派遣秘书监崔汉衡出使吐蕃，请求他们调发援兵，吐蕃的国相尚结赞说：“按照吐蕃调派援兵的约定，要由对方主掌兵权大臣的署名为凭信；现在带来的求援制书上没有李怀光的签名，所以我们不敢进军。”德宗派陆贽去李怀光那里做工作，但李怀光坚持认为不能让吐蕃发兵来援助，说：“如果攻下了京城，那吐蕃一定会放纵他们的士卒在城中烧杀抢掠，到时又有谁能阻止他们？这是第一个害处。前不久曾颁布过的皇帝敕书中规定，凡是招募来的士兵参与攻克长安城的人，每个人奖赏钱一百缗，吐蕃发兵五万人，如果他们以敕书为依据请求赏赐，那五百万缗钱从哪里弄呢？这是第二个害处。吐蕃的骑兵虽然来了，一定不肯率先进军攻城，在一旁停兵不进，保存实力，并且观察我军的情况，如果攻城成功，那么他们会跟着瓜分功劳。如果攻城失败，那么他们会乘机图谋生事，他们诡计多端，不能亲近信任。这是第三个害处。”李怀光始终不肯签署自己的名字，尚结赞也没有派出援军。

（以上为第二段，写李怀光奉命讨朱泚，心怀异志而按兵不动，德宗派陆贽宣慰，观察军情。）

陆贽从咸阳回到奉天城，上奏说：“叛贼朱泚为拖延被诛灭的时间，集中兵力退保皇城和禁苑，大势已去，外援又断绝，不过是迁延时日、苟且偷生罢了。李怀光统领正义之师，乘着大获全胜的气势，如果击鼓进军，消灭敌人，就像摧枯拉朽那样容易，但是李怀光在叛军逃窜时不追击，坐等自己军队士气低落，而不见机用兵，各军主帅每每打算出兵杀敌攻城，李怀光总是阻止他们。根据这一情形看来，他的意图何在，很难理解。陛下一心一意地要维护保全李怀光，对李怀光委曲求全，言听计从。现在观察李怀光的所作所为，并没有因陛下的宽容而有所感动。如果不采取另外措施和谋略，渐渐地想法去控制李怀光，只是一味地去姑息，以求得平安，最终可能还是要发生意想不到的变乱。现在正处在危机四伏的关键时刻，当然不能用通常的措施，随便的态度来对待。现在李晟上奏朝廷请求将军队移调别处，正好遇上臣奉陛下之命去那里宣抚、安慰，李怀光偶尔谈论到李晟要移防别处的事，臣于是不经意地问该如何处理。李怀光便说：‘李晟既然想去别的地方驻扎，我也不必借力李晟来为我效命！’臣还是担心李怀光在这事上有所反复，因此就称赞李怀光的军力强盛。李怀光大大地自我吹嘘了一通，转而露出了轻视李晟的意思。臣又不慌不忙地问李怀光：‘臣回朝时，或许皇上会下诏询问这个事情是可行还是不可行，不知你如何决定这事？’李怀光在前面已经说了大话，不能中途变卦，于是就说：‘如果皇上诏令允许他转移，也不妨碍什么事。’臣为此事与李怀光再三约定，不能不说是十分周密慎重的了，即使李怀光打算反悔，也恐怕不好意思说出口。希望陛下马上将李晟的上奏转给中书，并下诏书批准李晟调军别处的请求，另外再赐给李怀光一份您的手谕，告诉调离李晟部队的理由。这份手谕的大致意思是说：‘昨天收到李晟的奏疏，李晟请求将军队调往长安城的东边，借此分散敌人的兵力。朕本来想就这事同你商量，正巧陆贽从你那里回来上奏说，与你相见时曾谈到这事，你一直说允许李晟撤出你的驻地，对事情没什么妨碍，所以就下令应允李晟军队调往别处的请求。’这样一来，措辞很委婉而意思很明确，道理很顺畅又十分清楚，李怀光虽然久怀异心，但没有任何理由抱怨朝廷！”德宗采纳了陆贽的建议。

李晟将军队按战斗队形从咸阳出发，回到东渭桥。当时鄜坊节度使李建徽、神策军行营节度使杨惠元还与李怀光驻军在一起，陆贽又上奏说：“李怀光现在管辖的军队，以他自己一支军队的力量就可以制服凶恶的叛贼，他在这里一直逗留不前，也许有别的什么原因。李怀光令人担忧的是他的军队力量太强，不需要借助别人的帮助。不久前朝廷又派遣李晟、李建徽、杨惠元三个节度使辖下的军队挨着李怀光的军营驻扎，这不仅不利于攻城作战，反而只会出生事端。这是什么原因呢？由于四支军队的营垒连接，而各支军队主帅的意图又各不相同，以各军的实力来看，他们相互间力量很悬殊，主帅的官位也没有统属关系。李怀光轻视李晟等人兵力弱小、地位低下，但又对不能随心所欲地节制他们而恼火，李晟等人又怀疑李怀光养寇蓄奸，而对李怀光处理事情上以势压人深怀不满；在平时，他们要互相防备飞短流长的诽谤和指责，而将要出阵作战时，他们又各自担心功劳被对方分去，他们表里不和，于是就产生了矛盾和冲突，如果让他们仍然驻扎在一起，强弱的双方一定不会两全。势力强盛的一方，虽然恶行积累，但却最后才败亡，势力微弱的一方，形势危险，会先遭失败，他们这种两败俱伤的祸患，随时都可能会到来！原先的叛贼尚未消灭，新的祸患又产生了，这是使人忧心忡忡的关节点，实在让人痛心疾首啊！最佳的办法是将这种危机消灭在尚未萌芽的状态中，其次是在危机刚刚出现时就马上采取补救措施，何况现在事情已经露出了端倪，祸患和灾难马上就要到来，如果把这事放到一边，不采取措施，到时用什么来平息祸乱？李晟认识到了这种危机，顾虑出现变故，所以先行上奏请求调离军队，驻屯别处，李建徽、杨惠元两支军队的势力转而会变得孤单弱小，被李怀光吞并，这在情理上是必然的，到事情出现时，虽然采取了很好的措施，恐怕也会无济于事；要解决危机拯救李建徽、杨惠元的军队，只能现在就当机立断地采取行动。现在正好乘李晟自愿调移军队的机会，下令另外两支军队与李晟联军同去，借口李晟兵一向弱小，恐怕为叛贼朱泚截击，必须借助这两支军队互相援助，可以先派人去李、杨两军中传达诏令，而暗中命令他们赶快整理行装，只等诏书下到军营中，当天就出发上路。即便李怀光内心不想让他们走，也无计可施。这就是所谓先发制人以震慑对方的迅雷不及掩耳的策略。排解争斗，不能不让双方分开，抢救火灾，不能不快速行动，所要讲的道理，就全部在这里了，请陛下设法处理。”德宗说：“你所设想的方法十分周全。但李晟将军队调往他处，李怀光不免要耿耿于怀，如果再将李建徽、杨惠元调往长安城东边，恐怕李怀光因此找借口，到时反而更难调解关系，那就暂缓行动，再等十天左右吧。”

（以上为第三段，写陆贽建言德宗，应采纳李晟分兵驻屯的策略，转移李晟等三支官军以分李怀光兵势，德宗折衷，半信半疑，结果只移动李晟一军。）

二月二十日辛酉，德宗加授王武俊同平章事兼幽州、卢龙节度使。

李晟认为：“李怀光反叛朝廷的迹象已经十分明显，无论事缓、事急都要有所防备，蜀地、汉中的交通要道不能堵塞，因此请委任臣手下的裨将赵光铣等人去担任洋州、利州、剑州三个州的刺史，各让他们率领士兵五百人去，以防患于未然。”德宗对李晟的建议犹豫不决，准备亲自总领禁军巡视咸阳城，以安抚、慰问将士为名，督促各个将领们率军攻打长安城。有人便对李怀光说：“这是汉高祖巡游云梦泽的计策啊！”李怀光听了后十分恐惧，反叛朝廷的计划更为加紧了。

德宗将要前往咸阳之际，李怀光对朝廷的言论更加出语不逊，德宗这时仍然怀疑是喜欢挑拨是非的人在离间李怀光，二月二十三日甲子，还加封李怀光为太尉，增加李怀光实封的食邑户口，赏赐可免死罪的铁券，并派遣神策军右兵马使李卞等人去李怀光那里传达圣旨。李怀光当着朝廷使者的面将免罪铁券扔到地上说：“是皇上怀疑我李怀光了吧？在臣下造反的时候，皇上才赐给免罪铁券；我李怀光不反叛朝廷，现在赏给我免罪铁券，这是逼我造反呀！”说话的言语和神态都十分无礼。朔方军的左兵马使张名振挡在军门门口大声呼喊道：“太尉对待叛军，不允许我等出击，对待朝廷的使者，极不恭敬，是果真要造反吗？你的功劳像泰山一样高，一旦抛弃了这些，那是自取满门被灭之祸，让他人享受富贵，这有什么好处呢？我今天拼着一死，也要与你争辩到底。”李怀光听了，对张名振说：“我不反叛朝廷，只是敌军正处在强盛时期，所以必须让将士养精蓄锐，以等待时机。”李怀光又说：“天子居住的地方一定得有很深的城濠。”于是调派士兵修筑咸阳城，过了不久，他就调移军队，进入咸阳。张名振说：“才说不反叛朝廷，现在你调动军队到这里来，那又是干什么？为什么不去进攻长安城，诛杀了朱泚，获取功名富贵，带领将士们回邠宁故地去呢？”李怀光说：“张名振神智错乱了！”下令身边的人将张名振拖到外面，把张名振活活拉扯死了。

右武锋兵马使石演芬，本是西域胡人，李怀光将他收为养子。李怀光暗中与朱泚相勾结，石演芬派他的门客郜成义去奉天汇报这件事，请求德宗罢免李怀光的都统权力。郜成义到了奉天城，告诉了李怀光的儿子李璀；李璀秘密地将石演芬的事情告诉了父亲李怀光。李怀光将石演芬召来，斥责石演芬说："我把你当成自己的儿子看待，你为什么想要把我弄得家破人亡呢？你今天辜负了我，我让你死，你不后悔吗？"石演芬说："天子把太尉您视为辅佐朝政举足轻重的大臣，太尉您视我石演芬为心腹亲信；太尉您既然辜负了皇上，那我石演芬怎么能不辜负太尉您呢？我石演芬是胡人，不知道朝秦暮楚，心存二意，只知道事奉一人。如果能免于蒙上叛贼之名，那将死而无憾了！"李怀光命令侍卫将石演芬一刀一刀地割死。然后吃石演芬的肉。这些侍从们都说："石演芬是一位侠义之士，应该让石演芬死个痛快。"于是大家用刀割断石演芬的喉咙，就都离开了。

李卞等人回到奉天城，汇报了李怀光骄悍、傲慢无礼的各种情况，于是朝廷加强了宫门城关的警戒，德宗的侍从大员都在暗中整理行装，做好离开奉天城的准备。

（以上为第四段，写德宗欲巡幸李怀光军营，又赐以不死铁券以宠之，适得其反，李怀光忌疑而加紧谋叛。）

二月二十四日乙丑，德宗加封李晟为河中、同绛节度使；德宗觉得这样对待李晟还是太薄了一点，二月二十五日丙寅，又加授李晟为同平章事。

德宗将要去梁州，山南节度使盐亭人严震听说这件事后，派遣专使到奉天城去迎接德宗，又派手下大将张用诚率领将士五千人到盩厔县来迎接、护卫德宗的车驾。张用诚被李怀光高官重利所收买，暗中与李怀光勾结、同谋，德宗知道后十分担心。正好严震接着又派遣牙将马勋去奉天城上奏表，德宗将事情的原委告诉给马勋；马勋向德宗请求"赶快去梁州取严震的兵符召张用诚回府，如果他不接受命令，请让我杀了张用诚"。德宗高兴地说："你什么时候能再到这里来？"马勋给自己限定日期之后快速离去。马勋得到严震调兵的兵符后，请严震派五名勇士与他一起出了骆谷。张用诚不知道与李怀光同谋的事情已经泄露，亲自带几名骑兵前来迎接马勋，马勋与张用诚一起进了驿站。当时天寒地冻，马勋让人在驿站外燃起许多堆火，张用诚的士兵一到，就都去火堆烤火。马勋这才不慌不忙地从怀中掏出严震的兵符，把它给张用诚看说："严大夫召您回府。"张用诚猝然惊异，站起来就要逃跑，马勋带来的勇士从后边擒获了张用诚。张用诚的儿子站在马勋后面，用剑砍伤了马勋的脑袋。勇士们杀了张用诚的儿子，将张用诚摔在地上，脚踏在张用诚的肚子上，用刀抵在张用诚的喉头上说："出声就杀了你！"马勋进入张用诚的军营中，士兵们已穿上铠甲，全副武装了。马勋对他们大声喊道："你们的父母、妻儿都在汉中，你们一旦抛弃了他们，与张用诚一道反叛朝廷，对你们有什么好处吗？严大夫命令我来拘捕张用诚，不追究你们，你们不要自取灭族之祸！"将士们都很害怕，被马勋所慑服。马勋送张用诚到梁州，严震命人用军棍打死了张用诚，命令副将统帅张用诚的部众。马勋带着张用诚的人头，去奉天城向德宗复命，比约定时间仅慢了半天。

李怀光半夜派遣部队突然袭击李建徽、杨惠元两支军队，李建徽脱身，仅免一死，杨惠元将要向奉天方向逃跑，李怀光派兵追击，杀了杨惠元。李怀光又扬言道：“我现在已经与朱泚联结一起，皇帝的车驾应该远远回避！”

李怀光以为韩游瓌是朔方军的旧将，现在在奉天城掌握着兵权，于是给韩游瓌写了封信，约他发动叛乱，韩游瓌将这事秘密向德宗上报；第二天，李怀光又派人送信给韩游瓌，催促韩游瓌起事。韩游瓌再次向德宗上奏此事，德宗称赞韩游瓌对朝廷忠义，于是问韩游瓌：“现在该采取什么措施？”韩游瓌回答说：“李怀光统辖各道军队，所以才敢依仗军力强大叛乱。现在邠宁有张昕，灵武有宁景璿，河中有吕鸣岳，振武有杜从政，潼关有唐朝臣，渭北有窦觎，都是守护当地的将领。陛下将各个地方的军队都交给这些将领统辖和指挥，提升李怀光的官职，罢免他的兵权，那么在行营的各个将领都分别受各自军府的指挥了。李怀光被孤立以后，还怎么能造反作乱呢？”德宗问：“罢免了李怀光的兵权，那怎么对付朱泚呢？”韩游瓌说：“陛下既然许诺给攻下长安城的将士以特殊的赏赐，那么将士们奉天子的命令，去讨伐叛贼以获得富贵，还有谁不愿意立功呢？邠宁军府的士兵有一万多人，假如陛下能让我率领，这支军队就足以诛灭朱泚了；何况各道之中，一定会有主持正义的臣属，朱泚实在不足以令人担忧！”德宗觉得韩游瓌说得有道理。

（以上为第五段，写李怀光反叛，兼并李建徽、杨惠元军。）

二月二十六日丁卯，李怀光派遣部将赵升鸾进了奉天城，约定当天晚上让别将达奚小俊火烧乾陵，由赵升鸾在奉天城中作内应，以惊扰、胁迫德宗的车驾。赵升鸾到浑瑊那里将这事主动说了，浑瑊立即将此事向德宗汇报，而且请求德宗的车驾赶快去梁州。德宗命令浑瑊采取严密的防范措施。浑瑊出了宫门，部署工作尚未做好，德宗已仓促向西而去，命令戴休颜守卫奉天，朝廷大臣和护卫将士狼狈跟从。戴休颜在军营中巡行说：“李怀光已经造反！”于是率众登上城楼，严密防守。

朱泚称了“皇帝”之后，兵部侍郎刘迺卧病在家，朱泚派人征召他来做官，他不肯响应，朱泚又派蒋镇去那里劝说，蒋镇前后去了两次，知道刘迺这个人不受威逼利诱，感叹地说：“我蒋镇也曾忝列朝臣，不能够舍弃生命，所以落到了这种地步，难道还要用自己污秽的行为去玷辱贤德之人吗？”叹息良久，回去了。刘迺听说德宗出走山南，捶胸大呼大叫，号啕痛哭，一头栽倒在床上，几天不吃不喝而死。

太子少师乔琳跟随德宗到了盩厔县，声称年纪大身体有病，忍受不了跋涉山路的艰险，在此削发为僧，藏身于仙游寺中；朱泚听说后，派人把乔琳征召到长安，任命乔琳担任吏部尚书。自此以后，到处躲藏的朝廷大臣有很多人都出来在朱泚手下做官了！

李怀光派出部将孟保、惠静寿、孙福达率领精锐的骑兵急奔南山去拦截德宗的车驾，半路在盩厔县境碰上了诸军粮料使张增。这三位将领相互商量说：“李怀光让我们干反叛皇上的事，我们就回报说追赶不到，这样只不过不让我们做将领罢了。”于是向张增示意说：“我们的士兵们还没有吃早饭，该怎么办？”张增骗他们的部众说：“从这往东边几里有一座佛寺，中间有我储存的粮食。”三位将领率领部众向东而去，放纵他们抢劫掳掠，因此德宗和朝廷中跟随德宗的文武百官能有时间全部进入骆谷，脱离危险，三位将领回来报告说没有追赶上，李怀光将他们全部罢免了。

河东将领王权、马汇带领军队返回太原。

（以上为第六段，写李怀光欲偷袭奉天，德宗仓皇出奔山南。）

李晟得到新官委任书后，哭泣着跪拜受命，对将吏、僚佐们说：“长安城，是国家宗庙的所在地，是天下的根本，如果各路将领都跟随去护卫皇上，那由谁来承担消灭叛贼的任务呢？”于是修筑城墙，深挖壕沟，修理、整治铠甲、兵器，做好收复京城的准备。早些时候，在东渭桥还有储存的粮食十几万斛，度支将它拨给李怀光的军队，几乎都快用光了。这时李怀光和朱泚联合兵力，声势浩大，而德宗的车驾出走南逃，人心慌乱不堪；李晟仅凭一支孤立的军队夹在两支强盛的叛军中间，内无装备粮食供应，外无援兵来救，只能以忠义的精神来感动、激励将士，所以他的军队虽然势单力弱，但战斗锐气丝毫不减。李晟又写信给李怀光，措辞十分恭谦有礼，虽然对李怀光表示了尊敬和推崇，但还是用祸福的道理开导他，劝他为朝廷立功，以弥补过失，所以李怀光内心惭愧，也不忍心向李晟发起攻击。李晟对部将们说：“京畿地区虽然经受战乱的洗劫，但仍然可以征收赋税。长期屯兵不出，让敌人养精蓄锐，那才是最大的祸患啊！”于是委任判官张彧暂时代理京兆尹，选拔四十多人出来，都让他们暂时代理某官某职，去渭北地区催办粮草，不到十天，粮草等物都十分充足了；于是李晟流着眼泪与部下将士们宣誓，决心消灭叛贼。

田悦带兵打仗屡战屡败，士兵们死去的占总数的十分之六七，部下都讨厌战事。德宗派遣给事中孔巢父为魏博宣慰使。孔巢父生性能言善辩，到了魏州之后，对着田悦的部下们陈述反叛朝廷的危害和归顺朝廷的好处；田悦和将士们听了以后都很高兴。田悦的兵马使田绪，是前节度使田承嗣的儿子，为人凶悍阴险，犯了很多过失，田悦不忍心杀田绪，往往只打一顿军棍，然后关押起来了事。田悦归顺朝廷后，里里外外都撤除了警备。三月初一日壬申，田悦与孔巢父在席间饮酒，田绪向侄儿说了些不满的话，侄儿制止，田绪勃然大怒，杀了侄儿，事后又后悔了，说：“仆射一定会杀我！”当天晚上，田悦喝醉了酒，回家睡觉，田绪与自己的心腹们秘密地从后院墙上翻进去，杀了田悦及田悦的母亲、妻子等十几人，随即率领亲信们提着刀站在中门的内夹道上。天快要亮的时候，假借田悦的命令召行军司马扈崿、判官许士则、都虞候蒋济进府商议事情；军府衙门的庭院深邃，外面的人不知道里面发生了变故，许士则、蒋济先到，田绪将二人传召进去，用乱刀砍死。田绪害怕天亮后事情泄露出去，于是出了军府之门，正遇上田悦的亲信将领刘忠信在操练卫队，田绪大声对卫队将士喊道："刘忠信与扈崿阴谋造反，昨天晚上刺杀了田仆射。"卫队将士大为震惊，喊叫声乱成一团。刘忠信还来不及自我辩白，众士兵就将刘忠信分尸了。扈崿赶往军府，到军府门外时碰上了事变，劝说将士们不要混乱，将士们听从扈崿的占三分之一。田绪害怕了，登上城墙，大声对众将士们喊道："我田绪是前节度使的儿子，各位都是受了先公之恩的，你们如果能拥立我田绪，担任兵马使这一官职的人，奖赏缗钱二千，担任大将一职的赏缗钱一千，下至普通士兵，每人赏钱一百缗，我要竭尽公府和我私人的钱财，在五天之内兑现。"于是将士们回头杀了扈崿，全都投奔了田绪，这样军府衙门内外才安定下来。田绪于是向孔巢父请示，孔巢父命令田绪暂时代理军府事务。过了几天，将士们才知道是田绪杀了堂兄，虽然后悔、愤怒，但田绪已经被拥立，大家也没有别的办法。田绪又杀了田悦的亲信将领薛有伦等二十多人。

李抱真、王武俊带领军队将要去援救贝州，听说田悦军府中发生了事变，不敢贸然进军。朱滔听说田悦死了，很高兴地说："田悦忘恩负义，上天假借田绪之手杀了田悦！"马上就派遣执宪大夫郑景济等人率领步兵、骑兵五千人去协助马寔，联合兵力一万二千人进攻魏州。马寔的军队驻扎在王莽河，放纵骑兵和回纥人四出烧杀抢掠。朱滔另外派人去魏州城劝说田绪与自己联合，承认田绪为魏博节度使。田绪正处在危急关头，派遣随军官侯臧去贝州给朱滔表达忠心，朱滔很高兴，打发侯臧回来报告，让田绪赶快与朱滔订定盟约。当时，田绪在魏州城内的各项部署已经停当，李抱真、王武俊又各派使者去魏州田绪那儿，答应援救田绪来，就像田悦健在时约定的一样。田绪召集将领、僚佐们讨论此事，幕僚曾穆、卢南史说："用兵之道，虽然崇尚威武的军力，但也要以仁义作为根本，然后才会获得成功。现在朱滔的幽州兵肆意烧杀抢掠，尸横遍野，虽然已故仆射辜负了朱滔的援救恩德，但老百姓又有什么罪过呢？现在朱滔的势力虽然强盛，但如同用脚尖站立，不用多久就要灭亡。何况昭义军、恒冀军正一起向朱滔进攻，怎么能以目前情况紧急，就想跟着别人反叛朝廷呢？不如归顺朝廷，现今皇上正蒙难在京城之外，听说魏博派使者去表示效忠，一定会很高兴，那么您的官爵马上就可得到了。"田绪采纳了这一建议，派遣使者带着效忠的表章去德宗巡幸的地方，防守魏州城以等待朝廷的命令。

（以上为第七段，写魏博镇兵变，田绪杀田悦奉表归顺。）

德宗从奉天前往梁州的时候，邠宁留后韩游瓌率领部下八百多人返回邠州。李怀光因为李晟的军队势力日益强盛，对李晟很是厌恶，打算率军从咸阳出发，袭击东渭桥；李怀光对部众三次下达袭击的命令，但将士们都不服从，他们还私下表示说：“如果命令我们进攻朱泚，我们一定要尽最大努力；如果命令我们反叛朝廷，我们唯有一死，决不服从！”李怀光知道不能强迫部众反叛，就向宾客、僚佐们询问对策，节度巡官良乡人李景略说：“攻下长安城，杀了朱泚，然后解散大军，让他们各回本道，你单骑到行在所晋见皇上，这样的话，做臣属的操守不算亏缺，您的功名也还可以保得住。”李景略向李怀光伏地叩拜，恳切请求，以至于涕泪交流，李怀光答应了。都虞候阎晏等人劝李怀光率军向东进发，据守河中，慢慢考虑该怎么办，于是李怀光就对将士们说：“我们现在暂且屯守泾阳，将妻儿老小从邠州召来，等家眷都来了，同他们一起去河中地区。把春天的衣装置办好了后，再回来攻打长安城，到时也还不晚。东边的各个县都很富裕，军队出发的那一天，听任你们随便掳掠。”将士们都答应东进。李怀光便对李景略说：“你日前的建议，因为将士们不答应，你赶快离开这里，否则的话，就会被他们杀害！”并派遣几名骑兵护送李景略。李景略走出军门后，悲哀地痛哭，说道：“我没料到这支军队竟然会陷于不义的泥淖之中！”

李怀光派使者到邠州，命令留后张昕将所有留在此地的士兵一万多人以及行营中的将士家属都带上，去泾阳会合，还派将领刘礼等人率领三千多名骑兵去胁迫他们迁移调动。韩游瓌劝张昕说：“李太尉功业崇高，却踏上取祸的机关，张中丞您现在可以自个独立求富求贵了，我韩游瓌请率部下将士跟您一块去。”张昕说：“我张昕本卑微下贱之人，完全靠李太尉的提拔，才有今天这个地位，我不忍心背叛！”韩游瓌从此称病，闭门不出，但暗中与将领中的高固、杨怀宾等人相互联络。当时崔汉衡让吐蕃派出的援兵驻扎在邠州的南面，高固说：“张昕带领将士、家属去泾阳的话，那邠州城就会空虚。”于是假冒浑瑊之名写封信，去传召吐蕃，让吐蕃的军队稍稍向北移动，威逼邠州城。张昕等人害怕，终究不敢带人出城。张昕等人策划杀害将领中不听指挥的人，韩游瓌得到这一消息，抢先下手，与高固等人起兵杀了张昕，派遣杨怀宾带着表章到德宗巡行的梁州汇报，并且派人把这件事的原委告诉崔汉衡。崔汉衡假传德宗的诏令，任命韩游瓌主持邠宁军府事务，邠宁军中将士都很高兴。李怀光的儿子李旻在邠州城，韩游瓌打发李旻出走，有人说：“不杀了李旻，怎么向皇帝交代此事呢？”韩游瓌说：“如果杀了李旻，李怀光会大怒，他的兵马必然会大举而来，还不如放走李旻让李怀光离开。”当时杨怀宾的儿子杨朝晟在李怀光军中担任右厢军马使，听说邠州城的事变后，哭着对李怀光说：“我父亲杀张昕，为朝廷立了功，我是杨怀宾的儿子应受诛灭，不能再掌兵权。”李怀光就将杨朝晟关押起来。在这个时候，韩游瓌驻守邠宁，戴休颜驻守奉天，骆元光驻守昭应，尚可孤驻守蓝田，各军都受李晟的调度指挥，李晟军队的声势大振。

当初，李怀光的力量正强大的时候，朱泚害怕李怀光，在写给李怀光的信中，都称李怀光为兄，约定两人分别在关中地区称帝，永远互为友好邻国。等到李怀光决定反叛朝廷，逼迫德宗的车驾南行梁州，而李怀光的部属很多都背叛了李怀光，势力日益衰弱。朱泚于是向李怀光颁赐诏书，以对待臣属的礼仪对待李怀光，而且还要调动李怀光的军队。李怀光既愧疚，又愤怒，对内担心部下叛变，对外又恼怒李晟的袭击，于是烧毁了军营向东边逃走，对泾阳地区的十二个县大肆烧杀抢掠，害得当地鸡犬不留。李怀光的军队开到富平时，大将孟涉、段威勇又带着几千人投奔了李晟，部下将士在途中一个接一个地逃跑。到了河中府，有人劝河中府的守将吕鸣岳烧毁黄河上的蒲津桥来阻抗李怀光，但吕鸣岳担心兵力太少恐怕难以长久支撑，于是让李怀光过桥进入河中府，河中府尹李齐运丢下城池逃走了。李怀光派将领赵贵先在同州修建防御堡垒，同州刺史李纾害怕，便逃奔德宗的行所在梁州；幕僚裴向代理同州事务，裴向到赵贵先那里，用叛逆与归顺朝廷的利害关系来责备赵贵先，赵贵先受到感召后省悟，于是请求投降，同州因此而获得保全。裴向是肃宗朝宰相裴遵庆的儿子。李怀光派部将符峤袭击坊州，占领了坊州，渭北守将窦觎率领由猎户组成的队伍七百人包围了坊州，符峤请求投降。德宗下诏任命窦觎为渭北行军司马。

（以上为第八段，写李怀光众叛亲离，烧营东走，入据河中。）

三月十六日丁亥，德宗任命李晟兼京畿、渭北、鄜、坊、丹、延地区节度使。

三月十九日庚寅，德宗的车驾到了城固这个地方。唐安公主去世，唐安公主是德宗的长女。

德宗在行走的途中，有个百姓进献瓜果，想授给这人一个散试官的职务，就这事询问陆贽如何处理，陆贽上奏，认为："授赐官爵名位，一定要十分爱惜和慎重，不能轻易地任命。事情起初看起来很小，但以后将造成很大的流弊。对于献瓜果的人，只能赏赐钱财布帛，不应该用官职来酬谢。"德宗说："试官只是一个虚名，对大事毫无损害。"陆贽又上奏，其大致意思是说："自从发生战乱以来，征收的赋税满足不了支出和赏赐，于是用官职来奖赏的办法就兴起来了；身着青色、朱色官服的人有许多混杂在小吏和衙役之中，金鱼袋和紫朝服普遍赐给了低贱的人。现在人们所担心的，正在于爵位太轻，而千方百计使爵位高贵起来，唯恐爵位不重，如果朝廷再轻视爵位，那又用什么办法来劝勉人们呢？本来诱导人的方法，只有名与利两种，名誉看似虚空但却对教化很重要，利益看似实在但对于培养德行却是次要的。专门用物资实利来奖励而不借助名誉，那么就会耗尽钱财但还供不应求；专用虚名来奖励而不辅之以实利，那么就近乎欺骗，而人们不去追求它。所以国家命官授爵的制度，虽然有职事官、散官、勋官、爵号等名目，但是掌管实际事务，并且给薪俸的，只有职事官，这就是所谓的给其实利而寓名誉于其中啊。而勋官、散官、爵号三种，大抵上都只是赐给象征地位的官服以及子孙按品级蒙受荫庇而已，这就是所谓的给他们的名誉而辅之以实利的做法。现在的员外、试官，很有点像勋官、散官、爵号一样，虽然授给他们官职并不实际给俸禄，也不占实官的名额。现今对那些冲锋陷阵解除祸患的人，就是用这种方式来奖赏，对那些为国竭精尽力，艰辛劳苦的人，也是用这种方式来酬劳。如果陛下对进献瓜果的人也给他一个试官名目，那么那些劳苦功高、出生入死的人们就一定会议论说：‘我们舍生忘死才获得的官职，而一个献瓜果的人也获得这一官职，看来朝廷是把我们的生命等同瓜果了。’如果待人像对待草木一样，那还有谁会为国家效劳呢？现今陛下既没有实际利益奖赏以劝勉人们，又不重视名誉职位而随意滥加赏赐，人们行事就没有标准可以凭借了。那么以后立了功的人，将用什么来奖赏呢？”

陆贽身在翰林院，受到德宗的亲近和信任，德宗在颠沛流离的艰难日子里，朝廷中虽然有宰相，但无论大事小事，德宗都一定要同陆贽商议，所以当时的人都称陆贽为“内相”，德宗无论出行和居住，一定与陆贽在一起。梁州、洋州道路险阻多，德宗曾与陆贽走散，过了一整晚上，陆贽还没有赶来，德宗惊恐忧愁地哭了起来，征召能够把陆贽找来的人，给赏钱一千金。过了很久，陆贽才赶来，德宗异常高兴，太子以下的文武官员都去向德宗道喜。但是陆贽多次犯颜直谏，违背德宗的意旨。卢杞虽然被贬官，但德宗内心还在庇护卢杞。陆贽极力陈说是卢杞奸诈邪恶才导致了战乱，德宗虽然表面上同意，但内心实际上很不高兴，因此刘从一、姜公辅都由较低的职位高登宰相之职，而陆贽虽受德宗特别信任和优待，但却没有担任宰相一职。

（以上为第九段，写陆贽谏阻德宗滥授职官，德宗不平，因正倚重陆贽，外亲内疏，故陆贽有宰相之职责，而无宰相之名，时人谓之内相。）

三月二十一日壬辰，德宗的车驾到了梁州。山南地区土地瘠薄，百姓贫困，自从安史之乱以来，强盗、流贼进攻抢劫，户口减损了一多半，虽然统辖着十五个州，但征收上来的赋税还不到中原地区几个县的多。等到德宗及随从人员到这里住下之后，粮食和钱财显得十分窘迫。德宗想向西边去成都，严震对德宗说：“山南地区接近京畿，李晟正在计划收复京城，他要借助陛下统领而来的六军作为声援。如果您去了西川地区，那么李晟收复京城便遥遥无期了。”群臣商议讨论，还没有决定下来，正好李晟派人送的表章到了，说：“陛下车驾驻扎汉中，是维系天下民心，形成消灭叛贼形势的保证；如果只考虑用度而移驾成都，放弃收复京城、消灭叛贼的大业，迁都城于岷、峨一带，那么天下的士人和百姓都会大失所望，虽然有勇猛的战将和妙算的谋臣，也无计可施了！”德宗这才打消了去成都的念头。严震千方百计地征收赋税，使老百姓不至于穷困而供应给朝廷的东西也不匮乏。牙将严砺，是严震的同门堂弟，严震让严砺负责转运粮饷，严砺把各个事项都办得很周到。

当初，奉天城的包围解除之后，李楚琳派遣使者入朝进贡，德宗迫不得已才给了李楚琳任职凤翔节度使，但内心却很厌恶李楚琳。商议这事的人都说李楚琳凶险忤逆，反复无常，如果不采取提防措施，恐怕李楚琳还会伺机作乱；因此，李楚琳的使者派到奉天城来的有好几批，德宗一概不予接见，把他们留下来不让回去。德宗刚到汉中的时候，想派浑瑊去代理李楚琳坐镇凤翔。陆贽为此上奏德宗，认为："李楚琳杀了自己的主帅而协助叛贼朱泚，其罪过固然很大，但由于陛下的车驾还没有回到京城，罪魁祸首还活着，援救朝廷的各支军队都在京畿地区，一旦有急事要宣诏，必须迅速传达，每时每刻都要争取。而商岭一带的道路既迂回遥远，骆谷又被敌寇控制，要向京畿内的军队传达陛下的意旨，只有褒斜这一条道路，这条路如果再有阻碍，那么山南和京畿地区的联系就被切断，不能互通信息了。目前形势各镇危急又心怀疑虑，而又处在两个叛贼朱泚、李怀光的引诱和胁迫之中，人心惶惶不安，各自处在归向或背叛朝廷的关头。假如让李楚琳对朝廷产生怨恨，而公然肆意妄行的话，在南边阻塞向北进的交通要道，在东边迎来凶恶的叛贼，那么我们的咽喉就被扼住，而心脏就与脊梁骨分开了。现在李楚琳对朝廷和叛贼处于摇摆观望之中，这正是上天在诱导他归顺朝廷，有意开通向京城的归路，将要助成收复京城、平定叛乱的大业。陛下应该深深记住这一点，以优厚的待遇来安抚李楚琳，只要能拖延李楚琳保持犹豫不决的时间，便能够成就大事。如果陛下一定要深究人们平日行为，追究举发以往的过失，那么就是改正了过错也不足以弥补以前的过失，重新做人也不足以赎罪。现今所有的将佐官吏，哪能十全十美没有过失呢？人人都在反思自己的过失，那又有谁能够免除疑虑与畏惧呢？更何况那些抗拒朝廷命令而叛逆，以及被裹胁的人，自己知道辜负了皇上的恩德，怎么敢归顺朝廷呢？处置李楚琳事关重大，应该赶快采取对策。恳切希望陛下想想英明君主的雄才大略，千万不要因为对一些小事不能忍耐而损害和妨碍了收复京城的大业啊。"德宗经陆贽这么一说，顿时豁然省悟，于是很好地对待李楚琳派来的使者，还颁下诏书，以好言宽慰李楚琳。

三月二十六日丁酉，德宗加授宣武节度使刘洽同平章事。

三月二十八日己亥，德宗任命行在都知兵马使浑瑊为同平章事，兼任朔方节度使和朔方、邠宁、振武、永平、奉天行营各军兵马副元帅。

三月二十九日庚子，德宗下诏指责李怀光所犯的罪行，表彰朔方军将士忠于国家、效顺朝廷的功名，但仍然看在李怀光曾为朝廷立过大功的份上，曲加宽容，宣布罢免李怀光担任的副元帅、太尉、中书令、河中尹以及朔方诸道节度使、观察使等职务，给了李怀光一个太子太保的职位；李怀光所统领的兵马，委托本军自行推举一个功劳大、德高望重的人全权统领，事情办停当以后立即上奏朝廷，以便朝廷授给新任职者以旌节，以此来顺从人们的愿望。

夏季，四月初二日壬寅，德宗任命邠宁兵马使韩游瓌为邠宁节度使。四月初三日癸卯，任命奉天行营兵马使戴休颜为奉天行营节度使。

灵武的守将宁景璿为李怀光建造私宅，别将李如暹说："李太尉驱逐皇上，而宁景璿却为李怀光修建私宅，这也是反叛朝廷啊！"于是率军攻打并杀了宁景璿。

四月初四日甲辰，德宗加授李晟为鄜坊、京畿、渭北、商华等军副元帅。李晟家族中有一百人，以及神策军士的家属都在长安城内，朱泚对他们都加以厚待。李晟的军中有人说到家室之事，李晟哭着说："天子现在哪里，怎敢顾及自个儿的家？"朱泚派遣李晟亲近的人把家信送到李晟手里说："你的家人全都平安无事。"李晟勃然大怒地说："你竟敢为叛贼做奸细！"立即杀了这个亲信。李晟军中的将士都没有春天的服装，到了酷热的盛夏，还穿着裘衣麻袄，但他们始终都没有背叛李晟的打算。

四月初五日乙巳，德宗任命陕虢防遏使唐朝臣为河中、同绛节度使。任命前河中府尹李齐运为京兆尹，负责给李晟供应军粮事务。

四月初十日庚戌，德宗任命魏博兵马使田绪为魏博节度使。

（以上为第十段，写德宗建行在所于山南，调整官军部署，以李晟为主将讨贼。）

浑瑊率领各路人马出师斜谷，崔汉衡劝说吐蕃人派军队协助浑瑊，尚结赞说："邠宁的军队不调出来协助，恐怕要从后边来袭击我们啊！"韩游瓌听说后，马上派遣将领曹子达率兵三千人去与浑瑊的军队会合，吐蕃接着就派遣将领论莽罗依率兵二万人跟随在后。李楚琳派部将石锽率领七百士兵跟随浑瑊攻下了武功县。四月初十日庚戌，朱泚派遣部将韩旻率军攻打武功县，石锽带着自己的部下迎接韩旻，并投降了韩旻。浑瑊所部官军作战失利，浑瑊收缩队伍，登上西原高地。正好曹子达与吐蕃兵赶来，向韩旻进攻，在武亭川大败韩旻，杀敌一万多人，韩旻仅仅只身逃脱。浑瑊于是率领各支人马驻扎奉天，与李晟东西相应，以进逼长安城。

德宗打算为唐安公主建造塔寺，隆礼厚葬她，谏议大夫、同平章事姜公辅上表谏劝德宗，认为："山南地区不是陛下长住久安的地方，安葬公主，应该在返回首都长安之后，在这里暂厝灵柩，应该从薄从俭，节省费用以供应军队战事的急需。"德宗派使者对陆贽说："为唐安公主建造塔寺，开支很小，这不应该是宰相所要议论的事情。姜公辅正打算通过指责朕的过失，以求得自己的名声。作为宰相，如此辜负朕，应当如何处置他呢？"陆贽上奏德宗，认为姜公辅身居宰相职位，遇到事情，议论谏劝，不应当加罪，这篇奏疏的大意是说："姜公辅不久以前与臣同在翰林院供职，臣现在如果根据道理为姜公辅辩白，那么就涉及营结私党的嫌疑；如果迎合意旨，顺着皇上的说法，那又违背了匡正、辅佐的大义。如果涉及嫌疑，那不过只给自己留下祸患；而违背匡正、辅佐的大义，却实在是玷污了皇上对我的恩典。只顾自身利害，忘记皇上的大事，那是为臣的耻辱啊！”又说：“只有昏庸糊涂的君主，才在怨声四起时，还不愿意听听是怎么回事，在污秽的行为激怒了上天时，仍然不自我反省，等到国家要颠覆的时候，还不知道自己的过错。”又说：“应该问道理是对还是错，怎么能只问事情的大与小呢？《虞书》上说：‘行事必须谨慎小心，一天又一天要日理万机。’在唐尧、虞舜统治时期，国君圣明，大臣贤达，考虑事情非常细微，以至于每天要处理上万件事。这就说明细小的事情也不能不重视，陛下怎么能忽视小事，而不仔细想想呢？”又说：“如果认为谏劝是在有意指责过失，那么像商纣王这种挖剖贤臣心脏的暴君就不应该受到后来贤明君主的指责；如果认为谏劝是为自己谋取名声，那么舍身忘己、为国尽忠的大臣就不会记载在圣人的经典上，留作后人的榜样了。”又说：“假如谏臣是有意指责陛下的过错，通过谏劝来获取自己的名声，陛下只要能够听到好的意见就改正，遇到犯颜直谏的人不反感，那么，指责的人适足以彰明陛下的仁善美德，所得到的足以显示陛下无边无际的恩德。陛下由此而得到益处，实在是太多了。假如陛下对指责的过失大为恼火而不改正，那么陛下就会招来厌恶直言进谏的讥讽；贬斥那些谋取名声的人而不宽容，那么陛下就会蒙上拒谏的诽谤；这就是所谓掩饰自己的过错，反而使过错变得更加明显，贬损别人的名声，而别人的名声反而更加彰扬。果真要对姜公辅治罪，那陛下的损失就太大了。”德宗仍然怒气未消，四月十四日甲寅，罢免了姜公辅的宰相之职，而降为左庶子。

（以上为第十一段，写宰相姜公辅谏阻德宗厚葬唐安公主而被罢相，德宗偏狭而刚愎本性暴露无遗。）

德宗加授西川节度使张延赏同平章事，用以奖赏张延赏能对朝廷的供应无缺。

朱泚、姚令言多次派人去拉拢、引诱泾原节度使冯河清，冯河清把派来的使者都杀了。冯河清属下的大将田希鉴暗中与朱泚勾结，杀了冯河清，献出泾原军府投靠了朱泚；朱泚任命田希鉴为泾原节度使。

德宗询问陆贽说：“近来有一些从北边岐州、雍州来的低级官员，都不是贤良之士。有一个叫邢建的人，谈论叛贼的形势，夸大其词，观察这个人的情况，很有点像在窥探情报，现在已经将他们安置在一个地方。像邢建这样的人，还有几个，如果对他们不加追查考究，恐怕就会成全他们通贼的奸计。卿试想一想，应该怎样处置为好？”陆贽上奏德宗，认为现在叛贼占据皇宫，有人冒着危险、跋山涉水、远道投奔陛下，应当酌量施恩给赏，哪能反而对他们猜疑和囚禁呢？这份奏疏的大意是说：“凭一个人的所见所闻，想弄清宇宙间无穷无尽事物的情况和变化，凭一个人的思虑和防范措施，来战胜天下人的欺诈和邪恶，那么用的心智越是精细、深入，就离正确的处理办法越远。项羽接受了投降的秦朝士兵二十万人，担心他们心怀鬼胎，会再次反叛，于是一下子将他们全部活埋了。项羽在防备祸患方面，也是做得太过分了。汉高祖刘邦为人胸襟豁达，气度很大，天下的士人投奔到刘邦那里，全都接纳、任用，而不猜疑他们，刘邦在防备和疑虑方面，可以说是太疏忽了。但是项羽因此而灭亡，刘邦因此而昌盛，心存怀疑与竭诚待人，其效果本来就不相同啊。秦始皇严厉苛刻，遇事猜疑，但荆轲却奋不顾身地执行刺杀秦始皇的计划；东汉光武帝刘秀为人宽宏大量，博爱仁厚，而马援这样的人能对他竭诚尽忠。这岂不是能够虚怀若谷地对待别人，而别人也一心一意地归附他；凭权术来驾驭别人，别人也不会亲附他！要想让人真心归附，那么就要感化而使人愉快，虽然曾是仇敌，也能变为心腹；对归附的人不亲近，那么就会使人害怕，从而加以排斥，这样即使是有骨肉手足之情，也会变成仇敌。”陆贽又说：“陛下的智慧超出万事万物，因而有看不起群臣的心思；陛下的思虑遍及万事万物，因而有独自驾驭天下的想法；陛下的谋划盖过了群臣的计策，那将是谨慎的防范过了头，陛下的英明洞照群情，所以往往有先见之明；陛下严厉管束百官，有专用刑罚以达到修明政治的规划；陛下的威严统御四方，有用武力战胜凶恶敌人的志向。因此有才能的人因得不到任用而怨恨，竭尽忠诚的人因遭受猜忌而忧虑，功勋卓著的人害怕君王不容而畏惧，心怀反复的人因迫于被讨伐而渐渐背叛朝廷，造成灾祸，天子的所作所为，被看作是天下人的榜样，对于微小的事情，尚且要十分谨慎地对待，况且现在所面临又不是小事呢？恳切希望陛下以前车的翻覆为鉴戒，这实在是宗庙社稷无穷的福分。”

（以上为第十二段，写陆贽上奏德宗，厚待从叛臣敌占区投奔行在所的吏民，以鼓励天下士民效顺。）

四月十七日丁巳，德宗任命前山南东道节度使南皮人贾耽为工部尚书。在此之前，贾耽派他的行军司马樊泽到行在所奏事，樊泽返回复命，正赶上贾耽大摆酒宴，这时突然送来朝廷的紧急公文，是任命樊泽代替贾耽担任节度使职务，贾耽将公文揣进怀里，照常进行宴会，面色丝毫没有改变；宴会结束，贾耽宣召樊泽告知朝廷的决定，而且下令军府中的将领、官吏来拜见樊泽。牙将张献甫愤怒地说：“行军司马替尚书去问候皇帝的衣食起居，竟敢自己向皇帝求取节度使的旌节，夺走尚书统辖的土地！樊泽事奉上司不忠心耿耿，请让我杀了樊泽。”贾耽说：“你这说的是什么话？皇帝下诏任命的人，他就是节度使！”当天，贾耽就离开山南东道军府，带着张献甫跟随自己，军府内外于是安定下来。

左仆射李揆从吐蕃回来，四月二十四日甲子，在凤州去世。

韩游瓌率领军队与浑瑊在奉天会合。

四月二十六日丙寅，德宗加授平卢节度使李纳同平章事。

四月二十七日丁卯，义王李玼去世。

（以上为第十三段，写山南东道节度使贾耽识大体，奉君命，从容让位下属，史特为载之。）

朱滔围攻贝州一百多天，马寔攻打魏州城也有四十多天，但都没能攻下。贾林再次为李抱真去劝说王武俊道："朱滔企图吞并贝州、魏州，又正值田悦遇难了，假若我们在十天之内不去援救，那么魏博镇就全被朱滔占领了。魏博镇被攻下之后，那么张孝忠一定会成为朱滔的臣属。朱滔集中幽州、易定、魏博三镇的兵力，再加上回纥的人马，进军常山郡，那时明公想保全自己的宗族，能做得到吗？常山守不住，那我们昭义军就要退守西山，而河朔地区就会全部被朱滔占领。不如乘贝州、魏州还没有被朱滔攻陷的时候，与我们昭义军联合兵力去援救贝州、魏州，朱滔被我们打败了，那么关中的朱泚就会丧失斗志，朱泚不久也要被剿灭了，皇上的车驾返都回宫，各位将领的功劳，又有谁能比得上您呢？"王武俊很高兴，听从了贾林的劝说。

四月二十八日戊辰，王武俊进军在南宫东南驻扎，李抱真从临洺带兵前来与王武俊会合，与王武俊军队驻扎的营地相距十里远。当时两支军队仍然彼此猜疑。第二天，李抱真带着几名随从要去王武俊的军营中；门客和将吏们都劝说李抱真不要去，李抱真命令行军司马卢玄卿统兵全面戒备，等待消息，说："我采取这一措施，关系到天下的安定与危亡，如果我回不来了，统领军队，听从朝廷的命令就靠你了，激励将士，为我报仇，为昭义军雪耻也靠你了。"说完，就带人去了。王武俊戒备森严，等候李抱真的到来，李抱真进营见了王武俊，陈述了国家面临的灾祸患难，说到皇帝流离失所时，李抱真拉着王武俊就哭起来，满脸泪水。王武俊也禁不住悲痛起来，周围的人都难过地低着头，李抱真于是与王武俊相约结成兄弟，发誓要一起消灭叛贼。王武俊说："相公十哥你的名望高扬四海，从前我蒙受你的开导，得以背弃叛贼，归顺朝廷，避免了要被剁成肉酱的罪过，能够享受王公大臣的荣耀。如今你又不嫌我是胡人，屈尊与我结为兄弟，我王武俊用什么来报答你呢？朱滔所依仗的不过是回纥兵，实际上回纥兵并不可怕。到打仗的那天，希望十哥你只管骑在马上观战，我王武俊一定要为十哥打败他们。"李抱真来到王武俊的营帐之中，在那里酣睡了很长时间；王武俊对李抱真的信任不疑非常感激，对李抱真更加恭敬，扪心仰天发誓说："此身决心为十哥而死！"于是双方连营行军。

山南地区天气炎热，德宗因为将士们还没有穿上春天的服装，自己也穿上夹袄以表明与将士们同甘共苦。

（以上为第十四段，写王武俊与李抱真释嫌联兵救贝州，讨逆朱滔。）

【点评】

本卷点评德宗借兵吐蕃、李怀光反叛、姜公辅罢相三事，从一个侧面看德宗的昏愚误国。

德宗借兵吐蕃。德宗向吐蕃借兵平叛。按吐蕃国法，吐蕃出兵，要唐朝统兵大将在制书上签名，担保并肩作战的唐兵信誉。皇帝制书没有李怀光的签名，吐蕃相尚结赞率领的吐蕃兵不肯进攻。德宗命陆贽劝说李怀光副署，李怀光不赞同。指出借吐蕃兵平乱有三害。攻破长安，吐蕃纵兵抢掠，此其一害。按约定，取胜之后，每一个士兵赏钱一百文，吐蕃兵五万，赏钱五百万缗，从哪里找这笔钱？此其二害。吐蕃狡猾，不肯先出战，骑墙观察形势，官军胜利了就来抢功劳，官军失败了，趁火打劫，此其三害。李怀光所言三害，还不止此。安史之乱吐蕃趁火打劫，攻陷河西陇右，切断了唐朝与西域的联系。西域北庭节度使李元忠、安西四镇留后郭昕率军坚守，公元781年使者间道入朝，朝廷才知道北庭、安西二镇尚存。德宗为了借兵吐蕃，竟然私许割弃两镇给吐蕃，简直是一个卖国之君。后来李怀光反叛，吐蕃背约大掠武功撤走，德宗听了非常忧愁，陆贽上奏，吐蕃退走是大好事，平定叛乱要信任将帅。其后李晟灭朱泚，马燧、浑瑊除掉李怀光，事实生动说明，借兵吐蕃，实属多余。可是德宗为什么不惜一切代价，乃至卖国要借兵吐蕃呢？德宗此举有两个卑鄙目的。一是结和吐蕃，打击回纥，以报个人受辱之私仇。二是猜忌功臣，借兵分功。李怀光摸透了德宗的心理，遂生不臣之心，才敢于把底牌揭穿。如果说吐蕃退兵，是一件好事，而李怀光之叛乱，差点要了德宗的老命，给唐王朝制造了极大的危害。

李怀光反叛。李怀光，渤海靺鞨人。本姓茹，其父因战功赐姓李。李怀光年少从军，武艺精良，朔方名将，隶属郭子仪。德宗即位，罢郭子仪兵权，分其军为三节度使，由李怀光、常谦光、浑瑊分掌。李怀光镇邠宁，借故杀害功名比自己高的朔方大将温儒雅等人，李怀光就是这样的一个暴戾的阴谋家，德宗却要信任他。物以类聚，人以群分。德宗猜疑心强，本能地畏惧忠直，亲近小人，也许德宗认为，身上有毛病的人便于掌控，否则，他对李怀光的信任不可理解。

德宗罢泾原节度使段秀实，任命李怀光兼任。段秀实忠贞，死于朱泚之难。段秀实用计延迟了朱泚进兵奉天，救了德宗的命。泾原兵拒绝李怀光到任，德宗改任朱泚。恰恰就是一个朱泚，一个李怀光，德宗任用的两个奸人，一前一后地逼使德宗两次蒙尘。昏君总是亲小人，远贤臣，德宗猜疑忠正之臣，信用奸邪小人，搬起石头砸了自己的脚。

李怀光屯兵咸阳，迟延不进，已萌生异志。李怀光有兵五万，李晟率兵一万，鄜坊节度使李建徽、神策行营节度使使杨惠元各有兵数千，皆受李怀光节制。李晟请战，李怀光不许。李晟觉察情况不妙，请求移军别屯，德宗扣下奏报，派陆贽为宣慰使，到李怀光军营察看动静。陆贽认为李怀光“总仗顺之师，乘制胜之气，鼓行芟翦，易若摧枯，而乃寇奔不追，师老不用”，必有异志。陆贽动用智慧，激发李怀光说大话，赞同李晟移军。陆贽从咸阳劳军回行在，建言德宗受命李建徽、杨惠元两军与李晟一同移军，保存实力。德宗不听，只让李晟一军转移。等到李怀光叛逆，果然李杨两军为李怀光吞没。这是德宗遥控军情带来的恶果。

李怀光奏言狂悖，反形已露，德宗却赐以不死之铁券，还想亲自巡幸以安李怀光之心。后得知李怀光要偷袭奉天，才仓皇逃奔山南，路上还差点被截击。李怀光反叛后，形势极为险恶。许多隐伏在京师的朝官，认为大势已去，纷纷投靠朱泚。河东节度使马燧也感到绝望，撤回勤王之兵，收缩保卫河东。这时李晟受命于危难之际，为讨逆主将，是决定唐王朝命运的关键人物。

李晟驻军东渭桥，一支孤军夹在朱泚和李怀光两强之中，处境极为艰难。李怀光部众拒绝公开反叛，反对攻击李晟，众叛亲离，逃往河中。邠宁、奉天、昭应、蓝田等地的唐军集结长安，接受李晟指挥，声势大振。德宗要陆贽规划进兵方略。陆贽拒绝做规划，劝谏德宗不要遥控军事，说：“君上之权，特异臣下，惟不自用，乃能用人。”德宗不得已由李晟自主用兵，李晟很快攻入长安，朱泚败亡。公元785年，马燧、浑瑊围攻河中，李怀光自杀。从公元781年，德宗用兵河北三镇开始，到此战祸才算基本结束。德宗遥控军事，一个错误接着一个错误，把战祸从河北引向河南，又引到长安城。幸亏有浑瑊、李晟、马燧、李抱真一批良将，危急关头有陆贽筹划，才算保住了唐王朝。

姜公辅罢相。德宗蒙尘山南，在汉中建行在所。山南地薄民贫，从安史之乱以来，盗贼横行，户口又减去了一大半。山南节制十五州，租赋赶不上江淮几个县。德宗大驾驻跸，增加了成倍的官兵与朝廷官吏，食粮都很紧张。此时，德宗爱女唐安公主，还未出嫁，死在城固。德宗为唐安公主造塔，还要厚葬。宰相姜公辅兼谏议大夫之职，上表谏曰：“山南非久安之地，公主之葬，会归上都，此宜俭薄，以副军须之急。”姜公辅提出，在非常时期，战事紧张，供应短缺，应当薄葬，何况又是临时安葬，等回到京都以后，再隆重举行葬礼不迟。德宗却认为姜公辅辜负了皇上恩德，故意找错，以求名声。陆贽剖析，姜公辅身为宰辅，职责所系，并非求名找错，君王应虚心纳谏。德宗仍然气愤难平，罢了姜公辅的官，改任闲职左庶子。德宗偏狭而自用的本性原本就是这样。

资治通鉴（白话本） 卷第二百三十一

唐纪四十七

唐德宗兴元元年至贞元元年（公元 784—公元 785）

【起阏逢困敦（甲子，公元 784 年）五月，尽旃蒙赤奋若（乙丑，公元 785 年）七月，凡一年有奇】

【大事提要】

本卷记事起公元 784 年五月，讫公元 785 年七月，凡一年又三个月。当唐德宗兴元元年五月到贞元元年七月。此时期官军在艰难险阻中四处奏凯歌，节节胜利，唐王朝露出了一丝复兴的曙光。先是吐蕃盟军撤离长安，陆贽上奏称这是大好事，劝谏德宗不要遥控前线军事，委署李晟讨逆大权。李晟不负众望，很快攻克长安，整肃纲纪，诛杀泾州边将田希鉴等三十余人，因其屡叛附贼朱泚。河北李抱真、王武俊合兵大破朱滔。淮西李希烈途穷末路杀害颜真卿。李泌单骑入陕州不费兵卒平叛乱。可惜德宗是一个昏君，他返回长安并不是励精图治，而是立刻猜忌功臣。李勉抗击李希烈、韩滉竭尽忠心调集江南财货供应军资，立下大功，却受德宗猜疑，幸亏李泌善谏，全力保护，李勉、韩滉才免于难。德宗返京，重新启用宦官掌兵权，又欲赦免李怀光以减杀功臣之过。李晟上奏李怀光五不可赦，德宗才不得已从之。

德宗神武圣文皇帝六

唐德宗兴元元年（甲子，公元 784 年）

五月，盐铁判官万年人王绍押运江淮地区的丝绸布帛到了梁州，德宗下令先供应将士换衣装，然后自己才换了单衣。韩滉打算派遣使者运送绫罗四十担到行在所进献给朝廷，幕僚何士干请求押运前行；韩滉高兴地说：“你能替我去一趟，那么请今天就过江成行。”何士干答应下来，回来与家人道别时，看到韩滉已派人将家用的柴米储备放满庭院的空地上了；何士干登上船只时，韩滉已经派人将各种物资、装备、用具装满了船；就连厕所用的竹筹，韩滉都一一亲手记录，十分周全详备。每一个挑绫罗的担夫，都发给他们一块白银缠住腰间。又运送一百船大米到关中给李晟作军饷，韩滉自己亲自背着米袋上船，他的部属部将领、僚佐争先恐后地背米上船，一会儿一百船米就装好了。韩滉在每艘船上布置五名弩弓手，用以防御抢劫和各船互相援助，如果有盗贼袭击，就敲响船舷，互通警报，五百名弩弓手张弓拉箭，严阵以待。一直到渭桥，盗贼们都不敢接近运粮船队。当时关中地区正因为兵荒马乱，一斗米价值五百钱；等韩滉的一百船米运到，米价下跌了五分之四。韩滉为人强悍有力、严明果断，自己平时生活十分俭朴，他的夫人经常穿很普通的绢裙，等到穿烂了以后，才再换一件。

（以上为第一段，写韩滉效忠朝廷，在紧要关头抢运物资供给朝廷。）

吐蕃军队打败了韩旻等人以后，在关中大肆抢掠了一阵，便离开了。朱泚让田希鉴用很厚重的金钱布帛贿赂吐蕃，吐蕃接受了；韩游瓌将此事上奏给了德宗。浑瑊又上奏德宗说："尚结赞多次派人同我们约定时刻，共同攻打长安城，但到了时间却不来；听说吐蕃境内今年春天流行瘟疫，最近已带兵回去了。"德宗认为李晟、浑瑊的兵力弱小，想依靠吐蕃军队收复京城，听说他们回去了，非常担心，就此事来询问陆贽。陆贽认为吐蕃人贪婪狡猾，对朝廷只有害处，并无益处，现在他们自己回去了，实在值得庆幸；于是就上奏德宗，大意是说："吐蕃人拖延时间，两边观望，他们反复无常，诡计多端，深入我们的京畿地区，暗中接受叛贼的指使，以至于各军将帅进退两难：如果将他们抛到一边，独自进攻长安城，又担心他们心怀怨恨，乘机跟在后面捣乱；如果等他们前来，联合兵力攻打长安城，又怕他们不守信用，耽误时间。如吐蕃不回到自己的地方，那么寇患最终还是难以消除。"又说："各军将帅们心中猜想陛下不信任自己，又担心吐蕃人与他们争夺功劳；士兵们害怕陛下不体恤他们往日的劳绩，又担心吐蕃人独占了陛下的赏赐；叛贼朱泚的党羽害怕吐蕃取得胜利后，即使不死，也要被擒获；老百姓害怕吐蕃人到来，即使有点钱财，也会被他们掳掠一空。因此，顺从君王教化的人，他们的心意也不得不懈怠，而陷于叛贼境内的人，他们也将不肯归附朝廷。"又说："现今李怀光退保蒲州、绛州，吐蕃人又远离我国的边境，那么李怀光和吐蕃人呼应的形势已经分离，官军已经摆脱了腹背受敌的祸患，浑瑊、李晟等各支官军的主帅，他们的才干和能力都能够得到施展了。"又说："只希望陛下能够谨慎地对待和安抚将士们，经常砥砺自己，那么中兴家国的宏伟大业，将在很短的时间内就可以完成，不应该对吐蕃这群犬羊念念不忘，而失去了将士的效忠之心。"

（以上为第二段，写陆贽上奏论吐蕃背约撤军是大好事，劝谏德宗平定叛乱，依靠效忠朝廷的官军才是根本。）

德宗又派使者对陆贽说："卿所论的吐蕃形势非常好，但是对浑瑊、李晟等各支军队，应当议定出灭敌的方略，好让他们按计划进攻长安城。朕打算派遣使者去安抚他们，卿应该详细地列出该办的事目让朕知道。"陆贽认为："贤明的君主选任将帅，委以大权，责其成效，所以能够获得成功。何况现在咸阳离梁州一千余里，军队作战，双方情况变化无常，在遥远的地方策划方略，未必符合实际需要。如果他们不按照朝廷的命令去办事，便有失君王的威严，如果他们按命令行事，就对打胜仗有损害，他们进攻、撤退，都有羁绊和妨碍，就很难获得成功。不如给他们见机行事的权力，用特殊的奖赏对待他们，那么将帅们就会衷心感激，他们的智慧和勇武就都能施展开来。”于是上奏德宗，奏疏的大意是说：“战争在遥远的原野上进行，而决策却在深宫大院中做出，战争时机瞬息万变，但制定计策却在千里之外，将帅们遵命和不遵命都会碍事，无论在深宫中做出的决策是好是坏，都对打胜仗不利。不但朝廷要遭受掣肘将帅的讥讽，而且臣下也就没有了奋不顾身、拼死力战的斗志。”又说：“传闻的东西往往与实际情况不相符合，遥远筹划与亲临现场办事大有区别。”又说：“假如将帅之中有专横武断，违抗朝命的人，陛下难道能在此时就以违抗朝廷命令之罪杀了他吗？由此看来，违抗朝廷命令既然不能立即采取惩罚手段，服从朝廷命令的行为也未必符合实际情况，这样做只是白白浪费言辞，而让陛下忧劳思虑，不但没有什么益处，而且损失实在太大。”又说：“君王的权力，与臣下的权力很不相同，只有不自以为是，才能善于任用别人。”

（以上为第三段，写陆贽上奏德宗，劝谏不要遥控前线军事。）

五月初三日癸酉，泾王李侹逝世。

徐、海、沂、密四州观察使高承宗去世，五月初四日甲戌，朝廷任命高承宗的儿子高应明代理军中事务。

五月初五日乙亥，李抱真、王武俊在距离贝州城三十里远的地方驻扎下来。朱滔听说李抱真、王武俊的两支军队就要开过来了，紧急征召马寔支援，马寔率军昼夜不停地赶路，来援助朱滔。有人对朱滔说：“王武俊善于在原野上作战，不能与他正面交锋，而应该把营垒向前稍稍移动一些，来逼迫他，派回纥兵从后面截断他的运粮之道。我军只要坐吃德州、棣州送来的粮饷，背靠营垒布列战阵，有机可乘时就进攻，形势不利的时候就退进营垒中防卫，等待王武俊军队饥饿、疲劳的时候，就能够制服他了。”朱滔对这一建议迟疑不决。正好马寔的军队赶来了，朱滔于是命令军队第二天出营作战。马寔说：“将士们冒着酷暑炎热赶来，极为困乏疲惫，请让他们休息几天再去作战吧。”

朱滔的常侍杨布、将军蔡雄领着回纥兵的首领达干来见朱滔，达干说：“我们回纥军在本国的时候，与邻国交战，经常以五百名骑兵就把邻国的几千骑兵打得大败，就像狂风卷树叶一样容易。现在我们收受了大王您的金钱布帛、牛肉美酒，多得无数，想要为大王您效劳，现在正是时候了。明天，希望大王您骑马站在高处，观看回纥军为大王您消灭王武俊的骑兵，会将敌人杀得一匹马也不剩下。”杨布、蔡雄说：“大王您雄才大略，盖世无双，率领燕、蓟地区的全部人马，将要横扫河南，清除关中，现在遇到的只是小股敌人就犹豫不决，不肯攻击，使远近各地的人都感到失望，那将怎么能成就您的霸业呢？达干请求出战的做法是对的啊。”朱滔听了很高兴，于是决定出营作战。

五月初六日丙子清晨，王武俊派他的兵马使赵琳带领五百名骑兵埋伏在桑林中，李抱真的军队布列成方阵排在后面，王武俊带领骑兵列阵在前面，亲自抵挡回纥骑兵。回纥兵放马向这边冲过来，王武俊指挥骑兵驭马避开回纥的兵锋。回纥兵冲到了王武俊骑兵的后面，将要回马还阵的时候，王武俊才指挥骑兵全线冲击回纥兵，赵琳率部从桑林中杀出，拦腰截击，回纥兵被打败，逃走了。王武俊率部急速追击，朱滔的骑兵也开始逃跑，向后践踏了自己的步兵阵列，步兵、骑兵一起向东逃命，朱滔无法控制，于是也逃回营垒中，李抱真、王武俊两军联合追击。当时朱滔带领三万人出来作战，结果战死的有一万多人，逃跑、溃散的也有一万多人，朱滔只带着几千人退回营垒坚守。这时天正黑下来，加上浓雾弥漫，李抱真、王武俊两支军队不能前进，于是李抱真驻扎在朱滔营垒的西北边，王武俊驻扎在朱滔营垒的东北边。当晚，朱滔放火烧营，率军从南门出来，直向德州方向逃去，丢下所抢掠的各种物资、钱财堆得像小山一样；李抱真、王武俊因为雾大，不能出兵追击。

朱滔杀了杨布、蔡雄，回到幽州，内心又气又愧，还担心范阳留守刘怦趁自己战败而加以谋害。刘怦将范阳的留守兵全部派出来，夹道二十里，准备好仪仗队，将朱滔迎入府中，两人相对，悲喜交集，当时很多人都对刘怦称赞不已。

（以上为第四段，写王武俊与李抱真联兵大败朱滔。）

当初，张孝忠率领易州军民归顺朝廷，德宗下诏任命张孝忠为义武节度使，将易、定、沧三州划归他管辖。沧州刺史李固烈，是李惟岳妻子的哥哥，他请求回恒州去，张孝忠派遣他的押牙官安喜人程华去沧州与李固烈交接沧州事务。李固烈将军府中库存的绫绢、缣帛、珍货财物全部装进几十辆车上，将要出发到恒州的时候，将士们大声喧哗，喊道：“刺史将库存的财物席卷一空，要全部带走，将士们以后要饥寒交迫了，怎么办？”于是，沧州将士杀了李固烈及其全家人。程华听说将士们起事，从城墙上的洞里逃了出去，被起事的将士们找到，请求程华主持州内军政大事；程华迫不得已，顺从了将士们的要求。张孝忠听说这件事后，当即授权程华代理沧州刺史。程华平素为人宽仁厚道，对将士们能推心置腹，将士们于是都安定下来。

正好这时朱滔、王武俊反叛朝廷，两人多次派遣使者来诏诱程华，程华一概不听。这时张孝忠坐镇定州，从沧州去定州，中途一定要经过瀛州，瀛州在朱滔的统辖之下，两州往来的道理被阻塞了。沧州的录事参军李宇劝说程华，要程华上奏朝廷，在此地另设一军，程华采纳了李宇的意见，派遣李宇带着表章去德宗所在的奉天。德宗立即委任程华为沧州刺史、横海军副大使、代理节度使等职务，并给程华赐名为日华，命令程日华每年为义武军提供租钱十二万缗。

王武俊又派人劝说、引诱程日华归附，当时程日华的军中正缺马匹，程日华骗王武俊的使者说："王大夫一定想要我们隶属的话，就应当派二百名骑兵来援助我们。"王武俊将人马给了程日华，但程日华将马全部留下，打发两百名骑兵回去了。王武俊恼羞成怒，但因为正与马燧等人的军队作战，相持不下，腾不出力量来攻打沧州，程日华的沧州因此得到保全。等到王武俊归顺朝廷之后，程日华就派人去王武俊那里道歉，并偿还了王武俊两百匹马的价钱，还送给王武俊很多东西。王武俊很高兴，又与程日华复归旧好。

（以上为第五段，写程华节度横海军始末。）

五月二十日庚寅，李晟将军队列成阵势，举行阅兵式，他向将士们宣布就要发起攻击，收复京城。在此之前，姚令言等人多次派间谍出来刺探李晟攻城的日期，都被李晟的巡逻骑兵抓获了。李晟让这些间谍看所布军阵，对他们说："你们回去对叛贼们说：努力防守城池，不要做出不忠于叛贼朱泚的事情！"李晟让他们都喝了酒，又每人给了些钱，便放他们回去了。随后李晟率领军队到长安城的通化门外，耀武扬威一番后就回营来了，叛军们眼睁睁地看着不敢出城。李晟召集各位将领，询问他们大军从什么方向攻入长安城，将领都请求："先攻下长安外城，占领街区闹市，然后向北进攻皇宫。"李晟说："街区闹市十分狭窄，如果叛军们在这里埋伏人马与官军搏斗，就会使周围的居民受惊扰而造成混乱，这对官军不利。现在叛贼们的主要兵力都集中在禁苑之中，不如从禁苑的北边向宫苑进攻，先将敌人的要害部位打垮，叛贼们就一定会四散逃跑。这样一来，皇宫就不会受损失，街区闹市也不受到战斗的侵扰，这才是最好的出兵策略啊！"各位将领都点头说："高明！"于是李晟给浑瑊和镇国军节度使骆元光、商州节度使尚可孤送去文书，约定时间，将各支军队调集长安城下。

五月二十二日壬辰，尚可孤在蓝田之西打败叛军将领仇敬忠，并杀了他。五月二十五日乙未，李晟军队调移到光泰门外的米仓村。五月二十六日丙申，李晟亲临阵地，指挥将士修建营垒，朱泚的骁将张庭芝、李希倩率领大批人马蜂拥而来，李晟对各位将领说："我开始还担心叛贼会躲在禁苑中不出来，现在他们出来送死，真是上天帮助我，这一良机决不能丧失！"于是李晟命令副元帅府的兵马使吴诜等人带兵出去攻打叛军。当时，骆元光的华州军驻扎在皇城外的北边，兵力很少，叛军集中兵力向骆元光进攻，李晟命令牙前将领李演等人率领精锐部队前去援救骆元光。李演等人率军拼死力战，叛军被打败后逃向城内；李演等率军紧追不舍，乘胜攻进了光泰门；又与叛军交战，再次打败了叛军。这时正好到了晚上，李晟鸣锣收兵，回到营地。叛军的残余人马逃到了白华门内，当天晚上，在城外可以听到城内十分悲痛的嚎哭声。李希倩是李希烈的弟弟。

五月二十七日丁酉，李晟再次出兵作战，各位将领请求等待西边浑瑊的军队赶来时夹击敌人。李晟说："叛军多次被我们打败，现在已经吓破了胆，我们不如乘胜向他们发动进攻，如果让他们做好防备，那就不好办了。"叛军们又出城外与官军交战，官军多次取得胜利；骆元光在浐水西边也打败了朱泚的军队。五月二十八日戊戌，李晟在光泰门外布阵，派牙前将李演和牙前兵马使王佖率领骑兵，牙前将史万顷率领步兵，直抵宫墙外边的神麚村。李晟事先派人在夜晚将宫苑城墙凿开了两百余步宽的大口子，等到李演等人率军赶来时，叛军已经在此竖起栅栏，堵住了宫墙上的缺口，并从栅栏的缝隙中刺杀射击官军，官军前进受阻。李晟勃然大怒，训斥诸将说："你们如此放纵敌人，我先杀了你们。"史万顷害怕，率领部众冒死前进，在前面拔掉了栅栏进入城内，王佖、李演率领骑兵紧随其后，叛军们纷纷溃散、逃窜，各支人马分路进入宫苑中。姚令言等人率众拼死力战，李晟命令决胜军使唐良臣等人率领步兵、骑兵紧逼姚令言，边作战边向前进，总计来回拉锯了十多个回合，叛军就支撑不住了。到了白华门，有一股由几千名骑兵组成的叛军抄到了官军的背后，李晟马上率领一百多名骑兵回头抵御，李晟的侍从们大声呼喊道："李相公来了！"叛军听说李晟来了，都惊慌失措地溃散逃跑。

在此之前，朱泚派遣张光晟率领五千军队驻扎在九曲这个地方，这里离东渭桥只有十几里远，张光晟暗中向李晟表示诚服之意。等到朱泚失败了，张光晟劝朱泚弃城出逃，朱泚于是和姚令言率领残余部众向西逃跑，随行的还将近有一万人。张光晟送朱泚出城以后，回城内向李晟投降。李晟派遣兵马使田子奇带领骑兵追击朱泚。李晟驻军于含元殿前，自己住在右金吾仪仗队的房舍，下令各支军队说："我李晟全凭将士们的力量，终于扫除了宫禁内的叛贼。长安城内的士绅百姓，长久以来处在叛贼的统治之下，如果士绅百姓稍有震动和被侵扰，就违背了拯救百姓、讨伐罪人的本意。我李晟与诸位同家人相见的时间不会太久了，但诸位五天之内不得擅自同家人联系。"李晟命令京兆尹李齐运等人去街道抚慰平民百姓。李晟的大将高明曜抢占了叛军的妓女，尚可孤的士兵擅自牵走了叛军的马匹，李晟把他们都杀了，于是军中将士十分害怕。长安城内相安无事，军队对百姓丝毫不加侵扰，离得很远的街区还有人过了一夜才知道官军已经进入了城内。

就在这一天，浑瑊、戴休颜、韩游瓌也率军攻下了咸阳城，打败叛军三千多人，他们听说朱泚向西边逃跑的消息后，便分兵拦截朱泚。

五月二十九日己亥，李晟让京西兵马使孟涉驻扎白华门，尚可孤驻扎望仙门，骆元光驻扎章敬寺，李晟自己带牙前卫队三千人驻扎在安国寺，分兵镇守京城；李晟杀了朱泚的党羽李希倩、敬釭、彭偃等八人，在闹市示众。

（以上为第六段，写李晟率领官军攻克长安，朱泚出逃。）

王武俊打败朱滔之后，回到恒州，上表朝廷，请求辞去幽州、卢龙节度使的职务，德宗同意了。

六月初四日癸卯，李晟派掌书记吴县人于公异草拟捷报上奏行在所，奏报说："臣已经肃清了在京城的叛贼，恭恭敬敬地拜谒先帝们的寝陵，里面连钟磬的支架也未曾移动，宗庙的面貌一如往昔，没有丝毫变化。"德宗听后激动得流着眼泪说："上天降生了李晟这个人，是为了天下社稷，而不是为了朕啊！"

李晟在渭桥驻军的时候，天空上，火星停留在木星旁边，过了很长时间才分离开来，李晟的宾客幕僚们都向他表示祝贺，说："火星退离木星，这是皇家的福兆啊！请赶快下令出兵攻城。"李晟说："皇帝流离在京城以外，作臣下的只知道为战胜敌人而死；上天之象，深奥难测，谁又能将它弄清楚呢？"等攻下长安城后，李晟才对宾客幕僚们说："从前我并不是有意要否定你们的说法，我听说金、木、水、火、土五星的进出、隐现，没有常规，万一火星再次靠近木星，那我们的军队岂不就会不战自溃吗？"宾客僚佐们都向他道歉："我们没有想到这一层啊！"

朱泚打算向吐蕃方向逃亡，部众沿途溃散、逃亡，等赶到泾州城时，只剩下一百多人。泾原节度使田希鉴关闭城门，不让朱泚进城，朱泚在城下对田希鉴吼道："你田希鉴这个节度使，还是我朱泚任命的，你怎么能在我面临危难的时候背叛我呢？"说完派人去焚烧泾州城的城门，田希鉴取出朱泚所授节度使旌节，投到火中说："还给你旌节！"朱泚的随从们见此情景，都大哭起来。原泾州的士兵杀了姚令言，向田希鉴投降。朱泚只得与从范阳带出来的卫兵、宗族成员和幕僚宾客们向北边的驿马关赶去；宁州刺史夏侯英拒绝让朱泚过关，他们一行改道逃窜到达彭原县，在城西驻停，朱泚的部将梁庭芬一箭将朱泚射落在坑中，韩旻等人上去杀了朱泚，然后带着朱泚的人头回到泾州向田希鉴投降。源休、李子平逃向凤翔，李楚琳将他们斩杀。朱泚、姚令言、源休、李子平等人的脑袋都被传送到德宗的行在所梁州。

德宗下令陆贽草拟诏令给浑瑊，让他寻访在奉天失散的缠头宫女。陆贽上奏德宗，认为："大盗才刚刚平定下来，疲惫不堪的百姓，满身伤病的士卒，都还没有来得及安抚，而首先就下令访查一个妇人，陛下的这种做法不符合人们要革新政治的愿望。即使开始时谋划得尽善尽美，也很少能将事情做得尽善尽美。如果开头就谋划不好，那更没有完美的结局！陛下要赐给浑瑊的诏令，恕臣不敢接旨草拟。”德宗于是没有下此诏，最后只好派宦官去寻找这个宫女。

六月初六日乙巳，德宗下诏任命吏部侍郎班宏为宣慰使，前去京城慰问将士，安抚平民百姓。

六月初七日丙午，李晟杀了朱泚宠信的文武官员崔宣、洪经纶等十几人；又上表朝廷表彰坚守节操、威武不屈的刘迺、蒋沇等人。

六月初十日己酉，德宗任命李晟为司徒、中书令，对骆元光、尚可孤各升官晋级不等。

命检校御史中丞田希鉴为泾原节度使。

德宗下诏将梁州改为兴元府。

六月十五日甲寅，德宗任命浑瑊为侍中，对韩游瓌、戴休颜各升官晋级不等。

朱泚被打败后，李忠臣逃向樊川，被官军抓获了，六月十七日丙辰，被处决。

（以上为第七段，写叛臣朱泚之死，以及德宗封赏复国功臣。）

德宗询问陆贽说：“现今到凤翔来迎接车驾的各支军队，声势极为浩大，我想乘此机会派人代替李楚琳担任凤翔节度使，你看怎么样？”陆贽上奏德宗，认为：“如果这样做的话，事情就有点像以武力胁迫拘捕，将这种方式说成是清除祸乱，那么算不上是勇武，将这种方式说成是务求修明政治，那也算不上诚信，若说这是天子巡视的收获，那以后又怎么能堂皇地入京城呢？也许议政者中有人将这种方式说成是权宜之举，但臣私下却不以为然。本来，权宜之举的本质在于衡量两种事情的轻重，然后采取措施，现今皇上车驾经过的地方，第一站就以威势剥夺军镇节帅的权力，换了一个镇将损害了天子的大义，得了一个地方使全天下的人疑虑，这正是看重了本该看轻的东西，而看轻了本该看重的东西，把这叫作权宜之举，不正好弄反了吗？以违背君王统御四海之道为权宜之举，以任用权术、谋略为机智，君王如果采取这种方式，一定会丧失人心，臣下如果采取这种方式，一定会自害其身，自古以来之所以出现很多丧乱祸患、奸邪滋长的事情，都是由这一错误引起的啊！陛下不如在京城安定下来以后，再征召李楚琳，另外给他升一官职，他会对陛下的恩泽、宽恕感到高兴，将会为朝廷奔走效劳，哪里还有时间敢来聚众起事，抗拒朝命，又要朝廷带神费力地去铲除呢？”

六月十九日戊午，德宗的车驾从汉中启程回京。

李晟全面主持长安城内事务，使各个职能机构完备起来，向朝廷请求自己亲自到凤翔迎接皇帝的车驾，德宗没有允许。内常侍尹元卢奉德宗命令出使同华，却自作主张地去河中府劝说李怀光归顺朝廷。李晟向德宗上奏说:“尹元贞假托陛下诏令，擅自赦免罪魁祸首，请治尹元贞的罪!”

秋季，七月初七日丙子，德宗的车驾到了凤翔，德宗下令杀了乔琳、蒋镇、张光晟等人。李晟因为张光晟虽然做了叛贼朱泚的臣属，但在消灭朱泚的叛军时也出了大力，想救他一命;德宗没有允许。

前副元帅府的判官高郢多次劝说李怀光归降朝廷，于是，李怀光派儿子李璀到行在所认罪，请求只身到朝廷来投案。七月十一日庚辰，德宗下诏给事中孔巢父带着朝廷原先任命李怀光为太子太保的敕文到河中府安抚李怀光，并宣布恢复朔方将士们从前的一切官职爵位。

七月十三日壬午，德宗的车驾回到长安，浑瑊、韩游瓌、戴休颜各自率领自己的部属随从护卫德宗的车驾，李晟、骆元光、尚可孤也各自率领自己的部众迎接德宗的车驾，步兵、骑兵共有十几万人，旗帜连绵几十里路。李晟在京西三桥晋见德宗，首先向德宗祝贺已经平定了朱泚，接着为收复京城太晚向德宗请罪，跪伏在道路的左边不起来。德宗停下马来慰问、安抚李晟，为李晟的忠心感动得流下眼泪，命令左右随从扶李晟上马。回到皇宫后，每逢双日不上朝的时候，德宗总是大摆宴席，款待有功之臣，并赏赐十分丰厚，每次都以李晟所得最多，浑瑊仅次于李晟，各位将领和宰相们又次于浑瑊。

曹王李皋遣将伊慎、王锷围攻安州，李希烈派他的外甥刘戒虚率领步骑八千人去救援安州;李皋派遣别将李伯潜在应山县阻击刘戒虚，杀了一千多人，活捉了刘戒虚，在安州城下绕城示众，安州于是投降了。朝廷任命伊慎为安州刺史。李皋的军队又在厉乡攻击李希烈的部将康叔夜，将康叔夜赶走了。

七月十八日丁亥，孔巢父一行到了河中府，李怀光穿着一身白色的衣服，等待朝待治罪，孔巢父没有制止他。李怀光的左右亲信多是胡人，他们都哀叹道:“李太尉保不住官爵了!”孔巢父又大声问众人道:“军中有谁能代替李太尉统领军队呢?”于是，李怀光的亲信们听了大怒，他们喧哗闹事;孔巢父还没有宣读完朝廷的诏书，李怀光的人就拥上来杀了孔巢父和宦官使者啖守盈。对此，李怀光也不制止，而再次修理兵器，整顿军队，做好抵御进攻的准备。

（以上为第八段，写德宗回长安，遣使招降李怀光，所任非人，功败垂成。）

七月二十二日辛卯，德宗大赦天下。

当初，肃宗出走灵武的时候，德宗还是奉节王，跟李泌学习文章技巧。代宗时期，李泌都在蓬莱书院居住，德宗当上太子以后，也经常与李泌交往。等到德宗出巡兴元府时，李泌担任了杭州刺史，德宗下急命，征召李泌，李泌与睦州刺史杜亚一同奉命赶往德宗所在的兴元府。七月二十六日乙未，德宗任命李泌为左散骑常侍，杜亚为刑部侍郎。命令李泌每天在中书省值班，以等候德宗的召询，在朝在野的人士都争相讨好巴结李泌。德宗问李泌说：“河中府离京城很近，朔方镇的士兵一向十分精锐，像达奚小俊等人都有抵挡万人之勇，朕日夜为此担忧，你看该怎么办？”李泌回答说：“天下还有很多值得十分忧虑的事情；如果只是河中，那就不值得陛下担忧了。要说预料敌情，是预料将领，而不预料士兵。现今的李怀光，是将领；而达奚小俊之类不过是一个小兵而已，哪值得陛下为这些人担忧呢？李怀光解除了奉天城包围后，眼看着朱泚即将败灭而不去消灭，反而与朱泚联合在一起，终于给李晟一个攻取京城、消灭朱泚的机会。现在陛下已经返回皇宫，李怀光不自缚手脚到朝廷来认罪，反而残暴地杀害了朝廷的使臣，像老鼠一样躲藏在河中，其实如同噩梦一样惊恐不安！只怕不久就要被部下杀头示众，而使朝廷诸将没有机会下手啊！”

当初，德宗征调吐蕃出兵来讨伐朱泚，答应事情成功之后，将安西、北庭管辖的地方送给吐蕃。朱泚被消灭后，吐蕃派人来向朝廷要求给他们土地，德宗打算召回安西、北庭两镇的节度使郭昕、李元忠，将这两处地方送给吐蕃。李泌说：“安西、北庭这两个地方，百姓们天性骁勇剽悍，这两地控制着西域地区的五十七个国家以及十个姓族的突厥人，又牵制着吐蕃的力量，使他们不能联合兵力大举向东侵扰泾州、邠州、陇州等地，怎么能轻易地就送给他们呢？而且这两个节镇的将士，势力孤单，离内地遥远，他们能竭尽忠诚和气力，为国家坚守边防将近二十年，实在令人哀伤怜悯。一旦将他们遗弃，将他们交给戎狄之人统治，那么他们心中一定会深深怨恨我大唐朝廷，以后他们随同吐蕃来侵扰内地，就像报私仇一样了。何况从前吐蕃心存观望，不肯进攻，暗中同朱泚也有往来，事后对武功县一带大肆抢劫，还接受了大量的赠馈以后才肯回去，他们有什么功劳可言？”群臣也都持这种看法，德宗于是就没有把这两地送给吐蕃。

（以上为第九段，写德宗征召李泌入朝辅政，听从李泌建言，拒绝割地伊西、北庭与吐蕃。）

李希烈听说弟弟李希倩在长安被处死刑，十分怨恨、恼怒，八月初三日壬寅，派遣宦官去蔡州杀害颜真卿。李希烈的使者对颜真卿说：“皇上有敕文到。”颜真卿连忙伏地再拜。使者说：“现在要赐你去死。”颜真卿说：“老臣办事没有任何成绩可言，论罪该死。不知道使者您哪天从长安出发的？”使者说：“我从大梁来，不是从长安来的。”颜真卿说：“这么说来，你们原是朝廷的叛贼，怎么还说是敕令呢？”李希烈的使者于是下令勒死了颜真卿。

李晟认为泾州依临边疆，这里的将士多次谋杀军中的主帅，是经常发生祸乱的根源，上奏德宗请求去泾州处治那些不服从朝廷命令的人，督促军民努力耕种，储积粮食，以准备打击、防御吐蕃。八月初四日癸卯，德宗任命李晟兼任凤翔、陇右等地节度使以及四镇、北庭、泾原行营副元帅，进封爵号为西平王。这时李楚琳已经入朝，李晟请求德宗让李楚琳与自己一同去凤翔，好在凤翔杀了李楚琳，以惩治反叛朝廷的变乱。德宗认为最近才收复京城，一定要安定惶惑不定的人心，所以没有答应李晟的请求。

先前，德宗命令浑瑊、骆元光讨伐同州的李怀光。李怀光派部将徐庭光率领精锐部队六千人驻守长春宫抵御浑瑊、骆元光等，浑瑊、骆元光多次被徐庭光打败，不能前进一步。当时度支的开支太大，供应不足，朝廷讨论此事的人很多都请求赦免李怀光，德宗没有答应。李怀光派妹夫要廷珍防守晋州，牙将毛朝敭防守隰州，郑抗防守慈州，马燧派人去劝说，他们都投奔了马燧。德宗于是加封浑瑊河中、绛州节度使，充任河中、同华、陕虢行营副元帅，加封马燧奉诚军和晋、慈、隰节度使，充任所管辖区域内各支军队的行营副元帅，命令他们与镇国军节度使骆元光、鄜坊镇节度使唐朝臣联合兵力去讨伐李怀光。

当初，王武俊急攻赵州的康日知，马燧上奏朝廷请德宗下诏王武俊与李抱真一起进攻朱滔，将深州、赵州划归王武俊统辖，改任康日知为晋、慈、隰三州节度使，德宗采纳了建议。康日知还没有赶赴上任，晋、慈、隰三州已向马燧投降，因此，德宗让马燧兼任晋、慈、隰三州节度使。马燧上表朝廷请求把晋、慈、隰三州节度使让给康日知，而且说因为三州向自己投降，就把官职授给自己，恐怕以后有功劳的人因袭，成为常例。皇帝嘉勉马燧，采纳了马燧的意见。马燧派使者去迎接康日知来三州任职，康日知来了后，马燧命人将库存财物登记造册，一并交给了康日知。

八月初五日甲辰，德宗任命凤翔节度使李楚琳为左金吾大将军。

八月初七日丙午，德宗加封浑瑊为朔方行营元帅。

李晟到了凤翔，惩治杀害前任节度使张镒的罪犯，杀了裨将王斌等十几个人。

朱滔被王武俊攻击，几乎溃不成军，于是上表朝廷，等候治罪。

八月癸未日（疑误），马燧率领步兵和骑兵三万人进攻绛州。

度支的主管官吏认为李怀光统辖的几万将士同李怀光一道反叛朝廷，所以不给他们供应冬季服装，德宗说："朔方军几代以来都是忠诚于朝廷的，现在不过是受了李怀光的控制而已，将士们有什么罪过？"冬季，十月，德宗下诏说："朔方军以及在李怀光统领下的各军将士，他们的冬季服装和赏钱都应当另外存放起来，等到交通道路渐渐开通之后就马上按时发给他们。"

李勉多次上表朝廷，请求贬职，十月初三日辛丑，德宗罢免了李勉都统、节度使的职务，仍保有检校司徒、同平章事。

十月十八日丙辰，李怀光的将领阎晏侵扰同州，官军在沙苑这个地方打了败仗。德宗下令征调邠州的军队，韩游瓌率领六千甲士赶赴同州。

十月二十七日乙丑，马燧攻下了绛州，然后分兵攻取闻喜、万泉、虞乡、水乐、猗氏等地。

当初，大宦官鱼朝恩被杀以后，代宗不再让宦官掌管兵权。德宗即位以后，将所有的禁卫军都交给白志贞统领，白志贞获罪被贬职以后，德宗又让宦官窦文场代替白志贞统领禁卫军，跟随德宗出走山南，神策的左右两军又逐渐壮大。德宗回到长安之后，对掌握很多兵马的老将很有顾忌，而陆续一一罢免。十月三十日戊辰，德宗任命窦文场为监督神策军左厢兵马使，王希迁为监督神策军的右厢兵马使，开始让宦官分别掌管中央禁卫军。

（以上为第十段，写李希烈途穷杀颜真卿。德宗部署各路官军进逼李怀光，因忌疑功臣重新起用宦官掌兵权。）

闰十月初八日丙子，德宗任命泾原节度使田希鉴为卫尉卿。

李晟刚到凤翔的时候，田希鉴派遣使者来参见问候，李晟对使者说："泾州紧挨着吐蕃，万一吐蕃前来侵犯，泾州的兵力能单独抵挡得住吗？我想派兵去增强防御力量，又不知道田尚书是什么意见。"使者回到泾州，把这个意思告诉了田希鉴，田希鉴果然向李晟请求派去援兵，李晟于是派遣心腹将领彭令英等人率军去戍守泾州。不久，李晟借口巡视边疆到了泾州，田希鉴远道出迎，李晟与田希鉴并骑入城，谈论往事，相处融洽。田希鉴的妻子姓李，她用对待叔父一样的礼仪待李晟，李晟因此称田希鉴为"田郎"。李晟命令田希鉴只准备三天的伙食，对田希鉴说："我巡察安抚完毕，马上就回凤翔。"田希鉴对李晟不再怀疑。李晟摆下宴席款待泾州的将吏，田希鉴和将领、僚佐们都到了李晟的军营内。李晟在军营的外边廊庑下埋伏了甲兵，在田希鉴等人开始吃喝以后，彭令英将泾州的各位将领带到堂下，李晟对他们说："我与你们分别很久了，你们最好各自说出姓名。"于是从中得悉犯上作乱的石奇等三十多人，李晟斥责他们说："你们多次反叛朝廷，残害国家的忠良大臣，这确是天地不能容忍的！"李晟下令将他们全部拉出去斩首。田希鉴这时还在座位上，李晟对田希鉴说："田郎你也不能说没罪，看在你我亲近友好的份上，我自当让你身首完整。"田希鉴只说了声"是"，就被拉出去，绞死了，田希鉴的儿子田萼同时也被绞死。李晟进入田希鉴的军营中，向众人宣布了杀田希鉴的原因，众人吓得腿直发抖，没有人敢动一下。

（以上为第十一段，写李晟整肃纲纪，诛杀泾州数叛朝廷的大恶田希鉴等数十人。）

李希烈遣将翟崇晖带领所有人马围攻陈州，攻了很久，不能攻克。李澄知道大梁的兵马很少，控制不了滑州，于是就焚烧了李希烈授予的节度使旌节，与部众宣誓效忠朝廷。闰十月二十六日甲午，德宗任命李澄为汴滑节度使。

宋亳节度使刘洽派遣马步都虞候刘昌与陇右、幽州行营节度使曲环等人率兵三万人去援救陈州。十一月初六日癸卯，刘昌、曲环等在陈州西边打败翟崇晖，杀敌三万五千人，活捉了翟崇晖，押送京师。刘昌、曲环乘胜进攻汴州，李希烈这时很害怕，逃奔蔡州。李澄率兵扑向汴州，到了汴州城北，胆怯畏缩，不敢进攻；此时，刘洽率兵赶到了汴州城东。十一月二十一日戊午，李希烈的汴州守将田怀珍打开城门，放进了刘洽的军队。第二天，李澄的军队才进去，驻扎在浚仪县；两支军队的士兵，每天发生争斗。正好李希烈的郑州守将孙液向李澄投降，于是，李澄带兵驻扎郑州。德宗下诏委任都统司马宝鼎人薛珏为汴州刺史。

李勉到了长安，身穿白色衣服，等待朝廷治罪；朝廷中商议讨论此事的人大多认为："李勉没有守住大梁，不应该继续担任宰相职务。"李泌对德宗说："李勉为人公平、忠诚、文雅、正直，但指挥军队打仗不是他的长处。在大梁失守之后，将士们抛家弃子而跟随李勉的将近二万人，这足以证明李勉深得人心。而且刘洽原来是李勉的部下，李勉到了睢阳县以后，马上将所率部队全部交给刘洽指挥，终于平定了大梁，这也是李勉的功劳啊。"德宗于是下令李勉官复原职。朝廷中论事的人又说："韩滉听说德宗的车驾出行在京城之外，于是调集兵力修筑石头城，这是心中暗藏反叛朝廷的意图。"德宗于是怀疑韩滉，就这事询问李泌，李泌回答说："韩滉为人公正、忠诚、清廉、俭朴，自从陛下的车驾出行在外之后，韩滉对朝廷的各种物资供应从未断绝。而且镇守江东十五州，那里没有盗贼出现，这都是韩滉做出的努力啊。他之所以要修筑石头城，是因为他见中原地区动荡不宁，想到陛下将会有晋元帝永嘉年间那样南渡长江之行，那是为了迎接陛下车驾做的准备啊。这是作为人臣而尽忠陛下的表现啊，怎么能反把它说成罪过呢？韩滉性格刚强、严肃，不攀附有权有势的人，所以别人往往诽谤韩滉，希望陛下细心审察，臣敢担保韩滉没有别的意图。"德宗说："外面对韩滉的议论很厉害，参奏的章疏多如乱麻，卿没听说过吗？"李泌回答说："我当然早就听说了。韩滉的儿子韩皋担任考功员外郎，现在不敢回去省亲，就是因为对韩滉飞短流长的原因啊。"德宗说："韩滉的儿子对这事尚且如此担心害怕，卿为什么要为韩滉担保呢？"李泌回答说："韩滉的用意，我了解得非常清楚。所以愿意上奏替韩滉担保他没有图谋不轨，请求陛下将这份奏章发给中书省，让满朝文武大臣都知道。"德宗说："朕正打算重用你，要担保一个人谈何容易！卿千万不要违背大家的意见，这恐怕会给你添不少麻烦。"李泌退朝后，仍然上疏，请求以全家百口性命为韩滉担保。后来有一天，德宗对李泌说："卿竟然还是上了奏章，朕已经将你的奏章扣留在禁中了。朕虽然知道你与韩滉亲近、交好，但怎么能不自爱呢？”李泌回答说：“臣岂敢以私心来保护旧友亲朋，而辜负陛下的恩德呢？臣只是看到韩滉实在是没有背叛朝廷的企图，臣之所以上奏章，是为了朝廷，而不是为了自身啊。”德宗问：“那卿是怎么为朝廷的？”李泌回答说：“现在天下发生了旱灾和蝗灾，关中地区一斗米价值一千钱，朝廷的粮库都消耗光了，但江东地区粮食获得了丰收。希望陛下早日将臣的奏章发给中书省，以便解除朝廷群臣对韩滉的疑惑，请陛下当面对韩皋说，准许回去探亲，让韩滉心中感激，打消内心的怀疑念头，立即向朝廷运送储备的粮食，这难道不是为朝廷吗？”德宗说：“好！我明白了。”当即把李泌的奏章发给中书省，又命韩皋回去探亲。德宗当着朝廷文武大臣之面赐给韩皋绯色朝服，告诉韩皋说：“最近有许多对你父亲不利的流言，朕现在已经知道了是怎么回事，不再相信这些谣言了。”又对韩皋说“关中地区缺乏粮食，你回去后告诉你父亲，最好快点运送粮食过来。”韩皋到了润州后，韩滉感激万分，高兴地流下眼泪，当天，就亲自到漕运处，调集粮食一百万斛运往关中，只让韩皋在家逗留五天的时间，就让韩皋回朝。韩皋与他的母亲告别，啼啼哭哭的声音外边传到了外边；韩滉大为恼火，将韩皋召呼出来，用鞭子抽打韩皋，亲自把韩皋送到江边的船上，让韩皋顶着风浪回朝了。不久，陈少游听说韩滉向朝廷进献粮食，自己也向朝廷进献大米二十万斛。德宗对李泌说：“韩滉竟然能感化陈少游向朝廷进献大米！”李泌回答说：“韩滉感化的岂止是陈少游，各道都有要争着向朝廷进贡了！”

（以上为第十二段，写李泌善谏，不顾个人安危保护李勉、韩滉两位忠义大臣。）

吏部尚书、同平章事萧复奉命出使江、淮回朝，与宰相李勉、卢翰、刘从一一同晋见德宗。李勉等人退下以后，只有萧复一个人留下来，对德宗说：“陈少游兼任大将和宰相的职务，却首先败坏了做人臣忠贞不贰的节操，韦皋是他幕府中的一般幕僚，却独有忠诚朝廷的义举，请陛下任命韦皋代替陈少游的职务镇守淮南。”德宗同意了这个建议。马上就派宦官马钦绪去见刘从一，对着刘从一的耳朵细说了些什么就走了。各位宰相回到自己办公的阁室中。刘从一来到萧复的阁室对萧复说：“马钦绪传达皇上的圣旨，让我与您商议您早上所说的事情，商议完后马上上奏，不要让李勉、卢翰知道。请问究竟是什么事？”萧复回答说：“唐尧、虞舜升降百官朝内朝外的官员都要协调一致。在朝同一爵位的人，应当共掌朝政。假如李勉、卢翰不适于担当宰相之职，那么就应该罢免他们。既然他们身居宰相职位，那么朝廷中的大小事务，怎么能不同他们商量，而唯独对他们隐瞒这一事情呢？这是目前朝廷政事中的最大弊端，早上皇上已对我说过这话。我已经向皇帝当面陈说这样做不好，没想到皇上的想法仍然如此。并不是我不愿意与您商议后上奏皇上，但恐怕渐渐地形成一种惯例，所以不敢告诉您。”最终也没有将这一事情告诉刘从一。刘从一将这一事上奏，德宗听了更加对萧复不满，萧复于是上表请求辞去宰相职位。十一月二十八日乙丑，德宗罢免萧复的宰相之职，改任为左庶子。

刘洽攻下了汴州，缴获一部《李希烈起居注》，上面写有“某月某日，陈少游上奏表章，表示归顺”。陈少游听说这一事后，既惭愧又害怕，就发疾病倒，十二月初八日乙亥，去世，朝廷追赠陈少游为太尉，并按常规给了丧葬费用，举行了祭祀。

淮南镇的大将王韶想自己担任淮南留后，下令让将士们推举自己代理军中事务，而且准备对地方实行大规模的抢掠，韩滉派遣使者去对王韶说：“你胆敢为害地方，我马上就率全军横渡长江来杀了你！”王韶等人因害怕而打消了原来的念头。德宗听说这一事后，十分高兴，对李泌说：“韩滉不仅能安定江东，而且还能安定淮南，真有大臣的才干和胆识，卿可说是善于识人！”十二月十三日庚辰，德宗加封韩滉平章事、江淮转运使职务。韩滉将江东、淮南地区的粮食、布帛转运到关中朝廷仓库中，没有哪一月间断过。朝廷的用度主要依靠韩滉，派出去慰问他的使者一个接着一个，德宗对韩滉的恩宠厚待开始加深起来。

这一年的蝗虫灾害遍及各地，草木都被吃光了，它们只是不吃稻谷，因此发生了大饥荒，饿死在路边的人，沿途不绝。

（以上为第十三段，写萧复因忠直而被罢相。中原大闹蝗灾。）

唐德宗贞元元年（乙丑，公元 785 年）

春季，正月初一日丁酉，德宗大赦天下，改年号为贞元。

正月十七日癸丑，朝廷追赠颜真卿为司徒，赠谥号曰“文忠”。

新州司马卢杞遇到德宗的赦令，改任吉州长史，卢杞对别人说：“我一定能再次回到朝廷。”没多久，德宗果然要起用卢杞为饶州刺史。给事中袁高奉命草拟委任卢杞的文件，袁高拉着卢翰、刘从一的手对他们说：“卢杞担任宰相，导致皇上的车驾流离于京城之外，天下到处都遭受战争之灾，怎么能一下子就将他升任一个大郡的刺史呢？希望你们对这个任命去谏劝皇上。”卢翰等人没有听从，改命其他人重新起草委任书。正月十九日乙卯，委任卢杞的文件发到中书省，袁高拿着委任书不肯下发，而且向德宗上奏说：“卢杞穷凶极恶，朝廷百官恨之入骨，六军将士恨不得吃了卢杞的肉，像这样的人，怎么能再次起用呢？”德宗根本不听这个意见。补阙官陈京、赵需等人给德宗上奏说：“卢杞专权三年，使朝廷文武百官的职掌失去秩序，这是天地神灵所知道的，为华夏和蛮貊各族共同抛弃，倘若给这样的巨奸大恶之人再加要职之宠，那么一定会丧失天下万姓黎民的心。”正月二十一日丁巳，袁高又在大明宫含光殿向德宗上奏反对这项任命。德宗说：“卢杞已经获得两次赦免。”袁高说：“皇上的赦免，只是原谅了卢杞的罪过，不应该任命卢杞为刺史。”陈京等人也就此争论不休，他们说：“卢杞当朝执政，文武百官就像刀剑经常架在脖子上；现在又要起用他，那么那些奸邪的恶人再度兴起就易如反掌了。”德宗听了以后勃然大怒，吓得左右侍从躲闪避退，谏劝论争的人也渐渐退下去；陈京回头对他们说：“赵需等人不要退下去，这是国家大事，应当冒死抗争！”这时德宗的怒气才稍稍消了一些。正月二十二日戊午，德宗对宰相们说：“给卢杞一个小州的刺史职务，你们看行吗？”李勉说：“陛下如果想给他的话，虽然是大州的刺史也未尝不可，只是让天下人失望了，那该怎么办呢？”正月二十六日壬戌，德宗任命卢杞为澧州别驾，派人对袁高说：“我慢慢琢磨你说的话，实在是非常恰当的。”又对李泌说：“朕已经批准了袁高的奏议。”李泌说：“连日来，外边的人都在悄悄议论，将陛下比成东汉的桓帝和灵帝；现在听了您的这句话，真是唐尧、虞舜等圣君明主也赶不上陛下啊！”德宗十分高兴。卢杞最后死于澧州。袁高是袁恕己的孙子。

（以上为第十四段，写给事中袁高强谏德宗阻止起用卢杞。）

三月，李希烈攻占了邓州。

三月二十三日戊午，德宗任命汴滑节度使李澄为郑滑节度使。

德宗把代宗之女嘉诚公主许配给田绪为妻。

李怀光的都虞候吕鸣岳暗中向马燧表明归顺朝廷的心意，事情泄露后，李怀光杀了吕鸣岳，并且屠杀了吕氏全家。这一事情牵连了李怀光的幕僚高郢、李鄘，李怀光召集将士当面斥责他们俩，高郢、李鄘大声剖析、陈说反叛和归顺的利害关系，毫不畏惧隐瞒，李怀光将他们关押起来。李鄘是李邕的侄孙。马燧的军队驻扎在宝鼎县，在陶城打败了李怀光的军队，杀敌一万多人；此后马燧分兵与浑瑊的军队会合，进逼河中。

夏季，四月十三日丁丑，德宗任命曹王李皋为荆南节度使；李希烈的部将李思登献出随州投降官军。

四月十八日壬午，马燧、浑瑊在长春宫南面打败了李怀光的军队，他们于是在长春宫外挖掘壕沟，包围宫城；李怀光的各个将领纷纷向他们投降。德宗下诏委任马燧、浑瑊为招抚使。

五月初二日丙申，刘洽改名为刘玄佐。

韩游瓌请求浑瑊出兵，共同攻取朝邑，李怀光的部将阎晏想去争夺，他的士兵们指着韩游瓌带领的邠州军队说：“他们不是我们的父兄之辈，就是我们的子弟之辈，怎么能拿刀剑对着他们呢？”士兵们语气激烈。阎晏马上带着军队离开了。李怀光知道部属将士们不跟从自己，就假称想归顺朝廷，聚积财物，装饰车马，说等道路通了以后就向朝廷进贡，因此，李怀光又苟延残喘了一个多月。

六月十八日辛巳，德宗任命刘玄佐兼任汴州刺史。

六月二十八日辛卯，德宗任命金吾大将军韦皋为西川节度使。

朱滔病死，将士推举前涿州刺史刘怦主持军中事务。

当时连年发生旱灾、蝗灾，度支的物资、粮食都用光了，朝中议事的大臣很多人都请示德宗赦免李怀光。李晟上奏德宗说："有五大理由说明不能赦免李怀光：河中府离长安城才三百里路，同州正是这两地的冲要，多派兵马去驻守，就不能显示朝廷赦免李怀光的信义，派兵少了则不足以防备万一发生的情况，如果同州突然被李怀光攻占，那将如何控制李怀光呢？此其一；现在朝廷赦免了李怀光，一定会把晋、绛、慈、隰四州还给他统辖，这样浑瑊就不能统辖这一地区，又要让康日知改任别的地方，会使地方上弄得不安宁，那怎么能体现奖励功臣的恩泽呢？此其二；陛下接连用兵一年，讨伐消灭了跳梁小丑朱泚，但军力并没有用尽。倘若马上赦免了李怀光反叛朝廷的罪行，那么现在西边有吐蕃，北边有回纥，南边有淮西的李希烈，都在观察我们是强是弱，他们不会说赦免李怀光是陛下广施恩泽，爱护天下百姓，而是说我们兵力不足，向人屈服，而主动停止用兵，他们一定会竞相伺机觊觎，此其三；李怀光赦免后，那么朔方军的将士们就应以解奉天之围论功行赏，但现在朝廷的府库正处在空虚时期，赏赐满足不了欲望，那就更会激起他们的叛乱，此其四；既然解除了对河中地区的包围，停用了各道的兵力，不能够对将士们赏赐财物，晋升官级，那么一定会产生怨恨情绪，此其五。现在河中地区一斗米值五百钱，青蒿野草都被吃光了，房室之中，饿死的人很多。而且李怀光军中的大将已差不多被杀光了，陛下只要下令各道兵马包围十来天时间，李怀光军中一定会发生内变，何必姑息这一心腹之患，为将来留下悔恨呢？"李晟又请求德宗增派二万兵力，由他们自筹物资和粮食，独自带领去讨伐李怀光。秋季，七月初一日甲午，马燧从行营入京上朝，上奏说："李怀光反叛朝廷，穷凶极恶，赦免李怀光，无法号令天下，请陛下再拨给我一个月的军粮，我一定为陛下消灭李怀光。"德宗答应了他。

（以上为第十五段，写李晟上奏大赦李怀光五不可，德宗从之。）

陕虢都知兵马使达奚抱晖下毒杀害了节度使张劝，由自己代理军中一切事务，希望朝廷授予节度使的旌节，而且还暗中招引李怀光的部将达奚小俊作后援。德宗对李泌说："如果李怀光与达奚抱晖联合起来抗拒朝廷，仓促之间，恐怕难以制服。况且达奚抱晖控制了陕州，通向长安的水路和陆路运输线全都被切断。事关重大，不得不劳你去走一趟。"七月初八日辛丑，任命李泌为陕虢都防御水陆运使。德宗打算派神策军护送李泌去陕州上任，问李泌此行需要带兵马多少，李泌回答说："陕州城三面都是悬崖绝壁，要进攻陕州城，不知哪年哪月能攻得下，所以臣请求单人匹马进去。”德宗问：“单人匹马怎么能进去？”李泌说：“陕州城内的军民，还不习惯于违抗朝廷的命令，这只是达奚抱晖一个人作恶而已。如果派遣大量兵马压境，那么达奚抱晖一定会关壁坚守。臣现在一个人去陕州城的近郊地区，他如果大举发兵找不到对手，如果派个小官吏带人来杀我，那这些人未必不会被我利用。而且现在河东马燧的军队都驻扎在安邑一带，马燧已经入朝，希望陛下下令马燧与我一同在朝廷辞行出发，即使陕州的人想加害于我，也害怕河东马燧调兵讨伐他们，这也是一个可以利用的形势。”德宗说：“虽然如此，但朕现在正重用你，宁可丢掉陕州，也不能失去你，那么我另派他人去算了。”李泌回答说：“如果另派他人，那一定不能进入陕州城。现在是事变发生的初期，陕州城内的人心还不稳定，所以臣能够出其不意，去挫败他们的阴谋。如果别人去，犹豫不决，拖延时间，使达奚抱晖完成各种安排和准备之后，那就谁也进不去了。”德宗这才答应了。李泌在长安城内会见了陕州派来入朝上奏的官员和将士们，对他们说：“皇上认为陕、虢一带发生饥荒，所以不给我授节度使职务，而让我担任水陆运使，是想让我去督运江东、淮南一带的粮食来赈济汴陕虢的军民。陕州的行营驻扎在夏县，如果达奚抱晖服从命令，自当率领行营。如果立下功勋，那么皇上就会赐给达奚抱晖节度使的旌节了。”达奚抱晖派来侦察动静的探子连忙驰马回去报告，达奚抱晖这才稍微安下心来。李泌将这一情况全部向德宗汇报了，说：“要让陕虢的将士们想得到粮食，让达奚抱晖想得到节度使的旌节，那么他们一定就不会加害于臣了！”德宗说：“很好！”七月十五日戊申，李泌与马燧一起在朝向德宗辞行。七月十七日庚戌，德宗加授李泌为陕虢观察使。

李泌出了潼关之后，鄜坊节度使唐朝臣率领步兵、骑兵三千人布置在潼关之外，对李泌说：“我奉皇上的密诏护送你去陕州。”李泌说：“我向皇上辞行的时候，已经得到圣旨，给了我见机行事的权力。这一次一个人也不能跟着我来，跟来一个人，我就进不了陕州城。”唐朝臣因受德宗诏命，所以不敢擅自离开，李泌于是写了一份文书，打发他回关，自己急马快鞭地向陕州城奔去。

达奚抱晖不让将吏、僚佐们出来迎接李泌，只是接二连三地派人刺探。李泌在曲沃过夜时，将吏、僚佐们不等达奚抱晖下命令，就出来迎接李泌。李泌笑着说：“看来我的事要办成功了！”在离陕州城十五里的地方，达奚抱晖也出来拜见李泌。李泌称赞达奚抱晖代理事务、保全城池的功劳，说：“军中的流言蜚语，不值得在意。你和将吏们的职责、任务一切照旧。”达奚抱晖出来后，感到很高兴。李泌进城就职后，开始处理各项事务，宾客僚佐中有人请求李泌屏退其他人而单独汇报事情，李泌说：“更换节度使人选的这一阶段，军中出现流言蜚语，这是很正常的事情，我李泌来了以后，都自然会平息、安定下来，你要说的话，我不愿意听。”这样一来，那些疑惑不定的人都安静下来。李泌只是向官吏们要账簿、文书之类，处理粮食储备事宜。第二天，李泌召达奚抱晖到自己的住宅中，说：“我并不是爱护你才不杀你，而是担心今后有危急疑虑的地方，朝廷任命的将帅不能进入，所以才给你留了一条活路。你立即替我带着灵牌和奠祭的物品去祭祀前任节度使张劝，你要小心别进潼关去，自己找一个安身之地，暗中来此接走一家老小，我担保你不会发生什么意外。”李泌向德宗辞行的时候，德宗把记着陕虢将领中参与谋杀张劝的七十五人名单给了李泌，让李泌杀了这些人。李泌将达奚抱晖打发走了以后，这天中午时分，朝廷的宣慰使来了。李泌上奏章说：“我已经打发走了达奚抱晖，其余的人不必再去追究。”德宗又派宦官出使陕州，一定要李泌杀了这些犯上作乱的人。李泌迫不得已，派人将兵马使林滔等五人押解京城，还上奏恳请德宗将他们赦免。德宗下诏将林滔等人削职，送往天德军去戍守；过了一年多时间，还是下令杀了他们。但达奚抱晖却不知逃到什么地方去了。

达奚小俊率领兵马到了陕虢边境，听说李泌已经进入陕州，就带兵回去了。

七月十九日壬辰（疑误），德宗任命刘怦为幽州、卢龙节度使。

天气久旱不下雨，灞水、浐水都快干涸，长安城内所有水井都没水了。度支上奏朝野的经费只够维持七十天了。

（以上为第十六段，写文臣李泌单骑入陕除叛乱。）

【点评】

本卷点评四事：李晟收复长安、颜真卿骂贼成仁、李泌单骑入陕除叛贼、德宗问计于李泌。

李晟收复长安。李晟，字良器，洮州临潭（今甘肃临潭）人。身长六尺，善骑射，勇敢绝伦，称万人敌。初在西北为裨将，屡立战功，调任神策军都将。德宗用兵河北，以李晟为神策先锋都知兵马使，隶属河东节度使马燧讨田悦。李晟在临洺斩杀田悦将杨朝光，居间调停马燧与昭义节度使李抱真释嫌和好，应对河北朱滔反叛后的紧急局面，李晟功不可没。朱泚叛乱，李晟回军勤王，奉天解围，进兵长安。李怀光反叛，李晟孤军支撑危局，以忠义感奋将士，巍然屹立赢得诸镇友军的拥戴。李晟军纪严明，对民众秋毫无犯。李怀光军抢掠，分给李晟军，士兵不敢取。李晟攻破长安，下令诸军说：“长安士庶，久陷贼庭，若小有震惊，非吊民伐罪之意。”要求军中将官，五天之内不得撤离职守与家属联系。大将高时曜私取叛贼的女乐，尚可孤军士擅取贼马，李晟杀头示众，毫不姑息。全军震动，公私安然如平常。长安士民，有人过了一天多，才知道官军入城。

李晟把收复长安的消息报告德宗，德宗感慨地流下眼泪，说："天生李晟，以为社稷，非为朕也。"可是德宗回朝，很快好了伤疤忘了痛，猜忌李晟，夺了他的兵权，幸赖李泌护佑，李晟才免遭诛杀。

颜真卿骂贼成仁。颜真卿，字清臣，京兆万年（今陕西西安）人。唐名臣，历仕玄宗、肃宗、代宗、德宗四朝，官至吏部尚书、太子太师，封鲁郡公，人称"颜鲁公"。颜真卿善书法，有颜体书法和文集《颜鲁公文集》行于世。安史之乱，颜真卿任平原太守，与从兄颜杲卿常山太守相约起兵抵抗，河北十七郡同日响应，共推颜真卿为帅，合兵二十万，迟滞安禄山不敢急攻潼关。后兵败，颜杲卿被俘，骂贼而死。颜真卿回朝，肃宗任以为宪部尚书，寻加御史大夫。得罪李辅国，弹劾权臣元载，两次遭贬逐。元载诛，授刑部尚书，杨炎为相，恶之，改太子少傅。卢杞专权，忌颜真卿忠直，改太子少师，处以闲职。李希烈反叛，卢杞借刀杀人，奏请颜真卿宣慰淮西。诏出，百官愕然，朝廷失色。颜真卿到达东都，观察使郑叔则留颜真卿不往，说："颜老前去必为贼所害。"颜真卿说："这是君上的命令，不可逃避。"颜真卿义无反顾急行淮西。汴宋节度使李勉上奏德宗说："朝廷失去元老，是国家的羞耻。"李勉派人追赶颜真卿，没有追上，颜真卿到了淮西。李希烈软硬兼施，要颜真卿屈膝为伪相，不然要活埋他，又要架火烧他，颜真卿毫无惧色，视死如归。李希烈软禁颜真卿于汝州（今河南临汝）龙兴寺。颜真卿度必死，于是自作遗表、墓志铭、祭文。经常手指寝室西墙壁下的地方说："这就是埋我的地方。"朱泚败亡，李希烈之弟李希倩在朱泚党中被杀头，李希烈暴怒，于兴元元年八月初三日派阉奴缢杀颜真卿于龙兴寺。颜真卿骂贼而死，时年七十七岁。淮西平定，颜真卿归丧京师，德宗十分哀痛，废朝五日，谥曰"文忠"。

李泌单骑入陕除叛贼。李泌以布衣交辅佐肃宗、代宗两朝，遭元载排斥，出为杭州刺史。肃宗时，德宗为奉节王，学文于李泌。代宗时，德宗立为太子，继续与李泌交游。德宗蒙尘到汉中，派人宣召李泌。德宗还京，任李泌为左散骑常侍，每天值守中书省以备应对，朝野都寄托很大的希望。贞元元年（公元 785 年）七月，陕虢都兵马使达奚抱晖杀节度使张劝，要挟朝廷封他为节度使。陕虢是陕州、虢州的合称。陕州（今河南三门峡），虢州在陕州西南。陕虢地区在潼关以东，控制黄河交通。唐朝京都长安依赖江淮财赋与粮食供应，陕虢在交通线上。当时，朱泚刚灭，京都百废待兴，急需江淮财赋。李怀光割据河中，李希烈为害淮西，两贼尚未歼灭。达奚抱晖如果正式背叛，割据陕虢，将把北起河中，南到淮西连成一片，整个中原大地就会动荡起来。所以，迅速扑灭陕虢的叛乱之火，不使燎原，是唐王朝的头等大事。

德宗问计于李泌。李泌说："陕州城三面悬绝，濒临黄河，易守难攻，发兵征讨，不知施到何年何月才能攻下，这样会导致形势变坏。臣有一计，臣单骑入陕州，必能安定，请陛下勿忧。”德宗不答应，说：“朕正要重用卿，朕宁失陕州，不能失卿，朕派别的人去。”李泌说，别的人进不了陕州。德宗要派五千神策兵护送，李泌说，臣带了五千兵，就进不了陕州了。德宗最终同意了李泌的计划，完全按照李泌的布置，出其不意，李泌单骑入陕州，竟然控制了局面，不费一兵一卒安定了陕州，产生了极大的震动。河中叛将李怀光闻讯后丧失了斗志，很快被马燧讨灭。淮西叛乱者李希烈没多久也被部下陈仙奇杀死，陈仙奇归顺朝廷，淮西的叛乱也被平定了。

李泌大智大勇，达奚抱晖只是一个小丑。小丑不敌智勇，理所当然。但是李泌身入虎穴，不可保以百全，他的忠贞和正气，才是取胜的决定因素。安禄山、史思明、田悦、李惟岳、朱泚、李希烈、李怀光，都不过是一群小丑，一个个急于割地称雄，甚至急于称王称帝，只逞一时之气，毫无远略之虑。朱泚最为典型。李怀光兵强，朱泚以兄事之，相约分帝关中；李怀光军势稍弱，立即板起面孔，以臣礼待之，要征其兵，化友为敌，见识何其浅薄。反观唐室，良将辈出。平定安史之乱有郭子仪、李光弼，平定朱泚与李怀光，有李晟、浑瑊、马燧、李抱真。文臣有颜真卿、陆贽、李泌。广大军民仍效忠唐室。贞观与开元盛世，恩泽深固民心。德宗虽然愚而昏，也有清醒之时，危急时刻任用英才。中唐几度危如累卵而后得安，原因在此。正如德宗所说：“天生李晟，以为社稷，非为朕也。”同理，天生陆贽、李泌，以及广大军民，奋起灭贼，乃是效忠唐室，非为德宗也。

资治通鉴（白话本） 卷第二百三十二

唐纪四十八

唐德宗贞元元年至三年（公元 785—公元 787）

【起旃蒙赤奋若（乙丑，公元 785 年）八月，尽强圉单阏（丁卯，公元 787 年）七月，凡二年】

【大事提要】

本卷记事起公元 785 年八月，讫公元 787 年七月，凡两年。当唐德宗贞元元年八月到贞元三年七月。这一时期，李怀光与李希烈两个叛臣被消灭。平定李怀光，马燧立首功。德宗采纳李泌之计，赦免李希烈以安天下反侧子之心，待其自毙，不久，李希烈果为部将所杀，淮西乱平。李晟功高受猜疑被罢兵权。吐蕃背盟，德宗诿过于马燧，马燧亦被罢兵权。陕虢观察使李泌八面埋伏，奇计灭叛兵。官军久经战阵，锤炼出一批名将，李晟、马燧、浑瑊、李抱真等，他们讨逆平叛，才维系了唐王朝的政权。然而这些功臣良将，无端受到德宗的无妄猜疑，德宗两度出亡而不灭，实在是天幸。李泌入朝拜相，力保李晟、马燧，为国家护长城。李泌劝谏德宗释猜疑、清吏治、勘两税、免积欠、籍胡客，立于猜忌之朝而能推行一些利国利民的事，表现了他非凡的卓越才能。李泌借复府兵制为题实际推行寓兵于农，屯垦边地的政策，减轻国用而增强了边防。德宗拜李泌为相，是这个昏君屈指可数的善政之一。

德宗神武圣文皇帝七

唐德宗贞元元年（乙丑，公元 785 年）

八月初二日甲子，德宗下诏命令把一切不是急需的开支和在官府吃闲饭的多余人员一律裁撤。

马燧从朝廷出发，回到行营后，立即与各位将领商议说：“如果攻不下长春宫，就不能擒拿李怀光。但长春宫防守极为严密，要攻打的话，一定会旷日持久，我要亲临城下去劝说他们。”于是径直来到城下，向上呼叫李怀光的守将徐庭光，徐庭光率领将士在城上列队向马燧行礼下拜。马燧知道徐庭光内心已经屈服，便慢慢地对他们说：“我才从朝廷来，你们应该西向接受朝廷的命令。”徐庭光等人又向西边行礼下拜。马燧说：“你们自从安禄山叛乱以来，报效国家，屡立功勋，已长达四十余年，为什么突然做出这害身灭族的事情呢。你们听我的话，不但可以免杀身之祸，还可能求得荣华富贵。”大家都不回答。马燧敞开胸脯对他们说：“你们如果不相信我说的话，那怎么不朝我射箭？”将士们都伏在城上哭起来。马燧说：“这都是李怀光一个人造成的，你们无罪。你们只管坚守城池不出来就是了。”众人都齐声回答说：“是！”

八月初十日壬申，马燧与浑瑊、韩游瓌联合兵力，进逼河中地区，大军到了焦篱堡；李怀光的守将尉珪率七百人投降。当天晚上，李怀光燃烽火调兵，各个营垒里的将士都不理睬。骆元光在长春宫城下，派人去招降徐庭光，徐庭光一向看不起骆元光，派士兵在城上谩骂骆元光，又让人在城上扮演胡人小丑的模样以羞辱骆元光，而且说：“我徐庭光只向汉族将领投降！”骆元光派人向马燧报告，马燧立即回来赶到长春宫城下，徐庭光开城门向马燧投降。马燧仅带几名骑兵入城安抚投降将士，投降的将士们大声高呼：“我们又成了皇上的臣民了！”浑瑊感慨地对自己的幕僚们说：“起初我总觉得马公用兵并不比我高明，现在我才知道我比他差得远了！”德宗下诏任命徐庭光为试殿中监兼御史大夫。

八月十二日甲戌，马燧率领各支军队进逼河西，李怀光的河中将士自相惊扰，他们说：“西城的官军穿上铠甲了！”又说：“东城的官军已经排好队列了！”不久，李怀光的将士们全将旗号改写上“太平”二字；李怀光不知该如何办才好，于是自缢而死。

当初，李怀光解救了奉天的包围，德宗赐官李怀光的儿子李璀任监察御史，对李璀非常宠信优待。李怀光屯兵咸阳，不进攻长安时，李璀密奏德宗说：“臣的父亲肯定会辜负陛下，希望陛下早点对他做好防备。臣知道事君、事父的态度应该是相同的；但现在的形势是，陛下不能够杀了臣的父亲，但臣的父亲的势力却足以危及陛下。陛下待臣极好，而臣们胡人性情直爽，所以不忍心不对陛下说明这件事。”德宗很吃惊地说：“朕知道你是李怀光的爱子，你应该想方设法为朕去做你父亲的工作，而你却秘密地奏告他！”李璀回答说：“臣的父亲不是不爱臣，臣也不是不爱自己的父亲和自己宗族亲戚；臣考虑到竭尽全力，也不能够挽回父亲的态度啊。”德宗说：“那么，你想什么方法可以免除自己的杀身之祸呢？”李璀说：“臣之所以向陛下进言，并不是为了苟且偷生；臣的父亲失败之后，臣会与他一起去死，没有什么自我开脱的办法。如果臣出卖自己的父亲以求活下去，那陛下又怎么能还任用臣呢？”德宗说：“你不要死，为朕再去咸阳开导你的父亲，让我们的君臣关系、你们的父子关系都能保全，那不更好吗？”李璀到咸阳后还朝，对德宗说：“没有什么办法了，希望陛下早日做好防备，不要相信别人说的好话。臣这次去，千方百计地劝说、开导，臣的父亲对臣说：‘你小孩子知道什么？皇上不讲信用，我并不是贪图富贵，我只是怕死而已，你怎么能让我陷入死地呢？’”

后来，李泌赶赴陕州前，德宗对李泌说："朕之所以一而再，再而三地想保全李怀光，实在是因为爱惜李璀啊；你到了陕州，试着为朕招抚李怀光。"李泌说："陛下还没有出行梁州、洋州的时候，还可以让李怀光投降。现在就不行了，哪有做臣子的逼迫、驱逐君王，还可以再容他立于朝廷的呢？即使李怀光厚颜无耻地能这样做，而陛下每当看见李怀光，那又是一种什么心情呢？臣如能进入陕州，即使李怀光向臣请求投降，那臣也不敢接受，更何况臣去主动招抚呢？李璀的确是一个有贤德的人，一定会与他的父亲一道去死；如果他不死的话，那也就不值得称道了。"李怀光自杀后，李璀先杀了两个弟弟，然后自杀。

朔方军的将领牛名俊从李怀光的尸体上割下脑袋，出营垒投降。当时河中地区李怀光的兵还有一万六千人，马燧杀了李怀光的部将阎晏等七人，对其余的人一概不追究。马燧自从在朝廷向德宗辞行到平定河中，总共二十七天。马燧把高郢、李鄘从监狱中放出来，上奏德宗后都收入自己的幕府中。

韩游瓌发动对李怀光的进攻，杨怀宾作战极为卖力，因此德宗特别开恩原宥、宽恕了杨怀宾的儿子杨朝晟；韩游瓌于是让杨朝晟做了自己的都虞候。

（以上为第一段，写官军平定李怀光，马燧立首功。李怀光之子李璀尽忠朝廷而连坐受祸。）

德宗派使者询问陆贽："河中平定以后，还有什么事情应该处理的？"命陆贽一条条列出来上奏。陆贽认为河中平定后，令人担忧的是那些迎合圣旨节外生枝的人，会觉得朝廷的军队所向无敌，请求乘胜讨伐淮西李希烈。李希烈也肯定会引诱、劝说部将和那些刚归附朝廷的如李纳、王武俊、田绪等将帅说："去年皇上在奉天颁布的停战赦免诏书，是因为朝廷当时处境困难才做出的，朝廷稍微安定下来以后，一定又会来征讨我们的。"这样一来，那些以前有罪于朝廷的将帅谁不担心难保性命呢？河朔的王武俊、田绪、刘怦；青齐的李纳等一定会响应李希烈，势必又会战事连绵，祸灾无穷，频征赋税，劳役不断，建中年间的忧患又将重新出现。于是上奏德宗，大意是说："福分不可以多次侥幸取得，幸运不可以经常希图。臣宁肯担心有祸患、忧虑产生，不敢以获得幸福向陛下道贺。"又说："陛下怀着悔过的深切诚意，颁布了不同寻常的特赦诏书，当诏书向各地宣布的时候，凡是听到的人没有不痛哭流涕的。自称王号、飞扬跋扈的将帅，没有不削除王号、请求朝廷治罪的；那些心存观望，左右摇摆的将领们，一心一意地竭诚为朝廷效劳。"又说："从前讨伐叛逆，愈讨愈叛，如今宽恕了他们却都归顺朝廷；从前征调百万大军去讨伐，而终于兵穷力尽，而现在仅以不满一尺的诏书就感化了天下。由此可见，圣明的君王治理国家，征服凶恶残暴的人，应当用道德来感化而不是用武力来镇压，这道理是十分明显的；

各地的节帅违背做臣子的仪节，抗拒朝廷的诛伐，是谋求活下去，而不是谋求称王，这又是显而明了的道理。由此看来，把让人生存下去的这种心情遍施世间万物，这就是使自己生存下去的最好方法；把给别人以安定的心思普施世间万物，这就是让自己安定下去的最好手段。把别人挤压到必死的境地，而想让自己长久生存，把别人弄到危险的境地，而想让自己长久安宁，从古代到现在，还没有过这事。”又说：“一个人不守法，那么整个地方都要遭殃；一个地方不平静，那么整个天下都会受骚扰。”又说：“天下众多昏昧糊涂的人，以及那三四个反叛朝廷的节帅，都被陛下自新朝政的诏书所感动，为陛下含美蕴德的话语而高兴，于是都洗心革面，改变不敬的言辞，而且谨修做人臣的礼仪。但他们对诏书真诚深切的言语和周密细致的考虑，还没有全都领会，一定会专心致志地去考虑，认认真真地去细听，观察陛下所做的事情，印证陛下所发的誓言。如果陛下说的与做的相符合，那么他们改过从善的心意会逐渐坚定起来；如果陛下做的事与说的语相违背，那么他们顾虑有杀身之祸的心思就又会抬头。”又说：“消灭了朱泚，又诛杀了李怀光，李怀光被杀之后又征讨李希烈，如果李希烈平定了，那灾祸又将依次连及别人，那些一向心怀疑虑而又野心勃勃的人，对此能不怀疑朝廷吗？”又说：“如今国运将要振兴，上天所降的灾祸行将过去，就拿叛贼朱泚来说，他窃居京城长安，李怀光窃据河中都畿之县，在不到两年的时间里，二人相继被消灭，这实在是各个叛将心惊胆战的日子，天下百姓改变对朝廷看法的时候。朝廷的威严已经施行天下，但陛下的恩泽还没有遍及民众。陛下实在应该对上顺应苍天的眷顾，对下广收民心，借广布体恤百姓的恩惠来增加朝廷的威严，又乘着消灭了叛贼们的声威来对天下人普施恩惠。”又说：“臣不敢担保一定会服从朝廷的，只有李希烈一个人。我揣摩李希烈的内心，并不是不想归顺朝廷；推测李希烈深藏的考虑，也并不是不追悔自己的过去。只是因为一时糊涂而肆意妄为，已经窃称帝号，即使承蒙了陛下宽恕而保全的恩典，但自己也再无颜生活在天地之间了。即使不能够归顺朝廷，也要成为孤家寡人，对内再没有什么理由动员部属兴战起兵，对外则更没有可供求助的同类之人，策略不过是优厚地对待、安抚部下，拖延时日，苟且偷生，虽然仍有逞强施虐之心，但形势却难以做到。陛下只下敕令，让各镇自己守护各自的疆域，李希烈胆气丧尽，计策已完，那就只是一个像囚在牢笼中的人，如果里面不发生人祸，那么就会有厉鬼去报应。古代所说的不战而屈人之兵，指的就是这个意思啊！”

（以上为第二段，写德宗采纳陆贽建言，平定李怀光后，朝廷罢兵，赦免李希烈，待其自毙，以安天下反侧子之心。）

八月初五日丁卯，德宗下诏说：“李怀光曾对国家有功，现在宽恕李怀光一个儿子，使他能承续李怀光的香火，赐给田地住宅，归还李怀光的尸首由其埋葬。加授马燧兼任侍中，加授浑瑊为检校司空；其余的将士们的赏赐各有等级。各道和淮西李希烈连接的节帅，都应该各自守护自己的疆域，如果不是李希烈侵扰，就不得主动出兵征讨。李希烈如果投降的话，应该给他留条活命；其余的将士和他属下的百姓，一概不予追究。”

当初，李晟曾经率领神策军士兵去戍守过成都，回到朝廷时，把成都军中的一个妓女高洪带走了。西川节度使张延赏对此十分恼怒，派人追赶，从李晟那里要回了高洪，由此两人便有了矛盾。而到了现在，宰相刘从一生了重病，德宗要征召张延赏入朝担任宰相，李晟上奏陈述张延赏的过失和缺点；德宗不好违背李晟的意见，只任命张延赏担任左仆射。

骆元光打算要杀掉徐庭光，与韩游瓌商量说：“徐庭光侮辱我的父祖先人，我想杀了徐庭光，马公一定会大发雷霆，到时您能救我一命吗？”韩游瓌答应说：“好吧。”八月二十日壬午，骆元光在军营门外遇到了徐庭光，命人把徐庭光抓起来，一一列举徐庭光的罪过，下令随从人员把徐庭光碎尸万段。骆元光然后去见马燧，伏地叩头请求治杀徐庭光之罪，马燧勃然大怒说：“徐庭光已经投降，接受朝廷的官爵，你不向我汇报，就随便杀人，这是目无统帅之罪！”想杀了骆元光。韩游瓌在一边说：“骆元光杀了您的裨将，您尚且如此愤怒。如果您杀了节度使，那皇上对此又会怎么样？”马燧听了沉默不语；浑瑊也为骆元光向马燧求情，马燧于是不再追究骆元光。

浑瑊镇守河中府，将李怀光的部众全部接收下来，朔方军的部众从此分为两部，驻守在邠州和蒲州。

卢龙节度使刘怦生了重病，九月初七日己亥，德宗下诏让刘怦的儿子行军司马刘济暂时代理节度使事务；刘怦不久就去世了。

九月二十七日己未，免去刘从一中书侍郎、同平章事的职位，改任为户部尚书。九月二十八日庚申，刘从一去世。

冬季，十月，癸卯（疑误）这一天，德宗在天坛祭天，大赦天下。

十二月十三日甲戌，户部上奏今年入贡的地方总共只有一百五十州。

于阗王尉迟曜上奏说：“我哥哥尉迟胜把国王之位让给我，现在我请求把尉迟胜的儿子尉迟锐立为国王。”德宗任命尉迟锐为检校光禄卿，回于阗国去。尉迟胜坚决推辞说：“尉迟曜久执国政，国内人对他都心悦诚服。尉迟锐从小生长在京城长安，不熟悉于阗国的习俗，不可回去为王。”德宗对此很是嘉许，任命尉迟锐为韶王李暹的谘议。

（以上为第三段，写李晟与张延赏结怨，骆元光因泄私愤而擅杀大将。）

唐德宗贞元二年（丙寅，公元 786 年）

春季，正月十一日壬寅，德宗任命吏部侍郎刘滋任左散骑常侍，与给事中崔造、中书舍人齐映均为同平章事。刘滋是刘子玄的孙子。

崔造年轻时住在上元县，与韩会、卢东美、张正则结为朋友，自认为有辅佐帝王的才能，当时的人称他们为“四夔”。德宗因为崔造在朝廷中敢于议论政事，所以，破格重用。刘滋、齐映多把朝政让给崔造处理。崔造长期生活在江南，痛恨负责征集、转运钱粮的各使欺瞒朝廷的弊端，上奏德宗废除水陆运使、度支巡院、江淮转运使等机构，各道的租赋一切都交给观察使、刺史派官吏运送到京城。又请任命宰相分别掌管尚书省的六部：齐映掌管兵部，李勉掌管刑部，刘滋掌管吏部、礼部，崔造掌管户部、工部；又让户部侍郎元琇负责各道的盐铁税和专卖酒的事务，让吉中孚负责度支两税事务。

李希烈的部将杜文朝率部侵扰襄州；二月初三日癸亥，山南东道节度使樊泽出击，打败并活捉了杜文朝。

崔造与元琇关系很好，所以让元琇主持盐铁事务。韩滉上奏朝廷，议论盐铁事务中的过失。二月十四日甲戌，德宗任命元琇为尚书右丞。陕州水陆运使李泌上奏说：“请准许我从集津仓到三门，开劈山石，凿出山间运输车路十八里，以便运船避开黄河底柱天险。”就在这个月内，山间车道修好了。

三月，李希烈的别将寇略郑州，被义成节度使李澄打败。李希烈的军势日益削弱，正好李希烈又生了重病，夏季，四月初七日丙寅，李希烈的大将陈仙奇指使医生陈山甫用毒药谋杀了李希烈；陈仙奇率兵将李希烈的兄弟、妻子儿女全杀了，带领军队投降朝廷。三月二十五日甲申，德宗任命陈仙奇为淮西节度使。

关中库存的粮食已经用光，禁军中有人摘下头巾，在道路上大声呼喊：“把我约束在军队中，却不给粮食吃，我们简直成了罪人！”德宗对此极为忧虑，正好韩滉从江淮运送三万斛粮食到了陕州，李泌马上向德宗奏报。德宗十分高兴，急忙赶到东宫，对太子说：“粮食已经运到陕州了，我们父子能够活下来了！”当时宫禁中不让造酒，德宗下令去街市上买酒回来庆贺。又派人把粮食运来的消息告诉给神策六军，将士们都高兴地直呼“万岁”。

当时连年发生饥荒，军民们的脸上都是又瘦又黑，到这时麦子开始成熟收获，街市上有喝醉酒的人，当时的人们都认为这是一个好征兆。人们突然一下子吃得太饱，因此而死的人占五分之一。几个月以后，人们的肤色又恢复到原来的样子。

德宗任命横海军使程日华为节度使。

秋季，七月，淮西兵马使吴少诚杀了淮西节度使陈仙奇，自己担任留后职务。吴少诚一向阴险狡猾，被李希烈宠信、重用，所以杀陈仙奇为李希烈报仇。七月二十二日己酉，德宗任命虔王李谅担任申州、光州、随州、蔡州的节度大使，任命吴少诚为留后。

德宗委任陇右行营节度使曲环为陈许节度使。陈州、许州在兵荒马乱之后，人户流离散失。曲环以勤俭的作风约束、督导部下，施行的政治和法令务求宽大、简要，百姓承担的赋税和劳役都很平均，几年之间，流失逃亡的人都回到故土，恢复生业，士兵们的粮食都充足起来。

八月二十七日癸未，义成军节度使李澄去世，李澄的儿子李克宁企图接管军事事务，隐瞒父亲去世的消息，没有发讣告。

八月三十日丙戌，吐蕃的国相尚结赞率领人马大举侵入泾州、陇州、邠州、宁州，抢掠人口和牲畜，毁坏庄稼，西部边疆骚动不宁，各州各县都据城自守。诏令浑瑊率兵一万人，骆元光率兵八千人驻守咸阳，以防御吐蕃的进攻。

（以上为第四段，写德宗急躁，起用享有虚名的轻进少年崔造为相，贸然改革财赋机构，留下隐患。李希烈为其部将所杀。）

当初，德宗与李泌商量恢复府兵制的问题，李泌就此为德宗陈述了府兵制从西魏以来各代兴起和废弃的因由，并且说："府兵平时都安心在家乡耕田种地，每一军府都设有折冲都尉统领府兵，折冲都尉在农闲的时候，对府兵进行战阵训练。当国家有事要征发府兵时，就把兵符下发到所在的州与折冲府，检验调兵符契后，按照规定征发府兵限期到达指定地点。将帅检阅府兵，对战阵训练不符合标准的，要处罚折冲府的长官，对严重失职的，还要处罚该州的刺史。完成军事任务返回后，便论功劳大小加以奖赏和赐爵位，然后即行遣散归农。凡应征的府兵，短期的不超过三个月，时间长的不超过一年。本朝高宗皇帝委任刘仁轨为洮河镇守使，以防御吐蕃，从此之后，才有长期驻守的兵役。自从武后统治时期以来，天下太平日子长了，府兵就逐渐没落，受到人们的轻视；老百姓也以当府兵为耻，甚至烫伤手脚以逃避去服兵役。另外，牛仙客因为能囤积财物而谋得宰相职位，守边的将领就纷纷仿效他；山东地区戍边的士兵常常随身带着自家的丝帛布匹，守边的将领就诱骗他们将这些东西存放在仓库中，白天让他们服苦役，晚上又把他们关在地牢中，希望把他们弄死而将他们的财产没收。所以从天宝时期以后，山东戍边的士兵能够回家去的十人之中不到二三人，守边将领的残暴竟到这种地步。但是，还不曾发生叛乱或内讧，以及杀害将帅来谋夺权位的事情，这实在是因为他们眷恋自己的故土田园，担心连累宗族内的老小。到开元末年，张说开始招募佣兵，把他们称为'彍骑'，后来又将彍骑增编为六军。到李林甫担任宰相时，上奏请求各军全都由招募来的士兵组成；士兵们不再在本地当兵，已经没有宗族的人在附近牵连着，所以他们不再自我尊重、爱惜，而是忘记自身的死活，不顾一切地追求利益，灾祸、叛乱于是就不断发生，至今为恶不止。假如从前的府兵制度长期存在下来，而不废弃，那怎么会有犯上作乱、纲纪废弛的祸患呢？陛下想恢复府兵，这是国家社稷的福分，这样，太平盛世的到来就为时不远了。”德宗说：“一等河中地区平定，就马上与卿商议此事。”

（以上为第五段，写李泌以议恢复府兵制为话题，迂回实施北连回纥以抗吐蕃的战略，良苦用心深矣。）

九月初一日丁亥，诏令十六卫各设上将军一职，以示对功臣的宠信；把神策左、右厢改为左、右神策军，把殿前射生左、右厢改为殿前左、右射生军，每军中设置大将军二人、将军二人。

九月初四日庚寅，李克宁才把父亲李澄的死讯向外界公布，杀了行军司马马铉，穿着黑色的丧服出来办理各项事务，在各个城门口都增派了兵力。刘玄佐派出军队驻扎在义成军的辖境内，以牵制李克宁的行为，而且派遣使者前去，极为严厉地劝告李克宁，李克宁这才没敢轻率地承袭父亲节度使的职位。九月十一日丁酉，德宗任命东都留守贾耽担任义成军节度使。李克宁将府库中储存的钱财全部弄出来，连夜出走，军中的将士们跟随着开始抢劫财物，等到天亮的时候，东西几乎全被抢光。李纳的淄青兵有几千人从行营中回去，途中路过滑州，贾耽的将吏、幕僚们都说：“李纳虽然表面上服从朝廷的命令，但内心却暗藏着吞并这片土地的阴谋，请将他的这批军队安排在城外驻扎吧。”贾耽说：“我们与李纳是接壤的邻道，怎么能将李纳的将士安排在城外野地里住宿呢？”下令将这支军队安排在城内住宿。贾耽经常带领一百名左右骑兵在李纳管辖的境内打猎，李纳听说这事以后，十分高兴，极为佩服贾耽的度量和胆识，不敢越境侵犯义成军。

吐蕃军队的侦察骑兵已经到了离京城不远的好畤地区；九月十九日乙巳，京城长安实施戒严。德宗又派遣左金吾将军张献甫率军驻守咸阳。这时民间到处传言德宗又要离开京城，出行他地，以躲避吐蕃人的进攻，宰相齐映面见德宗说：“外面都说陛下已经整理好行装，备办了干粮，现在人们惶恐不安。大福不可能再次从天而降，陛下怎么能不就这件事与我们好好商议一下呢？”说完后伏在地上痛哭流涕，德宗也为之很伤心。

李晟派将领王佖率领三千勇猛精悍的战士埋伏在汧城，并告诫王佖说：“敌人经过汧城时，不要攻击他们的先头部队；敌人的先头部队虽然被打败，但他们的主力过来了，你们就不能抵挡了。不如等敌人的先头部队经过以后，看见打着五方旗，穿着有虎豹花纹衣服的人马，那就是敌人的主力军队，在此时发起突然袭击，就一定能大获全胜。”王佖完全按李晟的计策行事，结果尚结赞的人马被打得大败而逃。将士们不认识尚结赞，尚结赞才得以逃脱。

尚结赞对手下人说：“唐朝的良将，只有李晟、马燧、浑瑊三个人罢了，我们应该用计策除掉他们。”尚结赞进入凤翔境内，没有抢掠到什么东西，就率领二万人一直开到凤翔城下说：“李令公召见我们到这里来的，你们怎么不开城门来犒劳我们。”在城下闹了一个晚上，尚结赞才领着人退走。

冬季，十月初七日癸亥，李晟派遣蕃落使野诗良辅与王佖一起率领步骑兵五千人去袭击吐蕃的摧砂堡；十月十六日壬申，野诗良辅、王佖率部与两万吐蕃军队相遇，同他们交战，打败了吐蕃军队，乘胜追击，直到摧砂堡下，向城堡发起攻击，攻了进去，杀了吐蕃的将领扈屈律悉蒙，焚烧了他们蓄积的财物之后，得胜而回。尚结赞率领人马从宁州、庆州向北逃走，十月十七日癸酉，他们在合水县的北边驻扎下来。邠宁节度使韩游瓌派出部将史履程带人晚上偷袭吐蕃的军营，杀了几百个敌人。吐蕃军队出来追赶史履程，韩游瓌在平川布下战阵，暗中派人在西山上擂起战鼓以迷惑敌人；吐蕃军队惊慌失措，将抢掠来的东西全部丢下，狼狈逃跑了。

十一月初八日甲午，德宗册立淑妃王氏为皇后。

十一月初九日乙未，韩滉从京口进京朝见德宗。

十一月十一日丁酉，皇后去世。

十一月十五日辛丑，吐蕃的军队侵犯盐州，他们对盐州刺史杜彦光说：“我们只想要你们的城池，可以让你们把人都带走。”于是，杜彦光率领所有的军队逃向鄜州，吐蕃的军队进占盐州城。

刘玄佐在汴州任宋亳节度使，仿效周围各道以前的成例，很长时间没有进京朝见皇帝。镇守两浙地区的节度使韩滉进京经过汴州，刘玄佐敬重韩滉的才干和威望，自己以下属官吏的礼节拜见韩滉。韩滉与刘玄佐约定结成兄弟，请求拜见刘玄佐的母亲；刘玄佐的母亲十分高兴，置办酒宴会见韩滉。在他们饮酒到半酣状态时，韩滉对刘玄佐说：“贤弟什么时候进京朝见皇上？”刘玄佐回答说：“我很早就想进京朝见皇上，但是物力还不具备啊！”韩滉说：“我的物力还能够你置办进京朝见的物品，贤弟应该早点进京朝见皇上才是。伯母年事已高，决不能让她带着自家的各位女眷，被迫进入后宫去做各种贱役啊！”刘玄佐的母亲听了这话，情不自禁地哭得很悲伤。韩滉于是赠送给刘玄佐二十万缗钱，让他置办进京朝见的行装。韩滉在大梁逗留了三天，拿出大量的钱帛奖赏、慰劳刘玄佐的将士，全军将士都被韩滉的行为感动了。刘玄佐既吃惊，又佩服，随即暗中派人去探听韩滉的情况，听到韩滉询问孔目官说：“今天花了多少钱？”对钱的用途和每个事项用钱多少都问得很详细。刘玄佐听到后笑着说：“我明白他的用意了！”十一月十六日壬寅，刘玄佐与陈许节度使曲环都进京朝见德宗。

崔造改革征收各地钱财、粮食的办法，所做的事情大多没有成功。盐铁、转运等使的职责，已经实行了很长时间，朝野内外都很习惯这种方式。负责盐铁事务的元琇被撤职以后，崔造又忧愁、又害怕，因此而生了病，不再入阁办事，不久，江东、淮南一带运送了很多粮食到关中，德宗对韩滉十分嘉许。十二月初二日丁巳，德宗任命韩滉兼任度支、诸道的盐铁、转运等使。宰相崔造以前上奏实行的措施一条条都被更改过来。

吐蕃军队又侵犯夏州，也让夏州刺史托跋乾晖带领夏州的军民撤离，吐蕃占领了夏州城。吐蕃军队又侵犯银州，银州向来没有城区，官吏、百姓都逃散了。吐蕃也放弃了银州，但又攻下了麟州。

韩滉屡次在德宗面前指责元琇的过失；十二月初五日庚申，德宗罢免崔造的宰相职务，降职为右庶子，将元琇贬职到遥远的雷州担任司户。德宗又任命吏部侍郎班宏为户部侍郎、度支副使。

韩游瓌上奏朝廷，请求增派兵力去进攻盐州城，如果吐蕃的军队来援救，那么就让河东马燧的军队从背后袭击。十二月十一日丙寅，德宗下诏命令骆元光和陈许兵马使韩全义率领步骑兵一万二千人前去与邠宁军的军队会合，一起逼向盐州，德宗又下令马燧带领河东的军队攻击吐蕃。马燧率军到达石州，黄河河曲的六胡州全部向他投降，马燧于是将他们迁移到云州、朔州。

工部侍郎张彧是李晟的女婿。李晟在凤翔镇守的时候，把另一个女儿嫁给了自己的幕客崔枢，对崔枢的礼遇和器重超过了张彧；张彧对此极为恼火，于是就投靠了左仆射张延赏；给事中郑云逵曾担任过李晟军中的行军司马，李晟不太赏识郑云逵，郑云逵这时也投靠了张延赏；德宗对李晟的功勋和威望有所顾忌。正好吐蕃使离间计陷害李晟，一时间，张延赏等人在朝廷中多方毁谤李晟，对李晟的攻击无所不至。李晟听说了这事后，整天整夜地痛哭，眼睛哭得红肿，将所有的子弟都送到长安城内以表达对皇上的忠诚，并且上奏德宗，请求削发为僧，德宗派人安慰李晟，不批准李晟的请求。十二月十六日辛未，李晟进京入朝，晋见德宗，述说自己的腿脚得了很重的病，恳请辞去节度使职务，德宗还是不答应。韩滉一向和李晟关系很好，德宗于是命令韩滉和刘玄佐一起去李晟那里传达德宗的旨意，让李晟和张延赏消除怨恨和误会。李晟接受了诏旨，韩滉等人就带着张延赏到李晟的家中道歉，二人结为兄弟，李晟设宴招待众人，大家同饮尽兴而归。又在韩滉、刘玄佐家设宴款待李晟、张延赏二人，大家也像在李晟家中一样同饮尽欢而散。韩滉乘机请求李晟上表朝廷，推荐张延赏担任宰相一职。

（以上为第六段，写李晟功高受猜疑，吐蕃犯边，韩滉入朝恢复理财旧制，崔造所为，尽行罢之。）

唐德宗贞元三年（丁卯，公元 787 年）

春季，正月十七日壬寅，德宗任命左仆射张延赏为同平章事。李晟请求张延赏把女儿嫁给自己的儿子为妻，张延赏没有答应。李晟对人说："我们武夫性情直爽，在杯酒之间就消除了怨恨和误会，那就不再把这些怨嫌放在心上了；不像文人那样不能冒犯，他们表面上虽然说彼此和解了，但心中的怨恨依然如故，我能不心怀畏惧吗？"

当初，李希烈占据淮西，从骑兵中挑选最精锐的人组建左、右门枪和奉国四将等军队，从步兵中挑选最精锐的人组建左、右克平十将等军队。淮西一带缺少马匹，这些精兵都骑骡子，人们因此称他们为"骡军"。

陈仙奇带着淮西投降了朝廷，才过了几个月，德宗就下诏令征调淮西的军队去京城西边驻守防秋。陈仙奇派都知兵马使苏浦带着淮西的所有精锐部队五千人去京城以西。适逢陈仙奇被吴少诚杀死，吴少诚秘密派人征召门枪兵马使吴法超等人带领防秋兵回淮西；苏浦对此事一无所知。吴法超等人率领步骑兵四千人在鄜州反叛朝廷，返回淮西，浑瑊派他的部将白娑勒率部追击，反而被吴法超等人打败。

正月二十一日丙午，德宗紧急派遣宦官使者，敕令陕虢观察使李泌派兵防御、阻截吴法超等人的叛军，不要让他们渡过黄河。李泌立即派遣押牙官唐英岸率兵赶往灵宝县，这时淮西的叛军已经渡过黄河，在黄河南岸列成阵势了。李泌于是命令灵宝县给他们提供粮食，淮西的叛军也不敢出去抢劫财物。第二天，叛军在离陕州城西七里的地方宿营。李泌不给他们提供粮食，并且派遣部将率领从军中精选出来的四百人，分成二队，埋伏在太原仓狭窄的险路上，并下达命令说："等淮西的叛军经过十队以后，埋伏在路东边的人就大声呼叫着发起进攻，埋伏在路西边的人也大声呼喊以相接应，不要阻拦通道，不要让他们停止不前，要经常让出半边道路，尾随追击。"又派虞候官召集附近村庄中的青少年人，各自带着弓箭、大刀和瓦块、石头等跟在叛军们的后边，听到官军呼叫也响应追击叛军。李泌又派遣唐英岸率领一千五百人在晚上从陕州城南门出去，在涧水的北面布列阵势。第二天早上四更天的时候，淮西的叛军们起来向狭窄的小路进发，两边埋伏的官军发起攻击，叛军惊慌失措，乱作一团，他们边战边逃，被打死的人占总数的四分之一。叛军们向前逃跑，遭遇唐英岸的拦截阻击，淮西的叛军被打得大败而逃，唐英岸活捉了骡军兵马使张崇献。李泌认为叛军一定会兵分两路，从山路上向南方逃跑，于是又派遣都将燕子楚率兵四百人从炭窦谷直奔长水县而去。叛军们两天没有吃饭，屡战屡败，唐英岸率兵追赶到永宁县东边，叛军都溃散逃入山谷之中。吴法超果然如李泌所估计的，带领手下的绝大部分人马奔向长水县，燕子楚率军攻击，杀了吴法超，将吴法超所带的人马杀了三分之二。德宗觉得陕州的兵力太少，派遣神策军步骑兵五千人前去援助李泌，他们到了赤水镇，听说叛贼已经被打败，就回京城去了。德宗命令刘玄佐乘驿马紧急赶回汴州，让刘玄佐沿途用诏书劝诱淮西军，共一百三十多人，刘玄佐到了汴州，把这一百三十多人全杀了。那些溃散在路上的淮西叛兵，又被村民们杀掉了，能够脱险回到蔡州的才四十七人。吴少诚因为回来的人太少，便将他们全杀了，上报朝廷。而且又派遣使者带着礼物前去陕州答谢李泌，说是为自己诛杀了叛乱的将士。李泌将张崇献等六十多人押解到京城，德宗下令将他们全部在鄜州军门前腰斩，借此警戒防秋的将士。

（以上为第七段，写陕虢观察使李泌八面埋伏，奇计灭叛兵。）

当初，云南王阁罗凤攻陷了巂州，将西泸县令郑回抓走了。郑回是相州人，通晓经学之术，阁罗凤对他很爱护和尊重。阁罗凤的儿子凤迦异以及孙子异牟寻、曾孙寻梦凑都以对待老师的礼仪事奉郑回，每当郑回讲课授学的时候，都能够用鞭子抽打他们。到异牟寻做云南王的时候，任命郑回担任清平官。所谓清平官，就是南诏的宰相，担任这一职务共有六人，而国家大事却全部都由郑回决定。其他五个清平官都毕恭毕敬地小心事奉郑回，如果他们犯了过失，那么郑回就用鞭子抽打他们。

云南有数十万人口，吐蕃的军队每次向唐朝内地侵犯，常常派云南人打前锋，对他们征收的赋税十分繁重，又夺占了云南的险要之地，建立城堡，每年都要征调云南的兵员协助他们防守，云南人吃尽了苦头。郑回于是就劝说异牟寻重新归顺唐朝，说："大唐王朝崇尚礼义，对我们只会施加恩泽，不会征发赋税徭役。"异牟寻认为郑回说的有道理，但是由于道路不通，无法主动向唐朝表达自己的诚意，这种情况一直持续了十几年。等到西川节度使韦皋到任之后，大力招抚西川境内各个蛮族的人，异牟寻暗中派人随着蛮族人一起请求归附朝廷。韦皋上奏说："吐蕃现在背弃友好关系，残暴地侵扰盐州、夏州，应该乘云南和八国生羌有归顺朝廷意愿的时候，招抚、接纳他们，这样可以分化吐蕃的联盟，削弱吐蕃的势力。"德宗命令韦皋先以边境将领的名义发布文书晓谕他们，暗中观察他们的动静。

张延赏与齐映有矛盾，齐映在各位宰相之中是个很敢于直言的人，德宗渐渐地不喜欢齐映；张延赏也在德宗面前说齐映没有做宰相的才识。正月二十七日壬子，齐映被降职为夔州刺史。刘滋也罢去宰相职务，降为左散骑常侍，德宗委任兵部侍郎柳浑担任同平章事。

韩滉性情苛刻粗暴，正受到德宗的重用，德宗对他言听计从；其他宰相不过充数罢了，而朝廷中的文武百官也总有弥补不完的过失。宰相柳浑虽然是韩滉向德宗推荐的，但还是严肃地责备韩滉说："您父亲韩休担任宰相，因为气量太小，苛究小事，结果担任宰相不满一年就被罢免了，现在您又比您父亲更为厉害了。您怎么能在听政的地方拷打官吏，以至于打死人呢？而且妄自尊大，滥用职权，这哪里是做臣子的人该干的呢？"韩滉听了以后很惭愧，因此稍稍收敛了一些。

二月初七日壬戌，德宗委派检校左庶子崔澣充当去吐蕃的使者。

二月二十三日戊寅，镇海节度使、同平章事、充任江淮转运使职务的韩滉逝世。韩滉长期镇守两浙地区，所选任的各级官吏和幕僚，都能根据每个人的长处任用合适的官事，没有发生过用人不当的事情。曾经有位老朋友的儿子来拜见，韩滉考察其能力，没有发现任何长处，韩滉带这人一同赴宴，直到宴席结束了，这人都不曾看一次左右两边的人，也不与同席的人说一句话。过了几天后，韩滉任命这人担任随军一职，让这人看管库房的大门。这个人整天在库房门前端正地坐着，守库房的小官和士兵们没有一个人敢随便出入的。

朝廷将浙东西道分为三部分：浙西的治所在润州；浙东的治所在越州；宣州、歙州、池州地区的治所在宣州，在这三个地区各设置观察使来分别统领。

德宗任命果州刺史白志贞为浙西观察使，柳浑说："白志贞是一个奸佞的小人，不能再重用。"正好柳浑生了病，不能处理政事；二月二十六日辛巳，诏书颁布下来，还是任用了白志贞。柳浑的病情好转之后，向德宗请求辞职退休，德宗没有答应。

二月二十九日甲申，在靖陵安葬了昭德皇后。

（以上为第八段，写张延赏为相受宠，排斥异己，为误导德宗结和吐蕃受欺张本。韩滉知人，理财有方，入朝拜相不久去世，朝廷一大损失。）

三月十三日丁酉，德宗委派左庶子李铦充当吐蕃的使者。

当初，吐蕃的国相尚结赞攻占了盐州和夏州，在这两个地方各留下一千多人驻守，自己则率军退到鸣沙县驻扎；从冬天转入春天后，羊和马大多死了，粮食运输供应不上，又听说李晟的人马攻下了摧砂堡，而马燧、浑瑊等人率军要来攻鸣沙，尚结赞非常害怕，多次派遣使者向唐朝求和，德宗都没有答应。尚结赞于是派遣使者带着厚重的礼物，低声下气地向马燧求和，而且请求重新遵守建中四年修订的盟约，向唐朝归还他们曾经侵占的土地，派到马燧这里的使者一个接一个。马燧轻信了尚结赞的话，率军在石州驻扎下来，不再渡过黄河，并且为吐蕃向朝廷求情。

李晟说："吐蕃人从来不讲信用，不如向他们发起进攻。"韩游瓌说："吐蕃人势力比我们弱小的时候，就请求结盟，他们势力比我们强的时候，就来侵犯我们，现在他们大军深入我们的境内而请求与我们结盟，这中间一定有什么诡计！"韩滉说："现在两河一带没什么后顾之忧，如果在原州、鄯州、洮州、渭州四个地区修筑城池，让李晟、刘玄佐等人率领十万大军去驻守，就能够从吐蕃手中收复河、湟等二十几州的地方。他们所需的物资、粮草等方面的费用，请让我来主办。"德宗于是就不采纳马燧的建议，还派使者督促他进军鸣沙。马燧请求与吐蕃派来的使者论颊热一起进京入朝讨论结盟的事情，正碰上韩滉去世了，而马燧、张延赏都与李晟有很深的矛盾，准备推翻李晟等人的谋略，在德宗面前争着说与吐蕃和好的便利。德宗也因以前在陕州的事，一直痛恨回纥人，打算与吐蕃人和好，一起进攻回纥人，听了马燧、张延赏两个人的意见，正符合自己的想法，于是决定了与吐蕃议和。

张延赏多次在德宗面前说："李晟不适合长期执掌军事大权，请让郑云逵来代替李晟。"德宗说："应该让李晟自己选择代替自己的人。"于是就对李晟说："为了百姓安居乐业的缘故，我已经决定与吐蕃人和好结盟了。你既然与吐蕃人有怨仇，那么就不能再去凤翔带兵镇守，应该留在朝廷内，时刻辅佐我；你就自己选择一个人代替代镇守凤翔吧。"李晟推荐了都虞候邢君牙。邢君牙是乐寿县人。二月二十二日丙午，德宗任命邢君牙为凤翔府尹，兼任凤翔团练使。二月二十三日丁未，德宗加封李晟为太尉、中书令，以前所给上柱国的勋位和所封的西平王一切照旧，其他职务全都罢免了。

李晟在凤翔的时候，曾经对属吏、僚佐们说："魏徵喜欢直言谏诤，我私下很是仰慕。"行军司马李叔度说："直言劝谏皇帝是文人做的事，不是像您这种有功勋、有威望的人应该做的。"李晟面色严肃地对李叔度说："李司马这话说错了。我的职位兼任了将军和宰相，如果知道朝廷事务什么地方做得对，什么地方做得不对，而不肯说出来，那算是一个什么大臣呢？"李叔度听了很惭愧地退下去了。等到李晟在朝廷任职的时候，凡是德宗询问问题，都要坦率地直说，决不隐瞒什么；李晟生性沉着缜密，从来没有向别人泄露过什么秘密。

二月二十七日辛亥，马燧进京入朝。马燧进入朝廷以后，各支军队都关闭营垒，不再出去作战，尚结赞于是急忙从鸣沙率军撤退回去了，尚结赞的部队缺少马匹，很多人都徒步行走。

（以上为第九段，写德宗因猜疑而又偏狭，急欲结盟吐蕃以抗回纥，中吐蕃离间计罢李晟兵权。张延赏挟私愤排斥李晟，实为误国之罪臣。）

崔澣见了尚结赞，指责尚结赞背弃了友好盟约。尚结赞说："我们吐蕃的军队打败了朱泚，没有得到朝廷的赏赐，所以就来了，而你们各个州都据城守卫，我们的要求无法传达到朝廷。盐州、夏州两地驻守的将领把城池给我们后逃走了，并不是我们攻占的。现在您来了，打算履行以前订立的盟约，恢复原来的友好关系，这本来就是我们吐蕃人的愿望啊。现在我们吐蕃到这里来的有将相二十一人，你们的浑侍中与他们都曾经一起打过朱泚，知道他们都是忠诚、有信义的人。你们的灵州节度使杜希全、泾原节度使李观讲信义，为人厚道，他们在我们那里都很有声望，请让他们来主持我们双方的结盟事宜吧。”

夏季，四月十二日丙寅，崔澣回到了长安城。四月十七日辛未，德宗任命崔澣为鸿胪卿，让崔澣再次出使吐蕃，对尚结赞说：“杜希全要防守灵州一带，不能够离开本州的疆境，李观已经改任别的官职，现在派浑瑊到清水与你们结盟。”而且要让吐蕃先归还盐州和夏州。五月初一日甲申，浑瑊从咸阳进京入朝，德宗任命他为清水会盟使。五月初五日戊子，德宗任命兵部尚书崔汉衡为清水会盟副使，任命司封中外郎郑叔矩为清水会盟判官，任命特进官宋奉朝为清水会盟都监。五月初六日己丑，浑瑊率领二万多人前去会盟地点。

五月二十二日乙巳，尚结赞派遣下属论泣赞来朝廷说：“清水不是一个吉祥的地方，请求在原州土梨树这个地方订立盟约，盟约订立后，就归还盐州和夏州。”这些条件，德宗都答应了。神策军的将领马有麟上奏德宗说：“土梨树这个地方的地势复杂、险要，恐怕吐蕃人会在这里埋伏军队，不如将会盟地点改在平凉州，那里地势很平坦。”当时，论泣赞已经回去了，五月二十四日丁未，德宗派遣使者追赶上了论泣赞，告诉了变化情况。

申蔡留后吴少诚整修兵器，加固城防，准备抗拒朝廷的命令。判官郑常、大将杨冀暗中策划驱逐吴少诚，假造皇帝的亲笔诏书，赐给申州刺史张伯元等各位将领。事情泄露以后，吴少诚杀了郑常、杨冀和张伯元。大将宋旻、曹济逃到了长安城。

闰五月初七日己未，西川节度使韦皋又写信给东蛮和义王苴那时，让苴那时派密探带送信人到云南去。

闰五月初八日庚申，朝廷大规模裁减州、县的官吏，将这些官吏的薪俸收回来以供应军中的将士，这种做法是宰相张延赏出的主意。当时，新任命的官员有一千五百多人，而应当裁减有一千多人，所以人们怨声载道。

当初，韩滉推荐刘玄佐，认为让他带兵可以收复河、湟等二十几州失地，德宗就此事征询刘玄佐的意见，刘玄佐也表示赞成。韩滉去世以后，刘玄佐向德宗上奏说：“吐蕃正是力量强大的时候，不能与他们争斗。”德宗派遣宦官使者去慰问刘玄佐，刘玄佐装病在床，接受了圣旨。张延赏知道刘玄佐难以听命于他，就上奏德宗把收复河、湟二十几州失地的重任交给李抱真，李抱真也坚决推辞不干。这都是因为张延赏罢免了李晟的兵权，武将们对此都十分愤怒，心灰意冷，而不肯为张延赏效劳的缘故。

德宗认为襄州、邓州处在淮西地区通往外界的交通要道上，闰五月十一日癸亥，德宗任命荆南节度使曹王李皋为山南东道节度使，把襄、邓、复、郢、安、随、唐七州划归李皋管辖。

浑瑊从长安出发去会盟地点前，李晟十分郑重地告诫浑瑊，对会盟地点的防备措施不可不严密。张延赏把这一事告诉德宗说："李晟不希望朝廷与吐蕃结成盟约关系，所以告诫浑瑊对吐蕃采取严密防备措施。如果我们有了怀疑吐蕃的表现，那么吐蕃人也会怀疑我们是否有诚意了，这样一来，还怎么能订立盟约呢？"德宗于是召见浑瑊，反复告诫浑瑊，必须对吐蕃有诚意，不要因为自己对吐蕃的怀疑而破坏同吐蕃谈和的气氛。

浑瑊上奏朝廷说，吐蕃人决定在闰五月十九日辛未这天订立盟约，宰相张延赏召集朝廷文武百官，把浑瑊上奏的表章拿给大家看，说："李太尉说吐蕃与我们和好的盟约一定订不成功，可这是浑侍中上奏的表章，会盟的日期都定下来了。"李晟听说了这事后，哭着对他亲信的人说："我生长在西部边疆地区，对吐蕃人的情况非常熟悉，我之所以要上奏反对与吐蕃人订立盟约，只是不愿看到朝廷遭受吐蕃的侮辱罢了！"

德宗当初命令骆元光率军驻守潘原县，命令韩游瓌率军驻守洛口，让他们作浑瑊的援助力量。骆元光对浑瑊说："潘原县距离会盟的地点将近七十里地，倘若您那边发生了什么紧急事情，我从哪里得到您的消息呢？我请求率兵与您一起去。"浑瑊用德宗诏令坚决阻止骆元光。但骆元光不听浑瑊的劝阻，带着军队与浑瑊的随行人马的营地紧挨着驻扎下来，这里离会盟的地点还有三十多里路远。骆元光军营的壕沟很深，栅栏很牢固，但浑瑊军营的壕沟很浅，容易跨过去。骆元光在军营的西边埋下伏兵，韩游瓌也派了五百名骑兵埋伏在这附近，韩游瓌命令这些伏兵说："如果发生了变故，那么你们要向西直奔柏泉一带，以便分散吐蕃人的势力。"

尚结赞与浑瑊约定，双方各派身穿铠甲的士兵三千人，排列在会盟坛的东西两边，再派穿着普通服装的士兵四百人跟随主盟官员来到会盟坛下面。闰五月十九日辛未，即将要订立盟约时，尚结赞又请求双方各派几十个流动巡逻的骑兵，到对方去检查事情的进展，浑瑊对这些条件都答应了。吐蕃人在会盟坛的西边埋伏了几万精锐的骑兵，他们派出的流动巡逻骑兵在唐朝军队中穿来穿去，进进出出，毫无限制。而唐朝派出的巡逻骑兵进入吐蕃的军营以后，全部被他们抓起来了，浑瑊等人对这一情况毫不清楚，他们进到设在会盟坛附近的帐幕之中，去换礼服。这时吐蕃军队进攻的战鼓响了三声，吐蕃的骑兵呼叫着蜂拥而来，在唐朝的帐幕中杀了都监宋奉朝等人。浑瑊从帐幕的后边逃出来，偶然得到一匹别人的马骑了上去，他揪着马鬃，伏在马背后，往马口上戴嚼子，这样跑了十几里，嚼子才戴到马口上，箭从背后飞过，但没有伤着他的身体。唐朝将士都向东边逃跑了，吐蕃纵兵跟踪追击，唐朝将士杀的被杀，捉的被捉，死的人有好几百，被捉的有一千多人，兵部尚书崔汉衡被吐蕃的骑兵抓住了。浑瑊跑回他自己的军营，将士们都逃跑了，军营中已经空无一人。骆元光指挥埋伏的士兵排列成战阵以迎击吐蕃军，吐蕃骑兵看到这阵势感到十分惊愕。浑瑊进入骆元光的军营中，追赶他的吐蕃骑兵回头看到邠宁的军队向西边杀去，于是也收兵回去了。骆元光把自己的物资装备送给浑瑊，与浑瑊一起召集逃散的士兵，整顿阵容，统率军队回去了。

（以上为第十段，写吐蕃背信结盟，给德宗的刚愎自用一记当头棒喝，大唐不堪其侮。）

就在这一天，德宗上朝处理事务，对各位宰相说："今天要与吐蕃订立友好盟约，停止战争，这是国家社稷的大福啊！"马燧说："的确是这样的。"宰相柳浑说："吐蕃人像豺狼一样，不是订立盟约、对天发誓就可建立友好关系的。对今天的事情，我心里总在担心啊！"李晟说："这事情实在就像柳浑说的一样。"德宗一下子变了脸说："柳浑是一个书生，不知道边疆大计；你也一样说这种话！"柳浑、李晟等人都伏在地上，向德宗叩头谢罪，于是朝会不欢而散。这一天晚上，韩游瓌向德宗奏报"吐蕃劫持了会盟的官员，他们的兵马已经到了靠近都城的州镇"。德宗一下子惊慌失措，马上让街头的吏役将韩游瓌的奏章送到柳浑家里去。第二天早上，德宗对柳浑说："你是一个书生，竟然能将敌人的情况预料得如此准确啊！"德宗打算离开京城，出走他地以躲避吐蕃军队，经过大臣们规劝才打消了这个念头。

李晟的大安园内长满了大片竹子，又有制造流言蜚语的人说："李晟在大安亭内埋伏了兵力，企图乘国家遇到突然变故时起来作乱。"李晟于是让人把竹子全砍伐了。

闰五月二十一日癸酉，德宗派遣宦官使者王子恒带着诏书去送给尚结赞，王子恒到了吐蕃境内，没有人接待，只得回来。浑瑊留在奉天驻扎下来。

闰五月二十二日甲戌，尚结赞来到已成废墟的原州城旧址，接见被俘的崔汉衡等人说："我准备了一个金枷锁，打算用它锁着浑瑊献给我们的赞普。现在没有抓到浑瑊，却白抓了你们这些人。"尚结赞又对马燧的侄儿马弇说："我们胡族人以马匹为自己的生命，我当时在河曲地区时，春天的草还没有生长出来，马饿得抬不起腿，如果在那个时候，马侍中渡过黄河来进攻的话，那我就会全军覆没了！我们之所以向唐朝求和成功，全靠马侍中在朝廷为我们出力说话。现在我能够全军人马都回来，怎么能够扣押马侍中的子孙们呢？"命令马弇与宦官俱文珍、浑瑊的部将马宁一起回归朝廷。尚结赞将崔汉衡等人分别囚禁在河州、廓州和鄯州。德宗听到尚结赞说的话之后，开始厌恶马燧了。

六月初五日丙戌，德宗任命马燧为司徒兼侍中，罢免了马燧的副元帅和节度使。

当初，吐蕃国相尚结赞怀恨李晟、马燧、浑瑊，说："除掉了这三个人，那么就有希望攻下唐朝了。"于是设法离间朝廷和李晟的关系，利用马燧向唐朝求和，打算捉住浑瑊，借以出卖马燧，使他们都受到罪罚，再乘机大举发兵，直接进攻长安，这个如意打算由于浑瑊没被抓到而作罢。宰相张延赏又惭愧又害怕，声称自己生了病，不再处理朝廷政事。

德宗任命陕虢观察使李泌为中书侍郎、同平章事。

河东镇的都虞候李自良跟随马燧入朝觐见德宗，德宗打算让李自良担任河东节度使，李自良坚决推辞，说："我事奉马燧的时间已经很长了，不想代替马燧担任河东的主帅。"德宗于是就任命李自良为右龙武大将军。第二天，李自良上朝向德宗谢恩，德宗对他说："你这样做对马燧来说，照顾到了军中上下级关系的体统，实在很符合礼仪。但是，镇守国家北门的重大任务，非由你来承担不可。"德宗终于任命李自良为河东节度使。

吐蕃驻守盐州、夏州的军队，因为粮食、装备不能按时接继，很多人生了病，都想回吐蕃去，尚结赞派了三千骑兵去接回他们，他们焚烧了这两地所有的房屋，毁坏了城墙，驱散了当地居民，然后才离去。灵盐节度使杜希全派遣兵力分别守卫这些地方。

韦皋认为云南人知书达理，六月十一日壬辰，韦皋亲自写了信去招抚晓谕他们，敦促他们赶快派遣使者入朝觐见皇帝。

（以上为第十一段，写德宗昏悖，吐蕃背盟，委过于马燧，马燧继李晟之后被解除兵权。）

李泌开始在政事堂处理朝廷内的大小事务，六月二十一日壬寅，与李晟、马燧、柳浑一起去见德宗。德宗对李泌说："卿从前在灵武的时候，早已应该担任宰相官位，但卿自己谦让，才没有担任宰相。朕现在委任你担任宰相一职，打算与卿有一个约定：卿千万谨慎小心，不要报什么私仇，对你有恩的人，朕自当为你报答。"李泌回答说："臣一向遵奉道家无为，不同别人结仇。前朝宰相李辅国、元载都是陷害臣的人，但他们现在都自取灭亡了。一向和臣关系很友善和对臣有恩德的人，都早已有高名显位了，其中很多人都已经去世，臣已经没有什么可以报答他们的了。"德宗说："虽然是这样的，但对卿小有恩德的人，也应当要报答他们。"李泌说："我今天也希望与陛下有个约定，不知道行不行？"德宗说："那有什么不行的！"李泌说："希望陛下不要加害有功劳的大臣。我蒙受陛下的深恩厚德，自然没有受到迫害和猜忌。李晟、马燧两位，是对国家立下了巨大功劳的人，听说有人在朝廷说他们的坏话，这些毁谤他们的话，尽管陛下一定不会相信，但我今天当着他们二人的面说这件事，是想让他们不要自己心存疑虑。陛下要是万一加害了他们，那么保卫朝廷的禁军士兵，镇守一方的节帅武臣，都会一一愤恨而反叛，恐怕过不了多久，朝野内外发生变乱的事情又要发生啊！做大臣的，如果能蒙受君王的爱护、信任，那就十分幸运了，还谈什么官职的大小呢？臣从前在灵武的时候，并没有担任什么官职，但是将领、宰相们都接受臣的意见和指点；陛下委任李怀光做太尉，但李怀光内心更加害怕，终于反叛朝廷。这都是陛下亲眼所见到的事情。现在李晟、马燧二人已经够富贵的了，如果陛下能够坦诚无忌地对待他们，让他们自己保持这种富贵地位，而没有什么疑虑，那么国家有战事的时候，他们就出朝为陛下去征讨敌人；国家平安无事的时候，他们就入朝事奉陛下，君臣之间，还有什么比这更快乐的事情呢？所以我希望陛下不要因为他们二位大臣功勋巨大而猜忌他们，他们二位大臣也不要因为官职很高而自生疑心，这样一来，天下就永远平安无事了。”德宗说：“朕开始听你的话，很是突然，不知道你在说什么。等听到你的分析剖解之后，才知道这是国家社稷的根本大计啊！朕自己会将这事写在绅带上牢牢记住，对李晟、马燧二位大臣，朕与卿应该共同来保护。”李晟、马燧都站起来，哭泣着向德宗谢恩。

（以上为第十二段，写李泌入朝为相，力保李晟、马燧，为国家护长城。）

德宗于是对李泌说：“从今以后，凡是有军队和粮食储运方面的事情，都由卿负责主持；吏部和礼部的事情交给张延赏主持；刑法方面的事情交给柳浑主持。”李泌说：“这样做不行。陛下不觉得我没什么才能，才让我担任宰相。宰相的职责，是不能分开的，不像给事中那种官职要具体主持吏部、兵部官员过失的纠正和辨别，也不像中书舍人这一官职下面分成六部签署画押。至于宰相一职，要负责对天下的事情共同商议处理。如果宰相各自主管一个方面，那就成了专管一事的职能部门，而不是宰相了。”德宗笑着说：“朕刚才的话说错了，卿说的是对的。”李泌请求德宗恢复被削减的州、县官吏。德宗说：“官吏设置，是为老百姓着想的，现在的户口同太平时期相比，减少了三分之二，而官员反有增加，这样做可行吗？”李泌回答说：“户口虽说是减少了许多，但事情同太平时期相比，多了将近十倍，在这种情况能不增加官吏吗？而且所削减的都是担任实际职务的人，那些领薪俸不干事的闲散官吏反而没有削减，这就是削减官吏之所以不妥当的原因啊。自从至德年间以来，设置的额外官职，相当于正式官职的三分之一，如果根据他们任职的日期核定资历，然后停罢他们现任的官职，让他们参加文官、武官的选拔，再授予和他们资历相符的正式官职。这样一来，他们不但不会怨恨朝廷，反而会十分高兴。”又请求让那些没有到封地的诸王不要任命本王府官员。德宗全都采纳了这些意见。六月乙卯（疑误）

这一天，德宗下诏命令对以前裁减的官员，一律恢复原职。

当初，张延赏在西川担任节度使时，与东川节度使李叔明有嫌隙。德宗从奉天出走山南进入骆谷的时候，正碰上连日大雨，沿途山路又滑又险，德宗的卫士们很多都逃跑，投奔了朱泚，李叔明的儿子李昇与郭子仪的儿子郭曙、令狐彰的儿子令狐建等六人，担心有奸邪之人谋害德宗，他们在一起互相咬手臂，立盟发誓。他们绑着裹腿、穿着底上钉有钉子的皮鞋，轮流为德宗牵马，一直到达梁州城，其他人一概不准靠近德宗的车驾。等到回到长安城，德宗把他们六人都任命为禁卫将军，对他们十分宠信，所给待遇极为优厚。张延赏探到李昇经常私自进出郜国大长公主的府第，就秘密地把这事告诉给德宗。德宗对李泌说："郜国大长公主的年龄已经很大了，而李昇还年纪轻轻的，怎么能做这种事呢？大概一定有什么缘故，你好好察明这件事情。"李泌说："这一定是有人要动摇东宫太子的地位。李昇出入郜国大长公主府第的事是谁说给陛下听的？"德宗说："你不要细问了，慢慢地为我把这件事察清楚。"李泌说："说这话的人一定是张延赏了。"德宗问道："你是怎么知道的？"李泌就把张延赏与李昇的父亲李叔明之间的矛盾原原本本地说给德宗听了，还说道："李昇承蒙陛下的恩宠眷顾，掌管禁卫亲兵，张延赏无法伤害、毁谤，而郜国大长公主是太子妃萧氏的母亲，所以想用这件事来陷害。"德宗笑着说："原来是这么回事。"李泌因此请求德宗任命李昇担任别的官职，不要让他再领禁军守卫皇宫，以避嫌疑。秋季，七月，德宗任命李昇为詹事。郜国大长公主是肃宗皇帝的女儿。

七月十三日甲子，朝廷将振武军统辖的绥州、银州划出来，任命右羽林将军韩潭担任夏州、绥州、银州节度使，让韩潭率领神策军五千人和由朔方军、河东镇派出的三千将士去镇守夏州。

当时，关东派出的防秋将士在京城西边已经完全结集，国家的用度因此不够充足，李泌上奏说："自从征收赋税改为实行两税法以来，各个藩镇、州、县往往违背朝廷规定，大肆搜刮百姓的钱财。接着就发生了朱泚之乱，各地争着征收专卖物品的钱和征收有罪人士用来赎罪的钱财，通过这些办法来筹集军事费用，以招募士兵防卫自己的境内。朱泚被平定以后，各地都因违反朝廷规定征收钱财而感到害怕，都将这些事情隐瞒下来不敢讲出来。请陛下派遣使者，带着诏旨，赦免他们的罪过，只要让他们改正以前的错误做法，将那些非法征收的钱财，除按规定留下应该留给军镇、州县用的部分外，其余的全部运往京城，上缴国库。各地官员要妥善地处理好逃失和拖欠的赋税，对能够征收的，就征收上来，对难以征收的，就准予免缴，以显示朝廷的宽大政策；如果有胆敢隐瞒实情和贪污钱财的，可设立重赏给举报的人，以便惩处他们。"德宗高兴地说："你的这些办法想得长远，但是所采取的措施过于宽大了，担心到时朝廷得不到什么！"李泌回答说："对这件事，我自然深思熟虑过，如果采取宽大措施，那么朝廷得到的钱财就很多，而且很快见效，如果采取严苛的措施，那么朝廷收到的钱财少，而且见效慢。这是因为采取宽大措施，人们会为能免于惩处而高兴，就很乐于向朝廷上缴赋税，采取严苛的措施，人们就争相隐瞒、藏匿，不经过审讯不能够得到实情，这样一来，征收的钱财就不足以应付现在朝廷的急需，而都进了各地奸邪官吏的腰包了。”德宗说：“好！”于是任命度支员外郎元友直担任河南、江东、淮南的勾勘两税钱帛使。

当初，河州、陇州被吐蕃攻陷。从天宝年间以来，安西、北庭来朝廷奏事的人，以及西域各地派在长安城的使节，回去的路已经断绝了，他们这些人员和马匹的粮草都要依靠鸿胪寺供给，鸿胪寺的礼宾院又把供应他们粮草的任务交给京畿地区的府、县，让他们在度支领取这些钱粮。度支却经常不按时发给他们，以至于使长安城内的店铺因他们不断赊贷不还而负担沉重。李泌了解到这些胡族客人居留长安，长的已达四十多年，他们都娶妻生子，购买田地、住宅，在这里放高利贷谋取钱财，安居乐业，不打算回故乡去。于是下令官员去检查、核实这些胡族人有田地、有住宅的人，停发他们的给养。这样总共检查出四千人，准备停发他们的给养。于是这些胡族客人都跑到宰相办公的地方来申诉这件事，李泌说：“这都是以前的宰相们的过错，哪有让外国来的朝贡使者在京城居留几十年不回去的？现在应该让他们向回纥借道，或者走海路，各自打发他们回国。有不愿意回国的人，应当立即前去鸿胪寺自行说明，然后授给他们一定的职位，给他们俸禄，让他们作唐朝的臣民。人生一世，应当趁年轻力壮时展露才干，怎么能终身客死异国他乡呢？”于是，这些胡族客人们没有一个愿意回国的，李泌将他们全部划属神策左、右两军之内，胡人中的王子和使节担任神策军中的散兵马使或押牙官，其余的一概当士兵，这样一来，禁军的力量更为强大。鸿胪寺给胡族客人提供给养的才十几个人，每年共节省开支五十万缗钱；长安城内的商人们也十分高兴。

（以上为第十三段，写李泌劝谏德宗释猜疑，清吏治，勘两税，免积欠，籍胡客，立于猜忌之朝，而能推行利国利民之政治，表现了卓越的才能。）

德宗又问起李泌恢复府兵的办法。李泌回答说：“今年征调关东地区的士兵到京城西边来防守的一共有十七万人，他们一共一年要吃掉粮食二百零四万斛。现在粮食每斗的价钱是一百五十钱，这十七万人一年的用度换算成钱一共要三百零六万缗。国家连年遭受饥荒战乱之害，经费不充足。即便是有钱，也没有粮食可以买进来的，所以没有时间商议恢复府兵的事啊。”德宗说：“那又怎么办呢？赶快裁减保护秋收士兵的数量，你看这样行不行？”李泌回答说：“陛下如果采用臣的办法，那么就可以不裁减保护秋收的士兵，不用打扰平民百姓，而能令粮食充足，谷子和麦子的价钱一天天下跌，府兵也能够重新形成。”德宗说：“如果能够有这种效果，那朕为什么不采纳卿的建议呢？”李泌说：“这件事必须立即去办，超过十天就办不成了。现在吐蕃人长期居住在原州、会州，他们用牛向这里运送粮食，粮食运完之后，牛就没有什么用处了。请陛下将皇宫左藏中质地很差的丝帛调出来，染成颜色鲜艳的丝帛，通过党项人将这些丝帛卖给吐蕃人，每头牛不过花费二三匹丝帛，总共调出十八万匹丝帛，可以换来六万多头牛。再命令各冶炼场铸造各种农耕器具，买进麦种，将这些东西分发给各靠近边境的军镇，让他们招募戍守边疆的士兵，开垦荒废的田地，进行耕种，与他们约定：第二年麦子成熟后加倍偿还所用的麦种，其余的粮食，根据当时的粮价，再增价五分之一，由官府收买进来。来年春天种庄稼还是采用这种办法。关中地区土地肥沃，而且长久没有种庄稼了，这样开荒种地，收获一定很多。戍边的士兵获得了很多利益，那么耕田种地的人就会渐渐多起来。边境地区的居民很少，军中将士们都吃官府供应的粮食，谷子和麦子没有什么地方可卖的，那么价钱一定会很低，名义上，官府收购要给他们加价，实际上要比今年收购粮食的价格低得多。”德宗说：“好！”立即下令实行这些措施。

李泌又说：“边境地区的官吏缺员很多，请公开招募人们向官府交纳粮食，然后将他们补任为边境地区的官吏，这样可以使今年的粮食用度充足。”德宗也采纳了，接着就问李泌：“你说府兵也可以组办起来，那究竟是怎么回事？”李泌回答说：“戍守的士卒因为屯垦荒田发财致富了，那么他们就会安心在这里住下去，不再想回家乡去。根据以前的制度规定，戍守的士兵三年一更换，等他们三年快要满期的时候，下令：有愿意留在这里的人，就把他们所开垦的田地给他们作永久的田产。如果戍兵的家属愿意到这里来定居的，由原籍官府发给官文书，沿途所经由官府供给饮食遣送他们到达目的地。屯垦所在地的官府，要根据招募垦耕田地的人数，如实上报给本道长官。这样一来，用重兵驻守的河朔地区，各位边镇节帅因能免去换替戍卒的烦劳，也会很高兴地接受这种办法了。这样经过几次轮番替代，那么戍守的士兵就成了定居边疆的当地人了，于是对他们完全采取统领府兵的办法管理他们，这样就能改变关中地区人力物力贫乏的状况而成为富强之地啊。”德宗高兴地说：“采取这种措施，那么天下就会平安无事了。”李泌说：“这倒未必。臣还能不使用大唐的军队而使吐蕃陷于困境。”德宗说：“这要采取什么计谋？”李泌说：“臣还不敢说出来，要等垦种庄稼的事情有收效了，才能再商议这一事情。”德宗再三追问李泌，李泌不回答。李泌打算团结回纥、大食、云南等地区，与他们一起对付吐蕃，让吐蕃人多方面防备。但他知道德宗一向痛恨回纥人，担心德宗知道这一计策之后不高兴，连屯垦的措施也不施行了，所以不肯对德宗说。不久，戍守边疆的士兵响应官府招募，愿意留下来耕种田地的人占十分之五六。

七月二十一日壬申，德宗赐骆元光改姓名为李元谅。

左仆射、同平章事张延赏去世。

（以上为第十四段，写李泌寓兵于农，屯垦边地，减轻国用增强边防。）

【点评】

本卷点评李泌奇计灭叛兵、吐蕃劫盟、李泌拜相三件史事。

李泌奇计灭叛兵。淮西平定后，德宗征召淮西兵到西北防秋，抗御吐蕃入侵。陈仙奇精选五千淮西兵应命。李希烈旧将吴少诚趁机杀了陈仙奇，名义上为李希烈报仇，实质是夺取淮西地割据造反。吴少诚密令西行的五千淮西兵返回。德宗贞元三年（公元 787 年）正月，淮西兵返回。此时，淮西兵已驻守在鄜州（今陕西富县）。淮西兵门枪兵马使吴法超得到吴少诚密令后，私自引兵回归，这是叛乱行为。淮西叛兵东归，经蒲州过黄河，穿晋西南再南下渡黄河进入陕州西界。浑瑊派兵追击，被淮西兵打得大败，由此可见这支淮西兵的战斗力。

陕虢观察使李泌奉命拦截。陕州守兵只有二千人，战斗力又弱，与淮西兵硬拼，肯定不敌。李泌用奇计，设下十面埋伏。太仓隘道是淮西兵必经之地，李泌用一千多士兵等在隘道出口埋伏，官用四百士兵分为两队埋伏于隘道东西两侧，并下令："淮西兵过隘道，让前队通过，淮西兵全面进入隘道，东西伏兵轮番杀出，东边伏兵攻击，西边伏兵只呐喊助威；西边伏兵出击，东边伏兵只呐喊助威。"李泌又动员村中百姓组成上千民兵，各执弓刀、瓦石，只在淮西兵后面呐喊，追杀散兵。淮西兵走出太仓隘道，一定会从山路南逃窜，李泌派四百精兵在灵宝谷长水地方伏击。部署停当，只等淮西兵来钻入天网。

当淮西兵进入陕州界，李泌派专使迎接，供应酒食，晓谕淮西兵安静。淮西兵见了丰盛食物，放松了戒备，也约束自己不掳掠地方。这样过了两天，第三天淮西兵接近太仓隘道，李泌停止供食。黎明时分，淮西兵空着肚子进入太仓隘道，前队刚出隘道，一声呐喊，隘道东边伏兵杀出，淮西兵惊慌失措，夺路西边山脚，西边伏兵杀出，淮西兵掉头东边山脚。两边伏兵，一会让出西边，一会让出东边，不堵死淮西兵归路，避免淮西兵死战。李泌伏兵只是惊扰淮西兵，利用其归心似箭的心理，留出半道让他们逃命，打散淮西兵队形，截杀散兵。淮西兵果然中计，分头夺命，丧失了整体的战斗。官军和民兵，以整体对散兵，歼灭一千多名淮西兵。

逃出太仓隘道的淮西兵，又饥又渴，且战且走，尚有四千之众。当他们惊魂未定之时，一千多埋伏的官兵杀出，埋伏于隘道出口的官军杀出，夹击淮西兵，民兵呐喊助威，淮西兵抵挡不住，全面溃散逃往山谷。还有一小部分在门枪将吴法超率领下转向长水方向。等在那里的是四百精锐官兵，一场战斗，淮西兵三分之二被杀死，一些落入长水，一些四散奔逃，吴法超战死。最后五千淮西兵，只有四十七人逃回淮西，吴少诚只见这几个人回来，为了掩盖自己的罪行，把逃回的四十七人全部杀死，诿过于吴法超。

李泌奇计，在淮西兵的归路上层层设伏，事先供给饮食，麻痹淮西兵不做战斗准备，突然断食，先在隘道惊扰，然后连续打击散乱之兵，分股消灭。官军兵力不足，动员用民兵，用训练有素的官兵正面击敌，用民兵助威，追歼散兵，民兵也成了劲旅，李泌用兵之妙，罕与其比。

吐蕃劫盟。德宗为了回纥，一心要与吐蕃和好。当时回纥衰落，要与唐朝和亲，联手抗击吐蕃。而吐蕃是唐朝西方劲敌，趁安史之乱，夺取了河西、陇右，又臣服南诏，从西川、西北两个方向侵扰唐朝。秋高马肥，吐蕃入侵，破坏唐朝秋收。唐朝每年东调各节度使官兵防秋，就是抗御吐蕃。德宗完全不顾敌我形势，为报个人受辱之耻，不顾国家利益，联吐蕃击回纥，完全是错误的。公元784年，德宗回到长安，吐蕃来索要安西、北庭两镇。德宗竟然要召回郭昕和李元忠，割两镇给吐蕃。李泌劝谏德宗说，两镇将士尽忠竭力，为国固守近二十年，一旦割弃，不但忠良将士寒心，人民怨恨，而且两镇士民痛恨朝廷，将被吐蕃驱赶报仇，岂不是唐朝的大害。再说，吐蕃大掠武功撤走，并没有进攻朱泚，没有理由索要两镇。朝臣赞助李泌，两镇才得以保留。吐蕃一计不成，又生一计。吐蕃认为，唐朝良将只有李晟、浑瑊、马燧三人，用计除掉三人，就可以夺取唐朝。公元786年，吐蕃派兵二万到凤翔城下，声称是李晟召来的，要求犒赏，第二天就退走。如此拙劣伎俩，德宗信以为真。这时李晟已被解除兵权，宰相张延赏乘机诽谤李晟，李晟朝不保夕，哭诉德宗，请求出家为僧。公元787年，吐蕃又使人向马燧求和，马燧对李晟有嫌隙，附和张延赏，力主与吐蕃媾和。吐蕃指定浑瑊为会盟使，并按照吐蕃选定的原州土梨树地方会盟。浑瑊出行，德宗再三嘱咐浑瑊要对吐蕃“推诚”。李晟冒死劝谏，吐蕃狼子野心，不可不备，德宗不听。浑瑊会盟，果如李晟所料，遭吐蕃劫盟，浑瑊冒死逃回，打破了吐蕃杀害自己的计划。吐蕃才没有进兵长安。

德宗猜忌功臣，最不推诚，而对狼子野心的吐蕃，却要推诚，如此荒谬，遭到吐蕃的侮弄，算是给昏君一个当头棒喝。

李泌拜相。会盟吐蕃几乎招来战争。但危机并没有结束。是非颠倒，李晟忠正，反遭猜忌，失去兵权，武臣们都愤怒解体，李抱真等名将不愿再为朝廷出力。君臣相疑，内外解体的态势隐约显现。德宗也感到了危险。他赶紧召李泌为相，消除危局。李泌也感到了非任职不可，他打破只为帝王布衣之交的自我约束，应诺出任宰相。李泌历事肃宗、代宗两代昏君，也早与德宗交往，深透了解德宗的内心，也自信有能力有智慧说透利害，自己年事已高，为苍生社稷解忧患，非做宰相不可。这时候，也确实只有李泌一人可以解救危局。陆贽洞察时务，虽能直言敢谏，但不幽默，不会委婉，德宗当作耳旁风，只有李泌的比譬设谕，才能调教刚愎自用的德宗做一些好事。

李泌入相，带着马燧、李晟去晋见德宗。德宗与李泌相互定约。德宗要李泌做相，不要报仇。李泌说:“臣不与人结仇，也没有私恩要报。倒是陛下不要猜忌功臣。李晟、马燧有大功于国，一旦被害，恐怕内外愤怒，大乱立刻就会到来。希望陛下诚心对待两位功臣，国家有事，他们出征，无事在朝任职。李晟、马燧，两人也不要功高自疑。这样君臣和谐，天下无事，不是很好吗？”德宗答应，不害李晟、马燧，二人也涕泣拜谢，表示感戴。唐王朝一个紧要关头的危机，就这样被李泌化解了。

李泌用恢复府兵制为话题，巧计寓兵于农，屯垦边地，既减轻了国家负担，又增强了边防。更深层的意义，是李泌迂回说服德宗北连回纥，南结云南王，孤立吐蕃，用心良苦，却做到了别人不能做的事。公元 788 年，回纥可汗得唐朝许婚，非常喜悦，愿为唐朝牵制吐蕃。公元 793 年，南诏也脱离吐蕃，恢复与唐朝亲善关系。吐蕃的两个盟国变成了敌国，唐朝得回纥、南诏之助，在西北、西南两条战线接连取胜，吐蕃迅速衰落，唐朝西疆，没有了大害。李泌孤立吐蕃战略的实施与实现，对唐朝与吐蕃都有深远的影响，这也是李泌政治业绩的一个最大的成功。

李泌与德宗经常进行有意义的争论，改善了中唐的政治。具体表现为释猜疑，清吏治，勘两税，免积欠，籍胡客等一系列施政方针。李泌立于猜忌之朝而能推行一些利国利民的政治，表现出他卓越的政治才能。

唐纪四十九

唐德宗贞元三年至七年（公元 787—公元 791）

【起强圉单阏（丁卯，公元 787 年）八月，尽重光协洽（辛未，公元 791 年），凡四年有奇】

【大事提要】

本卷记事起公元 787 年八月，讫公元 791 年，凡四年又五个月。当唐德宗贞元三年八月到贞元七年。此时期，李泌为相，政治平稳。李泌敢直言而善说理，护佑太子，化解妖僧李软奴谋反大案，保护李晟、韩游瓌等宿将，以及朝中大臣，挫败了幕后奸谋。李泌说服德宗放弃仇视回纥，拒绝吐蕃勒索，提出“北和回纥，南通云南，西结大食、天竺”以困吐蕃的计划，改变了一个昏君固执的偏见，实在不容易。德宗与李泌议论本朝宰相，各有长短，唯有李泌使德宗心服，德宗说李泌敢言而论理透彻，是最佳的良相。李泌是一个奇人，他摸透了猜疑心特强的昏君心理，又有说情喻理的本领，能够从昏君手里夺权，替国家和民众做了许多好事，维护了唐王朝的政权。李泌是李唐的功臣，也是国家和民族的功臣。吐蕃失掉回纥与南诏两个盟国，从此衰落，使唐朝西疆稳固，延长了寿命。这也是李泌政治生涯中的一大成功，值得大书特书。本卷载司马光两条评论，一条贬斥德宗是一个昏君，其言中肯；一条批评李泌限制德宗聚敛，反说为导诱德宗贪财，则迂腐不堪。

德宗神武圣文皇帝八

唐德宗贞元三年（丁卯，公元 787 年）

八月初一日辛巳，日食。

吐蕃国相尚结赞派遣五名骑兵护送被俘的兵部尚书崔汉衡回朝廷，而且向唐朝上表章，请求和好。他们到达潘原县的时候，泾原节度使李观对他们说“朝廷有诏令，不接待吐蕃使者”，只接受了他们带来的求和表章，拒绝放进他们一行人。

当初，兵部侍郎、同平章事柳浑与张延赏一起担任宰相职务，柳浑在商议朝廷政事的时候，多次与张延赏的意见不同，张延赏派亲近的人去柳浑那里说：“柳公是德高望重的老臣，只要在朝堂上少发表意见，那么宰相这一重要职位就可长久的保持下去。”柳浑说：“你替我向张公道歉，我柳浑的头可以被砍下来，但舌头要讲话是不能禁止的！”于是两个人的关系越变越坏。德宗喜欢温文尔雅、含而不露的人，但柳浑却生性质朴、直爽，不够庄重、含蓄，不讲究仪表，在德宗面前经常说一些家乡的方言。德宗不太喜欢他，打算罢免他的宰相，改任为王府的长史，李泌对德宗说：“柳浑气量狭小，但为人正直，没有二心。依照以前的惯例，没有罢免了宰相职位后担任王府长史的人。”德宗又想让柳浑担任诸王的师傅，李泌请求让柳浑担任常侍一职，德宗说：“只要能罢免柳浑的宰相职务，无论给一个什么官职都行。”八月初九日己丑，德宗罢免了柳浑的宰相职务，降职为左散骑常侍。

当初，郜国大长公主嫁给了驸马都尉萧升。萧升是萧复的堂兄弟。郜国大长公主的行为不检点，担任詹事的李昪、蜀州别驾萧鼎、彭州司马李万、丰阳县令韦恪等人，都出入她的私宅。她的女儿做了太子的妃子，一开始时，德宗对她的恩典和礼仪很是厚重，她经常坐着轿子直接到太子住的东宫里去，皇室的宗亲外戚都痛恨她。有人告发她荒淫乱伦，而且做过诅咒皇上的事情。德宗听到这事后非常震怒，将郜国大长公主囚禁在宫中，严厉斥责皇太子。太子不知道该怎么回答，只是请求准许休掉萧妃。

德宗召来李泌，告知了这件事，而且说：“舒王近来已经长大成人，性情孝顺、友爱、温和、厚道。”李泌说：“怎么会到这种地步呢？陛下只有一个儿子，怎么能一时对儿子有怀疑之心，就想废黜，而册立侄儿为太子，这不是很失策吗？”德宗勃然大怒地说：“卿怎么能挑拨我们父子之间的关系！谁对卿说舒王是我的侄儿？”李泌回答说：“这是陛下自己说的，大历初年，陛下亲口对臣说：‘今天我得了几个儿子。’臣问陛下说这话的缘故，陛下说：‘这是昭靖太子的几个儿子，皇上命令我把他们当自己的。’现在，陛下连自己亲生的儿子尚且还怀疑，那对侄儿又会怎么样！舒王虽然很孝顺，如果今天将其立为太子，陛下日后还是自己勉力而为，不要再指望舒王孝顺了！”德宗说：“卿不爱惜自个的家族吗？”李泌回答说：“臣正是爱惜臣的家族，所以不敢不把要说的话说完。如果臣怕惹得陛下恼怒，而曲从陛下的意见，那么明天陛下对做这事后悔了，一定会责怪臣说：‘朕专任卿一人为宰相，卿却不能竭尽全力劝阻朕，使事情弄到这步田地。朕一定也要将你的儿子杀了。’臣已经老了，剩下的晚年没有什么值得顾惜的，如果陛下冤枉地杀了臣的儿子，让臣以侄作为后嗣，臣不知道将来能否享受到侄儿的祭祀。”说着就呜呜咽咽地哭着流下了眼泪。德宗也哭泣着说：“事情已经到了这一地步，那让朕怎么办才好呢？”李泌说：“这是至关重要的大事，希望陛下反复思考该如何处理。臣最初还说陛下圣明仁德，会使大唐以外的蛮夷之邦都爱戴陛下如爱戴他们的父母一样，哪知道陛下自己有儿子，而对他怀疑到如此地步的呢？臣今天把要说的话说完，不敢隐瞒陛下不愿听的事。自古以来，父亲与儿子互相怀疑，没有不亡国败家的。陛下还记得从前朝廷在彭原的时候，建宁王为什么被杀这件事吗？”德宗说：“建宁王叔叔实在是很冤枉，这是由于肃宗皇帝性子急躁，而陷害他们的人又工于心计罢了！”李泌说：“臣从前因为建宁王被冤杀的缘故，坚决辞掉了官职、爵位，发誓不再靠近天子的左右，不幸的是，臣现在又做了陛下的宰相，又目睹了这一事件。臣从前在彭原的时候，承蒙肃宗皇帝无可比拟的恩宠，但最终不敢说一句建宁王冤枉的话，直到要辞去官职爵位时才说出来，肃宗皇帝听了后也后悔得哭了。自从建宁王死了以后，先皇帝常常心存危险和畏惧，臣也为先皇帝诵读《黄台瓜辞》这篇文章，以防止进谗言诬陷的事情出现。”德宗说：“我自然知道这些事情。”态度和脸色这才稍稍缓和了一点，又问道：“本朝贞观、开元年间都改立过太子，为什么没有亡国之祸发生？”李泌回答说：“臣正要对陛下说这件事。从前的太子李承乾在太宗皇帝出京外巡时，多次代为处理国政，投靠归附他的人很多，他所居住的东宫卫士又十分多，与宰相侯君集一起策划阴谋造反，事情被发觉以后，太宗皇帝让太子的舅舅长孙无忌与朝廷大臣几十个人一起审问，事情的前后经过调查得清清白白，然后，太宗皇帝召集满朝文武大臣商议处理这一事件。当时的言官还说：‘希望陛下不要失去作为慈父的名声，让太子能够寿终正寝吧。’太宗皇帝采纳了这一意见，将太子连同魏王李泰都一起废为庶人了。陛下已经知道了肃宗皇帝性情急躁，认为建宁王死得冤枉，这对臣来说，是万分值得庆幸的。希望陛下以从前失败的教训作为鉴戒，宽限三天，抓住这一事件的各个头绪来思考，陛下就一定会豁然明白太子决无二心了。如果太子的确有犯上的行迹，陛下应该召集大臣中深明大义的二十人，与臣一起审问太子身边的人，如果确有其事的话，希望陛下仿效贞观年间太宗皇帝的办法来处置，将太子连同舒王一起废为庶人，册立皇孙为继承人，那么虽然经过一百代，但统治天下的人仍然是陛下的子孙啊。至于开元末年，武惠妃诬陷太子李瑛兄弟，让玄宗皇帝杀了他们，天下人对此都感到冤枉和愤怒，这一事件，世世代代都应当引为警戒，又怎么能够效仿呢？而且陛下从前曾经让太子在大明宫蓬莱池见过臣，臣观察太子的容颜和仪表，并没有楚成王的儿子商臣一副蜂眼外突、声如豺狼的叛逆之相，臣正担心太子太过于柔弱仁慈了。另外，太子自从贞元年间以来，就一直住在少阳院内，这地方就在陛下寝殿的旁边，太子一直不曾与外边的人交往，没有参与外界的事情，怎么会有犯上作乱的企图呢？那些诬陷别人的人机巧奸诈，诡计多端，即便是像西晋元康年间愍怀太子手写的反书，本朝开元年间的太子李瑛身披铠甲进入皇宫，犯上作乱的事情都不可相信，何况现在的太子只是因为岳母有罪受到牵连呢？幸亏陛下把这事告诉臣了，臣敢以全家族人的性命担保太子一家不知道这一阴谋。如果碰上像隋朝宰相杨素、本朝宰相许敬宗、李林甫一类人秉承陛下改立太子的旨意，他们早已到舒王那里去求取改立太子计策的功劳了！”德宗说：“这是朕家庭的私事，与卿毫不相干，为什么要这样拼死力争呢？”李泌回答说：“天子把天下四海之内当作自己的家。臣现在一个人单独承担宰相的全部重任，在四海之内，如果有一件小事处理不好，那么责任就全在臣一人身上。何况是眼睁睁地看着太子横遭莫大的冤枉而不出言相救，那臣的罪过就太大了！”德宗说：“看在卿的面子上，这件事推迟到明天思考处置。”李泌这时抽出上朝用的笏板，向德宗叩头，哭着说：“陛下这样做，臣就知道陛下父子之间父慈子孝，和好如初了！但是陛下回宫之后，这件事只能独自地反复认真思考，不要把这个意思向左右侍从们透露。这事一透露出来，那么，陛下的左右侍从们都想在舒王面前树立功劳，而太子就危险了！”德宗说：“卿说的意思朕全懂了。”李泌回到自己家里，对他的子弟们说：“我本来不愿意享受大富大贵的生活，但命运与愿望相违背，现在连累你们了。”

太子派人向李泌道谢说：“如果肯定不能挽回的话，我想先服毒药自杀，你看该怎么办？”李泌说：“一定不要有这种考虑。希望太子对陛下谨奉孝敬之道。假如我不在了，就不知道这事情会成一个什么样子了。”

隔了一天后，德宗特别开了延英殿的大门，单独传召李泌进去议事，德宗泪流满面，抚摸着李泌的背说：“如果不是你极力劝谏，朕今天连后悔都来不及了！一切都正如你说的那样，太子仁厚孝顺，实在是别无二心。从今以后，天下的军事和朝政大事以及朕的家内事情，一切都应该与卿一起商量了。”李泌向德宗行礼祝贺，乘机说：“陛下神圣英明，已经察明太子清白无罪，那臣报效国家的任务就算完成了。臣前日心惊胆战，失魂落魄，已经没有办事能力了，希望陛下准许我告老还乡。”德宗说：“朕父子之间的关系全靠卿才得以保全，朕正要叮嘱子孙，要让你的子子孙孙都富贵下去，以报答你的大德，那卿又为什么提出这个要求呢？”八月十四日甲午，德宗下诏说：彭州司马李万不知道回避同宗女眷，应该被杖杀，詹事李昪等人以及郜国大长公主的五个儿子，流放到岭南和遥远的州县。

（以上为第一段，写柳浑忠直而被罢相，李泌亦直言护佑太子，临难不屈，竟获成功。）

八月二十八日戊申，吐蕃率领羌族、吐谷浑的人马大举侵犯陇州，敌人的营地连绵几十里，京城长安内的人都感到震惊而恐惧。九月十七日丁卯，德宗派遣神策军的将领石季章去守卫武功县，派遣决胜军使唐良臣去守卫百里城。九月初七日丁巳，吐蕃的军队在汧阳县、吴山县、华亭县一带大肆烧杀抢掠，对老弱病残的人，或者杀掉，或者砍断手臂，挖去眼珠，然后丢下他们走了。吐蕃的军队将这一带健壮的男丁一万多人全部都驱赶到安化峡的西边，将要把他们分给羌族、吐谷浑的时候，才对他们说：“准许你们向东方哭泣，以告别家乡故国！”被抓来的人一起号啕大哭，跳到悬崖下和山谷中而死的、受伤的多达一千余人。不久，吐蕃的大批人马又来了，他们包围了陇州城，陇州刺史韩清沔和神策军的副将苏太平夜晚带兵出城袭击，打退了吐蕃军队。

德宗对李泌说："每年各道贡献给宫内的物品，一共价值五十万缗钱，今年仅仅才收到进贡的钱三十万缗。说这件事，我确实知道有失体统，但宫中的用度实在是太不够了。"李泌说："古时候，天子都不为自己私谋钱财，现在请准许每年给宫中提供一百万缗钱的用度，希望陛下不再接受各道进贡来的物品，并停止派宦官使者去各地颁布圣旨，求取财物。如果有一定需要用的东西，请陛下下达敕令，将这些东西折合税款，不让奸邪的贪官污吏借这个机会搜刮钱财。"德宗采纳了李泌的建议。

回纥的头领合骨咄禄可汗多次向唐朝政府请求和好，而且向唐朝皇室求婚；德宗对这些要求一概不答应。正好这时候，守卫边疆的将领上奏朝廷说军中缺少马匹，朝廷没办法给他们补充，李泌对德宗说："如果陛下下决心采纳我的计策的话，那么几年以后，马匹的价钱要比现在便宜十倍！"德宗说："这又是什么缘故呢？"李泌回答说："希望陛下用最公正的态度对待这件事，委屈自己，为天下百姓造福，这是为国家社稷的长远考虑，我才敢说出来。"德宗说："卿为何这样吞吞吐吐呢？"李泌回答说："臣希望陛下能够在北边，与回纥结成和好关系，在南边，联络南诏的各族，西边与大食国、天竺国结交，这样一来，吐蕃就会自己陷于困窘的境地，马匹也容易买到了。"德宗说："与南诏、大食、天竺三个国家建立友好关系，就按卿说的办，至于回纥，那决不可以！"李泌说："臣本来就知道陛下会是这种态度，所以早先不敢把这一策略说出来。从现在的局势来考虑，应当以与回纥建立和好关系为第一步，其余三国可以稍稍推迟一些。"德宗说："唯有与回纥建立和好关系这件事，卿不要谈。"李泌说："臣担任着宰相这一职位，天下事情能行与不能行，决定权在陛下，但还不至于不让臣说话吧！"德宗说："朕对卿的话，一切都听了，至于与回纥建立和好关系，应该留给朕的子孙们来办；朕在位期间，这是绝不可能的！"李泌说："这不就是陛下从前在陕州受回纥的耻辱而造成的吗？"德宗说："是的。韦少华等人因为朕的缘故，受回纥人的侮辱而死，朕怎么能忘了这件事呢？当前正值国家多灾多难之际，没有时间来报这个仇，与他们和好则绝不可能。请卿不要再说了！"李泌说："杀害韦少华等人的是回纥的牟羽可汗，陛下继承皇位以后，牟羽可汗率领大军来侵犯我们，但还没有走出自己的境内，就被现在的合骨咄禄可汗杀了。这样说来，现在的可汗合骨咄禄对陛下有功，应该受封爵和赏赐，又怎么能怨恨呢？后来张光晟杀了回纥的使者突董等九百余人，合骨咄禄始终不敢杀朝廷派去的使者，这样看来，合骨咄禄本来就没什么罪过了。"德宗说："卿认为与回纥和好是对的，那朕当然是不对的了？"李泌回答说："臣完全是为国家社稷的安全说这些话的，如果臣随便迎合陛下的意见，以求陛下的认可，到时候，臣有什么脸面到天上去见肃宗皇帝和代宗皇帝呢？"德宗说："这件事让朕慢慢来思考。"此后李泌与德宗奏问对答达十五次以上，每次李泌都要讨论与回纥和好的事，德宗始终不批准。

李泌说：“既然陛下不答应同回纥建立和好关系，那就请准许臣告老还乡。”德宗说：“不是朕拒绝接受卿的规劝，只是想与卿把其中的道理论清楚，卿何必要马上要离开呢？”李泌回答说：“陛下允许臣讲道理，这本来就是天下人的福气啊。”德宗说：“朕不惜委屈自身，与回纥建立和好关系，但朕不能对不起韦少华这些人。”李泌说：“按照臣的看法，是韦少华等人对不起陛下，而不是陛下对不起他们。”德宗问：“卿讲这话有什么理由呢？”李泌回答说：“从前回纥的叶护率兵帮助朝廷讨伐叛逆安庆绪，肃宗皇帝只让臣在元帅府里设宴慰劳他们，身为元帅的先帝代宗皇帝一直没有出来接见叶护等人。即便是叶护坚持邀请臣去他的军营中做客，肃宗皇帝还不答应。等到大军将要出发的时候，先皇帝才出来与叶护等人相见。之所以这样做，因为回纥是戎狄，他们豺狼成性，发兵大举进入唐朝的中原腹地，我们不能不对他们作特别小心谨慎的防备。陛下在陕州的时候，正值年轻气盛，韦少华等人做事没能深思熟虑，就引着皇储直接去回纥人的军营中，又不事先与回纥人商议好见面的礼仪，以至于让回纥人十分放肆，为所欲为，这难道不是韦少华等人对不起陛下吗？他们死了也不足以偿清罪责啊。而且，香积寺一战，我军大获全胜时，叶护想带领回纥兵进入长安城内，先皇帝亲自在叶护的马前行礼，阻止回纥军队进去，叶护于是就没有敢进长安城。当时在周围围观的人有十万多，他们都感慨地称赞先皇帝说：‘广平王真是我华夏与蛮夷之族的共主啊！’这样看来，先皇帝对别人屈尊下驾的时候少，而得偿所愿的时候多。叶护是牟羽可汗的叔叔。牟羽身为回纥的可汗，带领他们国内的全部兵力来解救中原地区的祸难，所以心志十分傲慢自大，也敢于向陛下要求礼遇。陛下天资神明英武，没有被其压力所屈服。在那个时候，臣不敢说别的什么，如果牟羽可汗挽留陛下在回纥军营中，欢快饮酒十天，天下人都会对陛下大失所望的！而陛下的天威所照之处，连豺狼野兽都驯顺起来了，牟羽可汗的母亲双手捧着貂皮裘衣献给陛下，斥责牟羽可汗身边的人，亲自护送陛下骑马而回。陛下就拿香积寺这一事来比较，那么委屈的说法对呢，还是没有委屈的说法对呢？是陛下向牟羽可汗屈服了呢？还是牟羽可汗向陛下屈服了呢？”德宗听了以后对在场的李晟、马燧说：“过去的旧友最好是不要再度重逢。一直痛恨回纥人，现在听李泌谈起香积寺的旧事，自己感觉到有些理亏，卿两人有什么看法吗？”李晟、马燧说：“如果真的像李泌说的那样，那回纥看来似乎是可以原谅的。”德宗说：“卿两人也不支持朕，那该怎么办呢？”李泌说：“臣认为回纥人不值得怨恨，相反近年以来的宰相们才是值得怨恨的。现任的回纥可汗杀了牟羽，而他们的国人又两次帮助朝廷收复京城的功劳，那他们又有什么罪过呢？吐蕃庆幸我们国内出现灾祸，乘机攻占了河州、陇州几千里的地方，又带兵进入京城，致使先皇帝代宗蒙尘，流落陕州，这才是一定要报的怨仇，况且吐蕃的赞普还活着，前任宰相们不向陛下讲清楚这一事情，还想与吐蕃建立和好关系，以便向回纥进攻，这才是值得怨恨的啊。”德宗说：

“朕与回纥人结怨已经很久了，他们又听说了我们与吐蕃结盟时，吐蕃人劫持了我们的会盟使者，现在前去与回纥人和好，那他们会不会又拒绝我们，让夷狄之族耻笑呢？”李泌回答说：“不会这样的。臣从前在彭原的时候，现今的可汗担任胡禄都督，与现任国相白婆帝都跟着叶护前来中原，臣对待他们都很亲善、优厚，所以他们听说臣担任宰相后就要求建立和好关系，那怎么会又拒绝和好呢？臣现在请陛下准许臣写信与他们相约：让可汗向朝廷称臣，做陛下的儿子，他们每次派使者来朝，随从人员不超过二百，他们带来互市的马不能超过一千匹，不得携带中原地区的人以及胡族的商人出塞到他们那里去。如果回纥能够遵守这五条规定，那么陛下就一定会答应与他们和好。这样一来，陛下的威严就可以临照北部荒野的地区，震悚吐蕃人，足以让陛下平时对这两地的劳虑之心大快了。”德宗说：“从至德年间以来，我们与回纥人结成兄弟间的关系，现在一旦要他们臣服我们，那他们肯与我们和好吗？”李泌回答说：“他们想与我们建立和好关系已经很久了，他们的可汗、国相一向相信说的话，如果中间还有什么处理不妥当的地方，只要再给他们送一封信就行了。”德宗采纳了李泌的主张。

不久，回纥可汗派遣使者向德宗上表章，自称儿子和臣属，李泌与他们相约定的五件事，他们一概服从。对此，德宗非常高兴，对李泌说：“回纥人怎么这样害怕和服从卿呢？”李泌回答说：“这都是陛下的声威和神明才得到的，臣哪有什么力量？”德宗说：“回纥人，我们已经同他们建立了和好关系，那采取什么办法去招服云南、大食、天竺呢？”李泌说：“与回纥和好以后，那么吐蕃人就不敢再轻易地侵犯我们的边境了。接着招抚云南，那就是斩断了吐蕃的右臂。云南从汉朝以来，一直臣属于中原，本朝玄宗皇帝时的宰相杨国忠无缘无故骚扰他们，以至于使他们背叛了朝廷，向吐蕃称臣。但他们又被吐蕃的繁重赋税和力役弄得极为困苦，没有一刻不想再作大唐的臣属的。大食在西域各国中力量最为强盛，他们的疆域东起葱岭，西达西海边，疆域几乎占了天下的一半。大食与天竺都仰慕中原，世世代代都与吐蕃人为仇，臣因此知道他们都是可以招抚联结的。”

九月十三日癸亥，德宗让回纥的使者合阙将军回归，答应把自己的女儿咸安公主嫁给可汗为妻。并用五万匹绢偿还回纥以前的马价。

（以上为第二段，写李泌劝谏德宗与回纥释嫌通好，重结和亲。）

吐蕃侵犯华亭县和险要的连云堡，把这两个地方都攻陷了。九月二十四日甲戌，吐蕃驱赶着这两座城池的百姓几千人以及在邠州、泾州抢掠的人和牲口一万多离去了，把这些人和牲口都安置在弹筝峡的西边。泾州一直依靠连云堡作抗敌的前哨据点，连云堡被吐蕃人攻陷以后，泾州城的西门不再打开，西门外的大片地方成了吐蕃人活动的区域，城内去打柴的路都被切断了。每逢收获庄稼的时候，一定要布防军队才能去收割，经常不能按时收获粮食，收回来的往往是些没有籽粒的空穗。从此以后，泾州城常常因为缺乏粮食而困苦不堪。

冬季，十月初四日甲申，吐蕃侵犯丰义城，他们的前锋到了大回原，邠宁节度使韩游瓌率军击退了吐蕃。十月初五日乙酉，吐蕃又侵犯长武城，还在原州旧城的废墟上修建城池，驻扎兵马。

兴妖作祟的僧人李软奴自称："我本是皇室成员，看见五岳、四渎的神仙，他们命令我来做皇帝。"李软奴笼络禁军中的殿前射生将韩钦绪等人，与他们阴谋策划叛乱。十月初六日丙戌，李软奴的同伙把这件事向朝廷告发了，德宗下令拘捕李软奴，送交内侍省审讯。李晟听说这件事后，一头栽倒在地上说："我李晟要被灭族了。"李泌询问这是什么缘故，李晟说："我最近才受了各种毁谤，在朝野内外，我的家人有一千多口，如果有一个人在李软奴的乱党中，那仁兄你也不能挽救我了。"于是，李泌就秘密上奏德宗说："一旦大案发生，牵连的人一定很多，朝廷内外的人们惊恐不安，请把这个案子由内侍省转交给御史台去审讯。"德宗采纳了这一建议。韩钦绪是韩游瓌的儿子，逃到邠州。韩游瓌正率军驻守长武城，邠宁留后将韩钦绪押送京城。十月十二日壬辰，德宗下令将李软奴等八人腰斩于市，禁军中的北军将士受这一事件牵连被处死的有八百多人，但朝廷中的大臣没有一个人受连累和波及。韩游瓌把军队留下，自己到朝廷谢罪，德宗派使者制止，对韩游瓌的重用同以前一样。韩游瓌又将韩钦绪的两个儿子押送到京城，德宗也宽恕了他们。

吐蕃军队因为天气严寒，不再来侵犯边疆，而同时朝廷驻防京西军队的粮食运输也接济不上。十一月，德宗下令浑瑊率领军队回到河中，李元谅率军回到华州，刘昌分出部分人马回到汴州，其他的防秋兵回撤到凤翔、京兆府的各县驻扎，以便就地得到粮食供应。

十二月，韩游瓌入京朝见德宗。

（以上为第三段，写李泌化解妖僧李软奴谋反大案，护佑李晟、韩游瑰等宿将，以及朝中大臣，挫败了幕后的奸谋。）

自兴元年间以来，以这一年粮食收成为最好，一斗米值一百五十钱，一斗粟子值八十钱，德宗下诏丰收地区由官府收购粮食。

十二月初一日庚辰，德宗去新店一带打猎，来到百姓赵光奇的家里，德宗询问赵光奇："现今老百姓的生活安乐吗？"赵光奇回答说："老百姓不安乐。"德宗问："今年是一个丰收年，那百姓为什么不安乐呢？"赵光奇说："诏令没有信用。以前说除两税以外，其他一切徭役都要免除，现今官府征收的杂税比两税还要多。后来又说让官府收购粮食，而实际上是官府强行夺走了粮食，还不曾给我们一个钱。开始的时候说官府收购的粮食只要在路旁交纳就行，现在却要送到京城西边的军营中去，动不动就好几百里，车也推坏了，马也拉死了，破了全部的家产，还不能支撑。忧愁困苦到了这种状况，百姓哪里还有安乐可言？每每朝廷下诏书说优待、体恤百姓，都只是一纸空文罢了！恐怕这是因为圣明的皇上深居在九重后宫里面，对这些事情都不清楚吧！”德宗下令免除赵光奇一家的赋税徭役。

臣司马光评论说：唐德宗实在是太难以醒悟了！自古以来一直让人们担忧的情况是，君王的恩泽被堵塞了，不能普施到百姓身上，百姓的情绪压抑在心头，不能通达到皇帝那里去。所以君王在上面经常下令要体恤爱护百姓，但百姓并不感怀君王的恩德；百姓在下面忧愁怨恨，但君王却不知道，最后导致百姓流离反叛，天下陷入危亡之境，都是因为有这些祸患的缘故啊。德宗皇帝幸亏因为外出打猎，得以到百姓家中，又正碰上赵光奇敢于说话，而了解百姓们的疾苦，这正是千载难以遇到的机会啊。本来，德宗皇帝应该审讯、处置有关部门违抗诏令，残暴地虐待百姓，横暴地增加赋税徭役，盗窃、私吞公家的财产，以及身边那些天天说民间喜获丰收、百姓安居乐业的阿谀逢迎者，诛杀这些罪大恶极的人。然后洗掉旧念，改变政策一新朝政，屏除浮华的形式，废弃空洞的文件，谨慎地整饬官吏，敦促诚实和守信的风气，识别事情的真假，辨清官吏的忠诚与邪恶，怜惜困苦贫穷的百姓，为蒙冤受屈的人平反昭雪，这样一来，就可以实现天下太平的大业了。但德宗皇帝将这些重要的事情丢在一边不去做，却只免除了赵光奇一家的赋税徭役。天下四海，极广极大，百姓众多，又怎么能人人都亲自向皇帝讲明实情，而户户都能免除赋税徭役呢？

李泌认为李软奴的党羽在禁军的北军中还有没被揭发出来的人，请求德宗赦免了他们，以安定北军的军心。

（以上为第四段，写德宗深居宫中不了解民情，不体恤百姓，既知民情却不禁暴惩贪，只做个案免除一个家庭的赋税徭役，受到司马光的批评。）

唐德宗贞元四年（戊辰，公元 788 年）

春季，正月初一日庚戌，大赦天下。诏令从今年开始，征收两税的等级每隔三年重定一次。

李泌上奏京官的薪俸太少了，请求在太师、太傅、太保三师以下的各级官员现在薪俸基础上加倍发给薪俸，德宗允准执行。

正月二十三日壬申，德宗任命宣武行营节度使刘昌担任泾原节度使。正月二十五日甲戌，任命镇国军节度使李元谅担任陇右节度使。刘昌、李元谅各率部众在镇守地努力耕田种地，几年以后，军中粮食充足，还有盈余，泾州、陇州一带逐渐安定下来。

韩游瓌入京上朝，邠宁镇的军中将士都认为韩游瓌不会再回来任节度使，饯行和送的礼物都极为简单。韩游瓌见了德宗以后，极力陈说如果修筑丰义城，就可以制服吐蕃人，德宗听了以后很高兴，派他回邠宁镇守。邠宁军中对韩游瓌回来既忧愁又害怕的人有很多，韩游瓌嫉恨都虞候虞乡人范希朝有功劳和名声，深得将士们的拥戴，便查究范希朝的罪过，准备把范希朝杀了。范希朝逃到了凤翔，德宗将他征召入朝，安置在左神策军中。韩游瓌率领将士们修筑丰义城，只修筑到四尺高的时候，城墙就倒塌下来。

二月，元友直运送淮南的二十万钱帛抵达京城长安，李泌将这些钱财全部拨给了皇帝的私库大盈库。但是德宗仍然多次派宦官使者去各地宣诏，索要财物，还下令各道，此事不能让宰相知道。李泌听说这件事以后，心中烦闷但又不敢说出来。

> 臣司马光评论说：君王以天下四海为家，天下的一切钱财都属他所有。让天下的财物丰盛起来，用它来抚养天下的百姓，君王自己也一定快乐安逸。如果君王还要经营私人财产，这不过是凡夫俗子的粗俗愿望。古人说过这么一句话：贫穷的人用不着学习俭朴这一美德。钱财多了，就成了产生奢侈欲望的根源。李泌想消除德宗皇帝储积财产的欲望，但却为皇帝聚积私财，殊不知私财越多，私欲也就越加膨胀。私财不能满足欲望，那他能不到处去索要吗？这就好像是为他开了门，却又禁止他出门一样！虽然德宗皇帝的行为多有怪癖毛病，但也是由于李泌不用正道辅佐他的缘故啊！

（以上为第五段写德宗背约，派中使向地方索取财物，司马光认为是李泌多给钱财，开启了德宗的私欲，不非君反责臣，非中肯之言。）

咸阳有个人向朝廷进言说：“我梦见了著名战将白起，白起让我上奏朝廷说：‘请让我为国家来捍卫西部边疆。本年正月，吐蕃一定会大举下山来侵犯，我自当替朝廷打败他们，以让别人相信我。’”不久，吐蕃军队侵犯边疆，戍守边疆的将领率军打败了他们，使他们不能深入中原腹地。德宗认为咸阳那个人上奏的话很灵验，打算在京城为白起建立祠庙，并追赠白起为司徒。李泌说：“臣听说‘国家要振兴起来，就要借重人的力量’这句古话。现在守卫边疆的将帅们立功了，但陛下却要褒奖追封白起，我担心这样做会使守卫边疆的将帅人心涣散！如果在京城给白起建立祠庙，大肆祈祷、祭祀，这事流传到各地以后，将会助长相信巫祝的风气。而今在杜邮这个地方还存有白起的祠庙，请陛下敕令所在府县整修一下祠庙，就不至于惊扰人们的视听了。而且白起只是一名诸侯国的大将，追赠给他一个属于三公的职位，那官爵也太重了，请追赠给他一个兵部尚书职位就行了。”德宗笑着说：“卿对白起这位古人也吝惜官爵吗？”李泌回答说：“封爵授官对人对神都要一样。如果陛下不吝惜官爵，那么神接受了追封也不会认为是件荣耀的事情了。”德宗采纳了李泌的意见。

李泌向德宗说自己年老体衰，一个人单独担任宰相职务，精神和体力都消耗殆尽，既然陛下不让他告老还乡，那就请陛下再任命一个人来做宰相。德宗说：“朕十分清楚你的辛苦，只是没有找到合适的宰相人选。”德宗从容地与李泌议论从自己继承皇位以来的各位宰相说：“卢杞为人忠诚、廉洁、精明强干、耿直，人们都说卢杞奸佞邪恶，但朕一点也不觉得他是这样。”李泌说：“人们都说卢杞奸佞邪恶，只有陛下一人不觉得他奸佞邪恶，这就是卢杞之所以奸佞邪恶的地方。如果陛下觉察到了卢杞的奸佞邪恶，哪里会有建中时期的变乱发生呢？卢杞因为私人关系不和杀了宰相杨炎，排斥颜真卿到必死之地，激怒李怀光，使他背叛了朝廷，幸亏陛下神圣英明，将卢杞贬职流放，人们的心情一下子都高兴起来，上天也为造成的灾祸而追悔。要不是这样，那叛乱怎么能平息呢？”德宗说：“杨炎把朕当小孩子看待，每逢议论事情，朕批准了上奏的事情就高兴，与他反复讨论辩问，他马上就气冲冲地要辞去宰相职位，推测杨炎的心思，他认为我不配与他讨论事情，才会出现这种样子。因为这个原因，朕与他相互都不能容忍了，这并不是卢杞造成的。建中时期的变乱，道术之士桑道茂预先便请求朝廷修筑奉天城，这都是由于天命，不是卢杞能够招致的！”李泌说：“要说天命，其他的人都可以说说，只有君王、宰相不能谈。这是因为君王和宰相是创造命运的人。如果要谈到天命如此，那么礼、乐、刑、政都没有什么用处了。商纣王说：‘我一生下来不就是由天命决定的吗？’这就是商朝所以灭亡的原因啊！”德宗说：“我喜欢与人辩论治理天下的法则。崔祐甫这个人，性情狭隘急躁，朕每次提问，他的回答总是语无伦次，朕知道这是崔祐甫的短处，就经常有意袒护崔祐甫。杨炎议论事情，也有可以采纳的意见，但是杨炎的态度和面部表情很粗率傲慢，朕一诘问，他动不动就勃然大怒，而不再顾及君臣之间应有的礼节。所以每见杨炎一次，就令人生气，在场的其他人也就不敢说什么了。卢杞为人小心翼翼，凡是朕说的事情，他没有不听从的，但他没有什么学问，不能与朕就事理反复讨论，所以朕常常不能与他畅所欲言。”李泌说：“卢杞对陛下说的话无不言听计从，那难道能说卢杞是忠臣吗？所谓‘我说的话，没有人敢违背’，这正是孔子所说的‘讲一句话可以丧邦灭国’的话啊！”德宗说：“只有卿与他们三个人都不同。朕说的话恰当，卿就面有喜色；朕说的话不恰当，卿的脸色就经常忧愁不堪。虽然时常说些不中听的话，就像刚才说的商纣王以及丧邦灭国的话。仔细地思考一下，你讲的话都是在事情没有发生前就说出来的，都是说采取这样的措施，那么就会政治清明，国家安定，采取那样的措施，那么就会导致危亡，招来变乱。话虽然说得深刻，切中问题的要害，但态度和缓，面色温顺，不像杨炎那样盛气凌人，狂傲无比。我与你反复辩论，你在言辞和道理上并不屈从于朕，而且你又没有争强好胜之心，一直让朕把想说的话都说完，屈服于道理，而不能不听从卿的意见，这是朕之所以为任命卿担任宰相而高兴的理由啊！”李泌说：“陛下所任用的宰相还有很多人，现在都没有去评论，那是为什么呢？”德宗说：“他们都不是人们心中的真正宰相。凡是担任宰相职务的人，一定要把国家的政事都交给他处理。像本朝玄宗皇帝时候的牛仙客、陈希烈这种人，也可以称他们为宰相吗？像肃宗皇帝、代宗皇帝任用卿，虽然没有给卿宰相的名称，但这才是真正的宰相职权了。一定以为官职到了平章事就是宰相了，那王武俊这些人就都是宰相了。”

（以上为第六段，写德宗与李泌议论本朝各位宰相，德宗认为李泌事上，礼仪得体，敢言而说理透彻，是最佳良相。）

泾原节度使刘昌率兵重新修筑连云堡。

夏季，四月十八日乙未，德宗下令把殿前左、右射生军改名为神威军，左、右神威军与左、右羽林军，左、右龙武军，左、右神武军，左、右神策军一起总称十军。以左、右神策军的力量最为强盛，大部分驻守在京城西边，小部分零散地驻扎在京畿地区的各县。

福建观察使吴诜看不起部属士兵认为他们怯懦软弱，就强迫他们做苦役。士兵们起来作乱，杀了吴诜的心腹亲信十几人，还逼迫吴诜写下字据召大将郝诚溢主持留后事宜。郝诚溢上表朝廷请求治罪，德宗派遣宦官使者去福建就地赦免，以安定人心。

四月，乙未［丁未］，陇右节度使李元谅修筑良原的旧县城，并在此镇守。

云南王异牟寻想向内归附朝廷，但又不敢自行派遣使者，于是首先派遣东蛮的鬼主骠旁、苴梦冲、苴乌星进京朝见皇帝。五月初八日乙卯，德宗在麟德殿设宴招待他们，赏赐给他们很多东西，都封为王，发给印绶，打发他们回去。

五月二十四日辛未，德宗任命太子宾客吴凑担任福建观察使，将吴诜降职为涪州刺史。

三万多吐蕃骑兵侵犯泾、邠、宁、庆、鄜等州。先前，吐蕃常常在秋季、冬季来侵犯边疆，到了春天，多因生病和瘟疫流行而退回去。这一次，吐蕃军掳掠唐朝的男子，把他们的妻子、儿女扣作人质，派遣将领统领他们在盛夏时节侵犯边疆。各个州都据城防守，不敢与他们交战，吐蕃又俘虏抢掠数以万计的百姓和牲口回去了。

夏县人阳城以学识渊博、德行高操而闻名于世，隐居在柳谷的北边，李泌向德宗推荐。六月，德宗派人去征召，并任阳城为谏议大夫。

因为吐蕃军队侵犯边疆，韩游瓌亲自率军守卫宁州。生了病，请求朝廷派人来替代，自己辞职回朝。秋季，七月初五日庚戌，德宗加封浑瑊为邠宁副元帅，委派左金吾将军张献甫担任邠宁节度使，委派陈许兵马使韩全义担任长武城行营节度使。张献甫还没有到任，七月初七日壬子的晚上，韩游瓌没有向大家打声招呼，便轻骑简从上路回朝去了。在这里驻防的士兵裴满等人都害怕张献甫治军太严，乘军队没有主帅的时机，在七月初八日癸丑这一天，带着党徒们起来兴风作乱，他们说："张公不是我们朔方军出身，我们一定要抵制。"于是在城内闹市去抢劫，包围了监军杨明义住的地方，让杨明义上奏朝廷请派范希朝来担任节度使。都虞候杨朝晟躲避这场祸乱，逃出城外，听说这件事以后，又进城来，对作乱的士兵们说："你们要求请范希朝来担任节度使，正符合我的心意，我是来向大家祝贺的！"作乱的士兵们才渐渐安定下来。杨朝晟暗中与各位将领们商议布置，第二天早晨带着兵马，召集作乱的士兵们，对他们说："你们所请求的事情实现不了，张公已经到了邠州，你们这些人兴风作乱，应当被处死，但我不能把你们都杀了，你们最好是自己揭发出带头的人来。"于是就杀了作乱的士兵二百多人，带领将士去迎接张献甫。德宗听说邠宁军中的士兵们希望范希朝去任主帅，准备任命范希朝为节度使，范希朝推辞说："我是害怕韩游瓌杀我才跑出来的，现在回去接替节度使，这可不是防范阴谋、安定军心的好办法啊。"德宗对范希朝很是嘉许，提升为宁州刺史，以作张献甫的副手。韩游瓌回到京城，德宗任命韩游瓌为右龙武军的统军。

振武节度使唐朝臣不能严密侦查、防范敌人，七月十四日己未，奚人和室韦人侵犯振武，抓走了朝廷派来宣慰的两个宦官使者，还大肆抢掠人口和牲畜后离去。当时回纥派遣来唐朝迎接咸安公主的大队人马正在振武城，唐朝臣派七百名骑兵与几百名回纥骑兵一起去追赶奚人和室韦人，回纥使者反而被奚人和室韦人杀了。

九月十一日庚申，吐蕃的尚志董星侵犯宁州，张献甫击败了他们。吐蕃的军队转道抢掠鄜州、坊州后离去。

元友直检核各道征收的两税以外的财物，把这些财物全部运交户部，于是这种做法就成了一种制度，每年在两税之外，还向朝廷上交钱一百余万缗，粮食一百余万斛，百姓忍受不了这种搜刮。各道都上奏诉说这一情况，德宗这才醒悟过来，于是下令："今年已经收进官府的全部送往京城，还没有收进官府，全部把它交还给百姓。从明年开始，一概停征。”于是东南地区的百姓又安心下来从事生产。

回纥的合骨咄禄可汗得到唐朝皇帝答应赐婚的消息之后，非常高兴，派遣妹妹骨咄禄毗伽公主以及大臣的妻子们，连同国相、跌跌都督以下一千多人，前来唐朝迎接国后，他们的言辞和礼仪都十分恭谨。合骨咄禄可汗说：“从前我们是兄弟之国，现在成了女婿，女婿就是半个儿子。如果吐蕃人侵犯大唐边疆，做儿子的应该为父皇除掉这一祸患！”于是就侮骂吐蕃的使者，同吐蕃断绝了关系。冬季，十月十四日戊子，回纥使者到了长安，合骨咄禄可汗上表朝廷请求将回纥改为回鹘，德宗同意了。

（以上为第七段，写邠宁兵变，被及时平息。回纥与唐和亲，更名回鹘。）

吐蕃调动兵力十万准备侵犯西川，吐蕃还征发了云南的军队。云南虽然从心里已经归附了唐朝，但不敢在表面上背叛吐蕃人，也只得调派几万军队去泸水北岸驻扎。西川节度使韦皋知道云南王对何去何从还犹豫不决，于是就给云南王写了一封信，信中十分赞赏云南王背叛吐蕃，归顺朝廷的诚意，装在一个银制的信盒里，故意让东蛮转交给吐蕃人。吐蕃人开始怀疑云南王，派二万兵马驻守在会川，以堵塞云南往蜀地的道路。云南王对此大为震怒，率领军队回云南去了。从此以后，云南王与吐蕃人，彼此之间相互猜忌，云南王归顺唐朝的意志更加坚定。吐蕃人失去了云南的协助，军队的声势开始削弱了。但是吐蕃人已经出兵侵犯西川，骑虎难下，于是分出四万兵马攻打两林、骠旁，派出三万兵力攻打东蛮，另派七千兵马侵犯清溪关，派出五千兵马侵犯铜山。韦皋派遣黎州刺史韦晋等人与东蛮联合兵力抵御吐蕃，在清溪关外打败了吐蕃的军队。

十月二十六日庚子，德宗册封咸安公主，加封回鹘可汗为长寿天亲可汗。十一月，德宗任命刑部尚书关播护送咸安公主去回鹘成婚，并兼任册封回鹘可汗的使者。

吐蕃人以在清溪关打了败仗感到耻辱，又以二万军队侵犯清溪关，一万军队攻打东蛮。韦皋命令韦晋镇守要冲城，率领各路人马抵御吐蕃人的进攻。嶲州经略使刘朝彩率兵出到清溪关外与吐蕃人连续作战，从十一月十一日乙卯交战到十九日癸亥，将吐蕃军队打得大败。

李泌对德宗说：“江淮一带运往京城的漕运通道以甬桥这一地方为咽喉要地，这里属徐州管辖，徐州与淄青的李纳邻境接壤，徐州刺史高明应年轻，不太熟悉政务，如果李纳一旦又有背叛朝廷的企图，出兵占据徐州的话，那么朝廷就丧失了江淮的大片地方，国家的用度到时从哪里弄来呢？请调任寿州、庐州、濠州都团练使张建封去镇守徐州，分出濠州、泗州隶属于张建封。再把庐州、寿州划归淮南，那么在淄青的李纳就会害怕而使江南的漕运之路畅通无阻，江东、淮南就能得到安定。趁高应明现在年轻无知，可以替代，最好将高应明征召入朝，担任金吾将军。万一让别人得到了徐州，便难以再对徐州加以控制了。”德宗采纳了李泌的建议，任命张建封为徐州、泗州、濠州节度使。张建封处理政事宽大仁厚，而又纲纪严明，对违犯法度者决不姑息，所以部属们没有人不怕，而又心悦诚服。

横海军节度使程日华去世，儿子程怀直自己代行留后职务。

吐蕃多次派人来利诱、威胁云南王。

（以上为第八段，写吐蕃侵扰西川，为韦皋所败。德宗采纳李泌建言，加强徐州守备，维护漕运交通。）

唐德宗贞元五年（己巳，公元789年）

春季，二月十四日丁亥，西川节度使韦皋写信给云南王异牟寻，信中说：“回鹘人屡次请求辅佐天子，一起剿灭吐蕃，大王如果不早拿定主意，一旦消灭吐蕃之事被回鹘人抢到前面去了，那么大王几代人积累下来的功劳和声名就白白地丢弃了。而且云南长期受吐蕃人的欺负和侮辱，现今不趁这一大好时机，依靠大唐的威势来报仇雪耻，那将后悔莫及。”

二月二十五日戊戌，德宗任命横海军的留后程怀直担任沧州观察使。程怀直请求朝廷将自己所管辖的弓高县和景城县划出来设置景州，还请求朝廷任命景州刺史。德宗高兴地说：“已经有三十年没有这一可喜的事情了！”于是任命员外郎徐伸担任景州刺史。

中书侍郎、同平章事李泌多次请求德宗另行任命宰相。德宗打算任用户部侍郎班宏为宰相，李泌说班宏清廉刚直，但性情比较迟钝拖拉，于是向皇帝推荐窦参，说窦参通达政事，敏捷能干，可以管度支和盐铁事务；推荐董晋，说董晋为人耿直端庄，可以主管门下省的事务。德宗觉得这两个人都不行。窦参是唐朝初年窦诞的玄孙，当时正担任御史中丞兼户部侍郎职务，董晋正担任着太常卿一职。到了这时，李泌的病情十分严重，又向德宗推荐这两个人。二月二十七日庚子，任命董晋为门下侍郎，窦参为中书侍郎兼度支转运使，两人同为同平章事。又任命班宏为户部尚书，仍然同以前一样兼任着度支转运副使职务。

窦参为人刚毅果断、严厉苛刻，没有什么学问，但是很有权术。每逢上朝奏报事情的时候，各位宰相都一起退出来了，唯有窦参一个人留在后面，借口奏报有关度支的事宜，实际上是独揽朝政，将很多亲信同伙都提拔上来，安插在要害职位上，让他们作自己的耳目。董晋不过是充一个宰相职位罢了，但董晋为人十分小心慎重，在德宗面前所说的事情从来不告诉别人，子弟中有人问他与皇上谈些什么，董晋说：“想要知道宰相是否能干，要看天下安定，还是危乱。我在皇上面前商议谈论了些什么，是不值得说出来的。”

三月初二日甲辰，李泌去世。李泌广有谋略，但喜欢谈论神仙诡异怪诞的事情，因而受到世人轻视。

（以上为第九段，写西川节度使韦皋策动云南王归附唐朝共抗吐蕃。一代乱世贤相李泌去世。）

当初，德宗想起李怀光立下的功劳，打算宽恕李怀光的一个儿子，但是李怀光的子孙都因受牵连而被杀。三月二十六日戊辰，德宗下诏命令以李怀光的外孙燕八八作李怀光的后嗣，并给燕八八赐名为李承绪，任命为左卫率胄曹参军，赏赐钱一千缗，让李承绪奉养李怀光的妻子王氏，以及为李怀光守墓祭祀。

冬季，十月，韦皋派部将曹有道率领军队同东蛮、两林蛮以及吐蕃的青海、腊城两节度在嶲州的台登谷交战，将他们打得大败，杀敌二千人，敌人投下悬崖以及跳水而死的人多得无法计算，还杀了吐蕃军队的大兵马使乞藏遮遮。乞藏遮遮是吐蕃的一员勇将，他死了以后，韦皋进攻吐蕃的城池、堡垒，连战连捷。几年之间，完全收复了嶲州全境。

易定节度使张孝忠发兵袭击蔚州，驱赶、掳掠人口和牲畜。德宗下诏训斥张孝忠，张孝忠过了十多天才回守本镇。

琼州自从高宗乾封年间被山中的黎族人攻陷之后，到现在，岭南节度使李复派遣判官姜孟京与崖州刺史张少迁一起率军才又攻下琼州城。

十二月初三日庚午，德宗得到回鹘天亲可汗去世的消息，十二月十一日戊寅，派遣鸿胪卿郭锋去回鹘册命天亲可汗的儿子为登里罗没密施俱录忠贞毗伽可汗。在此之前，安西、北庭都护都从回鹘借道向朝廷奏报事情，所以同回鹘建立和好关系。北庭都护府离回鹘很近，回鹘人对他索要东西，搜刮财物没有止境。另外又有沙陀六千多个营帐的人马与北庭互相依存。后来三葛禄人、白服突厥人都归附了回鹘，而回鹘人却多次侵犯、抢掠他们。吐蕃人乘机利用葛禄人和白服突厥人进攻北庭，回鹘的大国相颉干迦斯率兵去援救北庭。

云南王虽然对吐蕃有二心，便也不敢完全与吐蕃断绝交往。十二月二十五日壬辰，西川节度使韦皋又写信给云南王，加以招抚晓谕。

（以上为第十段，写德宗为李怀光立后嗣。西川节度使韦皋大败吐蕃。吐蕃侵扰北庭，回鹘出兵助唐。）

唐德宗贞元六年（庚午，公元 790 年）

春季，德宗下诏取出岐山无忧王寺中的佛指骨，把它迎来安放在宫廷中，又派人送到京城各寺庙中展示，让人们观看。一时间，全京城的人都去瞻仰礼拜佛指骨，给佛指骨布施的钱财成千上万。二月初八日乙亥，德宗又派宦官使者把佛指骨送回无忧王寺，葬在旧址。

当初，朱滔在贝州打了败仗，朱滔统管的棣州刺史赵镐带着棣州军民投降了王武俊，不久，赵镐又因事情得罪了王武俊，王武俊传召赵镐，赵镐不听。田绪生性残酷暴虐，哥哥田朝在李纳的手下担任齐州刺史。有人对田绪说李纳想把田朝交还给魏博，田绪听了以后很害怕，判官孙光佐等人为田绪出谋划策，便向李纳赠送丰厚的礼品，而且劝说李纳去招降赵镐，占领棣州，以此让李纳高兴，借机请求李纳把田朝送到京师，李纳采纳了田绪的建议。二月三十日丁酉，赵镐又带着棣州投降了李纳。三月，王武俊指使儿子王士真进攻棣州，没有攻下。

回鹘忠贞可汗的弟弟杀了忠贞可汗，自立为可汗，回鹘的大相国颉干迦斯率军西征攻打吐蕃，还没有回来。夏季，四月，回鹘的次相国带领国人杀了篡位者，拥立忠贞可汗的儿子阿啜为可汗，阿啜才十五岁。

五月，王武俊率军驻扎在冀州，准备攻打赵镐，赵镐率领部属逃到了郓州。李纳派出一支军队占领了棣州。田绪派判官孙光佐到郓州去，假称有诏令划出棣州，隶属于李纳管辖。王武俊大为震怒，派儿子王士清率领兵马攻打贝州，占据经城等四个县。

回鹘的大相国颉干迦斯与吐蕃人交战，打了败仗，吐蕃军队加紧对北庭进攻。北庭地区的人苦于被回鹘人索要、搜刮财物，与沙陀酋长朱邪尽忠都投降了吐蕃。北庭节度使杨袭古率领部属二千多人逃到西州。六月，颉干迦斯带领军队回到了回鹘，回鹘的次相恐怕颉干迦斯对可汗另有所废立，于是就同可汗一起都来到郊外远迎颉干迦斯，次相伏在地上向颉干迦斯陈述擅自立可汗的情况，说："今天甘愿由大相国来决定我的生死。"详细陈述了唐朝册封使郭锋带来的印绶、礼品等，将这些东西全部交给了颉干迦斯。年轻的可汗向颉干迦斯行礼，而且哭着说："我愚昧年幼，如果有幸能得大相国立为可汗，只愿依赖阿多生活，一切国务大政，都不敢参与。"回鹘人称父亲为阿多，颉干迦斯被可汗的卑躬屈膝所感动，也拉着他哭起来了，于是，颉干迦斯向可汗行大臣的礼节，并把可汗送给他的东西都分给随他出征的将士们，自己一点东西都没有接受。于是，回鹘国内又渐渐安定下来。

秋季，颉干迦斯集中回鹘全国的全部兵力几万人再次西征要收复北庭，再次被吐蕃的军队打得大败，战死了一大半兵马。北庭节度使杨袭古收拢余下的几百人，打算回西州去，颉干迦斯欺骗杨袭古说："你暂且同我一起去牙帐吧。"但杨袭古去了牙帐之后，颉干迦斯竟将杨袭古扣留起来，不让回去，最后还杀了杨袭古。安西地区从此音讯断绝，大唐朝廷不知道安西是存是亡，但是西州地区仍然在唐朝军队的固守之中。

（以上为第十一段，写回鹘内乱，仍全力助唐攻击吐蕃。）

葛禄人乘胜攻占了回鹘的浮图川，回鹘人受到震动而恐慌，将西北地区的各部落全部迁移到牙帐的南面来，以躲避葛禄人的攻击，并且派遣达北特勒的梅录随册封使郭锋一起来到朝廷，上报忠贞可汗的丧事，还要求朝廷册封新的可汗。先前，回鹘的使者到唐朝来，他们的礼仪和态度都十分骄横简慢，大唐刺史一级都要与他们以平辈之礼相待。这次的梅录到了丰州，丰州刺史李景略准备在气势上压倒回鹘的使者，对梅录说："听说你们的可汗新近去世，我要向你表示一下哀悼的礼仪。"李景略占了一个高地坐下来，梅录低着头、佝偻着腰对着李景略哭起来，李景略安慰他说："可汗去世，提起这事来，反而引起了你的悲痛和哀思了。"梅录骄横的态度和凶猛的气焰，都荡然丧失了。从此以后，每有回鹘的使者到唐朝来，都要在庭中拜见李景略，李景略的威望和名声远传塞外的回鹘各地。

冬季，十月十九日辛亥，郭锋才从回鹘返回朝廷。

十一月初八日庚午，德宗在圜丘祭天。

德宗多次下诏命令李纳将棣州归还给王武俊，李纳千方百计地推迟拖延，还向朝廷请求用海州替换棣州给王武俊，德宗没有答应。于是李纳请求德宗命令王武俊先把经城等四个县归还给田绪，德宗听从了他的意见。十二月，李纳才把棣州归还给王武俊。

（以上为第十二段，写回鹘势衰，事唐恭顺。朝廷调停河北藩镇摩擦。）

唐德宗贞元七年（辛未，公元 791 年）

春季，正月初八日己巳，襄王李僙去世。

二月十二日癸卯，德宗派遣鸿胪少卿庾鋋为使者去册封回鹘奉诚可汗。

二月初七日戊戌，诏令泾原节度使刘昌修筑平凉的旧城，以便控制弹筝峡的出入口。刘昌总共用了十二天就修好这座旧城，派出军队去守卫。刘昌修筑了朝谷堡。三月初四日甲子，德宗下诏把朝谷堡命名为彰信堡；泾原地区这才渐渐安定下来。

当初，德宗从梁州回到京城长安，因为神策等禁卫军有保卫护驾的功劳，一律都赐名为"兴元元从奉天定难功臣"，委任官员统领他们，对他们的慰劳和体恤都十分优厚。禁军凭仗着德宗的恩典，骄横跋扈，侵害、压榨平民百姓，无视、欺凌府县官员，以至于诟骂凌辱官吏，毁坏府县的公文档案。有一个府县的官员愤怒难忍，对违法禁军施以刑罚，拷打了一个禁军士卒，傍晚就被朝廷贬职到万里之外。从此以后，府县虽然有公正、严明的官员，但都没有办法行使自己的职责。街市中富裕的人，往往通过贿赂的办法把自己的名字挂在军队的花名册中，于是，府县官员便无法控制这些人了。三月二十一日辛巳，德宗下诏命令：凡是禁军中的神威与六军的将士同百姓打官司的，将案件的当事人交给府县官员处理，如果是小事情，府县发文书通告当事人所属的本军长官，如果是大事情，府县要上奏朝廷。如果是军中士兵无视、欺凌府县官员的，应该将其人拘禁起来，上奏朝廷，交给御史台审讯核查。县中的官吏如果胆敢随便拷打、侮辱禁军将士的，一定要按规定贬斥、降职处罚。

三月二十三日癸未，易定节度使张孝忠去世。

（以上为第十三段，写神策军恃恩骄横。）

安南都护高正平征收赋税十分苛重，夏季，四月，安南各部落的酋长杜英翰等人发兵包围了安南都护府，高正平因担忧而死，各部落的人听到这一消息后，都向都护府归降了。五月二十二日辛巳，朝廷在安南地区设置柔远军。

端王李遇去世。

西川节度使韦皋连年写信去招抚云南王异牟寻，但始终都没有得到回答。不过，吐蕃每次征调云南的兵马，云南王异牟寻给他们派出的人越来越少。韦皋知道异牟寻从内心里归附了唐朝。韦皋的讨击副使段忠义，本来是异牟寻的祖父阁罗凤派到唐朝来的使者。六月初七日丙午，韦皋派遣段忠义回云南去，并且让段忠义带信给异牟寻，敦促、劝导异牟寻归顺朝廷。

秋季，七月十九日戊寅，任命定州刺史张昇云为义武军的留后。

七月二十一日庚辰，任命虔州刺史赵昌为安南都护，安南各部落于是安定下来。

八月十八日丙午，任命翰林学士陆贽为兵部侍郎，陆贽担任的其他的职务都被解除，这是因为宰相窦参讨厌他的缘故。

吐蕃进攻灵州，被回鹘军队打败，连夜逃回去了。九月，回鹘派使者到唐朝来进献抓获的吐蕃俘虏。冬季，十二月初八日甲午，回鹘又派使者向唐朝进献他们抓获的吐蕃酋长尚结心。

福建观察使吴凑治理地方很有声誉，宰相窦参因私人的怨恨诋毁吴凑，而且还说吴凑患了行走不便的风湿病。德宗将吴凑召回朝廷，让吴凑来回行走，观察吴凑是否有腿脚不方便的毛病，知道是窦参诬陷吴凑，德宗从此就开始厌恶窦参。十二月十一日丁酉，德宗任命吴凑担任陕虢观察使，以取代窦参的党羽李翼。

睦王李述去世。

吐蕃了解到韦皋的使者在云南王那里，就派使者去谴责云南王。云南王异牟寻欺骗吐蕃的使者说：“唐朝的使者，本来是我云南部落人，韦皋听任这个人回来，并没有别的什么企图。”于是便把韦皋派来的使者抓起来，送给了吐蕃人。吐蕃人将很多云南大臣的儿子作为人质带到吐蕃去，云南因此越来越痛恨吐蕃人。

勿邓部落的酋长苴梦冲，暗中与吐蕃人相勾结，在各个部落中煽动和诱惑，阻断隔绝云南的使者与唐朝的往来，韦皋于是派遣两林、勿邓、丰琶三个部落的总管苏嵬率领兵马来到琵琶川。

（以上为第十四段，写云南王欲附唐而不与吐蕃绝交，首鼠两端。）

【点评】

本卷点评李泌救太子、李软奴谋反案，以及司马光的两条评论。

李泌救太子。专制政体，废嫡立庶，乱了宗法制度，大都要引发动乱，尤其是大乱甫平的德宗之世，废嫡立庶更易引发动乱，要么就是奸人得逞。保持政治稳定，是李泌为相的重中之重。德宗所立太子李诵，是昭德皇后唯一所生的儿子。皇后和太子都无恶行，李诵以慈孝闻名，突然被废，将是一场政治地震，李泌要全力来避免。德宗有十一个儿子，亲子九人，养子二人。亲子中有八子皆庶出。养子二人，一为舒王李谟，后改为李谊，是德宗弟弟李邈的儿子，德宗喜爱，养以为子，年长。二是文敬太子李源，本是太子李诵之子，德宗喜爱，命以为子，年幼。太子李诵娶郜国长公主之女为妃。郜国长公主，肃宗之女，德宗之姑。郜国长公主寡居，与彭州司马李万等人奸乱事发，德宗幽囚郜国长公主，罪及太子，动了废嫡立庶的念头。德宗召问李泌，要立舒王李谟为太子。德宗性急，刚愎自用，往往感情用事，不计后果。李泌谏阻，要冒族诛的危险。太子向德宗提出与妃离婚，德宗不许。太子打算吞药自杀。李泌对太子说：“你和往常一样起居，尽人子之孝，只要我李泌在，就有你的安全，如果老臣不在，事情就难说了。”这表明李泌以生死保太子。德宗召问李泌不是征询他的意见，而是通报李泌，这是朕的家事，只是要李泌同意、支持，如果李泌反对，不但有遭身诛的危险，而且可能要遭族诛。如果是杨素、许敬宗、李林甫遇上这等机会，早就唯命是从，去巴结新太子以图定策功了。杨素助隋炀帝夺位，废太子；许敬宗助武后夺正宫，废王皇后；李林甫助武惠妃夺嫡，使唐玄宗杀太子瑛及兄弟三人，故李泌有是言。李泌以社稷为重，冒死救太子。他不是直接替太子诉冤，那样会更激怒德宗，岂不是昭示父亲害儿子吗？俗话说：“虎毒不食子。”李泌的办法是煽动父子亲情，让德宗自己醒悟。李泌开门见山地说：“陛下怎么用侄儿来取代儿子呢？”言外之意，亲儿子都靠不住，侄儿靠得住吗？德宗愤怒，不准说舒王是侄儿。李泌话锋一转，哀哭自己要遭族诛，可能只能过继侄儿来奉祭香火了，越说越动情，招引德宗也感动而泣。李泌此法，效战国时触龙说赵太后，出长安君为质的办法，十分奏效。德宗气消，李泌娓娓道来废易太子覆国祸家的故事，慢慢消解德宗满耳的谗言。李泌不说太子李诵蒙冤，而说德宗所亲见的肃宗子建宁王蒙冤的事，用以启发德宗。李泌不要求德宗当面改主意，要他独自想一想事件的前因后果，三天后再拿定主意。德宗隔了一夜就想通了。太子丈母娘生活不检点，与太子有什么相干。其中必有奸人为非，是否舒王李谟在谋算呢？不久前宰相张延赏就借郜国长公主生活问题告刁状，被李泌揭穿，事才罢了。德宗不敢想，也再不追究，打消了更易太子的念头。但猜忌成性的德宗，又担心起太子妃怨恨，最终无辜地杀了太子妃，这事才算了结。

李泌保太子，也惊出了一身冷汗。他回家对子弟们说："我本来就不乐富贵，命运偏偏让我做宰相，今天恐怕要连累你们了。"伴君如伴虎，大智大慧的李泌不免说出酸楚的话，使人听了不寒而栗。

李软奴谋反案。李软奴是一个不甘寂寞、兴风作浪的和尚，史称妖僧。《旧唐书·韩游瓌》传载，妖僧名李广弘。妖僧诡称五岳之神与河神托梦给他，说他当立为天子。邠宁节度使韩游瓌之子韩钦绪为禁军殿前射生将，他与妖僧俩人同谋作乱。事发，李晟惊吓倒地，说："李晟要被灭族了。"原来德宗与李泌相约，不害功臣李晟、马燧，但德宗的猜忌并没有消除，不时有流言蜚语攻击李晟。妖僧事发前，有蜚语说，李晟在后花园埋伏杀手发动政变。李晟后花园有一片竹林，李晟连忙砍伐了竹林。李晟合家主仆上千口，只要有一人卷入，奸险的人就可大做文章。李泌得知，马不停蹄，立即密奏德宗，要求把谋反大案交给国家司法机关审判。禁军属宫廷内政，应交内侍省审理。内侍省审理，直接由德宗掌控，奸邪会乘虚而入，德宗捕风捉影，又有权任意杀人，一场大案就不可避免了。李泌以谋反大案触犯最高国法为由，应当交给御史台审理也名正言顺。德宗听从，交御史台审理，李泌就可以掌控了，因此没有牵连外朝一个人。一场弥天大案，可能要株连功臣宿将，杀灭几千几万人的事，被李泌化解了。宿卫军被诛杀者八百人，其中大多数都应是冤死者。不如此，无以塞责。挽救禁军中的冤死者，李泌也无能为力。为了大局，牺牲一些禁军，也只能如此了。

司马光的两条评论。司马光的两条评论，一条贬君，评价德宗是一个昏君；一条贬臣，批评李泌行政不走正道，是引导德宗贪婪的纵欲者。贞元二年（公元 787 年）十二月初一日，德宗游猎，微服私访，希望听到百姓安居乐业的赞颂。被造访的人家叫赵光奇，他胆大说了真话，埋怨朝廷苛捐杂税繁重，优惠诏书是一纸空文，百姓生活困苦，天子身居九重，不恤民间疾苦。德宗就免了赵光奇这一家人的赋税徭役。司马光批评德宗，了解民情，没有形成改善政治的政策，而只是免除一家人苛税，天下千千万万的人，怎么可能家家户户向天子申诉呢？司马光的这一批评中肯而得体。德宗向李泌诉苦，以前各道进奉年收五十万缗，现在只有三十万缗，不够用度。李泌说，臣每年输大盈库一百万缗，请陛下停止收进奉钱。德宗得了一百万缗，仍然背着宰相向诸道索要进奉。贞元四年（公元 788 年）二月，勾勘东南两税钱帛使元友直送淮南钱帛二十万缗到长安，李泌全部输给大盈库。德宗仍然向诸道求索，还嘱咐不要让宰相知道。李泌见德宗如此贪婪，也不敢劝谏。司马光批评李泌不走正道，加倍给德宗钱财，是在引导纵欲。司马光的逻辑是："夫多财者，奢欲之所自来也。"就是说，钱越多越贪，俗话就有为富不仁的说法。可能人的私欲，大抵如此，特别是贪官污吏，更是如此。司马光的批评有一定道理。但他指责李泌不走正道就全错了。李泌想的是高薪养廉，这是一条现代文明的公理，特别是帝王以天下为家，怎能无限膨胀私欲呢！德宗的贪婪，是专制帝王的权力不受节制，这才是根源，并不是李泌诱导的。德宗贪婪，不听劝谏，司马光不责君反责臣，不只是迂腐，简直是痴人说梦。难道李泌少给德宗钱财，德宗就不贪了吗？表面看，是李泌多给德宗钱财，实质是在限制德宗用财，暗示德宗，君王用财也是有额度的。只有劝谏责任的人臣，除此没有别的办法。德宗不接受限制，表明劝谏无效，李泌也没有办法。德宗贪财的事例，生动地说明，一种缺乏制衡的权力，要消除贪污腐败，只能是天方夜谭。

唐纪五十

唐德宗贞元八年至十年（公元792—公元794）

【起玄黓涒滩（壬申，公元792年），尽阏逢阉茂（甲戌，公元794年）五月，凡二年有奇】

【大事提要】

本卷记事起公元792年，讫公元794年五月，凡两年又五个月。当唐德宗贞元八年到贞元十年五月。此时期陆贽拜相，继李泌推动政治改革步上正轨。陆贽建言，由各部门长官推举部属升迁，不由宰相包办，用人要考核实际才能，不凭巧言，要给被惩官吏留下自新之路。又奏政府赈济灾民要及时。国际贸易不宜征税，招徕商人繁荣经济。陆贽还提出均平赋税与节用开支共六条措施。陆贽还上奏边防体制六大失误，调整边防驻军，充实国家粮食储备。陆贽忧国忧民，有言必发，他的奏议直切明快，针砭与建言都能切中要害。陆贽缺乏李泌以柔克刚的手腕，所提善言大多不被采纳。陆贽只做了两年多的宰相，最终被贬逐。德宗信谗自用，本性不移。德宗能用李泌、陆贽，可是更信赖奸人卢杞、裴延龄等，所以政治清浊混流，时好时坏。

德宗神武圣文皇帝九

唐德宗贞元八年（壬申，公元792年）

春季，二月十七日壬寅，西川节度使韦皋活捉了苴梦冲，历数苴梦冲的罪状后，把苴梦冲杀了。唐朝与云南的交往之路又开始畅通了。

三月二十三日丁丑，山南东道节度使曹成王李皋去世。

宣武军节度使刘玄佐有威望和谋略，每当李纳使者到来，刘玄佐厚加结纳，所以能够了解李纳的一些谋略，事先对李纳做好防备。李纳因此很怕刘玄佐。刘玄佐的母亲虽然地位很尊贵，但还是每天亲手织一匹绢，她对刘玄佐说："你的出身本来十分寒微，天子让你富裕、尊贵到这一地步，你一定要不惜身死来报答天子。"所以刘玄佐始终都没有背叛朝廷，丧失做大臣的节操。三月十六日庚午，刘玄佐去世。

山南东道的节度判官李实主持留后事务，李实生性刻薄，经常克扣军士给养。鼓角将杨清潭率众作乱。晚上，作乱的士兵们在城内到处烧杀抢掠，唯独不去侵扰曹王李皋的家。李实跳城逃走，才得免一死。第二天早晨，都将徐诚抓着绳子爬进城内，发布禁令，变乱这才停止下来。徐诚将杨清潭等六人抓起来杀了。李实跑回京城，德宗任命他为司农少卿。李实是唐高祖的儿子道王李元庆的玄孙。三月二十二日丙子，德宗任命荆南节度使樊泽为山南东道节度使。

当初，宰相窦参担任度支转运使，班宏做副手。窦参向班宏许诺，等一年以后将度支转运使的职务交由班宏担任，过了一年多，窦参没有把度支转运使职务交给班宏的意思，班宏对此很恼怒。司农少卿张滂，是班宏推荐的，窦参打算让张滂分管江东、淮南一带的盐铁事务，班宏不同意。张滂知道这件事以后，很怨恨班宏。后来，窦参被德宗疏远，才将度支转运使职务交给班宏担任，但又不想将度支转运使的利益和权力全部交给班宏，于是向德宗推荐张滂，任命张滂为户部侍郎、盐铁转运使，仍然隶属于班宏，以让班宏高兴。

窦参为人阴险狡猾又刚愎自用，依仗权势，贪赃枉法，每当提升、任命官员的时候，多半都与本家任给事中的侄儿窦申商议谋划。窦申借此机会招引权贵、收受贿赂，当时的人称他叫“喜鹊”。德宗对这件事很了解，对窦参说：“窦申的所作所为一定会连累你，最好是将他外放出朝，以平息人们的议论。”窦参向德宗再三保证说窦申没有做什么坏事，窦申也不改过自新。左金吾大将军虢王李则之，是李巨的儿子，与窦申关系很好。左谏议大夫、知制诰吴通玄与陆贽关系不好，窦申担心陆贽被德宗提拔、重用，便暗中与吴通玄、李则之一起编造毁谤陆贽的书信，想用这种办法来排挤陆贽。德宗对这些事情都很知情。夏季，四月初三日丁亥，德宗将李则之贬职为昭州司马，将吴通玄贬职为泉州司马，将窦申贬职为道州司马。不久，德宗又赐吴通玄自杀。

刘玄佐去世以后，部将们将实情隐瞒下来，向朝廷谎称刘玄佐病重，请派人代替。德宗也装着不了解实情，替他们隐瞒，还派遣使者去宣武军中询问将领们：“用陕虢观察使吴凑来代替刘玄佐行不行？”朝廷派驻宣武的监军孟介、宣武军的行军司马卢瑗都觉得这样好，德宗这才任命吴凑为宣武军节度使。吴凑来到汜水县的时候，刘玄佐的灵柩要出殡，军中的将士们请求置办仪仗为玄佐送行，卢瑗不答应。卢瑗又命令把前节度使的器物用具留下来，以等待新任节度使来办移交，将士们对此十分愤怒。刘玄佐的女婿和亲信卫兵们都身披铠甲，簇拥着刘玄佐的儿子刘士宁脱下丧服，登上节帅的宝座，自命为宣武节度留后。他们把守城的将领曹金岸、浚仪县令李迈拘捕了，对他们说：“你们俩人都是主张迎请吴凑的人！”于是将他们两人活活剐死。卢瑗逃跑，得免一死。刘士宁用钱财赏给将士们，劫持监军孟介，让他上奏朝廷请任命刘士宁。德宗就这事询问宰相的意见，窦参说：“现在汴人借着李纳的声势，要求朝廷任命节帅，如果不答应的话，他们将会同李纳联合在一起。”四月初六日庚寅，德宗任命刘士宁为宣武军节度使。刘士宁怀疑宋州刺史翟良佐不归顺听命，借口到境内各地巡察抚慰，到了宋州，让都知兵马使刘逸准代替了翟良佐的宋州刺史职务。刘逸淮是前平卢节度使刘正臣的儿子。

（以上为第一段，写山南东道、宣武两镇节度易帅。宰相窦参贪黩、擅权、忌才，与班宏、陆贽不睦，为其被诛张本。）

四月十一日乙未，德宗贬中书侍郎、同平章事窦参为郴州别驾，紧接着再次贬窦参为锦州司户。德宗任命尚书左丞赵憬、兵部侍郎陆贽同为中书侍郎、同平章事。赵憬是赵仁本的曾孙。

张滂向班宏索要以前盐铁事务的账簿，班宏不给他。张滂和班宏共同选择各道盐铁转运使的巡院官，两人所选择的人没有一个是一致的，所以巡院官缺员很多。张滂对德宗说："这样下去，盐铁和转运的事务肯定会荒废，那我就是罪责难逃了。"四月二十二日丙午，德宗命令班宏、张滂分别掌管朝廷的财税事务，其办法仿效大历年间第五琦、刘晏分管的旧例。

四月二十八日壬子，吐蕃军队侵犯灵州，毁坏了水口一带的灌溉渠道，破坏了当地戍卫士兵经营的屯田。德宗下诏命令河东、振武两镇派兵前去救援，又派遣神策六军二千人去守卫定远城和怀远城。吐蕃军队这才撤退回去。

陆贽请求下令中书、门下、尚书三省和御史台的官员各自推举自己的下属官员，将他们的名字登录在诏书上面，以便日后考察他们的政绩优劣，并以此作为升迁、贬黜举荐他们的依据。五月十四日戊辰，德宗下诏推行陆贽建议。

不久，就有人对德宗说："各个部门所推举的下属官员都有私情和亲朋关系，有的还是接受贿赂后推荐的，得不到真实才干的人。"德宗暗中对陆贽说："从今以后任职和改官，都由你一个人亲自去选择，不交给各部门。"陆贽上奏德宗，大意是说："本朝的制度：对五品以上的官员，都要通过皇帝所下的敕文任命，这是因为这些官员都是通过宰相们商量议论后，才上奏皇帝批准的。对六品以下的官员，则是由吏部铨选署职，皇帝下达圣旨生效。玄宗皇帝开元年间，起居郎、舍人、拾遗、补阙和御史等官职，还是与其他官一起由吏部选择上报的。而在此之后，宠臣专揽朝政，抛开公议而由个人说了算，放弃推举而专行私惠，这样一来，使宰相奏任官员的办法遍施于各级官员，但如果不经过宰相的同意，就不能到职任官。"又说："自从推行由各部门长官推举下属官员的办法以来，总共才推举出了十几个人，评议他们的资历和声望，既不逊色于朝中同辈官员，考察他们的德行和能力，也没有听说有什么失德和不好的情况。而突然间有很多人议论纷纷，流言蜚语满天飞，搅扰陛下的视听。正义事业难以执行，也由此可见一斑了！请让那些进言的人指出、陈述具体情况，让他们讲清楚哪个人是接受了贿赂的，哪个人被推举是因为私下有交情的，移交给主管部门，审核事情是虚是实，对推举失误的人一定要实施惩罚，而对诬陷好人的人，也要反过来治罪。为什么一定要宽大那些奸邪与贪赃的人而不加审查与追究呢？如果把公论变成了私议，不提出举告人的姓名，使无辜的人受到无端的怀疑，而放纵有罪的人，对无理与有理的人都一样对待，那么人们还有什么依靠呢？另外，担任宰相职务的不过几个人，哪里能够了解天下所有有才能的人士呢？如果让宰相来选择、任命朝廷内外的所有官员，按理应该多方询问访查，这样一来，岂不又是把公开举用变成了私下推荐，改变察举贤良成了暗中投靠，种种内幕一定很多，所带来的弊端会更加严重。所以，依照这种方式来任命官员，相关的人没有不受到非议的。虽然宰相对于权力的使用，选择人的标准，不能一致，有的会私下送人情，也有由于私访多是自己的亲故，反而被亲故出卖了。这种弊端的产生是不久以前的事，陛下稍加考察，便会清楚这一事情。”又说：“现在的宰相，就是以前中央各部门的长官，现在中央各部门的长官就是将来的宰相，因此，台省长官与宰相只是职务分工与名称暂时不同，本来并不是推举任用官员有天差地别。哪有担任部门长官的时候，不能够推举一二个属下的官吏，而担任宰相职务的时候，就可以选择、任命成百上千个官员的道理呢？人们众说纷纭，其迷惑、糊涂竟到了这种地步！要说起来，职位尊贵的上级要抓住事情的纲领、要害，地位卑下的下级负责办理具体事务，所以君王要选择辅佐自己治理天下的宰辅大臣，宰辅大臣要选择各部门的长官，各部门的长官要选择负责各项具体事务的佐官、僚属。要想用人得当，没有比这更好的办法。说起选拔人才，贵在选择范围广泛，而考核官员的品德、政绩，贵在标准精细。以前武则天皇后当政时期，想收买天下的人心，任用、提拔官吏不拘泥于资历、等级，不但人们可以推荐有才之士，个人也可以向官府自我推荐才干和能力。加之，那时对官员的考核、惩罚都很严，官员的升任和降废也很迅速，所以当时的人们都认为武则天有知人之明，以后连续几朝都依靠她选拔出来的众多人才为朝廷效力。”又说：“武则天选用人才的失误在于升任废降得太快，但确实获得有真实才干的人。而陛下慎重选择人才，但所定立的条规过于精细烦琐，往往会失去任用贤能之士的机会。”德宗于是收回以前颁布的诏令，不再实行下去。

（以上为第二段，写陆贽拜相，建言台省长官推举部属升迁，不由宰相包办，因遭物议，未能推行。）

五月十九日癸酉，平卢节度使李纳去世，军中的将士们推举李纳的儿子李师古主持留后事务。

六月，一千多名吐蕃骑兵侵犯泾州，掳掠走了一千多名屯田军士。

岭南节度使上奏说：“近一些时候，装载奇珍异品的海上货船，多半都开往安南，停在那里做买卖。我打算派判官去安南征收交易税钱，请陛下派一位宦官使者与判官一起去。”德宗打算批准。陆贽上奏，认为：“远方各国商贩，获利是他们唯一的追求，宽待、优遇他们，那么他们就来做生意，骚扰、侵犯他们，那么他们就离开这里，到别处去。广州一向是各国商船集中的地方，现今商船突然离开，改到安南去做交易，如果不是这里官吏对他们侵害、剥夺过于厉害，那么就一定是这里的官员招抚各国商人的办法不得当的后果，这些官员不首先自我反省，相反却要动摇陛下博大包容的心胸。更何况岭南、安南，都是陛下的国土，宦官使者和在安南负责交易事务的使者，都是陛下的臣子，怎么能只相信在岭南做交易，而拒绝在安南做交易，只重视朝廷派出的宦官使者，而轻视朝廷派出的负责交易的使者呢？请陛下将岭南节度使的奏议搁置起来，不予理睬。”

秋季，七月初一日甲寅，户部尚书判度支班宏去世。陆贽请求让前任湖南观察使李巽暂时代理判度支，德宗同意了。但不久，德宗又想任用司农少卿裴延龄主管度支事务，陆贽向德宗上奏，认为：“现在的度支这一职务，负责制定均平天下各种货物的价格标准，如果担任这一职务的人刻薄、吝啬的话，那么就容易产生祸患，如果过于宽大、徇行私情的话，那么就容易姑息养奸。裴延龄是一个诡诞虚妄的小人，如果任用，人们会产生惊骇。坐拿俸薪，不负责任，本来也应加上我这个卑微小臣，要说有知人之明，臣不敢自专，恐怕也会有损于陛下。”德宗没有听。七月初六日己未，任命裴延龄负责度支事务。

黄河南北，以及江淮地区，荆、襄、陈、许等四十多个州都遭了洪水泛滥之灾，淹死的有二万多人。陆贽奏请朝廷派出使者到灾区赈济、抚慰。德宗说：“听说这一带的损失很少，如果马上就商议进行优厚的抚恤的话，恐怕会引起奸邪欺诈的事情产生。”陆贽专题上奏，大意是说：“世俗的流弊，多半都是阿谀逢迎，揣测上头高兴听的话就夸大其词，估计上头不喜欢听的就欺瞒隐藏，大事化小，朝廷若无预备措施，处置不当的毛病一再重犯，原因就在这里。”又说：“朝廷派遣使者去赈抚灾区，所花费的不过是钱财，但所收获的却是百姓的拥护，如果不失去人的拥护，那怎么用得着担心缺乏用度呢？”德宗答应给受灾地区派遣使者，但是却说：“淮西地区既然不向朝廷缴纳赋税，那就不必给这一地区派遣赈灾使者了。”陆贽再次上奏，认为：“陛下含垢忍辱而停止用兵，宽恕了兴风作浪的罪魁，而对那些平民百姓，更应该怜悯抚恤。从前秦国、晋国是敌对的诸侯国，秦穆公还救济晋国的饥荒。何况帝王君临天下，招抚、怀柔万邦，所凭借的只有恩德和仁义，宁可让别人辜负我，也不能让我辜负别人。”八月，德宗派遣中书舍人京兆人奚陟等去宣抚各道遭受水灾的灾民。

德宗任命前青州刺史李师古担任平卢节度使。

西川节度使韦皋进攻维州，擒获了吐蕃军的大将论赞热。

（以上为第三段，写陆贽奏请对国际贸易，不宜征税，又奏请德宗赈济灾民。）

陆贽上奏，认为边疆的粮食等储备不充足，是由于部署和处理不妥当，粮食储蓄和赋税征收不合时宜造成的。奏疏的大意是说：“所说的部署和处理不妥当，就是指戍守边疆的士兵不直接隶属于守卫边疆的将领，而守卫边疆的将领也不由元帅统领。以至形成同是一座城池的将领，同属一个编制的军队，朝廷都分别派宦官使者去监军，而中使监军受不同的诏旨被委以重任。朝廷划分的守边军镇各守一地，绵延千里，但彼此互不统属；沿着边境地区布防的军队有十万人之多，但没有一个主持谋略的主管人物。每当有敌人侵犯的时候，才由朝廷商议对策，给军中传达命令，等到朝廷调派援军去增援的时候，入侵的敌人已经取得胜利，罢兵回去了。吐蕃与大唐相比，我众敌寡，势力根本不相匹敌，策略也是我高敌低，相差悬殊，但是，吐蕃进攻我们，总有余力，我们疲于防守，还感到力量不足。这主要是由于敌军的发号施令权在领兵的将领，而我军的控制调度权在朝廷，敌军的兵力能集合成一个整体，而我军却分散在各处。所说的储蓄粮食和征收赋税不合时宜，是指陛下最近才实行的让守边的将士在驻扎地附近垦荒种田，而由当地官府就地高价收购粮食，日后供应给驻军，以节省运输费用的办法，规定收购粮食价钱加倍，以奖劝农耕，这个法令刚刚开始实行的时候，万众欢腾。但主管部门办事不力，专做些与屯田的军士和百姓斤斤计较的事情，在丰收年景，不按时收购、储藏粮食，但在粮食歉收的时候，便采取强制手段收购粮食。于是就让那些富裕家庭、贪赃枉法的官吏反而能够从中操纵，牟取暴利，粮食价钱便宜的时候，他们向人们收买、储存起来，坐等着官府和百姓缺粮时高价卖出。另外，那些有权有势的家庭、达官贵人的近亲、四处游旅的士人，用较低的价格委托边防军镇的统领们买进粮食，运往京城高价出售，又多半用葛、麻织成的劣质布匹折成粮价付给边镇。致使贫穷的边塞之地的将士们在寒冷的时候，这些劣质布匹不能做御寒的衣服，要卖掉这些布匹，又无人来买。上边既然失信于下边，那么下边也用虚假的东西应付上边，于是度支抬高了物价，而边镇军城的粮食价钱上涨。度支以暂且能售卖陈积的劣质货物谋取利益，而军城也以收购的粮食和加价部分为盈余。虽说度支在各地设置了负责监督物价和买卖的巡院，实际上巡院反倒成了填不满的大口袋，甚至有的军镇和州县假造账簿，谎报储备粮食的数目，统计起他们所报的数目来，过亿过万，但检查他们的实际储藏，还不到百分之十。”

陆贽又说：“因为关中地区的用度很大，以前的制度规定每年要从东部地区运送大量的粮食到关中来，但运费很贵，甚至有一斗米的运费要一斗钱的说法。那些习惯听信传闻而不能通晓事务、随机应变的人就会说：‘这是有关国家的大事，不应当计较费用和损耗，虽然明知运粮之事劳民伤财，但也不能废止了。’那些习惯于考虑眼前利益，而不预防长远祸患的人就会说：‘每到秋天要收获的时节，只让京畿地区的府县收购粮食，这样做既容易把事情办得很好，又能够奖劝农耕。’我觉得这两种人的议论，各有短处和长处，为了保障国家的用度而制定法令，一定要权衡轻重。在粮食不充足而钱财有盈余的时候，就应该暂缓积累钱财，而务必要将仓库储满粮食；在粮食充足而钱财缺乏的时候，那么就应该暂缓储积粮食，而节约用钱。近年来，关中地区粮食连年丰收，官府仓库储存了很多粮食，足够供应好几年的用度；今年夏天，江东、淮南一带大片地区普遍遭受洪涝灾害，这里的米价涨了一倍，人们流离远乡，乞讨帮工。关中地区因为谷子价钱太低而伤害了农耕的积极性，官府应该提高粮价买进粮食，但却没钱；江东、淮南地区因为粮价太贵，人们困穷不堪，官府应该降低粮价卖出粮食，但仓库却没有库存的米。朝廷反而还要他们运粮食到关中来，又陡增了关中地区的粮食储存，这就是所说的习惯于听信传闻而不能通晓事务、随机应变的人的做法啊。现在江东、淮南一带一斗米价值一百五十钱，将这里的米运到关中的东渭桥，全程的雇工花费每斗米又大约为二百钱，运来的米既粗糙，又是陈年旧米，京城的人们很看不中它。根据负责管理交易的市司每月上报的估计价格，运来的米贴价卖出去每斗大约三十七钱。米运到关中，损耗了价值的十分之九。而仅存十分之一，让江淮一带的人挨饿，而又伤害了关中地区的农耕，处理事情到了这种地步，可以说是重大失误了！以前每年从江东、两湖、淮南、两浙一带运送大米一百一十万斛，到河阴留下四十万斛，贮存在河阴仓内，到了陕州，又留下三十万斛，贮存在太原仓内，其余的四十万斛运到东渭桥。现在河阴仓、太原仓所存的米还有三百二十多万斛。京兆府的各个县每斗米不过值七十钱，请陛下下令明年江东、淮南一带只运三十万斛米到河阴仓，河阴仓和陕州的太原仓按顺序将这三十万斛来运抵东渭桥，而将江东、淮南一带停运朝廷的其余八十万斜大米，交给转运使，每斗米只收取八十钱向受水灾的州县贴钱出售粮食，以拯救贫困缺粮的平民百姓，估计此项可以收得钱六十四万缗，减去停运八十万斛米所节省下来的工钱六十九万缗。这笔钱，我建议陛下让户部先将二十万缗钱交给京兆府，让他们在关中地区高价买进粮食，以补充东渭桥仓库库存所缺的数额，每斗用一百钱买进来，这样让农耕的百姓得利。再将一百零二万六千缗钱交给各个边镇，让他们购买十万将士一年所需要的粮食。剩下的十万四千缗钱，用作来年购买粮食的款项。在江东、淮南等地出售大米所得的钱和节省下来转运大米的工钱，一并交给转运使用绫、绢、絁、绵来折算，运到首都长安来，以抵偿前面户部先借给京兆府和边镇的钱。”

九月，诏令西北边镇用高价买进粮食，以充实仓库，这样一来，守卫边疆军队的粮食储备渐渐充裕起来。

（以上为第四段，写陆贽上奏调整边防驻军，充实国家粮食储备。）

冬季，十一月初一日壬子，发生日食。

吐蕃与云南越来越相互猜忌、关系紧张，每次云南军队到了边境地区，吐蕃也马上调派军队来，说是与云南军队互相接应，实际上是防备云南军队。十一月初十日辛酉，西川节度使韦皋又给云南王异牟寻写了封信，信中说打算与云南王一起袭击吐蕃人，将吐蕃人赶到云岭以外的地方去，攻毁吐蕃人所有的城堡，只与云南王在边境上共同修筑一座大城池，在这里部署防卫军队，相互保护，永远相待同一家人一样。

左庶子姜公辅很久没有升官，私下跑到宰相陆贽那里谋求升官，陆贽悄悄地对姜公辅说："听说窦宰相多次上奏，请皇上批准提升你，但皇上不答应，对你还说了些怨恨的话。"姜公辅听了以后很害怕，请求辞官去做道士。德宗询问其中的缘故，姜公辅不敢泄露是陆贽说的话，而回答说是窦参告诉了这一事情的原委。德宗对窦参将怨恨之事归咎于君王的做法大为震怒。十一月十八日己巳，将姜公辅贬职为吉州别驾，又派宦官使者去郴州斥责窦参。

十一月十九日庚午，山南西道节度使严震上奏，说在芳州和黑水堡一带打败了吐蕃人。

当初，李纳认为棣州蛤蜍这个地方有煮盐的利益，便在此修筑城池，派兵占据了。李纳又派兵在德州的南部三汊城驻守，以保证与魏博镇田绪联络通畅。后来，李师古继承其父李纳平卢节度使之后，王武俊因为李师古年轻，不熟悉政事，很是轻视李师古。于是在这个月，带领军队驻扎在德州和棣州，准备攻占蛤蜍和三汊城。李师古派遣赵镐率兵来抵御王武俊。德宗派遣宦官使者去制止，王武俊才带兵回去了。

当初，节度使刘怦去世的时候，刘济正在莫州，刘济的同母弟弟刘澭在父亲身边，以父亲的名义召回刘济，把主持节度使军府的大权交给了刘济。刘济任命刘澭为瀛州刺史，许诺以后让刘澭代替自己担任节度使。不久，刘济任用儿子做军府的副大使，刘澭为此深恨刘济，自作主张上表朝廷，派遣一千兵马去京城西边防秋。刘济大为震怒，调兵攻打刘澭，打败了刘澭。

左神策军的大将军柏良器，招募有才能又健壮的人来替代军中的买卖人，监军窦文场憎恨柏良器这种做法。正好柏良器妻子那边的亲戚喝醉了酒，寄宿在宫廷警卫值勤的禁军宿舍中，犯了大禁。十二月初五日丙戌，柏良器受到这一事件的牵连，降职担任右神策军的领军。从此以后，宦官又开始掌管军事大权。

（以上为第五段，写云南与吐蕃离心，河北诸镇之间争利矛盾，宦官始专军政。）

唐德宗贞元九年（癸酉，公元 793 年）

春季，正月二十四日癸卯，朝廷开始征收茶税。对凡是出产茶叶的州、县和运茶的交通要道，都要依据产量估计价值，征收十分之一的税钱。这是德宗依准了盐铁使张滂的奏请后决定的。张滂奏章上说："去年各地遭受了水灾，减少了朝廷的税收，以致用度不充足，请求征收茶叶税来补充。从明年开始起，征收上来的茶叶税钱，让各所在地另外储存起来，等到发生水灾和旱灾的时候，用它来代交百姓田地歉收而征不上来的税钱。"从这一年开始，征收茶叶税钱四十万缗，但从来没有用它来赈济水灾和旱灾。

张滂又上疏说："奸邪之人销毁铜钱来铸造铜质器皿，以获取盈利，请朝廷下令禁止销售和使用一切铜质器皿。产铜的矿山听任人们去开采，但不能让他们私自售卖。"

二月初五日甲寅，任命义武军留后张昇云为义武军节度使。

当初，盐州被吐蕃人攻陷，塞外地区便没有安全保障。吐蕃人经常阻断灵武与朝廷的交通路线，侵扰鄜坊。二月十二日辛酉，诏令派三万五千兵马去盐州修筑城防，又命令泾原、山南、剑南各靠近吐蕃的军镇深入吐蕃境内，以分散吐蕃的军势，赢得了二十天时间修好了盐州城防。下令盐州节度使杜彦光防守盐州城，下令朔方军的都虞候杨朝晟守卫木波堡。这样一来，灵州、夏州和河西地区才重新获得安宁。

德宗告谕宰相陆贽说，"凡是重要的事情，千万不要在宰相赵憬面前陈说讨论，应当写成奏章，密封后呈送宫内"。另外，又说："苗粲因为他的父亲苗晋卿当年代理过朝廷大政，曾说过一些不符合大臣身份的狂妄之言，苗晋卿的几个儿子都与古代的帝王同名字，理应惩处，现在不想公开下令贬黜苗粲，苗粲的兄弟们也都只能去担任地方官，而且不要让他们靠近驻扎军队的地区。"又说："卿清廉谨慎有点过分了，各道赠送给卿的东西，卿一概都拒绝接收，只怕也太不通人情世故，像马鞭、皮靴之类的东西，卿接受了也不妨事。"陆贽于是上奏德宗，大意是说："昨天臣上奏的事情，只因为赵憬知道了，陛下就已经很是劳力费神，想方设法，对赵憬加以防范。这就是陛下在亲近的心腹宰臣中，尚有亲此疏彼的举动，表面一样，遇事对待不同，那么很少能成就事情。这样做只怕要有失陛下大公无私的圣德，而且还会损害陛下不吝改正过错的英明。"又说："对人封官赐爵，一定要在朝廷上举行，对人惩罚行刑，一定要在热闹的市区执行，所怕的只是好事不广为人知，坏事不广为人晓。君王要问心无愧地实行公正的赏罚，天下亿万的士人百姓知道后，也毫无疑问和异议，接受赏赐的人心安理得，受到重刑惩处的人也不怨天尤人。这就是圣明的君王之所以要明确地向天下宣布法典政令的原因，为的是要与天下的人共同遵行啊。凡是暗中进谗言诉说的事情，多半都是不实的，只能暗中伤害别人，而害怕进行公开辩论。对于这些谗言，有的人说年月已经很久远了，不可能再去查询追究；有的人说这事情有伤体统，不宜公开；有的人说苗晋卿的恶劣罪行并没有暴露出来，应该找别的借口来处治他的子弟；有的人说只要屏退斥逐他的子弟们就行了，何必公开他们的罪行加以谴责羞辱呢？这些看法都似乎接近情理，但他们实际上是包藏着是非不明的诬陷。伤害善良的人，让自己的诡计得逞，没有比这更厉害的方法了！如果苗晋卿父子们确实犯有大逆不道的罪行，那么就应当在公堂上按法典论处，如果他们是受诬陷遭冤枉的，怎么能让他们不明不白地受流放的惩处呢？说到审理诉讼，辩明诬陷谗言，一定要合于情理而又有事实依据，如果实情明显、罪行昭彰，无话可说而又无理可辩，然后再对他们用刑法来惩处，这样下面就不会有蒙冤含屈的人，而君王也不会有误信谗言、受人欺诈之过了。”又说：“各主要监督官和各部门主要长官，接受了贿赂，所收的东西折合成布，只要满了一尺就要受刑法惩处，而对于低级、卑贱的官吏，尚且对他们收受贿赂如此严格禁止，何况是位居移风化俗之首要位置的宰相，怎么能反而可以接受贿赂呢？受贿之路一打开，那么就会愈演愈烈，不光是马鞭、皮靴之类的小东西，一定会送金送玉。眼睛看到了很想得到的东西，怎么能压抑在心中而不去想法得到它呢？已经接受了别人的私下贿赂，怎么能拒绝别人的托请而不满足他的要求呢？如果不阻断行贿的涓涓细流，那么就会汇成江河，泛滥成灾了。”又说：“如果臣接受了某些人的赠馈，又拒绝某些人的赠馈，那么遭到拒绝的人就会怀疑自己要办的事情难以办好了；如果一概加以拒绝，那么他们就知道不收受赠馈，是理所当然的事情，又怎么会对臣生出阻遏事情的嫌疑来呢？”

（以上为第六段，写陆贽上奏德宗，宰相议事要透明，惩罚臣下要按制度，主政的长官，尤其是宰相不得收礼，防微杜渐以拒贪。）

当初，宰相窦参厌恶左司郎中李巽，便外放出朝去担任常州刺史。后来窦参被贬职到郴州，李巽这时担任湖南观察使。汴州节度使刘士宁送给窦参绢五十匹，李巽上奏朝廷说窦参与藩镇节帅结交。德宗对此大为恼怒，打算杀了窦参，陆贽认为窦参罪不至死，德宗这才没有杀窦参。不久，德宗又派宫中的宦官使者对陆贽说：“窦参结交朝廷内外的人，他的意图难以揣测，国家社稷的安全要紧，你赶快进呈一份处治窦参的公文来。”陆贽上奏德宗说：“窦参是朝廷的大臣，要杀不能没有名义。从前刘晏被杀了，罪过不够清楚，直到今天，大家都还在为刘晏的死愤愤不平，叛逆朝廷的臣子们也以此作借口。窦参贪婪，纵容窦申招权纳贿的罪过，是天下人皆知道的。至于心中暗藏反叛朝廷的图谋，事实含混不清。如果不详细审讯，就马上施以杀头重刑，造成的惊吓和纷扰恐怕不小。窦参与臣没有什么私人交情，陛下是知道的，臣哪里是要救这个人呢？只是担心朝廷的司法政令滥用。”三月，德宗将窦参再次贬职为驩州司马，家中的男女老幼都流放到边远地区。

德宗又命令陆贽惩处窦参的亲信党羽，陆贽上奏说：“罪行有首罪和从罪，法律有重惩和轻罚的区别，窦参既然已经蒙陛下宽恕，那么窦参的亲信党羽也是应该从轻论处。何况窦参在刚刚判罪受惩的时候，亲信私党们已经一并因牵连受到惩罚，现在与之相关的人们的内心已经长久安定下来，请陛下不要再追究了。”德宗采纳了这个建议。德宗又想没收窦参的家产，陆贽说：“按照法律规定，对反叛朝廷的人，要没收他的所有财产，对接受贿赂和贪污公家财产的人，只没收他犯罪所得部分，这都必须立案审理，施行刑罚之后，才能没收他们的财产。现在窦参的罪行和应受的惩罚都不明确，陛下对窦参已施恩德，加以宽大处理，如果登记造册抄收了其家产，恐怕会因没收财产而伤害了道义。”当时德宗身边的宦官们十分痛恨窦参，在德宗那里不断地说窦参的坏话。窦参还没有到驩州，德宗最终还是命令他在半路上自裁而死。窦申被乱棍打死。窦参的家产和奴婢全部都传送到京城长安。

海州团练使张昇璘，是易定节度使张昇云的弟弟，李纳的女婿，因为父亲的两周年忌日要举行祭祀而回到了定州，曾在公开场合当众辱骂了王武俊，王武俊将这事上奏了朝廷。夏季，四月二十九日丁丑，德宗下诏革了张昇璘的官职，派遣宫中的宦官使者对张昇璘施加杖刑，并且囚禁起来。定州是一个富裕的地方，王武俊时常想得到它，因此就派兵袭击，攻占了义丰，在安喜、无极抢掠一万多人，将他们迁移到德州和棣州。张昇云关闭城门，防守自卫，多次派遣使者去向王武俊谢罪，王武俊才肯停兵息战。

德宗命令李师古拆毁三汊城，李师古执行了皇帝的命令。但是，李师古经常召集一些逃亡的人，其中有的人还是对朝廷犯有罪行的，李师古都招抚、任用他们。

（以上为第七段，写德宗信谗，违制处死已贬宰相窦参。）

五月二十七日甲辰，任命中书侍郎赵憬为门下侍郎、同平章事；任命义成军节度使贾耽为右仆射，右丞卢迈担任原职，一并担任同平章事。卢迈是卢翰的族侄。赵憬怀疑陆贽凭杖德宗的特别恩宠，想独揽朝廷的大权，排挤自己，而将自己安排在门下侍郎的位置上，于是经常称有病，不参与政事。由此开始与陆贽有矛盾。

陆贽向德宗上奏，概论边疆防备体制的六大问题，陆贽认为：“边疆防备部署不当；考核赏罚没有法度；财税全被军队耗尽；将领众多、分散了兵力；待遇不均而使士卒心怀怨恨；朝廷遥控兵权而致使战机丧失。

“关东中原士兵到京城西北守卫边疆，不服当地的水土，身受边塞天寒地冻、缺衣少食之苦，内心又畏惧外族胡人的侵入。国家拿出大量钱财供养他们，就像家长对待娇生惯养的儿子一样；姑息、宽容他们，就像岳父对待女婿一样。而他们每天却屈指计算着回家的日期，张嘴等待别人给他喂食。他们或者利用朝廷军队打了败仗的机会，乘着混乱之机向东边故乡方向溃逃；或者抛弃镇守的城池、市镇，动摇远近各地的人心。调遣这些将士守卫边疆，不但无益，反而有害。还有一些触犯刑法被贬谪、流放的人，本来就不是什么善良之人，加上他们怀念故乡的情绪，他们希望发生变乱，幸灾乐祸，这些人引发的祸灾比守边戍兵就更厉害了。这可以说是边疆防备部署不当了。

“近年来权力逐渐转移到了下面，朝廷也失去了威权，将领的命令很难在军队中执行下去，国家的法令也时常不能在将帅身上施行，彼此都在姑息，苟且偷安地混日子。要想奖赏一个有功的人员，反而会顾虑到那些无功人员的心怀不满；想惩罚一个有罪的官员，却又担心与他犯有同样罪过的官员会忧虑不安。有人犯罪，却要隐瞒而不敢公开，有人立功，因为有猜忌而得不到奖赏。姑息的风气，竟到了如此地步。所以使得舍生忘死、竭诚尽忠的人受到同辈们的嘲笑讥讽，身先士卒、带头攻克敌人堡垒的战将受到士兵们的怨恨，而丧师失地、对国家有罪的将领居然毫无羞愧、恐惧之感，故意拖延而救援误期的将领还自以为明智能干。这就是忠贞的道义之士所以痛心疾首、勇敢的战将所以涣散斗志的原因。这可以说考核赏罚没有了法度。

“寇虏每次侵犯边疆，将帅们便彼此推诿，互相扯皮，没有人敢说话，于是就夸大敌人的势力上报朝廷，说什么兵力太少，不能够抵挡。朝廷对这种奏报也不仔细调查实情，只是一味地调派军队去增加兵力，这样做不但对加强边疆防卫无益，反而带来加重军需物品供应的弊端。以至于村庄百姓的资财日益消耗，官府的征税和索求日益增多，把平民百姓倾家荡产上交的钱财，以及主管部门征收盐、酒专卖的税钱，全部合在一起，每年都全花在守卫边疆的将士们身上。可以说全国的财税都被军队消耗尽了。

“在整个吐蕃国内，能够手使兵器出征的人，才不过相当于大唐十几个大郡的守军数量罢了。但是他们一有行动，我们大唐就恐惧他们人马众多，而不敢出兵抵抗，他们平时不出兵来侵犯我们的时候，我们大唐又害怕他们强大，而不敢主动出兵进攻他们，这究竟是什么道理呢？这实在是由于我们大唐的军队要受多个部门的控制，而吐蕃军队却统率在一个人手中的缘故。要说由一个人统率军队，那么人心就不会分散，而且号令统一，军队进攻，撤退都能够整齐划一，出击敌人速度的快慢都能按统帅的意图办事，这样就不会错失战机，军队的气势就自然很雄壮了。这就是变少为多，变弱为强的缘由啊。开元、天宝年间，朝廷控制、防御西北吐蕃、突厥两族胡人，只有朔方、河西、陇右三个节镇的军队。自从国家中兴以来，朝廷还来不及对外讨伐，抗御吐蕃、回纥两族胡人的也是朔方、泾原、陇右、河东四个节镇的军队。自从近年来朝廷把朔方镇统辖的区域划分成几块，建立军府、拥有旌节的就共有三个节度使了，其他地区的军镇数将近四十个，军中主帅都是接受特别诏旨委任的，陛下又各派宫中亲信宦官前去监督，他们能够同军中主帅地位平等，互不统属。每当边疆告急文书送到，朝廷才下令让他们相互商量如何采取军事行动，既然朝廷没有军法明令谁主谁从，那么他们也只能以宾客之礼相互对待。要说采取军事行动，全凭气势。士气凝聚，那么军势就旺盛；士气散漫，那么军势就衰疲。

军势会合，那么军力就威猛；军势分离，那么军力就软弱。现在朝廷的边防力量，可以说是将领众多，分散了兵力。

“治理军队的要领，在于严格考核将士平时训练的优劣等级，然后以此为依据制订相应的衣食待遇等级，使得能干的将士企望达到最高水准，而没什么能力的将士不会有非分的想法，虽然将士的待遇有丰厚、菲薄的区别，但不会因怨恨不满产生事端。现在穷困的边塞地区，长期驻守的将士，都是身经百战，伤痕累累的人，整年经受着劳苦和艰辛，但所得到的衣服和粮食，仅能满足本人需要，这些东西通常要被他们家中的妻儿老小分去一部分，所以他们经常受寒挨饿。而在关东地区守卫的士兵，害怕与敌人对阵，懒于担承辛苦的劳作，但朝廷供给他们的衣服和粮食，比戍守边疆的士兵高出几等。又有一些一向不属于禁军，本是边疆的防卫军队，因他们将领们诡诈地向上面说些奉迎的话，乘机请求遥遥隶属于神策军，尽管没有离开以前驻守的旧地，只是改掉了过去的番号，而得到了朝廷发给的丰厚衣食，收到了是过去三倍的好处。所承担的任务没有变化，但是发给的衣食却大有区别，假如他们没有忘记从前待遇菲薄的困苦，那谁又能不对这待遇不公感到愤怒呢？可以说怨恨、不满产生于待遇不均。

“凡是要选拔、任用军队的将帅，一定要首先考察他们的品行和能力，对合适的人就派去任职，对不合格的人便摒弃不用，对他们的忠诚有怀疑，就不要任用，对任用的人，就不要怀疑他的忠诚，所以前人说领军在外打仗的将军，君王的命令有的可以不接受。近年来，对镇守边疆将领的任用和更换，大多数都取决于陛下的心意。选派、任用武将的标准，首要的条件就是对他要容易控制，然后分散兵力多置番号，以此削弱将帅的权势，再降低他们的职任，用以削弱他们的野心。这样一来，将帅们对不符军情的朝廷命令也要听，对违反实际的事情也要遵守，胡虏的兵马突然来袭，迅速得如同暴风刮过一样，边镇用驿站向朝廷传送军情，十天半月才到朝廷。守卫边镇的将领因为兵力弱小，不敢出营抗击敌人，附近分镇戍守的将帅，因为没有朝廷的诏命，不肯出兵援救，等到敌人已经人事抢掠，退回大以后，边将这才向朝廷报捷邀功。如果战败丧失军队和土地，上报时，将一百缩减为一，如果战胜了，有所俘获，上报时，却将一百夸大成一千。将帅们私下庆幸指挥、调度军队的大权在朝廷，不必担忧战败会受到惩罚，陛下又因为大权操在自己手中，也就不好对将帅们深究下去。这可以说是朝廷遥控兵权而致使战机丧失的原因。

“依臣下愚昧的看法，应该废除各道将士去京城西边保护秋收的制度，而下令各道只供应衣服和粮食，招募自愿兵留守边疆以及胡汉子弟，供给他们衣服和粮食。同时又让他们大量开荒垦田，耕种粮食，官府替他们收购。虏寇入侵的时候，人人就起来抗击敌人。农忙季节到了，就在家里努力耕种田地，这哪能是忽来忽去、不断调防的士兵可以相提并论的呢？另外，最好选择通文习武的能干大臣分别担任陇右、朔方、河东三地的元帅，各自统领周围边镇的各节度使，对不重要的边镇，就近合并在其他军镇之中。然后减少那些不正当的和不必要的费用，以充裕朝廷的财用，制订发给衣服、粮食的等级制度，以协调军中将士的关系，扩大朝廷信用将帅的原则，以表明对他们的重用，明确公布奖赏和惩罚和标准，用以考核他们的成绩。这样一来，胡虏就会畏惧朝廷的威势而归顺，那么边疆就会安宁无事了。”德宗虽然未能完全采纳陆贽的建议，但内心却对陆贽十分推重。

（以上为第八段，写陆贽上奏论边防体制六大失误，德宗只是赞赏，而没有认真采纳。）

西川节度使韦皋派遣大将董勔等人攻击西山，打败了吐蕃军队，攻下了堡垒、营栅五十多座。

五月二十九日丙午，门下侍郎、同平章事董晋被罢免，降任礼部尚书。

云南王异牟寻派遣三批使者，一路走戎州，一路走黔州，一路走安南，各自都带着金矿石和丹砂到韦皋那里去，用金矿石表明归顺朝廷的意志坚决，用丹砂表示归顺朝廷的一片红心，又将韦皋三次写给他的信，交给三路使者各一份以作为凭证，这三批使者都到达了成都。异牟寻上表朝廷，请求与吐蕃断绝所有关系，归附唐朝，同时还用帛给韦皋写了封信，自称是大唐云南王孙、吐蕃赞普的义弟日东王。韦皋打发人把云南王派来的使者送到京城长安，并且上表朝廷，表示祝贺。德宗给异牟寻颁赐诏书，并且下令韦皋派使者去云南慰问、招抚。

贾耽、陆贽、赵憬、卢迈四人担任宰相职务，朝廷文武百官上报事情，他们互相推诿，不发表意见。秋季，七月，他们上奏德宗请求依照至德年间的旧例，宰相轮流执笔审批和处理政务，每隔十天换班一次，德宗下诏批准了。后来又改成每天轮换一人。

居住在剑南、西山的各部羌人，女王汤立志、哥邻王董卧庭、白狗王罗陀忽、弱水王董辟和、南水王薛莫庭、悉董王汤悉赞，清远王苏唐磨、咄霸王董邈蓬以及逋租王等各个部落，早先都归顺吐蕃，受吐蕃的驱使，到这时候各自率领自己的部众归附唐朝。韦皋将他们安置在维州、保州、霸州，给他们提供耕牛和粮种。汤立志、罗陀忽、董辟和进京入朝，朝廷都封给他们官职，对他们给予了十分优厚的赏赐，打发回去了。

七月二十七日癸卯，户部侍郎裴延龄上奏说：“自从我负责财政事务以来，检查追收各州拖欠上缴给朝廷的钱八百多万缗，收取了各州留下的抽贯钱三百万缗，以及各州献给陛下的贡品三十多万缗，请求另设置季库，储存、管理所收各州拖欠的钱和损耗后剩下的钱粮，把染了色的绢织品再设置月库来储存、管理。”德宗下诏批准这个建议。拖欠钱粮的人，都是无力上缴的穷人，只是一些数字记在账上而已，抽贯钱随收随用，都用光了，而上贡的礼品，染色的绢织物本来都是皇宫左藏中要收藏的财物。裴延龄将这些东西转移到别的仓库中储放，不过是虚设名目，夸张数字来蒙骗德宗罢了。德宗相信裴延龄，认为裴延龄能使国家富裕起来，因而宠信裴延龄，但是实际上没有增加任何收入，只是烦劳官吏们去记一个空账罢了。

京城长安的西边有一片低洼污秽的湿地，里面生长了几亩田的芦苇，裴延龄于是上奏说长安城、咸阳城附近有数百顷沼泽地，可以放牧养马。德宗派有关部门的官吏去查看，根本就没有这种地方，德宗并没有治他谎奏之罪。

左补阙权德舆上奏德宗，认为："裴延龄将正常征收的赋税没有用完的部分，拿来充当盈余，作为自己的功劳。下令官员先购买物品，再付给买东西的钱，以此充当所谓盈余的物品另外储存起来。自从今年春天以来，就没有给守边的军队支付口粮。陛下一定以为裴延龄是独具忠心、出类拔萃的能干大员，但当前的人，无论是奸恶，还是正直，都一致对裴延龄满怀怨言。陛下何必不派遣一个值得信任的忠正之臣去核实检查，考察事情的前后经过，公开实行奖赏和惩罚。现在群情激愤，在朝廷、闹市对他议论纷纷，难道是京城内的官吏和百姓都结成朋党了吗？陛下也应该稍微改变一下对裴延龄的宠信，好好审查一下。"德宗没有采纳。

八月初四日庚戌，太尉、中书令、西平忠武王李晟去世。

冬季，十月十八日甲子，韦皋派遣节度巡官崔佐时把德宗的诏书送到云南去，韦皋自己也用帛写了一封回信给云南王异牟寻。

十一月初十日乙酉，德宗在圜丘祭天，下令大赦天下。

（以上为第九段，写云南王遣使入朝，德宗宠信佞臣户部侍郎裴延龄。）

刘士宁担任宣武军节度使以后，部下的将领很多人在心里都不服从。刘士宁放纵淫乱，生性残忍，他出城去打猎，动不动一连几天都不回城，军中的将士困苦不堪。宣武军的都知兵马使李万荣深得将士们的拥戴，刘士宁很猜忌，剥夺了李万荣带兵的权力，让李万荣去代理汴州事务。十二月初十日乙卯，刘士宁率领二万将士到离城很远的地方去打猎。李万荣早晨乘机进入节度使的军府内，召集刘士宁留下来的亲信卫兵一千多人，欺骗他们说："皇上下敕令征召刘大夫进京入朝，让我掌管留后事务，还赏赐给你们每人三十缗钱。"大家都向李万荣拜谢，表示服从。李万荣又劝导外营中的士兵，他们都服从李万荣的命令。李万荣于是调派兵力，关闭、防守城门，又派使者骑马跑去对刘士宁说："皇上下敕令征召大夫，大夫应该马上上路，如果稍微有点拖延的话，我就要将大夫头颅传送到京城了。"刘士宁知道部众不服从自己的命令，带着五百名骑兵逃向京城长安，等到达东都洛阳时，刘士宁身边仅剩下仆人和姬妾了。到了京城长安，德宗下令让刘士宁回自家的住宅为父亲刘玄佐行孝守丧，禁止随便出入自家的院门。

淮西节度使吴少诚听说宣武军发生内变，调动兵马驻扎在鄾城县，派遣使者去质问李万荣驱逐刘士宁的缘由，并且向李万荣挑战。李万荣对使者说了番嘲讽戏弄吴少诚的话，吴少诚心怀惭愧地撤退走了。

德宗得知李万荣驱逐刘士宁的事件后，派人去询问陆贽如何处理，陆贽上奏德宗，认为现在宣武军和所属各州已经安定下来，最好暂时派遣朝廷大臣去宣布诏旨，安抚、慰问，慢慢地观察事态的发展，这样可望避免一切差错。这篇奏疏的大意是说："现在刘士宁被驱逐，虽然是出自大家的心愿，但是李万荣掌管军事大权，也并不是朝廷下令委任的。这是关系国家安危强弱的重要时机，希望陛下处理这事时，反复思考，慎重从事。"德宗又派使者对陆贽说："如果再拖延迟疑下去，恐怕对事情不利。现在商议任命一个亲王去担任节度使，暂时让李万荣掌管留后事务，这份委任文书马上就要从宫中下发了。"陆贽再次上奏说："臣虽然不能胜任披挂上阵与敌人角力斗勇，但是筹划军事谋略，也许还有一些见地。说到掌握国家安危的，全在于形势的判断和对形势的把握，把官职交给某人，事情是否成功，全在所任用者的才能。形势就像一件器物，关键在于放在什么地方，如果放在平坦的地方就会四平八稳。人的才能就好像是背东西，关键在于给他多少重量，给他的重量超过了他所能承受的压力，就会摔倒在地。李万荣现在上奏朝廷的表章，其内容很是猖狂，只是强横地要求任命，没有一点谦让的礼节，看看他表现出的鄙陋浮躁，绝不是一个善良的人。又听说他是滑州人，对本州的将士特别偏爱、厚待。与他关系相处得很好的将士，总共才只有三千人，而各个军营的士兵对他已经极为不满。根据他这种厚此薄彼的做法来看，李万荣也不是一个将才。如果他如愿以偿，就会骄横自得，不是做出悖逆的事情，就会出战自取失败。做出悖逆的事，就会犯上作乱，出战失败，就会损失朝廷的军队。"又说："臣下非分地要求朝廷任命自己的官职，那就是不顺从，君王答应了下面不该答应的要求，那就是不诚实。这种情况产生在君王和大臣之间，势必会相互猜疑而产生隔阂。与其在相互猜疑滋长蔓延开来以后采取对策，不如在萌芽阶段时就将它铲除。"又说："治理天下的正确原则在于以正义引导天下士人，而要教导人们尊事君王，那么得先让人们从敬顺尊长开始。"又说："掌握一镇军事大权的节度使，处理事情大多独断专行，如果想治他们的罪，在谁的身上找不到借口呢？假如让那些利用倾覆、侵夺上司权力的人，能够顺利地取代上司，那么这就是有利可图，人们就会各怀此心，这种欲望一旦暗中滋长起来，所引起的祸患一定难以挽救。这不仅只是助长了作乱的做法，而且更会催化谋反叛逆的发端。"又说："日前发生宣武军将士驱逐刘士宁的事件，是仓促出现的个别事件，各个州县的守卫将领们本来就没有一同策划，汴州城内的军队也未必与李万荣同心协力。他们各自在思考、揣度着是成是败的各种可能的发展势态，彷徨徘徊在叛逆作乱和顺从朝廷之间，在这种情况下，谁肯不顾身家性命，与李万荣一起背叛朝廷呢？”又说：“陛下只要从朝廷的文武群臣中选择一个人，任命他担任宣武军节度使，再下一道优待将士的诏令，慰劳、安抚宣武军的将士。奖赏李万荣安抚、稳定本军的功劳，对李万荣另加恩宠和委任，表扬宣武军将士能团结、和谐，赏赐给他们优厚的物资装备。这样一来，估计宣武军的大致情况，按理说是会安宁、稳定的。李万荣即便是想骄横跋扈，也不会有什么作为。”又说：“假若以后势态的发展出现了臣未曾预料的差错，臣愿承受一切失败的罪过。”德宗不采纳陆贽的建议。十二月十七日壬戌，德宗任命通王李谌为宣武军节度大使，任命李万荣担任留后职务。

十二月二十二日丁卯，德宗为广陵王李淳聘娶已故驸马都尉郭暧的女儿为妃子。李淳是皇太子的长子。广陵王妃的母亲就是升平公主。

（以上为第十段，写德宗姑息宣武都知兵马使李万荣驱逐主帅而委任为留后。）

唐德宗贞元十年（甲戌，公元 794 年）

春季，正月，剑南、西山一带的羌人和蛮人部落民二万多户归顺唐朝。德宗下诏加封西川节度使韦皋为负责管理靠近边界的羌人、蛮人以及西山一带部落事务的八国使。

崔佐时来到云南的都城羊苴咩城，吐蕃派到云南来的使者几百人在崔佐时来之前已经到达，云南王异牟寻还不想让吐蕃人知道崔佐时来了，让崔佐时穿牂柯部落的服装进入羊苴咩城。崔佐时不同意，说：“我是大唐派来的使者，怎么能穿你们蛮夷小国的服装呢？”异牟寻迫不得已，在夜晚出来迎接崔佐时。崔佐时大声宣读朝廷的诏书，异牟寻十分害怕，张望着前后左右的人，吓得脸色都变了。但他已经归降了大唐朝廷，只得抽抽泣泣地流着眼泪，跪伏在地上接受朝廷的诏书。云南国相郑回暗中去见崔佐时，告诉崔佐时应该如何办，所以崔佐时对云南王的情况知道得非常清楚，于是劝说异牟寻将吐蕃派来的使者全部杀掉，废除吐蕃授予的封号，献出吐蕃人授予的金印，恢复南诏的旧名称，对这些要求，异牟寻都接受了。还镌刻金质的契约进献给朝廷。异牟寻带着儿子寻梦凑等人与崔佐时在点苍山的神庙中订立盟约。

在此之前，吐蕃人与回鹘人争夺北庭，双方发生大规模的激烈战斗，吐蕃的兵马死伤很多，于是向云南征调兵员一万。异牟寻以自己国小人少，请求只派三千兵马，吐蕃人嫌少。云南增加兵马到五千人，吐蕃人才答应了。异牟寻派遣五千兵马在前面出发，亲自率领几万兵马跟随在后面，日夜兼程赶路，战机一来突然发起攻击，与吐蕃人在神川交战，把吐蕃军队打得大败，攻占了铁桥等十六座城池，俘虏了吐蕃的五位王公，招降了他们十几万部众。正月二十四日戊戌，云南王异牟寻派遣使者到朝廷传送捷报。

瀛州刺史刘澭被他的哥哥刘济逼迫，向朝廷请求到西边去守卫陇坻地区，因此率领自己统辖的军队一千五百人，以及男女家眷一万多人前往京城长安。刘澭的军纪十分严明，沿途没有一个人敢抢掠百姓鸡狗的。德宗大加称赞。二月初三日丙午，德宗任命刘澭为秦州刺史和陇右经略使，治所在普润。刘澭不在军中实行敲更巡逻的制度，也不设置歌舞奏乐的艺人。士兵中有生病的人，刘澭会亲自去探视，士兵如果死了，他也去哭吊。

二月二十二日乙丑，义成军节度使李融去世。二月二十四日丁卯，德宗任命华州刺史李复为义成军节度使。李复是李齐物的儿子。李复征召担任河南尉的洛阳人卢坦做判官。义成军的监军薛盈珍屡次干涉军中事务，卢坦每次都据理反对他。薛盈珍常常对别人说："卢侍御所讲的话都很公正，我自然不能违背他。"

横海军节度使程怀直进京入朝，德宗给予很丰厚的赏赐，打发程怀直回去了。

夏季，四月二十八日庚午，宣武军内发生变乱，留后李万荣率兵平定了作乱的叛兵。在此之前，前宣武军节度使刘士宁的亲信卫兵三百人一向骄横跋扈，李万荣很憎恶他们，派遣他们去京城西边防秋，这些卫兵们因此而痛恨李万荣。大将韩惟清、张彦琳引诱卫兵起来叛乱，攻打李万荣，李万荣带人打败了叛军。卫兵们一边抢掠一边溃散而去，很多人都逃奔到宋州，宋州刺史刘逸准很优厚地安抚他们。韩惟清逃到了郑州，张彦琳逃到了东都洛阳。李万荣将叛乱士兵们妻儿老小几千人全部杀光了。有几个士兵在闹市高喊道："今天晚上，有大批兵马开过来，汴州城一定会被攻下来。"李万荣将这几个人抓起来杀了，上奏朝廷说这一切都是刘士宁指使干的。五月二十八日庚子，朝廷将刘士宁迁移到郴州去居住。

钦州西原黄洞蛮的酋长黄少卿起来造反，包围了钦州城，邕管经略使孙公器上奏朝廷，请求调派岭南的军队去救援钦州，德宗没有答应，而是派遣宫中的宦官使者去疏导劝解造反者。

（以上为第十一段，写云南王附唐，大败吐蕃军。李万荣讨平宣武兵变。）

陆贽上奏德宗说："自从陛下在举行郊祀大典颁下赦令以来，到现在已经接近半年了，但是贬谪流放的人还没蒙受大赦的恩泽。"于是就拟定了三个赦免罪犯的方案进呈。德宗派使者对陆贽说："按照以往的规则，对受降职处分的官吏，可以根据赦令，允许酌情向内地迁移，但距离不超过三五百里。现在你拟定的方案似乎稍微超出以往规则的界限，而且安置的地点又多半接近驻扎军队以及通往京城交通要道上的州县，这恐怕不太妥当。"陆贽再次上奏德宗，认为："君王对待臣民要诚实，可以斥责愤怒，但不要猜忌和怀疑，对臣下的无能和误事，可以惩罚、贬职，但不要怨恨、顾忌。斥退、流放臣下到边远之地，用以警告他们没有恪任职守，甄别、考察，宽恕臣下的过失，以鼓励他们改过自新。不加以惩罚警告，就会使臣下渐渐侵害到权威和刑法；不加以勉励，就会使臣下再遭斥退和贬职。虽然朝廷屡有提升和罢免官吏的做法，但都不是出于私人的爱憎。依法办事，这是暂时让臣下降职，但因为爱惜人才，那么就逐渐对他加以升任和重用。臣下知道自己还能再次被起用，那谁还不努力加强修养呢？又何必怕打乱了常规发愁，又何必怕留下遗憾而担心呢？如果因为臣下受到降职、放逐的处分，就觉得他们是凶恶奸险之人，时时刻刻都防备着他们，长期废免了，不再起用他们，那么这就是让悔改罪过的人不能够弥补过失，让满身才华的人始终不能一展抱负。人之常情，在走投无路的时候，就会想到要有所变化，身处凄苦的环境中便图谋犯上作乱，其根源也多半发生在这种情况下。现在，如果对流放有罪官吏内移不能超过三五百里，那就有可能仍然没有离开被贬职流放的州道，而的风土人情反而比原来的还要差，岂不空有内移家室的恩劳，而实际却增加了发配、流放的烦扰。另外，现在的州郡，往往都驻有军队，在他们所发配的州县境内，很少有或没有可用以驿传的站舍，对他们防范到如此地步，显得对他们也太不够宽宏大量了。恳请陛下对这一事情再加考虑裁定。”

德宗生性喜欢怀疑、猜忌别人，不肯把权力交给臣下，任命官职，无论大小，一定要亲自选择任命，宰相们提名或建议的，德宗很少有认为可以而加以任命的。然而群臣中一旦有人犯有过失遭到谴责，往往一辈子也得不到重新起用。德宗喜欢以臣下是否能言善辩作为任用人才的标准，所以敦厚、务实的人士总是难于提升，使得许多人才都被积压。陆贽对此上奏劝说德宗，大意是说：“任用、提拔官职，是为了鼓励人们立功；降免废退官员，是为了惩罚他们所犯的罪过。这两种方式交互使用，就同日月昼夜循环的道理一样。提拔、任用的官员如果犯了过失，那么就要对他实行惩罚，惩罚之后，能改正过失，修养德行，那么就再度任用，这样做，既不会使法令松弛，也不会弃失人才。虽然对官员的微小过失都要惩处，但是需要的人才却不至于因此就缺乏。所以，这样可以使被降任、免职的官员奋发自励，以求得复职任用，受重用和被提拔的官员则时刻约束、警诫自己要忠于职守。这样皇上就不会有难解的疑虑，而臣下也没有因不受任用而蓄积怨气。”又说：“圣明的君王不应只依据能言善辩来使用人才，不用主观臆想去选拔人。如果因为喜欢某人，就不加选择而任用他，喜欢听一个人的说话就不去检验一下他的实际行为，升官、降职全凭个人的好恶，亲信、疏远都取决于爱好是否与自己相同，这好比是放弃绳线、墨斗，而根据个人意志裁断是非，抛掉称量的器物，而凭着手的掂量，来估计重轻，这样做即便十分精细，也还是不能没有错误。”又说：“中等才能以上的人，互有长短，如果分辨出他们各自适合干什么，委任的官职应与他们的才能相当，适应他们各自的性情，也都能各自发挥他们的才干，一旦把大家的力量结合起来，就能够办成大事，他们所发挥的作用也与一个才能全面的人没有差别。这只是要善于识人，而又胸怀大度，再加上很好的驾驭方法罢了。”又说：“由于一句话说得正合自己的心意，就觉得说话者有才能，而不考察他才干的虚实；由于一件事办得违背了自己的想法，就觉得办事者有罪过，而不核实一下他是忠诚还是奸邪。对说话正合自己心意的人，就交给他超越自己能力的重任，而不考虑他是不能胜任的；对办事违背自己想法的人，将有失公正的罪责加在他身上，而不宽恕他在这一事情上无能为力。这样就使得人们在任职之内不能够成就事功，而使君臣之间没有确定的责任。”德宗不听陆贽的劝说。

（以上为第十二段，写陆贽上奏德宗，惩罚官吏应给予自新机会，用人要考核实际才能，不能只凭巧言善辩，德宗不听。）

陆贽又上奏德宗，请求平均、节省财赋，一共有六条，如次：

其一，是论述实行两税法的弊病。大致意思是说：“本朝以前征收赋税徭役的制度，称作租、调、庸。这个制度规定：成年男子每人可以得到田地一百亩，每年要上缴朝廷粮食二石，这个称为租。每户人家各自根据本地出产的物品，向上交纳绢，或者绫，或者絁，共二丈，另交丝绵三两。不出产蚕茧的地方上缴布二丈五尺，另加麻三斤，这个称为调。每个成年男子每年要承担国家征发的徭役，则是采取征收雇人代替应该支付的佣金，按照每天收绢三尺作标准，这个称为庸。在这一制度下，天下就像是一家，法令制度到处都是均平的，即使有人辗转迁移，但也不能找借口不向朝廷交纳租、调、庸，所以当时人们没有动摇不定的心思，而缘于办事有固定的规矩。后来羯胡安禄山、史思明大乱中原大地，天下的百姓备受侵扰，户籍簿册和各式各样的地图都毁坏在转移避难的过程中，征收赋税的制度因为供应军队需要而遭到破坏。在建中初年，重新制定各种规章制度，执掌朝廷大政的人知道弊端应该革除，但制订新的制度时，把原有制度的优点都丢掉了，知道政令简明，人们容易听从，但所拟定的新的规章制度却没有抓住要害。凡是想要纠正以往的各种弊病，必须首先弄清楚产生弊端的根源。如果是当时形势带来的弊病，那么就只针对当时的形势加以治理，如果是法令不当造成的弊病，那么就应该完全革除造成弊病的法令，而采取的措施一定要得当，以避免日后的悔恨。自从发生战争以来，对军队的供应没有限度，这就是时势造成的弊病，而不是由法令造成的弊病。主持朝政的人匆忙就改变了租庸调这种征收赋税的办法，向各地分别派遣使者，搜刮郡县，核实检查征收赋税的账簿、文书，在每个州里，选择大历年间征收赋税最多的一年作为实行两税法的基本定额。说起来，财富的产生，一定是由人力创造出来的，所以前代的君王们制定征收赋税的数额，一定以成年男子作为依据。不因为人们努力耕种而增加他们的赋税，也不因为人们停种庄稼就减免他们的田租，这样一来，人们便愿意多种田地了；不因为人们增加了产业，就加重对他们征收赋税，不因为人们流居他乡就免除他们应交的调税，这样一来，人们就会在本地安居乐业；不因为人们勤勉自励而加重他们的劳役，不因为人们顽劣懈怠而减免他们应交的庸税，这样一来，人们就会勤苦劳作了。采取上述措施，人们就会安定地居住在故土，努力地从事各种劳作了。设立两税法之后，完全只以人们钱财产业作为根据，不以成年男丁的数量作标准；竟然不懂在钱财产业中，有的是可以藏在怀中，或者在箱袋中，东西虽然很贵重，但别人不能窥察探视到；而堆积在场院、仓库中的，价值虽然很低廉，但人们会觉得这是很富有的。有可以经过流通产生利息的财物，数量虽然很少，但能够按天数收取盈利；有房屋、器具用品这一类的资产，价值虽然很高，但整年都不会带来利息。像这种可以比较的东西、品类实在很多，一律对它们估价折算成钱，自然会有失公正，而助长作伪欺诈的行为。由此一来，那些一味追求将资产换成细软贵重物品的人，乐于经常迁徙移居，以便经常逃脱负担国家的赋税徭役。那些勤事农耕而在故土置办产业的人，却往往被频繁纳税和承担劳役所疲困。这样做，就是引诱人们去行奸为诈，促使他们去逃避国家的徭役。于是国家的劳役废弛，赋税缺乏。再加上创设新的规章制度的初期，就没有尽力做到均一、公平，以至于使各地的供应有的烦琐，有的简单，而州县的长官有的能干，有的无能，由于各地的徭役、赋税，有轻与重的悬殊，朝廷派遣去征税的使臣，他们的意见也不可能一致，他们根据自己的估计，一旦上奏朝廷，数量只会增加，不会减少。另外，大历年间征收的供军与进奉既然都收到两税中去了，而现在却在两税之外，又加征这两种税。希望陛下能慢慢地采取均平、削减的措施，以救济凋困疲惫不堪的百姓。”

其二，是请求用布帛的数额作为征收两税的标准，不再以钱的数量作为标准。大意是说：“大凡国家征收赋税，一定要首先估价百姓的承受能力，依据当地出产什么来制定应缴纳的东西，因此国家征收的只有布、麻、丝织品、丝绵和各种粮食等东西。以前的君王害怕货物的价钱高低不等，有失平衡，使人们之间的以物换物的交易失去标准，又制定了钱币制度，以调节物品交易中价钱高低的调节物。财货的聚集与流通，废弛与兴盛，一定遵守轻重平衡的规律。因此，管理财经这一重大事务，是国家的利益和权力，只能由官府掌管，不能将它交给普通人去办理。但是粮食和布帛等物品，都是普通百姓创造出来的；而钱币则是由官府制造的。所以，本朝的法令明确规定：用粮食交田租，用绢交庸税，用丝织品、丝绵和布交调税，何曾有过既然已经禁止人们私铸钱币，而又用钱来交赋税的事呢？唯有现在实行的两税，却与以往的制度有区别，这种办法只估价财物产业来定征税的等级，把应征收的钱谷折成钱税定额，临时换算为所征的其他杂物。每年的名目都有很大的差别。官府只是考虑征收赋税的方便和利益，不考虑备办这些物品的艰难程度。官府所征收的物品不是百姓耕种的，百姓所耕种的又不是官府所要征收的，于是百姓有时要加价买进他们不生产的东西以交纳赋税，降价卖出他们所生产的物品，这样一加价、一减价，百姓的消耗和损失已经很多了。希望陛下下令各州，核实最初交纳两税那一年的绢和布的数量，与现今的时价比较，价钱偏低就加价，价钱偏高就减价，根据两方面价钱的比较，选取一个中间价，然后统计总共要交赋税的钱额，再折算成布和帛的数额。”陆贽又说：“土地的肥力所能生长的农作物，在数量上是有最大限度的，有限度地从中索取，消费也要有节制，那么财用才能经常充足。如果索取没有限度，消费起来毫不节省，那么财用就会经常缺乏。生长物品丰收歉收与否，完全靠天气的好坏，使用、消费物品的多少，完全由人来支配。因此圣明的君王立下规定：估量收入的多少以确定支出的多少。这样，虽然遭遇了天灾和祸乱，百姓仍然不会困顿贫穷。而治理和教化衰败以后，情况正好与这相反，估量支出的多少制定征收赋税的数额，根本不考虑百姓的贫穷与困难。夏桀使用全天下出产的物品，仍然感觉不够用，商汤只使用方圆七十里出产的物品，却有盈余，这就说明国家的财用盈余、亏虚与否，完全在于是否节约用度了。”

其三，论述是否应当用增加户口、增税收、广开田地作为考察行政长官政绩的标准。大意是说：“大凡担任行政长官的人很少能够推广忠诚、宽恕之道，设身处地地为下面的人和百姓着想的，也很少能够公正无私，为国献身的。他们大多是交替着给下面的人和百姓们小恩小惠，争相引诱奸诈之民，以倾覆、争夺相邻州境作为选才标准，以能召集逃亡的人口作为治理地方、政治清明的标志。对那些抛离故土，迁移新地的人，因为是才收纳的人户，所以免除他们的赋税，对飘来忽去的人，又因为他们是恢复从事故业，而在征收赋税方面受到优待。只有那些依恋故土，安心定居，始终没有迁移外地的人户，对他们日益加重役使，日益增加赋税。这样做就是让长久安居故土的百姓，总是代替那些懒惰游走的人交纳赋税，代服徭役，这和驱赶人们辗转迁徙，唆使人们浮薄诈伪有什么两样！这都是州牧县令的见识不通达，各自只照顾自己统辖区域内的事务的过错啊。”陆贽又说：“设立法令规章，治理百姓，时间一长，没有不产生弊病的。如果负责治理的官吏，不知道掌握法令应与时势的不同而有所废止和增加，那么就使投机取巧、奸诈欺伪的事情萌生，并常常阻恶扬善更加滋长起来。请陛下下令主管考核官吏的部门，详细制定考核政绩办法。如果是在官员所管辖区之内，人口增加，物资丰盛，百姓富裕，完成上缴朝廷规定的税额之后还有盈余，那就听凭官员根据户口数量，平均减少每户应交的税额，以每户减少上交税赋的数额多少确定考核政绩等级。在官员所管辖区之内，各种赋税全部加起来，每户比原来减少税额十分之三的，官员的政绩是上等，每户能够减少十分之二的，官员的政绩为中等，每户能够减少十分之一的，官员的政绩是下等。如果人口很多都流亡散失，在现在户口上每户征收赋税的，官员的考核政绩为劣等，其等次和惩罚办法也依照上述形式实行。”

其四，论述限定的收税时间过于紧张短促。大意是说：“建立国家，设置百官，目的在于教养百姓。向百姓征收赋税财物，目的在于供应国家必要的开支。贤明的君王不会为了充实国家的用度，而损害所教养的百姓。所以一定首先办好百姓的事情，然后借用百姓的余力，必须首先让百姓的家用富足，然后才征收他们剩余的财物。”陆贽又说：“养蚕的季节才开始，百姓立即要交纳丝绢税；农田的耕种、收获还没有完毕，官府就急急忙忙来征收粮食了。既然上级官员期限和敦促十分严厉，那么下级官吏对百姓的欺压就更加紧迫了，百姓中还有库存东西的，就急忙出卖东西交税，但要损耗一半的价值；家中没有东西可卖的，就要向别人借贷交税，到时要加倍还债。希望陛下更认真审定征税的时间。”

其五，请求将征收的茶叶税钱，设置义仓，以防备水旱灾害。大意是说：“古代所谓国家需要有九年、六年的用度储蓄，是包括了普天之下的全体臣民的生计需要而言的，当然不只是说公家的仓库充足，而不包括黎民百姓。近来有关部门上奏请求征收茶叶税，每年大概可以征收税钱五十万贯左右。陛下以前的敕令将这一笔钱存在户部，用以救济百姓遇到的灾荒年月。现在用这笔钱购买粮食储存起来，正好符合陛下以前所下诏令的意思。”

其六，论述兼并穷人土地的富豪人家，私下收取的田租比官府征收的税要繁重得多。大意是说：“现在京城周围的郊区，每耕种一亩田地，官府征收粮食五升，而富豪之家则私下收取田租，每亩收租高达一石粮食，这是官府征税的二十倍。就是中等田地的中等田租，也有半石之多。说起来，土地属于君王所有，耕种收获的任务是农夫们承担的。但是，兼并穷人土地的富豪之家，居然坐收利益。”陆贽又说：“希望对一切被占用的田地，都要制定条款加以限制，裁减田租的数量，务必让贫穷的人得到好处。设置法令制度，而法令制度，可贵之处在于必须坚决推行下去，最慎重的是不要太苛刻严峻，法令制度要有宽松的精神，是为了方便普通人，法令制度严厉，是为了惩罚违法的人，要让富裕人家的利益微微有所损失，而对贫穷的人家要稍稍加以顾照。富裕人家的一点小小损失，对他们的富裕并没有什么损伤，而对贫穷人的优惠是赈济贫穷，正确措施，这是不能舍弃不用的啊。”

（以上为第十三段，写陆贽上奏建言均平赋税与节用开支六条议案。）

【点评】

本卷专题点评陆贽，评说陆贽拜相、不收礼品、上奏边防积弊、上奏均节财赋六条，以及各种超前思想的建议。陆贽是一个优秀的政治家。

陆贽拜相。德宗贞元八年（公元 792 年）四月十一日，德宗罢李泌所荐宰相窦参，陆贽入相。早在德宗蒙尘奉天、山南之时，陆贽就很受器重。当时政务艰难而繁重，德宗狼狈，六神无主，引陆贽为翰林，事无巨细，都依靠陆贽筹办画计。德宗从奉天逃往山南，君臣二人行止都在一起。有一天，两人在山路上失散，德宗像丢了魂一样，整夜涕泣不眠，悬赏千金寻找陆贽。第二天，陆贽赶到，德宗大喜，太子以下都来庆贺。但是陆贽好直谏，德宗只是依靠陆贽办事，表面亲近，内心不喜欢，所以陆贽只有宰相之实，而无宰相之名，时人称之为内相。嗣后李泌入相，陆贽受冷落。李泌病重，德宗要李泌推荐继任者，李泌推荐窦参。窦参贪黩，又阴狡而自用，被德宗罢官，一时没有更好的人选，才勉强用陆贽为相。李泌为何没有推荐陆贽？以李泌之明，为何推荐非人？德宗认为窦参不宜为相，李泌两次力荐，窦参才被任职为宰相。李泌固执地推荐一个不称职的宰相，是否用此办法给陆贽留相位呢，这是一个谜，史不细载，如今是无法考究了。总之，陆贽迟迟才被拜相，德宗只是借陆贽的声望来稳定政局罢了，所以对陆贽的建议很少采纳。

陆贽不收礼品。德宗贪财，求索诸道进奉。地方进奉，稍带一点土特产给宰相，也在情理之中。陆贽一概不受。君贪臣廉，德宗在面子上很不好受，就手诏陆贽说："卿太廉洁谨慎，不通人情，像马鞭靴子之类小物品，收一点有什么关系。"陆贽上奏说："按法律，各监察官和各部门长官，接受贿赂折合成一尺布，就要受到惩罚，而位居移风化俗的宰相，怎么可以受贿呢？接受贿赂之门一打开，那就不是皮鞭、靴子这类小东西，送金送玉的都来了。接受了贿赂，怎么能拒绝别的请托呢！如果不阻断行贿的涓涓细流，那就会泛滥成溪成壑而为灾了。"陆贽词严义正，很不合德宗心意，难怪德宗念念不忘卢杞了。

陆贽上奏边防积弊。吐蕃与大唐相比，敌寡我众，策略敌低我高，势力相差悬殊，敌弱我强。但是吐蕃进攻，总有余力，大唐防守，疲于奔命，这是什么原因呢？陆贽总结边防积弊有六。其一，边疆防备部署不当。沿边军镇各守一方，绵延千里的边防，没有统一的指挥。不仅神策军与地方军队互不统属，而且同一座城，同一个编制的军队，朝廷却分别派宦官去监军，按不同的诏书委任，命令不一。边将手脚被绑束。其二，考核赏罚没有法度。有功不得奖，有罪不受罚，姑息怠惰，军队丧失战斗力。其三，边兵过多，耗尽财税。特别关东士兵到西北防秋，水土不服，军无斗志。战斗一来，就败溃东逃。其四，将领众多，兵力分散。其五，神策军与地方兵待遇不均而使士卒心怀怨恨，涣散斗志。其六，朝廷遥控兵权而使战机丧失。每当敌人入侵，要由朝廷商议对策，调派援兵。等到朝廷命令到达，援兵到来，敌人早已大掠而去。陆贽建议，废除每年由各道派兵防秋的制度，下令各道只供应衣服和粮食，招募自愿兵戍守，带家属屯田边地，官府供给衣粮，屯兵生产的粮食由政府收购。这样，戍边士兵，农忙耕种，敌人入侵，拿起武器抗击。设立统一指挥的将领，严格考核制度，奖有功，罚有罪。这样一来，胡人就会畏惧大唐而不敢入侵，边疆就会安然无事了。陆贽奏议的核心是废除监军与朝廷遥控，德宗自然不会答应。陆贽的办法虽好，却只是空谈。

陆贽上奏均节财赋六条。战争期间，施行各种苛捐杂税，收括民财以足军用，尚可理解。战争结束，各种苛捐杂税成了惯例，民贫财尽，应当立即刹车，停止收括，使民休养生息。陆贽上奏提出均节财赋六条建议。其一，改进两税法，消除其弊端。其二，请求两税征收布帛，不征钱币。其三，不以户口增加、税额增加，垦田多为官吏考核标准，而改为征税总额不变，每户减少纳税多少为考核标准。每户比原来减税十分之三的为上等，减税十分之二的为中等，减税十分之一的为下等。人口逃亡流散的地区，官吏考核为劣等。其四，放宽收税时限，不要过于迫促。其五，征收的茶叶税，专用于购粮，设置义仓，以备水旱之灾。其六，限制土地兼并，限制富人收取田租。陆贽的六条建议，有的不合时宜。陆贽留恋租庸调制度，批评两税制度，不合时宜，租庸调制度已经一去不复返，两税法以财户多少征税是时代的进步，不可否定。苛捐杂税应当免除，但与两税法无关，不容混为一谈。有的无法操作，例如以减少每户税收为考绩之法，只能是一种理想。限制土地兼并，限制田租，历朝历代都没有行通。陆贽的均节财赋六条建议，只能流于空论。

陆贽确实是一位忧国忧民的宰相。他时时处处都在关心民瘼，关心社会，不停地上奏德宗提建议。陆贽主张国际贸易不征税，招徕外商，繁荣经济；陆贽主张及时赈济灾民，防止民众流失；陆贽主张由各级行政长官推荐人才，反对宰相包办，实质是反对德宗包办用人；陆贽主张，用人要考核实绩，不能只凭巧言；陆贽还主张要给受惩罚的人留一条自新之路，珍惜人才。今天来看，陆贽有许多超前的思想，可以说他是一个有思想的政治家。

资治通鉴（白话本） 卷第二百三十五

唐纪五十一

唐德宗贞元十年至十六年（公元 794—公元 800）

【起阏逢阉茂（甲戌，公元 794 年）六月，尽上章执徐（庚辰，公元 800 年），凡六年有奇】

【大事提要】

本卷记事起公元 794 年六月，讫公元 800 年，凡六年又七个月。当唐德宗贞元十年六月到贞元十六年。此时期是德宗的晚年政治，陆贽被逐，朝中再无贤相，德宗贪婪本性肆无忌惮。德宗还京施行两大弊政：一是宠信宦官，不断加重护军中尉军权，宦官权倾朝野，为唐代后期皇权受制于家奴埋下祸根；二是聚敛财货，大盈库向户部索要巨资，又向藩镇求索贡奉，开宫市强夺民财。德宗回报地方贡奉，滥授加官，所用多为奸佞，裴延龄、李齐运等大受诟病。淮西吴少诚反叛，德宗竟用一个被士兵逐走的夏绥银宥节度使韩全义为帅，官军惨败可想而知。这时只有一个叫阳城的谏官，平时慎言慎行，危难时挺身而出，阳城为陆贽辩护，揭发奸人裴延龄，被贬外任，造福一方。韩弘镇宣武，尽诛倡乱者，安定了一镇。而德宗放任诸镇监军为所欲为，各地兵变不断。个别官吏的清廉，无补昏君带来的满朝混浊。

德宗神武圣文皇帝十

唐德宗贞元十年（甲戌，公元 794 年）

六月初一日壬寅，昭义军节度使李抱真去世。其担任殿中侍御史的儿子李缄与李抱真的外甥元仲经密谋策划，先不公布李抱真去世的消息，以李抱真的名义伪造上奏的表章，要求朝廷把节度使的职位授给李缄。李缄又假造父亲的书信，派遣裨将陈荣到王武俊那里去借钱财。王武俊愤怒地说："我与你父亲友情十分深厚，那是想共同辅佐朝廷，怎么能与你一起为非作歹呢！听说你父亲已经去世，你竟敢不等候朝廷的任命便自立为节度使，又胆敢向我借钱财，还求我帮助！"王武俊打发陈荣回去，要陈荣向李缄转告自己质问、斥责的话。

昭义军步军都虞候王延贵是汝州梁县人，一向以讲义气和勇敢而闻名。德宗知道李抱真已经去世，便派遣宫中的宦官使者第五守进前去昭义军观察事态的发展，并且把昭义军的军事大权交给王延贵掌管。第五守进到达上党以后，李缄说李抱真病重不能会见第五守进。过了三天，李缄才带着全副武装的卫队去第五守进那里，第五守进对李缄说："朝廷已经知道李相公去世了，下令王延贵暂时管理军中事务。侍御最好还是把相公去世的消息公布于世，为你父亲守丧行孝。"李缄大吃一惊，出来后，对各位将领们说："朝廷不让我掌管军事大权，不知你们的意见如何？"各位将领都不回答。李缄害怕了，于是回去发布父亲去世的消息，把节度使的印信和库房等钥匙都交给了监军。第五守进召见王延贵，传达德宗的口谕诏旨，命令王延贵掌管昭义军的军事大权，催促李缄去东都洛阳。元仲经逃跑了，王延贵将一切罪过都加在元仲经身上，逮捕后杀死元仲经。德宗下诏命令王延贵暂时代理昭义军的军中事务。

云南王异牟寻派遣弟弟凑罗楝进京入朝，呈献云南的地图、土产贡品和吐蕃人给他的金质印信，请求恢复南诏这一国号。六月十二日癸丑，任命祠部郎中袁滋为册封南诏的使者，赐给异牟寻以银作底座的金印，印文刻着"贞元册南诏印"。袁滋到了南诏，异牟寻面朝北方跪拜，接受了朝廷的册封和赐给的印信，叩头再拜。然后设宴招待使者，拿出当年玄宗皇帝赐予的两个银平脱马头盘给袁滋看。又指着年迈的吹笛人和歌女说："玄宗当年赐给我的《龟兹乐》的乐班，现在只剩下他们二人还健在了。"袁滋说："南诏应该深思祖先们与唐朝的关系，子子孙孙都要对唐朝忠心耿耿。"异牟寻向袁滋行礼说："我怎敢不恭谨地接受使者的教导呢！"

德宗赐名义武军节度使张昇云为张茂昭。

御史中丞穆赞弹劾度支部门官吏的贪赃罪行，裴延龄想为他们开脱罪责，穆赞不同意。裴延龄在德宗面前诬陷穆赞，穆赞被贬职为饶州别驾，朝廷文武百官害怕裴延龄，都不敢正眼看裴延龄。穆赞是玄宗皇帝时期起兵讨伐安禄山的穆宁的儿子。

西川节度使韦皋上奏朝廷说在峨和城打败了吐蕃人。

秋季，七月初一日壬申，德宗任命王延贵为昭义军留后，赐名为王虔休。

昭义军的行军司马、代理洺州刺史元谊听说王虔休担任节度使留后的消息后，心中愤愤不平，上奏朝廷，请求将磁州、邢州、洺州另外设一个军镇。昭义军的精锐兵马都驻扎在潞州东边的磁州、邢州、洺州，元谊用丰厚的赏赐来拉拢这些军队。德宗多次派遣宫中的宦官使者去开导，但元谊不接受。

临洺守城的将领夏侯仲宣率领全城投靠了王虔休，王虔休派遣磁州刺史马正卿督统裨将石定蕃等人率领士兵五千人进攻洺州。石定蕃带着部下二千人叛变，投奔了元谊，马正卿只得率军退回去了。德宗下诏任命元谊为饶州刺史，元谊不去赴任。王虔休亲自率领军队攻打元谊，还开渠引来洺水淹灌洺州城。

黄少卿攻占了钦、横、浔、贵等州地方，又在邕州向邕管经略使孙公器发起进攻。

九月，王虔休打败了元谊的兵马，进而攻下了鸡泽县。

（以上为第一段，写昭义军节度使李抱真死后，洺州刺史不听朝命发动叛乱。）

裴延龄上奏说官吏人数太多，请求从现在起，官吏中出现缺员，暂时不要补充，把要支出的这笔薪水开支省下来，充实国家的库存。德宗打算修建神龙寺，需要五十尺长的巨大松树，但是无法弄到。裴延龄说："我最近在同州，看到一个山谷中有松树几千棵，都高达八十尺。"德宗说："开元、天宝年间在京城近郊地区寻找上好的高大松树，一棵都找不到，现在怎么会有这么多？"裴延龄回答说："上天降生的珍贵木材，本来就是等待圣明的君王问世以后才出现的，开元、天宝年间，怎么会有这些呢？"

裴延龄上奏说："左藏库中的财物很多都遗失了，最近去检查，让他们对财物登记造册，竟然在垃圾中找出白银十三万两，其他如布匹等杂货的价值有一百多万。这些东西都是丢掉了的，把它们收集起来就是盈余，应该将它们全部移放到杂库中去，以便供陛下作额外的诏命使用。"太常府的少卿韦少华不同意这种说法，上书反对裴延龄的意见说："这都是每月申报上奏的现存物品，请派人仔细推究、检验。"主持政务的宰相请求德宗下令让御史台等三司一起详细审核后上奏，德宗没有答应，但也没有给韦少华加罪。裴延龄每次上奏和回答德宗的提问，毫无顾忌地说些怪诞荒唐的事情，这都是大家不敢说、也没有听说过的事情，裴延龄毫不犹豫地都说了出来，德宗也很了解他的荒诞虚妄，但由于裴延龄喜欢说别人的坏话，德宗想从他那里多听些外边的事，因此就很亲信、优待裴延龄。

文武百官都害怕深受德宗宠信的裴延龄，没有人敢说裴延龄的坏话，只有盐铁转运使张滂、京兆尹李充、司农卿李铦因为职务和所管事务与裴延龄有关系，可以经常出面证实裴延龄说的事情是虚假的，宰相陆贽更是挺身而出，每天都向德宗陈说裴延龄不能任用。十一月初三日壬申，陆贽上书德宗，极力陈说裴延龄奸邪狡诈，历数裴延龄所犯下的罪行。大意是说："裴延龄以搜刮钱财为头等的策略，以诡诈虚假为最好的计谋，以苛待百姓聚集怨恨当作奋不顾身，以专事诬陷、贯进谗言当作尽臣节，总括了历代典籍中丑恶智谋当成是自己的智谋权术，违犯圣贤先哲的告诫作为自己的品行和能力，可以称裴延龄是唐尧时的共工，春秋时期鲁国的少正卯。考察裴延龄的奸恶行为，每天每月都在滋长、蔓延，隐秘的事情自然没有完全显露出来，已经败露了的事情尤其难以一一列举。"陆贽又说："陛下如果觉得裴延龄是受了诽谤，那么实在是应该让裴延龄立即分辨清楚。陛下如果知道裴延龄不是正派好人，那又怎么能够想方设法容忍、掩饰呢？"陆贽又说："陛下如果暂时想保全裴延龄，对裴延龄的罪行不加斥责。裴延龄就觉得自己能够蒙蔽、欺惑陛下，不再有什么畏惧之心。裴延龄将东边的东西移到西边去，就成了自己的政绩，把这里的东西拿到那里去，于是就称这是额外的盈余，欺骗、糊弄朝廷，就像小孩玩游戏一样。”陆贽又说：“裴延龄虚假奸邪的才能，诬陷欺诈的言辞，一遇到事情就表现出来了，随口就讲出来了，这种事情，没有哪一天没有，没有哪一时刻不做，他的这些事情难以一一陈述了。”陆贽又说：“从前赵高在秦二世面前指鹿为马，臣觉得鹿和马，还可以说是同一类东西。那怎么比得上裴延龄将有的掩盖起来说成没有，将不存在的东西说成是存在的呢？”陆贽又说：“裴延龄凶恶虚妄，已经影响天下。上自三公卿相，下至奴婢仆人，成千上万的人，对裴延龄议论纷纷，但能够向陛下陈述意见的，又有几个人！臣以卑微之身，担当着宰相的职任，对裴延龄深恶痛绝之情激荡在心中，虽然不想管，但也不能就这样沉默下去啊。”这份奏疏上奏后，德宗很不高兴，反而更加亲近裴延龄了。

十二月，王虔休乘河面结冰的时候，率兵越过护壕沟，急速进攻洺州。元谊派出兵马迎战，王虔休不能取得胜利，只得退回去。傍晚时分河冰融化了，王虔休的士兵们因此而淹死在护城壕沟的有一半以上。

中书侍郎、同平章事陆贽因为德宗对自己十分优厚，凡是遇到不该做的事情，总是竭力劝告、反对。关系亲近的人规劝陆贽言辞太锋芒毕露了，陆贽说：“只要我对上不辜负天子，对下不辜负自己平生的学问，别的事情就不必考虑了。”裴延龄每天在德宗面前说陆贽的坏话。赵憬之所以能担任宰相职务，实际上是陆贽推荐的，不久，因为改任门下侍郎而怨恨陆贽，暗中将陆贽在德宗面前指责、弹劾裴延龄的话告诉给了裴延龄，所以裴延龄更加能够采取有利对策攻击陆贽，德宗于是开始信任裴延龄，而不觉得陆贽是对的了。陆贽与赵憬约好在德宗面前极力论说裴延龄的虚假邪恶，德宗的怒气已显现在脸上，但赵憬始终沉默，不说一句话。十二月二十三日壬戌，陆贽的宰相职务被罢免，降职为太子宾客。

当初，勃海国的文王大钦茂死了，儿子大宏临早已死去，由族内的堂弟大元义继位，大元义生性猜忌、残暴，勃海国人起来杀了大元义，拥立大宏临的儿子大华屿为国王，大华屿就是勃海国的成王，年号改为“中兴”。大华屿死了后，大钦茂的小儿子大嵩邻又被拥立为王，大嵩邻就是勃海国的康王，将年号改为“正历”。

（以上为第二段，写德宗宠信佞臣裴延龄，陆贽被罢相。陆贽贞元八年四月拜相，任职两年又八个月罢相。）

唐德宗贞元十一年（乙亥，公元 795 年）

春季，二月初七日乙巳，德宗册封大嵩邻为忽汗州都督、勃海王。

陆贽被罢免位相后，裴延龄在德宗那里诬告京兆尹李充、卫尉卿张滂、前任司农卿李铦与陆贽结党营私。正好这时气候干旱，裴延龄上奏说：“陆贽等人因为失去了权势，而心怀不满，他们对大家说：‘天下干旱，百姓们就要流离散亡了，度支拖欠各年粮草的数量很多，各军中的将士与马匹没有吃的东西，这事情该如何办呢！’

说这些话来动摇人心，用意不仅仅在于中伤臣一个人。”过了几天，德宗在禁苑中打猎，正好有个神策军的士兵上诉说：“度支不发给我们喂马的草料。”德宗觉得裴延龄前几天说的话的是对的，于是急忙回到宫中。夏季，四月二十五日壬戌，德宗将陆贽贬职为忠州别驾，将李充贬职为涪州长史，将张滂贬职为汀州长史，将李铦贬职为邵州长史。

当初，阳城从一个普通的士人被朝廷征聘为谏议大夫，阳城对任命没有推辞。人还没有到京城，人们都想一睹阳城的风采，并认为：“阳城肯定会拼死向皇上规劝直谏，忠于职守的。”等到阳城到了京城后，各位谏官向德宗纷纷进言，所说都是些鸡毛蒜皮的琐碎事情，德宗对此更加厌烦苦恼。但是阳城却正与他的两个弟弟以及客人们整日整夜地开怀畅饮，没人能看出阳城的心思，都认为阳城不过是徒有虚名而已。前进士河南人韩愈写了一篇《争臣论》的文章来讥笑、嘲讽阳城，阳城对此也满不在乎。有想拜访阳城而探问阳城心意的人来，阳城揣摩来客的心思，就强行与客人饮酒。有时候是来客先醉倒在席子上，有时候是阳城先醉了，躺在客人的怀中，总是不能听来客问他什么。后来，陆贽等人被加罪受贬，德宗对他们的怒气还没有消除，朝廷内外的人都忧心忡忡，十分害怕，认为他们会遭到难以预料的罪罚，没有人敢出面来营救。阳城听说了后，站起来说：“不能让天子亲近任用奸邪之臣，杀害没有罪过的人。”立即带领拾遗官王仲舒、归登，右补阙官熊执易、崔邠等人守候在延英门外，向德宗呈上奏章，论说裴延龄奸邪谄谀，陆贽等人无罪。德宗勃然大怒，打算将阳城等人治罪。太子出面营救阳城等人，德宗的怒气才缓解下来，让宰相宣旨打发他们离开。这个时候，金吾将军张万福听说谏官们跪在延英殿上劝谏德宗，急忙赶到延英殿门外，大声祝贺道：“朝廷中有正直的大臣，天下就一定会太平无事！”于是一个个地向阳城、王仲舒等人行礼，接着又连声高呼“太平万岁！太平万岁！”张万福是一员武将，年龄已有八十多岁，从此以后，名声就遍传天下，为人们推重。归登是四朝旧臣归敬宗的儿子。当时德宗随时都有任命裴延龄为宰相的可能，阳城说：“如果任命裴延龄为宰相，那么我就把写在白麻纸上的裴延龄的委任书毁坏，然后在朝廷上痛哭一场。”有一个叫李繁的人，是已故宰相李泌的儿子，阳城将裴延龄的所有过失、罪行都写在奏疏上，想秘密地弹劾裴延龄。因为李繁是老朋友的儿子，就让李繁誊抄一遍。李繁却将这一事情完全告诉了裴延龄。裴延龄先到德宗那里，一条一条地自我开脱。阳城的奏疏进呈后，德宗觉得说的都是不实之词，连看都不看。

（以上为第三段，写谏议大夫阳城，平时装糊涂，在危急时刻挺身而出，犯颜揭发裴延龄奸佞，疏救陆贽。）

四月二十九日丙寅，幽州向朝廷上奏说打败了奚王啜利等人的部众六万多人。

回鹘的奉诚可汗去世，没有儿子，回鹘国的人们拥立相国骨咄禄为可汗。骨咄禄本来姓跌跌氏，能言善辩、聪慧、勇敢、有谋略，自从天亲可汗时代开始掌管兵马大权，处理政事，回鹘的大臣和各部落的酋长们都害怕而服从。骨咄禄登位可汗之后，改冒前可汗的姓氏药葛罗氏，派遣使者到朝廷来报丧。还将天亲可汗以前可汗们年幼的子孙全部都送到朝廷来。

五月十一日丁丑，德宗任命宣武军留后李万荣、昭义军左司马兼留后王虔休各为本军节度使。

五月十八日甲申，河东节度使李自良去世。五月二十二日戊子，河东镇的监军王定远上奏朝廷请求任命行军司马李说为留后。李说是李神通的五世孙。

五月二十四日庚寅，德宗派遣秘书监张荐去册封回鹘可汗骨咄禄为腾里逻羽录没密施合胡禄毗伽怀信可汗。

五月二十七日癸巳，德宗任命李说为河东镇留后，代理河南府事务。李说深深感激王定远，请求朝廷铸造监军的印信。监军有印信是从王定远开始的。

秋季，七月初一日丙寅，阳城被改任国子监的司业，这是因为阳城上书、责难裴延龄的缘故。

王定远依仗着自己对李说担任留后有功劳，便独揽河东镇的军事大权，调动、安排各个将领的职务，李说不能对王定远一切都言听计从，于是两人有了矛盾。王定远因为私人怨恨将大将彭令茵打死了，埋在马粪中，军中的将士们对此都十分不满。李说将这一事件上奏给了朝廷，王定远听说了以后，直接跑到李说那里，拔刀要杀李说，李说逃出来才免一死。王定远召集军中各位将领，拿出箱子中放着的皇帝敕书和官职委任书二十多通给大家看，说："皇帝有敕令，命令李说前往京城，让行军司马李景略担任留后职务，各位将军都要升官晋级。"大家都向李景略行礼，表示服从。大将马良辅偷偷看箱子中的东西，发现都是王定远的委任书和所接受的敕令，于是就召集大家说："敕令和委任书都是假的，我们不能接受啊。"王定远见势不妙，逃跑出去，爬上了城南的乾阳楼，喊叫着招呼部下，但没有一个部下响应。王定远于是翻城墙出逃，但摔了下来，被枯树枝戳伤而死。

八月十七日辛亥，担任司徒、兼任侍中职务的北平庄武王马燧去世。

闰八月初四日戊辰，元谊假称洺州归降王虔休，王虔休于是派遣裨将率领二千军士进入洺州城，全部都被元谊杀害了。

九月二十三日丁巳，德宗加封西川节度使韦皋为云南安抚使。

横海军节度使程怀直不体恤士兵，在野外打猎，一连几天都不回城。程怀直的堂兄程怀信担任兵马使职务，乘着将士们对程怀直心怀不满，就关闭城门，将程怀直拒之门外，程怀直只得逃回京城长安去。冬季，十月十四日丁丑，德宗任命程怀信为横海军留后。

南诏进攻吐蕃的昆明城，占领了该城，又俘虏了施、顺这两个部族的蛮王。

（以上为第四段，写阳城直谏被贬官，河东监军王定远跋扈自毙。）

唐德宗贞元十二年（丙子，公元 796 年）

春季，正月初七日庚子，元谊、石定蕃等人带着洺州的军队五千人以及他们的家属一万多人投奔了魏州。德宗没有追查他们的罪过，命令魏博节度使田绪安抚他们。

二月初三日乙丑，德宗任命浑瑊、王武俊一起兼任中书令。二月初七日己巳，德宗加官严震、田绪、刘济、韦皋为同平章事，对全国各地的节度使、观察使，通通都加封检校官，以讨他们的喜欢。

三月初二日甲午，韦皋上奏朝廷说降服了西南蛮高万唐等二万多人口。

三月十三日乙巳，德宗任命管理宫中养马和禁苑的闲厩、宫苑使李齐运为礼部尚书，任命户部侍郎裴延龄为户部尚书，仍兼任原有的判度支使。李齐运没有什么才能和学问，专门以顺从、谄媚的手段取得德宗的信任，每当宰相们回答完德宗的提问，接着，李齐运就上来进言裁断是非。有时候卧病在家里，德宗打算任命什么人的官职，往往派遣宫中的宦官使者去询问李齐运的意见。

三月二十四日丙子（疑误），韶王李暹去世。

魏博节度使田绪娶嘉诚公主为妻，田绪有三个庶出的儿子，田季安年龄最小，嘉诚公主把田季安当成自己的儿子，帮助田季安担任了魏博节度副使的职务。夏季，四月初九日庚午，田绪突然去世。亲信们将田绪去世的消息隐瞒下来，让田季安统领军中事务，田季安才十五岁。三月十四日乙亥，他们发布讣告，推举田季安担任留后。

三月十九日庚辰，这一天是德宗的生日，按照以前的惯例，要让僧人、道士在麟德殿讲经论道，这一次，开始让儒学之士也参与进来。四门博士韦渠牟在讲论之中，幽默诙谐，能言善辩，德宗很喜欢韦渠牟，过了一个多月，就提升为右补阙官，开始受到宠信。

五月初六日丙申，邠宁节度使张献甫突然去世，监军杨明义请求朝廷任命都虞候杨朝晟暂时代理留后事务。五月十四日甲辰，德宗任命杨朝晟为邠宁节度使。

（以上为第五段，写德宗对地方各道诸使滥授加官，在朝中则又偏爱巧言令色之徒李齐运、裴延龄等六部长官置于宰相之上，荒悖如此。）

六月初六日乙丑，德宗任命监句当左神策窦文场、监句当右神策霍仙鸣都担任护军中尉，任命监左神威军使张尚进、监右神威军使焦希望都担任中护军。当初，德宗设置六军的统军职务，类似于朝廷中的六部尚书，以安置罢免了军镇节度使的人，按照流传下来的习惯用麻纸来书写委任他们的状书。到现在，窦文场暗示宰相要和统军一样，给他们颁布白麻纸书写的委任书。翰林学士郑絪上奏疏说："按照惯例，只有封拜王位、任命宰相用白麻纸写委任书，现在要用白麻纸任命护军中尉，不知是陛下要特别宠信窦文场，还是就此成为固定下来的制度呢？"德宗这才对窦文场说："本朝武德、贞观年间，宫中宦官的职位不过是与员外将军同品级别而已，能穿戴绯色朝服的人没有几个。自从李辅国以来，破坏了这一制度。朕现在任用你，不能说没有私情。如果再用白麻纸书写委任书，公告天下，那么天下的人一定会说是你逼迫朕这样做的了。"窦文场向德宗叩头谢罪。于是德宗将白麻纸写的委任书烧了，下令从今以后，连同统军一职的委任书也由中书省颁下敕书。第二天，德宗对郑絪说："宰相们也不能违抗、拒绝宦官们的意见，朕听了你的话以后才算醒悟了。"这个时候，窦文场、霍仙鸣的权势压倒朝廷内外的官员，各个藩镇的节度使和将领大多出自神策军，朝廷三省六部的长官也有出自他们两个人门下的。

宣武节度使李万荣中风，昏迷不醒，不能处理军政大事，霍仙鸣推荐宣武军的押牙官刘沐处理军政大事。六月二十二日辛巳，德宗任命刘沐为行军司马。

宣歙观察使刘赞去世。

当初，德宗被困在奉天城的时候，开支极为窘迫缺乏，所以自从回京还宫以后，特别注意搜刮财物。各地的军镇节帅多半都用进贡的形式以换取德宗的恩宠，这种进贡的东西被称为"税外方圆"，也称作"用度羡余"。实际上，这些东西或者是截留正常应交的赋税，或者是加重对百姓的搜刮，或者是削减、克扣官吏们的俸禄，或者是贩卖蔬菜瓜果而来的，将帅们往往中饱私囊，进贡的数量才不过是搜刮东西的十分之一二。李兼在江西每月都要向德宗进贡，韦皋在西川每天都向皇帝进贡。后来，常州刺史济源人裴肃因为向皇帝进贡，得以升迁为浙东观察使，担任刺史职务的人向德宗进贡从裴肃开始。刘赞去世后，判官严绶掌管留后事务，将军府的全部库存的东西都弄出来进献给德宗，被征召入朝，担任刑部员外郎。幕僚向德宗进贡从严绶开始。严绶是蜀人。

（以上为第六段，写德宗还京两大弊政：其一，宠信宦官，加重护军中尉权势，倾动朝野；其二，聚敛财货，向藩镇求索贡奉。两大弊政，留下无穷后患。）

李万荣病得很重，儿子李乃担任兵马使职务。六月二十五日甲申，李乃把各位将领都召集起来，当众斥责李湛、伊娄说、张丕，说他们不关心军事，将他们斥逐到汴州城外的县里去了。德宗派遣宫中的宦官使者第五守进到汴州。宣抚慰劳刚结束，士兵中就有十几个人高声呼叫道："兵马使辛苦勤劳，朝廷没有奖赏，刘沐是个什么人物，竟然让刘沐担任行军司马？"刘沐非常害怕，假装得了中风病，被人抬了出去。士兵们又高声呼叫道："管理库房的仓官刘叔何在财物收支上作弊、贪污。"

大家上前杀了刘叔何，并且吃了刘叔何的肉。士兵们又打算杀掉第五守进，李乃制止了他们。李乃又杀了伊娄说、张丕。都虞候匡城人邓惟恭与李万荣是同乡，关系很好，是李万荣的心腹，李乃也很依赖邓惟恭。到了这个时候，邓惟恭与监军俱文珍策划，把李乃抓起来了，押送到京城。秋季，七月初六日乙未，德宗任命东都留守董晋为同平章事，兼任宣武军节度使，任命李万荣为太子少保，将李乃贬职为虔州司马。七月初七日丙申，李万荣去世。

邓惟恭将李乃抓起来以后，就代理军中事务，自认为应当代替李万荣担任节度使，不派人去迎接新任节度使董晋。董晋接到诏令以后，立即带着十多个随从人员赶赴汴州，不带军队护卫。到了郑州，迎接的人没来。郑州的人都替董晋担心，有的人还劝董晋暂时留在郑州，观察汴州事态的发展。有从汴州城出来的人，对董晋说："您不能进汴州城去。"董晋没有回答，带着人就上路了。因为董晋到汴州来得极快，邓惟恭还来不及策划、安排。董晋一行离汴州城还有十几里远的时候，邓惟恭才带着各位将领出城迎接。董晋让邓惟恭不要下马来，而且脸色和态度非常平和，邓惟恭这才逐渐放心。董晋进汴州城就职后，仍然将军政大事交给邓惟恭处理。

当初，刘玄佐将汴州的军队增加到十万人，对待他们很优厚，李万荣、邓惟恭掌管军事大权后，对士兵们更优厚。士兵们因此骄纵，不能控制。他们只得安排亲信的士兵们，在官署的走廊下扎着帐篷，带着弓、剑，防备骄纵的士兵们攻击官署，对这些守卫官署的士兵们，他们经常赐酒给肉，加以慰劳。董晋到任的第二天，就把驻扎在官署走廊下的警卫士兵全撤除了。

七月初九日戊戌，韩王李迥去世。

七月二十三日壬子，德宗下诏：因为宣武军的将士邓惟恭等人有将李乃抓起来送到京城的功劳，所以分别提升官职，发给赏钱。对那些受李乃胁迫，拦截、逼迫宫廷使者的人，一概不加追究。

八月初一日己未，发生日食。

八月十一日己巳，德宗任命田季安为魏博节度使。

八月十八日丙子，德宗任命汝州刺史陆长源担任宣武军的行军司马。朝廷大臣们议论认为董晋柔软仁慈，对别人的要求多半顺从，恐怕不能把事情办好，所以德宗派陆长源去协助。陆长源为人刚直、严厉，改变了很多老的规定；董晋在开始时都答应下来，但等新的制度定下以后，董晋就命令陆长源暂时停止，这样一来，军中才安定下来。

八月二十八日丙戌，门下侍郎、同平章事赵憬去世。

当初，德宗不打算在各军镇节度使还健在的时候就让人顶替他们，所以经常自己挑选各军镇的行军司马，以作为节度使去世后的接班人。李景略担任河东镇的行军司马，节度使李说对李景略很妒忌。回鹘的梅录来向朝廷进贡，经过太原，李说设宴招待，在宴会上，梅录与李说的官员们争座位的上下，李说没办法制止。李景略大声呵斥梅录，梅录分辨出是李景略的声音，连忙快步向前，对李景略行礼说："这不是丰州的李端公吗？"再次向李景略下拜，然后就坐了下座。满座人都吃惊地注视着李景略，对李景略很是佩服。这样李说更加心怀不悦，于是用很重的礼物贿赂护军中尉窦文场，让他把李景略调走。正好有人流传说回鹘人将要来侵犯，德宗对此十分担忧，觉得丰州正在回鹘人南下的交通要道上，要选择可以防守这一地方的人。窦文场乘机向德宗推荐了李景略。九月初六日甲午，德宗任命李景略为丰州都防御史。丰州地处边塞，气候寒冷，土地贫瘠，百姓穷困，李景略以身作则，勤劳俭朴，过了两年，这里粮储丰富，边备充实，丰州成为称雄北部边疆的一个重要军镇。

宰相卢迈得了严重的中风病，九月二十日庚子，是宰相贾耽亲人的忌日，这一天没有宰相上班，德宗派遣宫中的宦官使者召来低级官员主书来承接诏旨。

九月十八日丙午，户部尚书、判度支裴延龄死了。朝野内外的人见面都互相祝贺，只有德宗一个人悼念、怜悯裴延龄。

九月二十四日壬子，吐蕃人侵犯庆州。

冬季，十月十七日甲戌，德宗任命谏议大夫崔损、给事中赵宗儒一同担任平章事。崔损是中宗皇帝时期的功臣崔玄時弟弟的孙子，曾经得到裴延龄的推荐，所以德宗就任用了。

十一月初八日乙未，任命右补阙韦渠牟为左谏议大夫。德宗自从陆贽被贬职以后，特别不信任宰相，从御史、刺史、县令以上的官员，都亲自挑选、任用，中书省不过负责写写委任书而已。但德宗深居宫中，所相信和任用的是裴延龄、李齐运，户部郎中王绍，司农卿李实，翰林学士韦执谊以及韦渠牟，他们的权势都压倒了宰相，投靠、趋附他们的人挤满门庭。王绍为人谨慎周密，一切按以前的规定办事，不做增减，李实狡猾、阴险，以搜刮民财为特长，韦执谊用文章与德宗互相唱和，年龄才二十多岁，就从右拾遗的位置上被召进翰林院，韦渠牟形貌神态轻佻浮躁，特别被德宗亲近，德宗每次与主持朝政的官员谈论事情，时间不会超过三刻，但韦渠牟上奏事情时间往往长达六刻，亲昵的谈笑声从外边都能听到，韦渠牟所推荐的人都能得到越级提拔，但都是些平庸、粗俗的人。

宣武军的都虞候邓惟恭内心深感不安，暗中勾结二百多名将士阴谋叛乱，事情暴露出来了，董晋将邓惟恭的党徒全部抓起来杀了，将邓惟恭套上枷锁，押送京城。十二月初二日己未，德宗下诏免邓惟恭一死，流放到汀州安置。

（以上为第七段，写宣武镇的动荡。）

唐德宗贞元十三年（丁丑，公元 797 年）

春季，正月十五日壬寅，吐蕃派遣使者到朝廷来请求和好。德宗因为吐蕃以前多次背弃和约，就没有答应。

德宗认为方渠、合道、木波这些地方都是吐蕃通向东边的要害之地，计划在这里筑城防守，于是就派遣使者去询问邠宁节度使杨朝晟：“修筑这几座城需要多少兵力？”杨朝晟回答说：“邠宁镇的现有兵力就足以修筑好这几座城，不用烦劳其他军镇了。”德宗又派使者去问：“前不久修筑盐州城，动用兵力七万人，才刚刚能够把事情办成。现在要建的这三座城特别靠近吐蕃的边境，照说兵力应该比修盐州城翻倍，但你说的情况正好相反，这是什么道理？”杨朝晟回答说：“修筑盐州城军队的数量，吐蕃人都知道。现在我调派本镇的兵马，不过十天就到达目的地，出乎吐蕃人的预料，立即筑城，吐蕃人会觉得我们的兵马也不少于七万人，他们的兵马还没有聚集起来，不敢轻易地来侵犯我们。不超过三十天，我们就把城修筑好了，留下兵力在那里守卫，吐蕃人尽管来了，也无能为力。城堡附近的草被吃光以后，吐蕃的骑兵就不能在这里久留下去，敌人一退却，那么我们立即将粮草运进城堡去充实储备，这是各方面都周全的计策。如果大规模地调集各军镇的兵力，一个月以后，人马才到目的地，敌人也会聚集他们的兵马来，与我们交战，谁胜谁负还不知道，哪里有时间来修筑城堡呢？”德宗采取了杨朝晟的意见。二月，杨朝晟将自己的军队一分为三，分别修筑一座城堡。军中的低级官吏说：“方渠这个地方没有水井，不能够驻扎军队。”判官孟子周说：“方渠在天下太平的时候，很多人到这里定居，成了闹市，没有水井怎么能有很多人口聚集在这里呢？”于是下令士兵们疏淘旧井，果然得到甘美的泉水井。三月，三座城堡都修好了。夏季，四月初五日庚申，杨朝晟的军队撤回去，到了马岭这个地方，吐蕃人才派出军队来追赶，与杨朝晟的军队对抗了几天就退回去了。杨朝晟于是在马岭又修建了一座城堡，回到了邠宁。杨朝晟在这里开拓了三百里疆域，一切都像起初预料的那样。

四月十五日庚午，义成军节度使李复去世。四月二十五日庚辰，德宗任命陕虢观察使姚南仲担任义成军节度使。监军薛盈珍正在召集将吏们商议事情，听到这一消息后，说：“姚大夫是一介书生，哪里是一个将帅之才呢？”判官卢坦私下对人说：“姚大夫表面虽然柔弱，但骨子里却很刚强，监军如有冒犯，姚大夫一定不会甘心接受。军府内的祸乱，就要从这里开始了，我担心要被姚大夫留用。”于是走别的路悄悄离开了这里。姚南仲果然发出公文请卢坦任职，但没有找到，所以卢坦才避免了征召。不久，薛盈珍与姚南仲有矛盾，许多幕僚都获罪贬官，还有因此而丧命的。

吐蕃赞普乞立赞死了，儿子足之煎继任赞普。

六月二十八日壬午，韦皋上奏朝廷说吐蕃前来侵犯，嶲州刺史曹高仕在台登城下打败了吐蕃。

光禄少卿同正张茂宗，是义武军节度使张茂昭的弟弟，已经同德宗之女义章公主定下了婚约。在还没有结婚时，张茂宗的母亲就死了，她死前留下表章请求德宗让儿子与公主完婚，德宗答应了。秋季，八月二十日癸酉，张茂宗在为母亲守丧期间被德宗起用为左卫将军同正。担任左拾遗的义兴人蒋乂上疏劝谏德宗，认为：“在军情危急的时候，古代有身穿黑麻丧服就上战场的先例，但没有听说驸马在服丧不满的情况下，就聘娶公主的事情。”德宗派遣宫中宦官使者去开导他，但蒋乂并不停止劝谏此事。于是德宗就将蒋乂召到延英殿来，对蒋乂说：“民间往往有在服丧期间完成婚礼的，你为什么如此坚决地反对呢？”蒋乂回答说：“婚姻和丧事，是人世最重要的伦理，吉礼和凶礼是不能够亵渎的。陋巷中的人家，不知道礼仪教化，那些贫困无依、丧失双亲的孤女，有的也在服丧期间出嫁的，但没有听说男子在服丧期间娶妻的事情。”太常博士韦彤、裴堪又上奏疏劝谏，德宗很不高兴，命令有关部门赶紧选择公主下嫁的日期。八月二十八日辛巳，张茂宗与义章公主举行婚礼。

九月初七日己丑，中书侍郎、同平章事卢迈因为得了中风病，被罢免了宰相职务，改任太子宾客。

（以上为第八段，写邠宁节度使杨朝晟用智计筑边城，不战而推进边塞数百里，有力地抑制了吐蕃势力。德宗违礼嫁公主。）

冬季，十月，淮西节度使吴少诚擅自凿通刀沟，放水进入汝水。德宗派遣宫中宦官使者去劝阻、制止，但吴少诚不服从。德宗又命令兵部郎中卢群去责问，吴少诚说：“凿开刀沟之后，对百姓十分有利。”卢群说：“君主的命令臣子要执行，尽管有利，但做臣子的敢独断专行吗？你接到天子的命令，但却不服从，那你又用什么办法让部下将吏服从你呢？”吴少诚听了后，赶快将这项工程停止下来。

十二月，徐州节度使张建封进京入朝。在此之前，宫中购买外面的物品，都由官吏来主持这一事情，都能够随时按价给钱。近年来改由宦官作为负责此事的使者，名义上说是为宫市，实际上压低价钱买进物品，逐渐低于本钱。后来，再也不拿宫中采买所持的公文凭证，在长安东西两市和各热闹场所、大街小巷安置几百个四处张望的“白望”人，到处察看百姓们出卖的各种物品，只要声称是宫廷要购买，百姓就只得拱手把东西白送给他们，人们分不清楚这些人的真假，也不敢询问他们从哪里来，也不敢讨论价钱的高低。这些宦官往往用价值一百钱的物品换取别人价值几千钱的物品，还多半是用染上红色、紫色的旧衣服和变质的丝帛，按照尺寸撕下来给卖主，还要索取所谓的进奉门户钱和脚夫钱。有的人把东西送到市场上去卖，甚至有两手空空回家去的，名义上是宫市，实际上是强行抢夺。商人们有好的货物，都想方设法藏好。每当宫中使者出来的时候，即使是卖汤水、卖饼食的人，都连忙收拾家什，关门闭户。曾经有一个农夫用驴子驮着柴火去出卖，宦官声称宫中要采买，于是将柴禾收下，给农夫几尺绢作报酬，又向农夫索要进奉门户钱，又下令农夫用驴子把柴禾送进宫中。农夫哭了起来，把给的几尺绢又还给宦官，以免送柴去宫中。但宦官不接受，说："那就要了你的驴子。"农夫说："我家里有父母和妻儿，都要靠这匹驴子劳动才有饭吃。现在把柴禾送给你，不要钱空手回去，你还不放过我，那我只有一死了。"于是就殴打了这个宦官。管理街市的街吏把农夫抓起来，将这一事情上报给朝廷，德宗下诏将宦官废免出宫，赏赐给这位农夫十匹绢。但是，宫中宦官们的采买也没有因此而改变。谏官、御史们多次劝谏德宗，德宗都不理睬。张建封进京入朝，把这些事情都上奏给了德宗，德宗称赞不已，听取了张建封的意见，拿这件事来问户部侍郎、负责度支事务的苏弁，苏弁为了迎合宦官们的心思，回答说："京城里游手好闲的有上万的人家，没有固定的住所和职业，都依靠宫廷采买来养活家小。"德宗相信苏弁的话，所以后来凡是劝谏取消宫市的奏疏，一概不予理睬。

（以上为第九段，写德宗兴宫市之弊。）

唐德宗贞元十四年（戊寅，公元 798 年）

春季，二月二十四日乙亥，朝廷把申州、光州、蔡州命名为彰义军。

夏季，闰五月十一日庚申，德宗任命神策行营节度使韩全义为夏、绥、银、宥四州节度使。韩全义当时驻守在长武城，德宗下诏命令韩全义率领部众赶赴新镇就任。士兵们认为夏州是沙漠盐碱的不毛之地，又正是酷热的盛夏，都不愿意迁移去。闰五月十二日辛酉，军中发生叛乱，士兵们杀了大将王栖岩，韩全义翻过城墙逃走了。都虞候高崇文杀了叛乱的领头人，将士们才安定下来。高崇文是幽州人。闰五月二十七日丙子，德宗任命高崇文为长武城都知兵马使，不颁下敕令，让宫中宦官使者口头传达旨意，宣布高崇义的任职。

秋季，七月二十五日壬申，给事中、同平章事赵宗儒被罢去宰相职务，降任右庶子。德宗任命工部侍郎郑余庆为中书侍郎、同平章事。

八月，开始设置左、右神策军的统军职务。当时中央禁军戍守边疆，粮草等给养和赏赐十分优厚，其他各镇的将领们很多都请求隶属于神策军，受神策军遥控，称为行营，都属神策军的护军中尉统领，这样一来，神策军的数量就增加到了十五万人。

京兆尹吴凑多次上奏谈论宫市的弊病。宦官们对德宗说吴凑屡次上奏取消宫市，都是担任右金吾都知的赵洽、田秀岩的主意。八月二十九日丙午，赵洽和田秀岩因罪被流放到天德军去了。

九月，丙申这一天，德宗任命陕虢观察使于頔为山南东道节度使。

九月二十一日丁卯，杞王李倕去世。

彰义军节度使吴少诚派兵去抢掠寿州的霍山县，杀了这里的镇遏使谢详，侵占土地五十多里，派遣军队镇守。

太学生薛约拜国子监的司业阳城为老师，因为上言朝廷获罪，被流放到连州。临行，阳城将薛约送到长安城的郊外。德宗认为阳城与有罪的人勾结，九月二十三日己巳，将阳城降职为道州刺史。阳城治理道州的人民就像治理自己的家一样，道州的赋税不能按数征收上来，湖南观察使多次责备，阳城为自己的政绩写考评语说：“安抚、养育百姓，十分劳心费神，征收赋税，政绩拙劣，政绩考核为下下等。”观察使委派判官来道州督促上缴赋税，判官到了道州城，阳城先就将自己关到监狱内。判官非常惊讶，急忙跑去，在监狱中见阳城说：“你有什么罪呢？我不过是奉命问你是否平安罢了。”判官在道州停留了一两天还没离开，阳城便不回家。招待客人的馆舍门外有一扇旧门板掉在地上，阳城就整日整夜地或坐或睡在这扇旧门板上，判官内心感到很不安，便告辞回去了。后来，观察使又派遣其他的判官到道州去问阳城的罪，但这个判官半路上带着妻儿老小逃跑了。

冬季，十月二十一日丁酉，通王李谌去世。

二十四日庚子，夏州节度使韩全义上奏朝廷说在盐州西北一带打败了吐蕃人。

镇守明州的将领栗锽杀了明州刺史卢云，引诱山越人反叛，攻陷了浙东一带的县城。

（以上为第十段，写韩全义不武，就任夏绥银宥节度使为士兵所逐，为讨吴少诚兵败张本。阳城为官，在朝危言直行，外任为官，造福一方。）

唐德宗贞元十五年（己卯，公元 799 年）

春季，正月初九日甲寅，雅王李逸去世。

二月初三日丁丑，宣武军节度使董晋去世。二月十一日乙酉，德宗任命宣武军的行军司马陆长源为节度使。陆长源秉性严厉、急躁，凭借自己的才华，瞧不起别人。判官孟叔度，为人轻佻淫纵，喜欢欺负、侮辱军中的将士，将士们都憎恨他。董晋去世后，陆长源主持留后事务，声称：“将士军纪松弛、懒散的时间太长了，现在应当用军法来整顿！”军中的将士都很害怕。有人劝陆长源拿出库存的钱财出来慰劳将士，陆长源却说：“我怎么能像黄河北边的盗贼那样，用钱来收买将士们，以求朝廷任命我为节度使呢？”按以前的惯例，军中的主帅去世后，要发给每一位士兵布匹，让他们制作衣服。陆长源下令改为发钱买布。孟叔度从中抬高盐的价钱，压低布的价钱，每个士兵不过才得两三斤盐。军中将士对此怨恨、不满，陆长源也没有作什么防备。就在这一天，将士们起来哗变，杀了陆长源和孟叔度，将他们切割成碎片来吃，一会儿就被吃光了。监军俱文珍觉得宋州刺史刘逸准长时间以来就一直是宣武军的大将，深得人心，派人秘密送信召他来。刘逸准带领军队直接进入汴州，叛乱的士兵这才平安下来。

德宗任命常州刺史李锜为浙西观察使和各道盐铁转运使。李锜是李国贞的儿子。担任闲厩和宫苑使的李齐运接受李锜的贿赂几十万缗钱，于是就把李锜推荐给德宗，所以德宗任用了李锜。李锜刻薄地搜刮财物，进献给德宗，德宗因此非常喜欢李锜。

二月初六日庚辰，浙东观察使裴肃在台州将叛乱的栗锽抓获，把栗锽杀了。

二月十五日己丑，德宗任命刘逸准为宣武军节度使，赐名为刘全谅。

三月初十日甲寅，吴少诚派兵袭击唐州，杀了监军邵国朝和镇遏使张嘉瑜，抢掠了一千多老百姓回去了。

三月十四日戊午，昭义军节度使王虔休去世。三月二十四日戊辰，德宗任命河阳、怀州节度使李元淳担任昭义军节度使。

夏季，四月初九日癸未，德宗任命安州刺史伊慎为安州、黄州等州节度使。

四月十九日癸巳，山南西道节度使严震去世。

南诏王异牟寻派遣使者到西川来，与韦皋相约，一起进攻吐蕃人，韦皋以兵马和粮草还没有聚集起来为借口，请等到来年。

山南西道都虞候严砺对严震奉迎拍马，严震病了以后，便让严砺主持留后事务，并留下表章向朝廷推荐严砺担任节度使。秋季，七月初三日乙巳，德宗任命严砺为山南西道节度使。

（以上为第十一段，写宣武换帅再度发生兵变。浙西观察使李锜、山南西道节度使严砺，不择手段向上爬，德宗所用非人。）

八月，陈许节度使曲环去世。八月二十四日乙未，吴少诚派兵去抢掠临颍。陈州刺史上官涚代理陈许节度使留后事务，派遣大将王令忠率领三千兵马去援救临颍，这些人都被吴少诚俘虏了。九月初五日丙午，德宗任命上官涚为陈许节度使。吴少诚于是带兵围攻许州城。上官涚打算丢下许州城逃跑，营田副使刘昌裔制止他说："许州城内的兵力足够打败敌人的，只要紧闭城门，不与他们交战，过不了几天，敌人的士气自然就会衰减，我们以全部的精锐之师来攻击疲惫的敌人，一定能够取胜的。"吴少诚昼夜急速进攻，刘昌裔招募勇敢的战士一千人凿开城墙，向吴少诚的军队发起攻击，将他们打得大败，许州城因此得以保全。刘昌裔是兖州人。吴少诚又侵犯西华县，陈许节度使手下的大将孟元阳率军抵御，打退了吴少诚。陈许都知兵马使安国宁与上官涚关系不好，图谋在许州城内造反以接应吴少诚。刘昌裔用计谋杀了安国宁，并召集安国宁的部下，每人发给布帛两匹，然后在城内重要巷道上布下伏兵，见到拿着布帛的士兵就一律杀掉，结果安国宁的部下没有一个人逃脱的。

九月初九日庚辰（疑误），宣武军节度使刘全谅去世。军中将士思念刘玄佐的恩德，于是推举他的外甥、担任都知兵马使的匡城人韩弘为节度使留后。韩弘带军，了解每个部下才能的大小，是勇敢还是怯懦，凡是委派的任务，将士们都一定能完成。

九月十五日丙辰，德宗下诏革除吴少诚的官职和爵位，命令各道进军讨伐吴少诚。

九月二十日辛酉，德宗任命韩弘为宣武军节度使。在此之前，吴少诚派使者到宣武与刘全谅相约，共同进攻陈许地区，事后将陈州划归宣武军。吴少诚派来的几批使者还住在宣武军的馆舍中，韩弘将他们全部赶出来杀了。韩弘还挑选三千名骑士，与各道的军队会合，共同在许州城下向吴少诚进攻。吴少诚的势力因此大大削弱。

冬季，十月乙丑这一天，邕王李謜去世。李謜是太子的儿子，德宗很喜欢，对李謜就像自己的儿子一样，去世后，德宗赐谥号为“文敬太子”。

山南东道节度使于頔、安黄节度使伊慎、主持寿州事务的王宗与上官涚、韩弘等人率军共同攻击吴少诚，多次将他打败。十一月十二日壬子，于頔上奏朝廷说攻下了吴房和朗山。

十二月初二日辛未，中书令、咸宁王浑瑊在河中府去世。浑瑊生性谦虚，谨小慎微，虽然位居作为臣子顶点的将相，但从没有炫耀和自高自大的神色。每次向德宗进贡的物品，一定要亲自察看，身在外地，接受了德宗的赏赐，恭谨的神态就像在德宗的面前一样，因此他深得德宗的亲近和宠爱。德宗从兴元府还朝回宫以后，对一州一镇的带兵的将帅所上奏的事、都一味地姑息批准。但浑瑊每次上奏事情，德宗总是将奏章留在宫中，而浑瑊总是私下很高兴地说：“皇上不怀疑我。”所以浑瑊能够保持功名直到去世。

六州党项部落自从永泰年间就一直定居在石州，永安镇将阿史那思暕对他们不停侵扰掠夺，使得党项部落都逃到河西一带去了。

各道军队讨伐吴少诚，没有统一的统帅，每次出兵，人家都图谋私利。军队的行动步调不能统一。十二月二十六日乙未，各路兵马在小溵水自我溃散了，丢下了很多器械装备和粮食，全被吴少诚收拾去了。从这时开始，朝廷才商议设置招讨使。

吐蕃军队五万人分成两支，进攻南诏和嶲州，异牟寻和韦皋各自调兵抵御，吐蕃人一无所获，只得退回去了。

（以上为第十二段，写朝廷大发兵征讨淮西吴少诚。诸镇官兵不设统帅，溃败于小溵水。）

唐德宗贞元十六年（庚辰，公元 800 年）

春季，正月，恒冀、易定、陈许、河阳四镇的军队与吴少诚交战，全都失败逃回去了。夏绥节度使韩全义本来出自神策军，护军中尉窦文场十分喜欢他，向德宗推荐，让他统帅各路军队讨伐吴少诚。二月十七日乙酉，德宗任命韩全义担任蔡州四面行营招讨使，十七个军镇的兵马都受韩全义的指挥。

宣武军自从刘玄佐去世以后，将士总共哗变了五次，士兵们越来越骄横放纵，轻视他们的节度使。韩弘就职理事几个月以后，基本搞清了哗变事件的领头人，有一个名叫刘锷的郎将，经常是哗变的首领。三月，韩弘在军府的牙门外布置重兵，召集刘锷及其党羽三百多人，历数他们的罪过是“多次参与叛乱，还自认为立了功”，将他们全部杀了，血流满地，连路都染红了。从此以后，直到韩弘进入朝廷，在这二十一年中，没有一个将士敢在城内外大声喧哗、起哄的。

义成军的监军薛盈珍特别受德宗的宠信，想将节度使姚南仲在军中的大权夺到自己手中，姚南仲不肯答应，于是两个人之间就有了矛盾。薛盈珍诬陷姚南仲的幕僚马总，马总被贬职为泉州别驾。福建观察使柳冕策划陷害马总，以讨好薛盈珍，派遣幕僚宝鼎人薛戎去主持泉州的事务，收集马总的罪名，薛戎为马总辩解，认为马总无罪。柳冕勃然大怒，召回薛戎，囚禁起来，让守卫监狱的士兵肆意侮辱、伤害。这样过了一个多月，柳冕又慢慢引诱薛戎，让薛戎诬陷马总，薛戎始终不干，马总也因此得免一死。柳冕是柳芳的儿子。

薛盈珍多次在德宗面前说姚南仲的坏话，德宗开始怀疑姚南仲。薛盈珍于是派遣一个小官叫程务盈的人乘驿车去朝廷诬奏姚南仲的罪过。义成军的牙将曹文洽也要到长安城去奏报事情，知道了这件事，于是，日夜兼程，马不停蹄，在长安城附近的长乐驿站追上程务盈，同住一个房间，半夜时分，将程务盈杀了，然后把薛盈珍上奏德宗诬陷姚南仲的表章沉入厕所中。自己写了一份表章为姚南仲洗雪冤枉，然后自首了擅自杀死程务盈的罪过，还写了一份给姚南仲禀告事情经过的状文，然后自杀了。第二天早上，曹文洽住的房门打不开，驿站的官吏撞门而入，在曹文洽的尸体旁发现了曹文洽写的表章和状文。德宗听说这件事后，感到很惊异，马上征召薛盈珍进京入朝。姚南仲担心薛盈珍在德宗面前更变本加厉地诬陷自己，也请求进京入朝。夏季，四月初八日丙子，姚南仲到了京城，在金吾仗内等候德宗治罪，德宗下诏开释姚南仲无罪，并且召见姚南仲，问道：“薛盈珍干扰了你的事情吗？”姚南仲回答说：“薛盈珍没有干扰我。他只是扰乱了陛下的法度而已。而且，天下像薛盈珍这种扰乱法度的人，数都数不清！即便是晋朝的羊祜、杜预这种能人复活，也不能推行和谐的政治、成就开疆拓土的功业啊。”德宗默不作声，最后还是没有治薛盈珍的罪，继续让薛盈珍掌管机密事务。

薛盈珍又对德宗说：“姚南仲的政绩如此恶劣，都是幕僚马少微造成的。”德宗下诏将马少微贬职到长江以南去做官，派遣宫中宦官使者押送，将马少微推到长江中淹死了。

（以上为第十三段，写韩弘镇宣武尽诛倡乱者，一方始安。德宗放纵各镇中使监军为所欲为，义成军监军薛盈珍罪恶昭著，德宗释而不问。）

黔中观察使韦士宗这个人，采取的法令和措施十分严厉刻薄。四月十九日丁亥，牙将傅近等人将他驱逐出去，韦士宗逃到施州去了。

新罗王金敬则去世，四月二十二日庚寅，德宗册封金敬则的嫡孙金俊邕为新罗王。

韩全义一向既不勇敢，又无谋略，专门靠奉承拍马和行贿与宦官拉关系，才担任了统率各支军队的主帅。每次讨论军事策略时，担任监军的宦官几十人坐在主帅军帐中争论不休，议论纷纷，韩全义难以裁决，只好作罢。天气渐渐炎热起来，士兵们长期驻扎在低洼潮湿地区，很多人都得了瘟疫，人们都有叛离之心。五月十三日庚戌，朝廷的各支军队在溵水南面广利原一带与吴少诚的将领吴秀、吴少阳等人的军队交战，双方才一交锋，朝廷军队就纷纷溃散，吴秀等人乘胜进击，韩全义只得退保五楼这个地方。吴少阳是沧州清池县人。

山南东道节度使于頔乘着讨伐吴少诚的机会，大肆招募士兵，修整铠甲武器，搜刮百姓的钱财，肆无忌惮地诛杀所不喜欢的人，有占据汉水以南地区的企图，平时一味地怠慢朝廷，欺凌属下。德宗这时对各军镇正一味宽纵，知道于頔的所作所为，却不敢把他怎么样。于頔诬陷邓州刺史元洪贪污受贿，朝廷迫不得已，将元洪流放到端州去，派遣宫中宦官使者将元洪送到枣阳时，于頔派兵将元洪劫持到襄州，护送的宫中宦官使者逃回长安城。于頔上表朝廷说元洪的罪责太重，德宗只得又将元洪贬职为吉州长史，于頔这才放元洪走。于頔又对判官薛正伦十分愤怒，上奏朝廷将薛正伦贬职为峡州长史，等到朝廷批准的敕令下来时，于頔的怒气已经消了，他又上奏朝廷将薛正伦继续留任判官。德宗对此都一一依从。

（以上为第十四段，写官军招讨使韩全义无勇无谋，被吴少诚叛军大败于溵水南。山南东道节度使于頔以讨逆为名大募战士以图割据，德宗姑息不问。）

徐、泗、濠三州节度使张建封镇守彭城十几年，镇内的军政事务治理得很好，病得十分厉害，上奏朝廷请求任命代替自己职务的人。五月十四日辛亥，德宗任命苏州刺史韦夏卿担任徐、泗、濠三州行军司马。朝廷的敕令颁下时，张建封已经去世。韦夏卿是韦执谊的堂兄。徐州判官郑通诚负责留后事宜，担心军中将士发生叛变，正好浙西的军队经过彭城，郑通诚想把他们迎进城来作为援助。军中将士对此十分愤怒。五月十五日壬子，几千将士用斧头劈开军械库的大门，拿出铠甲兵器，全副武装，包围了军府所在地，劫持曾是前任虢州参军的张建封的儿子张愔，让张愔来主持军府事务，将士们杀了郑通诚和大将段伯熊等几个人，将监军用刑具关押起来。德宗听说了这件事，任命吏部员外郎李鄘为徐州宣慰使。李鄘直接到了军府中，召集将士们宣读朝廷的诏书，给他们讲清楚避祸求福的道理，把监军从被关押处放了出来，官复原职，参加叛乱的一帮将士不敢冒犯李鄘。张愔上表朝廷自称兵马留后，李鄘认为兵马留后职务不是朝廷任命，就不接受张愔的表章，让张愔削去兵马留后一词，然后才收下张愔的奏章，回到了朝廷。

灵州的军队在乌兰桥一带打败了吐蕃人。

五月二十九日丙寅，黔中观察使韦士宗又回到了黔中。

湖南观察使河中人吕渭上奏朝廷，告发永州刺史阳履贪污受贿。阳履上表朝廷说自己搜刮的钱财都是准备进贡的，德宗将阳履召到长安。五月三十日丁丑，德宗下令御史等三司会审阳履，讯问他搜刮的钱财都到哪里去了，阳履回答说："已经买马进献给皇帝了。"又问阳履："卖马的人是谁？马的年龄有多大？"阳履回答道："卖马的主人是东西南北各地的人，现在不知道他们到哪里去了。《典礼》上说：要知道君王的马的年龄，是要受惩罚的。所以我不知道那些马有多大年龄。"阳履回答的问题大多与这相同。德宗喜欢阳履所说的是进奉朝廷的话，没有治阳履的罪，仅仅是罢免了阳履的官职而已。

六月十九日丙戌，德宗加官淄青节度使李师古同平章事。

徐州叛乱的士兵为张愔向朝廷请求授给节度使的旌节，朝廷不答应。德宗加官淮南节度使杜佑同平章事，让杜佑兼任徐、濠、泗节度使，命令杜佑率军讨伐徐州。杜佑大力备置舰船，派遣牙将孟准作为进攻的前锋。但孟准渡淮水失败，杜佑也就不敢贸然前进。泗州刺史张伾派兵攻打埇桥，被打得大败，退回泗州。朝廷被迫任命张愔为徐州团练使，又任命张伾为泗州留后，任命濠州刺史杜兼为濠州留后，仍然加授杜佑兼任濠泗观察使。

（以上为第十五段，写徐泗濠军镇因换帅而引发动乱，德宗不得已任命张愔为留后，杜佑只为名义观察使。）

杜兼是太宗皇帝、高宗皇帝时宰相杜正伦的五世孙子，生性狡猾阴险、强悍残忍。张建封病重时，杜兼暗中策划取代张建封的职务，从濠州急速骑马赶到军府。幕僚李藩的地位与杜兼相同，进去问候了张建封的病情，出来见了杜兼，哭着对杜兼说："张仆射病情危急到这样子，你应该在本州内镇守防御，现在你把本州事务丢在一边，跑到这里来，打算干什么呢？你最好赶快回去，要不然，我就要把你的事情上奏给朝廷了。"杜兼出乎意料，一时惊讶得不知如何办才好，于是就径直回濠州去了。张建封去世后，李藩回到扬州，杜兼向朝廷上奏，诬告李藩在张建封去世时动摇军心，图谋不轨，德宗知道后勃然震怒，颁下密诏给杜佑，让杜佑杀了李藩。杜佑一向很敬重李藩，怀揣德宗的诏书十多天，不忍心拿出来公布，于是找借口与李藩讨论佛教经典说："佛家讲究因果报应，有这种事吗？"李藩说："有这种事情。"杜佑说："果真如此的话，你最好是遇到什么事情不要害怕。"于是拿出德宗的诏书给李藩看。李藩神色不变，说道："这是真的报应啊。"杜佑说："你千万不要把这件事透露出去，我已经向皇帝上了一道密奏，用我全家的生命来担保你无罪。"即使是这样，德宗还是怀疑李藩，就召李藩到长安城来，远远看去，李藩的风度和神态安详儒雅，德宗这才说："这哪里是犯上作乱的人呢？"当即就任命李藩为秘书郎。

新罗王金俊邕去世，新罗国人拥立金俊邕的儿子金重熙为王。

秋季，七月，吴少诚在五楼发起对韩全义的进攻，韩全义统领的各支军队被打得大败，韩全义率军连夜逃走，退保溵水县城。

卢龙节度使刘济的弟弟刘源担任涿州刺史，但不服从刘济的命令，刘济率兵攻击涿州，抓获了刘源。

九月初八日癸卯，义成军节度使卢群去世。九月初九日甲戌，德宗任命尚书左丞李元素去代替卢群的节度使职务。贾耽说："凡是在本军镇挑选出一人任命为节度使，这个人一定有好恶向背，军中欢迎和害怕的各占一半，所以总弄得军心不安。从今以后，希望陛下只从朝廷内选拔人，任命为节度使，这样才有可能不发生其他变故。"德宗觉得贾耽说得很有道理。

中书侍郎、同平章事郑余庆与户部侍郎、负责度支事务的于丕两人关系一向很好，于丕向德宗陈奏事情，郑余庆总是劝德宗采纳。德宗觉得他们两人拉帮结派。九月十五日庚戌，将郑余庆贬职为郴州司马，将于丕贬职为泉州司户。于丕是于頔的哥哥。

九月十八日癸丑，吴少诚向韩全义的军队逼近，在离溵水县城几里远的地方扎营，韩全义又率领各路军马退到陈州防卫。宣武军和河阳军的兵马不听调遣，私自回到本道去了，只有陈许镇的将领孟元阳、神策军的将领苏光荣率领自己的部下驻扎在溵水县。韩全义使用欺骗手段将昭义军的将领夏侯仲宣、义成军的将领时昂、河阳军的将领权文变、河中军的将领郭湘等人引诱来陈州，将他们都杀了，打算借此威慑各军。韩全义到了陈州，陈州刺史刘昌裔登上陈州城墙上对韩全义说："天子命令您带兵讨伐蔡州，您现在却到了这里，我不敢让你们进城，就请在城外扎营住宿吧。"不久，刘昌裔又带着牛肉和酒到韩全义的营中来慰劳将士，韩全义十分惊喜，内心对刘昌裔十分佩服。九月二十四日己未，孟元阳等人与吴少诚的军队交战，杀了吴少诚两千多将士。

九月二十五日庚申，德宗任命太常卿齐抗为中书舍人、同平章事。

九月二十八日癸亥，德宗任命张愔为徐州留后。

冬季，十月，吴少诚带兵回到蔡州。在此之前，韦皋听说各路军马讨伐吴少诚没有成功，上奏德宗说："请求任命浑瑊、贾耽为元帅，统领各支军队。如果陛下不想烦劳德高望重的元老，那么我请求率领一万人的精锐军队顺巴山峡谷而下，东出荆楚地区，前去剿灭凶恶的叛逆。如果不这样做的话，就乘吴少诚承认罪过之前赦免，停息黄河、淮河一带的各军人马的战事，让官府和百姓都能休养生息，这也是次一等的策略。如果吴少诚恶贯满盈，被部下杀死了，那么又得把官职爵位给杀吴少诚的那个人，这样是除掉一个吴少诚，又生出一个吴少诚，这样造成的祸患就无穷了。”贾耽对德宗说：“叛贼们的内心其实也希望陛下对他们宽大处理，恐怕还是需要给他们放一条生路。”德宗采纳了贾耽的主张。正好吴少诚给朝廷军队的监军送去书信和钱财，希望平反冤屈，监军把这事上奏给德宗。十月二十三日戊子，德宗下诏赦免了吴少诚和彰义军的将士，恢复吴少诚的官职爵位。

十月二十四日己丑，河东节度使李说去世。十月二十九日甲午，德宗任命河东的行军司马郑儋为节度使。皇帝选择能够替代郑儋职务的人，因为刑部员外郎严绶在做幕僚时曾经向朝廷进贡，德宗记住了严绶的名字，就任命严绶为河东军的行军司马。

吐蕃多次被韦皋打败，这一年，吐蕃曩贡、腊城等九节度婴和笼官马定德率领他们的部众向韦皋投降。马定德有智慧、谋略，吐蕃的各将领用兵，都向马定德请教计策，马定德经常坐在驿车中筹划事情。但到这个时候，因用兵多次失败，担心被治罪，所以向韦皋投降了。

（以上为第十六段，写德宗讨叛无恒心，少信心，吴少诚兵败上书朝廷宽大，德宗借势发布赦令，朝廷征讨淮西，无功而终。）

【点评】

本卷点评三事：陆贽罢相、阳城谏诤、德宗还京兴弊政。

陆贽罢相。陆贽于贞元八年四月拜相，到贞元十年十二月罢相，任职两年又八个月。不久，再贬为忠州别驾。德宗自逐陆贽出京，不再设用宰相。十年无赦，陆贽死于贬所。

户部侍郎、判度支裴延龄，是一个不懂财务的奸佞小人，他是由奸相卢杞、窦参提拔起来的奸臣。裴延龄的奸佞之术，青出于蓝而胜于蓝，卢杞、窦参皆难以望其项背。裴延龄造假账，声称国库年年有余额，另造新库储藏余额以供德宗挥霍。裴延龄转移库藏，甲库转乙库，乙库转丙库，转移中扣出白银布帛，妄称从垃圾中拾得，另立杂库供德宗调用。裴延龄还对德宗说：“《礼经》上说，天下财赋都是天子的私产。财赋分为三份，一份供宗庙，一份充宾客，一份为庖厨生活费用。”德宗说：“经义如此，为什么没人对朕说过。”裴延龄说：“愚儒不通经术，只有臣一人懂得，陛下有事问臣就对了。”如此狂愚之言，德宗迷惑地点头而已。德宗要造神龙寺，发愁找不到五十尺长的松木，裴延龄说：“同州有一条山谷，有数千株长八十尺的松木。”德宗说：“开元、天宝时要找这样的松木，都是到岚州、胜州采购，近处并没有这等松木。”裴延龄说：“高大树木是圣君出现才生长，开元、天宝时不配有这样的高大树木。”裴延龄的荒诞大多如此，德宗却宠遇日隆。群臣敢怒不敢言。只有陆贽一个人揭露裴延龄奸佞，德宗反以为陆贽妒忌，更加信任裴延龄。陆贽左右亲近的人劝陆贽不要太露锋芒。陆贽说：“我上不辜负天子，下不辜负平生所学，其他的事顾不上了。”于是上了一道痛陈裴延龄的奏章，德宗十分恼怒，罢了陆贽的相位。裴延龄乘机妄奏陆贽怨望，有非常举动。德宗为了耳根清净，当然不察虚实，贬陆贽出京，远放为忠州别驾。

忠州刺史李吉甫，是陆贽当政时被贬的。陆贽的亲人对陆贽的安危捏了一把汗，陆贽也有愧对之心。李吉甫却用宰相礼迎接陆贽，两人成了好朋友，陆贽的安全得到了保障。公理自在人心。陆贽伴昏君，是他的不幸。陆贽能得善终，则是有幸。

阳城谏诤。阳城，字亢宗，北平（今河北满城）人。家贫不能得书，自求为集贤院抄书手，偷读官书，昼夜不出房，苦读六年，自学成才，成为通儒，隐居于中条山。李泌为相，荐为著作郎，不就。德宗以谏议大夫征召，阳城不再推辞。人们寄予厚望，都认为阳城会极言时务，恐怕要死在谏臣职位上。阳城到京，整日与宾客饮酒，不过问政事，人们大失所望。等到陆贽遭贬，盐铁转运使张滂、京兆尹李充、司农卿李铦等耿正财务大臣，裴延龄不能容，被诬为陆贽同党亦遭贬，事态还在扩大有兴大狱之势。这时阳城拍案而起，说：“不可令天子信用奸臣，杀无罪人。”阳城为首与左拾遗王仲舒、归登与右补阙熊执易、崔邠等守延英门，上疏痛陈裴延龄奸恶，陆贽无罪。阳城被降职，最终亦被贬出京。不久，裴延龄死，朝野相庆，只有德宗一个人哀痛。

德宗是一个昏君，却又有一些小聪明。昏愚如三国蜀汉阿斗刘禅，安于昏愚，还好治理，德宗昏而好自用，难以侍候。危难时用忠臣，这是德宗之明，他知道只有忠臣才能救驾，安定下来，德宗就只信用奸佞，排斥忠良，因为奸佞在位，皇帝才可为所欲为。所以德宗安定时，唐王朝就是一个危邦。昏君与奸佞一个鼻孔出气，忠贞之臣就要遭殃。所以孔子说：“天下有道则见，无道则隐。”又说：“邦有道，危言危行；邦无道，危行言逊。”德宗是一个无道之君，所以阳城学成而归隐，以待天下清。李泌亲自造访阳城，推荐他为著作郎，阳城不就征。召他为谏官，阳城立即上道，到了任上却无所事事。实际阳城是在韬晦，他已经修养到“邦无道，危行言逊”的境界。可是到了最关键的时刻，阳城挺身而出，弹劾奸臣，大造声势，阻止了裴延龄拜相，化解了大案的发生。鸡毛蒜皮的事，阳城不去争辩。大是大非，阳城当仁不让。人们这才看清了阳城就征谏议大夫的意义了。

德宗还京兴弊政。德宗返回京师，没有吸取蒙尘的教训，反而变本加厉地推行弊政。总其要，有三大弊政。其一，宦官专军权。朱泚之乱，李怀光反叛，并不是他们手中有军权，而是君不君，御臣不以道，忠奸不分，才搬起石头砸自己的脚。猜忌良将，是导致骄兵悍将叛乱的根源。昏君总是反向吸取经验和教训，德宗返京，更加猜忌功臣宿将，李晟等被解除兵权，而宦官却被授以兵权。公元784年，德宗使宦官窦文场、霍仙鸣监左、右神策军，公元796年，提升二人直接任左、右神策军中尉。从此，宦官掌军权，为唐代后期宦官挟兵权主宰废立的局面奠定了基础，贻害无穷。其二，信用奸佞，斥逐忠良。皇帝亲理小事，直接用人。一个县令的任免，德宗都要亲自过问，而对一州一镇拥有兵权的悍将，德宗却一味姑息，要留后给留后，要节度给节度，用兵河北时的进取心，一丝也不存在。其三，贪进奉，兴宫市。李泌为相，岁入大盈库一百万缗，希望德宗罢进奉。德宗不但不罢进奉，反而变本加厉，又兴起了宫市。所谓宫市，就是宫廷采购。德宗派宦官到京师市场上采购宫中用品，用一百文钱强买价值几千文的物品，或者用宫中霉烂之物，在市场强行换取价贵质好的物品。宫市，实质就是用皇上的招牌明火执仗地抢夺细民百姓的财物。一个皇帝如此贪财，难怪中国历代贪官污吏成堆了。国家最高领袖都在贪财，怎么能有一个廉洁的政府呢？

总上三大弊政，活画出德宗猜忌功臣、信用奸佞、贪婪财货、愚而好自用的昏君嘴脸。

资治通鉴（白话本） 卷第二百三十六

唐纪五十二

唐德宗贞元十七年至唐顺宗永贞元年（公元 801—公元 805）

【起重光大荒落（辛巳，公元 801 年），尽旃蒙作噩（乙酉，公元 805 年），凡五年】

【大事提要】

本卷记事起公元 801 年，讫公元 805 年，凡五年。当唐德宗贞元十七年到唐顺宗永贞元年。此时期为德宗、顺宗、宪宗交接之际，五年间朝廷轮番换了三个皇帝。浙东判官齐总巧取盘剥百姓资财进奉，德宗诏命升迁齐总为衢州刺史，给事中许孟容封还诏命，受到德宗嘉奖，这是德宗晚年闪烁的一丝霞光。其间顺宗皇帝于永贞元年正月二十四日即位，八月初九日退位，在位不足八个月，任用王叔文、王伾施行一场改革，史称永贞革新。顺宗得中风病不能说话，王叔文等受器重主政，赦天下，蠲免积欠，罢进奉，罢宫市，取缔五坊小儿，减盐价，平反和量移前朝被贬大臣，召回陆贽和阳城。又启用老将范希朝为左右神策、京西诸城行营节度使，欲夺宦官军权，遭到宦官和反对派大臣的反扑，他们釜底抽薪，拥立顺宗长子李纯即位，是为宪宗。顺宗退位为太上皇。宪宗全面贬逐永贞革新之臣，王叔文被贬杀，王伾病死。同一天被贬的名士大臣柳宗元、刘禹锡等八人为地方州司马，史称八司马。宪宗忌惮太上皇而尽逐先帝之臣，从此开了一个恶例，其后继位的皇帝均把自己用的人当作私党，把先帝用的人当作异己，不分功过是非，一概斥逐。军镇换帅，事故层出不穷，刘南金之死与来希皓之让，反映弱肉强食的军纪风气。

德宗神武圣文皇帝十一

唐德宗贞元十七年（辛巳，公元 801 年）

春季，正月二十一日甲寅，韩全义回到了长安，窦文场为韩全义遮掩军队败迹，德宗用隆重的礼仪接待韩全义。韩全义声称腿脚有病，不能上朝谒见德宗，派遣司马崔放入朝回答德宗的问题。崔放替韩全义承认有过失，以没有战绩向德宗谢罪。德宗说："韩全义担任招讨使，能够为朝廷招抚吴少诚，这个功劳就很大了，为什么一定要杀了他们，才算是有功劳呢？"闰正月十一日甲戌，韩全义回夏州去了。

韦士宗重新回到黔州以后，任意杀害高级官吏，弄得人心大为混乱。对此，韦士宗害怕了，三月，脱身逃出了黔州。夏季，四月二十日辛亥，德宗任命右谏议大夫裴佶为黔州观察使。

五月初一日壬戌，发生日食。

朔方地区邠、宁、庆三州节度使杨朝晟在宁州保护秋收。五月二十四日乙酉，杨朝晟去世。

当初，浑瑊派遣兵马使李朝寀率兵去戍守定平县。浑瑊去世后，李朝寀请求将自己的部队隶属于神策军，德宗下诏同意了。

杨朝晟病得很厉害，召集幕佐们说："我的病是好不了的，对朔方军任命主帅，多半从本军中挑选。虽然这样符合了大家的心愿，但实在是不合国家的体制。宁州刺史刘南金，熟悉用兵作战的事情，最好让刘南金代理行军司马职务，暂时主持军中事务，等待选派主帅，一定不会有事件发生。"杨朝晟又亲自写一封信给监军刘英倩，刘英倩将这一事情上奏给了朝廷。军中的将士们私下议论说："朝廷任命的主帅，我们接受，即使任命刘南金，我们也接受，如果任命的主帅出自其他军镇，一定会将部下都带过来，那么我们就要受排斥了，所以我们一定要抵制。"

五月二十八日己丑，德宗派遣宫中宦官使者去邠宁观察军中的形势，军中将士大多希望刘南金担任主帅。五月三十日辛卯，德宗派遣宫中的高级宦官薛盈珍带着诏书到宁州去。六月初三日甲午，薛盈珍来到邠宁军中，宣布德宗的诏令说："李朝寀率领的军队原本属于朔方军，现在准备与邠宁军合并，这样可以壮大军队的势力，威镇戎狄。现任命李朝寀为节度使，刘南金做副手，军中将士，你们觉得怎么样呢？"各位将领都接受了诏令。

六月初五日丙申，都虞候史经对大家说："李朝寀命令收缴弓箭刀剑，还要送去两千套铠甲。"将士们都说："李朝寀打算从自己的部下中弄两千人作为心腹亲信，那我们的妻儿老小还能保全吗？"当天晚上，他们去刘南金的家中，想推举刘南金担任主帅，刘南金说："节度使固然是我想得到的，但不是天子任命的我就不担任。难道军中没有别的将领可以拥戴吗？"大家说："弓箭刀剑都被官员收缴了，只有节度使的军府中还藏着铠甲兵器，我们想借军府中的武器起事。"刘南金说："大家不希望李朝寀担任主帅，应该把这一情况报告给陛下派来的使者。如果舞兵弄刀的，那就是拒绝服从皇帝的诏令。"于是下令关闭军府的大门，不让他们进来。将士们离开后，到了兵马使高固家里，高固逃跑出去躲了起来。将士们到处搜索，找到了高固，高固说："大家能听我的话，那么我就出头举事。"大家齐声说："我们唯你的命令是从。"高固说："不要杀人，不要抢掠钱财。"大家回答说："好！"于是，高固和将士们一起到监军那里去，请求监军将这一事情向朝廷奏报。将士们又说："刘南金已经接受朝廷的封授，出任副帅，一定会阻挠我们的事情。"于是谎称监军有命令，召刘南金来商议事情，刘南金一来，就被将士们杀了。

六月初八日戊戌，德宗颁发李朝寀担任邠宁节度使的任命书。就在这一天，报告宁州将士叛乱的人到了朝廷，德宗将任命书收回，又派薛盈珍前去宁州侦察军中的情况。六月十一日壬寅，薛盈珍到了军中，军中将士请求朝廷任命高固为节度使，薛盈珍立即以德宗旨意的名义命令高固掌管军中事务。

有人将六月初八日戊戌朝廷颁布委任书的消息传到了邠州，邠州的军队迷惑犹豫，不知道该怎么办，奸邪之人乘机煽动，将要发生哗变。留后孟子周全部将精锐的铠甲兵安置在官署的院子中，每天犒赏士兵们，对内是讨将士们的欢心，对外是威慑那些准备哗变的奸邪之人。邠州的军队最终没有发生变乱，全是孟子周的计策。

李锜掌握全国财政权力之后，不断向宫廷进贡钱财以巩固德宗对他的恩宠，又赠送东西拉拢权贵人物。凭借着这些，骄横放纵，毫无顾忌，盗取国库中的钱财，属下的官员和僚佐们没有罪过而惨遭杀害的人，一个接一个。浙西的平民崔善贞进京向德宗秘密上奏，谈到宫廷采买、向宫廷进贡以及经营盐铁的弊端，乘机也说了李锜违法乱政的事情。德宗看了这份疏章后，大为不快，下令将崔善贞用枷锁锁上，押送给李锜。李锜听说崔善贞快要被送来了，事先让人在路边挖了一个坑。六月初九日己亥，崔善贞被押送李锜那里。李锜连枷锁都没打开，就将崔善贞推进坑中活埋了。远近各地的人听说这事后都不寒而栗。李锜又采取保全自己的措施，增加兵员，选择有才能、力量很大而又善于射箭的人，称他们叫“挽强”，选择胡、奚各族人，称他们为“蕃落”，发给他们的衣食等待遇是普通士兵的十倍。转运判官卢坦多次劝阻他，但李锜不肯改变。于是卢坦与李锜的幕僚李约等人都离开了李锜。李约是前宰相李勉的儿子。

六月十八日己酉，德宗任命高固为邠宁节度使。高固是一员老将，因待人宽仁厚道，得到大家的拥护，以前的节度使总是嫉妒高固，给高固安排一个不重要的职位，平级官员很多都轻视、欺侮高固。等到高固被起用为节度使，高固无论对谁都不报复，邠宁军中于是就安定下来。

六月二十六日丁巳，成德军节度使王武俊去世。

秋季，七月十八日戊寅，吐蕃人侵犯盐州。

七月二十一日辛巳，德宗任命成德军节度副使王士真为节度使。

（以上为第一段，写邠宁换帅发生兵变，宁州刺史刘南金守法而少谋被乱兵杀害。诸道盐铁转运使李锜骄纵不法。）

七月二十九日己丑，吐蕃军队攻下了麟州，杀了刺史郭锋，把麟州城夷为平地，掳掠百姓和在这里的党项部落后退回去了。郭锋是郭曜的儿子。

僧人延素被吐蕃人俘虏。吐蕃军队中有一个将领叫徐舍人的，对延素说：“我是英国公李勣的五世孙。武则天皇后时期，我的高祖徐敬业竖起驱逐武氏的义举没有成功，子孙们都逃亡流散到异国他乡。我们虽然在这里世世代代身居高位，手握兵权，但思念故土之心从未泯灭，只是因为顾及我们的宗族人很多，没有机会从中跑出来而已。现今听凭你回归。”于是就释放了延素。

德宗派遣使者去命令韦皋派兵深入吐蕃境内，牵制、分散吐蕃人的兵力，以便缓解吐蕃人对唐朝北部边疆的侵犯。韦皋派遣将领率二万兵马，分九路进攻吐蕃的维州、保州、松州以及栖鸡城、老翁城。

河东节度使郑儋突然去世，还来不及安排后事。军中将士喧闹不已，马上就要发生变乱。半夜时分，十几名骑兵带着武器把掌书记令狐楚召到军府门内，各位将领将令狐楚围在中间，让令狐楚假借郑儋的名义起草给朝廷的临终表章。令狐楚在刀剑的包围之中，提笔就将表章写好了。令狐楚是令狐德棻的同族人。八月二十八日戊午，德宗任命河东行军司马严绶担任节度使。

九月，韦皋向朝廷奏报说在雅州大败吐蕃人。

左神策军护军中尉窦文场退休，德宗任命左神策军中尉副使杨志廉接替窦文场。

韦皋多次打败吐蕃人，转战几千里，共攻下城池七座、军镇五个，焚毁城堡一百五十个，杀敌一万多人，活捉敌人六千，招降吐蕃人三千户，进而包围了维州和昆明城。冬季，十月十一日庚子，德宗加授韦皋为检校司徒兼任中书令，赐给南康郡王的爵位。南诏王异牟寻抓获了很多吐蕃人，德宗派遣宫中宦官使者去慰问安抚。

十月二十九日戊午，盐州刺史杜彦先丢下盐州城，逃到庆州去了。

（以上为第二段，写唐西北州郡屡遭吐蕃侵犯，由于南诏归附唐朝，韦皋在西南深入吐蕃，多次大获全胜。）

唐德宗贞元十八年（壬午，公元 802 年）

春季，正月，骠国国王摩罗思那派遣他的儿子悉利移进京朝贡。骠国在南诏西南六千八百里远的地方，听说南诏归附朝廷后，对唐朝产生羡慕之心，于是随南诏一起进京朝见，还贡上了他们的音乐。

吐蕃赞普派遣大相国兼东部边境五道节度使论莽热率领十万兵力来解救韦皋对维州的包围，韦皋的西川兵马占据险要位置，设下埋伏，等待吐蕃人的到来。吐蕃的军队来了之后，韦皋派出一千人马去挑战，吐蕃人全力追赶这一千兵马，这时，埋伏的西川兵全部出击，吐蕃的军队被打得大败，西川兵生擒了论莽热，吐蕃的士兵死的超过一半多。但韦皋最后还是没有攻下维州城和昆明城，只得带兵返回。正月十八日乙亥，韦皋派遣使者将论莽热进献给朝廷，德宗赦免了论莽热。

浙东观察使裴肃因为向朝廷进贡，得以升迁职务，裴肃死后，判官齐总代理留后事务，比裴肃更加苛刻地搜刮钱财以进献朝廷讨好德宗。三月十七日癸酉，德宗下诏提升齐总为衢州刺史。给事中长安人许孟容不肯宣读诏书，将这份委任书原封不动地退还给德宗，说："衢州没有别的忧患，齐总也没有什么特别的政绩，陛下突然如此破格地奖励、提拔，使大家感到十分惊异，如果齐总确实有可以记录的成绩，希望将齐总的功劳和成绩明确地写出来，然后再破格改授官职，以消除大家心中的疑虑。"于是任命齐总的诏书就留在宫中，没有颁布下来。（四月）十三日己亥，德宗召见许孟容，加以安慰奖励。

秋季，七月十七日辛未，嘉王李运府谘议高弘本在正殿奏事，说了欠债由自己偿还的话。七月二十一日乙亥，德宗下诏说："从今以后，王公将相与僚属不要到正殿奏报事情，如果有什么事情要奏报的话，最好在延英门去求见。"议论此事的人认为："在正殿奏报事情，从武德年间以来，一直没有变过，这是为了了解下情而采取的政治措施。高弘本愚昧无知，将他免职就行了，不应当因为一个人而废除了这一制度。"

淮南节度使杜佑多次上表朝廷请求派人代替自己的职务。冬季，十月初四日丁亥，德宗任命刑部尚书王锷担任淮南节度副使，兼任行军司马。

十月十六日己酉，鄜坊节度使王栖曜去世。鄜坊镇的中军将何朝宗阴谋叛乱，在晚上，他手下的人纵起火来。都虞候裴玢躲起来，不出面救火，第二天早上，裴玢将何朝宗抓获，杀了何朝宗。德宗任命同州刺史刘公济为鄜坊节度使，任命裴玢为行军司马。

（以上为第三段，写西川节度使韦皋再次大败吐蕃。给事中许孟容封还对奸佞之臣齐总的任命诏书，受到德宗嘉奖。）

唐德宗贞元十九年（癸未，公元 803 年）

春季，二月初六日丁亥，德宗将安黄军改名叫奉义军。

二月十八日己亥，安南的牙将王季元驱逐安南观察使裴泰，裴泰逃到朱鸢县。第二天，安南的左兵马使赵匀杀了王季元及其同伙，迎接裴泰回来，官复原职。

二月二十三日甲辰，杜佑回京朝见德宗。三月初一日壬子，德宗任命杜佑为检校司空、同平章事，任命王锷为淮南节度使。

鸿胪卿王权请求将献祖宣皇帝、懿祖光皇帝的神主移到曾经供奉过德明皇帝、兴圣皇帝神主的祠庙中，每次祭祀列祖列宗时，就将太祖的神主牌位安放在朝正东方向的位置上，德宗采纳了王权的建议。

三月二十四日乙亥，德宗任命司农卿李实兼任京兆尹。李实为政凶暴乖张，但德宗却相信、喜欢李实。李实凭借德宗的恩宠，骄横傲慢，答应给某人向德宗推荐，就让某人破格升官，要诬陷、毁谤、贬斥、流放某人，也都能按自己的意思办到。所以朝廷文武百官对李实十分害怕。

夏季，四月，泾原节度使刘昌上奏朝廷请求将治所从原州迁到平凉去，德宗同意了。

五月二十六日乙亥，吐蕃派遣大臣论颊热来朝贡。

六月十二日辛卯，德宗任命右神策军中尉副使孙荣义为右神策军护军中尉，孙荣义与杨志廉都骄横放纵，招权纳贿，朝野内外依附他们的人很多，宦官的势力更加壮大。

六月十三日壬辰，德宗派遣右龙武大将军薛伾出使吐蕃。

陈许节度使上官涚去世，女婿田偁想胁持上官涚的儿子，让上官涚的儿子承袭军事大权，陈许的牙将王沛，也是上官涚的女婿，知道田偁的这一阴谋，就把这一事情报告给了监军范日用，范日用派兵讨伐，捉住了田偁。六月十六日乙未，德宗任命陈许行军司马刘昌裔担任节度使。王沛是许州人。

从春天的正月到秋天的七月，关中地区一直没有下雨。

七月初十日己未，中书侍郎、同平章事齐抗因为病重，被罢免了宰相职务，改任为太子宾客。

（以上为第四段，写吐蕃与唐朝廷互相遣使通好。宦官为神策军中尉，朝官依附者众，势力益炽。）

当初，翰林待诏王伾擅长书法，山阴人王叔文擅长下棋，他们两个人都在东宫太子那里出出进进，陪太子娱乐。王伾是杭州人。

王叔文诡计多端，自称读过许多书，了解治理国家的办法，经常借机给太子讲论民间百姓的痛苦情况。太子曾经与各位侍读和王叔文等人讨论到宫市的事情，太子说："我正准备向父皇极力劝谏这一事情。"大家对此都表示赞同，只有王叔文一个人不作声。大家退下去后，太子亲自将王叔文留下来，说："刚才只有你不作声，那是不是有什么别的想法呢？"王叔文说："我承蒙殿下的信任和爱护，要是有什么想法，敢不告诉给殿下吗？殿下的职责现在应该是察问陛下的饮食，问候陛下是否平安，不应该谈论宫廷外边的事情。陛下在位的时间很长久了，要是怀疑殿下收买人心，那殿下将怎么辩解呢？"太子大吃一惊，哭着对王叔文说："如果不是先生提醒，我就无法知道这个道理。"于是对王叔文大加宠信。王叔文开始与王伾相互依附。

王叔文乘机对太子说："某某可以担任宰相，某某可以担任将帅，希望陛下将来任用他们。"王叔文暗中与翰林学士韦执谊以及当时在朝廷中有名望而又想尽快提升的官员陆淳、吕温、李景俭、韩晔、韩泰、陈谏、柳宗元、刘禹锡等人结交，相约为生死相依的朋友。而凌准、程异等人又靠这一帮人得以任用，也整天与王叔文他们一起游玩、相处。他们一帮人的行踪十分神秘，没有人能知道他们在干什么。各地的军镇节帅，也有暗中给他们送钱财，与他们结交的。陆淳是吴人，曾任左司郎中。吕温是吕渭的儿子，当时任左拾遗。李景俭是汉中王李瑀的孙子，进士及第出身。韩晔是韩滉族侄。陈谏曾任侍御史。柳宗元、刘禹锡，当时任监察御史。

左补阙张正一上书德宗，得到了德宗的召见。张正一与吏部员外郎王仲舒、主客员外郎刘伯刍等人感情亲密，王叔文的同伙怀疑张正一在德宗面前谈论了他们暗中进行的事情，让韦执谊在德宗面前诬告张正一等人，称张正一等人拉帮结伙，交游、宴饮没有节制。九月初六日甲寅，张正一等人都获罪，被贬职到遥远的地方，大家都不知道这其中的缘故。刘伯刍是刘迺的儿子。

盐夏节度判官崔文先代理盐州军政事务，处理政事凶暴苛刻。冬季，闰十月初三日庚戌，部将李庭俊叛乱，将崔文先剁成碎块，给大家吃了。左神策军的兵马使李兴干戍守盐州，杀了李庭俊，将此事向朝廷奏报。

闰十月初十日丁巳，门下侍郎、同平章事崔损去世。

十一月初一日戊寅，德宗任命李兴干为盐州刺史，允许李兴干单独向朝廷上奏事情，从此以后，盐州不再隶属于夏州了。

十二月十三日庚申，德宗任命太常卿高郢为中书侍郎、吏部侍郎郑珣瑜为门下侍郎，一并担任同平章事。郑珣瑜是郑余庆的堂兄弟。

建中初年，德宗下令在每个季度末的时候，派御史巡查京城各使以及各府县拘押的囚犯，有冤枉和错误的情况要向朝廷奏报纠正。近年来，北军只发一道公文就算交差了。监察御史崔薳对待下属极为严厉苛刻，下属官吏们想陷害崔薳，就故意诱使崔薳到右神策军中去。神策军使以下的官员对崔薳的到来十分震惊，据实向德宗奏报了。德宗勃然大怒，下令罚崔薳四十军棍，把崔薳流放到崖州。

任京兆尹承袭道王爵位的李实一味地横征暴敛来向德宗进贡，对德宗说："今年虽然干旱，但是禾苗还是长得很好。"于是没有减免赋税，老百姓穷到了拆毁房屋、卖掉屋瓦和木料以及麦苗等来交纳赋税的地步。演戏的人成辅端作了一首歌谣来嘲讽这件事，李实上奏朝廷说成辅端毁谤朝廷政治，德宗下令用军棍将成辅端打死。

监察御史韩愈上奏说："京畿一带的百姓穷困潦倒，对今年没能征收上来的税钱以及牧草、谷物等，应等明年蚕茧出来和麦子熟了再征收。"韩愈因此获罪，被贬到阳山县去做县令。

（以上为第五段，写王叔文、王伾受到太子宠信，联结成一股新兴政治势力。监察御史韩愈直谏缓征贫民赋税，被贬为县令。）

唐德宗贞元二十年（甲申，公元804年）

春季，正月初十日丙戌，天德军都防御团练使、丰州刺史李景略去世。当初，李景略曾经设宴招待僚属辅佐，倒酒的人错把醋当成酒倒进酒杯送上桌来。判官京兆府人任迪简觉得李景略性情严厉，恐怕倒酒的人要被治罪，就找借口将这些醋都喝下去，回去后就不断吐血，军中将士听说这件事后都感动得哭了。李景略去世后，军中将士都说判官任迪简仁慈，打算拥立为主帅。监军把任判官反锁在另外的屋里，将士们把锁打开，将判官接出来。监军把这件事报告给朝廷，德宗下诏任命任迪简接替李景略的职务。

吐蕃的赞普死了，赞普的弟弟继位。

夏季，四月二十二日丙寅，德宗改名陈许军为忠武军。

左金吾大将军李昇云率领禁军镇守咸阳，得了重病，儿子李政諲与虞候上官望等人谋划仿效山东地区军镇的做法，要求将士们上奏朝廷让李政諲代理父亲的职位。六月初九日壬子，李昇云去世。六月十一日甲寅，德宗下诏追夺李昇云的官职爵位，抄没李昇云的家产。

昭义军节度使李长荣去世，德宗派遣宫中的宦官使者带着亲笔诏书准备授予昭义军中的大将，只要将士们都拥戴的，就把主帅一职授予。当时，大将来希皓受到大家的尊重和拥戴，使者将要把委任诏书交给来希皓。来希皓对大家说："在本军中挑选主帅，应该是我来希皓，但我自认为不适合当节度使。如果朝廷以一束草来做节度使，我也一定恭敬地事奉它。"使者说："我面承皇上旨意，只在本军中选择大将，授予节度使的旌节，朝廷不再另外任命别的人。"来希皓坚决推辞。兵马使卢从史在军中位居第四，暗中与监军勾结，这时从同级官员中站出来说："如果来大夫不肯接受诏书的任命，那就请让我暂时管理这支军队吧。"监军说："卢中丞如果这样做，这也当然符合皇上的旨意。"使者于是就从怀中掏出诏书授职给卢从史。卢从史捧着诏书，行了两次礼，高兴得手舞足蹈。来希皓赶忙转身指挥军中将士，面朝北方表示祝贺。将士们全部集合起来，大家也没有表示异议。秋季，八月十七日己未，德宗下诏任命卢从史为节度使。

九月，太子得了中风病，不能讲话。

（以上为第六段，写天德军、昭义军换帅，从本镇遴选众所服者，平稳顺利没有兵变。昭义大将来希皓谦让，为史所称。）

顺宗至德弘道大圣大安孝皇帝

唐顺宗永贞元年（乙酉，公元 805 年）

春季，正月初一日辛未，各位亲王、皇室的亲戚都进宫向德宗祝贺新年，只有太子一个人因为生病不能前来，德宗流着眼泪，伤心叹息，从此就卧床不起，而且一天比一天加重。总共有二十多天，宫中与朝廷断绝了信息，外面的人都不知道德宗与太子是否平安。

正月二十三日癸巳，德宗驾崩。宫廷匆匆忙忙将翰林学士郑絪、卫次公等人召到金銮殿去草拟德宗的遗诏。有宦官说："宫廷商议册立谁还没有定。"大家都不敢答话。卫次公急忙说道："太子殿下虽然患了病，但他位居嫡长子，为朝野内外的人心所归向。到了万不得已的时候，还是应该册立太子殿下的长子广陵王。如果不这样做，天下一定会大乱。"郑絪等人马上附和卫次公的意见，这样册立谁的事才定下来。卫次公是河东人。太子知道人们还处在忧虑、怀疑的状态中，匆忙间来不及改换丧服，仍身穿紫衣，脚穿戴孝的麻鞋，支撑着病体，走出九仙门，召见禁军的各位军使，这时人心才略微安定了一些。

正月二十四日甲午，德宗的遗诏在宣政殿公布下来。太子身穿孝服接见朝廷文武百官。正月二十六日丙申，太子在太极殿继承皇位。宫廷的卫士们这时还在怀疑，提起脚跟，伸着脖子仔细观望，说："这真的是太子殿下！"于是都高兴得哭起来了。

当时，顺宗不能讲话，无法处理朝廷事务，住在宫中，经常是周围挂着帘幕，只有宦官李忠信和昭容牛氏在左右服侍。朝廷文武百官上奏事情，顺宗从帘幕中批准奏章。自从德宗病情垂危以来，王伾首先进了宫廷，声称有诏令使召王叔文，让王叔文坐在翰林院中处理朝廷政事。王伾把王叔文的意思告诉李忠信，以诏令的形式颁布，起初朝廷中无人知道这一点。委任杜佑全面处理朝廷事务。二月初三日癸卯，顺宗开始在紫宸门接受朝廷文武百官的朝见。

二月初九日己酉，顺宗加封义武军节度使张茂昭为同平章事。

二月十一日辛亥，顺宗任命吏部郎中韦执谊为尚书左丞、同平章事。王叔文想执掌国家大政，首先就让韦执谊担任宰相，自己在宫廷内当权，与韦执谊相互呼应。

二月十二日壬子，李师古派兵屯驻在本道西部边境上，威胁滑州。当时，朝廷通告国丧的使者还没有到各道去，义成军有一个牙将从京城长安回来，知道了德宗遗诏的内容，节度使李元素因为李师古是相邻的道，为了表示不把李师古当外人，派遣使者偷偷地将德宗的遗诏内容告诉了李师古。李师古却想乘国丧之机吞并邻道的土地，于是就召集将士对他们说："皇上万寿无疆，但李元素突然传布遗诏，这是反叛朝廷，我们应该攻打他。"于是就用军棍打李元素的使者，调兵屯驻曹州，而且派人去汴州向韩弘借路。宣武军节度使韩弘派人对李师古说："你能越过我的边界去做坏事吗？我等着你，绝不是说的空话！"李元素向韩弘告急，韩弘派使者对李元素说："有我在这里，请你放心，不用害怕。"有人告诉韩弘说："李师古正在砍除荆棘，填平道路，军队马上就要过来了，请对李师古做好防备。"韩弘说："如果真是军队开过来，就不清除道路了。"韩弘不作防备。李师古机变诈谋都用尽了，而且又听说顺宗已经继位，这才停止出兵。李元素上表朝廷请求将自己贬职，朝廷派人对李元素、李师古双方都劝慰安抚。李元素是李泌的族弟。

吴少诚把准备做靴子的牛皮赠送给李师古，李师古把食盐资助给吴少诚，他们的东西在偷偷经过宣武军境内时，被发现了，韩弘将这些东西全部扣留下来，送缴国库，说："按照国法规定，这些东西不能私下互相赠送。"李师古等人都害怕韩弘。

二月二十一日辛酉，顺宗下诏历数任京兆尹的道王李实残暴地搜刮百姓财物的罪过，将他贬职为通州长史。长安城内，大街小巷对此欢呼跳跃，人们都拿着砖头瓦块拦路等着他，李实由小路去通州，才逃避了百姓的惩罚。

（以上为第七段，写德宗崩，顺宗即位。宣武军韩弘威镇一方，李师古、吴少诚不敢因国丧而轻举妄动。）

二月二十二日壬戌，顺宗任命殿中丞王伾为左散骑常侍，仍然担任翰林待诏，任命苏州司功王叔文为起居舍人、翰林学士。

王伾相貌丑陋，一口吴地乡音，是顺宗十分亲近的人。但王叔文很以能够处理朝政为自豪，略微懂得一些文章义理，喜欢评论国家大事，顺宗因为这个缘故，对王叔文稍微还有点尊重，王叔文不像王伾那样通行无阻地出入宫禁。王叔文进入翰林院，而王伾进入柿林院，得以与李忠言和牛昭容商议事情。大抵上是王叔文依附王伾，王伾依附李忠信，李忠言依附牛昭容，他们互相间辗转交结。朝廷中的每件事情，总是交给翰林院，让王叔文先做裁断，然后向中书省宣示处理意见，由韦执谊接受后照着意思执行。他们在宫廷外的同党就有韩泰、柳宗元等，主持搜集朝廷内外的情报。他们商议事情一唱一和，日夜不停，就像发了狂一样。他们互相间彼此吹捧，说谁是伊尹，谁是周公，谁是管仲，谁是诸葛亮。他们昂首挺胸得意非凡，认为天下没有什么人能超过他们。他们给人的荣耀、耻辱，升任、降贬，往往产生于仓促之间，只要他们想怎么做，并不考虑正常的程序。士大夫们害怕他们，不敢说什么，只能对他们怒目而视。一向同他们交往的人，一个接一个地被提拔，甚至有一天任命几个人官职的。他们的同伙有人说："某某可以担任某官。"不过一两天，那人就真的得到了那个官职。这样一来，王叔文及其同伙十几家的门口，昼夜车水马龙，如同闹市。等候晋见王叔文、王伾的客人，甚至有的住到他们那条街坊的饼店、酒坊中，每个人要交一千钱住宿费，店家才收留他们。王伾尤其卑贱猥琐，专门索取贿赂，他让人做了一个大柜子存放金银财宝，晚上，他们夫妇俩就睡在这个柜子上。

二月二十四日甲子，顺宗在丹凤门宣布大赦天下，下令免除百姓的各种欠债，将正常赋税收入以外的进贡全部停止。在贞元末年一些给百姓带来灾祸的措施，如宫市和五坊小儿等名目，全部撤除。

在此之前，在乡里张网捕捉鸟雀的五坊小儿们，都用残暴蛮横的手段索要百姓的钱财，甚至有在人家门前张网不准人出入，有在水井上张网不让人去取水，如果有人靠近，就说"你惊跑了供奉宫廷的鸟雀！"马上就把那人痛打一顿，那人拿出钱财来谢罪，五坊小儿们才离开。五坊小儿们有时候相聚在饭店酒馆吃喝，酒足饭饱之后大摇大摆地离去，有的店家不知道他们的身份，就赶上去向他们要酒饭钱，多半都要被他们又打又骂。有的还在酒足饭饱之后留下一袋蛇作抵押，对店家说："这些蛇是用来诱捕鸟雀的饵，现在把它们交给你，希望你好好地饲养，不要让它们饥渴。"店家害怕得连忙道歉、赔罪、求饶，他们才提着蛇袋离去。顺宗在东宫的时候，对这些弊病知道得十分清楚，所以继位之后首先就下令禁止。

二月二十五日乙丑，顺宗下令废除盐铁使的月进钱。在此之前，盐铁使每月都向朝廷进献所谓的盈余，但经常性的正当赋税却日益减少。到这时，顺宗下令废止。

三月初二日辛未，顺宗任命王伾为翰林学士。

德宗末年，十年之内没有赦免过罪犯，朝廷群臣中以小小过失被贬斥、流放的人，一概不再起用，到现在才得以甄别内迁。三月初三日壬申，顺宗下令追召忠州别驾陆贽、郴州别驾郑余庆、杭州刺史韩皋、道州刺史阳城回到京城长安。

陆贽在担任宰相，主持朝政时，把驾部员外郎李吉甫贬职为明州长史，不久，李吉甫调任忠州刺史。陆贽的兄弟和门人对此都十分忧虑，到了忠州之后，李吉甫很高兴地用对待宰相的礼仪对待陆贽。陆贽起初还感到惭愧疑惧，后来两人就渐渐成了交情很深的密友。李吉甫是代宗时期正直之臣李栖筠的儿子。西川节度使韦皋在成都，多次上奏朝廷请求让陆贽代替自己的职位。陆贽和阳城都没有听到皇帝下诏将他们召回京城的消息就去世了。

（以上为第八段，写永贞革新，顺宗罢进奉，罢宫市，取缔五坊小儿，平反和量移前朝贬逐之臣。）

三月十七日丙戌，顺宗加授杜佑为度支和诸道盐铁转运使。任命浙西观察使李锜为镇海节度使，解除了他的盐铁转运使职务。李锜虽然失去控制赋税财政的大权，却得到了节度使的旌节，所以他反叛朝廷的计划也就没有暴露出来。

三月十九日戊子，顺宗把徐州军改名为武宁军，任命张愔为节度使。

顺宗加授彰义军节度使吴少诚为同平章事。

顺宗任命王叔文为度支、盐铁转运副使。在这以前，王叔文与他的同党策划，如果将国家赋税收入的权力操在手中，那么就可以用它来结交权贵，收买军心，借以巩固自己的权力，但他们又害怕突然一下子掌握大权，朝野内外，人心不服，就借杜佑向来有擅长理财的名声，而又知道他地位很高，又一味地自我保全，比较容易控制，所以先让杜佑在名义上作主管，而任命自己为副职来掌管大权。王叔文虽然身兼度支、盐铁转运两使的职位，但对这两使所要管辖的事务账目并不放在心上，整日整夜地与他的同党避开别人，暗中商谈，别人都弄不清楚他们在干什么。

顺宗任命御史中丞武元衡为左庶子。德宗末年，王叔文的同党多半担任御史职务，武元衡瞧不起这些人，对待他们随随便便。武元衡担任皇陵仪仗使的时候，刘禹锡要求做判官，他没有答应。王叔文因为武元衡在御史台担任主管中丞之职，希望武元衡依附自己，就让同党以权力、利益去诱惑、拉拢武元衡，武元衡毫不理睬，因此就被降职为左庶子。武元衡是武则天时期的隐士武平一的孙子。

侍御史窦群上奏朝廷说屯田员外郎刘禹锡存邪恶之心，扰乱朝政，不应该留在朝廷内。窦群又曾经拜访过王叔文，对王叔文行礼说："任何事情，本来就是无法预料的。"王叔文问："你说的是什么意思？"窦群回答说："去年，李实凭仗皇上的恩宠和自己地位的尊贵，一时间，气焰压倒了众人，你那个时候，还在官场边上徘徊，不过是江南的一名小吏而已。现在你顶替了李实的位子，怎么知道在官场边上没有像你这样的人呢？"王叔文的同党准备将窦群贬职流放，韦执谊认为窦群一向有刚强正直的名声，阻止了他们。

顺宗的病长久好不了，经常在人的扶持下上殿，朝廷群臣不过就是远远瞻望一下而已，没有人能与顺宗亲自奏对政事，朝廷内外的人都感觉到危险和恐惧，希望尽快册立太子。但王叔文的同党们想专揽朝廷大权，不喜欢听册立太子的话。宦官俱文珍、刘光琦、薛盈珍都是先朝受重用的旧人，痛恨王叔文、李忠信等结成朋党独断专行，于是启奏顺宗召翰林学士郑絪、卫次公、李程、王涯进金銮殿草拟册立太子的制书。当时牛昭容等人因为广陵王李淳英明睿智，就讨厌李淳。郑絪不再禀问，只在纸上写了"册立嫡长子"几个字呈献给顺宗，顺宗点头认可。三月二十四日癸巳，册立李淳为太子，改名为李纯。李程是淮安王李神通弟弟李神符的五世孙。

宰相贾耽因为王叔文的同党专政，十分讨厌他们，声称有病，不上朝办公，多次请求退休回乡。三月二十八日丁酉，各位宰相在中书省内会餐。以前的惯例，宰相们正在吃饭的时候，朝廷文武百官没有谁敢去拜见的。这一天，王叔文到了中书省，想与韦执谊商量事情，让中书省中值班的人去通报，值班的人将这一惯例告诉王叔文，王叔文大怒，叱骂值班的人。值班的人害怕了，进去告诉韦执谊。韦执谊犹豫不决，脸色通红，最后还是起身迎接王叔文，到王叔文办公的阁子里谈论了很久。杜佑、高郢、郑珣瑜都停下筷子等待韦执谊，有人来通报说："王叔文要吃饭，韦相公已经与王叔文在阁子中一起吃饭了。"杜佑、高郢心里都清楚这件事是不对的，但都害怕王叔文、韦执谊，不敢说什么。只有郑珣瑜一个人叹息道："我岂能再在这个位子上坐下去了！"看了左右的人一眼，就牵马径直回家去了，于是就不再上朝办公。贾耽、郑珣瑜两位宰相都是德高望重的人物，他们相继归家，隐退下去，王叔文和韦执谊就更加没有顾虑。朝廷内外的人都十分害怕他们。

（以上为第九段，写王叔文、王伾等专权用事。）

夏季，四月初三日壬寅，册立顺宗的弟弟李谔为钦王，李诚为珍王。册立皇子李经为郯王，李纬为均王，李纵为溆王，李纾为莒王，李绸为密王，李总为郇王，李约为邵王，李结为宋王，李缃为集王，李綵为冀王，李绮为和王，李绚为衡王，李纁为会王，李绾为福王，李纮为抚王，李绲为岳王，李绅为袁王，李纶为桂王，李繟为翼王。

四月初六日乙巳，顺宗上宣政殿册立太子。朝廷文武百官目睹太子仪表堂堂，退朝以后，都互相祝贺，甚至有感动得哭泣的，朝野内外都十分欢喜。只有王叔文一个人面带忧虑的神色，口里不敢说什么，只是吟诵杜甫题写的《蜀相》一诗中的句子："出师未捷身先死，长使英雄泪满襟。"听到的人都讥笑王叔文。

在此之前，太常卿杜黄裳遭到权臣裴延龄的迫害，一直停留在侍御史的职位上，十年得不到升迁。后来女婿韦执谊做了宰相，杜黄裳才升任太常卿。杜黄裳劝韦执谊率领朝中群臣请求太子代理国政，韦执谊吃惊地说："岳丈大人刚刚才得升任官职，为什么一开口就谈论宫禁中的事情呢？"杜黄裳顿时勃然大怒，说："我杜黄裳蒙受肃宗皇帝、代宗皇帝、德宗皇帝三朝的恩典，怎么能给一个官职就收买了我呢？"说完将衣袖一甩，生气地离开了。

四月初九日戊申，顺宗任命给事中陆淳为太子侍读，将陆淳的名字改为陆质。韦执谊自己感觉到专揽朝政，恐怕太子不满，因此让陆质担任侍读，要陆质暗中窥伺太子的意见，而且加以劝解。等到陆质就事情发表意见时，太子愤怒地说："陛下只让先生为我讲解经书义理，先生为什么要干预其他事情呢？"陆质十分恐惧地退了出来。

五月初三日辛未，顺宗任命左金吾大将军范希朝为左、右神策军驻守京西各镇的行营节度使。五月初六日甲戌，顺宗任命度支郎中韩泰为范希朝的行军司马。王叔文自己知道被朝野内外的人所憎恶痛恨，打算剥夺宦官们的兵权以加强自己的地位，借范希朝是军中老将的名义，让范希朝做挂名的主管，实际上让韩泰掌管军中大权。上上下下的人都摸不透王叔文想干什么，大家更加怀疑害怕。

五月二十三日辛卯，顺宗任命王叔文为户部侍郎，仍然充任度支、盐铁转运副使。宦官俱文珍等人憎恨王叔文专揽朝政，削去了他的翰林职务。王叔文看到削除他翰林一职的文书后，大吃一惊，对人说："我每时每日到翰林院去商量国家大事，如果不担任翰林院的职务，那就没有理由去那里了。"王伾马上就上疏顺宗，为求情，顺宗不答应。王伾再次上疏，顺宗才允许王叔文每隔三五天去翰林院一趟，但削除了王叔文翰林院学士的头衔。王叔文这才开始恐惧起来。

六月初二日己亥，顺宗下令贬职宣歙巡官羊士谔为汀州宁化县尉。羊士谔因为办公事到了长安城，碰上王叔文专揽朝政，就公开抨击王叔文，王叔文得知这一消息后，十分恼怒，打算让顺宗下诏杀了羊士谔，宰相韦执谊不同意。王叔文又要下令用军棍打死羊士谔，韦执谊还是不同意。于是王叔文就将羊士谔贬职。从此以后，王叔文就开始十分痛恨韦执谊了，而在王、韦二人门下经常往来的人都很恐惧。

在早些时候，刘辟以剑南支度副使的身份奉韦皋之命，把韦皋的意图转达给王叔文，要求统领剑南三川地区，刘辟对王叔文说："韦太尉让我向您致意，如果将剑南三川地区给我韦某统领的话，我就竭尽死力来帮助您。如果不给的话，我韦某也自当有办法来回报您。"王叔文十分生气，也准备下令杀了刘辟，韦执谊坚持认为这不行。刘辟当时还在长安城内逗留，没有离开，听说羊士谔被贬职的消息后，就逃回去了。韦执谊最初是因为王叔文的推荐才被顺宗重用的，十分依附王叔文。但当得到宰相职位后，为了掩盖与王叔文的这层关系，而且迫于公众舆论的压力，因此就经常与王叔文的意见不同。事后他就派人去向王叔文道歉说："我并不是敢违背我们之间的约定，只是想用多种方法来成全仁兄的大事！"王叔文怒气冲冲地侮骂，不相信韦执谊，于是两人就成为仇敌。

六月十六日癸丑，韦皋上奏表，认为："陛下因为失去亲人而悲痛，损坏了身体，以至于得了病，又加上操劳国事，日理万机，所以身体很久都还不能复原，请陛下暂时让皇太子亲自监理朝政，等候身体完全好了，再让皇太子回到东宫去。臣身兼将领和宰相之职，现在陈奏的事情，完全是自己分内的事情。"他又给太子上了一份奏疏，认为："圣上遥仿高宗皇帝，居丧不理朝政，将政事都委任给臣下，但所托付的人选不合适。像王叔文、王伾、李忠言之徒，轻易地承担处理朝廷大政的重任，他们奖赏和惩罚一味地凭自己的好恶，败坏了法纪，扰乱了政纲。他们将国库中的钱财拿出来贿赂权门贵族，培植心腹党羽，让他们处在显要位置上。暗中与皇帝身边的人相勾结，祸患就在萧墙之内。臣私下担心他们会倾毁了太宗皇帝所建立起来的江山大业，危及殿下的家国，希望殿下立即将此事向皇帝奏报，驱逐这帮小人，使一切政令重新掌握在君王的手中，那么天下就会获得安宁。"韦皋凭借自己是朝廷重臣，又远在西蜀之地，预料到王叔文不能动摇自己的地位，于是就极力将王叔文的奸邪之事都说了出来。不久，荆南节度使裴均、河东节度使严绶的表章、奏疏都相继到了朝廷，所谈的意见与韦皋相同，朝廷内外的人都依靠他们作为援助，而王叔文的邪奸之党因此受震动而恐惧。裴均是玄宗皇帝时期的宰相裴光庭的曾孙。

（以上为第十段，写王叔文与韦执谊交恶，革新派发生内讧而势分，王叔文刚愎自用，内结怨于众朝臣，外受韦皋等重镇之逼，危如累卵，朝不保夕。）

王叔文任用范希朝、韩泰主管京城西边驻扎的神策军后，各个宦官还没有醒悟过来。等到守卫边疆的各位将领以各种理由向护军中尉辞别，而且都说将要隶属于范希朝。宦官们这才意识到自己的兵权被王叔文等人夺走了，于是十分恼怒地说：“如果让他们的计谋得逞，那我们这些人都将死在他们手里。”于是秘密下令各军的使者们回去后告诉将领说：“不要带着军队隶属于别人。”范希朝到了奉天，各位将帅没有一个赶去的。韩泰骑马赶回朝廷，将事情对王叔文说了，王叔文已无计可施，只是说：“这该怎么办！这该怎么办！”没过几天，王叔文的母亲病得很厉害。六月十九日丙辰，王叔文在翰林院中置办很丰盛的酒席，宴请翰林院的各位学士以及李忠言、俱文珍、刘光琦等人。王叔文说道：“我的母亲病了，因为我一直承担着处理国家大事的重任，不能够亲自侍奉汤药，现在将告假回家侍候母亲。我王叔文竭心尽力，不避任何危难的事情，都是因为身受了皇帝的恩典。要是我一旦离开朝廷，各种毁谤都会纷纷而来，谁能体察我的苦心，帮我说一句话呢？”俱文珍跟着他的话头一一驳斥，王叔文不能回答，只是给各位斟满酒杯劝大家喝酒，酒过几巡就散席了。六月二十日丁巳，王叔文因为母亲去世而离职。

秋季，七月初九日丙子，顺宗加封李师古为检校侍中。

王叔文因为母丧离职在家，韦执谊更加不采纳他的意见。王叔文很恼火，与同党日夜策划重新回朝廷担任旧职，而且扬言一定要先杀了韦执谊，铲除那些不依附自己的人，听说这事的人都极为害怕。

自从王叔文回家守丧之后，王伾便失去了依靠，每天都跑到宦官和宰相杜佑那里请求起用王叔文为宰相，并且统领神策军。这个目的没达到，又请求任命王叔文为威远军使、平章事，也没有达到目的。他们的党羽都担惊受怕，感到难以自我保全。这一天，王伾坐在翰林院中，三次上疏顺宗，都得不到回应，王伾知道事情成功不了，急得坐卧不安，到了夜晚，忽然大叫一声：“我中风了！”第二天，就坐车回家，不再出门。七月二十二日己丑，顺宗任命仓部郎中、判度支案陈谏为河中府少尹。王伾、王叔文的党羽从这时开始渐渐在朝廷中失势。

七月二十六日癸巳，横海军节度使程怀信去世，顺宗任命程怀信的儿子节度副使程执恭为留后。

七月二十八日乙未，顺宗下诏书说：“由于朕患病已久，没有康复，国家的军政大事，暂时让皇太子李纯代理。”当时，朝野内外都痛恨王叔文的党羽们独断专行，顺宗对此也很厌恶，俱文珍多次上奏顺宗，请求让太子监理国政，顺宗本来就厌倦了日理万机的繁忙，于是就同意了。顺宗又任命太常卿杜黄裳为门下侍郎，任命左金吾大将军袁滋为中书侍郎，两人一同担任同平章事。俱文珍等人因为他们是前朝的旧臣，所以就推荐给顺宗任用。顺宗又任命郑珣瑜为吏部尚书，任命高郢为刑部尚书，但同时罢免了他们的宰相职权。太子在东朝堂接见朝廷文武百官，百官向太子行礼道贺，太子伤心得哭了起来，不回大臣们的礼。

八月初四日庚子，顺宗制书称："让太子继承皇位，朕号称太上皇，朕颁布的制书、敕令称为诰。"

八月初五日辛丑，太上皇移居兴庆宫，下诰书改年号为永贞，册立良娣王氏为太上皇后。太上皇后是宪宗皇帝的生母。

八月初六日壬寅，宪宗贬王伾为开州司马，贬王叔文为渝州司户。王伾不久就死在被贬的地方。第二年，宪宗下令让王叔文自杀。

（以上为第十一段，写王叔文因母丧离职，革新派倒了支柱。顺宗禅位宪宗，王叔文等立即遭斥逐。永贞革新历八个月而失败。）

八月初九日乙巳，宪宗皇帝在宣政殿继承皇位。

八月初十日丙午，升平公主进献女子五十人，宪宗说："连太上皇都不接受进献，朕怎么能违背这一规定呢？"于是就拒绝了。八月十四日庚戌，荆南节度使向宫廷进献了两个长毛的乌龟，宪宗说："朕所当成宝贝的只有贤才。像嘉禾、神芝这些东西，都只有一个空的好名，因此《春秋》这本书上不记载祥兆瑞征。从今以后，凡是有什么美好的征兆，只准上报有关部门知道，不要再报告给朝廷。另外，也不要向朝廷进献珍禽奇兽。"

八月十七日癸丑，西川节度使、南康忠武王韦皋去世。韦皋镇守蜀地二十一年，加重对老百姓征收赋税，向朝廷进献很多东西，用来加强君主的恩宠，给将士的待遇很优厚，将士家里有婚嫁死丧的事情，韦皋都向他们提供钱财资助，因此，韦皋能够长时间安稳地坐在官位上，而将士们也乐意为韦皋效力，韦皋招服南诏，打垮吐蕃。幕僚在幕府内时间长了，官位高了，就外放他们去做刺史，做了一任刺史以后还是回到幕府来，始终不让他们回朝廷去，这是因为担心他们会泄露自己在这里干了些什么的缘故。仓库充实以后，就经常宽免百姓，隔三年就免除他们一年的租赋，蜀人佩服韦皋的智谋，同时又害怕韦皋的威权，至今还画韦皋的像当作神供奉，家家都祭祀。

西川支度副使刘辟自己担任留后职务。

朗州的武陵、龙阳一带江水上涨，淹没了一万多户人家。

八月壬午（疑误）这一天，奉义节度使伊慎入朝觐见。

八月辛卯（疑误）这一天，夏绥节度使韩全义入朝觐见。韩全义在溵水打了败仗后回朝，没有朝见德宗就去了镇所，那时，宪宗还是藩王，听到这事后痛恨韩全义。韩全义害怕了，于是就进京入朝。

刘辟让各位将领上表朝廷为自己请求节度使的旌节，朝廷不答应。八月二十三日己未，宪宗任命袁滋为剑南东川、西川和山南西道的安抚大使。

度支上奏裴延龄以前所设置的别库，都是将正库的钱扣减下来以后另外贮存的，请求将这些东西归藏正库，宪宗答应了。

八月二十五日辛酉，宪宗派遣度支、盐铁转运副使潘孟阳去江淮一带安抚慰问，巡视租税和各项专卖物品的利弊得失，顺便考察官员们的好坏以及老百姓的疾苦。

八月二十七日癸亥，宪宗任命尚书左丞郑余庆为同平章事。

九月初二日戊辰，礼仪使上奏宪宗说："曾太皇太后沈氏失踪已经很久了，按情理已经没有寻访迎接回来的可能。根据晋朝庾蔚之的说法，寻找亲人三年以后还没有找到的话，便等到他（她）八十岁寿辰的时候，为他（她）服丧。请在大行德宗皇帝开启攒宫，即行葬礼的日子，由陛下率朝廷文武百官前去哭祭志哀，就把这一天定为曾太皇太后沈氏的忌日。"宪宗采取了这个意见。

九月初六日壬申，监修国史的韦执谊上奏说，已开始下令史官编撰《日历》。

九月十三日己卯，宪宗贬神策军行军司马韩泰为抚州刺史，贬司封郎中韩晔为池州刺史，贬礼部员外郎柳宗元为邵州刺史，贬屯田员外郎刘禹锡为连州刺史。

冬季，十月初二日丁酉，右仆射、同平章事贾耽去世。

十月初三日戊戌，宪宗任命中书侍郎、同平章事袁滋为同平章事，充任西川节度使。征召刘辟入朝担任给事中。

舒王李谊去世。

太常寺商议给曾太皇太后沈氏立谥号为"睿真皇后"。

平民罗令则从长安到普润去，假称是太上皇的命令，向秦州刺史刘澭征调军队，而且劝说刘澭废掉宪宗。刘澭将罗令则抓起来押送到长安城，罗令则及其同党都被杖杀。

十月十四日己酉，葬神武孝文皇帝于崇陵，庙号为德宗。

十一月初四日己巳，将睿真皇后和德宗的神主安置在太庙中合祭。礼仪使杜黄裳等人商议后，认为："国家效法周朝的规定，太祖犹如后稷，高祖犹如周文王，太宗犹如周武王，他们的神主都不能迁移。但高宗已经位列三昭三穆之外了，请将高宗的神主迁移到西夹室中去。"顺宗同意了。

十一月初七日壬申，宪宗贬中书侍郎、同平章事韦执谊为崖州司马。韦执谊因为曾经时常与王叔文意见不合，而且是宰相杜黄裳的女婿，所以得以最后才被贬职。但王叔文失败后，韦执谊也自然失去了原来的权势基础，知道大祸就要降临，虽然还担任着宰相职务，但却经常坐卧不宁，神形疲惫，有气无力，听到行人走路的声音，都会惊恐万分，丧神失色，这种情况一直到被贬职。

十一月十三日戊寅，宪宗任命韩全义为太子少保，韩全义退休。

刘辟不接受朝廷的征召，布防军队，自我守卫。袁滋害怕刘辟的势力强大，不敢前去西川。宪宗很生气，将袁滋贬为吉州刺史。

宪宗将右庶子武元衡重新起用为御史中丞。

朝廷大臣商议认为王叔文的党羽有的从朝廷的员外郎放出去任刺史，所受处分太轻了。十一月十四日己卯，朝廷再次将韩泰贬职为虔州司马，将韩晔贬职为饶州司马，将柳宗元贬职为永州司马，将刘禹锡贬职为朗州司马。又将河中府少尹陈谏贬职为台州司马，将和州刺史凌准贬职为连州司马，将岳州刺史程异贬职为郴州司马。

回鹘的怀信可汗去世，宪宗派遣鸿胪寺少卿孙杲前去吊唁，并册封怀信可汗的儿子为腾里野合俱录毗伽可汗。

十二月初九日甲辰，宪宗加授山南东道节度使于頔为同平章事。

宪宗任命奉义节度使伊慎为右仆射。

十二月十四日己酉，宪宗任命给事中刘辟为西川节度副使，代理节度使的事务。这是因为宪宗觉得才继位，没有力量去讨伐刘辟的缘故。右谏议大夫韦丹上疏宪宗，认为："现在放了刘辟而不去惩治，那么朝廷能够灵活调动、指挥的就只有东京洛阳、西京长安的军队了。这两地之外的军队，谁还不想反叛朝廷呢？"宪宗觉得韦丹说得很好。十二月十七日壬子，宪宗任命韦丹为东川节度使。韦丹是韦津的五世孙。

十二月二十六日辛酉，朝廷文武百官请求给太上皇顺宗上尊号为"应乾圣寿太上皇"，给宪宗上尊号为"文武大圣孝德皇帝"。宪宗允许给太上皇顺宗上"应乾圣寿太上皇"的尊号，但自己却拒绝接受尊号。

十二月二十七日壬戌，宪宗任命翰林学士郑絪为中书侍郎、同平章事。

宪宗任命刑部郎中杜兼为苏州刺史。杜兼向皇帝辞行时，上书奏称李锜将要造反，就一定会上奏将自己的全家杀了。宪宗觉得杜兼说得对，将杜兼留在朝廷担任吏部郎中。

（以上为第十二段，写宪宗即位，葬德宗，调整太庙祖宗神位，全面贬逐永贞革新之臣，被贬重臣为司马者八人，故史有八司马之称。）

【点评】

本卷点评永贞革新和八司马之贬。

永贞革新。公元805年，唐顺宗永贞元年。正月二十三日，德宗崩，二十六日皇太子李诵即位，是为唐顺宗。当年八月初九日，顺宗禅位皇太子李纯，是为唐宪宗。顺宗即位时，已得中风病。口不能言，在位只有八个月。一个不能说话的而在位又只有几个月的皇帝，却干了一件惊天动地的大事，改革德宗弊政，吹响了反宦官、反割据的号角，虽然失败了，但这场革新的政治运动在中唐，乃至在中国政治史上产生深远影响，史称永贞革新。主持革新的领袖人物为王伾、王叔文，赞助革新的有韦执谊、韩晔、韩泰、陈谏、柳宗元、刘禹锡、凌准、程异等八人。革新失败，十人全都遭贬，都为远州司马。史又称永贞革新为二王八司马之变。

永贞革新的最高目的是打击宦官和藩镇割据。顺宗为皇太子二十余年，亲身参加奉天保卫战，经历过艰难困苦，对宦官专权和藩镇割据深恶痛绝。对宦官祸国的认识尤深，“未尝以颜色假借宦官”。所以顺宗即位伊始，立即引用王伾、王叔文等人推行改革。永贞革新首先从革除弊政入手。罢进奉、罢宫市、取缔五坊小儿、平反和量移前朝被贬大臣。召陆贽、阳城还京。不过陆贽、阳城还没有等到还京追诏，永贞革新就失败了，陆贽最终死于贬所忠州。

藩镇割据与宦官专政是革新最要害的两个课题。西川节度使韦皋在王叔文当政后，派刘辟到京师威胁利诱王叔文，要求朝廷授命韦皋兼任东川和山南节度使，想领有剑南三川，即西川、东川、山南广大地盘，扩张割据势力。王叔文毫不假借，下令斩杀刘辟，刘辟狼狈逃跑。为了铲除宦官专权，王叔文启用朔方老将范希朝为左右神策、京西诸城镇行营节度使，以韩泰为行军司马，接管宦官手中的兵权。此举被宦官觉察，密令各镇诸将抗拒范希朝、韩泰，事情未果。宦官集团立即发动反扑，与藩镇勾结，内外攻击革新派。西川节度使韦皋、荆南节度使裴均、河东节度严绶，纷纷上表朝廷施压，称顺宗久病，防止王叔文等奸人窃国，要求立太子，让皇太子监国。许多守旧官僚站到宦官集团一边，四月初六日立皇太子，八月初六日皇太子李纯即位，顺宗禅让。宦官集团首领是俱文珍，他釜底抽薪，用宫廷政变废了顺宗。永贞革新宣告失败。

俱文珍发动的宫廷政变，以和平手段冠冕为“禅让”，实际上已开了唐代宦官挟兵权擅废立的恶例。

八司马之贬。被打为王叔文同党遭贬的八司马是：贬韦执谊为崖州司马，贬韩晔为饶州司马，贬韩泰为虔州司马，贬陈谏为台州司马，贬柳宗元为永州司马，贬刘禹锡为朗州司马，贬凌准为连州司马，贬程异为郴州司马。点评八司马之贬，旨在说明永贞革新失败的原因。

永贞革新失败最根本的原因是基础薄弱。表现在两个方面，其一，是顺宗不幸得病，中风相当严重，口不能言，皇帝权威大打折扣，宦官集团发动宫廷政变也以此为借口。其二，是革新集团缺少有名望的文武重臣，也许德宗的猜忌影响太子过于谨慎，未与朝中大臣结缘，只在太子侍读宾友小圈子中培植革新势力，可以说是先天不足。二王八司马资望都不高。王伾，翰林待诏。王叔文，太子侍书。韦执谊，吏部郎中。韩泰，户部郎中。陈谏、柳宗元、刘禹锡、程异，监察御史。凌准，侍御史。韩晔，无职名。比拟于现今官员，多数为司局级，最高副部级。由于革新集团成员资望低，他们主政后官位也不高。王伾为左散骑常侍。王叔文为户部侍郎、判度支盐铁转运副使。韩晔，尚书省司封郎中。韩泰，神策行营节度使行军司马，未到任。陈谏，河中少尹。柳宗元，礼部员外郎。刘禹锡，屯田员外郎。程异，虞部员外郎。凌准，翰林学士。只有韦执谊入相，为中书令。这样一个班底，运转不了朝廷行政机构，只好采取非常手段。革新集团的主将是王叔文，他只能入翰林决策，由王伾入居宫中柿林院，再通过宦官李忠言、嫔妃牛昭容与顺宗联系。新政推行，由王叔文决断，王伾转授，韦执谊在中书为文诰执行。如此运转，极容易被攻击为朋党。根基薄弱是革新集团的致命伤。此外，王叔文躁急，夺宦官兵权，为时太早，甚至与韦执谊发生内讧。策略也不周密，王叔文胸无韬略，既没有去争取太子，也没有利用韦皋做策略性联盟。关键时候，王叔文又丁母忧，革新派倒了大将，没有了主心骨。失败也就是必然的了。

唐纪五十三

唐宪宗元和元年至四年（公元806—公元809）

【起柔兆阉茂（丙戌，公元806年），尽屠维赤奋若（己丑，公元809年）六月，凡三年有奇】

【大事提要】

本卷记事起公元806年，讫公元809年六月，凡三年又六个月。当唐宪宗元和元年到元和四年六月。唐宪宗在唐代算是一位有为之君。他在位十五年，最大的贡献是削弱了藩镇的割据势力，朝廷一度收回了节度使的任免权力，振兴朝纲，出现了新气象。宪宗为皇太孙时，就对藩镇跋扈，切齿于心。即位伊始就把注意力集中在如何削弱藩镇势力上。宪宗初即位，剑南西川节度使韦皋病死，支度副使刘辟自称留后，并要求兼领三川，朝廷拒绝，刘辟乃发兵攻打东川，反叛朝廷。宪宗采用宰相杜黄裳、翰林学士李吉甫的建议，坚定地用武力征讨，活捉了刘辟。接着讨平夏绥兵变，第二年又平定了镇海节度使李锜的叛乱。元和三年（公元808年），又解决了山南东道节度使于頔的割据倾向，使其入朝，长留京师。这些成绩的取得是因为此时宪宗能纳谏用贤。杜黄裳为首辅，正气立于朝，翰林学士白居易、李吉甫等敢直言进谏。宪宗又举贤良言时政，牛僧孺、李宗闵等多有诤言。宪宗又因天旱，下诏降天下系囚，蠲租税，出宫人，绝进奉，禁掠卖，还推倒了宦官吐突承璀迎逢所立的圣德碑。禁边将邀功，结和吐蕃。沙陀人降唐，设置阴山都督府安置之。李师道抗拒朝命得节度，此为策略性姑息。

宪宗昭文章武大圣至神孝皇帝上之上

唐宪宗元和元年（丙戌，公元806年）

春季，正月初一日丙寅，唐宪宗率领朝廷文武群臣去兴庆宫给太上皇进献尊号。

正月初二日丁卯，宪宗下诏赦免天下，改年号。

正月初六日辛未，宪宗任命鄂岳观察使韩皋为奉义节度使。正月初八日癸酉，宪宗任命奉义军留后伊宥为安州刺史兼任安州留后。伊宥是伊慎的独生子。正月十七日壬午，宪宗加授成德军节度使王士真为同平章事。

正月十九日甲申，太上皇在兴庆宫驾崩。

刘辟得到西川节度使的任命后，越发骄横，要求兼管剑南西川、东川和山南西道等地，宪宗不答应。刘辟于是调兵包围梓州，攻打东川节度使李康，想让幕僚卢文若担任东川节度使。推官莆田人林蕴极力劝阻刘辟出兵东川，刘辟大怒，将林蕴套上枷锁，关在监狱中，然后又把林蕴提出来，做出要杀林蕴的样子，又暗中告诫行刑的人不要真杀林蕴，只在林蕴的脖子上用刀刃磨几下，打算这样让林蕴屈服之后，再赦免林蕴。林蕴呵斥道："小子，要杀就杀，我的脖子难道是磨刀石吗？"刘辟对左右的人说："真是忠烈之士啊！"于是将林蕴贬职为唐昌县尉。

宪宗打算讨伐刘辟，但不敢轻易用兵，王公卿相们商议也认为蜀地险固，难以攻下，只有杜黄裳一个人说："刘辟是一个狂妄、蠢笨的书生，打败刘辟就像拾取草芥一样容易。据我了解，神策军使高崇文既勇敢，又有谋略，可以重用，希望陛下将军事大权全部交给高崇文，不要设置监军，刘辟一定会被活捉的。"宪宗采纳了杜黄裳的意见。翰林学士李吉甫也劝宪宗讨伐蜀地，宪宗因此而器重李吉甫。正月二十三日戊子，宪宗命令左神策军行营节度使高崇文率领步骑五千人为前头部队，神策军京西行营兵马使李元奕率领步骑二千人为后续部队，与山南西道节度使严砺一同讨伐刘辟。当时朝廷中的老将，声名和地位很重的人有很多，都称自己应当是征讨蜀地军事首领的人选。后来宪宗下诏任用高崇文为帅，大家都大吃一惊。

宪宗与杜黄裳讨论藩镇割据的问题，杜黄裳说："德宗皇帝自从经历了朱泚作乱的忧患之后，一味地姑息各军镇，不在节度使还活着时任命别的人来代替。节度使有去世的，就派遣宫中宦官使者去察看军中的情势，将节度使授给人心所归的人。宫中宦官使者有的接受了大将的贿赂，回朝廷后就为这个人美言，德宗皇帝就将节度使职务授给这个人，对节度使的任命，没有一个人选是出自朝廷意见的。陛下一定要整顿纲纪，那么就应该渐渐地用纲纪法度来约束和削弱藩镇，这样天下就可以太平了。"宪宗认为杜黄裳讲得非常正确，于是就开始调派兵讨伐蜀地，终于使朝廷的威严遍及河北、河南各地，这都是从杜黄裳的建议开始的。

（以上为第一段，写唐宪宗振举朝纲，裁制藩镇，发兵讨西川。）

高崇文驻扎在长武城，训练了五千士兵，经常就像敌人来了那样做好战斗准备。在卯时接受诏令，辰时就可以出发，武器装备和粮食草料，一样都不缺少。正月二十九日甲午，高崇文从斜谷出兵，李远奕从骆谷出兵，两支军队一同赴向梓州城。高崇文的军队到了兴元府，途中，将士们在旅店吃饭，有人把主人的汤匙、筷子折断了，高崇文就将这人斩首示众。

刘辟攻下了梓州，抓住了东川节度使李康。二月，严砺攻下了剑州，杀了剑州刺史文德昭。

奚王诲落可进京朝见。二月初三日丁酉，宪宗封诲落可为饶乐郡王，打发诲落可回去了。

二月十九日癸丑，宪宗加授魏博节度使田季安为同平章事。

二月二十四日戊午，宪宗与宰相们讨论治国问题，宪宗说：“自古以来的帝王，有的处理国家大事勤勤恳恳，有的清闲拱手，无为而治，他们各自都有成功和失败的地方，应该怎么办才好呢？”杜黄裳回答说：“君王对上，要承担天和先祖们所赋予的使命，对下要安抚天下百姓和周边各族，朝朝夕夕，忧劳辛苦，自然不能够自求清闲，自我享乐。但是君王与臣下之间有区别，纲常法纪有一定的秩序。如果君王能够慎重地选择天下的贤才而任用他们，有功劳的就奖赏，有罪过的就惩罚，选拔和任用都很公正，奖赏和惩罚都讲求信用，那么谁又能不尽力地为朝廷效劳，朝廷有什么目标不能实现呢？圣明的君王在寻求贤才方面十分辛劳，但在任用了贤才之后又十分安逸，这就是虞舜能够清静无为，却达到天下大治的缘故。至于处理诉讼囚犯和钱财方面的琐碎事情，各自有相关部门负责，不是君王应该亲自处理的事。从前秦始皇每天用衡器称量一天要批阅的奏章，魏明帝亲自到尚书省去检查具体事务，隋文帝勤于政事，连吃饭都是卫士送来，但对当时的治理没有什么补益，反而受到后世的讥笑，他们的耳朵、眼睛、形体、精神不能说不勤奋和辛苦，但他们所致力做的事情，并不是他们应该做的。说起来作为君王忧患的是不能对臣下推心置腹，作为人臣忧患的是不能对君王竭尽忠心。君王怀疑臣下，臣下欺骗君王，这样想求得天下太平无事，那不也是很难的吗？”宪宗认为杜黄裳说得很有道理。

（以上为第二段，写唐宪宗与杜黄裳论治国之道，人君有为不在劳逸，关键是任贤而不疑，人主推诚，人臣尽忠，国无不治。）

三月初三日丙寅，宪宗任命神策军京西行营节度使范希朝为右金吾大将军。

高崇文带兵从阆州赶赴梓州，刘辟的将领邢泚带兵逃跑，高崇文率军进驻梓州城。刘辟向高崇文交还李康，以求为自己洗刷罪责，因为李康丧军失城，高崇文就将李康杀了。

三月十二日丙子，严砺上奏朝廷说已经攻下了梓州。三月十三日丁丑，宪宗下制书削夺了刘辟的官职和爵位。

当初，韩全义进京入朝，让外甥杨惠琳代理夏绥的留后事务。宰相杜黄裳认为韩全义出征打了败仗，回来后又假称脚有病不去朝拜皇帝，有失恭敬，所以就直接让韩全义退休，而任命右骁卫将军李演为夏绥节度使。杨惠琳让全军戒备，拒绝李演上任，还上表称“将士们逼迫我做节度使”。河东节度使严绶上表朝廷请求征讨杨惠琳。宪宗下诏命令河东军和天德军夹击杨惠琳。严绶派遣牙将阿跌光进和弟弟阿跌光颜率兵前去讨伐杨惠琳。阿跌光进本是河曲一带的步落稽人，兄弟俩在河东军中，都以勇敢而闻名。三月十七日辛巳，夏州兵马使张承金杀了杨惠琳，将杨惠琳的首级传到京城长安。

东川节度使韦丹去上任到了汉中，上表朝廷称：“高崇文率领外地军队长途远征，没有什么可依靠，如果把梓州给他管辖，可以维系和团结将士，这样一定可以立功。”夏季，四月初四日丁酉，宪宗任命高崇文为东川节度副使，暂时代理节度使的职权。

潘孟阳所到之处，一味地游玩，跟随他的仆人有三百人，收受了很多贿赂。宪宗听说这事之后，四月十一日甲辰，任命潘孟阳为大理卿，停止了潘孟阳度支、盐铁转运副使的职务。

四月十三日丙午，宪宗亲自考试特别优秀的人才，在这次考试中，校书郎元稹、监察御史独孤郁、校书郎下邽人白居易、前进士萧俛、沈传师都脱颖而出。独孤郁是独孤及的儿子。萧俛是萧华的孙子。沈传师是沈既济的儿子。

宰相杜佑请求解除自己主管财赋的职务，还向宪宗推荐兵部侍郎、度支使、盐铁转运副使李巽来代替自己主管财赋的职务。四月十四日丁未，宪宗加授杜佑为司徒，免除他的盐铁转运使职务，任命李巽为度支、盐铁转运使。自刘晏之后，担当度支、盐铁转运使职务的人，没有一个人赶得上刘晏的。但李巽在位一年，征收的赋税收入就有刘晏时那么多，第二年超过了刘晏，第三年比刘晏时多收一百八十万缗。

（以上为第三段，写唐宪宗讨平夏绥军乱，李巽善理财，比肩刘晏。）

四月十五日戊申，宪宗加官陇右经略使、秦州刺史刘澭为保义军节度使。

四月二十八日辛酉，宪宗任命元稹为左拾遗，任命白居易为盩厔县尉、集贤校理，任命萧俛为右拾遗，任命沈传师为校书郎。

元稹上疏讨论谏官职责，认为：“从前太宗皇帝任命王珪、魏徵为谏官，无论是宴会、游玩，还是吃饭睡觉，从来都让他们跟在身边，又下令三品以上的大臣入朝商议国家大事，一定派一名谏官跟着，以便评论意见的正确和错误，所以政治清明，天下大治。现在的谏官，从大处上说，得不到陛下的召见，从小的方面说，不能参与时政，平日只是排在百官的行列中，朝见参拜天子而已。近年以来不让在正殿陈奏事情，轮流召见百官，回答问题的制度也停止了，谏官能奉行自己职责的地方，只有在诏命不太合适时，上密封的奏章劝谏而已。君臣之间，臣下在君王过失还没有出现的时候，就在无形之中加以劝谏、暗示，即便是筹划得极为周密，还不能使君王回心转意，更何况是已经颁布的诏令，已经宣布了的官职委任，要想通过谏官短短的一尺左右的奏章就能让君王收回诏令，那实在是太难了啊。希望陛下能经常在延英殿召见谏官，回答各种问题，让他们把心中的意见都讲出来，既然把他们安置在谏官的位子上，又怎能忽视疏远他们呢？”

没过多久，元稹又上疏，认为：“国家无论是治理或是动乱，一定都有征兆。君王打开直言劝谏的通路，拓宽接纳意见的范围，这就是达到政治清明、天下大治的征兆。君王喜欢听阿谀奉承的话，被周围亲信的人蒙蔽，那就是天下将要大乱的迹象。自古以来，君王在继位的开初，一定有敢于直言进谏的人士，君王如果接受了他的建议，并奖赏他，那么正人君子们就乐于为他们所追求的理想而奉献，而世俗小人也乐于进言得利，不做奸邪的事情了。这样一来，君王和臣下的心意相通，幽隐、遥远地方的事情也能上达朝廷，能不政治清明吗？如果拒绝直言之士的意见，而且治他的罪，那么正人君子就会闭口不言政事，隐退保身了，世俗的小人便会出来曲意迎合上面的意见，窃居本该是正人君子的地位了。这样一来，即使是君王周围的事情，都可以欺瞒下去，要想不扰乱天下，那能做到吗？从前太宗皇帝刚即位的时候，孙伏伽因为小事情向皇上劝谏，太宗皇帝十分高兴，重重地赏赐了孙伏伽。因此，在那个时候，谈论政事的人所担心的只是谈得不够深刻和切中要害，从来没有以触犯什么忌讳担忧过。太宗皇帝难道是喜欢不同意见和厌恶臣下顺从自己的心思吗？实在是因为臣下顺适心意所得的快乐小，而国家危亡的祸患大的缘故啊。陛下继承皇位，现在已经一年了，还没有听说有像孙伏伽那样受奖赏的人。我们身居谏官的位置，整天整年地浪费时间，从没得到过陛下的召见，次第站在上朝大臣的行列中，总是屏住呼吸，毕恭毕敬地弯着腰，连对陛下都不敢仰视，哪里还有时间来议论朝政的得失，向陛下进献自己的意见呢？像我们这些供奉官尚且如此，何况那些受疏远的臣子呢？这都是群臣因袭旧习惯的过失啊。”于是逐条地陈奏请求皇帝依次召见群臣问话、恢复正殿中奏事、禁止臣下违背时令额外进贡等十件事。

元稹又以贞元年间王伾、王叔文以雕虫小技得到东宫太子的宠信，在永贞年间几乎祸乱天下为事例，上奏疏劝宪宗尽早选择德操清正的读书人辅导各位皇子，说：“太宗皇帝自从做藩王时候起，就与十八位博学雅文、德行清高的人住在一起。后来各代的皇太子、诸王，虽然也有幕僚人员，但他们却一天天受轻视和疏远，至于负责教育的师傅官职，不是眼花耳聋，废残病重不能干事的人，就是军队中退休和罢免了将帅职务不识字的人担任着。而各王府中的宾客、司议郎、谕德、赞善等身负辅导之责的官员，尤其为闲散之职，士大夫们都觉得担任这些官职是一种耻辱。即便是有时能找到没见过什么世面的老儒生来担任这种官职，往往是每过一个多月，仅能召见一次，他们哪有时间来用道德义理辅导诸王，使他深知国家的法令制度呢？即便是地位卑微的人士爱他们的儿子，也还知道寻找通晓事理的老师来教导，何况皇太子、诸王都是天子的后嗣，事关国家前途命运呢？”宪宗对元稹的建议十分嘉许，采纳了不少意见，并且经常召见元稹。

四月二十九日壬戌，邵王李约去世。

（以上为第四段，写新科制举进士元稹任左拾遗，连上数奏言事，论谏臣职责，论皇子教育，唐宪宗嘉纳其言。）

五月十三日丙子，宪宗任命横海军留后程执恭为节度使。

五月十七日庚辰，尚书左丞，同平章事郑余庆被罢免宰相职务，降职为太子宾客。

五月二十八日辛卯，尊奉太上皇后为皇太后。

刘辟在鹿头关修城堡，将八座营栅连在一起，在此驻扎兵力一万多人抵抗高崇文。六月初五日丁酉，高崇文把刘辟打败。刘辟又在鹿头关的东边万胜堆一带修建营栅。六月初六日戊戌，高崇文派遣猛将范阳人高霞寓率兵攻占了万胜堆，在万胜堆可以俯视鹿头关全城。总共交战八次，高崇文都打了胜仗。

宪宗加授卢龙节度使刘济兼任侍中。六月初七日己亥，加授平卢节度使李师古兼任侍中。

六月初八日庚子，高崇文在德阳打败了刘辟。六月十一日癸卯，又在汉州打败刘辟。严砺派遣将领严秦率兵在绵州的石碑谷打败了刘辟的一万多人。

当初，李师古有个异母弟弟叫李师道，经常遭到疏远冷落，排斥在外地，难免贫困潦倒。李师古私下对亲近的人说："我并不是不爱护我的弟弟师道，我年仅十五岁就做了节度使，自己常常恨自己不知道耕种和收获的艰难。何况师道又小我几岁，我想让他知道衣食是从哪里来的，将把州县城的事务交给他管理，我猜想各位一定没有看出我的用意来。"后来李师古病得极厉害，李师道当时主持密州政务，喜欢画画和吹奏胡族人的乐器觱篥。李师古对判官高沐、李公度说："乘我神志还清醒的时候，我想询问一下你们。如果我死了，那你们将拥立谁作军中主帅呢？"两人对视了半天，没有回答。李师古说："那难道不是李师道吗？人之常情，谁肯亏待自己的兄弟骨肉，而厚待其他人呢？只是主帅人选不合适，不但败坏了军政大事，而且将会倾覆我们全族。李师道身为公侯的后代，不致力于训练军队，治理百姓，专门学习些小人们干的卑贱勾当，以此作为自己的才能，他果真能够胜任主帅的职权吗？希望你们仔细审察考虑吧！"闰六月初一日壬戌，李师古去世。高沐、李公度将丧事封锁下来，暗中派人去密州迎接李师道，拥立李师道担任节度副使。

秋季，七月癸丑（疑误）这一天，高崇文在玄武打败了刘辟的一万多人。七月初三日甲午，宪宗下诏命令："凡是相继赴西川增援的军队，一概都要听高崇文指挥调遣。"

七月十一日壬寅，下葬至德大圣大安孝皇帝于丰陵，庙号为顺宗。

八月初二日壬戌，宪宗册封妃子郭氏为贵妃。

八月初七日丁卯，宪宗册立皇子李宁为邓王，李宽为澧王，李宥为遂王，李察为深王，李寰为洋王，李寮为绛王，李审为建王。

李师道总揽军中事务，过了很长时间，朝廷的任命还没有下来。李师道与将吏僚佐们商量办法，有的人建议出兵向周边各地的邻境去抢掠，高沐坚决劝止，请求李师道向朝廷上缴两税，申请委派官吏，执行朝廷的食盐专卖法，一个接一个地派遣使者带着表章去京城。宰相杜黄裳请求皇帝乘李师道还没有稳定的时候，分散李师道的权力。宪宗认为刘辟还没有平定，于是在八月初九日己巳，任命李师道为平卢留后，并掌管郓州事务。

堂后主书滑涣长时间在中书省供职，与负责机密事务的刘光琦勾结，宰相们在议事中有与刘光琦意见不同的人，刘光琦便让滑涣传达自己的意图，经常能够得到满足，杜佑、郑絪等都低声下气，很友好地对待滑涣。郑余庆与各位宰相商议政事，滑涣从旁指点是非，郑余庆愤怒地斥责了滑涣。没过多久，郑余庆就被罢免了宰相职务。各地给滑涣行贿、赠送东西的事情，没有一天停止过，中书舍人李吉甫上奏说滑涣肆意专权，请求罢免滑涣。宪宗命令宰相们关闭中书省衙门，进行突然搜查，滑涣奸邪的罪状全都暴露出来了。九月十一日辛丑，宪宗将滑涣贬职为雷州司户，不久就下令滑涣自杀，抄没了滑涣的家产，滑涣的家财总共有数千万缗。

九月十二日壬寅，高崇文又在鹿头打败了刘辟的军队，严秦又在神泉打败了刘辟的军队。河东军的将领阿跌光颜率兵与高崇文在行营相会，耽误了一天时间，因为害怕军法制裁，就想通过深入敌境来赎罪，率军驻扎在鹿头的西边，断绝了刘辟军队的运粮之路，在鹿头关内的人又忧虑，又害怕。于是，刘辟军队的绵江营栅的守卫将领李文悦和鹿头关的守卫将领仇良辅都带着全城人马向高崇文投降了，还活捉了刘辟的女婿苏强，刘辟的士兵投降的人数以万计。高崇文于是长驱直入。九月二十一日辛亥，攻下了成都。刘辟、卢文若率领几十个骑兵向西逃奔吐蕃，高崇文派高霞寓等人追击，在羊灌田这个地方追上了他们，刘辟投江自杀，没有淹死，被活捉。卢文若先杀了妻儿老小，然后把石头系在身上投水自杀。高崇文进入成都之后，将军队驻扎在交通要道上，让士兵们休整，市中的商铺和行人不受惊扰，珍奇的货物像山一样堆积着，但高崇文的军队却秋毫不犯，高崇文将刘辟装进槛车，送往京城。杀了刘辟的大将邢泚和馆驿巡官沈衍，其他的人一概不问。西川军府中的事情，无论大小，高崇文下令一律遵循南康郡王韦皋时期的旧例，从容不迫地指挥，整个西川境内都平定下来。

当初，韦皋任命西山运粮使崔从主持邛州事务，刘辟反叛朝廷，崔从写信去劝阻刘辟，但刘辟却调兵来攻打，崔从据城坚守。直到刘辟失败，才得以幸免。崔从是武后时期文人崔融的曾孙。

韦皋的参谋辅佐房式、韦乾度、独孤密、符载、郗士美、段文昌等人都穿着白色衣服和麻鞋，口里含着土块请求宽恕。高崇文将他们都释放了，而且对他们以礼相待，还草拟表章向朝廷推荐房式等人，送给他们很多钱财，打发他们走了。高崇文看着段文昌说："你今后一定会做将相，所以我不敢推荐你。"符载是庐山人。房式是肃宗皇帝时宰相房琯的侄儿。段文昌是唐代开国功臣段志玄的玄孙。

刘辟有两个侍妾，都长得绝顶美艳，监军请求高崇文将她们进献给宫廷，高崇文说："天子命令我讨伐平定凶恶的叛逆，我应当以安抚百姓为首要任务，立即向宫廷进献妇人，讨好天子，这难道是天子的本意吗？我高崇文本着一个义字，不能这样做。"于是就将这两个美妾许配给将吏中还没有妻子的人。

杜黄裳建议讨伐蜀地以及向高崇文指示的战略，都与事情的发展完全符合。高崇文一向害怕刘澭，杜黄裳就派人对高崇文说："你如果不能取胜，那就要让刘澭取代你。"所以，高崇文能够拼死力战。蜀地平定以后，宰相们向宪宗祝贺，宪宗看着杜黄裳说："这都是你的功劳啊！"

辛巳这一天，宪宗下诏征聘少室山人李渤担任左拾遗，李渤以有病为借口推辞了，但是朝廷政事中有成功和失败的地方，李渤随时寄上奏疏，陈述自己的意见。

冬季，十月初五日甲子，易定节度使张茂昭进京入朝。

宪宗下制书将资、简、陵、荣、昌、泸六州分割出来，隶属于东川节度使管辖。房式等人还没有到京城长安，都被宪宗任命为省寺官。十月初七日丙寅，宪宗任命高崇文为西川节度使。十月初九日戊辰，宪宗任命严砺为东川节度使。

十月十一日庚午，宪宗任命将作监柳晟为山南西道节度使。柳晟到了汉中，被征调去讨伐刘辟的汉中府兵返回，他们还没有进城，宪宗又下诏调派他们回去戍守梓州。将士们大为愤怒，胁迫监军，准备叛乱。柳晟听说这事之后，快鞭策马，急速进城，慰问犒劳这些将士，一会儿，柳晟问将士们说："你们为什么能取得成功呢？"将士们回答说："这是因为去杀反叛的刘辟。"柳晟说："刘辟因为不接受诏命，所以你们能够立功，怎么能又让别的人来杀你们而作为他们的功劳呢？"将士们都向柳晟行礼谢罪，请求像诏书命令的那样去守卫梓州。军府这样才获得了安定。

十月二十三日壬申，宪宗任命平卢留后李师道为节度使。

十月二十九日戊子，刘辟被押到长安，和他的族人、同党一起被杀。

武宁军节度使张愔得了重病，上表朝廷请求派人代替自己。十一月十九日戊申，宪宗征召张愔担任工部尚书，派东都洛阳留守王绍去接替节度使，又把濠州、泗州重新划归武宁军管辖。徐州地的人因为得到这两个州很高兴，所以没有发生变乱。

十一月二十七日丙辰，宪宗任命内常侍吐突承璀为左神策军护军中尉。吐突承璀在宪宗还在做东宫太子的时候侍奉过，因办事干练、敏捷得到了宪宗的宠信。

这一年，回鹘入京朝贡，开始带着摩尼教的僧人一起来，朝廷在国内建立寺庙让他们居住。摩尼教的教规规定，天快黑下来的时候才开始进食，能够吃荤腥的肉菜，但不吃奶酪。回鹘人信奉摩尼教，可汗有时还与僧人一起商议国家大事。

（以上为第五段，写平卢节度使李师道抗拒朝命得节度，为其失败张本。高崇文平定西川。)

唐宪宗元和二年(丁亥,公元807年)

春季,正月,辛卯,宪宗祭祀圜丘,大赦天下。

宪宗因杜佑年迈,品德高尚,以隆重的礼数对待他,经常称呼他为司徒,而不直呼其名。杜佑因年老多病,请求退休,宪宗颁诏令杜佑每月来朝廷朝见不超过两三次,并趁此机会前往中书省计议重大的政务。其他日子准许他回到樊川府第。

门下侍郎、同平章事杜黄裳,具有经国济民的远大谋略,但对生活小事不加检点,所以没有能够长期保持宰相的职位。乙巳,宪宗让杜黄裳挂衔同平章事,充任河中、晋、绛、慈、隰节度使。己酉,宪宗任命户部侍郎武元衡为门下侍郎,翰林学士李吉甫为中书侍郎,两人一并同平章事。李吉甫得知消息以后,感动得哭了,他告诉中书舍人裴垍说:“我漂泊江、淮,穷困失意,超过了十五年,现在忽然蒙受朝廷的恩典达到如此地步。我想到的报答朝廷恩德的途径,只有引进贤明之士,但是我很少接触并结识朝廷中后来入仕的人们。您是善于识别人才的,希望您向我讲出您的所有意见。”于是,裴垍拿起笔来,开列了三十多人的名单。在几个月内,李吉甫将这些人几乎都选拔起用了,当时人们纷纷称道李吉甫用人得当。

二月,癸酉,邕州奏报击败黄氏乱民,俘获了他们的酋长黄承庆。

夏季,四月,甲子,宪宗任命右金吾大将军范希朝为朔方、灵、盐节度使,将右神策军、盐州、定远的兵马归属给他,为的是以此革除以往的弊病,由朝廷直接任命驻守边塞的将领。

(以上为第六段,写杜黄裳因不修小节而失相位,继任者李吉甫用人举贤。)

秋季,八月,刘济、王士真、张茂昭因为私人之间的怨仇争端,一个接一个地向朝廷上奏章,要求将对方治罪。八月二十一日戊寅,宪宗任命给事中房式为幽州、成德、义武宣慰使,去调解他们之间的关系。

九月初一日乙酉,密王李绸去世。

夏州的杨惠琳、西川的刘辟被平定后,各地的军镇都诚惶诚恐,很多人都请求进京入朝。镇海节度使李锜也惴惴不安,要求进京入朝,宪宗同意了,派宫中宦官使者去京口安抚慰问他,而且犒劳他的将士们。李锜虽然任命判官王澹为留后,其实没有离开京口去京城的意思,多次改变出发日期,王澹与朝廷的使者多次劝导他,李锜很不高兴,上表朝廷,声称有病,请到了年底再入朝。宪宗就这事问宰相们的意见,武元衡说:“陛下即位不久,李锜要求入朝就准许入朝,要求停止入朝就准许停止入朝,这个决定权在李锜那里,这样下去,怎么能号令天下呢?”宪宗觉得武元衡说的对,于是下令征召李锜入朝。李锜欺诈的伎俩用尽,于是策划反叛朝廷。

王澹掌管留后事务后，对军府中的制度和人事都有改动，李锜内心更加气愤，暗中指使卫兵杀死王澹。正好给将士们发冬装，李锜在帐帷中坐着，四周戒备森严，王澹与朝廷的使者进去见李锜，有几百名士兵在门庭内鼓噪说：“王澹是什么东西，竟敢擅自主持军中事务？”将王澹拉出去，剐成碎片吃了。大将赵琦出来劝阻，也被士兵们剐成碎片吃了。士兵们将刀刃对着朝廷使者的脖子，痛骂朝廷使者，准备把使者也杀了。李锜假装大吃一惊，将使者救了。

冬季，十月初五日己未，宪宗下诏征召李锜入朝担任左仆射，委任御史大夫李元素为镇海节度使。十月初六日庚申，李锜上表朝廷说军队发生了哗变，杀了留后和大将。在这之前，李锜挑选心腹亲信五人担任管辖之内的五个州和镇守将领，姚志安在苏州，李深在常州，赵惟忠在湖州，丘自昌在杭州，高肃在睦州，各自带兵几千人，观察刺史们的动静。到这个时候，李锜派人通知他们，让他们各自杀了本州刺史，又派遣牙将庾伯良率兵三千人去修建石头城。常州刺史颜防运用宾客李云的计策，假称皇帝有命令担任招讨副使，杀了李深，向苏州、杭州、湖州、睦州传送檄文，请他们共同讨伐李锜。湖州刺史辛秘暗中招募乡下子弟几百人，乘夜袭击了赵惟忠的营地，杀了赵惟忠。苏州刺史李素被姚志安打败，姚志安将李素用枷锁锁住，钉挂在船舷上，要将李素活着送给李锜，船还没有到京口，正好李锜吃了败仗，李素才得以免于一死。

十月十一日乙丑，宪宗下制书，削除了李锜的官职爵位和皇室的名籍。任命淮南节度使王锷为招讨处置使，统率各道军队。征调宣武军、武宁军和武昌军的兵马以及淮南军和宣歙的军队从宣州出发，征调江西的军队从信州出发，浙东的军队从杭州出发，一同讨伐李锜。

高崇文在蜀地担任西川节度使满了一年，有一天早晨，对监军说：“我高崇文，不过是河朔地区的一个士兵，侥幸为国家立了功，才有了现在这一地位。西川是宰相回旋翱翔的地方，我高崇文在此愧居太久了，哪能心安理得呢？”多次向朝廷上表称：“蜀地平安无事，在这里没有可以尽力的地方，我希望到边疆为国家拼死效力。”宪宗选择可以去代替高崇文的人，感到很难找到合适的人选。十月十三日丁卯，宪宗任命门下侍郎、同平章事武元衡仍任同平章事，充任西川节度使。

李锜认为宣州物产丰盛，打算先攻占这里，于是派遣兵马使张子良、李奉仙、田少卿率兵三千人去袭击。他们三人知道李锜肯定会失败，就与牙将裴行立共同商议讨伐李锜。裴行立是李锜的外甥，所以对李锜的各种暗中策划全都知道。张子良等三人率兵在城外扎营，在即将出发的时候，他们召集将士们，劝导说：“李仆射反叛朝廷，朝廷的军队已聚集在我们四周，常州、湖州的守将相继被杀，李仆射的处境已经十分艰难了。现今让我们长途跋涉，去攻占宣城，我们为什么要追随他遭灭族呢？不如离开逆贼，归顺朝廷，那不就是转祸为福吗？”将士们都很高兴，答应脱离李锜。当天晚上，军队又回到城下。裴行立在城下举着火把呐喊，在城内响应，带兵直奔军府的牙门而去。李锜听说张子良等人起兵反叛他，十分恼怒，又听说裴行立也起兵响应，捶着胸脯说："我还有什么指望呢？"赤着脚逃走，躲藏到楼下。李锜的亲信将领李钧带领着三百名"挽强"弓箭手奔到山亭上面，准备应战，被裴行立设下的伏兵拦腰斩杀了。李锜的全家都号啕痛哭，随从们抓住了李锜，用幕帐布将李锜裹了起来，用绳子系着吊下城去，用枷锁锁着押送京师。李锜组建的特种军"挽强"、"蕃落"都争相自杀，尸首互相压叠在一起。十月十九日癸酉，镇海军被平定的事上奏到朝廷。十月二十一日乙亥，朝廷文武群臣在紫宸殿向宪宗道贺平定了叛乱。宪宗十分忧伤地说："这都是朕的不德，以至国内不断有人犯上作乱，朕很惭愧啊，有什么值得祝贺的呢？"

宰相们商议要杀掉李锜堂兄弟姊妹以上的亲属，兵部郎中蒋乂说："李锜堂兄弟姊妹以上的亲属，都是淮安靖王李神通的后代。淮安王有辅佐太祖、太宗创建国家的功勋，他死后享受陪葬献陵，神主配祀于高祖祠庙的待遇，怎么能以他后世一个不成器的子孙的罪过来连累他的盛名呢？"宰相们商议要杀了李锜的兄弟，蒋乂说："李锜的兄弟，是已故都统李国贞的儿子，李国贞为朝廷献出了生命，怎么能让李国贞没有后代来祭祀呢？"宰相们觉得蒋乂说的有道理。十月二十七日辛巳，将李锜的堂兄弟、担任宋州刺史的李铦等人都只是贬职流放。

十一月初一日甲申，李锜被押解到京城长安。宪宗来到兴安门，当面责问李锜。李锜回答说："臣最初没有造反，这都是张子良等人教臣这样做的。"宪宗说："卿是镇海军的元帅，张子良等人阴谋造反，为什么不杀他们，然后进京入朝呢？"李锜答不出话来。宪宗于是下令将李锜及其儿子李师回一起腰斩。

主管部门请求毁掉李锜祖坟和家祠，中丞卢坦上奏说："李锜父子受到诛杀，已经就抵偿罪过了。从前汉代诛杀了霍禹，但不加罪于霍光，本朝之初，杀了房遗爱，但不加罪于房玄龄。《康诰》说：'父子兄弟之间，有罪受罚，互相不牵连。'况且是李锜犯罪，怎么能牵连到他的五世祖呢？"李锜的祖坟和家祠这才没有被毁掉。

主管部门抄没了李锜的家产送往京城。翰林学士裴垍、李绛上奏说："李锜逾越他的本分，奢侈豪华，盘剥搜刮六州的老百姓，让自己一家富有，甚至滥杀无罪之人，以剥夺他们的财产。陛下怜悯老百姓们告状无门，所以派兵讨伐并杀了李锜，现在将李锜的钱财用车送到京城长安，恐怕会使天下的百姓们失望。希望陛下将李锜的家产赏赐给浙西各州的百姓们，用它来代交今年的田租赋税。"宪宗嘉许、感慨了很长时间，随即就采纳了他们的意见。

昭义军节度使卢从史，私下与王士真和刘济暗中勾通，而表面上又向朝廷献计献策，请求去攻打太行山东边的魏博、恒冀等军镇，并且擅自带兵东出太行山。宪宗下诏命令卢从史回原地，卢从史以要到邢州、洺州获取粮食为借口，不按规定时间服从诏令。过了很久，才率兵回到原地。

（以上为第七段，写镇海节度使李锜叛乱，旋即被讨灭。）

有一天，宪宗在浴堂殿召见李绛问话，宪宗对李绛说："有件非常奇怪的事情，我本来不想说出来。朕曾经与郑絪商议下诏命令卢从史回上党去，然后再征召入朝。郑絪却将这一秘密泄露给了卢从史，让卢从史声称上党缺乏粮食，而去太行山东边获取给养。一个重要的官员竟然如此辜负朕，那将怎么处置呢？"李绛回答说："如果真的是这样的话，诛灭了郑絪的全族都还有余罪！但是郑絪、卢从史一定不会自己把这件事说出来，那么，陛下是从什么地方得到这一消息的呢？"宪宗说："这是李吉甫秘密上奏说的。"李绛说："臣私下听到士大夫们议论，都称赞郑絪是德行高尚的官员，恐怕郑絪一定不会这样做的。可能是同僚想独揽朝廷大权，嫉忌郑絪得到陛下宠信和位置排在自己前面的缘故，希望陛下再仔细地考察一下，不要让人说陛下相信诬陷之词！"宪宗沉思了很久说："确实如此，郑絪一定不会这样做。如果不是你提醒，朕几乎要对郑絪做出错误的处分了。"

宪宗还曾从容地向李绛询问说："谏官们往往毁谤朝廷的大政，全都没有事实根据，朕打算将其中一二个突出的人贬职流放，借以警告其他人，你看怎么样？"李绛回答说："这大概不是陛下的意思，一定有奸邪的臣子想蒙蔽和掩盖陛下对天下情况的视听。做人臣的生与死，完全由君主的喜怒来决定，敢于向君王开口劝谏的人能有几个呢？即便是对要劝谏的事情，都是白天揣摸，晚上思考，早上删改，晚上省减，反复思量的，等到要上达到君主之手时，内容已经是原稿的十分之二三了。因此君主努力不懈地要求谏官们上言劝谏，谏官也还是害怕，不敢劝谏，更何况要加罪于他们呢？这样一来，就是封住了天下人的嘴巴，这不是国家的福。"宪宗觉得李绛说得很好，就打消了惩罚谏官的念头。

朝廷群臣请求为宪宗上尊号"睿圣文武皇帝"。十一月十三日丙申，宪宗同意了。

担任盩厔县尉和集贤校理的白居易创作乐府和诗歌一百多篇，规劝和讽刺当时的政事，这些作品流传到了宫中，宪宗见了很喜欢，征召白居易到翰林院做了学士。

十二月初三日丙辰，宪宗对宰相们说："太宗皇帝天资英明神圣，群臣中劝谏的人还再三再四地对事情反复劝谏，何况我孤陋寡闻、平庸愚昧呢？从今以后，凡是有事情做得不对的，你们应当将事情原原本本地说出来，不要只说十分之一二的意见就算了。"

十二月十三日丙寅，宪宗任命高崇文为同平章事，担任邠宁节度使和京城西边各支军队的都统职务。

（以上为第八段，写李绛善应对，劝宪宗纳谏，宪宗心悦而从之。）

山南东道节度使于頔害怕宪宗的英明和兵威，为儿子于季友请求娶公主为妻，宪宗把女儿普宁公主许配给于季友。翰林学士李绛劝谏皇帝说：“于頔是胡人。于季友是于頔庶出的儿子，没有资格娶陛下的女儿，应该为公主另外选择高门第的优秀人才。”宪宗说：“这其中缘由不是你能知道的。”十二月二十六日己卯，宪宗将普宁公主嫁给于季友，对于季友的恩典和礼遇十分隆重，完全出乎于頔的意料之外，非常高兴。不久，宪宗让人去劝导于頔入朝谢恩，于頔于是就遵命入朝了。

这一年，李吉甫编撰《元和国计簿》进呈给宪宗，这本书总共记载了天下的四十八个军镇二百九十五个州府，一千四百五十三个县的情况。除了凤翔、鄜坊、邠宁、振武、泾原、银夏、灵盐、河东、易定、魏博、镇冀、范阳、沧景、淮西、淄青等十五道七十一个州没有申报户口外，每年的赋税征收只得靠浙江东、浙江西、宣歙、淮南、江西、鄂岳、福建、湖南八个道四十九个州了，这里总共有一百四十四万编户，比天宝年间缴税的户口减少了四分之三。天下的军队完全依靠国库供应的有八十三万人，比天宝年间增加了三分之一，大概每二户人家要供养一个士兵。水灾、旱灾的损失，临时征调的税收，还不包括在内。

（以上为第九段，写宪宗时，唐王朝户口减四分之三，而常备兵三分增一，大率两户养一兵，民不堪命。）

唐宪宗元和三年（戊子，公元 808 年）

春季，正月十一日癸巳，朝廷文武群臣给宪宗上尊号为“睿圣文武皇帝”。宪宗大赦天下，并宣布：“从今以后，地方长官进京朝见，不准进献钱财物品。”知枢密刘光琦上奏分别派遣使者带着赦令到各道去，刘光琦的小算盘是准备分得各使者们接受的馈赠，翰林学士裴垍和李绛上奏说：“朝廷派出的使者所到之处都会给各地带来麻烦和骚扰，不如只交给驿站快速传递。”宪宗采纳了他们的意见。刘光琦说这是以前的惯例，宪宗说：“惯例是好的就依从，如果不好，那为什么不改正过来呢？”

镇守临泾的将领郝玼认为临泾地区地势险要，水草肥美，吐蕃军队如果侵犯边疆，就肯定会在这里驻扎，郝玼把这一想法对泾原节度使段祐说了，段祐向宪宗上奏后在临泾修建城堡，从此以后，泾原地区平安无事。

二月二十六日戊寅，咸安大长公主在回鹘去世。三月，回鹘腾里可汗去世。

三月十一日癸巳，郇王李总去世。

三月二十九日辛亥，御史中丞卢坦上奏弹劾前山南西道节度使柳晟、前浙东观察使阎济美违犯了宪宗的赦令，向宫廷进献财物。宪宗召见卢坦，给予褒奖、安慰，说：“朕已经免了他们的罪，不能失掉了信用。”卢坦说：“把赦令向四海之内宣布，是陛下的最大信用。柳晟等人不害怕陛下的法令，陛下为什么只讲小的信用，而不讲大的信用呢？”宪宗于是命令把他们进献的财物交给有关部门。

夏季，四月，宪宗以贤良方正和直言极谏为名目，亲自主持考试以选择人才，伊阙县尉牛僧孺、陆浑县尉皇甫湜、前进士李宗闵都陈述、指责当时朝政失误的地方，毫不避讳。吏部侍郎杨於陵和吏部员外郎韦贯之是主考官，韦贯之将他们都列为上等。宪宗对他们也很赞赏，下令中书省优先安置他们。李吉甫恨他们直言不隐，在宪宗面前哭诉，而且说："翰林学士裴垍和王涯负责复试。皇甫湜是王涯的外甥，王涯事先没有做说明，裴垍也没有提出异议。"宪宗迫不得已，罢免了裴垍、王涯的翰林学士职务，任命裴垍为户部侍郎，任命王涯为都官员外郎，外放韦贯之为果州刺史。过了几天后，又将韦贯之贬职为巴州刺史，将王涯贬职为虢州司马。四月二十三日乙亥，宪宗任命杨於陵为岭南节度使，杨於陵也是因为主持考试没有提出不同意见而受牵连的。牛僧孺等人长时期得不到调职任用，分别被藩镇召聘为幕僚。牛僧孺是隋朝宰相牛弘的七世孙。李宗闵是郑王李元懿的玄孙。韦贯之是韦福嗣的六世孙。皇甫湜是睦州新安人。

二十五日丁丑，宪宗下令停止五月初一日在宣政殿群臣朝贺的惯例。

宪宗任命荆南节度使裴均为右仆射。裴均一向依附宦官，才得到显赫富贵的地位，任右仆射后，更是骄傲自大。曾经上朝，在超出自己官职的地方站着，中丞卢坦向裴均行礼，请裴均退回原位，裴均不听从。卢坦说："从前姚南仲担任仆射时，姚南仲的位置就在这里。"裴均说："姚南仲是个什么人。"卢坦说："姚南仲是一个坚守正义，不交结有权势显贵宠臣的人。"卢坦不久就被降职为右庶子。

五月，翰林学士、左拾遗白居易上奏说："牛僧孺等人直言不讳地谈论朝政，蒙陛下恩典而登上科第，却又遭到排斥，都在外边军镇中做官。杨於陵等人因为负责考试，敢于录取直言论事的人，裴垍等人因为复试没有斥退这些被录取的人，都获罪贬职和流放外地。卢坦因多次履行自己的职责而被降职为右庶子。这些人都是现在众望所归的人物，天下的人们就是通过观察他们的升降职务来猜测朝政好坏的。朝廷在他们无罪的情况下，一下子将他们都疏远、贬斥了，这样使得朝野内外，上上下下都闭口不谈朝政，大家内心惶惶不安，陛下对这种情况也知道吗？而且陛下既然下诏令征求直言不讳地谈论朝政，要求人们极言劝谏，牛僧孺等人所作的策对，正是根据陛下诏书的要求来做的，即使他们所议论的事情不能推广施行，但又怎么能忍心加罪于他们，将他们斥逐在外呢？从前德宗皇帝刚刚继位的时候，也召征直言极谏的人士，当时策试和询问的有关天气干旱的问题，穆质回答说：'按照两汉时期惯例，天气干旱的，应当将三公罢免。根据卜式的说法，桑弘羊应当受烹刑。'德宗皇帝对穆质很是欣赏，把穆质从京城郊区的县尉提升为朝廷的左补阙官。现在牛僧孺等人所说的事情，激烈程度没有超过穆质，但却被朝廷急忙驱逐了，我担心这不是保护祖宗基业的正当方法啊！"穆质是玄宗皇帝时期功臣穆宁的儿子。

（以上为第十段，写牛僧孺、李宗闵等举贤良，直言时政，宰臣李吉甫忌疑之。）

五月二十五日丙午，宪宗派人册封回鹘的新可汗为爱登里啰汨密施合毗伽保义可汗。

西原蛮酋长黄少卿请求向朝廷投降。六月十二日癸亥，宪宗任命黄少卿为归顺州刺史。

沙陀人在各胡人中最为勇敢强悍，吐蕃将他们安置在甘州，每次出去作战，都让沙陀人充当先锋。回鹘人进攻吐蕃，占领了凉州。吐蕃怀疑沙陀人暗中听回鹘的指挥，打算把他们迁移到黄河以西的地区。沙陀人很害怕，酋长朱邪尽忠和他的儿子朱邪执宜商量再次主动归顺唐朝，于是就带领全部落的三万人马沿着乌德鞬山向东出发。他们走了三天，吐蕃的大批军队追赶上来了，沙陀人从洮水转战到石门河一带，总共交战几百次，朱邪尽忠战死，沙陀士兵和百姓死了一多半。朱邪执宜带着其余的将近一万人和骑兵三千，到灵州向唐朝投降。灵盐节度使范希朝听说这件事后，亲自带领人马在边塞上去迎接，将他们安置在盐州，为他们购买牛羊，扩大他们的畜牧范围，很好地安抚了他们。宪宗下诏设置阴山府，任命朱邪执宜为兵马使。不久，朱邪尽忠的弟弟葛勒阿波又带着部众七百人到范希朝这里投降。宪宗下诏任命葛勒阿波为阴山府的都督。从此以后，灵盐地区凡是要出征作战，都调用沙陀人打仗，总是打到哪里，都能取胜，这样，灵盐地区的军事实力更加强大了。

秋季，七月初一日辛巳，发生日食。

宪宗任命右庶子卢坦为宣歙观察使。刘辟的女婿苏强被杀之后，苏强的哥哥苏弘在晋州幕府中担任官职，主动请求免职回家，各地长官都不敢任用。卢坦上奏皇帝说："苏弘有才能，德行也好，不能因为弟弟的缘故而荒废了这样一个人才，我请求征聘苏弘为判官。"宪宗说："假如以前苏强没有被诛杀，真的有才能和德行好的话，也还可以任用，更何况是苏强的哥哥呢？"卢坦到宣歙走马上任，正碰上这里因天旱引起饥荒，谷子的价钱每天都在上涨，有人请压低谷价。卢坦说："宣歙地区土地面积狭小，出产的粮食少，粮食主要依靠四方的商旅运来。如果粮食价钱低了。那么运粮的商船就不再来了，那这里的粮食就更加困窘。"不久每斗米值二百钱，各地的商人纷纷运粮食到这里来。

九月十一日庚寅，宪宗任命于頔为司空，先前所任同平章事仍然保留。宪宗加授右仆射裴均为同平章事，担任山南东道节度使。

淮南节度使王锷进京入朝。王锷家财万贯，十分富有，对宫廷的进奉十分厚重，并花大量钱财贿赂、结交宦官，谋求担任平章事。翰林学士白居易上疏说："宰相职务是做臣子的最高职位，如果不是德高望重和立下了很大功勋的人，就不应该授予这一职务。昨天任命裴均为宰相，外头已经议论纷纷，今天又要任命王锷为宰相，那么像王锷这类人都要萌生担任宰相的奢望。如果都让他们担任宰相，那么国家的法令规章就要受到很大破坏，而且，他们还不会感恩戴德。如果不把宰相职务给他们，那就有厚此薄彼的嫌疑，有的人就会怨恨朝廷。让他们侥幸任职的大门一经打开，就不好收拾了。而且王锷在军镇任职五年，千方百计地搜刮财物，钱财多了，自然要向朝廷进献一部分。如果任命他为宰相，那么各地军镇的主帅都认为王锷是因为向宫廷进献财物得到官职的，就会竞相搜刮、盘剥老百姓，那老百姓又怎么能忍受得了呢？”任命王锷为宰相的事情就搁置下来了。

九月十三日壬辰，宪宗加授宣武军节度使韩弘为同平章事。

九月十七日丙申，宪宗任命户部侍郎裴垍为中书侍郎、同平章事。宪宗虽然因为李吉甫哭诉的缘故罢免了裴垍翰林学士的职务，但是对裴垍却更加宠信，因此，没过多久就又提升裴垍为宰相。

当初，德宗不信任宰相，天下大小事情都亲自裁决，所以，像裴延龄这种人就能独揽朝廷大权。宪宗还是藩王时，本来就从内心觉得这样做不对。等到继承皇位之后，选拔宰相，推心置腹地信任他们，宪宗曾经对裴垍说：“凭太宗皇帝、玄宗皇帝那样英明，也还要借助辅佐大臣才得以达到天下大治，何况我不如先圣们万分之一呢？”裴垍也竭尽全力辅佐宪宗。宪宗曾问裴垍：“要达到天下大治，最先做什么事情？”裴垍回答说：“先端正自己的心术。”以前制度规定，老百姓缴纳的赋税有三个名目：一是上供给朝廷，二是送交节度、观察使，三是留给州县开支。建中初年制定两税法，租税实物折算为钱，起初物贵钱轻，后来物轻钱贵，于是农民上交的赋税已比当初增加了一倍。那些留给州县，送交节度、观察使的部分，不按官价而按市价要农民交钱，这样又加重了老百姓的赋税负担。当裴垍担任了宰相，他上奏宪宗说：“全国各地留给州县和送交节度、观察使的赋税，请一律都按都省规定的价钱为标准征收。各观察使，先在直辖的州内收税供应开支，不足的部分，才允许他们在管辖下的州收税。”这样一来，江淮一带的老百姓才稍稍能喘一口气。以前，掌管朝廷大政的人都讨厌谏官议论朝政的得失，只有裴垍一个人欣赏谏官们的意见。裴垍仪表威武严峻，别人不敢在他那里谋私利。曾经有个老朋友从很远的地方来，裴垍给了很优厚的资助，他们十分闲散地叙旧。老朋友乘机向裴垍要求担任京兆府的参军职务，裴垍说：“你不胜任这一官职，我不能因为和你有老朋友的交情损害朝廷正大光明的形象。以后哪一天，有哪位瞎子宰相怜悯你，你不妨得到这个官职，但我绝对是不会给你的。”

九月十九日戊戌，宪宗任命中书侍郎、同平章事李吉甫仍然担任同平章事，充任为淮南节度使。

河中、晋绛节度使杜黄裳去世。

冬季，十二月初二日庚戌，朝廷在临泾这个地方设置行原州，任命镇守将领郝玭为刺史。

南诏王异牟寻去世，儿子寻閤劝继承了王位。

（以上为第十一段，写沙陀部众降唐，置阴山都督府以安置之。翰林学士白居易、宰辅裴垍尽职直言，宪宗推心采纳。）

唐宪宗元和四年（己丑，公元 809 年）

春季，正月十一日戊子，简王李遘去世。

渤海康王大嵩璘去世，儿子大元瑜继承王位，改年号为“永德”。

南方地区因天气久旱不下雨引起饥荒。正月十三日庚寅，宪宗任命左司郎中郑敬等人为江、淮、两浙、荆、湖、襄、鄂等道的宣尉使，去赈济抚恤老百姓。他们将要出发的时候，宪宗告诫他们说：“我在宫中用一匹绢帛，都要在账上记数，只要赈救百姓，就不必计算会花多少钱财，你们应该了解我这份心意，不要效仿潘孟阳只是去饮酒作乐，游山玩水。”

给事中李藩在门下省供职，凡是宪宗下的敕令中有不合适的地方，李藩就在写着敕令的黄纸后面写批语。办事的官吏请李藩写在白纸上，附在敕令的后面，李藩说：“如果这样做那就是状文了，怎么能叫批敕呢？”裴垍向宪宗推荐李藩，说有宰相的气度。宪宗觉得门下侍郎、同平章事郑絪苟且敷衍，只求明哲保身，二月二十一日丁卯，罢免了郑絪的宰相职务，降职为太子宾客。提升李藩为门下侍郎、同平章事。李藩知道什么不对就说出来，宪宗因此十分重视李藩。

河东节度使严绶，在军镇任主帅九年，无论是军政大事，还是补官任职，完全都由监军李辅光决定，严绶不过袖手表示同意罢了。裴垍将这个情况向宪宗奏报了，请求用李鄘来代替严绶。三月初九日乙酉，宪宗任命严绶为左仆射，任用凤翔节度使李鄘去担任河东节度使。

成德节度使王士真去世，儿子副大使王承宗自任为留后。河北地区的三个军镇，各自父子承袭，设置副大使一职，由嫡长子担任，父亲去世后，就由副大使代理军中事务。

因为天气久旱不雨，宪宗打算向全国颁布慰问的诏令，翰林学士李绛、白居易上奏宪宗，认为：“要想让百姓都得到实惠，不如减免他们的田租赋税。”又说：“宫人们除了供驱使以外，剩下很多的闲人，如果简放宫女，既省费用，又顺乎人情。”白居易又请求“禁止各道横征暴敛钱财以向宫中进献”。又说：“岭南、黔中、福建的风俗，是喜欢抢劫良民，将他们卖给人家做奴婢，请求严厉禁止。”闰三月初三日己酉，宪宗下诏，减轻对全国囚犯的处罚，免除百姓本年的赋税，将宫中妇女放回老家，杜绝各道进献钱财，禁止掠卖人口。其内容完全是李绛、白居易所请求的。闰三月十三日己未，天下了雨。李绛上表向宪宗祝贺说：“在事情还没发生前，如能考虑周详，就可以消除忧患，忧虑在事情发生之后，那就不能挽救了。”

当初，王叔文的同党遭到贬斥之后，有诏令规定：他们遇到大赦也不能酌情向内地迁移。吏部尚书、盐城运转使李巽上奏宪宗说：“郴州司马程异，是做官吏的材料，能明辨是非，请任命他为杨子巡院的留后。”宪宗同意了。李巽精于督察部属之道，下属官员虽然远在千里之外，但战战兢兢地就像在李巽面前。程异检查、审核财产的账簿文书，又比李巽精明，最终得到了任用。

魏徵的玄孙魏稠十分贫困，以祖传老宅作抵押向别人借钱，平卢节度使李师道请求朝廷允许他用私人财产为魏稠赎回老宅。宪宗命令白居易草拟认可的诏书，白居易上奏宪宗说：“这件事关系到对臣下的激励和劝勉，这个事情应该由朝廷办理。李师道是什么人，竟敢抢这一美名？希望陛下敕令有关部门用官府的钱赎回魏徵的老宅，交给魏徵的后人。”宪宗采纳了这一建议，拿出宫中内库的钱二千缗赎回老宅，赐给魏稠，还禁止典当和出卖这座老宅。

（以上为第十二段，写宪宗因旱求直言，特诏降天下系囚，蠲租税，出宫人，绝进奉，禁掠卖。）

王承宗的叔父王士则因为王承宗擅自担任留后职务，担心祸害到整个宗族，于是与幕客刘栖楚一起从那里回到京城。宪宗下诏任命王士则为神策大将军。

翰林学士李绛等人上奏宪宗说：“陛下继承皇位以来，到现在已经四年了，但是还没有确立太子，颁行册命，这将形成某些人暗中窥求这一位置的野心，违背了对册立太子极为慎重的原则，不是尊重祖宗，爱护国家的做法。希望陛下抑制谦逊的小节，实施天下最公正的册封大典。”闰三月二十一日丁卯，宪宗颁布制书册立长子邓王李宁为太子。李宁是纪美人所生的儿子。

二十五日辛未，灵盐节度使范希朝上奏宪宗，请求将太原防秋军队六百人的衣服粮食拨给沙陀人，宪宗同意了。

夏季，四月，山南东道节度使裴均依仗宫中有宦官相助，在宪宗颁布赐给各地恩典的诏书之后，还向宫中进奉了银器一千五百多两。翰林学士李绛、白居易等人上奏宪宗说：“裴均想用这些东西试探一下陛下，希望陛下拒绝。”宪宗连忙下令将银器交给度支收管。不久宪宗又有旨意传给各军镇设在京城的进奏院：“从今以后，各道向宫中进献钱物，不能把这事告诉御史台。有访查这一事的人，马上就把他们的名字奏报上来。”白居易就这件事又一次上奏，但宪宗不接受。

宪宗打算革除河北地区各军镇主帅世袭的弊病，利用王士真之死，想从朝廷中派人去担任主帅。如果成德军的人不服从，就派兵去讨伐。裴垍说：“李纳飞扬跋扈，对朝廷极不恭敬，王武俊对国家立有功勋，陛下在前面已经允许了李师道承袭李师古的主帅职务，现在要剥夺王承宗的主帅职务，那就是有功的人被夺，跋扈的人得奖励，不合情理，成德军一定不服。”因此，这一事情长时间没有决定下来。宪宗就此事征询各位翰林学士的意见，李绛等人回答说：“河北地区各军镇不遵从陛下的诏令、教化，谁不为此而愤慨呢？但是现在要攻下他们，也恐怕还不可能。成德军的主帅自从王武俊担任以来，父子继承已有四十多年，当地人已经习以为常，不觉得这样做不对。何况王承宗实际上已经接管，一旦要改派别人，恐怕他抗拒命令。另外，范阳、魏博、易定、淄青等军镇都是父死子承，与成德军情况相同，他们听到朝廷任命成德军的主帅后，一定会内心惶恐不安，暗中互相结党和帮助。虽然张茂昭请求朝廷派人去担任成德军主帅，也恐怕不是出自诚心诚意。现在朝廷任命主帅去代替王承宗，他的相邻军镇劝朝廷办成这件事，或进或退都有利。如果朝廷任命的人能进入成德军，那么这些邻道就认为是自己的功劳。如果成德军不服从诏令，就会乘机暗中勾结。朝廷为了国家的体统，怎么能立即罢休呢？一定会调兵四面进攻。这些邻道的将帅们就会被加官晋爵，朝廷要给他们的士兵供应衣服、粮食，他们却按兵不动，把朝廷的命令当成儿戏，在一旁坐观胜负。而兴师动众，花费钱财的弊端全被朝廷承担了。现在江淮一带大水成灾，官府和百姓们都十分贫穷困窘，出兵打仗的事情，恐怕不能轻易地下决定吧。"

左神策军护军中尉吐突承璀想迎合宪宗的心意，剥夺裴垍的权力，请求自己率兵前去征讨。宗正少卿李拭上奏宪宗说："王承宗不能不讨伐。吐突承璀是陛下的亲信近臣，应该把禁军交给吐突承璀，派吐突承璀统领各路军马，那谁还敢不服从？"宪宗将李拭的奏章拿给各位翰林学士看，并说："李拭是个奸臣，知道我想让吐突承璀为统帅，所以就上了这一道奏章。你们记住，以后千万不要重用李拭。"

昭义军节度使卢从史为父亲守丧，朝廷长时间没有重新起用。卢从史很害怕，就托吐突承璀在宪宗那里求情，请求调派昭义军去讨伐王承宗。四月十七日壬辰，宪宗起用卢从史为左金吾大将军，其他职务一如从前。

当初，朝廷与吐蕃结"平凉之盟"，副元帅判官路泌和会盟判官郑叔矩都被吐蕃人捉去了。后来，吐蕃向朝廷求和，路泌的儿子路随三次到皇宫前嚎哭着上奏表章，请求答应吐蕃人的要求。德宗认为吐蕃诡计多端，不答应。到这时，吐蕃又来朝廷求和，路随又五次向宪宗上表，哭着到朝廷的当权者那里去请求，裴垍、李藩也向宪宗谈了这事，请求宪宗同意吐蕃的求和，宪宗这才同意了。五月，宪宗任命祠部郎中徐复出使吐蕃。

六月，宪宗将灵盐节度使范希朝调任为河东节度使。朝廷中议论沙陀人在灵武，靠近吐蕃，担心他们会反复无常，又因为他们的部落众多，恐怕会使当地粮食价格上涨，于是就命令沙陀人全部跟随范希朝去河东军。范希朝从中选择出勇猛的骑兵一千二百人，号称"沙陀军"，设置军使统领他们，而把其余的沙陀人安置在定襄川一带。到这个时候，朱邪执宜才开始驻守神武川的黄花堆。

左神策军护军中尉吐突承璀兼任功德使，大肆修建安国寺，上奏宪宗请求竖立圣德碑，其长宽高与玄宗皇帝竖立的"华岳碑"相同。先修建好碑楼，请宪宗下令翰林学士撰写碑文，而且还说：“臣已经准备了一万缗钱，作为碑文的报酬。”宪宗下令李绛来撰写碑文，李绛上奏宪宗说：“尧、舜、禹、汤，都没有竖立石碑来歌颂自己的功德，不知道陛下想效仿哪一种人？而且叙述修建安国寺的美妙，不过是建构如何壮丽和供游人观览一类的话，那怎么能光大和增进陛下圣明的德操呢？”宪宗看这份奏章时，吐突承璀正好在旁边，宪宗命令将碑楼拉倒。吐突承璀说：“碑楼很大，不能拉倒，请允许将它慢慢拆毁。”希望拖延时间，找机会再辩解，宪宗严厉地说：“多用些牛将碑楼拉倒！”吐突承璀这才不敢说什么。总共动用了一百头牛，才将碑楼拉倒。

（以上为第十三段，写唐宪宗结和吐蕃，推倒圣德碑，表现明主风采。）

【点评】

本卷点评四事：高崇文建功、潘孟阳任大理卿、李锜反叛、宪宗下嫁普宁公主、宪宗推倒圣德碑。

高崇文建功。永贞元年（公元 805 年）八月初六日，宪宗即皇帝位。八月十七日，西川节度使韦皋病死，支度副使刘辟自为留后。宪宗认为自己初即位，西川路途艰险，出兵不易，姑且任命刘辟为西川留后，代理节度使之职。刘辟得寸进尺，要求兼领三川，即要求朝廷把东川、山南两镇也划归西川，遭到王叔文的拒绝，如今刘辟如此嚣张，此乃螳臂挡车，自不量力。右谏议大夫韦丹上疏，如果不诛讨刘辟，全国各节度使将争相效法，恐怕朝廷的号令只能行用于两京了。宪宗不想轻易用兵，交给朝廷议论，公卿大臣都认为蜀险难取。宰相杜黄裳独持异议，认为刘辟不过是一个疯狂而呆笨的书生，讨伐他就像捡拾东西一样容易。杜黄裳认为神策军使高崇文有勇有谋，可以担当重任。但要求宪宗做到两条，一不要遥控，二不要设置监军，全权交给高崇文，平叛之事一定成功。事情的发展，完全如杜黄裳所料，高崇文一路势如破竹，三月进兵，九月就讨平了西川。宪宗乘势，又讨平了夏绥兵变。高崇文建功如此顺利，刘辟不懂兵略，此为原因之一。西川兵在西南镇守防御吐蕃，惯于征战，高崇文征讨使之迅速瓦解，更重要的原因，是宪宗不遥控，不设监军，官兵义正，奋勇杀敌，此其二。西川广大将士不愿背叛，不似河北诸镇，长期割据养成习惯，此其三。嗣后宪宗用兵河北，用宦官吐突承璀征讨，官军以众临寡却遭败北。宪宗用兵淮西，宰相裴度坐镇，李愬建功，如同高崇文征西川，没有宦官掣肘才取得的。成功与失败，对比是这样的鲜明，宪宗又号称英明，为什么成功于前，失败于后呢？因为宪宗骨子里仍然信用宦官，昏君基因的遗传不可救药。宪宗之后，唐室政权，如同日落西山，由中唐进入了晚唐。

潘孟阳任大理卿。潘孟阳，刘晏外孙，礼部侍郎潘炎之子，以门荫入仕。德宗末，官至户部侍郎。宪宗即位，盐铁转运使请潘孟阳为副，任盐铁转运副使。宪宗委派潘孟阳为宣慰使，巡察江淮财赋，并考察地方官吏善恶。潘孟阳生活豪侈，他带领随从三百多人，一路观山玩景，达旦欢宴。走一路，贪赃一路，不惩贪官，只是委任新官。回到京师，宪宗罢了潘孟阳财税官盐铁转运副使之职，改任大理卿，相当于现今的最高法院院长，负责中央百官犯罪的审理，以及由刑部转来地方死刑犯的复审。官僚腐败，根源是惩治不力，在刑不上大夫的时代，根本就不惩贪。秦汉以后，法律健全，甚至有朱元璋剥贪官人皮的惩治手段，也不能禁绝贪赃。只有法律健全，而无制衡机制与透明的监察手法，法律、法官都是摆设品。贪官出任法官，欲使政治清廉，简直是缘木求鱼，南辕北辙，其结果可想而知。此外，潘孟阳贪赃未受惩罚而改任大理卿，这也是官僚政治的一种积弊，历朝历代都没有改变。换个部门，或易地做官，代替惩贪，这一做法，恰恰是腐败的温床。

李锜反叛。李锜，唐皇室亲族，是唐高祖堂弟开国功臣李神通玄孙，其父李国贞，官至河中节度使，为官清正廉洁，死于兵乱。李锜以父荫入仕，德宗时累官润州刺史，兼盐铁使。李锜利用掌盐铁的赋入，用重金贿赂宫人、宦官，大量钱物进奉德宗，蒙受恩宠。浙西人崔善贞到京师上奏封事，揭发李锜贪赃欺压民众罪行，德宗用囚车送赐李锜，李锜活埋了崔善贞。李锜用重金招募一批善射弓箭手，为随身警卫，称为“挽硬随身”，又招募一批善斗的胡人、奚人，名为“蕃落健儿。”这两种警卫各一个营。德宗晚年在润州置镇海军，辖苏、杭、湖、睦、润五州。宪宗即位，诸镇入朝，李锜也上表请入朝，只是试探宪宗，并不真心入朝。宪宗准奏征李锜入朝，李锜不肯，于是发兵反叛。未等朝廷征讨大军到达，李锜被其部将张子良等擒获。去逆效顺的主谋人正是李锜的外甥裴行立，由此可见李锜不得人心如此。李锜被擒，他的两营警卫“挽硬”、“蕃落”，表示效忠，纷纷自杀，或投井而死。李锜被押送京城，宪宗亲自审问，责问李锜为何反叛。李锜诿过部属，说张子良等逼他造反。宪宗说：“你身为主帅，部属造反，为什么不杀掉造反的部属，到朝廷来报告。”李锜无言以对，与其子一门被腰斩于市。

李锜反叛，只掀起一个小小的风波，却有非常典型的意义，有多方面的教训。其一，李锜无德无行，他的野心是德宗一手培养起来的。李锜犯国法，德宗不但没有惩罚，反而把举报人员交给李锜报复。其二，德宗为何不惩贪，反而提升贪官，因为德宗吃人嘴短，拿人手软，他吃了进奉，无可奈何。官僚政治的贪黩腐败，亦如是也。其三，李锜靠两个营的贴心警卫就敢造反，可见唐朝自安史之乱以后政风的败坏。

宪宗下嫁普宁公主。普宁公主，宪宗最亲爱的女儿。山南东道节度使于頔想巩固自己的地位，替自己的儿子于季友向宪宗求娶公主为妻，宪宗应允，许嫁普宁公主。翰林学士李绛劝宪宗，普宁公主应嫁给汉族高门的优秀子弟，怎么可能嫁给胡人的庶出儿子呢？于季友没有资格娶普宁公主。宪宗说：“朕下嫁公主有原因，李学士你不懂。”元和二年（公元807年）十二月二十六日，宪宗下嫁普宁公主给于季友，婚礼隆重举行，嫁妆丰厚，于頔大喜过望。过不多久，宪宗使人暗示于頔入朝，于頔听从。于頔主动入朝，为诸镇节度使表率。这一桩政治婚姻，宪宗用心良苦。

宪宗推倒圣德碑。元和四年（公元809年），吐突承璀任功德使，大肆修建安国寺，树了一座高大的圣德碑，称颂宪宗。吐突承璀用一万缗的重金征求碑文，上奏宪宗令翰林学士李绛来写碑文。李绛借机谏奏，说：“尧、舜、禹、汤，都没有立碑来夸耀功德，他们是圣王；只有秦始皇到处刻石颂功，不知陛下想效法哪一种人。”宪宗批阅这份奏章时，正好吐突承璀在身旁。宪宗命吐突承璀推倒碑楼。吐突承璀想拖延时间，找机会游说，就诡称碑楼重，难以推倒。宪宗厉声呵斥说：“多用些牛拉倒碑楼。”吐突承璀不敢再说话，用了一百头牛才把碑楼拉倒。这一年，宪宗因天旱不雨，下诏求直言。翰林学士李绛和白居易上奏说，求直言，还不如办一些实事。奏疏陈述了蠲租税，出宫人，绝进奉，禁掠卖人口为奴仆。宪宗一一采纳。史称宪宗嗣位之初，捧读先帝实录，立志效法太宗、玄宗贞观与开元之治，重开延英殿议政，要求辅臣同心辅助，放权宰相。元稹、李绛、白居易等，一批新进，敢言、直言，宪宗择善而从，唐王朝出现了中兴气象。可惜宪宗持志不坚，刚一安定就服食仙丹求长生。宪宗宠信宦官而被宦官所害，英年早逝。元和中兴，昙花一现。

唐纪五十四

唐宪宗元和四年至七年（公元809—公元812）

【起屠维赤奋若（己丑，公元809年）七月，尽玄黓执徐（壬辰，公元812年）九月，凡三年有奇】

【大事提要】

本卷记事起公元809年七月，讫公元812年九月，凡三年又两个月。当唐宪宗元和四年七月到元和七年九月。此时期宪宗施政，最大的失败是违众用兵河北，无功而返，朝廷威信大失。亦有最大的成功是外出吐突承璀，用李绛为相。吐突承璀，字仁贞，闽人，即今福建人，少小入宫，给事皇太子李诵，即顺宗李诵，为东宫小黄门。吐突承璀聪明机灵，年纪与皇太孙，即宪宗李纯相仿，两人关系自小密切。宪宗即位，便任吐突承璀为内常侍，知内侍省事，总领宦官。不久，又任命吐突承璀为神策军中尉，掌管禁军。元和四年（公元809年），成德节度使王士真死，长子王承宗自为留后。河北三镇相沿成习，以节度使嫡长子为副大使，父死便称留后，朝廷正式任命即为节度使。宪宗要革除这一藩镇世袭的积弊。宪宗想借官军平定西川和镇海两节度之乱，乘胜用兵河北。朝臣都不赞同，认为河北三镇世袭节度，蔓延连势，已成积习，革除要等待时机。当时淮西吴少阳自为留后，朝臣主张讨伐，杜绝世袭积弊在内地蔓延，且淮西地少势孤，容易建功。唐宪宗忌刻朝臣建功，用吐突承璀为主将用兵河北，诸道并进，动员官军达二十万之众，十倍于成德叛军，结果劳而无功。此时宪宗还算清醒，他明白欲要建功必须启用朝官。吐突承璀败军，又受赂案发，李绛弹劾，宪宗不得已外出吐突承璀，任用李绛为相，后果收李绛善谋之效，王承宗、田兴，不待加兵而自服。宪宗又纳李吉甫之言，沙汰冗官。又尝与宰臣论宽严之政，盛暑而不知倦。

宪宗昭文章武大圣至神孝皇帝上之下

唐宪宗元和四年（己丑，公元809年）

秋季，七月十八日壬戌，御史中丞李夷简弹劾京兆尹杨凭此前在担任江西观察使职务时贪污受贿，过于奢侈。七月二十三日丁卯，宪宗将杨凭贬职为临贺县尉。李夷简是郑王李元懿的玄孙。宪宗下令抄收杨凭的家产，李绛劝谏说：“按以前的规定，不犯反叛的罪行，不抄没家产。”宪宗这才没有抄没杨凭家产。

杨凭的亲朋好友没有敢送行的，只有栎阳县尉徐晦一个人到蓝田与杨凭道别。太常卿权德舆一向与徐晦关系很好，就对徐晦说：“你给杨临贺送行，实在是厚道的举动，但你不怕受连累吗？”徐晦回答说：“我徐晦还是一个平头百姓时，就受到杨公的知遇和奖掖，现在杨公被贬职到很远的地方，怎么能不去道别呢？假如您有一天受诬陷被放逐外地，我徐晦敢像路人一样对待您吗？”权德舆感慨了半天，在朝廷中称赞徐晦的品德。过了几天，李夷简上奏宪宗任命徐晦为监察御史。徐晦向李夷简道谢说：“我平时都不曾与您谋面，您根据什么任用我呢？”李夷简说：“你不辜负杨临贺，怎么会辜负朝廷呢？”

宪宗私下征询各位学士说：“现在想任命王承宗为成德军的留后，划割德、棣二个州出来，另设一个军镇，来分割王承宗的势力，并且让王承宗向朝廷缴纳两税，向朝廷请求任命当地官员，情形像李师道一样，你们看怎么样？”李绛等人回答说：“德州和棣州隶属于成德军，时间已经很长了，现在突然一下子将它们分割出来，恐怕王承宗及其将士们忧虑怀疑，怨恨朝廷，得以找到犯上的借口。况且王承宗的各个邻道情况相同，各自担心自己的辖地在日后会被分割出去，有的就会暗中相互勾结，蛊惑煽动了。万一他们抵制、抗拒的话，朝廷处理起来就会有加倍的困难，希望陛下再三考虑。而要王承宗上缴两税和向朝廷申请任免官吏，希望陛下乘派吊唁使者去成德的机会，让吊唁使者用这个意思来开导王承宗，上奏表章请求效仿李师道的做法，还不要让王承宗知道这是陛下的意见。这样一来，王承宗如果听命于朝廷，正好合乎情理，如果王承宗不服从朝廷命令，也不损害朝廷的体面。”

宪宗又问道：“现在刘济和田季安都生了重病，如果他们死了，怎么能像成德军那样就把主帅职位交给他们的儿子？那天下什么时候才能平定下来呢？议论这件事的人都说：‘应乘这个机会派人去代替他们，如果不服从朝廷命令，就调兵去讨伐，时机不可错过。’你们觉得该怎么办？”李绛等人回答说：“朝廷群臣看到陛下西边攻下蜀地，东边攻下吴地，事情易如反掌，所以想奉迎阿谀和争权夺利的人争着为陛下出谋划策，劝说陛下打开河北地区，而不为国家的长远大计深入地思考。陛下也因为以前取得胜利很容易，而听信了他们的意见。我们日夜思考这一事情，觉得河北地区的情况和形势与蜀、吴两地不同。为什么呢？西川和浙西都不是经常变乱、反复无常的地区，它们四边相邻的州县都是朝廷能随意调动指挥的。只有刘辟、李锜产生了狂妄的图谋，他们的部下都不赞同。刘辟、李锜只能用钱财来拉拢他们，朝廷的大军一到，他们就分崩离析了。因此我们当时也劝陛下派兵去诛杀他们，这是因为万无一失的缘故啊。成德军的情况就不相同，内部上下之间牢固地纠结在一起已经很长时间了，外部与各邻道相互勾连，势力很大。成德军的将士和百姓都感念王氏家族几代人养育的恩德，不清楚君主与臣子，反叛和顺从之间的道理，劝导他们不听从，威慑他们不服从，就会使朝廷蒙受羞辱。另外，相邻的各道平时有的互相猜忌和愤恨，要是听到朝廷派人去代换他们，一定会拧成一股绳，这是因为他们都要为子孙后代考虑，也担心日后有一天自己也会遇上的缘故。万一其他各道有的与他们相互应援，那么战祸就会接连不断，国家就耗尽人力。而吐蕃、回鹘等乘机窥伺中原，那样造成的祸患能说得完吗？刘济和田季安，与王承宗的情况大体相同，在他们死的时候，如果有机可乘，应该在事情发生后再采取对策。要是现在对他们以武力相逼，恐怕不是很合适。天下太平的大业，不是一朝一夕可以达到的，希望陛下审慎地处理这件事。”

这时吴少诚病得十分厉害，李绛等人又向宪宗进言说：“吴少诚这一病，一定好不了。淮西的情况与河北地区的情况不同，它的四周都是朝廷控制的州县，它不与其他的叛逆州道相邻，没有同党可以援助它。朝廷向淮西派出主帅，现在正是时候，万一他们不服从，可以商议出兵讨伐。臣等希望陛下舍弃对恒冀动武这一难以取得成果的计划，转而筹谋淮西这一容易达到目的的策略。假如恒冀各镇联合起来，事情就不能按计划进行，但蔡州出现了问题，形势就允许派兵去征讨。如果南北两地都开战，朝廷的财政费用就不足了。倘如事情出于不得已，必须赦免王承宗，那就会使陛下的恩德白白地给了，朝廷的威严和号令一下子失去了效力。不如尽快采取措施，来收揽恒冀地区的人心，然后坐等合适的机会，一定会获得收申州、蔡州于朝廷控制之下的利益。”不久以后，王承宗因为长久没有得到朝廷的任命，很恐惧，接连向朝廷上奏章表白自己归顺朝廷的心迹。八月初九日壬午，宪宗才派遣京兆府少尹裴武去真定宣旨安抚，王承宗十分恭谨地接受了诏令，说：“我受了属下各支军队逼迫，来不及等候朝廷的命令就担任了主帅，请让我把德州和棣州献给朝廷以表明我的诚意。”

八月二十三日丙申，安南都护张舟向朝廷上奏称打败了林邑的三万人马。

九月初一日甲辰，裴武回朝奏报完成了使命。九月初七日庚戌，宪宗任命王承宗为成德军节度使和恒、冀、深、赵四州观察使，任命德州刺史薛昌朝为保信军节度使和德、棣二州观察使。薛昌朝是薛嵩的儿子，是王氏家族的女婿，所以朝廷就地任用了薛昌朝。田季安得到快马传递的这一消息，事先就知道了朝廷的任命，于是派使者去对王承宗说：“薛昌朝暗中与朝廷沟通，因此得以被任命为德、棣二州的主帅。”王承宗连忙派遣几百名骑兵快速赶到德州，把薛昌朝抓了起来，押到真定，关押起来。宫中使者给薛昌朝送旌节，经过魏州，田季安表面上设宴慰劳使者，将使者一连几天留在魏州，等到赶赴德州时，薛昌朝已经被抓走了。

宪宗认为裴武在欺瞒朝廷，又有诬陷裴武的人说：“裴武出使回来，先住在裴垍家里，第二天早上才进宫朝见。”宪宗对裴武非常生气，将此事说给李绛听，打算将裴武贬职流放到岭南去，李绛说："裴武从前沦落在李怀光的军队中，坚守节操，毫不屈服，现在怎么会突然去做奸邪的事情？大概是叛贼诡计多端，一般人不完全了解他情况的缘故。王承宗开始害怕朝廷派兵讨伐，所以请求将德、棣二州献给朝廷。自蒙受陛下恩典宽大处理以后，相邻各道都不希望成德军开分割地盘的先例，我估计肯定有人暗中劝说、利诱而威胁王承宗，使王承宗不能坚持最初的意见，这并不是裴武的罪过。现在陛下挑选裴武出使反叛作乱的地方，出使回来，事情与裴武说的话一句不合，就马上要将裴武流放到荒远的地方去，我担心从今以后，奉命出使叛逆地方的人要以裴武为鉴戒，只是谋求便利自己，都说些模棱两可的话，不肯竭尽诚心陈述利害关系，这样一来，对国家是不利的。而且裴垍、裴武在朝廷待了很长时间，熟悉朝廷中的各种礼仪制度，哪里有出使回来还没有朝见天子，就先住在宰相家的事情呢？我敢为陛下作肯定的担保，他们不会这样做，这大概是有奸邪之人想中伤裴武和裴垍，希望陛下将这事弄清楚。"宪宗思考了很久说："从情理上讲，事情可能是这样的。"于是就不再追究裴武了。

（以上为第一段，写河北三镇世袭节度使，蔓连势广，已成积弊，宪宗度察形势，不得已而授王承宗节钺。）

九月十三日丙辰，振武军向朝廷奏报吐蕃有五万多骑兵到了拂梯泉一带。九月二十八日辛未，丰州向朝廷奏报吐蕃一万多骑兵到了大石谷，把入朝进贡后回去的回鹘使者劫掠走了。

左神策军的官吏李昱向长安城的富人借了八千缗钱，过了三年还不偿还，京兆尹许孟容将李昱逮捕，用枷锁锁住，关押起来，说："如果在期限满了以后不还完，那就要杀你的头。"全军大为震惊。左神策军护军中尉把这一事告到宪宗那里。宪宗派遣宫中使者向许孟容传达旨意，要把李昱交给左神策军处置，许孟容扣住李昱，不让他走。宫中使者再次来，许孟容说："我不服从诏令，罪该处死。但臣下为陛下治理京畿地区，不抑制打击豪强，怎么能把陛下的京城治理得太平无事呢？李昱的钱没有还完的话，左神策军就不能领回李昱。"宪宗称赞许孟容刚强正直，就答应了这个要求，这事使京城的人震动恐惧。

宪宗派遣宫中使者去晓谕王承宗，让他打发薛昌朝回本镇去，王承宗不服从诏令。冬季，十月十一日癸未，宪宗下制书削去了王承宗的官职爵位，任命左神策军中尉吐突承璀为左、右神策军以及河中、河阳、浙西、宣歙等行营兵马使和招讨处置等使。

翰林学士白居易上奏宪宗，认为："国家派兵征讨叛逆，应该把责任交给将帅来完成，近年来才派宫中使者做监军。从古代到现在，没有征调天下各地的军队、专门任用宫中使者作统帅的事情。现在神策军不设置行营节度使，那么吐突承璀就是军中的主将了。他又充当各路军马的招讨处置使，那么就成了各军的统帅了。臣下担心天下各地听到这一消息后，就会窥探朝廷中失误之处。周边各胡族人听到这一消息后，一定会耻笑大唐无人。陛下怎么能忍受得了让后代的人们相互传说以宦官作主将和统帅的事情是从陛下开始的呢？臣下又担心刘济、张茂昭以及范希朝、卢从史，乃至于各道的将领们都以受吐突承璀的指挥为耻辱。他们既然不能同心对敌，那怎么能为朝廷立功呢？这是帮助王承宗的措施而挫伤了各位将领的力量。陛下如果念及吐突承璀很勤劳，让他地位显贵就行了；如果怜惜他忠心赤诚，让他富有就行了。至于军旅和朝廷的大权，动一下都关系到天下是否清明或祸乱。而且朝廷的制度，是列祖列宗定下的，难道陛下宁肯忍受顺从下人的要求而自己毁坏国家的法令制度，满足别人的欲望而损害自己的神圣和英明吗？陛下为什么不能认真思考一下，却要招致万世以后的嘲笑呢？”当时，谏官和御史们认为吐突承璀职位与名声太重而劝谏的人一个接一个，宪宗都不理睬。十月十六日戊子，宪宗驾临延英殿，度支使李元素、盐铁使李鄘、京兆尹许孟容、御史中丞李夷简、给事中吕元膺、穆质、右补阙独孤郁等人都极力上言，认为任命吐突承璀不可以。宪宗迫不得已，第二天，削掉吐突承璀的四道兵马使职务，又改处置使改为宣尉使。

李绛曾经极力向宪宗陈说宦官们傲慢专横、侵扰损害朝廷的政治事务，诬陷毁谤忠诚的大臣，宪宗说：“他们这一伙人哪敢向我进谗言呢？即使是有，朕也不会听信的。”李绛说：“这一伙人大抵上不知道仁义道理，不分辨是非曲直，唯利是图。只要得了贿赂，就能把盗跖和庄跻这种恶人说成是廉洁和善良的人，如果违背了他们的心愿，就能把龚遂、黄霸这种廉洁、贤良的人毁谤成为贪婪、残暴的人。他们能用奸诈的机智捏造出是非难明的事端，他们朝夕在陛下身边叙说，将谗言渐渐地夹进来，陛下有时候也一定会相信他们的话的。自古以来宦官们败坏朝廷大政的事，书籍上全都记载下来了，陛下怎么能不对他们的浸染加以防范呢？”

十月二十七日己亥，吐突承璀率领神策军从长安城出发，下令恒州四面的军镇各自调兵讨伐王承宗。

当初，吴少诚宠信大将吴少阳，称之为堂弟，安排吴少阳在军中任职，吴少阳出入吴少诚的家就像最亲的亲属一样，一直升任到申州刺史的职务。吴少诚病重，不省人事，家仆鲜于熊儿假称吴少诚的命令，召来吴少阳，让吴少阳代理节度副使的职务，主持军中与地方事务。吴少诚有一个儿子吴元庆，吴少阳杀了吴元庆。十一月二十七日己巳，吴少诚去世，吴少阳自任为留后。

这一年，云南王寻阁劝去世，儿子劝龙晟继承王位。

（以上为第二段，写唐宪宗违众任用宦官吐突承催征讨成德王承宗。淮西吴少阳自为留后。）

田季安听到朝廷派吐突承璀率兵讨伐王承宗的消息后，召集部下说："朝廷军队不跨过黄河已经二十五年了，现在一下子要越过魏地而讨伐赵地，如果王承宗的赵地被朝廷收复了，那么我们的魏博也要被收复了，应该采取什么样的对策呢？"一个将领超越级别站出来说："希望能借给我五千骑兵，我来为您排解忧患。"田季安大声喊道："真是个壮士！我已决定出兵，谁要是阻拦就杀谁！"

幽州的牙将绛州人谭忠为刘济出使魏博，知道了田季安的策略，进去对田季安说："要是按那个人的计策行事，那就是将天下的兵马都招引到魏博来了。为什么这么说呢？现在朝廷的军队越过魏博境内去讨伐成德军，不派德高望重的大臣和老将统领军队，而由宫中使臣作统帅，不调遣天下各地的军队，而以关中地区的军队为主，您知道这是谁的策略？这是天子自己谋划的，想以此向大臣们夸耀，让臣下敬服。如果朝廷的军队还没有去攻打赵地，就先在魏博被打败了，这就说明皇帝的谋略反而不如臣下的谋略，这事不就让皇帝在天下觉得耻辱吗？感到耻辱而且愤怒，皇帝就一定任用聪明人筹划长远的策略，任用勇猛的将领训练精锐的士兵，竭尽全力再次渡过黄河，鉴于以前失败的教训，一定不会越过魏博去讨伐赵地，比较罪责的轻重，一定不会先打赵地而后攻魏博，这就是不上不下，直冲魏博而来。"田季安问："那么应该怎么办呢？"谭忠说："朝廷军队进入魏博境内，您应该重重地加以犒赏。乘机将所有的军队都调到成德军的边境上，号称要讨伐赵地。而暗中可以派人给王承宗送信说：'如果魏博要攻打赵地，那么河北的仁义之士就会说魏博出卖朋友；如果魏博与赵地结成一伙的话，那么河南地区的忠臣又会说魏博反叛君主。出卖朋友和反叛君王的名声，魏博都不能忍受。如果您能暗中解除防备，送给魏博一座城池，魏博就能拿它作为向天子报捷的凭据。这样就能使魏博向北与赵结成友好关系，向西能作天子的顺臣。对赵而言，不过是一点小小的损耗，对魏博而言，却是获得了极大的利益，难道您一点也不被魏博的利益打动吗？'王承宗如果不拒绝您，那么魏博的霸业基础就牢靠了"田季安说："好！先生到魏博来，真是上天要帮助魏博啊。"于是就运用谭忠的计策，与赵地暗中商议，得到了成德军的堂阳县。

谭忠回到幽州后，打算用计谋激刘济去讨伐王承宗。正碰上刘济召集各位将领说："天子了解我怨恨王承宗，现在下令我去讨伐王承宗，成德军也一定对我们做了充分防备。去讨伐和不去讨伐，究竟哪种有利？"谭忠连忙回答说："天子最终不会让我们去讨伐王承宗，王承宗也不会防备我们。"刘济恼怒地说："你为什么不直接说我刘济与王承宗一同反叛朝廷呢？"于是下令将谭忠关押到监狱中去。刘济又派人去视察成德军的边境，王承宗果然没有作防备。过了一天，朝廷的诏令也真下来了，命令刘济“专心保护北部边疆，不要让朕又挂记着胡人来侵犯，能够一心一意地讨伐王承宗”。刘济才打开监狱，将谭忠召来说：“事情真像你判断的那样，你是根据什么知道的？”谭忠说：“卢从史表面上与我们亲近，而实际上却嫉恨我们。他在外表上与成德断绝了关系，而实际上却在援助王承宗。他为王承宗筹划道：‘卢龙镇以成德镇为屏障，虽然恨成德镇，但一定不会来攻打成德，所以成德不必防备卢龙。’这一方面是要暗示成德不敢与卢龙镇对抗，另一方面是要让卢龙镇受到天子的怀疑。成德人既然不向卢龙镇设防戒备，那么卢从史就会跑去奏报天子说：‘卢龙镇与成德镇结怨很深，成德镇被讨伐，但却不防备卢龙镇，这就是卢龙镇反过来援助成德镇了。’这就是我知道天子最终不让你讨伐成德，而成德也不防备我们的理由。”刘济问：“那现在该怎么办？”谭忠说：“卢龙与成德结怨，天下没有什么人不知道。现在天子调兵讨伐成德，您动员了卢龙镇的全部军队，却没有一个人渡过易水的，这正是让卢从史抓住破绽用卢龙镇的现状对成德镇施小恩小惠，而又在皇上面前败坏您忠诚的名声，在这两个方面都达到了目的。这就使卢龙镇空有忠义之心，却招来私下与成德勾结的口实，不但成德人不感激我们，而且还让我们的恶名在天下闹得沸沸扬扬。希望您认真思考这一件事！”刘济说：“我已经清楚了。”于是向全军下令说：“五天之内全军出动讨伐成德，谁要是落后了，就把谁剁成肉酱示众！”

（以上为第三段，写幽州牙将谭忠，效忠朝廷，以纵横术离间魏博、卢龙两镇不与成德合谋一体反叛，使成德孤立无援。）

唐宪宗元和五年（庚寅，公元810年）

春季，正月，刘济亲自率兵七万人进攻王承宗。当时各支军队都还没有出动，只有刘济一支军队独自向前进攻王承宗，攻下了饶阳和束鹿。

河东、河中、振武、义武四支军队担任从恒州北面向王承宗进攻的任务，他们在定州会合。正碰上十五日夜晚，义武军中的官吏认为定州驻有外地的军队，请求停止张灯结彩过元宵。张茂昭说：“河东、河中、振武三镇军队，都是朝廷的军队，怎么能说是外地的军队呢？”于是下令在城内张灯结彩，不禁止人们通行，不关闭里坊的大门，一连三个晚上都像平时一样，也没有人敢大声喧闹。

正月二十六日丁卯，河东军将领王荣攻下了王承宗的洄湟镇。吐突承璀到了行营之后，军威和命令不严整，与王承宗交战，屡战屡败。左神策军的大将军郦定进也战死了。郦定进是一员猛将，神策军将士因此士气低落。

河南府尹房式有违犯法令的事情，东都洛阳的监察御史元稹上奏将房式拘捕，而且自作主张地让房式停职，朝廷认为这样处理不合适，罚了元稹三个月的薪俸，把元稹召回西京长安。元稹到了华阴县内的敷水驿站，有宫廷的宦官从后面赶来撞破驿站的大门，呼叫谩骂着进去，用马鞭打伤了元稹的脸。宪宗又提起元稹以前的过失，将元稹贬职为江陵士曹。翰林学士李绛、崔群上奏宪宗说元稹没有过错。白居易上奏说：“宫中使者凌辱了朝廷大臣，陛下不追究宫中使者，却将元稹贬职外放，恐怕从今以后，宫中使者到外面去更加残暴蛮横，没有人再敢来说什么。另外，元稹身为御史，向朝廷检举、奏报了不少事情，他不回避有权有势的人，痛恨他的人很多，恐怕从今以后，没有人敢为陛下恪尽职守，执行法令，痛恨邪恶而惩治罪人了，即使有大奸大恶的人，陛下也无法知道了。”宪宗没有听从白居易的劝谏。

（以上为第四段，写唐宪宗袒护宦官而压抑朝士，元稹被贬官。）

宪宗认为河朔一带正在调兵打仗，不能同时讨伐吴少阳。三月十九日己未，任命吴少阳为淮西留后。

各路军队进攻王承宗，久战没有什么建树，白居易上奏宪宗，认为：“河北地区本来不应该动用武力，现在派兵出征之后，吐突承璀不曾艰苦力战，就先失掉了军中大将。吐突承璀与卢从史两支军队进入叛贼的境内，拖延、推迟行动，不仅仅是有意停滞不前，而且也是他们的兵力难以抵挡王承宗的军队。范希朝和张茂昭到了新市镇，竟然不能通过，刘济带领全军围攻乐寿县，这么长时间都攻不下来。李师道、田季安原来就不作什么指望，观察他们的情形，好像相互间商议过，他们各自攻下了一个县以后，就不再进军了。陛下看看这种形势，成功哪里有什么把握？根据臣下的愚昧见解，必须迅速停止用兵，如果又迟疑不决的话，那么危害就有四个方面：其中应为陛下痛惜的有两个方面，应为陛下深深担忧的有两个方面。为什么这样说呢？

“如果确保战事能够获得成功，那就可以不考虑花费多少钱财。既然明确知道战事不可能获得成功，那就不应该白白浪费钱财和粮食。如果弄清楚了这个道理以后再行动，为时也不晚。现在，晚一天纠正过失，就会有一天的费用，再拖延十天半月的，所花费用就很多了，最后还是要停止用兵的，何不早点停止用兵！用国家库存的钱财和老百姓的血汗去资助河北地区的各镇主帅，反而让他们强大起来。这就是臣下为陛下痛惜的第一点。

“臣下又担心河北地区的各个将帅见到吴少阳已经受到朝廷的任命，一定会援引这一事情作例子来比较，大家会一致要求朝廷为王承宗洗雪罪名。如果他们上奏表章一份接一份地送上来，按道理讲不能不答应。经过河北各镇的请求后停止对王承宗的讨伐，那种情形可想而知，这样只能使王承宗与同类型的人更加紧密地抱成一团。这样一来，对王承宗的处置决定权就操在他相邻的各军镇手中，对王承宗的恩典和信义就都不来自于朝廷，臣下实在担心朝廷的威严和权力全都归河北各军镇所有了。这是为陛下痛惜的第二点。

“现在天气已经开始炎热起来，战事和天气都烧烤着将士们，以至于将士们饥渴疲劳，疾病和瘟疫流行，露宿野外，还赶着他们去打仗，那他们怎么受得了？即使他们不爱惜生命，也难以忍受痛苦。何况神策军中的士兵都是城市中悠闲的人，他们毫不例外地都不习惯于这种艰苦的战事，如果突然想到要找一条生路，如果一个逃走的话，那么就有一百人受到这一行为的煽动。一支军队如果溃散了的话，那么各支军队的军心都一定会受到动摇，如果事情一下子到了这一地步，怎么来得及后悔啊！这是臣下为陛下深深担忧的第一件事。

“我听说回鹘、吐蕃都有间谍在京城，他们对我大唐的事情，大大小小的都十分清楚。现在陛下调集天下的兵力，只讨伐王承宗这一个叛贼，从冬天到夏天，旷日持久，没有什么进展，那么兵力的强弱，钱财花费了多少，这些哪能让吐蕃、回鹘都一一知道呢！如果他们突然看到有利可图而产生歹心，乘我们防备空虚来侵犯边塞，以朝廷现在的实力，怎么有可能兼顾两头呢？战事相连，祸患丛生，那什么事情不会发生？万一到了这一地步，实在关系到国家安危。这是我为陛下深深担忧的第二件事。”

（以上为第五段，写白居易上奏请罢河北征讨之军，若不及时撤军当有四害。）

卢从史是第一个向朝廷提出讨伐王承宗建议的人，等到朝廷调兵遣将攻打王承宗时，卢从史却故意逗留，驻军不前，暗中还与王承宗相互勾结，下令将士们暗中藏着王承宗的行军番号。卢从史又抬高粮草的价格，破坏度支对各支军队的供应，暗示朝廷要求加官平章事，向朝廷诬奏各个道的主帅与王承宗相勾结，建议不能向王承宗进军。宪宗对此非常忧虑。

正好卢从史派遣牙将王翊元到朝廷来奏报事情，宰相裴垍将王翊元带到一边谈话，讲了作臣子应尽的义务，渐渐打动了王翊元，王翊元于是向朝廷表达了自己的诚心，讲了卢从史的阴谋和潞州可以攻取的情况。裴垍命王翊元回到本军去做各种谋划和安排，然后再到京城长安来，王翊元于是得到了都知兵马使乌重胤等人诚心相助。裴垍对宪宗说：“卢从史阴险狡猾，骄横凶狠，一定会发生叛乱的。现在听说他与吐突承璀军营面对面扎营，把吐突承璀当小孩子看待，平时来来往往都不作防备。要是失掉了这个机会不抓住他的话，以后即使调集大量兵马，也不可能在短时间内将他平定。”宪宗最初听到了非常吃惊，经过很长时间的深入思考后，才允许这样做。

卢从史生性贪婪，吐突承璀将各种珍奇的玩赏物品都摆出来，看卢从史喜欢什么，便逐渐拿来送给卢从史。卢从史很高兴，对吐突承璀更加亲昵。四月十五日甲申，吐突承璀与神策军行营兵马使李听策划，将卢从史召到军营来赌博，在帷幕后埋伏一些勇健的士兵，突然冲出来，将卢从史抓到帷帐的后面捆起来，放进车内，向京城长安飞奔而去。卢从史的左右侍从惊慌作乱，吐突承璀下令杀了他们十几人，宣布宪宗诏书的意旨。卢从史军营中的士兵听说这件事后，都披着铠甲出营，拿着兵器边跑边大声喧哗。乌重胤挡在军营的大门前，大声呵斥他们道："天子有诏令，服从的人给赏赐，胆敢违抗的人杀头！"士兵们都收起兵器回到自己的队伍中去了。当时正好是晚上，装着卢从史的车急速奔驰，天还没有亮，就离开了卢从史统辖的区域。乌重胤是乌承洽的儿子。李听是李晟的儿子。

四月十八日丁亥，范希朝、张茂昭在木刀沟一带将王承宗的人马打得大败。

宪宗嘉奖乌重胤的功劳，打算就地任命为昭义军节度使。李绛认为不能这样做，请求任命乌重胤为河阳节度使，而调任河阳节度使孟元阳为昭义节度使。正好吐突承璀上奏宪宗，说已发布文书，让乌重胤暂时负责昭义军留后。李绛上奏宪宗说："昭义军的泽、潞、邢、洺、磁五州处在太行山东边的要害之地，魏博、恒州、幽州各军镇互相勾结，朝廷只有凭借这五个州来控制他们。邢州、磁州、洺州深入这些军镇的腹地，实在是国家的战略宝地，关系着朝廷的安危。这里从前被卢从史所有，使朝廷时时刻刻忧心忡忡，现在万幸将它得到了，吐突承璀却又给了乌重胤，臣下听说这事后很惊讶和叹息，实在是非常痛心！不久前朝廷才用计诱捕了卢从史，这虽然是从长远打算的策略，但已很失体统。现在吐突承璀又用一纸文书就差遣一个人担任重要军镇的留后，并为之索求节度使的旌节，目无君王之心，还有什么比这更厉害呢？陛下昨日得了昭义军，人神都一同庆贺，朝廷的威望和号令又树立起来了。今天却突然又把它交给昭义军的一个牙将，使得天下人心一下子沮丧下去，朝纲政纪大为紊乱。比较一下这一事情的利害关系，还不如卢从史担任节度使。为什么这样说？卢从史虽然心生奸邪的计划，但已是朝廷任命的一方主帅。乌重胤只是众多将领中的一员，仅凭吐突承璀的一份文书就代替了卢从史。我私下担心河南、河北各军镇的主帅听到这一消息后，没有不愤怒的，对与乌重胤平起平坐感到耻辱。而且他们还会说吐突承璀引诱乌重胤驱逐卢从史，而取代卢从史的位置，他们人人的属下都有不少将领，怎么能不感到自己也很危险呢？假如刘济、张茂昭、田季安、程执恭、韩弘和李师道等人相继上奏表章，陈说这一情况，并且指责吐突承璀有专擅朝命的罪过，不知道陛下将怎么处理这件事？如果对他们的表章都不予理睬，那么他们就会更加愤怒。如果按他们的要求改任节度使，那么朝廷便会失去自己的威严了。"宪宗又派枢密使梁守谦与李绛秘密商议说："现在乌重胤已经总揽军政事务，事情已出于迫不得已了，还是应该给节度使的旌节。"李绛回答说："卢从史担任主帅不是出自朝廷的意见，所以开启了卢从史奸邪的念头，最后成了朝廷的叛逆。现在因为乌重胤手中掌管了军队，就马上把节度使职务给他，那么赏罚的大权就不操在朝廷手中了，这又同卢从史的情况有什么区别呢？乌重胤能担任河阳节度使，已经是出乎意料的福分了，哪里敢再起兵反抗呢？何况乌重胤之所以能捉住卢从史，本来就是依仗朝廷的力量。一旦乌重胤自己违抗朝廷的命令，怎么知道以前同级的将领不效仿他的做法来行动呢？乌重胤在昭义军中的同级将领有很多，他们一定不希望乌重胤一个人独自担任主帅。将乌重胤调移到别的军镇去任职，大家才会感到满意，哪里用得着为将要导致祸乱而担忧呢？”宪宗对此很高兴，完全按照李绛的请求去做了。四月二十三日壬辰，宪宗任命乌重胤为河阳节度使，任命孟元阳为昭义节度使。

四月二十九日戊戌，宪宗将卢从史贬职为驩州司马。

（以上为第六段，写裴垍巧计除掉卢从史，李绛妥善酬功乌重胤。）

五月初六日乙巳，昭义军的士兵三千多人在夜间溃散，逃奔到了魏州。刘济上奏朝廷说攻下了安平县。

五月二十一日庚申，吐蕃派遣大臣论思邪热进京朝见，而且还归还了路泌、郑叔矩的灵柩。

五月二十五日甲子，奚人侵犯灵州。

六月十五日甲申，白居易又上奏宪宗，认为：“臣下多次请求陛下停止在河北用兵，现在战事的形势，又不如从前了，不知道陛下还要等待什么？”在这一段时间，宪宗每遇到有军国的大事情，一定要与翰林院的各个学士商量对策。宪宗曾有一个多月没有召见学士们，李绛等人上奏宪宗说：“臣等饱食终日，不说什么话，要是从臣等自己的立场上考虑，这是很好的事情，但这对陛下有什么益处呢？陛下征求询问治理天下的意见和方针，广开言路，采纳劝谏的直言，这实在是天下的幸事，哪里只是臣等的幸运呢？”宪宗连忙下令他们：“明天到麟德殿来奏对。”

白居易曾在一次议事时说“这事陛下错了”，宪宗神色严峻地停止了谈话，暗中将翰林院承旨李绛召来，说：“白居易一个小小的臣子，竟敢出言不逊，必须将他调出翰林院。”李绛说：“陛下容忍直言，采纳各方意见，因此朝廷群臣敢于竭尽忠诚，毫不隐讳地将事情说出来。白居易说话虽然没有注意方式，但目的在于向陛下进献自己的忠诚。陛下如果今天将白居易治罪，臣下担心天下的人都要闭口不谈政事了，这不是扩大视听，彰明陛下神圣的德操的办法。”宪宗听了很高兴，对白居易如从前一样。

宪宗曾经想去宫苑中打猎，一行人已经来到靠近宫苑的蓬莱池西边，对左右随从们说：“李绛一定要进言劝谏，不如现在就停下来吧。”

秋季，七月初二日庚子，王承宗派遣使者到朝廷来陈说自己受了卢从史的挑拨离间，请求允许向朝廷交缴赋税，请朝廷委派官吏，允许他改过自新。李师道等人也几次上表朝廷，请求为王承宗平反，朝廷也因为大军征讨，长时间没什么建树，七月初九日丁未，宪宗下制书为王承宗平反，任命为成德军节度使，还将德、棣两州重新给了王承宗。将各道出征的将士全部遣返回去，一共赏赐布帛二十八万端匹。加授刘济为中书令。

刘济出征讨伐王承宗的时候，任命长子刘绲为节度副使，负责幽州留后事务。刘济驻扎在瀛州，二儿子刘总担任瀛州刺史，刘济任命刘总为行营都知兵马使，去驻守饶阳。刘济生了重病，刘总与判官张玘、孔目官成国宝策划，让人假冒从京城长安前来，对刘济说："朝廷因为您在此停军不前，没有建树，已经任命副大使为节度使了。"第二天，又派人来告诉刘济说："朝廷任命大使刘绲的节度使旌节已经送到太原了。"又派人边跑边呼叫道："节度使的旌节已经送过代州了。"使得全军都十分惊恐不安。刘济对此十分愤怒，不知道该怎么办，就下令杀了大将中一向与刘绲关系很好的几十人，召刘绲马上到行营来，任命张玘的哥哥张皋代理幽州留后职务。刘济从早上到太阳西沉，一直没有进食，觉得口渴，要水喝，刘总乘机将毒药投进水中给刘济喝。七月十七日乙卯，刘济去世。刘绲到了涿州，刘总假称是父亲的命令，将刘绲用军棍打死，于是自己就总揽军中事务。

（以上为第七段，写朝廷征讨成德无功而罢军，幽州刘总弑父杀兄自领军务。）

岭南的监军许遂振用流言蜚语在宪宗那里毁谤岭南节度使杨於陵，宪宗就下令将杨於陵召回朝廷，任了他一个闲散的官职。裴垍说："杨於陵性格廉洁正直，陛下因为许遂振几句话的缘故就罢免了一方的主帅，这样不合适。"七月十九日丁巳，宪宗任命杨於陵为吏部侍郎。不久，许遂振承担了这一事件的罪责。

八月初七日乙亥，宪宗与宰相谈到了有关神仙的问题，宪宗问道："果真有神仙吗？"李藩回答说："秦始皇和汉武帝学习神仙方术的效果，以前的历史书籍上记载得清清楚楚，太宗皇帝服了天竺僧人的长寿药后得了疾病，这就是学习神仙方术从古到今的明确鉴戒啊。陛下年富力强，正下决心要将天下治理清平安乐，应该拒绝方术之士的游说。如果能够使道德盛大，百姓安乐，国家平安，那还用得着担心没有尧、舜那样长的年岁吗？"

九月初二日己亥，吐突承璀从行营中回到朝廷。九月十四日辛亥，宪宗又任命吐突承璀为右卫上将军，充任左神策军护军中尉。裴垍说："吐突承璀最先倡议朝廷对王承宗动用武力，使天下百姓疲劳困乏，最后还是没有成功。即使陛下顾念旧日的恩情，不立即将吐突承璀杀头示众，怎么能一点也不加贬斥，来向天下人谢罪呢？”给事中段平仲、吕元膺上奏宪宗说应该将吐突承璀处斩。李绛上奏说：“陛下如果不惩罚吐突承璀，哪一天又有一个打了败仗的将领，那将如何处置呢？假如将败将杀了，那败将与吐突承璀罪责相同，惩处却不一样，那败将一定内心不服。假如将败将无罪释放，那又有谁在打仗中不明哲保身而与敌人随意周旋呢？希望舍弃不忍下手的私恩，行使不可更改的刑罚，使将帅们都得到警戒和劝勉。”过了两天，宪宗罢免了吐突承璀左神策军护军中尉的职务，降职为军器使。朝廷内外的人都为此相互祝贺。

裴垍得了中风，宪宗很怜惜，接二连三地派宫中使者去询问病情。

九月二十九日丙寅，宪宗任命太常卿权德舆为礼部尚书、同平章事。

义武军节度使张茂昭请求朝廷任命人来代替自己，打算带全族的人进京入朝。河北地区的各军镇主帅交相派人去劝说他不要这样做，但张茂昭一概不听，一共向朝廷上表四次，宪宗才同意派人的请求。宪宗任命左庶子任迪简为义武军的行军司马。张茂昭将易、定二州的账簿文书和府库钥匙全都给了任迪简，打发妻儿老小先去京城长安，说：“我不想让子孙们沾染上这里的污浊习俗。”

张茂昭离开义武军以后，冬季，十月十一日戊寅，虞候杨伯玉起兵叛乱，将任迪简关押起来。十月十四日辛巳，义武军的将士们一起杀了杨伯玉。兵马使张佐元起兵叛乱，将任迪简再次关押起来，任迪简请求让他回到朝廷去。不久，将士们又起来杀了张佐元，拥戴任迪简主持军中事务。当时易、定两州的库存东西都用光了，居民也逃散一空。任迪简没有什么东西犒劳将士们，于是就烧煮粗米饭，与士兵们一起吃，他还在军府的大门前与士兵们同住了一个多月，将士受了感动，一起请求任迪简回军府内就寝。这样，任迪简的地位才巩固下来。宪宗下令赏赐给易定地区的将士们绫绢十万匹。十一月二十五日壬辰，宪宗任命任迪简为义武军节度使。十一月二十七日甲午，宪宗任命张茂昭为河中、慈、隰、晋、绛节度使，跟随他一起入朝的将吏们都分别被朝廷委任了官职。

右金吾大将军伊慎用三万缗钱贿赂右军中尉第五从直，谋求出任河中节度使。第五从直担心这事泄露出去，把这事向宪宗奏报了。十一月初三日庚子，宪宗将伊慎贬职为右卫将军，有三人因这一事件获罪被处死。

当初，伊慎从安州进京入朝，留下儿子伊宥为安州刺史，所以他没有离开安州。正好伊宥的母亲在长安去世了，伊宥贪恋手中的兵权，不按时将母亲的死讯公布。鄂岳观察使郗士美派遣属下官吏办事经过安州境内，伊宥出来迎接，才将母亲的死讯告诉了来人，而且事先准备好了竹轿，当天就把来人打发上路了。

十一月初七日甲辰，会王李纁去世。

十一月十三日庚戌，宪宗任命前河中节度使王锷为河东节度使。宪宗身边的侍从接受了王锷的很多贿赂，都在宪宗面前为王锷美言，宪宗下令王锷兼任平章事，李藩坚持认为这样做不合适。权德舆说：“宰相不是循资升迁的官职。大唐兴起以来，各方的镇帅不是大忠臣和有大勋，就是专横跋扈的人，朝廷出于迫不得已，才给他们加授这一职务。现在王锷既不是忠臣，又没有功勋，朝廷也不是出于迫不得已，为什么急忙将这一职位授予呢？”宪宗这才作罢。

王锷有治理事务的才干，擅长修缮城郭和储备财物。范希朝带着河东的全部人马驻扎河北，征讨王承宗，损失和逃亡的人很多。王锷到河东镇的时候，士兵不满三万人，马不超过六百匹，一年多以后，士兵增加到了五万人，马有五千匹，兵器装备精良锋利，仓库中的储藏很充实。王锷又向朝廷进献了私人财产三十万缗，宪宗又打算加授王锷平章事，李绛劝谏说：“王锷在太原，虽然干出了成绩，现在如果因为王锷向朝廷进献私人财产，就任命为宰相，那怎么向后世交代呢？”宪宗这才作罢。

中书侍郎裴垍因为病重，多次向宪宗要求辞去职位，十一月二十三日庚申，裴垍被免去宰相职务，改任兵部尚书。

十二月十二日戊寅，张茂昭进京向宪宗要求允许自己将祖父和父亲的尸骨从河北迁移到京兆府来。

十二月十六日壬午，宪宗任命御史中丞吕元膺为鄂岳观察使。吕元膺曾经打算在晚上进城，但城门已经锁了，守门的人不开门。吕元膺的随行人员说：“这是吕中丞啊。”守门的人回答说：“晚上难以分辨真假，即使是吕中丞，我也不能开门。”吕元膺只得回去了。第二天，吕元膺将守门的人提升到重要职位上。

翰林学士、司勋郎中李绛向宪宗当面陈说吐突承璀专横独断，话说得十分恳切。宪宗听了后声色俱厉地说：“你说得太过分了！”李绛哭着说：“陛下将臣下安置在视为心腹和耳目的职位上，如果我害怕和回避陛下身边随从，爱惜自身，不直率言事，那就是臣下辜负了陛下。如果臣下说了，但是陛下讨厌听这些事，那就是陛下对不起臣下了。”宪宗的怒气才缓解了，说：“你所说的事情都是别人所不能说的，你让我听到了难以听到的事情，你真是一个忠臣。以后谈事把话说完，就应该像今天这样。”十二月二十三日己丑，宪宗任命李绛为中书舍人，仍然同以前一样担任翰林学士职务。

李绛曾经很从容地劝谏宪宗不要聚敛钱财，宪宗说：“现在河南、河北几十个州，都是朝廷政令达不到的地方；河、湟等地几千里的地方，沦陷在胡人手中，我日夜都在打算为祖宗洗雪这一耻辱，但是财力不雄厚，所以不得不蓄积钱财。如果不是这样，我宫廷中的用度极为俭省，储藏许多财物又有什么用处呢？”

（以上为第八段，写李绛直言敢谏善谏，唐宪宗能黜抑吐突承催者，李绛之力也。又写王锷有干练之才而品德不济。）

唐宪宗元和六年（辛卯，公元 811 年）

春季，正月初九日甲辰，宪宗任命彰义留后吴少阳为节度使。

正月二十五日庚申，宪宗任命前淮南节度使李吉甫为中书侍郎、同平章事。二月初七日壬申，李藩被罢免宰相职务，改任太子詹事。

二月二十四日己丑，忻王李造去世。

宦官们讨厌李绛在翰林院任职，就想办法让李绛去做了户部侍郎，负责度支事务。宪宗问："根据以前的惯例，户部侍郎都要向宫廷进献盈余的钱财，只有你一个人不进献，那是为什么？"李绛回答说："守护疆土的地方官，加重向百姓征收赋税，进献朝廷为自己换取恩宠，天下的人尚且都非难，何况户部所掌管的，都是陛下府库中的钱财，支出和收入都记录在案，哪有什么盈余？如果把钱财从朝廷的左藏送到宫廷的内藏中去，作为对陛下的一种进献，那就像把东库的东西转移到西库一样，我不敢承袭这一弊端。"宪宗很赞赏李绛的直率，更加重视李绛。

三月十一日乙巳，宪宗问宰相："治理国家宽和与威严，哪一种放在前面？"权德舆回答说："秦朝执政因为残酷狠毒而灭亡，汉朝执政因为宽和大度而兴盛。我朝太宗皇帝看了《明堂图》以后，禁止鞭打人的脊背。因此，安禄山、史思明叛乱以来，多次出现背叛朝廷的逆臣，但他们转眼间都灭亡了。这是因为列祖列宗施行仁政团结了天下的人心，人们不能忘却的缘故啊。那么，治理天下，宽和与威严的先后次序就清楚了。"宪宗觉得这话说得很好。

夏季，四月初四日戊辰，宪宗把兵部尚书裴垍降职为太子宾客，这是由于李吉甫讨厌裴垍的缘故。

四月初六日庚午，宪宗任命刑部侍郎、盐铁转运使卢坦为户部侍郎、判度支。有人上告泗州刺史薛謇担任代北水运使的时候，发现了一匹不同寻常的好马，却不进献给宫廷。宪宗把这个事情交由度支处理，卢坦派巡官去核查，派去的人还没有回来，宪宗觉得处理得太缓慢了，就派宫中的品官刘泰昕去查证这一事情。卢坦说："陛下既然让有关部门去查处这一事情，又派品官跟着去处理，这难道不是相信大臣的程度还不如品官吗？请陛下先罢免了臣下的官职。"宪宗只好将刘泰昕召回。

五月，从前征讨王承宗的行营粮料使于皋谟和董溪因为贪污几千缗钱财，犯了罪，宪宗下令免了他们的死罪。于皋谟被流放到春州，董溪被流放到封州，他们走到潭州的时候，宪宗追派宫中使者赐令他们自杀。权德舆上奏宪宗，认为："于皋谟等人的罪行应当处死，陛下将他们诛杀在闹市，那还有谁不畏惧法律呢？不应该已经赦免了他们又杀他们。"董溪是董晋的儿子。

五月初七日庚子，宪宗任命金吾大将李惟简担任凤翔节度使。陇州与吐蕃的疆境连接，以前经常天天互相侦察，交互攻入对方的境内烧杀抢掠，弄得人们不得安宁。李惟简认为守卫边疆的将领应该谨慎地防备，蓄积钱财粮食以备敌人入侵，不应当见到小利就攻入对方境内，挑起事端，窃取官家的赏赐。李惟简严禁将士随便进入吐蕃人的境内。同时增加购买耕牛的数量，铸造农耕的器具，以供应给那些要耕种田地而不具备耕牛和农具的人，这样增垦田地几十万亩。一连几年都获得丰收，公家和私人都有了余粮，贩卖粮食的人远走外地去销售。

（以上为第九段，写唐宪宗与宰臣论宽严之政，李惟简出镇凤翔，和好吐蕃，不邀边功，社会安定，人口增长。）

宪宗赐振武节度使阿跌光进姓李。

六月初四日丁卯，李吉甫上奏宪宗说："自秦朝到隋朝，一共有十三个朝代，各朝设置官员的数量，没有比本朝更多的。天宝年间以后，中原地区驻扎的军队，现在能够统计出来的就有八十多万人，其余的作商贾、僧人、道士等不耕种田地的人，就占总人口的十分之五六，这就是经常用占总人口十分之三的人辛勤劳动，来养活占总人口十分之七的不经过自己的劳动就获得衣食的人。现在朝廷内外要用征收的赋税供给薪俸的官员不少于一万人，全国一千三百多个县中，以一个县的地方设置一个州，以一个乡的人口编成一个县的情况很普通，请陛下下令有关部门详细审定州县的废除和设置，官吏可以省去的就省去，州县可以合并的就合并，做官的途径可以减少的就减少。另外，国家以前的制度规定，根据官职的品级制定供给薪俸的标准，一品官每个月的薪俸为三十缗钱，因职务而发给的禄田出产的粮食不超过一千斛。自从安史之乱以来，国家增设官职的名目和数额，给官吏提供优厚的薪俸。大历年间，当权大臣的月薪高达九千缗钱。州不论大小，刺史的月薪都有一千缗。常衮担任宰相时，才开始设置限制进行约束，李泌又酌量职务的闲散和繁重，根据情况增加薪俸，当时称这样做通情达理，能办成事情，按理说难以削减。但是，却还存在着只存名义，职事荒废，或者存在薪俸，员额却没有了，以及闲散和繁重之间，薪俸优厚和微薄差别很大的各种情况。请陛下敕令有关部门详细审查薪俸和杂项供给，根据情况审定后上奏。"宪宗于是下令给事中段平仲、中书舍人韦贯之、兵部侍郎许孟容、户部侍郎李绛一同详细加以审定。

秋季，九月，富平县人梁悦为了替父亲报仇，杀了秦杲，然后自己跑到县府请求治罪。宪宗下敕令说："关于复仇这个问题，根据《礼记》的说法，杀父之仇不共戴天。但按照法令条文的规定，那么杀人要处以死刑。礼仪和法令两方面，都是君王教化天下的重要依据，二者存在着如此不同的差别，固然可供辩论商议，应该让尚书省召集人员议论后上奏。”职方员外郎韩愈认为：“在律令中，没有对这一条作规定，并不是在制定时漏掉了。这大概是因为不允许别人报杀父之仇，就伤害孝子的心，而违背了先王以孝治天下的训令。允许别人报杀父之仇，那么人们就会根据这条法令擅自杀人，而没有办法禁止这种杀人现象的发生了。所以先圣们就在经书中反复强调子报父仇的道理，而在法律条文中，却看不出这种规定，这一用意就在于让执法的官吏一概以律令为依据裁断，而尊奉经典的饱学之士又得以引经据典地进行议论。应该就处理这种事情制定一个条文为：‘凡是报杀父之仇的，事情发生后，一概要申报尚书省讨论上奏，根据实际情况作适当的处置。’这样就能使经典和法律都不失旨意。”宪宗下敕令道：“打梁悦一百棍，流放到循州。”

九月二十二日甲寅，吏部上奏说：“依据敕令合并机构和减省官吏的旨意，一共减省朝野内外各级官员八百零八人，以及各部门九品以下的吏员一千七百六十九人。”

黔州发大水冲坏了城墙，观察使窦群调集溪洞蛮各部落的人来修筑城墙。因为对工程催促得太急切，于是，辰州和溆州的蛮人起来造反，窦群率军讨伐，不能平定反叛。九月二十六日戊午，宪宗将窦群贬职为开州刺史。

冬季，十一月，弓箭库使刘希光接受了羽林大将军孙璹贿赂的钱二万缗，便为孙璹游说外出担任节度使，事情泄露以后，宪宗赐令刘希光自杀。这个事情牵连了左卫上将军、负责内侍省事务的吐突承璀。十一月初五日丙申，宪宗将吐突承璀贬职为淮南监军。宪宗问李绛道：“我把吐突承璀贬职外放，你觉得怎么样？”李绛回答说：“外边的人没有想到陛下会采取这种措施。”宪宗说：“吐突承璀是一个家奴，以前是因为使唤他很长时间了，所以因私恩宽大了他。如果他有违法乱纪的事情，我抛弃他就像丢掉一根毫毛一样！”

居住宫院十六宅的各位封王都没有离京到封地去，他们的女儿不按时出嫁，选择匹配公主的男子，都由宦官负责，这些男子大都用很厚重的钱财贿赂宦官们来推荐自己。李吉甫上奏宪宗说：“自古以来娶公主的人，一定要选择合适的人选，只是近年来没有这样做。”十二月十一日壬申，宪宗下诏册封恩王等人的六个女儿为县主，委托中书省、门下省、宗正寺和吏部选择门第、人才合适的人士，将县主嫁给他们。

十二月二十八日己丑，宪宗任命户部侍郎李绛为中书侍郎、同平章事。李吉甫出任宰相后，经常向过去与自己结怨的人报复，宪宗对这一情况很了解，所以提拔李绛担任宰相。李吉甫善于迎合宪宗的心意，而李绛为人却十分耿直，他们多次在宪宗面前发生争执，宪宗多半认为李绛正直并采纳李绛的意见。因此，李绛与李吉甫有了矛盾。

闰十二月初一日辛卯，黔州上奏朝廷说：辰州和溆州叛贼的头目张伯靖侵扰播州和费州。

担任试太子通事舍人这一官职的李涉知道宪宗对吐突承璀的恩宠眷顾并没有减弱，于是以投匦上疏宪宗，说："吐突承璀有功劳，刘希光没有罪过。吐突承璀长期被陛下亲近信任，不应该马上就抛弃他。"担任匦使和谏议大夫的孔戣看到了李涉上疏的副本，斥责李涉，不接受这份疏章。李涉于是向守门的人行贿，跑到光顺门上疏。孔戣听说后，上疏宪宗，极力陈说："李涉奸邪险恶，欺蒙天下，请将李涉在闹市中处斩示众。"闰十二月十八日戊申，宪宗将李涉贬职为峡州司仓。李涉是李渤的哥哥。孔戣是孔巢父的儿子。

十二月二十一日，惠昭太子李宁去世。

这一年，天下粮食大获丰收，有的地方一斗米只值二文钱。

（以上为第十段，写宪宗纳李吉甫之奏沙汰冗官，听李绛之言外出吐突承僎，采韩愈之奏，朝议复仇杀人刑事案，表现明主风采。）

唐宪宗元和七年（壬辰，公元 812 年）

春季，正月十一日辛未，朝廷任命京兆尹元义方为鄜坊观察使。当初，元义方向吐突承璀奉迎献媚，李吉甫想以吐突承璀为靠山，于是就提拔元义方担任了京兆府尹。李绛讨厌元义方的品性和为人，因此就将元义方调出朝廷，到外边任职。元义方进宫向宪宗谢恩，乘机告状说："李绛为他同年科举的许季同谋私利，任命许季同为京兆府少尹，让臣到鄜坊去任职，李绛专横独断，作威作福，欺蒙陛下的视听。"宪宗说："朕对李绛的为人很熟悉，李绛一定不会这样做。明天，我要问问这事。"元义方内心很惶恐，惭愧地出了宫。第二天，宪宗责问李绛说："人们一般会对自己同年登科举的人徇私情吗？"李绛回答说："所谓同年，就是分布在九州四海的人偶然在一年科考登进士第，有的人是登科以后才结识，那又有什么私情可言？而且陛下不嫌弃臣下愚昧无知，让臣下担任宰相之职。宰相的职责就在于根据才能的大小给予一个合适的官职和职责。如果那个人真的有才能虽然是自己的兄弟子侄，也还是要任用，何况只是一个同榜的进士呢？为了避嫌而抛弃人才，那就是专门为自身利益考虑，而不是一心为公。"宪宗说："你说得好！我知道你一定不会徇私情。"于是就催促元义方到鄜坊去赴任。

振武军内的黄河大水漫出来，毁坏了东受降城。

三月二十八日丙戌，宪宗驾临延英殿，李吉甫说："天下已经治理得太平无事了，陛下应该好好享乐了。"李绛说："汉文帝时期兵器没有锋刃，家家充实，人人富足，贾谊还觉得这种盛世是将火种放在堆积的柴火之下，不能说是平安无事。现有朝廷法令不能触及的地方，在黄河南、北地区有五十多个州。吐蕃、回鹘的踪迹，靠近泾州和陇州，边疆上的烽火屡次报警。加上水灾旱灾时常发生，国家仓库储藏空虚，这正是陛下要夜以继日、辛勤操劳的时候，哪能说得上是太平无事，可以立即享乐呢？”宪宗很高兴地说：“卿说的正合我的心意。”宪宗退朝后，对左右侍从说：“李吉甫一味地献媚讨好朕。像李绛，才是真正的宰相啊！”

宪宗曾经问宰相道：“贞元年间，朝廷政治不清明，究竟是什么导致这样的呢？”李吉甫回答说：“德宗皇帝只用自己圣明的智慧办事，不信任宰相而相信别人，这样就使得奸邪之臣乘机作威作福。朝廷政治不清明，就是这个缘故啊。”宪宗说：“但政治不清明也未必都是德宗皇帝的过错。朕年纪还小的时候，随侍在德宗皇帝身边，见到事情在成败得失的关头，当时的宰相也没有反复据理力争的人，他们都贪恋俸禄、苟且偷安。现在怎么能将过错全归罪于德宗皇帝呢！你们应该以此为鉴戒，凡是在事情有得失的关头，应当不停地极力陈说，不要害怕朕生气和谴责而立即停止劝谏。”

李吉甫曾经说：“做人臣的人，不应该强行劝谏。让君主高兴，臣下安宁，不也是很美的事吗？”李绛说：“做人臣的，应当敢冒犯圣上，苦口婆心，陈说事情的得失，如果不这样做，让君王陷入恶名流传的境况中，那怎么能说是忠诚呢？”宪宗说：“李绛的话说得对。”李吉甫来到中书省后，躺在那里不处理政事，只是一味地长吁短叹。李绛有时候很长时间不劝谏宪宗，宪宗就要责问李绛说：“难道是我不能接受你的规劝吗？或者是没有什么事情要规劝呢？”

李吉甫又曾经对宪宗说：“奖赏与惩罚，是君王的两大权力，不能够偏废。陛下继承皇位以来，给天下的实惠恩泽够多的了。但是威严和刑罚却没有大用，以致朝野内外都松懈懒惰，希望陛下严厉地施行刑罚来激发他们。”宪宗看着李绛说：“你觉得怎么样？”李绛回答说：“圣明君王的政治，崇尚道德而不崇尚刑罚，怎么能舍弃了周成王、周康王、汉文帝、汉景帝的做法，而效仿秦始皇父子呢？”宪宗说：“你说的对。”过了十多天，于頔入朝奏对，也劝皇帝用严刑。又过了几天，宪宗对宰相们说：“于頔是个大奸臣，劝告我用严刑峻法，你们知道于頔的用意吗？”宰相们都回答说：“不知道。”宪宗说：“他这样做是要让朕丧失天下的人心。”李吉甫大惊失色，退朝后一直低着头，一整天不说话不谈笑。

夏季，四月二十九日丙辰，宪宗任命库部郎中、翰林学士崔群为中书舍人，仍担任翰林学士。宪宗欣赏崔群能够直言议事，于是下令翰林学士“从今以后奏报事情，一定要同崔群一起署名，然后才能上奏”。崔群说：“翰林院的一举一动都会成为惯例。一定要这样做，如果以后万一有一个阿谀逢迎的人做了翰林院的长官，那么下面敢于直言议事的人的看法就无法上奏了。”崔群坚持不服从这一道诏令，向宪宗三次上奏章，宪宗才采纳了崔群的意见。

五月初三日庚申，宪宗对宰相说："你们多次谈到淮南、两浙一带去年发生了水旱灾害，最近有御史从那里回朝，没有一句话提到受灾的事，这究竟怎么回事？"李绛回答说："臣分析了淮南、浙西、浙东给朝廷上奏的章疏，都谈到遭受水旱灾害，百姓很多都流散逃亡了，要求想办法招抚，他们的意思好像担心朝廷要治他们的罪似的，哪有没发生灾害而瞎说受灾的事呢？这大概是御史想欺瞒奉迎，以讨得陛下的欢心罢了。我希望知道这个御史是谁，对这个人进行审查治罪。"宪宗说："卿说得很对。国家以百姓为根本，听说有灾害，就应当立即赈救，哪能还怀疑事情是假的呢？朕刚才没有认真思考，所以失言了。"于是下令立即免除受灾地的赋税。宪宗曾经与宰相们在延英殿讨论治理国家的策略，天色已晚，天气极热，宪宗身上的衣服都被汗水湿透了，宰相们担心宪宗身体疲倦，要求退朝。宪宗挽留他们说："朕一进宫禁中，与朕相处的都是些宫女和宦官，所以朕很高兴与众卿商谈治理天下的关键事项，一点也不觉得疲倦。"

（以上为第十一段，写唐宪宗思治，与宰臣论治，虽盛暑而不知倦。李吉甫逢迎上意，李绛耿直正言，二人每议必急，于是有隙。）

六月初七日癸巳，司徒、同平章事杜佑以太保的职位退休。

秋季，七月十九日乙亥，宪宗册立遂王李宥为太子，给太子改名为李恒。李恒是郭贵妃所生的儿子。澧王李宽是妃子生的儿子，比李恒年龄大。宪宗准备册立李恒为太子时，下令崔群为李宽草拟推让皇太子的表章，崔群说："一般来说，把自己拥有的东西给别人叫作推让。遂王是陛下的正妻生的儿子，澧王李宽推让了什么？"宪宗于是作罢。

八月十二日戊戌，魏博节度使田季安去世。

当初，田季安娶了洺州刺史元谊的女儿为妻，生了个儿子叫田怀谏，让田怀谏担任了节度副使。牙内兵马使田兴是田庭玠的儿子，勇猛有力气，读过一些书，性格很恭谨谦逊。田季安为人荒淫残暴，田兴多次劝阻，军中将士都把希望寄托在田兴身上。田季安认为田兴拉拢人心，将田兴斥逐到临清去任镇守将领，并打算杀田兴。田兴假装得了风湿病，用艾草将全身炙灼了一遍，才得免于一死。田季安得了疯病，没有限制地随便杀人，军政事务荒废混乱，夫人元氏召集各位将领立田怀谏为副大使，让田怀谏掌管军中事务，这一年田怀谏才十一岁。又将田季安迁移到别的地方去住，过了一个多月，田季安去世。田怀谏召回田兴，让田兴担任步射都兵马使。

八月二十五日辛亥，宪宗任命左龙武大将军薛平为郑滑节度使，用意是要控制魏博的局势。

宪宗与宰相们商议魏博的事情，李吉甫请求派兵去讨伐，李绛认为魏博不需要派兵征讨，魏博会自动归顺朝廷。李吉甫极力陈说不能不派兵征讨的理由，宪宗说："我也觉得应该采取军事行动。"李绛说："臣下私下分析黄河南北军镇中专横跋扈的主帅，他们都把军队分给各位将领统领，不专任一个人掌握兵权，这是因为恐怕这个人权力太大，乘机会对自己下手的缘故。各位将领的兵力都相当，不能相互控制，如果他们想广泛地联合起来，那么大家的心思并不一致，计划一定会泄露出去。如果打算一个人独力发动兵变，兵力太少，力量微弱，从形势上讲是无法成功的。加上各镇主帅悬赏十分厚重，刑罚又极为严厉，因此将领们之间互相顾虑猜忌，不敢率先发难，专横跋扈的主帅就凭仗着这一形势，作自己长远的打算。但臣下私下考虑，如果长期有一个严明的主帅能够控制各位将领为自己拼死效力，那么他的统治就可以稍稍让局面平稳。现在田怀谏是一个乳臭未干的小毛孩，不能够自己处理政事，军府中的大权一定会落到什么人手里，如果对待各位将领厚此薄彼，不很平均，那么一定产生怨恨，而不肯服从上司的命令，以前所采取的分散兵力的策略，恰恰成了现在发生祸乱的阶梯。田氏家族不是全被杀戮，就是全成了阶下囚，那还用得着麻烦朝廷军队去征讨吗？那个人从各位将领中出来代替主帅，相邻各道所憎恨的，没有比这一点更厉害了。他如果不依靠朝廷的援助而自我生存下来，那么就会立刻被相邻的军队打得粉碎。因此臣下认为不需对魏博用兵，可以袖手等待魏博主动归顺朝廷。只希望陛下驻兵不动，蓄养声威，严令各军镇挑选训练人马，随时等待朝廷命令。不要让魏博的将士们知道这件事，过不了几个月，魏博军中一定会有效命朝廷的人站出来。到那个时候，只要朝廷响应和反应敏捷迅速，抓住机会，不要吝啬官爵俸禄，用它来赏赐给合适的人，让黄河南北各军镇主帅都知道这种赏赐，从而担心自己的部下起来效仿而获得朝廷的奖赏，他们一定都会诚惶诚恐，争着要恭敬地顺从朝廷。这就是通常所说的不使用武力便可以让敌人屈服的办法啊。"宪宗说："很好！"

又一天，李吉甫又在延英殿向宪宗极力陈说对魏博动用武力的好处，而且说粮草钱财都已经准备好了。宪宗询问李绛的意见，李绛回答说："不能够轻易使用武力。前年讨伐王承宗的时候，朝廷调集恒州四面军镇的军队二十万，又派遣左右神策军从京城出发去征讨，弄得天下骚动不安，花钱七百多万缗，最后没有获得成功，被天下的人们耻笑。现在，战争的创伤没有恢复，人们都害怕打仗。如果又下命令赶他们上前线打仗，臣下担心不但不会成功，而且可能发生其他变故。何况对魏博不必动用武力，事情和形势都十分清楚，希望陛下不要再怀疑。"宪宗突然起身拍着桌子说："我已经决定不使用武力了。"李绛说："陛下虽然已经说出了这个决定，但恐怕退朝以后，还会有人来迷惑陛下的视听啊。”宪宗面色严肃，厉声说道：“我的心意已经决定下来。谁还能够迷惑我？”李绛于是向宪宗行礼祝贺道：“这就是国家的福气啊。”

不久，因为田怀谏年幼力弱，军政事务都由他的家仆蒋士则决断，蒋士则多次以自己的好恶调动、改任各位将领，大家都十分愤怒。而且朝廷对主帅的任命长时间不颁布，军中将士很是不安。田兴早晨进入军府，有几千名士兵喧闹起哄，围着田兴行礼，请求田兴担任留后职务。田兴吃惊地扑倒在地，士兵们仍不散开。过了很长时间，田兴估计自己无法拒绝，才对大家说：“你们肯听我的话吗？”大家都说：“只听你的号令。”田兴说：“不要冒犯副大使，遵守朝廷的法令，向朝廷申报版图户籍，申请朝廷委派官吏，你们答应了这些，我才担任留后。”大家都说：“好！”田兴于是就杀了蒋士则等十几人，将田怀谏迁移到军府之外去居住。

（以上为第十二段，写李绛识大局，善应对，朝廷不用兵戈而魏博归顺。）

【点评】

本卷点评三事：吐突承璀兵败河北、李绛入相、宪宗问宰臣宽严之政。

吐突承璀兵败河北。当初，元和元年（公元806年），宪宗兵征西川刘辟，这时淄青节度使李师古去世。李师古异母弟李师道自为留后，宰相杜黄裳主张讨伐，宪宗认为刘辟还没有平定，不愿两线用兵，姑息李师道，任命为节度使。嗣后王士真的儿子王承宗自为留后，此时宪宗志欲革除军镇世袭的弊政，打算用兵征讨。宰相裴垍和翰林学士李绛都认为河北三镇世袭节度已相沿成习，三镇又唇齿相依，不易征讨。淮西吴少诚当年自为留后而被朝廷任命，现已患病，朝廷派人去取代，若不受命，派兵征讨，因环绕淮西诸镇皆为朝廷控制，淮西得不到邻镇的援助，官军可以取胜，阻止军镇世袭蔓延到内地。这一正确方针，宪宗不予采纳。神策军中尉吐突承璀请命征讨河北，宪宗听从。吐突承璀自小入宫，给事东宫侍奉顺宗，年纪与宪宗相当，两人自幼交好。宪宗即位，用为神策军中尉。吐突承璀还掌控内侍省，是宦官的总头领，宪宗宠信无比。既然朝官反对用兵河北，宪宗索性任用吐突承璀为统帅，任命吐突承璀为左、右神策，河中、河阳、浙西、宣歙等道行营兵马使、招讨处置使，统兵讨伐王承宗。白居易等朝臣群起反对任用宦官为兵马统帅，各镇将领以受宦官指挥为耻辱，不肯用命。宪宗固执己见，他只是在名义上取消吐突承璀行营兵马使的头衔，改招讨使为宣慰使，仍用吐突承璀为统帅，集中官军二十余万十倍于王承宗的优势讨伐成德，果如朝臣所料，各镇官兵互相观望，河北三镇联合对抗，久不建功。朝廷花了七百多万缗军费，财力不支，只好接受王承宗的归顺，任命他为节度使，朝廷罢兵。

元和五年（公元810年），吐突承璀回朝，宪宗不追究吐突承璀的败军之罪，仍用为神策军中尉，李绛等朝官力争，宪宗不得已贬吐突承璀为军器使。第二年，吐突承璀贪赃事发，出为淮南监军。宪宗对李绛说，吐突承璀只是一个家奴，无论给他多大权力，去掉他就像去掉一根毛。宪宗违众任用吐突承璀为统帅，认为军队在家奴手中就是在自己手中，吐突承璀胜利了，就是皇上英明，使群臣畏服。宪宗的心理深处，仍是猜忌朝官和诸将，自己站到宦官一边。宦官从小在宫中，不知稼穑之艰难，那能体恤人民的疾苦。宦官多不读书，不明礼义。宦官身为刑余之人，身心遭受严重摧残，整日目睹皇上与嫔妃花天酒地的豪侈生活，颐指气使家奴的威风，日久天长，怎不染上权力之欲。所以宦官一旦擅权，十之八九皆为祸患，唐宪宗视为一根毛，大错特错。正是这一错误观念，让很多君主疏远朝官，信用家奴，最终失控，受制于家奴。宪宗最终死于宦官之手，这是他做梦也想不到的，悲哉，惜也。

李绛入相。河北用兵的失败，使唐宪宗认识到，不信用朝官，想有一番作为是不可能的。唐宪宗当时还有进取心，这是他的英明处，为了任用李绛为相，唐宪宗才贬吐突承璀为淮南监军，当唐宪宗要一脚踢开李绛时，吐突承璀又被召还为相，这是后话，按下不提。

李绛，字深之，赵郡赞皇（今河北赞皇）人。历仕德宗、顺宗、宪宗、穆宗、敬宗、文宗六朝，清正廉直。居官庙堂，以匡谏为己任，外任地方，恪尽职守。终官山南西道节度使，死于监军煽动的乱兵之手。贞元末，李绛任监察御史，宪宗即位，拜李绛为翰林学士，策划军国事务。诛李锜，推倒圣德碑，皆李绛之力。李绛是当时朝官耿直派的代表，深恶宦官。宪宗用兵河北失败，转而启用李绛为相，贬吐突承璀出京，标志朝官耿直派得势，朝廷政治出现了振兴的气象。元和七年（公元812年），魏博镇内讧，将士拥立田弘正为留后。田弘正举魏博六州地归顺朝廷。其经始营创，也是李绛之力。宪宗曾与李绛讨论玄宗一朝，为什么开元大治，天宝大乱，一个人前后治乱相反。李绛说，开元之时，任用姚崇、宋璟贤才辅政，玄宗皇帝纳谏思治，君臣同心，中外安宁。开元后期，奸人李林甫、杨国忠为相，诱以兴利，武夫说以开边，玄宗皇帝听不到直言，骄侈逸乐，导致天宝大乱。治乱安危，全取决于皇上的所作所为。宪宗说，人主怎样办才好呢？李绛说，只要人主不吝改过，从善如流，臣等敢言，什么事情都能办好。宪宗说，朕任用卿等，就是希望卿等直言，不要有什么保留，以弥补朕的不足。唐宪宗只是这样说，时间一长就动摇了立场。唐宪宗和德宗一样，宠信宦官，贪财好货。宪宗罢免了进奉，不久又恢复了进奉。宪宗贬逐了吐突承璀，时时想到召回，而且李绛之言，只要涉及宦官，就不采用。宪宗仍然是腐朽势力的代表，而非真正的中兴之主。局势好转，宪宗的感情就倒向了与宦官勾结的宰相李吉甫一边。李绛与李吉甫道不同不相为谋，两人在宪宗面前总是争执。宪宗心知李绛忠直，总是采纳李绛的论奏。元和九年（公元814年），宪宗终于沉不住气了，罢了李绛的相职，召吐突承璀还朝，李吉甫得势。李绛只做了三年的宰相，也是唐宪宗为明君的时期。

宪宗问宰臣宽严之政。元和六年（公元811年）三月十一日，宪宗问宰臣，治理国家，宽和与威严，哪一个应当放在首位。宰相权德舆回答说："秦王朝施政威严而灭亡，汉朝施政宽和而兴盛。本朝太宗皇帝，禁止用刑时鞭打人的背。因此，安史之乱以来，叛乱不断发生，但转眼间反叛的人都灭亡了。这是因为列祖列宗施行宽和的仁政，凝聚了天下人心，唐室总是转危为安。这样看来，治理天下，宽和与威严，哪个在先，不是很清楚了吗。"鞭刑杖臀，只伤皮肉，若杖人之背，往往打死人。权德舆以此为喻，刑杖为的是治病救人，不是把人打死，就是宽和，打死人就是苛严。德宗后期政治，十年不赦。宪宗即位，不问是非轻重，所谓王叔文同党，一概贬逐。德宗、宪宗，深恶朝臣朋党，因此，朝臣是不是朋党，只要认定，一概斥逐，施以苛严。权德舆主张用政尚宽，回答宪宗之问，宪宗认为有道理。被贬八司马之程异等，得到了重新任用。

有一天李吉甫劝宪宗要施威严整顿纲纪。宪宗问李绛："卿的意见如何？"李绛回答说："圣明君主的政治，崇尚道德而不崇尚刑罚。怎么能够放弃周成王、周康王、汉文帝、汉景帝的做法，而效法秦始皇、秦二世呢？"周与汉行仁政，有成康之治与文景之治，秦政苛酷，二世而亡。这次谈话过了十多天，山南东道节度使于頔入朝，劝宪宗用严刑。于是宪宗对宰臣们说："于頔是个大奸臣，他劝朕用严刑峻法，卿等知道于頔的用心吗？"宰臣们回答："不知道。"宪宗说："于頔的用意是让朕丧失人心。"李吉甫惊了一身冷汗。此事表明，宪宗清醒时还是能明辨是非。